天

Borderless

下

天下，在乎正义和你

天下 Borderless

法的回声

中国法律思想通识讲义

李鸣 著

法律出版社 LAW PRESS · CHINA

北京

图书在版编目（CIP）数据

法的回声：中国法律思想通识讲义 / 李鸣著. --
北京：法律出版社，2023
ISBN 978-7-5197-7656-5

Ⅰ. ①法… Ⅱ. ①李… Ⅲ. ①法律—思想史—研究—
中国 Ⅳ. ① D909.2

中国国家版本馆 CIP 数据核字（2023）第 037224 号

法的回声：中国法律思想通识讲义
FA DE HUISHENG：ZHONGGUO FALÜ SIXIANG TONGSHI JIANGYI

李 鸣 著

责任编辑 张心萌 李红叶
装帧设计 鲍龙卉

出版发行 法律出版社
编辑统筹 学术·对外出版分社
责任校对 王晓萍
责任印制 陶 松
经　　销 新华书店

开本 A5
印张 20　**字数** 545 千
版本 2023 年 3 月第 1 版
印次 2023 年 3 月第 1 次印刷
印刷 天津嘉恒印务有限公司

地址：北京市丰台区莲花池西里 7 号（100073）
网址：www.lawpress.com.cn
投稿邮箱：info@lawpress.com.cn
举报盗版邮箱：jbwq@lawpress.com.cn
销售电话：010-83938349
客服电话：010-83938350
咨询电话：010-63939796

书号：ISBN 978-7-5197-7656-5　**定价**：88.00 元
凡购买本社图书，如有印装错误，我社负责退换。电话：010-83938349

作者简介

李　鸣

中国政法大学法律史学研究院教授，中央民族大学民族法学博士生导师，中国法学会中国民族法学会副会长，1999年毕业于中国政法大学研究生院，获法学博士学位。长期从事法律史、民族法学研究工作，承担并完成多项国家级、省部级科研项目。独著有《法的回声：从周公到章太炎》《碉楼与议话坪：羌族习惯法的田野调查》（修订本）等十八部，合著有《中国古代司法文明史》《传统法律文化与现代法治》等十八部，主持编写全国民委系统“六五”普法学习用书《民族法规政策知识读本》。在《民族研究》《政法论坛》《现代法学》《比较法研究》等杂志上发表论文四十余篇，多次获国家、省部级社科优秀成果奖，先后四次被全国社科规划办评为“认真负责的鉴定专家”。

再版序言

《法的回声》这本书已出版整整十一年了，在这十一年中，作为作者，我也在反复研读这本书，对这本书的结构、内容、特点更加了如指掌。再版之际，除对原书进行增加、删除、改动、调整外，我谈谈对这本书新的认识。

中国传统法律思想是在一个相对封闭的环境中产生和成长的，在近代以前很少受到外部思潮的影响和冲击，因此，它自成体系、自我修正、自然发展，有自己的基本特征、历史阶段性和内在规律。就规律而言，中国法律思想的发展明显经历了从一元到多元，再由多元归为一元的循回往复的过程。在这一过程中，法律思想从“神权”到“王权”再到“民权”“人权”的发展趋势十分明显。在此期间，中国法律思想出现过三次浪潮，一次是在春秋战国，百家争鸣，殊途同归，建立大一统的理想王国；一次是在魏晋南北朝，民族融合，标榜个性，彰显法制的自然本色；还有一次是在鸦片战争后的近代，救亡图存，法制转型，促进民富国强。在这三次浪潮中，英雄辈出，群星璀璨，风云际会；思想精品层出不穷，万人瞩目，惊世骇俗。

本书选定的 36 位思想家都有其核心的法律思想命题和突出的思想贡献。这也是我们研究的重点、难点和创新点，构成了每一位法律思想家独特的思想体系。在具体分析每一个法律思想家的具体篇章中，均设置“核心要旨”提出重点问题，让读者带着问题去阅读、去思考，作者会在每篇文章内作出自己的解答，以抛砖引玉，传道授业解惑，共同推进大家对中国古代法理的认识和理解。在每篇开首，均以“人生历程”为题，对思想家出现的时代背景、人生经历进行简明扼要的表述，以烘托“时势造英雄”的特定气氛。主体部分以“思想脉络”为题，详细介绍每位法律思想家的思想体系、传承源流、学术理论。“仁者见仁，智者见智”，本书在每篇的最后以“影响评价”为题，对思想家的历史地位、社会影响和学术贡献进行饱含情理的总结，以评价“英雄造时势”的突出贡献。

36 位中国法律思想家的法律思想，仅仅是研究思想史的冰山一角、肇始尝试，有关中国法律思想史的研究，今后还要继续认真去做，争取做得彻底、做得圆满。除此之外，对法律思想史研究的领域还会进一步拓展，一是对中国当代法律思想家的研究，初步打算也选 36 位；二是对西方法律思想家的研究，也选 36 位，以便形成古今比较与中外比较，使我们更全面、深入了解法律思想的真谛。

本书一篇篇文稿的形成历经如下阶段：首先是读书笔记，其次是课堂讲稿，再次是在刊物上发表的论文，最后是将论文集结出版的专著。作为读书笔记，重在对史料文献的阅读中有心得体会；作为讲稿，重在表述准确生动、通俗易懂，让人心领神会，受到教育；作为论文，重在标新立异，直抒己见，持之有据，言之成理，发人深思，给人启迪。因此，本书融读书、传授和研究于一体。无论是读书人、授课人，还是著述人，均可在本书中各取所需，触类旁通，有所收益。法学虽乃专门之学问，但当今社会是一个法治社会，立法者、执法者、司法者、守法者都应掌握一些法律的知识和理论，特别是传统法律思想，这样看来，一切对法律感兴趣的人均能够成为本书的读者。

一本书的再版，既是一种总结，瑕疵要处理，瑰宝要擦亮；也是一种开启，以新的面目面世，接受社会新的检验。但愿它能像刚出版时那样，受到广大读者的认可和喜爱。开卷有益，这是作者、编辑和读者的共同心愿，但愿事遂人愿，功德圆满。

绪论

天坛是中国古代皇帝祭天的地方，这里有高大巍峨的祈年殿，天人感应；这里有弧线优美的回音壁，古今通灵。作为法律人在这里驻足、徜徉、凝望、深思，激发思古之情怀，寻觅法律之记忆：在历史长河中，有多少有识之士为法的制定慷慨陈辞，有多少贤达之人为法的实施奔走相告，他们有关法的话语，有关法的主张，有关法的见解，曾引导社会的走向，曾改变人们的思维，曾决定国家的命运，曾增添民族的光辉，其历史作用和社会功绩不应抹杀，也不容淡化甚至遗忘。在日新月异的今天，在瞬息万变的现实面前，当我们对法治进行认真思索和躬亲践行的时候，往往需要用心聆听历史上遗留下来的法的回声……

壹

我们知道，中国虽不是一个有法治传统的国家，但有法制的历史却久远和漫长。有法现象的出现，也就有对法制的设计、对法制的看法以及对法制的批评和矫正，这就是法律思想。法律思想即指法观念，也指法律理论、法律观点、法律主张。法律思想不是从天上掉下来的，而是在历史进程中积累凝聚、薪火相传而形成和发展的。中国法律思想有自己的历史，因为中国历史上出现过各种法律理论和法律观点，这些法律的理论、观点和学说有特定的内容、形式、特点、地位、作用以及演变过程和发展规律。

尽管奉献法律思想的思想家早已远离人世，但他们留下的思想却作为一种历史记忆、文化积淀、智慧财富、民族精神，根深蒂固地影响着后来的人们，成为后来者思考法律问题的思想要素的一些构成成分。因此，科学地揭示和客观地评价中国法律思想成长的历程和特性，是有重大的历史意义和现实价值的。

法律思想与法律制度相生相伴，关系密切。因为，任何法律制度都是一定的法律思想指导下的产物；同时，一个社会中占统治地位的法律思想，也总是要体现在该社会所制定的法律制度中。宋代司马光说："凡议法者，当先原立法之意，然后可以断狱。"法制只说明法律规定"是什么"，法律思想则要揭示法律"为什么"要这样规定。在法律制度与法律思想二者的相互比照中，容易发现各自的存在依据和二者的共同性、相通点、互补作用，以此可以分别加深对法律制度或法律思想的理解。

法律思想不同于法律制度。法律制度是掌握国家政权的统治者的专利品，只有他们才有资格创立法律制度。法律思想的存在则不以国家的认可或支持为前提，只要是人，并且只要对法有自己的看法和主张，都可能产生法律思想。法律思想的范围是比较宽泛的，就分类而言，一个社会的法律思想是由统治者、教育者、司法者和民众的法律思想四个方面而构成的统一整体，统治者、教育者、司法者和民众都有可能成为法律思想家。但由于"居高声自远，非是藉秋风"，统治者及被他们认可、赞同、支持的教育者、司法者的法律思想占主导地位。换句话说，社会精英的法律思想最易受到人们的关注和接受，从而社会影响也最大，因而也就成为我们研究的重点。由于人微言轻，专制时代身居社会底层的劳动人民的呼声、叛逆思想往往不受重视，或遭到扼杀和阻止，但其进步性、前瞻性尤其难能可贵，这就值得备加关注、深入挖掘、不断传承、发扬光大。这样看来，"思想家不论出处"，思想界从来不以成败论英雄、不以众寡辨真伪，只要能揭示真理、奉献智慧，居功至伟者可以英名远播，芸芸众生者也会名垂青史。

贰

中国传统法律思想的产生和发展经历了以下几个历史发展阶段：

1. 夏商周是中国法律思想的产生期。夏商周时期，由于人们受认识能力和认识条件的限制，加之自然的强大和个人对血亲团体有较强的依赖性，中国法律思想最早产生了神权法思想和礼治思想，并呈现出由神治到宗法礼治逐渐过渡的变化趋势。神权法思想的主要特点是统治阶级为证明自己统治的合法性和神圣性，强调“受命于天”，从而把体现他们意志的法律说成是神意的体现，他们的言行举止只是“恭行天之罚”。但随着推崇天命达到极致的商的灭亡，神权法思想开始动摇。过去主要靠“神”进行统治，逐渐过渡到靠血亲集团支撑的“王”进行统治。由于血缘关系在中国从氏族部落的原始社会进入建立国家的阶级社会的过程中，不但没有被否定和排斥，反而受到利用和强化，因而表现得特别坚韧和活跃。家国不分，血缘身份是决定人社会地位的主要凭据。独立的个体意识相当淡漠，群体意识、家庭观念浓郁。在这样一种社会条件下，中国人对法律问题的思考自然与宗法伦理混合在一起，维护“亲亲”“尊尊”“礼不下庶人，刑不上大夫”等宗法等级原则的“礼治”思想，成为西周法律思想的主要内容。

2. 春秋战国是中国法律思想的发展时期。春秋战国是社会大变革的时代，由于生产力的大幅度提高，新的生产关系开始产生，奴隶起义、国人暴动、诸侯称霸、卿大夫力政，使周天子一统天下的权威性不复存在，礼崩乐坏，王道衰微，权力下移，诸侯异政，百家异说，学派林立，处士横议。思想领域出现了“百家争鸣”的繁荣局面。“百家争鸣”的出现，绝非偶然，它必须具备以下三个条件：一是重大社会问题（如何在政治实践中体现人性）引人瞩目（天下无道，庶人有议），莫衷一是，争论不休；二是争论主体

"士"的崛起(士,一怒而诸侯惧,安居而天下熄);三是争论的政治环境相对宽松(天子失官,学在四夷。朝为布衣,夕为卿相)。由于以上三个条件的具备,各个阶级、阶层的代表人物纷纷粉墨登场,从自己的立场对各种法律问题提出各自的主张,并彼此展开论战。但唱主角的是儒、道、墨、法四家,特别是儒、法两家。儒家提出对旧礼进行改良,主张"克己复礼";而法家提出对新法的开创,推崇"一断于法"。该时期的法律思想呈现出由"礼治"到"法治"的转变。

3. 秦汉是中国法律思想的定型期。秦汉之际,随着"大一统"封建专制制度的确立,思想和文化的统一也成为必然。春秋战国时期的多元的法律思想此时逐步归为一元而渐渐沉寂。秦信奉法家学说,以法为教,以吏为师,严刑峻法,焚书坑儒。汉初七十年盛行"黄老"思想,有德无为,与民休息,轻徭薄赋,约法省刑。汉武帝以后罢黜百家,独尊儒术,主张德主刑辅、礼法并用,儒家思想开始成为整个封建时代的统治思想。

4. 魏晋南北朝是中国法律思想的完善期。这一时期,天下久合必分、久治必乱,各个割据政权各自为政,雄踞一方,且权力更迭频繁,混战不断。这是一个政治最黑暗、经济最动荡、社会最痛苦、精神最自由的时代,法律思想再次出现多元格局,先有玄学和律学的出现,后有少数民族法律文化对中原法律文化的渗透与融合。"礼法合一"在大量的立法实践中积累了经验、疏通了渠道、丰富了内容;"简直"的立法标准避免了法律的繁杂,法律有了长足的进步,并成为专门之学,律学教育也随之确立。这一时期还是一个民族大迁移、大交流、大融合的时代,少数民族入主中原,建立政权,推行"汉化"立法。他们的法律思想既有自己的民族特色,又充分吸收中原法文化的成果,从而充实和发展了汉族的法律文化,为中华法律文化的多姿多彩、生机勃勃贡献了力量。总而言之,魏晋南北朝法律思想开出的绚丽之花为隋唐法律思想结出丰硕之果创造了先决条件。

5. 隋唐是中国法律思想的鼎盛期。《唐律疏议》明确提出“德礼为政教之本，刑罚为政教之用”的立法原则，所有法条“一准乎礼”，从而成为礼法结合最完美的法典载体。“中华法系”为之确立。中国成为法律制度的输出国而享誉东南亚诸国。

6. 宋元明清是中国法律思想的衰微期。法学学术的一统使法律思维日趋贫乏，法律制度日趋呆板，法律思想日趋枯竭。封建正统法律思想从“理学”到“心学”，逐渐僵化。明清之际，反封建君主专制的启蒙思想开始显现，“主权在民”“天下为公”的思想与君主专制集权主张针锋相对，它刺破了黑暗，显露了光明，也加速了封建正统思想的衰落。

7. 近代是中国法律思想的转型期。1840 年鸦片战争后，中国由一个闭关锁国的独立封建国家逐步沦为半殖民地半封建社会。随着国门洞开，西方法律思想开始被国人接受。由于“西化”背景的复杂和西方法律文化内容的丰富，近代中国形成了对西方法文化不同态度的学术派别，他们提出了彼此不同的法律主张，大有“你方唱罢我登台，你不行了我又来”的架势。这恰好形成了思想的接力：从“师夷长技”“中体西用”，到君主立宪，再到民主共和，最终使西方法律文明被移植，且结合中国实际，有所变异，另呈风采。

— 叁 —

尽管中国法律思想在不同的历史时期，有不同的发展特点，尽管中国法律思想家济济一堂，各持己见，但作为土生土长的中国的法律思想，就总体而言，其基本特征又是一致的、相通的。中国法律思想呈现如下主要特征：

1. 家族本位，伦理亲情。以家族为本位的宗法伦理思想自始至终渗透到法制领域，成为支配、主导法律思维和判断的价值标准，影响着立法、执法和司法。西周主张的“亲亲”“尊尊”，汉代强调的“以孝治天下”，乃至“三纲五常”，无一不在推崇伦理亲情。不仅如此，中国古代的统治者和布道者还想方设法将宗法伦理上升为法律规范，并对此的必要性进行了充分论证。于是，各种维护和体现宗法伦理的法律原则纷纷设立。“亲亲相隐”、“存留养亲”、“矜老恤幼”、“复仇原宥”、父母在子女不得“别籍异财”、父债子还、“七出三不去”等原则的确立，以及“十恶”中“恶逆”“不孝”“不义”“内乱”等罪名的产生，均源于此。春秋决狱、原心定罪、“以服制定罪”、“族诛连坐”也在一定程度上体现了司法对宗法伦理亲情的终极关怀。

2. 皇权至上，权力崇拜。中国在很早就确立了以帝王为中心的君主专制的政治体制。帝王拥有绝对的统治权力，集立法、行政、司法大权于一身，始终是最高的立法者和最大的审判官[①]。政治统治以君为本位，君权神授，皇权至高无上。君主始终掌握国家最高立法权，法自君出，君主“口含天宪”，“言出法随”，“天下之事无小大，皆决于上”，法律以君主意志为转移。一切法典、法规皆以君主名义颁行，即所谓“钦定”“皇帝诏曰”。皇帝拥有最高司法权，可以法外用刑，也可法外施恩，赦免任何罪犯。君主的权威超越法律的权威，君主言行不受法律约束，法律是维护皇权的工具，官吏只对君主忠诚而不对人民负责，以个人为本位的民主法治观念相当缺乏和淡漠，人民的自由和基本权利随时可能受到恣意的践踏和剥夺。

3. 礼法合一，等级名分。法律以礼教为指导原则和理论基础，礼与法相互渗透，彼此融合。礼法合一有三个基本要求：其一，重伦理，正名分；其二，重国家，倡忠孝；其三，重差别，别贵贱。“名位不同，礼亦异数”，礼的主要功能就是建立宗法等级制度，礼讲究“别”，在“熟人社会”的人际关系中分别等差，形成“差序格局”，维护等级特权。先秦时期，“刑不上大夫，礼不下庶人”，礼、刑有各自的适用范围。与礼治特权对立的“以法代礼”“以法治国”“不别亲疏，不殊贵贱，一断于法”的“法治”主张也就自

① 《尚书·盘庚》：“余一人之作猷”，“惟余一人之有佚罚”。朱元璋说：“天子居至尊之位，操可致之权，赏罚予夺，得以自专。”

然产生，与之抗衡。法的主要作用是以刑治罪，法强调“刑”。汉代以后，礼法结合，法律注意确立“尊卑长幼之序”，赋予贵族、官僚、家长、族长以特殊的法律地位，享受各种法定的和习惯的特权。不但有政治等级，还有伦理等级，身份不同，社会待遇不同，法律地位也就有所不同。级别越高，特权越多。礼的许多内容被直接定为法律，“七出三不去”“八议”“官当”“矜老恤幼”“准五服以制罪”“重罪十条”等原则相继入律，造成同罪异罚，不平等的法律现象随处可见。

4. 严刑酷罚，以德制刑。法律以刑法为主始终是中国古代法律的主题。以刑为法，将刑罚作为社会控制的基本手段，将法的中心任务定位于刑事制裁、惟刑是用[①]。礼去刑取，失礼入刑，杀戮禁诛，有罪推定，刑讯逼供，依供词论处。以刑治罪，以刑去刑。法律在维护皇权、父权、夫权等有关等级尊严的处罚上，显得格外严酷。秦朝盛行的什伍连坐、诛灭三族的做法，在古代社会长期为专制帝王所袭用[②]。对待死罪的处罚手段也极其残酷，枭首示众、凌迟、戮尸等死刑处决方式直到清末才予改变。同时为减少滥杀无辜、滥罚无罪，主张明德慎罚，德主刑辅，先教后刑，哀矜折狱，悯恤妇孺老残。但用“德”来对滥用刑罚进行防范和矫正，其作用因人而异。

5. 重义轻利，息讼止争。古代将义利关系分割对立起来，位尊者强调其权利，位卑者侧重其义务，且义务先于权利，义务本位，教化先于法令，重民间调解而轻官府诉讼，重私下了结而轻公开判决，追求整体和谐。礼教力倡“无讼”“息讼”，导致人们的权利意识淡漠。这一方面制约了私有财产与商品经济的发展，另一方面阻碍了司法维权的畅行。

由此可见，情、权、礼、刑、义成为中国历代法律思想强调的五大基本要素，法内含情是法的特征，权力主导是法的动力，礼明身份是法的内容，重刑压制是法的手段，舍利取义是法的价值标准。

---

① 《盐铁论·诏圣》：“法者，刑罚也，所以禁强暴也。”

② 《礼记·王制》：“刑人于市，与众弃之。”

— 肆 —

本书真实、全面、系统地展现中国历史上出现的法律思想领域一个又一个“特异的存在”，旨在让中国人熟悉自己的法律文化传统，增加民族自信心、民族自豪感，提高法治思维能力，学会法治方法，终身受益。中国法律思想史的价值体现在如下三个方面：

1. **精神价值**。中华民族是一个伟大的民族，就在于它有悠久的发展历程和丰富深厚的民族传统文化。今日人们热衷的中华民族的伟大复兴，离不开中华民族传统文化的发扬光大。每一个中国人必须了解、熟悉并尊重自己的传统文化，这当然包括传统法律文化，这是我们培养民族自尊心的精神源泉，是我们的精神财富，是任何物质文明都取代不了的。一个有传统法律文化底蕴的人，在本土社会的法律生活中，比一般人会活得更轻松、自如、有趣和有质量，至少会少一些生命之忧和生活之困。

2. **借鉴价值**。古人云：“知古不知今，谓之陆沉；知今不知古，谓之盲瞽。”历史是不可割断的，这说明历史发展有其内在联系，是一种不以人的意志为转移的客观存在。毛泽东指出：“我们这个民族有数千年的历史，有它的特点，有它的许多珍贵品，对于这些，我们还是小学生。今天的中国是历史的中国的一个发展，我们是马克思主义的历史主义者，我们不应当割断历史。从孔子到孙中山，我们应当给以总结，继承这一份珍贵的遗产。”在特定历史阶段，思想家总是那个时代、那个社会的佼佼者，是出类拔萃的人物，是思想宝库的贡献者，理应受到尊重和客观评价。现在许多政法院校的校训都借鉴历史上法律思想家提出的种种命题，如孔子的“重德”，韩非的“明法”，朱熹的“格物”，王阳明的“良知”。唐太宗曾说：以铜为镜，可以正衣冠；以古为镜，可以知兴替；以人为镜，可以明得失。因此，我们要批判继承中国历史上的法律思想遗产，吸取历代治乱兴衰的经验教训，为当前社会主义法治建设和法学的繁荣提供借鉴。

3. **智慧价值**。西方人有西方人的法律智慧，中国人有中国人的法律智慧。西方人侧重理性思辨，经大胆假设和严密的逻辑推理得出必然的认识；中国人侧重生活经验积累和情感体验，所谓“不经一事不明一理”，二者各有特色，不能相互取代。提高智慧的方式很多，有一种行之有效的方式，就是用先辈高人的智慧来“洗脑”，汲取精华，接受启迪，将别人的法律智慧转化为自己的法律智慧。中国有句俗话：读万卷书，行万里路，还要阅人无数。由此看来，对法律思想家智慧的学习和掌握，是一门上乘的学问。学习思想家的法律智慧，会在潜移默化中教会我们守规则、重程序、谋平等、护人权、受监督。

—— 伍 ——

中国法律思想史学科形成于 20 世纪 30 年代，其标志性论著是杨鸿烈的《中国法律思想史》(上海商务印书馆，1936 年版)。新中国成立后，中国法律思想史的学科发展经历了一段相当曲折的路程。从新中国成立初期到 50 年代末，在我国高等学校法律院系中，没有开设中国法律思想史的课程，也没有法律思想史教材或著作出版，相关的研究论文也是凤毛麟角，寥若晨星。“文革”期间及之后较长的一段时间，中国法律思想史研究更是处于完全停顿状态。1978 年改革开放以后，中国法律思想史学科迎来了重建与发展，各大高校重建法学专业。中国法律思想史属于法学的二级学科，为完成教学任务，一批中国法律思想史的教材相继出版，如张国华主编的《中国法律思想史》(法律出版社，1982 年版)。编写教材的方式，无非先是依法律思想代表人物的历史先后排列顺序，按“人头”一一写来；后又有按思想流派为主线来写的，如侯欣一主编的《中国法律思想史》(中国政法大学出版社，1999 年版)。这些教材一是由于受阶级分析法限制，有的评价并非准确到位；二是在中国历史上，除春秋战国、魏晋、近代出现了一些法律思想的流派外，大多数时期思想家是以个人的面目出现的，侧重写流派，未免顾此失彼，迷失重心。何况作为教材，由于参编人较多，文章风格不一致，重点不够突出，时深时浅，时密时疏，整体印象不深刻，学术的独特性、原创性不够。因此，写法律思想通史性、普适性著作时，还是应该回到以思想家为本位，从每一个特立独行的“人头”出发，对每一个思想家的法律思想作完整、系统、明晰、准确、深刻的表达和近乎客观的评判。

本书介绍了 36 位中国法律思想家，挑选这些思想家的标准无外乎：必须是某一历史阶段法律思想上的代表人物；提出过重要的思想命题，能针对当时的紧迫的社会现实问题，或统一或端正人们的认识、观念；其思想不是就事论事，而是有着较完备的体系；其思想还应该对今天的人们有所启发和借鉴。譬如，朱熹的理学，就解决了人们是否在权势欲和财富贪欲之上还有一个更高的“理”的追求。当然，中国的法律思想家远不只 36 位，我们这仅仅是研究法律思想史的一个开端。

孟子说：“颂其诗，读其书，不知其人，可乎？”他告诉我们要知人论世，要准确把握其人，就必须将活生生的、有血有肉的人的命运与其思想结合起来，融为一体。一个思想家肯定有其生活的积淀，他一般会在曲折坎坷、多灾多难的生活中产生对社会、对人深刻的认识，从而产生特定的思想。本人生活的时代背景与生平经历是必须要强调的，它是产生思想的基础。思想家既要服务于社会，又要展现自己，他应该是人的个性与共性的结合，他的师承关系、在学术流派中的地位以及在对立面言论中的体现，是真实、全面了解他的一个又一个观察点，我们应该在宽视角、远距离、长时间中加以观察。思想家的贡献往往是在其言论和著述中提出重大的思想命题，并围绕这一命题进行严密的逻辑论证。因此，我们在写这个人物系列时，要厘清每位思想家的思想脉络，及其与前代思想家之间的薪火相传的继承关系，乃至对后世的影响，以便于学习者理解运用。孟子说：“尽信书则不如无书”，研究思想家的人必须有自己的思想，自己的识别和判断，不可堆砌材料，无所建树；不能人云亦云，鹦鹉学舌。汲取朱熹理学的合理性，可以遏制我们的权势欲和贪欲；从严复的主张思考学习西方法律文化，我们不但要借鉴法制成果，更要关注法成长的过程，等等。

了解历史上法律思想的杰出人物，虽不能使我们自己立即成为法律思想家，但至少可以成为有法律思想的人。

写一本书，只要选题合理，策划到位，收集整理的材料充足，相关理论储备恰当，剩下的事就是淡泊名利、坚持不懈、神情专注地一篇一篇写下去。写作虽然时而才思敏捷、一气呵成，时而辗转反侧、苦思冥想，几经反复，终成定稿，但无论写作方式如何、写作过程怎样，唯一的标准是都要写出真感切悟、真知卓识和真情实意。只有这样，写出来的东西，才能首先说服自己，然后才能打动别人。

目 录

老子是道家的始祖，是中国法哲学的开创者。他和孔子一样用语录体表述自己的法律思想，留下许多法律金句。但与孔子不同的是，孔子的金句包含了人情世故的深厚情理，老子的金句蕴藏了灵巧睿智的变通心机。他告诫人们：在自然面前设范立制，应知敬畏，重民生，懂退让，会放弃，惜性命。

孔子是以“学而不厌，诲人不倦”闻名天下的老师。他创立了儒学，以伦理道德渗透引导法制，重德轻刑，追求无讼。他以仁释礼，在遵守规则中践行人文情怀。他周游列国，边游说，边体察社会实情，他的法律见解有着深刻的法社会学的印记。他是伦理法的代言人，也是中国传统法律文化的里程碑。

墨子是底层劳动民众和社会弱势群体的代言人。鉴于人微言轻，要想与社会上层、主流言论抗衡，他主张建立纪律严明的职业群体组织，以造成人多势众的态势；打着“天志”的旗号，以神、鬼恐吓掌权执政者，让其有所顾忌；为民众争权利，建立人人平等的社会秩序。他的法律见解成为中国古代法律思想中的紧缺资源和奇珍异宝。

孟子是继孔子之后出现的又一位儒学大师——“亚圣”。他很好地传承了孔子的学说，并将其发扬光大。从孔子的“仁”到孟子的“仁政”，儒家伦理学华丽转身成了时髦的伦理政治学。“王道”的旗号光鲜靓丽，足以与法家的“霸道”抗衡。孟子和庄子一样用论辩体表述自己的法律思想，为民众表达他们的态度和意愿，这也是一位学者的良心和职业习惯的自然呈现。

庄子与老子并称“老庄”。在庄子这里，道家学说体系化了，不但有“道法自然”的本体论，而且有“齐物我”的方法论，更有“逍遥游”的社会论。批判现实、遗弃文化、挣脱制度规范桎梏，以求得精神解脱，这是庄子法律思想的特色和品性。

商鞅是法家的代表人物。他在秦国实行变法，改法为律，使秦国成为“虎狼之国”，直接促成了秦的强大和一统天下。商鞅论法，一是揭示法的特性，力争让百姓知晓法律；二是强调法应突出乃至以重刑治轻罪的手段和威力。他是一位有法律故事的人物，比如“徙木立信”“作法自毙”，从中我们可以领略法的丰富内涵和独特魅力。

周公

制礼作乐　明德慎罚

核心要旨

政治统治是否应依赖『天命』？

『德治』的本意及产生原因是什么？

谨慎对待刑罚最初的做法有哪些？

西周宗法制的主要内容是什么？

立法者首先应遵循的立法原则是什么？

在中国人的心目中，地位最高、影响最大的古代思想家非“至圣先师”孔子莫属。然而，在孔子的心目中，敬服不已的人是周公，推崇备至的理想社会是西周。①

人生历程

周公（生于约公元前 1100 年），姓姬名旦，亦称叔旦，谥文公。因其采邑在周（今陕西凤翔），又曾担任过三公之一的太傅，故被尊称为周公。周公是周文王之子，周武王之弟，周成王之叔，曾辅翼武王伐纣立周。武王灭纣之后，并不能将殷人势力彻底铲除，因此，仍封纣之子武庚于殷，同时设立管叔、霍叔、蔡叔为三监，就近遏制武庚。周公未外封，留佐武王。武王克殷 2 年后病亡，其子成王仅 13 岁，由周公摄政当国。管叔、蔡叔怀疑周公将篡夺王位，散布流言，武庚趁机煽动蛊惑管叔、蔡叔叛周，并纠集徐、奄、薄姑和熊盈等方国作乱。周公奉成王命亲自率师东征，经过

① 《论语·泰伯》：“子曰：‘周公之才之美’。”《论语·述而》：“子曰：‘甚矣吾衰也，久矣，吾不复梦见周公’。”《论语·八佾》：“子曰：‘周监于二代，郁郁乎文哉！吾从周’。”

三年的辗转征伐，终于平定叛乱。武庚和管叔被处死，蔡叔被流放。并迁“殷顽民”于东部洛邑，封微子启于宋、康叔于卫，赐殷民六族于鲁，从而彻底消弭了殷商残余势力反叛的隐患。周公“制礼作乐”，制定和完善宗法礼制，使西周王朝的统治获得进一步的巩固。周公摄政七年，成王长大成人，周公始还政于成王，北面就臣位。周公致政 3 年之后，在丰京养老，不久得了重病，死前他说：“我死之后一定葬在成周，示意给天要臣服于成王。”周公死后未葬于成周而是葬于文王墓地毕，成王说：“这表示我不敢以周公为臣”，表明了成王对周公的崇敬和仰慕。

思想脉络

周公提出了“以德配天”“明德慎罚”“宗法礼制”等重要的思想命题，从而成为我国历史上第一位创立了比较系统的政治法律学说的思想家。

壹

以德配天

神权观念是原始社会自然神崇拜的产物。进入文明社会以后，随着阶级压迫的出现，统治者将神权观念作为维护统治的精神支柱，并与法结合产生了神权法和神权法思想。中国的神权法思想，形成于夏，极盛于商，动摇于西周。

早在夏代，统治者已开始利用“天命”（上天旨意）、“天罚”（上天惩罚）的神权法思想为自己的统治披上一件合法的外衣，对奴隶进行政治欺骗。夏统治者一贯声称“有夏服天命”（《尚书·召诰》）。相传夏禹王对鬼神非常虔诚[①]，十分重视祭祀神祇。他自己吃得很粗劣，却把祭品治办得极丰

① 《论语·泰伯》：“致孝乎鬼神。”

盛；穿得很简朴，却把祭服做得很华丽。[①]对神灵毕恭毕敬，旨在借助神灵提高自己的政治信誉。夏禹改变尧、舜的“禅让”制，将天下私自传授给自己的儿子启，使其成为夏朝的开国之君。对私授天下，有扈氏不服[②]，夏启兴兵讨伐，将战，在甘地（今陕西户县西南）作战争动员令[③]，公开打着“代天行罚”的旗号，理直气壮地对敌对势力大开杀戒，捍卫自己一统天下的神圣不可侵犯的绝对权威，于是顺利地灭掉了有扈氏。

商汤以“恪谨天命”的理由灭夏桀[④]，使自己建立的商朝具备了天命的合法性。“殷人尊神，率民以事神”（《礼记·表记》），神权法思想在商代达到了登峰造极的地步，这突出表现在四个方面：（1）神祖合一。商出现了一个主宰一切的至上神——上帝，上帝是商王的祖先[⑤]，商王是天神的嫡传子孙，从而使商统治者从血缘关系上垄断了与天神的交往，成为上天确认在人间行使统治权的唯一合法代理人。（2）神职官吏。商王朝专门豢养了一大批神职人员——卜、巫、祝、史，他们以卜、筮为手段，沟通神人之间的联系，使人听命于神。（3）事事卜卦。殷人重卜筮，龟为卜，蓍为筮。卜筮的形式固定，涉及范围广泛，活动频繁。无论是年成丰歉、战争胜负，还是官吏任免、定罪量刑，都要通过占卜问卦揣测神意，预定吉凶，祈求福佑。（4）神判司法。商王以上帝在人间的代表的面貌出现，宣称王令和法律是神意的体现，代天行罚，以卜辞、誓言作为主要证据，神判定罪，使臣民“信时日、敬鬼神、畏法令”（《礼记·曲礼》）。

周灭商之后，建立了周王朝。周统治者面临的重大理论问题是如何对待夏、商以来的“天命”学说（天命与政权之间的关系），处于一种进退维

---

① 《论语·泰伯》：“菲饮食而致孝鬼神，恶衣服而致美乎黻冕。”

② 班固：《汉书·地理志》高诱注：“有扈，夏启之庶兄，以尧、舜举贤，禹独与子，故伐启。启亡之。”

③ 《尚书·甘誓》：“有扈氏威侮五行，怠弃三正，天用剿绝其命，今予惟恭行天之罚……用命赏于祖，弗用命戮于社，予则孥戮汝。”

④ 《尚书·汤誓》：“有夏多罪，天命殛之……夏氏有罪，予畏上帝，不敢不正。”

⑤ 《诗经·商颂·玄鸟》：“天命玄鸟，降而生商。”《诗经·商颂·长发》：“有娀方将，帝立子生商。”

谷的为难境地。假如简单地肯定天命，那么，殷统治者狂热地信奉天命，殷纣王就曾说“我不是有命在天乎？”但殷为何却灭亡了？假如简单地否定天命，那么，周统治者统治的合法性和神圣性何在？周公通过对神权法思想改良维新，认为天命是存在的，但天命也是可以转移的，从而提出了“以德配天”的学说。王国维曾说：“中国政治与文化之变革，莫剧于殷周之际。”[①] 这种政治与文化上的变革即来自新型的神权与王权结合的天人关系的建立。

“德”在殷甲骨文中写作“彳直”，意为“目不斜视地走直路”。到周代，在“彳直”下增加了“心”，成“德”字，含义变为：端正心态走正道，也就是说，一个人的言行举止无愧于心，适可而止。“德”，从一种外在行为到一种内在心态的侧重，表明对人，尤其是对统治者自身认识的深化和自律要求的提升。“德”是西周统治者必须具备的政治素质和思想境界。“厚德”是统治者对“天”的承诺而非对人的一种应酬，其神圣而不可懈怠。

“以德配天”的含义是：天并不是殷商专有的祖先神，而是天下各族共有的保护神，天命是属于那些使人民归顺的有“德”的统治者。“以德配天”学说，一方面并没有否定天的尊显地位和巨大作用，认为周人与殷人一样也是上天的嫡传子孙[②]，周灭商是上天的意愿，周是天命的合法的传继者和被庇护者[③]，周人统治天下的地位和权力不容怀疑。另一方面，天命不是固定不变的，它是根据民众的意愿，随时向有德者转移[④]。正因为周人有

① 王国维：《观堂集林·殷周制度论》。

② 《史记·周本纪》：“周后稷名弃。其母有邰氏女，曰姜原。姜原为帝喾元妃。姜原出野，见巨人迹，心忻然说，欲践之，践之而身动如孕者，居期而生子，以为不祥，弃之隘巷，马牛过者皆辟不践；徙置之林中，适会山林多人，迁之；而弃渠中冰上，飞鸟以其翼覆荐之。姜原以为神，遂收养长之。”

③ 《尚书·大诰》：“天休于宁王，兴我小邦周。”《诗经·大雅·大明》：“自命自天，命此文王。”

④ 《诗经·大雅·文王》：“天命靡常。”《左传·僖公五年》：“皇天无亲，惟德是辅；民心无常，惟惠之怀。为善不同，同归于治；为恶不同，同归于乱。”《尚书·诏告》：“唯王其疾敬德，王其德之用，祈天永命。”《尚书·皋陶谟》：“天聪明，自我民聪明；天明威，自我民明威。”《尚书·泰誓中》：“天视自我民视，天听自我民听……民之所欲，天必从之。”

德，亲善待民，殷纣王“自绝于天，结怨于民”(《论语·泰誓》)，才使上天弃商亲周，将统治大权交给了周，殷民应顺从天命，服从周王的统治，反抗周人，即反天命，要遭到严厉镇压。周公进一步指出，既然天命可以得而复失，政权能够兴而又亡，周统治者只能加强自身的道德修养，克制自己的私欲，适应天道要求，“敬天保民”。“敬天”，即恭恭敬敬尊崇天命，谨慎对待政治统治这一极具危险性的使命。“保民”就是保有人民，如果没有属民，就没有所谓统治者。统治者就是要以民心向背为镜子，观察自己的政治得失，积极主动地解决庶民的生存条件，让庶民聚集在自己周围，信赖、依靠和拥戴自己。“敬天保民”是每一个统治者必须履行的政治使命，“民”首次成为统治者必须关心和重视的政治问题。

“以德配天”是周公重新审视天人关系所产生的新观念。这种观念意味着周统治者“重神事更重人事”的价值取向。“重人事”，一是统治者要宽以待民，密切关注“民”，懂农业，知民情①，重视民心向背，不结怨于民，采取各种惠民措施，以得到民众的真心归附；二是统治者要慎于行政，苦心经营“政”，谨小慎微②，尽心竭力，勤于政事，不贪图享乐，不骄奢放纵，用贤孝友。这两方面互为表里，良性互动。周公强调统治者的道德品质和民心向背才是衡量政治法制成败的关键因素，从此，君主“受命于天而有德者居之”的政治正当性得以确立，对人自身的关照和统治者人格道德价值的评判成为中国法律思想的主要内容。

— 贰 —

明德慎罚

夏、商、周时期，统治者对待刑狱，临时议断，不预先公布成文法，司法具有极大的神秘性和主观随意性，而墨、劓、剕、宫、大辟“五刑”③，极其酷

① 《尚书·无逸》：“知稼穑之艰难……知小人之依。”
② 《诗经·小雅·小旻》：“战战兢兢，如临深渊，如履薄冰。”
③ 《魏书·刑法志》：“夏刑大辟二百，劓辟三百，宫辟五百，髌、墨各千，殷因于夏，盖有损益。”

重，使用时稍有偏差失误，给人的伤害则无法矫正，亦无法补救。在商朝，基于神权法的高度发展，统治者有恃无恐，只用刑罚镇压人民①，从来不顾及受刑者的痛苦和滥施刑罚的严重后果。神权法思想对施用酷刑的主导作用表现在：(1)以占卜形式揣测神意，决定惩罚。商代甲骨文是占卜结果的真实记录，其中就有大量通过占卜来定罪量刑的内容②，用刑与否全凭天意裁定，让人毋庸置疑，只能被动地接受处罚。(2)轻罪重罚③，刑罚的酷烈程度呈上升趋势，以显示上天的强大威力，让人从内心深处产生恐惧。(3)酷刑施用的范围不断扩大，一人犯罪，株连甚众；大夫犯罪，在所难免。尤其到了殷商末期，纣王自恃天命，生活上荒淫无度，沉溺酒色，政治上刚愎自用，独断专行，导致诸侯叛离、百姓怨恨，于是纣王滥用酷刑④，从而导致众叛亲离，人心涣散。这正如清末法学家沈家本在《历代刑法考·刑制总考》中所言："淫刑以逞，而国亦随亡矣。"

针对殷商"不敬厥德"，一味"重刑辟"而灭亡的沉痛教训，周公在中国历史上第一次把"德和刑"结合起来，提出了"明德慎罚"思想。他认为，周文王之所以能够得到天下人的拥戴和追随，就在于文王为政，明德慎罚，不侮鳏寡，用可用的人，敬可敬的人，刑可刑的人，并让庶民了解这一切，明白其中的道理。⑤

周公的"明德慎罚"包含着"明德""慎罚"双重思想。

"明德"，即注重德教，统治者本身要严于律己，勤于政事，正直坦诚，刚柔兼备，力戒骄奢淫逸；对被统治者要宽以待人，平易近民，关心小民的

① 《尚书·汤誓》："折民惟刑。"

② 《殷墟文字乙编》："贞，王闻不惟辟；贞，王闻惟辟。"

③ 《韩非子·内储说上》："殷之法，弃灰于公道者断其手。"

④ 《史记·殷本纪》："百姓怨望而诸侯有畔者，于是纣乃重刑辟，有炮烙之法。"《史记集解》引《列女传》："膏铜柱，下加以碳，令有罪者行焉，辄坠碳中，妲己笑，名曰炮格之刑。"《史记·殷本纪》："九侯有好女，入之纣。九侯女不喜淫，纣怒，杀之，而醢九侯。鄂侯争之强，辨之疾，并脯鄂侯。"《尚书·泰誓》："斫朝涉之胫，剖贤人之心，作威杀戮，毒痡四海。"

⑤ 《尚书·康诰》："惟乃丕显考文王，克明德慎罚，不敢侮鳏寡，庸庸祗祗，威威显民，用肇造我区夏。"

疾苦，适当满足他们的要求，施惠于民，使他们安定生活，这样才能保住自己的统治地位。

“慎罚”，即审慎地使用刑罚，反对专任刑罚，滥杀无辜。主要内容包括五点：(1)刑罚适中，刑当其罪。用刑不可偏重，亦不可偏轻，要使刑准确对应罪，罪刑相当[①]。(2)面对犯罪，必须分类。定罪量刑时不要只看罪恶的大小，而要着重审察犯意，分清故意犯罪与过失犯罪、惯犯与偶犯等情节，前者从重惩处，后者从轻发落，这样才能让人们尽量不去有意犯罪[②]。(3)深思熟虑，慎重断案。周公曾代表成王告诫康叔，对囚犯的处置要经过多日的慎重考虑才作出判决[③]。(4)“罪止一身”，不容牵连。犯罪者咎由自取，罪责自负，取消族诛连坐，罪止及犯罪者本人，反对乱罚无罪，乱杀无辜[④]。(5)取缔酷刑，体现人道。废止炮格等酷刑，主张刑罚轻重适中，合于法式，刑当其罪[⑤]。从而使五刑的适用对象有所减少，酷刑的运用频率有所降低，商末滥用刑罚的状况受到有效的遏制。周公的“慎罚”，不是一味“轻罚”，更不是“无罚”，而是运用刑罚该轻就轻，该重就重，该宽就宽，该严就严，只求稳妥、准确、有力，恰到好处，劝民为善，防止犯罪。他主张严厉制裁严重违背宗法伦理的犯罪和危害周王朝统治的政治犯罪、刑事犯罪[⑥]。刑罚的针对性强，才能收到杀一儆百的威慑作用。

总之，“德之说于罚之刑”，“明德慎罚”就是要让道德的学说体现于刑罚实践中，明德与慎罚互相支撑，互相促进，相得益彰，共行善政。明德是

① 《尚书·立政》：“太史！司寇苏公，式敬尔由狱，以长我王国。兹式有慎，以列用中罚。”

② 《尚书·康诰》：“敬明乃罚：人有小罪，非眚，乃惟终，自作不典；式尔，有厥罪小，乃不可不杀。乃有大罪，非终，乃惟眚灾，适尔，既道极厥辜，时乃不可杀。”《尚书·大禹谟》：“宥过无大，刑故无小。”

③ 《尚书·康诰》：“要囚，服念五六日，至于旬时，丕蔽要囚。”

④ 《尚书·康诰》：“非汝封刑人杀人，无或刑人杀人；非汝封又曰劓刵人，无或劓刵人。”《左传·昭公二十年》引《尚书·康诰》：“父子兄弟，罪不相及。”《尚书·酒诰》：“勿庸杀之，姑为教之”。

⑤ 《尚书·立政》：“兹式有慎，以列用中罚。”

⑥ 《尚书·康诰》：“凡民自得罪：寇攘奸宄，杀越人于货，暋不畏死，罔弗憝……元恶大憝，矧惟不孝不友……惟吊兹，不于我政人得罪，天惟与我民彝大泯乱。曰：乃其速由文王作罚，刑兹无赦。”

慎罚的精神主宰，慎罚是明德的法制体现。

“明德慎罚”思想的提出，表明周公为了避免重蹈殷统治者“重刑辟”而亡国的覆辙，对刑罚这一统治手段负面效应的理性思考，认识到刑罚是一柄双刃剑，用得适当，可以镇压敌对势力，维护自己的统治；用得不适当就会激化矛盾，触怒民众，危及自身。周统治者有信心、有能力、有技巧依靠主观上的道德自觉把刑罚控制在社会不反感和民众能承受的范围内，让其在惩恶扬善方面发挥积极的作用。

周公以德为治，对周朝司法文明产生了直接的影响：一是形成了“中”的司法原则，司法不轻不重、不急不缓，适可而止，恰到好处；二是运用“五听”（辞听、色听、气听、耳听、目听），司法官察言观色，根据犯罪心理进行裁断，“神判”被取而代之；三是疑罪从赦，避免冤假错案；四是追究“五过之疵”（惟官、惟反、惟内、惟货、惟来），强调司法官责任，严惩司法腐败。但我们还应该认识到，以“德”约束司法者，不如以“法”约束司法者的效果明显。因为“德”为自律，靠约束内心，靠主观自觉，不自觉者只会受到道德谴责；“法”为他律，靠外在规范，靠强力控制，违法者必将受到严厉的处罚。十分明显，“德治”不能代替“法治”。但周公的时代，法律没有公开，不可能以法为治。以德为治，意味着对司法者有约束总比无约束好。因此，就当时的历史条件而言，还是应充分肯定“明德慎罚”的进步意义的。

叁

宗法礼制

周公敬天命而重人事，依靠的是宗法社会结构，巩固宗法社会就得推行宗法制。所谓宗法制是以血缘关系为纽带，与国家制度相结合，维护贵族世袭统治地位和特权的制度。宗法制源于氏族社会末期父系家长制的传统习惯，但在国家的形成过程中，氏族血缘关系不但没有解体，反而在新的条件下得到延续和巩固。

西周宗法等级制以“嫡长子继承制”为核心内容。夏、商两朝的王位继承，有“父死子继”和“兄终弟及”两种形式，由于一父膝下有数子，一兄之旁有数弟，王位的法定继承人不是唯一的，因而造成诸子纷争，各不相让，互相残杀，大伤和气，这对政局的稳定是极为不利的。周公确立了“立嫡以长不以贤，立子以贵不以长”的嫡长子继承制，它规定周天子为天下大宗，王位由嫡长子继承。从而在法律上解决了王位继承的稳定性和长久性的问题，化解了奴隶社会上层继承权力之争的疑惑和矛盾冲突，促进了政权的平稳交接。

西周的宗法制是与“授土授民”的分封制紧密结合的。按照西周的宗法制，天子按嫡长子继承制世代相传，是天下的大宗，其他不能继承王位的姬姓庶子、庶弟分封为王都之外的诸侯，对天子而言是小宗。这些诸侯也按嫡长子继承的原则世代相传，他们在自己封国是大宗，在诸侯国非嫡长子则由诸侯另行分封为卿大夫，卿大夫对诸侯来说，又是小宗。这些卿大夫也按嫡长子继承的原则世代相传，他们在自己采邑是大宗，在卿大夫采邑非嫡长子则由卿大夫另行分封为士，士对卿大夫而言，又是小宗。士是贵族阶级的最低层，士的嫡长子仍为士，其余诸子不再分封，为庶人。庶人家里有宗族组织，嫡长子自然承袭族长职权，是大宗，其余是小宗。这样就构成一个大宗率小宗、小宗服从大宗的权力金字塔，它的顶端是天子，底端是士。① 在分封制中，周天子是天下共主②，其下，诸侯有诸侯国，卿大夫有采邑，士有禄田，大小贵族等级分明，各有所得，分享王室的部分权力，都是统治者，同时，他们之间由于存在一定的血缘关系，因此，血浓于

① 《左传·桓公二年》：“天子建国，诸侯立家，卿置侧室，大夫有贰宗，士有隶弟子，庶人工商各有分亲，皆有等衰，是以民服事其上而下无觊觎。”《左传·昭公七年》：“王臣公，公臣大夫，大夫臣士。”

② 《诗经·小雅·北山》：“溥天之下，莫非王土；率土之滨，莫非王臣。”

水，同气连枝[①]。这既可保障奴隶主贵族的政治特权、爵位和财产不至于分散或受到削弱，同时也有利于维系统治阶级内部的秩序，以加强对平民的统治和对外患的防御。

在宗法制下，奴隶主贵族的身份、地位是世袭的，这导致不但周王、诸侯和大夫是世袭的，而且作为国王和诸侯手下重要职官的“卿”也变成世袭的，因而形成了世卿世禄制。

嫡长子继承制解决的是最高权力平稳交接的问题，分封制解决的是大大小小统治者人事安排的问题，世卿世禄制解决的是后续统治者培养的问题，都是围绕宗法体制进行权力合理分配的问题。宗法制的基本要求，一是尊卑有等，上下有序；二是恪守本分，禁止僭越。礼的规范与德的安抚在其中起着关键的作用。

许慎《说文解字》：“礼也，履也，所以事神致福也。”礼最初是原始社会祭祀祈福的一种宗教仪式。祭祀天神非同寻常，有许多讲究，举行祭祀前要沐浴更衣，克制性欲、食欲。举行祭祀时，要言行规范，举止有序。这种规范秩序，强调人的身份等级：有的人居于上位，发号施令；有的人居于下位，俯首是从。氏族部落内部就靠这种规范秩序来维系。礼的系统化、规范化，始于“周公制礼”(《左传·文公十八年》)，即在周公的主持下，对以往分散凌乱的宗法传统的礼进行整理、修订、补充，把夏礼、商礼发展成以维护宗法等级制为核心的行为规范，并制定相应的典章制度、礼节仪式。周公制礼，使得君臣有位、尊卑有等、贵贱有别、长幼有序，把人与人之间的关系和各种行为纳入礼所调整的轨道，其实质是确立贵贱尊卑的等级秩序和制度[②]。周公所制之礼，一般称为“周礼”，主要分为五类，即吉礼

---

① 《诗经·大雅·板》：“大邦维屏，宗子维城。”《诗经·唐风·杕杜》：“岂无他人？不如我同姓。”《国语·晋语四》：“同姓则同德，同德则同心，同心则同志。”

② 《礼记·曲礼上》：“夫礼者，定亲疏，决嫌疑，别同异，明是非也。……道德仁义，非礼不成；教训正俗，非礼不备；分争辩讼，非礼不决；君臣、上下、父子、兄弟，非礼不定；宦学事师，非礼不亲；班朝制军、莅官行法，非礼威严不行；祷祠、祭祀、供给鬼神，非礼不诚不庄。……是故圣人作，为礼以教人，使人以有礼，知自别于禽兽。”

（祭祀的礼仪规范）、凶礼（丧葬的礼仪规范）、宾礼（外交的礼仪规范）、军礼（征战的礼仪规范）和嘉礼（吉庆典礼的礼仪规范）。周礼是调整政治、经济、军事、司法、教育、婚姻家庭、伦理道德方面的行为规则的总和，其中许多规定是用国家强制力保证执行的，具有法律效力，起着“经国家、定社稷、序人民、利后嗣”（《左传·隐公十一年》）的重大作用①。从这个意义上讲，礼是西周立国之本，具有国家根本大法的性质。

周公“礼治”的基本原则是“亲亲”“尊尊”。这既是奴隶主阶级最基本的道德信条，又是带有政治强制性的行为规则。“亲亲”“尊尊”的核心内容是对于亲属的亲敬爱戴义务和对于长上的尊敬服从义务。“亲亲，父为首；尊尊，君为首”，至亲莫若父，至尊莫若君。“亲亲”，就是必须亲敬爱戴以父权为中心的尊亲属，强调子对父奉孝，自觉维护父亲的权威；“尊尊”就是尊敬和服从以王权为中心的各级贵族，强调臣民对君王尽忠，从上级贵族到下级贵族、从奴隶主到平民奴隶，一级制驭一级，不许犯上，不得僭越。“亲亲”“尊尊”的义务观，后来被认定为“仁”“义”之本②，仁的起点是爱亲，义的起点是敬长。

周公“礼治”的基本特征是：“礼不下庶人，刑不上大夫”（《礼记·曲礼》），即针对不同对象运用礼教和刑罚。“礼不下庶人”，是说礼主要是用来调整奴隶主阶级内部关系的，各级贵族按礼规定所享有的各种特权③，奴隶和平民一律不得享受。“刑不上大夫”，是说刑罚的锋芒是指向下层民众，而不是指向奴隶主贵族的。但“礼不下庶人，刑不上大夫”的原则是相对的。礼所规定的义务，庶人必须无条件地履行；个别奴隶主贵族严重危害奴隶主阶级的整体利益时，也要处以刑罚。当然，即使对犯罪贵族用刑，也常常享受各种特殊照顾，一般不动用毁损肌肤的肉刑，即使执行死

---

① 《左传·昭公五年》：“礼，所以守其国，行其政令，无失其民者也。”

② 《国语·晋语》：“为仁者，爱亲之谓仁。”《中庸》：“仁者人也，亲亲为大；义者宜也，尊贤为大。”

③ 《左传·昭公十八年》：“名位不同，礼亦异数。”

刑，也避人耳目，弄到郊外秘密处决。[1]这既维护了贵族整体的尊严，又显示了阶级与等级的差异。周公的“礼治”思想成为西周立法、司法的重要原则。

影响评价

《尚书大传》将周公的政绩概括为：“一年救乱，二年克殷，三年践奄，四年建侯卫，五年营成周，六年制礼作乐，七年致政成王。”汉代思想家贾谊这样评价周公：“文王有大德而功未就，武王有大功而治未成，周公集大德大功大治为一身。”这说明，周公是古代社会被敬仰的楷模。究其原因，一是周公在一个王朝崛起之时，为它进行了理论创新和制度创新，使臣民归顺其统治，从而也奠定了中华法律文化的底色和基调。周王朝能延续近八百年，周公功不可没。二是周公是高尚人格的典范，他身体力行了明德礼治思想。作为文王之子，他是一位孝子；作为武王之弟，他是一位贤弟；作为成王之臣，他是一位忠臣。周公始终安守本分，竭尽心力做了自己应该做的事，他是一个坦诚而正直的人。历史上曾经有人说周公有僭越之心、篡位之举，但这并不符合常理。假如周公真的想当君主，他就会沿用夏代的父死子继制或商代的兄终弟及制，而不会去制定不利于自己当君主的嫡长子继承制。立法者当不为自己立法，只有这样，所立之法才能体现公平正义，因此，立法为公而不立法为私，成为立法的崇高境界，周公正是在法制初创时在此方面树立了光辉典范。周公以自己德智双全的政治魅力招致人才，征服民心，为此，曹操写《短歌行》赞曰：“月明星稀，乌鹊南飞，绕树三匝，何枝可依？山不厌高，海不厌深，周公吐哺，天下归心。”[2]

① 《周礼·秋官·小司寇》：“以五刑听万民之狱讼，……凡命夫命妇，不躬坐狱讼，凡王之同族，有罪不即市。”《礼记·文王世子》：“公族其有死罪，则磬于甸人……公族无宫刑，不翦其类也。”

② 《史记·鲁周公世家》：“周公戒伯禽曰：‘我文王之子，武王之弟，成王之叔父，我於天亦不贱矣。然我一沐三捉发，一饭三吐哺，起以待士，犹恐失天下之贤人。子之鲁，慎无以国骄人’。”

古往今来，像孔子那样做人，像周公那样当官，成了志士仁人的共同追求。让我们记住周公的思想、人品和他所创立的伟业，因为它是中国古代法律文化的源头。

• 汉墓画像石中的周公辅佑成王图

管仲

修礼倡法　富国强兵

核心要旨

管仲从哪几个方面改良周礼？

维系国家安全的四大绳索是什么？

法令渊源为何是风俗、民心？

管仲论法的学术价值和社会影响有哪些？

君臣之交与朋友之交秉承的要义是什么？

春秋之际，礼崩乐坏，天下纷争，“诸侯异政，百家异说”。新旧交替的动乱之世，促成了变异思想的产生和各执己见思想家的崛起。思想家们倍尝乱世之艰辛，为寻求由乱而治的救亡良方忧心如焚，许多人早早耗尽了青春乃至整个生命。但思想正是在星火相传中成燎原之势，理论正是在反复磨砺后日臻完善，最终出现了儒家、道家、墨家、法家等独树一帜、声势浩大的学术流派。这些学术流派人才济济，百家争鸣，共同开创了中国历史上第一个思想文化的繁荣盛世。可以断言，诸子出现之前，如果没有思想先驱大量的变革实践与理论建设，诸子很难在思想领域登堂入室，蔚为大观，达到高深的境地，取得令人瞩目的成就。管仲就是诸子思想先驱中杰出的一员。

人生历程

管仲（约公元前725～公元前645年），名夷吾，字仲，谥号敬，史称管子，齐国颍上（今安徽颍上）人。管仲出身平民，生活贫困，改变他一生命运的有两个重要人物，一个是鲍叔牙，另一个是齐桓公。管仲早年与鲍叔牙交为好友，两人一同经商，本钱几乎都是由鲍叔牙出，可是，管仲的分红却比鲍叔牙还多。鲍叔牙不予计较，反而处处为他着想，始终友善待之。齐僖公有太子诸儿、公子纠和公子小白三个儿子。公元前 698 年，齐襄公即位，其政无常，诛杀无度，他的兄弟公子纠与公子小白纷纷逃往国外避难。召忽、管仲、鲍叔牙三人关系友善，召忽提议三人共同辅佐公子纠，管仲则主张好友暂时分别，各事一主，以观事变，日后也好有个照应。于是管仲、召忽护卫公子纠逃到鲁国，鲍叔牙跟随公子小白逃到莒国。公元前 686 年，公孙无知杀齐襄公篡位，第二年春天，齐大夫雍廪又杀了无知，派人到莒国迎接公子小白回国为君，鲁国也打算派军队护送公子纠回国即位。公子纠在动身之前，先派管仲带领人马在半道上拦截从莒国前往齐国的公子小白，两方相遇，管仲向公子小白射箭，正中公子小白腰间带钩，公子小白大叫一声，顺势倒在车中装死，以麻痹对方。公子纠误认为管仲射杀了公子小白，再没有人与他争夺君位，就延缓了返回齐国的行程，六天之后，当他们到达国都临淄时，公子小白已经当上了国君，这就是齐桓公。鲁国为公子纠兴兵伐齐，齐大败鲁军。鲁国被迫答应齐国要求，杀死公子纠，逼召忽自杀，交出管仲。齐桓公得到君位，鲍叔牙出力甚多，本想让鲍叔牙主持齐国大政，鲍叔牙却趁机推荐管仲，他对齐桓公说：您若仅仅想治理好齐国，由我辅助您就足够了；您若要称霸天下，则非重用管仲不可。管仲是天下奇才，英明盖世，才能超众，他有五点比我强。一是宽厚从政，惠慈爱民；二是治理江山，权术安稳；三是忠信处事，结交诸侯；四是制订礼仪，风化天下；五是整治军队，勇敢善战。在鲍叔牙的劝导下，齐桓公不记一箭之仇，重礼以待管仲，任用他为齐相，主持国政，管仲对齐桓公更是感恩戴德，知恩图报，帮助齐桓公成就了霸业。“管鲍之交”为交友的楷模[①]，“桓公用管仲”是任人的典范。这说明不管是交友还是用人，都要不拘小节，不计前嫌，知人善任，扬其大善。

① 杜甫《贫交行》：“翻手作云覆手雨，纷纷轻薄何须数，君不见管鲍贫时交，此道今人弃如土。”

管仲射小白画像图

管仲的事迹散见于《左传》《国语》《韩非子》《吕氏春秋》《史记》《管子》等历史文献中，现存《管子》(七十六篇)，出现于比管子晚两三百年的战国中后期，由其弟子和追随者整理管子言论、阐释管子思想结集而成。其中《立政》《权修》《牧民》《形势》《乘马》《七法》《版法》《山高》《轻重》诸篇所记管仲言论与《左传》《国语》《史记》文句基本一致，大体反映的还是管仲的思想。

思想脉络

曹魏时的刘邵说："建法立制，富国强人(兵)，是谓法家，管仲商鞅是也"(《人物志·业流篇》)。春秋时期，尽管王室衰微，礼崩乐坏，法的影响开始崭露头角，但礼的作用也没有丧失殆尽。围绕齐国"称霸"这一中心任务，管仲主张德、义、礼、法、权并举，修礼倡法，他的法律思想包括两个方面的内容：一是肯定礼在维护等级名分关系合理性的同时，不拘于周礼，对礼的原则和内容加以改良[①]；二是强调法令必须依同风俗，顺应民心，倡导以刑赏为手段的"法治"。

壹

修善旧制

管仲告诉齐桓公，要发展自己的势力，称霸天下，就必须借助周王天

① 《国语·齐语》："修旧法，择其善而业用之。"

下共主的名义，借助周礼这一传统政治符号，以传统文化的继承者和捍卫者的面目出现，方能理直气壮地号令天下。他没有简单地否定和遗弃周礼，而是真诚地维护礼的威信和尊严。管仲遵循的礼主要指“上下有义，贵贱有分，长幼有等，贫富有度”(《管子·五辅》)的宗法等级原则，他说：“君不君则臣不臣；父不父则子不子；上失其位，则下逾其节。”(《管子·形势》)礼具有维护君臣、上下等级名分的突出作用。管仲强调“礼义廉耻，国之四维”，重申伦理道德在治国中的价值取向作用，把礼、义、廉、耻比作从四角绷起国家这顶帐篷的四大绳索，如果礼这根绳索断了，国家就要倾斜；如果礼、义这两根绳索断了，国家就危险了；如果礼、义、廉这三根绳索断了，国家就会颠覆；如果连耻这第四根绳索也断了，国家必然灭亡[①]。在这里，礼是国家的制度规范，义是政治伦理标准，廉是官员的政治品质，耻是官员和国民的道德感。有了礼，人们就有章可循，各守其职，不会超越节限；有了义，人们就会减少奸诈之心，不会钻营取巧；有了廉，人们就不蔽恶，品行自然完美；有了耻，人们就不肯随从别人去干不道德的事，社会上邪事也就不会大量出现。他强调“饰四维”“张四维”，只有充分发挥礼义廉耻的强制作用和教化作用，明鬼神，祗山川，敬宗庙，恭祖旧，以下从上，君主的政令才会畅行无阻，人人奉行。值得注意的是，管仲将礼置于“四维”之首，以示对制度与秩序建构的重视与企盼。他认为德与礼，是内容与形式的关系，强调“正民之德”，对民进行道德教化[②]。在他看来，合乎天道谓之德，君主之德，务要顺天应人，有大德之心，行大德之礼，[③]教育管理百姓，既靠“法治”又靠德治，治标在法，治本在德。[④]君主和官员只有

① 《管子·牧民》：“上服度则六亲固，四维张则君令行……守国之度，在饰四维……四维不张，国乃灭亡。国有四维：一维绝则倾，二维绝则危，三维绝则覆，四维绝则灭。倾可正也，危可安也，覆可起也，灭不可复错也。何谓四维？一曰礼，二曰义，三曰廉，四曰耻。礼不逾节，义不自进，廉不蔽恶，耻不从枉。故不逾节则上位安，不自进则民无巧诈，不蔽恶则行自全，不从枉则邪事不生。”

② 《管子·君臣下》：“道德定于上，则百姓化于下矣。”

③ 《管子·牧民》：“措国于不倾之地者，授有德也。”

④ 《管子·君臣下》：“陈功而加之以德，论劳而昭之以法。”

“德利百姓”，才能“威振天下”(《管子·霸言》)。

管仲在秉承周礼的同时，审视旧制，谨慎更新，对周礼进行了五方面的改良：

一是提出“凡有地牧民者，务在四时，守在仓廪。仓廪实则知礼节，衣食足则知荣辱”(《管子·牧民》)的思想命题。管仲认为，由于追求物质利益是人的本性决定的，因此，在社会生活中，衣食、财物等经济状况是决定人们是否讲究礼节、明辨荣辱、遵守法令的必备条件和物质基础。① 这一思想命题包含两层含义：其一，要把发展生产，从经济上解决人们的生存问题，改善人们的生活状况摆在第一位，然后才有资质对人们提出履行道德义务、遵守礼制法度的要求，千万不能脱离物质基础空谈礼、义、廉、耻和预防犯罪。如果人太贫穷了，礼义刑罚就会失去作用；贫富差距太悬殊，法令就令人反感，难以施行②。其二，强调有经济实力的社会新生力量最有资格立制度、倡道德，以政治制度、道德信誉巩固自己的经济地位，礼、义、廉、耻的价值就在于为有经济地位的人服务。

二是针对王室衰微、戎狄横行的局势，齐国以诸侯大国的身份挺身而出，“尊王攘夷”，“挟天子以令诸侯”，打着维护周天子“礼乐”王道的旗号，对中原各诸侯国“招携以礼，怀远以德”(《左传·僖公七年》)。公元前651年，在管仲的策划下，齐桓公会诸侯于葵丘，周天子也派代表出席。葵丘盟会规定了各国共同遵守的条款，如同盟诸侯国之间互不侵犯，共同对付夷狄入侵，不得筑堤蓄水以邻为壑，不得限制邻国之间的粮食贸易，诛不孝，不得更易太子，不允许以妾为嫡妻，不得私自分封国邑等。通过葵丘盟会，齐桓公确立霸主地位，齐国带领同盟诸侯国共同抵御游牧于长城外的戎狄的侵扰和遏制南方楚国对中原诸侯的兼并，礼(礼仪教化)力(武力征服)兼顾，礼先于力，力护卫礼，从而保护了中原经济和文化的发展，

① 《管子·牧民》：“食足财丰而后礼教所由兴也，礼行教立而后刑罚所由措也。”

② 《管子·版法》：“民不足，乃令辱；民苦殃，令不行。”《管子·治国》：“凡治国之道，必先富民。民富则易治也，民贫则难治也。”

捍卫了中原传统礼义文化的正统地位，开创了“礼乐征伐自诸侯出”的霸权时代。

三是打破井田制的限制，“均地分民，使民知时”，“相地而衰征”（《国语·齐语》）。即改劳役助耕制为按土地分等收取实物地租制，根据土地的好坏及所处位置划分等级、征收实物税，并按照每年农作物生长情况确定具体的税率，禁止贵族掠夺私产。农人的经济负担趋于合理，其生产积极性得以调动，促进了农业的稳定和发展。针对“齐国之地，东负海而北障河，地狭田少”（《淮南子·要略》）的地理条件，设轻重九府管理经济，盐铁业由国家垄断经营，并以不纳税的优惠条件促进鱼、盐的出口贸易，增加了国家的财政收入。

四是实行“叁国伍鄙”制，在全国划分政区，以整顿行政组织，组织军事编制，设官吏管理。国（国都）鄙（乡野）分治，四民（士、农、工、商）分居，“勿使杂处”①，各定其业，世代相传。在国中设置二十一乡，其中工商六乡，乡民专营本也，不服兵役；士农十五乡，乡民平时种田，战时当兵。把士农十五乡平分为三，即“参其国”（五乡为一军，共三军，国君与国、高二卿各率一军）。作内政以寄军令，把行政组织与军队编制统一起来，寓兵于民，兵民合一，既扩大了兵源，又提高了军队的战斗力②。乡村设置五属，分别由五个大夫统管，即“伍其鄙”，在宗法组织的基础上加强了国家的行政管理和法律控制，建立了由上而下的监督制度。

五是打破“任人唯亲”的宗法原则，修德进贤，创设“三选制”③，即乡长举荐，地方长官试用评议，国君亲自测试，合格者委以重任。做到“匹

① 《国语·齐语》：“桓公曰：‘成民之事若何？’管子对曰：‘四民者，勿使杂处，杂处则其言庞，其事易。’公曰：‘处士、农、工、商若何？’管仲对曰：‘昔圣王之处士也，使就闲燕；处工，就官府；处商，就市井；处农，就田野’。”

② 《国语·齐语》：“伍之人祭祀同福，死丧同恤，祸灾共之。人与人相畴，家与家相畴，世同居，少同游。故夜战声相闻，足以不乖，昼战目相见，足以相识。其欢欣足以相死，居同乐，行同和，死国哀。是故守则同固，战则同强。”

③ 《国语·齐语》：“桓公召而与之语，訾相其质，足以比成事，诚可立而授之，设之以国家之患而不疚，退问之其乡，以观其所能而无大厉，升以为上卿之赞。谓之三选。”

夫有善，可得而举也；匹夫有不善，可得而诛也……劝之以赏赐，纠之以刑罚”(《管子·明法》)，从而为有才干的中下层人士进入官吏阶层铺平了道路，同时，也使齐国统治集团因吸纳了新的社会成员而富有活力。

作为平民、商人出身的政治家、思想家，管仲对礼的改良有自己的独到之处，即根据经济的发展促进政治的变化，进行新的制度设计和道德的建设。他所改良后的礼，具有世俗性和功利性，更贴近社会生活，更顾及民众的利益，也更易为人们所接纳。

— 贰 —

施令行法

春秋初期的齐国，随着井田制的破坏和私田的大量出现，许多人从奴隶身份解脱出来，成为有一定人身自由的农人，人的地位有所提高。另外，随着经济的发展，商业异常发达，唯利是图的价值取向也颇为盛行，单单靠礼已不足以应付这一变化，还要以法治世，一是德刑并用[①]，二是立法定制[②]。特别是像实际上夺取了周天子统治权的齐国，为了加强其霸主地位，更需要通过君主发号施令，加强君主集权，“以法治国”。

管仲是中国历史上较早提出“以法治国”的理论和原则的思想家，他明确界定了法、律、令的共同性和不同作用[③]和立法、执法、守法的权责关系[④]，深刻揭示了“以法治国”的内涵逻辑、内在要求、价值目标。他认为：

① 《管子·权修》：“明智礼足以教之，上身服以先之，审度量以闲之，乡置师以说道之。然后申之以宪令，劝之以庆赏，振之以刑罚，故百姓者为善，则暴乱之行无由至矣。”

② 《管子·明法》：“有法度之制者，不可巧以作伪，有权衡之称者，不可欺以轻重，有寻丈之数者，不可差以长短。”

③ 《管子·七臣七主》：“夫法者所以兴功惧暴也，律者所以定分止争也，令者所以令人知事也，法律政令者吏民规矩绳墨也。夫矩不正不可以求方，绳不信不可以求直。法令者君臣之所共立也，权势者人主之所独守也。故人主失守则危，臣失守则乱；罪绝于吏治，权断于主则威，民信其法则亲。明主审法慎权，下上有分。”

④ 《管子·法法》：“圣人能生法，不能废法而治国。……有生法，有守法，有法于法。夫生法者，君也；守法者，臣也；法于法者，民也。君臣上下贵贱皆从法，此之谓大治。”

立法统一、法律公开[①]是“以法治国”的前提[②]，法令是天下人明确嫌疑、判断是非的客观标准[③]，从而否定礼治时代“刑不可知，威不可测”的旧观念。他强调法令的主要作用在于控制属下，防止以下乱主；法令的基本内容是赏刑，即用赏赐鼓励人们做对国家有利的事，用刑罚纠正对国家不利的行为[④]。统治者治国理政，法律是最直接、最管用、最有力的工具。[⑤]统治者只要把法律制定好，合乎国情，合乎民意，推动实施，督促落实，违法必究，就功德圆满了。

管仲认为，国以民为体，君以赏罚为用，立法关系到民众的切身利益，因此，立法应格外慎重[⑥]，力戒“私情行而公法毁”（《管子·八观》），力争做到“取于民有度，用之有止”（《管子·权修》）。他强调，兴政立法有两个立足点：一是法从习惯，二是令顺民心。

法从习惯。氏族部落的社会规范主要是习惯。习惯是在人们日常生活中自然而然地形成的，反映了氏族成员的共同意志和群体利益，得到社会舆论的认可和支持，其调整社会关系和维护社会秩序的作用明显，对氏族成员有普遍约束力。法以习惯为渊源而产生，在本土自发生长具有民主性和社会性，容易被人们理解、接受、信仰和自觉遵从。虽然管仲主张的“法治”本质上是加强君主集权，但他强调立法不能仅仅以君主个人的好恶为标准，而应“与俗同好恶”，重视民间习惯[⑦]。

令顺民心。鉴于民有“四欲”（逸乐、富贵、存安、生育）与“四恶”（忧劳、贫贱、危坠、灭绝），以“四欲”顺民心，则国安；以“四恶”逆民心，则

① 《管子·立政》：“正月之朔，百吏在朝，君乃出令，布宪于国。”
② 《管子·任法》：“法律之判定，力求统一。……圣君任法而不任智，任数而不任说，任公而不任私，任大道而不任小物，然后身佚而天下治。……故法者，天下之至道也，圣君之宝用也。”《管子·法禁》：“君一置其仪，则百官守其法，上明陈其制，则下皆会其度矣。”
③ 《管子·禁藏》：“法者，天下之仪也，所以决疑而明是非也。”
④ 《管子·明法解》：“治国使众莫如法，禁淫止暴莫如刑。”
⑤ 《管子·明法》：“威不两措，政不二门，以法治国，则举措而已，是故有法度之制者不可巧以诈伪。”
⑥ 《管子·权修》：“法者，将用民之死命者也，用民之死命者，则刑罚不可不审也。”
⑦ 《史记·管晏列传》：“俗之所欲，因而予之；俗之所否，因而去之。”

国危。法令顺民心还是逆民心，决定着国家的盛衰、统治的成败，[1] 因此，只要顺应民心，法令的实施就像源源不断的流水那样畅行无阻。[2] 立法以人为本，切实从统治对象的利益和愿望出发，寻找立法的依据，这就比统治者高高在上、目空一切、随心所欲地发号施令要合理得多，这一点应该引起立法者的高度重视。

管仲提倡“令顺民心”，就在于他清醒认识到统治者与民众是互相依存、彼此制约的。统治者为了巩固自己的统治地位和实现自己的经济利益，必须对民众有所施舍，甚至做出某种让步，让民众有利可图。做到这些，民众就会给予相应的回报。[3] 统治者有所失必然有所得，且失之甚小，得之甚大。他认为好逸恶劳、趋利避害是人的共同本性，追求物质利益是民情的基本内容。君主立法只有从人性、民情出发，才会产生令行禁止的社会成效。如果统治者立法“取民无度”，造成民众衣食不足，整天生活在痛苦之中，民众就会怠慢法令，法令就根本无法推行。因此，在管仲看来，法令不仅是制裁民众的暴力手段，同时，也是君主利用民力、获取民心的工具。

以“令顺民心”为出发点，管仲坚决反对专任刑法，大兴杀戮。他指出：刑罚杀戮过滥过重，不仅不会使法令产生威慑作用，反而会激起民怨，使统治者的地位产生动摇。[4] 在此基础上，管仲主张“省刑”，而“省刑”的关键在于堵“两原”[5]。民众肆意妄为、淫逸放诞的原因，一是上层统治者不

---

① 《管子·牧民》：“政之所兴，在顺民心；政之所废，在逆民心。”

② 《管子·牧民》：“下令如流水之源，令顺民心也。”

③ 《管子·牧民》：“民恶忧劳，我佚乐之；民恶贫贱，我富贵之；民恶危坠，我存安之；民恶灭绝，我生育之。能佚乐之，则民为之忧劳；能富贵之，则民为之贫贱；能存安之，则民为之危坠；能生育之，则民为之灭绝……故从其四欲，则远者自亲；行其四恶，则近者叛之。故知予之为取者，政之宝也。”

④ 《管子·牧民》：“故刑罚不足以恐其意，杀戮不足以服其心。故刑罚繁而意不恐，则令不行矣；杀戮众而心不服，则上位危矣。”

⑤ 《管子·牧民》：“上无量，则民乃妄；文巧不禁，则民乃淫。不障两原，则刑乃繁……故省刑之要，在禁文巧。”

节制私欲，不遵守法度；二是对浮华奢靡之风不予禁绝。堵塞了这两个根源，犯罪就会减少，刑罚便可轻省。

管仲主张严肃法纪[①]，反对赦免罪犯[②]。他提出“轻过而移诸甲兵”的思想，推行赎刑制度，让有罪者以兵器或铜、铁赎罪[③]，从而减轻了国家军备开支的沉重经济负担和刑罚惩治的强度，有利于社会安定。

影响评价

管仲担任齐相四十年，积极推行内政改革，使齐国国力大振；对外“尊王攘夷”，联合中原各诸侯国共同抵御外族的入侵，捍卫中原华夏民族的主体身份和中华文明的正统地位。在他的辅助下，齐恒公“九合诸侯、一匡天下”，成为春秋五霸之首。孔子对管仲评价极高，他说：要是没有管仲辅助齐桓公称霸诸侯，一匡天下，我们都会披头散发，左开衣襟，成为蛮夷统治下的老百姓了。[④] 管仲的政治作为也得到了汉代思想家刘向的高度评价。[⑤]

管仲建立的功业和法律思想有着鲜明的特色，对后世产生了深远的影响。他对周礼的改良，被儒家所延续；他的“富国强兵”“令顺民心”的主张，成为法家思想的先声。其他如墨家、道家、阴阳家都从他的言论中受到启迪，唯我所需地采纳和发挥了他的一些观点。尽管管仲的思想比起后来的诸子思想显得不够系统、全面和完善，但却为诸子思想的产生指明了道路：旧礼需要改良，新法需要铸造，从而表明了先秦法

① 《管子·牧民》：“明必死之路，严刑罚也；开必得之门，信庆赏也。”

② 《管子·法法》：“民无大过，上毋赦之。上赦小过，则民多重罪，积之所生也。故曰：赦出则民不敬，惠行则过日益……凡赦者，小利而大害者也。夫盗贼不胜则良人危，法禁不立则奸邪繁。故赦者，奔马之委辔也。”

③ 《国语·齐语》：“制重罪赎以犀甲一戟，轻罪赎以鞼盾一戟，小罪谪以金分，宥间罪。”

④ 《论语·宪问》：“子曰：管仲相桓公，霸诸侯，一匡天下，民到于今受其赐。微管仲，吾披发左衽已！岂若匹夫匹妇之为谅也，自经于沟渎，而莫之知也！”

⑤ 《新序·杂事》：“齐桓得管仲，有霸诸侯之荣；失管仲，而有乱危之辱。”

律思想从“礼治”到“法治”的发展趋势。无论是平民丞相，还是务实的政治家，管仲都是中国古代法律思想发展过程中光彩照人的重要人物。

近代中国，法制变革，人们注意到了法律的社会作用。什么是中国人心目中的法律，人们往往以管仲的言法作为依据。究其原因，一是中国最早高度推崇“法治”的是管仲；二是管仲推行“法治”收到了富国强兵、称霸天下的实效；三是管仲法令依从风俗习惯，顺乎民情民意，让民有利可获、有福可享、有安可图。而这些正有助于我们加深对法律的认识。

子产

折衷礼法　宽不如猛

核心要旨

子产内政改革的三大步骤是什么？

怎样迈出『法治』的第一步？

法的本质属性是『猛』还是『宽』？

稳重务实为什么是执政与改革之本？

如何认定和评价子产改革的成就？

春秋之际，王室衰微，诸侯纷争，出现了“强国事兼并，弱国务力守”(《商君书·开塞》)的格局，齐、楚、晋、秦等诸侯强国力图称霸天下，郑、卫、宋、鲁等诸侯弱国急于治国图存。在新旧交替的时代，诸侯国无论争霸还是图存，都需要转变观念，更改旧制。因为改革既可以为强国横行天下增添能量，也能够为弱国起死回生创造良机。改革自然成为一种时尚，成为大势所趋、人心所向的时代潮流。改革呼唤有才干的政治家、思想家来引导和推动，于是，诸侯强国的改革造就了管仲这样的风云人物，诸侯弱国的改革培养出子产这样的社会精英。子产与管仲比较，二者是同等的杰出，一样的优秀，他们在春秋政治舞台上，充分施展政治才华，尽情奉献思想精品，共同开创了思想历史的新纪元。

人生历程

子产(公元前 584～公元前 522 年)，名公孙侨，字子产，又字子美，谥成。他的祖父是郑穆公，他的父亲子国曾任郑国司马。郑简公元年(公元前 566 年)，子国率领郑国军队偷袭楚国的盟国蔡国得手，俘虏了蔡国司马公子燮，郑国上下一片欢腾，唯独年少的子产不随声附和，他冷静地指出："小国没有文治而崇尚武功，没有比这更大的祸患了。晋楚两国将以郑国为敌，郑国至少在四五年内不得安宁。"子产独到的政治见解，不久就被事态的发展所证实。两年后，贵族尉止聚合五族作乱，郑简公被劫持。对于突然降临的国难家祸，子产沉着应对，率兵讨贼，迅速平定了叛乱，开始在政治上崭露头角。公元前 543 年，执政子皮赏识子产的贤明，主动让位于子产。子产辅佐郑简公、郑定公二十余年。他执政时，郑国的形势十分危急。当时晋楚争霸，郑国弱小，处于两强之间，左支右绌，进退两难。而在国内，贵族盘根错节，骄横妄为，你攻我伐，内讧不断。面对"国小而偪，族大宠多"的局面，子产励精图治，对内大胆实行变革，以礼法节制强宗大族，使他们安分守己，不再惹事生非，兴风作浪，危害社会，以礼法体现和维护新兴地主阶级和平民的切身利益，提高他们的社会地位，形成新的政治格局；对外巧妙利用诸侯国之间的矛盾，强辩慎行，委婉周旋，独立自主，不辱使命，让诸侯大国找不到攻打郑国的任何借口。他发挥了卓越的政治智慧和才能，化解了郑国的内忧外患，在一定程度上推动了当时社会的转型，使国家安定，国民免受战乱之苦，从而赢得了世人的敬重。

子产的言论事迹散见于《左传》《国语》《韩非子》《史记》等文献中。

思想脉络

春秋时期的郑国，尽管新兴地主阶级开始登上历史舞台，但旧贵族的势力仍十分强大。子产作为从奴隶主贵族转化而来的封建贵族，始终围绕"图存"这一中心任务，主张折衷礼法，宽不如猛。子产的法律思想包括两方面的内容：一是对礼进行重新阐释，使之符合时代的变化，反映新生力量的要求，同时进行一系列的制度变革，挽救时弊；二是从实际出发，根据不同情况，灵活运用德与刑两种手段解决矛盾，做到德刑兼顾。

壹

折衷礼法

随着奴隶制向封建制的转型和思想的发展，西周创立的礼开始显露出不合时宜的缺陷。例如提倡“礼不下庶人”，使礼的运用范围过于狭窄；讲究繁文缛节的礼仪，使礼的形式过于繁琐和铺张；维护奴隶主等级特权，而奴隶主贵族日渐堕落，使礼的地位和作用有所降低，等等。

子产以知礼、有礼的姿态出现，对礼进行了新的诠释，他指出：礼不是繁文缛节的仪式，也不仅仅是统治者主观意志的表现，礼是上天的规范、大地的准则、民众行动的依据。① 由于礼法制度是人们仿效天地约束万物的规则制定出来的，② 体现了天道人心，因此，它自然合理，民众乐于遵行。民众自觉遵守礼法，是礼法生命力之所在。子产认为，为国以礼应该突出五个要点：臣民要惧怕君主的权威，听从国家的政令，尊重显贵，事奉长者，奉养父母。③ 由此可见，子产借用礼这一传统政治符号，赋予了它封建等级制度的内容，要求人人遵守礼义，从而使礼产生了新的活力，迎合了时代发展的需求。

子产在重新诠释礼的同时，针对国内的混乱状况，大刀阔斧地进行内政改革。改革分三大步骤：

1.作封洫。子产上台执政的第一年（公元前 543 年）首先从改革田制入手，“作封洫”，即在井田间开沟渠，设田界，明确各家的土地所有权，对私有田地按亩征税，并把个体农户按五家为伍的方式编制起来，建立严密的户籍制度，以加强对农民的控制。“作封洫”不仅有助于农田灌溉，提高农田单位面积的产量，增加国家的财政收入，而且更重要的是确认了私有

---

① 《左传·昭公二十五年》：“夫礼，天之经也，地之义也，民之行也。天地之经，而民实则之。”

② 《左传·昭公二十五年》：“子产曰：‘为君臣上下，以则地义；为夫妇外内，以经二物；为父子、兄弟、姑姊、甥舅、昏媾、姻亚，以象天明；为政事、庸力、行务，以从四时；为刑罚威狱，使民畏忌，以类其震曜杀戮；为温慈惠和，以效天之生殖长育’。”

③ 《左传·昭公元年》：“畏君之威，听其政，尊其贵，事其长，养其亲，五者所以为国也。”

土地的合法性，从而有效地限制了奴隶主贵族对土地的侵占和争夺，维护了新兴地主阶级和自耕农的既得利益。与此同时，重新规定国都内外上下尊卑的等级秩序，对忠于职守勤俭奉公的贵族和官吏给以奖赏，对骄横奢侈者给以打击和制裁。子产的田制改革，由于破除了旧的经济秩序，让许多人一时难以接受，有的人甚至用歌谣咒骂子产："统计我的财物要收费，丈量我的田地要征税，谁要杀掉子产，我就誓死追随。"三年之后，土地不均的现象停止了，国家和民众都从田制改革中得到了好处，当初反对子产的人纷纷转变态度，他们齐声颂扬子产："我有子弟，子产教诲。我有田土，子产施惠。子产死了，谁来继位？"（参见《左传·襄公三十年》）拥护子产继续执政的呼声很高。

2.作丘赋。子产"作封洫"后的第五年（公元前538年）改革军赋制度，推行"作丘赋"。"作丘赋"即田土以"丘"（16井）为计算单位，向土地私有者征收过去1甸（64井）所负担的军赋。军赋制度的改革虽在一定程度上增加了土地私有者的经济负担，但他们的土地所有权得到承认，并取得了做甲士的资格，这既为提高土地私有者的身份地位提供了机会，又为国家扩大了兵源，增加了军费收入。"作丘赋"受到了国人的严厉指责，他们咒骂子产，说："父亲死在路上，自己成了蝎子尾巴，这样的人在国内发号施令，国家只会越搞越糟。"子产知道后表示："这有什么妨害？如果有利于国家，生死都由它去吧。做好事的人不随便改变法度，才会取得成功。我做的事合理合法，还怕别人说什么吗？"（参见《左传·昭公四年》）

3.铸刑书。子产在"作丘赋"后的第二年（公元前536年），把新制定的刑法条文铸在鼎上，史称"铸刑书"，作为国家常用立法，公布于众，令国民周知，从而开创了古代公布成文法的先例。祭祀是奴隶主贵族的头等大事，青铜制作的鼎是祭祀天地鬼神的礼器。由于贵族祭祀的规模大小不同，规格高低有别，祭祀用鼎的多少也不一样。① 周礼规定，天子九鼎，诸侯

① 《左传·庄公十八年》："名位不同，礼亦异数。"

七鼎，卿大夫五鼎，士三鼎。鼎的多少成了政治权力大小的象征、社会地位高低的标志。如享用九鼎的是天子，天子是天下的最高权威，天子口含天宪，言出法随，天下天子说了算；享用七鼎的是诸侯，诸侯是诸侯国的最高权威，诸侯国诸侯说了算。照此类推，各级贵族在自己的管辖范围内，他们的言论就是地方法令，被统治者必须无条件服从。子产“铸刑书”这一举动别出心裁，富有创意，他把礼器作为法律的载体，依托礼器以树立法律的权威，法在礼上，以法代礼。这意味着法一经公布，就不得篡改，不得毁弃，必须遵守。

•子产“铸刑书”

子产“铸刑书”意义重大：(1)冲破了秘密刑思想的束缚。以前是由先王衡量案情的轻重来定罪，不预先颁布刑法。在这种情况下，法律仅为极少数奴隶主贵族所掌握，罪与非罪以及犯罪的处罚全由贵族们临事擅断，他们独断专行，为所欲为，对自己管辖下的民众滥用刑罚，恣意迫害。而广大奴隶与平民，对于法令的全貌，某一行为是否违法，违法又怎样处罚，皆无从知晓，这样就使得他们经常处于“刑不可知，威不可测”的极端恐怖之中。刑法公布后，定罪量刑有了客观、统一的标准，民众可以依据字真句凿的法律条文争取自己的正当权益，预测个人行为的法律后果，这在一定程度上剥夺了奴隶主贵族任意刑杀的司法特权。(2)打破了“刑不上大夫”的传统。从公布成文法那天起，贵族犯法也要按照刑书规定，与平民同样对待。(3)维护和巩固了田制和军赋改革的成果。子产以法律形式公开承认和保护私有权，促进了封建经济的发展。新兴地主阶级是公布成文法的最大受益者。

由于刑书含有限制贵族特权的内容，加之公布成文法的方式本身不利于贵族的罪刑擅断和任意刑杀，因此，子产“铸刑书”的行为遭到了国内外各种旧势力的强烈反对。晋国大夫叔向写信批评子产，说“铸刑书”违背了礼治传统，势必造成民有争心甚至民不畏上的严重局面，导致郑国走向衰亡。子产回信作答，吐露自己的苦衷：“对不起，我辜负了你的厚望，‘铸刑书’只是为了挽救郑国的危亡，这是不得已而为之的事。我只有不计较个人得失，也不为子孙打算了。”(参见《左传·昭公六年》)由此可看出，子产虽提倡在新旧势力没有充分分化的情况下，可以折衷礼法，但事实上，礼、法毕竟代表新旧势力的不同意志，二者不可能并行不悖，和平共处，最终礼与法产生了尖锐的对立和激烈的冲突。这种尴尬是子产始料未及的，他只得被动地弃礼从法，以法救世。然而子产的“铸刑书”是符合历史潮流的，就在子产“铸刑书”二十余年后，叔向晋国本国的赵鞅、荀寅又“铸刑鼎，著范宣子所为刑书”，其后各诸侯国纷纷制定成文刑法。“铸刑书”“铸刑鼎”标志着奴隶制礼制的瓦解，封建法制的建立。

我们知道，“法治”首先得“有法可依”，而“有法”与“无法”的区别，不在于法律制定与否，而在于法律是否公诸于众、人人皆知、被人遵从。由此看来，子产“铸刑书”，实际上是中国迈出了“法治”的第一步，在法律史上的意义不可小觑。

贰

有宽有猛

历史上，子产第一个提出了“宽”与“猛”两种不同的施政方针。“宽”，强调道德教化和怀柔宽容；“猛”，主张严刑峻法和暴力镇压。

子产执政之初，鉴于政治形势复杂，陷阱密布，危机四伏，自己立足未稳，力量有限，因此，主要采取“宽”的一手，主张“为政必以德”（《史记·郑世家》），推行开明政治。子产的“宽”体现在三个方面：（1）“众怒难犯，专欲难成。”（《左传·襄公十年》）当规章制度与众人意愿发生冲突时，切忌一意孤行，滥施淫威，以众人为敌，而应宽宏大量，顺乎民意。（2）“安定国家，必大先焉。”（《左传·襄公三十年》）对势力强大的显贵望族，推行宽容谦让政策，适当做出一些妥协和让步，以求减少执政的阻力，迅速打开局面，力戒情绪冲动，莽撞出击，以硬碰硬，受制于人。（3）“不毁乡校。”放宽对言论的控制，给臣民提供一个畅所欲言的场所。子产执政后，郑人常到乡校休闲聚会，议论国家政治，大夫然明建议子产毁掉乡校，子产不同意，说：“这样做有必要吗？大家早晚干完活儿回来聚在那里谈论为政的得失，他们喜欢的，我就推行，他们厌恶的，我就改正。这是我的老师，为什么要毁掉乡校呢？我只听说用尽力做好事来减少怨恨的，没有听说依权仗势来防止怨恨的。利用权威虽然能很快制止议论，但这就像堵塞河流一样。洪水决堤而出，伤人必然很多，我不能挽救，不如把水小小地放掉一点加以疏导，不如让我听到这些议论后把它当作治病的良药。”（参见《左传·襄公三十一年》）“防民之口，甚于防川”[①]，子产允许他人发表不同意见，批评时政，自己择善而从，闻过则改，树立了开明政治的良好风气。

到了执政后期，随着对手的势力受到削弱，自己的政治威信建立起来，同时公布了成文法，子产及时调整了统治策略，由主张“宽”转而强调

① 《国语·周语上》：“防民之口，甚于防川，川壅而溃，伤人必多。”

“猛”。这表现在严格立法，严厉执法和司法。一是首恶必办。对为非作歹、不得人心的腐败贵族，历数罪状，痛下杀手，彻底铲除内乱的隐患。二是违法必究。认真调查案情，核实口供，以事实为依据，以成文法为标准，罪刑相当，犯了什么罪就依法处以相应的刑罚，“为刑罚威狱，使民畏忌”（《左传·昭公二十五年》）。

公元前 522 年，子产积劳成疾，临终时告诫他的继任者子大叔说：我死以后，你必然成为执政，只有有德的人才能以宽缓温和的政策使民众顺服，不如实行威猛严厉的手段。他比喻说，火很猛烈，人们就对它望而生畏，因此，被火烧死的人很少；水性柔弱，人们对水便掉以轻心，经常在水中嬉戏玩耍，淹死的人却很多。因此，宽政是很难推行的。子产的临终遗言，专门论及宽猛的内在联系，意味深长。子产认为，执政的最高境界是推行以人为善的宽政，但推行宽政难度很大，它以有德者为先决条件，靠统治者高度的道德自觉。目前社会动乱，道德沦丧，人心不古，有德者销声匿迹，最切实可行的是推行猛政，建立强权政治，把法律规定得冷酷无情，严厉打击犯罪，从而使人畏惧，不敢以身试法，这也不失为走向安定的另一条途径。子产虽有自己的政治理想，但他更冷静地面对现实，当道德自觉无法实现时，他退而求其次，依靠威严的法制作保障，建立一个有序社会。“鸟之将死，其鸣也哀；人之将死，其言也善。”（《论语·泰伯》）但一开始，子产的继任者子大叔并没在意子产的临终忠告，“不忍猛而宽”，使得“郑国多盗，取人于萑苻之泽”，子大叔这才认识到子产的先见之明，“兴徒兵以攻萑苻之盗，尽杀之，盗少止”（《左传·昭公二十年》）。

子产从法律的视角谈“宽猛”，谈的是“德治”与“法治”问题。“德治”的本质是“宽”，“法治”的本质是“猛”，从重、从快、从严的法律使人不敢以身试法，法律的权威性得以彰显。另外，“德治”比“法治”实现的条件更为高远，因此，推行“法治”较为现实，也容易见到成效。

影响评价

关于子产的历史地位，历代著名历史人物都不吝溢美之词。孔子曾称颂子产为“惠人”，说他有四种行为合于君子之道：容颜态度庄严恭敬，对待君上负责认真，教养人民有恩惠，役使人民合于道理。[①] 明代诗人包裕称颂道：“当时豪杰事纵横，独有先贤治尚平。四善见称君子道，一宽无愧惠人名。”

子产是一位勤勤恳恳、任劳任怨的执政者。他认为，执政者犹如农夫，为政犹如种田，开始时要反复思虑，然后就毫不动摇地按照既定步骤切实去实施，这样就会少犯错误，并达到预期的目的。[②] 这告诉我们，一位好的执政者一是要有坚定的信念，二是要有务实的行动，二者密切相关，不可或缺。对此，汉代刘向在《新序·猛政》中称赞说：“君子之治，始于不足见，而终于不可及，此之谓也。”

子产是新旧交替时代造就的救世者、改革家。当改革遇到阻力时，子产坚定地表示：“苟利社稷，死生以之。”(《左传·昭公四年》)子产的改革，没有宏伟的蓝图，没有声势浩大的鼓吹，没有令人振奋的言辞，甚至没有逻辑严密的理论论证。子产的改革是在新旧集团势均力敌的形势下，审时度势，从一点一滴开始了创新，从改田制、变赋税，到倡法制，步步为营，层层推进，锲而不舍，善始善终，既不因流言蜚语而懈怠，也不因威胁恐吓而畏缩，在稳定中求变化，在平和中谋发展，从而调和了新旧贵族的矛盾，使国家有了新的转机。司马迁在写《史记》时，没有专门为子产立传，而是把他作为奉职守法官吏中的一员，在《循吏列传》中对他的改革成果作了客观的描述：子产为相第一年，青壮年不再游手好闲，老人幼儿不再辛苦劳作；第二年，市场临时议价，

---

① 《论语·公冶长》：“有君子治道四焉：其行己也恭，其事上也敬，其养民也惠，其使民也义。”
② 《左传·襄公二十五年》：“子大叔问政于子产。子产曰：‘政如农工，日夜思之，思其始而成其终。”

自由交易，官府不得横加干涉；第三年，夜不闭户，道不拾遗；第四年，农民收工后农具放在地头而不拿回家也无人盗窃；第五年，男子无须当兵打仗，不颁布法令人们遇有丧事也自觉敬执丧葬之礼。子产去世后，青壮年放声大哭，老人默默流泪。他们说：子产死了，他离开了我们，哪里是民众的归宿呢？由此可见，所谓改革的成果，不仅是兢兢业业干出来的显著政绩，也是众望所归的人心。这二者，子产都幸运地得到了。在改革之初，子产受到了人们的猜忌、辱骂；子产死时，郑国民众自然却流露出极大的悲痛之情，这是社会对改革家的最好回报和最高奖赏。或许只有改革家与世长辞的时候人们才会发现他的珍贵，也许只有等到盖棺而论时，改革家才会得到真正公允的评价。此时此刻，我们为改革家英年早逝而黯然伤神时，对他们的钦仰之情也油然而生！

邓析

私造竹刑　助人诉讼

核心要旨

私人立法的意义何在？

法与礼犹如冰炭能否同器？

助人诉讼的条件和技巧是什么？

邓析怎样运用法律对抗官府？

春秋时期主张变革的思想家中，管仲、子产是改良派的巨擘，他们“喜新而不厌旧”，不公开抨击和反对过去的一切，而是打着先王和周礼的旗号，对礼义进行重新诠释，同时颁行新法，用礼法调和新旧贵族之间的矛盾，避免与旧贵族发生正面冲突，这样既减少了变革的阻力，又循序渐进地推进了由旧到新的转换；而邓析是激进派的干将，他旗帜鲜明地与传统决裂，以守旧势力为敌，向妥协者宣战，主张不破不立，破旧立新。邓析代表着商人和平民利益。他对社会的变革，不像管仲、子产那样从改田制、变赋税、修内政到倡法制，全面铺开，逐步改良。而是立足于“法治”，要求法举事行，事断于法，是地地道道地从立法到司法的法制变革，推行“法治”的深度和广度都是管仲、子产无法企及的。法律在邓析手里成了撬动时代前行的杠杆，对抗执政贵族的利器，维护商人和平民利益的工具。

人生历程

邓析（公元前 545 ~ 公元前 501 年），春秋末年郑国法律思想家和社会活动家，与子产、孔子同时，出身平民，子产执政时任郑国大夫，好“刑名”之学，以刁难执政者为能事，持不同政见，遭子产排挤。后被继子产、子大叔之后的郑国执政驷颛杀害（参见《左传·定公九年》）。

邓析的生平事迹不详。《史记》没有关于邓析的任何记载，《左传》也仅仅是在批评郑国执政驷颛嫉才妒能时，偶尔提及邓析之死和他的“竹刑”。邓析的事迹还散见于《荀子》《列子》《吕氏春秋》《说苑》《淮南子》等史籍。

思想脉络

邓析的法律思想围绕法制变革展开，包含两项基本内容：一是反对效法先王，反对维护礼义，私自立法，倡行“法治”，维护法律至高无上的权威，“一断于法”；二是聚徒讲学，传授法律知识，助民诉讼，抗辩官府，为司法变革注入了新的活力。

壹

不是礼义

春秋时期，郑国地处东西南北交通中枢，地理位置优越，商业异常发达。郑国重视发展商业，郑国商人也积极参加政治活动，自觉维护国家的最高利益。公元前627年，郑国商人弦高到成周做生意，途中碰到偷袭郑国的秦国军队，他假托郑国国君之命送十二头牛犒劳秦军，同时又派邮车紧急向郑国报告。秦军见郑国有了准备，就班师回去了。[①]鉴于商人对国家的突出贡献，郑国国君与商人订立盟誓：只要商人不背叛国家，国家就不压价强买商人的物品，不掠夺。商人有好买卖、奇货可居，国家也不打听、不干涉。[②]在新旧交替的时代，平民地位的提高与商人作用的凸显，必定

① 参见《左传·僖公三十三年》。

② 《左传·昭公十六年》：“尔无我叛，我无强贾，毋或匄夺。尔有利市宝贿，我勿与知。”

促进法律的成长，必定呼唤代表平民与商人利益的思想家的产生，这样看来，邓析的出现绝非历史的偶然。

需要什么样的统治者，建立何种制度，邓析与贵族们的看法大相径庭。在贵族们的眼里，君主是政治的核心和精神支柱，礼义是维护等级特权的制度保障，二者只能誓死捍卫，不可丝毫动摇。邓析从反君主专制、反等级特权的立场出发，提出“不法先王，不是礼义”[①]“事断于法”的思想，主张彻底的社会变革。邓析认为，过去与未来之间没有必然的传承关系，用不着参照和依赖过去的东西。因此，先王不值得效法，礼义无须留恋，应该立足现实，根据商人和平民的需求，建立一种人人平等的新型社会秩序，推行“法治”。值得注意的，邓析的思想与后来法家思想貌合神离，相去甚远。虽然法家也反对“法先王”和“礼治”，但法家主张效法现世君主，维护中央集权制，钳制商品经济的发展，压制商人和平民，这与邓析“不法先王，不是礼义”的初衷背道而驰。邓析强调促进商品经济发展立法的正当性和维护平民权利的必然性，其进步意义远远高于后来的法家理论。

邓析认为，礼与法的对立是绝对的，二者犹如水火不容，不可能折衷到一起。因此，他不但反对顽固维护礼治的守旧贵族，也对继承周礼的新贵族子产的改良表示不满，认为他首鼠两端，顾虑重重，胆子不够大，步子迈得不够快，变革成效不太明显。子产治郑时，邓析总是站在子产的对立面，“数难子产之治”。[②] 但邓析跟执政者过不去，不是胡搅蛮缠，无事生非，而是注意斗争的策略和方式，做到有理、有利、有节。例如，郑国许多人四处张贴匿名帖议论国家政事，揭发当权者的罪恶，当权者和贵族都惶恐不安。于是子产下令禁止张贴匿名帖。邓析就用“致书”的形式把匿名

---

① 《荀子·非十二子》：“不法先王，不是礼义，而好治怪说、玩琦辞。甚察而不惠，辩而无用，多事而寡功，不可以为治纲纪。然而其持之有故，其言之成理，足以欺惑愚众。是惠施、邓析也。”

② 《列子·力命》：“邓析操两可之说，设无穷之辞，当子产执政，作‘竹刑’，郑国用之，数难子产之治，子产屈之。”

帖直接递送上门；子产下令禁止传递匿名帖，邓析就用“倚书”的办法，把匿名帖夹寄在包裹里的物品中散发出去。子产出令无穷，邓析对国政的批评指责也源源不断，毫无休止。[①] 子产企图用法令禁止人们做不利于统治的事情，邓析是熟谙法律又忠实法律的专家，他深知法令是有限的，不可能事无巨细，面面俱到，他根据“法无规定不为罪”的原则，利用子产立法留下的空隙，巧妙周旋，攻其不备，既表达了自己的意见，又不留下任何“违法”的把柄。这让子产颇感棘手，一时难以应付，二人积怨甚深，无法化解。

公元前536年，子产“铸刑书”，开创了公布成文法的先例。邓析赞同公布成文法，但对子产公布的刑书持批评态度。他私自制定了一部贴切现实、符合商品经济发展潮流的成文法，把它刻在竹简上，称为“竹刑”，在社会上广为流传。邓析私造“竹刑”，意义重大：其一，不受君命，私人立法。[②] 邓析不奉君主的命令，剥夺贵族统治者的立法权，由像自己这样熟悉法律的专家根据经济发展的需求，制定维护商人和平民基本权益的成文法，要求事断于法，维护法律的最高权威，这无疑是成文法从性质到内容的一次重大变革。其二，变更法律的载体，以竹简代替铁鼎。与鼎比较，竹简的优越性异常突出。竹简取材方便，成本低廉，刻写轻松，容易增补删改，篇幅不受限制，且轻便灵巧，便于携带传播，为法律的普及和广泛引用创造了条件，这无疑是成文法形式上的一大进步。因此，从内容到形式，中国第一部私人成文法“竹刑”都胜过了官府成文法“刑鼎”。邓析的立法行为超前于奴隶社会和封建社会，故为新旧统治者所不容。但邓析遇害后，“竹刑”却得到了国家的承认，成为郑国正式国法，这说明“竹刑”是

---

① 《吕氏春秋·离谓》：“郑国多相县以书者。子产令其无县书，邓析致之。子产令无致书，邓析倚之。令无穷，则邓析应之亦无穷矣。是可不可无辨也，可不可无辨，而以赏罚，其罚愈疾，其乱愈疾，此为国之禁也。故辨而不当理则伪，知而不当理则诈，诈伪之民，先王之所诛也。理也者，是非之宗也。”

② 《左传·定公九年》杜预注：邓析“欲改郑所铸旧制，不受君命而私造刑法，书之于竹简，故言‘竹刑’。”

符合时代进步要求的。不仅如此，1975 年 12 月我国考古工作者在湖北云梦县睡虎地发掘秦简 1155 枚，其内容大部分是法律、文书。由此可见，秦国乃至秦朝都是用竹简记载法律，邓析“竹刑”对后代的影响可见一斑。

贰

私授法律

邓析是历史上开办法律教育和进行诉讼研究的第一人，在法制史上的地位不容低估。子产“铸刑书”与邓析私造“竹刑”，为人们捍卫自己的正当权益提供了法律依据，也为研习法律提供了文本，社会对法律的需求极为迫切。邓析打破“学在官府”的传统，首开创办私学之先河，聚众讲学，私收门徒，讲解和传授法律知识和诉讼方法，积极鼓励和引导民众为维护自己的切身利益而兴讼。他代为诉讼，并按照案件大小与难易程度收取咨询费和代理费：大案子收成衣一套，小案只收上衣一件或者裤子一条。拿着衣服裤子登门咨询和求他代打官司的人，络绎不绝，门庭若市。[①] 邓析与孔子都以私人办学著称于世，但二人的培养目标、教学内容各具特色。孔子办的是政治学校，他教人以人伦，要求以义务为本位，维护传统文化的主体地位，提高道德修养和政治品性，“修身，齐家，治国，平天下”，培养出“弟子三千、贤人七十二”，“学而优则仕”，学业佼佼者都得当官。邓析办的是法律学校，他教人以法律，要求以权利为本位，运用法律锄暴安良，兴善罚恶，维护正义，其学徒甚众，学成者要用法律为民众维护权利。

邓析认为，助人争讼，捍卫当事人的正当权益，首先要头脑灵活，善于思辨，不能呆板麻木，一叶障目，认死理。例如，郑国有一条河叫洧水，洧水水势浩大，郑国有位富商溺水身故，有人打捞起了他的尸体。富商的家属请求赎回尸体安葬，但捞尸者索要的赎金太多，富商的家属请邓析帮助解决，邓析说：“安心等待吧，捞尸者没有出卖死尸的地方，他不把尸体卖

① 《吕氏春秋·离谓》：“子产治郑，邓析务难之，与民之有狱者约，大狱一衣，小狱襦袴。民之献衣襦袴而学讼者，不可胜数。”

给你又能卖给谁呢？”捞尸者听说这件事后，深感忧虑，也请邓析出主意，邓析告诉他：“安心等待吧，死者家属到哪里去赎回亲人的遗体呢？他们一定会来求你的。”（参见《吕氏春秋·离谓》）在邓析眼里，任何事物都是相对的，互相关联的，[①] 为人出主意，想办法，必须辩证地看问题，既看到对自己不利的一面，也要换位思考，站在对手的角度，看到对自己有利的一面，然后权衡利弊，扬长避短，出奇制胜。邓析的言行表明，理性思辨是每一个代人诉讼者应该具备的素质。

邓析在诉讼中敢于向旧传统挑战，不以周礼为准，也不固守刑书，而是“持之有故，言之成理”（《荀子·非十二子》），灵活理解法律的概念、条文，巧妙推衍，对答如流，以非为是，以是为非，是非无度，可否无别。[②] 在法庭辩论中，充分利用法律条文和事实，理直气壮地推翻官府定论，为民众争取权利。邓析的办案经验证实，能言善辩、口齿伶俐是每一个代人诉讼者应该掌握的技巧。

邓析敢于与官府争辩，反对司法的垄断与专横，为民争权利的精神，算得上是后世律师的先驱和典范。在邓析的鼓动下，郑国掀起了一股革新浪潮，法律深入民心，成为捍卫人们正当权利的武器，这势必给新旧贵族造成严重威胁[③]。郑国执政驷颛以此为患，杀了邓析，却采用了“竹刑”。据《左传》记载，有德之人指责驷颛做得太过分了。他们指出，假如有人对国家做了有利的事，甚至可以不惩罚他的罪过。一个统治者心胸狭窄，贤能之士还会为国家出力吗？[④] 然而，杀邓析并不仅仅是驷颛性格弱点使

---

① 《荀子·不苟》：“山渊平，天地比，齐秦袭，入乎耳，出乎口，钩有须，卵有毛，是说之难持者也，而惠施、邓析能之，然而君子不贵者，非礼义之中也。”

② 《淮南子·诠言训》：“邓析巧辩而乱法。”《列子·力命》：“操两可之说，设无穷之词。”《荀子·儒效》：“不恤是非，然不然之情，以相荐撙，以相耻怍，君子不若惠施、邓析。”

③ 《吕氏春秋·离谓》：“郑国大乱，民口喧哗。”

④ 《左传·定公九年》：“郑驷颛杀邓析，而用其‘竹刑’，君子谓子然（驷颛，名子然）：‘于是不忠，苟有可以加于国家者，弃其邪可也。’《静女》之三章，取彤管焉。《竿旄》‘何以告之’，取其忠也。故用其道，不弃其人。《诗》云：‘蔽芾甘棠，勿翦勿伐，召伯所茇。’思其人，犹爱其树，况用其道而不恤其人乎！子然无以劝能矣。”

然，更是他阶级的劣根性使然。作为执政新贵的驷颛，专横跋扈，阴险歹毒，他只许自己改良旧制，不让他人确立新法，当邓析的业绩和社会名望对他的统治地位构成威胁时，当思想斗争演化为名位之争时，他就会露出凶残的本性、狰狞的面目，在吞噬自己政敌的同时，劫取其立法成果，为我所用。

影响评价

邓析的命运是一出耐人寻味的悲剧。鲁迅先生曾给悲剧下了这样一个定义：悲剧就是把有价值的东西毁灭给人看。春秋法制领域最有价值而被毁灭的是邓析。

邓析气度非凡，胆略过人，大张旗鼓地宣扬“叛逆”精神。他那饱含激情的言辞，充满睿智的思想，桀骜不驯的性格，我行我素的举止，犹如在令人窒息的沉闷空气中响起的霹雳，恰似划过漫漫长夜的闪电，给人以警示，给社会以震撼。邓析的言行和思想标新立异，惊世骇俗，在当时当权者的眼里，自然成了异端邪说、荒诞不经之举，从而既遭到守旧者的仇视，又引来了改良派的暗算。邓析被害，究其自身原因，一是他出身平民，步入郑国统治集团后，身份地位的改变，并没有导致他立场观点的改变，也没有促使他性格情感的改变，他仍然为商人和平民说话，仍然率真坦诚地面对一切，毫不顾忌地与当权者争辩抗争，企图按照自己的方案改造社会。这是“不识抬举”，更是“不识时务”，自然成为众矢之的，在劫难逃。二是他信奉法律，但他又太不熟悉政治，太不熟悉当权贵族的秉性，法律上的成熟与政治上的幼稚形成巨大的反差，使他少了一些圆滑世故、老谋深算，多了一些天真耿直、任性较真。但在世俗社会，最锋利的恰恰是最易被折断的，最纯洁的往往是最易被玷污的，邓析的夭折就在于他太超群，太突出，太别具一格，太自以为是。

对于思想家来说，是不能以成败论英雄的。思想家只要坦诚地表露了心迹，自由地宣扬了真理，准确地预示了社会发展的必然趋势，肉体乃至生命就成了无足轻重、可有可无的东西。邓析死了，一个热情洋溢、有棱有角的人就这样突然消失在历史的尘埃里，但后人在谈起立法、谈起诉讼、谈起法律教育、谈起律师的时候，都会追溯到邓析那里。邓析的出现，于社会、民众、法律乃大幸，他的消失乃社会、民众、法律之大不幸。想到这些，令人忧从中来，一时难以排解……

老子

道法自然　无为而治

核心要旨

万事万物内在之『道』是如何被发现的？

为什么自然法则胜过人为法则？

如何践行『南面之术』与『无为而治』？

『法令滋彰，盗贼多有』的言外之意是什么？

『圣人之治』与『小国寡民』这两种境界的差别和关联如何？

在中国传统文化中，影响最大、流传最广的有两家：一是儒家，二是道家。奉行儒家思想的是处于上升势头的君主、官吏、学子，因而有儒君、儒臣、儒生；接受道家思想的是社会地位卑微的芸芸众生，或者是处于弱势、遭遇不幸、不甚得意的君臣和书生。从这一层意义上讲，儒学登上了殿堂，道学流落到了民间。儒学提倡做人与做事并重，鼓励人热爱生活，积极进取，有所作为，建功立业；道学注重做人不做事，引导人知难而退，知足常乐，善待自己，珍惜生命。儒家的先驱是孔子，孔子是仁爱的象征，厚德如山，高不可攀；道家的鼻祖是老子，老子是智慧的化身，睿智如水，深不可测。正是由于老子的出现，先秦的法律思想虽少了些许厚重、刻板、直率和朴实，却多了几分洒脱、飘逸、灵巧和变通，有了浓郁的使人豁然开窍的思辨色彩，从而开启了中国法哲学的先河。

人生历程

老子（约公元前 571～公元前 471），姓李，名耳，字聃，楚国苦县（今河南鹿邑东）人，曾担任周朝管理藏书的史官。他博览群书，见多识广，知识渊博，号称“老子天下第一”孔子周游列国时曾数次向他问礼求道。

老子究道德修养，致力追求自隐无名的境界。春秋之际，礼崩乐坏，在这场新旧交替的社会大变革中，老子作为失意奴隶主贵族的代表，处于卑下、屈辱、软弱无力的地位，对统治者没落的命运，束手无策，无可奈何。他看破红尘，学会放弃，拒绝与新时代权贵的宠儿精诚合作，同流合污，而是隐居山林，留恋于大自然，做到既不殉葬社会，也不迷失自我。有关老子的归隐，有这样一则故事。当老子看到周室日渐衰微，就立即离开。当白衣白裤、须发尽白的老子骑青牛西行至函谷关时，守关将领尹喜不想让这位当代文化巨擘和他秉承的文化就这样消失，于是他对老子说：“您将归隐了，请勉强为我著书，留作纪念。”为了出关，老子乃著书上下篇，言道德之意五千余言，写罢，骑牛扬长而去。突然之间，狂风大作，飞沙走石，烟尘蔽日，风沙之后，老子不见了，且没有谁知道他最终的下落。老子是玩“失踪”的高手，失踪既是手段也是目的。自己在社会上消失了，还让别人在心灵深处始终惦记着，这也许就是“隐”的效应，“隐”的高明。

老子被道教尊为始祖。其法律思想主要体现于《老子》(又名《道德经》)一书中。

思想脉络

老子的思想结构是：以“道”为“体”，以“德”为“用”。“道”“德”包含两个基本的原则：一是道法自然，二是无为而治。“道法自然”是“道”的实质内容，“无为而治”是“德”的运作方式。老子法律思想的特色和独创性在于：其一，以道统法，纳法入道，渲染法的哲理性、思辨性，推崇“南面之术”；其二，崇尚自然法，否定人为法，抨击“礼治”与“法治”，揭示其局限性与负面效应，主张顺应自然、无为而治。

•帛书《道德经》

壹
道法自然

什么是“道”？老子为什么要提出“道”的命题？老子又是怎样发现了“道”？这是一连串值得我们深思的问题。从老子的人生经历可以看出，老子是一位生活体验、社会知识、政治经验都很丰富的人，他身处动荡时代，切身感受了纷纭复杂、变化多端的各种矛盾和刀光剑影、血肉横飞的各种争斗，老子的思想、老子的智慧正源于对矛盾斗争的冷眼旁观和认真思考后得出的清醒认识。因此，敏锐地意识到矛盾存在和准确预测到矛盾变化发展趋势，老子称得上是这方面的顶尖高手。

老子的矛盾观有四层含义：(1)矛盾的普遍性。在《老子》的五千余言中，成双成对的概念有六七十对之多，如有无、多少、大小、长短、轻重、缓急、高下、左右、前后、正反、静躁、刚柔、强弱、荣辱、智愚、巧拙、生死、胜败、损益、得失、难易、美丑、存亡、利害、贵贱、奇正等，以此说明矛盾无时不在，无处不有，矛盾现象是普遍存在的，是无法回避的。(2)矛盾的对立统一。老子认为，任何事物有其利必有其弊，它由矛盾的两个方面构成，这矛盾的双方既相互对立，相互冲突，又相互依存，相互替换，构成一个统一的整体。[①](3)矛盾不停地运动变化。矛盾不是静止不变的，而是运动变化的，即矛盾的一方朝对立的另一方转化。[②]老子告诫人们，要想做成大事，不要好高骛远，狂妄自大，而要从小事做起，从现在做起，日积月累；[③]要想达到某种目的，必须从相反的方向促进它，以取得歪打正着、物极必反的效果。[④](4)重视矛盾的次要方面。鉴于任何矛盾都有主次之分，人们往往重视矛盾的主要方面，忽略了矛盾的次要方面，由于矛盾的这两个方面要互相转化，因此，应正确地预测矛盾的变化趋势，并充分利用次要矛盾，以等待最终的胜利。例如，一强一弱相争，谁会立即取得胜利，毫无疑问是强者。但强者得势必遭受众人的嫉妒、怨恨，成为众矢之的，反观弱者，却会赢得大家的同情，至少不把他视为竞争对手。这样一来，强者处处受到遏制，弱者悄悄积蓄力量，时间一长，强者逐渐变弱，弱者逐渐变强，弱者最终成为战胜对手的胜利者。

既然人类社会矛盾重重，纷乱横生，那么，是什么决定着矛盾的普遍存在和变化发展规律的呢？老子透过矛盾现象，认为其背后有一种神秘的本质力量，这就是所谓的“道”。“道”是万事万物的来源和必然归宿。“道”的提出，终结了对矛盾现象穷追不舍的询问，一切可以用“道”的存在去囊括、去解释，一切都是“道”在主宰，在起作用，在产生影响。

老子这样描述他的“道”：“有物混成，先天地生，寂兮寥兮，独立而不改，周行而不殆，可以为天下母，吾不知其名，字之曰道，强为之名曰大……故道大，天大，地大，人亦大。域中有四大，而人居其一焉。人法

① 《老子·二章》：“天下皆知美之为美，斯恶矣；皆知善之为善，斯不善矣。故有无相生，难易相成，长短相形，高下相倾，音声相和，前后相随，恒也。”《老子·三十九章》：“故贵以贱为本，高以下为基。”《老子·五十八章》：“祸兮，福之所倚；福兮，祸之所伏。”

② 《老子·二十二章》：“曲则全，枉则直，洼则盈，敝则新，少则得，多则惑。”《老子·四十二章》：“故物或损之而益，或益之而损。”

③ 《老子·六十三章》：“图难于其易，为大于其细；天下难事必作于易，天下大事必作于细。”《老子·六十四章》：“千里之行，始于足下。”

④ 《老子·三十六章》：“将欲翕之，必固张之；将欲弱之，必固强之；将欲废之，必固兴之；将欲夺之，必固与之。是谓微明。”

地，地法天，天法道，道法自然。”(《老子·二十五章》)老子把“道”与天地万物的关系作了独出心裁的颠倒，即把天地万物中有“道”，变成“道”先于天地生[①]，“道”就理所当然地成为了事物的内在规律和本质力量。“道”是一种客观存在，它不掺和任何人为的因素，也不以人的意志为转移，在维护社会秩序、约束人们的言行举止、指导治理国家方面发挥着重要作用。因此，“道”的妙用在于有求即得，有罪可免。[②]“道”的实质在于让人在矛盾面前做出躲避灾害的明智选择。

老子最早提出了“自然”的观念，“自然”是“道”的本质，“道”是“自然”的真实表现。老子在此基础上建立了自然主义法律观：衡量法律好坏善恶的唯一标准是其是否有“道”，是否符合“自然”。

老子认为，源于“自然”的自然法比起人为制定的社会法优越得多。其具体表现为：(1)自然法则具有客观性和公平性。自然法则“生而不有，为而不恃，长而不宰”，不体现人的主观意志和个人见解。自然法则与人为善，为人谋福利。[③]自然法则不偏爱任何人，对一切人都一视同仁，公平无私。自然法则是“损有余而补不足”，抑强扶弱，打富济贫；而人为法则是“损不足而奉有余”，旨在拉大贫富差距，形成贵贱对立，使得势者处处得势，失势者处处失势，从而富者愈富，穷者愈穷，强者愈强，弱者愈弱。[④]两相比较，自然法则体现世间公平、促进社会和谐的目的显而易见。(2)自然法则具有普遍性和权威性。老子认为，“道”与仁义礼法相比，具有极大的普遍性和权威性，是最高的行为准则。他说：“天之道，不争而善胜，不言而善应，不召而自来，坦然而善谋。天网恢恢，疏而不失。”(《老子·七十三章》)自然法则无所不为，无所不化，以寡制众，无往而不胜。

① 《老子·四十二章》：“道生一，一生二，二生三，三生万物。”

② 《老子·六十二章》：“古之所以贵此道者何？不曰以求得，有罪以免邪，故为天下贵。”

③ 《老子·七十九章》：“天道无亲，常与善人。”

④ 《老子·七十七章》：“天之道，其犹张弓与？高者抑之，下者举之；有余者损之，不足者补之。天之道，损有余而补不足。人之道，则不然，损不足以奉有余。孰能有余以奉天下，唯有道者。”

（3）自然法则具有永恒性。老子说，自然法则不受时间、空间和自身条件的限制，它无始无终，无生无灭，持久永恒，以不变应万变。[①]综上，老子认为，世上最好的法律就是自然法则，法律必须唯“道”是从，而不能背“道”而驰。守“道”循“道”，可舒畅自适，独异于人。这样一来，只盯着法律往往是不够的，关键是要关注法律是否符合自然法则。

“道”运用于社会统治，产生了最高统治者制驭天下的最高原则、根本策略和主要方法，又称“君人南面之术”[②]。由于矛盾的普遍存在，由于矛盾的对立面和不停变化，由于矛盾的次要方面有发展的潜力、上升的势头，最终将成为未来的主导，因此，在方略上，应贵柔、守雌、处下、居虚、待静。“南面之术”推崇政治智慧，它建立在“弱者道之用”和“柔弱胜刚强”（《老子·三十六章》）的信念上，其内容有二：一是深藏不露，韬光隐晦，以静制动，后发制人。低调迟钝，谦虚忍让，既可先隐藏自己的实力，不引起他人的注意和警惕而成为众矢之的，又能冷静地观察对手，全面掌握对手的情况，抓住对手的致命弱点，利用时机，出其不意，攻其不备，致命一击，一举歼之。二是以退为进，欲夺先予，这样既可以储备力量，为自己留有余地，与对手周旋，又能制造自己软弱涣散、无能为力的假象，迷惑、麻痹对手，让其大胆冒进，毫无顾忌，落入自己设计的圈套之中。老子“南面之术”的缺陷十分明显：一是忽略矛盾的排斥、斗争，把对立面的统一看成绝对的、无条件的；二是认定矛盾的转化是无条件的、盲目的，陷入了循环论、宿命论的怪圈；三是否定了主要矛盾的主导地位，夸大了次要矛盾的作用，具有认识的片面性；四是呈现出消极、保守的倾向；五是过分强调政治智慧，而忽略政治实力的汇集和提升。

---

① 《老子·十六章》：“知常容，容乃公，公乃全，全乃天，天乃道，道乃久，没身不殆。”

② 《汉书·艺文志》：“道家者流，盖出于史官，历记成败存亡祸福古今之道，然后知秉要执本，清虚以自守，卑弱以自持，此君人南面之术也……及放者为之，则欲绝去礼学，兼弃仁义，曰独任清虚可以为治。”

贰

无为而治

作为隐士的老子，将以退为进、以后为先作为自己的处世哲学，这表现在政治态度上就是清静无为[①]。老子认为，统治者的一切作为只会破坏和谐美好的自然秩序，扰乱天下，祸害百姓。因而他要求统治者少一些社会欲望，不要想有所作为，对民众要听其自然，任其自由发展，百姓才会对统治者产生好感，才会认可其统治。

"无为而治"的理论根据是"道"。老子指出，天下万物生于"有"，"有"生于"无"，"无"是一切事物的根源和本体，"有"只是"无"的一种表现。同时，"有"的出现又往往是对万事万物本性的丢失和破坏，因而应该"返璞归真"，变"有"为"无"。所以，"无"就是"道"，而"无"在对待社会人事方面的要求和表现就是"无为"[②]。

"无为而治"的现实依据是变乱为治。老子认为，人的社会性与人的自然性是截然对立的，正是统治者为满足自己社会欲望的"有为"，使其他人的自然欲望无法体现，从而同时出现了百姓的贫困与统治者的腐败奢侈，造成了人际关系的紧张和社会的混乱。[③]因此，要唤醒人的本性，恢复社会的安定，实现天下大治，就必须变"有为"为"无为"[④]。老子说："治大国，若烹小鲜。"(《老子·六十章》)治国，就是要少干涉，不扰民。[⑤]

怎么才能做到"无为而治"呢？为此，老子分别对统治者与被统治者提出了不同的政治要求。

---

① 《老子·三章》："为无为，则无不治。"《老子·二十二章》："夫唯不争，故天下莫能与之争。"《老子·十章》："爱民治国，能无为乎？"

② 《老子·三十二章》："侯王若能守之(道)，万物将自宾。"

③ 《老子·七十五章》："民之饥，以其上食税之多，是以饥；民之难治，以其上之有为，是以难治；民之轻死，以其上求生之厚，是以轻死。"

④ 《老子·四十七章》："是以圣人不行而知，不见而明，不为而成。"《老子·四十八章》："无为而无不为，取天下常以无事，及其有事，不足以取天下。"《老子·五十八章》："其政闷闷，其民淳淳；其政察察，其民缺缺。"

⑤ 《老子·二章》："处无为之事，行不言之教。"

就统治者而言，规劝他们力争做到“三去”，即政治上不走极端，经济上不奢侈铺张，军事上不好大喜功。具体来讲：(1)政治上“去甚”，反对暴政苛刑，主张减少刑罚。老子认为，统治者不是越厉害，百姓就越怕他，厉害的统治者的统治是不会长久的①。百姓并不害怕死亡，统治者经常用死来威胁恐吓他们是毫无意义的。用严厉的行政管理措施或刑罚处罚手段，并不能有效地制止犯罪。恰恰相反，法规禁令越繁，触犯法律的人越多，盗贼越是泛滥成灾。(2)经济上“去奢”，反对厚敛横征，主张轻徭薄赋。老子斥责统治者一味追求享受而不顾民众死活的罪恶行径，认为那些穿着锦绣衣服、佩带锋利宝剑、吃着精美饮食、占有大量财富的统治者，简直就是杀人越货的强盗头子，这是无道的表现。②他一再告诫统治者，追名逐利必定有所损耗③，欲得而不知足，就会“金玉满堂，莫之能守”(《老子·九章》)。(3)军事上“去泰”，反对穷兵黩武，主张和平稳定。老子指出，战争是不祥之物，大家都厌恶它，所以有道者不使用它，战争造成土地荒芜，民众死亡，对人类社会无疑一场深重的灾难。④老子主张，在不得已的战争中体现人道主义，以沉痛的心情对战争中所杀之人表示哀悼。⑤总而言之，统治者要克制自我，不作为，少干涉，尽量减轻民众的各种压力和负担，让民众自然生存、自我管理、自娱自乐。

就被统治者而言，老子鼓吹“愚民”政策：“古之善为道者，非以明民，将以愚之。”(《老子·六十五章》)主张不教民以智巧，教民以淳朴，这样的民众最好统治。民众要力争做到“三绝”。(1)在生产生活领域“绝巧弃利”。由于生产工具的改进、生产力的发展，劳动产品出现了过剩现象，私

---

① 《老子·二十三章》：“故飘风不终朝，骤雨不终日。”

② 《老子·五十三章》：“服文綵，带利剑，厌饮食，财货有余是谓盗夸，非道也哉。”

③ 《老子·四十四章》：“甚爱必大费，多藏必厚亡。故知足不辱，知止不殆，可以长久。”《老子·四十六章》：“祸莫大于不知足，咎莫大于欲得。”

④ 《老子·三十章》：“兵者不祥之器，非君子之器，不得已而用之，恬淡为上。胜而不美，而美之者，是乐杀人。夫乐杀人者，则不可得志于天下矣……以道佐人主者，不以兵强天下。其事好还。师之所处，荆棘生焉。大军之后，必有凶年。”

⑤ 《老子·三十一章》：“杀人之众，以悲哀泣之，战胜以丧礼处之。”

有财产开始产生，私有观念开始形成。人们在经济上争财夺利，人际关系紧张对立，反目为仇、大动干戈之事层出不穷，屡禁不止[①]。面对上述情况，只有销毁一切灵巧便利的器具，使人们“见素抱朴，少私寡欲”，“视黄金如粪土，置利禄若罔闻”。总之，“绝巧弃利，盗贼无有”。(2)在社会活动场合“绝仁弃义”。由于君臣常以仁义贤能的条件身居要职，把持权柄，因此，人们为了争权夺势而勾心斗角，互相残杀。只有彻底废弃仁义贤能的选拔人才的评价机制[②]，才会使人们在社会上失去进取心和责任感，只会安于现状，恪守本分。总之，“绝仁弃义，民复孝慈”。(3)在意识形态方面“绝圣弃智”。老子视智慧为万恶之源[③]，认为只有消除民众的聪明才智，统治者才会高枕无忧，民众“不识不知，顺帝之则”。一方面要让民众“少私寡欲”，只知道吃饭睡觉干活；另一方面“绝学无忧”，杜绝民众接触知识文化，使他们毫无觉悟，逆来顺受。总之，“绝圣弃智，民利百倍”(《老子·十九章》)。

综上所述，如果统治者做到“三去”，被统治者做到“三绝”，就可以达到“无为而治”的境界：“我无为，而民自化；我好静，而民自正；我无事，而民自富；我无欲，而民自朴。”(《老子·五十七章》)

老子的“无为而治”的最高理想是所谓“圣人之治”。圣人之治，就是挖空人的心思，填饱人的肚子，削弱人的志向，健壮人的筋骨。常使他们没有心智，没有欲望。使一些自作聪明的人不敢妄动。以无为的方式，达到无不治的效果。[④]假如“圣人之治”的最高理想一时实现不了，至少还可以争取达到“小国寡民”的次高理想：国家小一点，民众少一点。不用任何生活用具、生产交通工具，人们定居不向远方迁徙且重视死亡。取消文字，让人们回到结绳记事的蒙昧时代，甘食美服，安居乐俗，珍惜生命，不

① 《老子·五十七章》：“人多利器，国家滋昏；人多伎巧，奇物滋起。”

② 《老子·三章》：“不尚贤，使民不争；不贵难得之货，使民不为盗；不见可欲，使民心不乱。”

③ 《老子·六十五章》：“民之难治，以其智多。故以智治国，国之贼；不以智治国，国之福。”

④ 《老子·第三章》：“是以圣人之治，虚其心，实其腹，弱其志，强其骨。常使民无知无欲。使夫智者不敢为也。为无为，则无不治。”

与他国交往。[1] 老子的这种观念是以简化人际关系，降低生活水准，放弃人类社会文明进化为代价，以获得一时的自我安定。

老子“无为而治”的法律观，是与儒家的“礼治”、法家的“法治”、墨家的“兼治”针锋相对、水火不容的。老子以隐士的身份对奴隶主贵族、新兴地主阶级、小生产者的法律观予以一一否定。在“道”的面前，无论是“礼治”还是“法治”都相形见绌，漏洞百出。

老子否定儒家的“礼治”。老子认为，儒家的仁义忠孝等道德规范都是“大道”被废弃后的产物[2]。礼具有等级性、特权性，是一种不公平的社会秩序，它与社会治理南辕北辙，是致使社会动乱的罪魁祸首[3]。因此，“贵以贱为本，高以下为基”(《老子·三十九章》)的“道”，优于“贵贱不愆”的礼。故以礼治天下，不仅无济于事，反而会造成更大的混乱。

老子反对法家的“法治”。老子认为，自然法胜过人为法，统治者人为地去塑造法的威严，制定出来的法律既违背自然，又扭曲人性，民众是不会惧怕这种法律的，“民不畏威，则大威至”(《老子·七十二章》)，统治者最害怕的事情就会发生。因此，“以法治国”违背了自然之道，是倒行逆施，只会越治越乱。

老子批评墨家的“兼治”(“兼相爱、交相利“的治理方式”)。老子认为，“天地不仁”，天是没有意志的，更不会有“兼爱”之心。墨家无事生非，也是一种“有为”之治，势必引起新的争夺，导致新的动乱。因此，“夫唯不争，故无尤”(《老子·八章》)。

由上可知，老子站在自然而然、“无为而治”的立场上，对人定的各种规范、准则、制度的否定和批判，都显得歪打正着，击中要害。老子“自然

---

① 《老子·八十章》：“小国寡民，使有什佰之器而不用，使民重死而不远徙。虽有舟舆，无所乘之；虽有甲兵，无所陈之；使民复结绳而用之。甘其食，美其服，安其居，乐其俗。邻国相望，鸡犬之声相闻，民至老死，不相往来。”

② 《老子·十八章》：“大道废，有仁义；智慧出，有大伪；六亲不和，有孝慈；国家昏乱，有忠臣。”

③ 《老子·三十八章》：“故失‘道’而后‘德’，失‘德’而后仁，失仁而后义，失义而后礼。夫礼者，忠信之薄，而乱之首。”

法”观念包括如下几项内容：

1.**在法的地位上，道胜于法。**老子认为，对人来说，最有约束力的是“道”而不是法。“道”法无边，威力无穷，永恒不变，“天网恢恢，疏而不失”(《老子·七十三章》)。自然法优于人为的制定法，人为的制定法应遵循而不能违背自然法。

2.**在法的性质上，法应秘而不宣，不可公诸于众。**[①]治国的法律、措施应秘而不宣，由统治者自己掌握，灵活运用。如果公示于人，让其他人了解和掌握，他们就会钻法律的空子，或运用法律武器捍卫自己的权利，统治者就会授人以柄，利刃反捉，受制于人。

3.**在法的内容上，主张“天之道，利而不害”，反对滥施刑杀。**统治者的所作所为，包括政策法令，都应“以百姓之心为心”，对百姓有好处，为社会谋福利，维护民众的正当权益，而不应一味的严刑镇压。凡是危害百姓，喜欢杀人的人，最终会失去自己的统治地位。[②]

4. **在法的形式上，法应简明粗略，反对法繁令苛。**老子提出了“法令滋彰，盗贼多有”(《老子·五十七章》)的思想命题，意思是，统治者制定的法令愈繁琐，民众就愈贫穷，盗贼也就愈多。这一命题与一般人对法(刑)与罪因果关系的看法截然不同。一般人认为，罪是因，法是果。没有犯罪，就没有刑法；犯罪现象愈多，法令规定愈严密；罪行愈大，刑罚愈重。因此，随着道德沦丧、世风日下，犯罪率上升，法令繁密，刑罚严酷，势在必然，理所当然。一般人只看到了法律能警示犯罪、惩治犯罪。老子的智慧之处在于，他故意颠倒了法与罪的因果关系，以法为因，罪为果，先有法，后有罪。如果法律规定得过滥、过繁、过重，让人们无所适从，无法遵守，民众举手投足皆会触及法网，他们就会无所顾忌，铤而走险，以身试法，“踊跃”犯罪。这样看来，法令还有刺激犯罪的作用，而这一点恰恰是人们

① 《老子·三十六章》:“国之利器，不可以示人。”
② 《老子·四十二章》:“强梁者不得其死。”

容易忽略或视而不见的。老子指出，法律不是愈严密愈好，刑罚不是愈酷重愈灵，在某些情况下，过繁过严的法令还会逼迫人与法律对抗，不忌讳犯罪。因此，要特别警惕法律的这种负面效应。

5. 在惩治方式上，慎用死刑，反对动辄以死相恐吓。老子指出，民众生活贫苦，缺衣少食，挣扎在死亡的边缘，因此，他们并不惧怕死亡。“民不畏死”，是统治者最棘手的问题。统治者只有让百姓过上安定生活，体验生命的可贵，才会产生“畏死”的情绪。这时，如果有人敢作奸犯科，就抓起来统统处死，人们才会感到害怕，才会远离犯罪。①

6. 在惩治主体方面，主张天道惩罚论。老子认为，人的生死，本应顺应自然法则，该生者生，该死者死。如果违背天道，人为地严刑苛罚，残害人的生命，最终会自食其果，祸及自身。②

老子强调唯道是从，反对依靠制定具体的法律治理国家。他按“生而不有，为而不恃”的自然之道要求统治者“处无为之事，行不言之教”(《老子·二章》)，强调“天下神器，不可为也，不可执也。为者败之，执者失之……无为故无败，无执故无失”(《老子·二十九章》)。只有体悟“道”的圣人推行“无为之治”，不用人为地制定法令，人民也会顺从。老子的法律思想一方面强调必须按照“无为而治”的要求，废除一切人为的道德、法令和一切“有为”的成就，让万物复归自然，从而具有反剥削压迫，争取自由的意愿；另一方面，要求“以正治国”，“以无事取天下”，彻底否定积极进取、有所建树的人生态度，从而具有法律虚无主义倾向。

影响评价

治理社会的方式有三种：法治、人治和无为而治。司马迁在《史

① 《老子·七十四章》：“民不畏死，奈何以死惧之？若使民常畏死，而为奇者，吾得执而杀之，孰敢？”

② 《老子·七十四章》：“常有司杀者杀。夫代司杀者杀，是谓代大匠斫，夫代大匠斫者，希有不伤其手者矣。”

记·老子韩非子列传》中说："老子所贵道，虚无，因应变化于无为，故著书辞称微妙之难哉。"南宋洪迈《容斋随笔》亦言："老子之言，大抵以无为、无名为本，至于绝圣弃智。……微言渊奥，固莫探其旨也。"老子"道法自然，无为而治"的学问看似玄妙，其实并不难理解，只是人们大多雄心勃勃，志向远大，力图有所作为，对老子的理论不太在意或不屑一顾罢了。在中国法律思想史上，老子以退为进，喧宾夺主，以柔克刚，歪打正着，夸大了事物隐秘、消极、次要一面的作用，从而贬低、排斥人为因素，揭示了万事万物自身的、内在的、本质的要素、规律和力量，以便在天高地厚、天长地久和天地悠悠面前，反衬人的渺小、浅薄、无能和自以为是，要求人们适可而止，知难而退，学会放弃，随遇而安，知足常乐，这对将人从忙忙碌碌的琐碎事务中解脱出来，从蝇头小利的争斗中全身而退，是大有裨益的。老子学问的最大用处正在于"无用"，在于克制人为而任其自然。

孔子

以仁释礼　重德轻刑

核心要旨

以仁释礼的内容及方法有哪些？

礼对法有哪些基本要求？

『哀矜折狱』的言外之意是什么？

『人存政举』与『身正令行』的基本含义是什么？

为什么思想家必须去流浪？

孔子是中国历史上很有影响的人物，他的思想学说是中国传统文化的象征。当我们涉猎中国传统文化时，自然而然会提到儒家，提到孔子。同时孔子又是两千多年来引起颇多争议的人物，追随崇拜孔子的人，把他奉为万世师表、至圣先师，尊孔标志着对传统、正宗的捍卫，孔子成了他们继往开来的敲门砖；鄙视、诋毁孔子的人，把他看作万恶之源、千古罪人，批孔意味着叛逆情绪的宣泄，孔子成了他们破旧立新的出气筒。面对孔子，或褒或贬，众说纷纭，莫衷一是，孔子就这样被深谋远虑的人任意误读着、借用着。久而久之，孔子就被弄得面目全非，真假难辨，实际上，孔子只不过是主要以教书相礼为业的思想家，我们既犯不着把孔子奉于庙堂，也不必将孔子逐出门墙，而应该心平气和地对待孔子，全面深入地了解孔子的思想，从而对孔子作出接近历史真实的客观评价。

人生历程

孔子（公元前 551～公元前 479 年），名丘，字仲尼，春秋末期鲁国陬邑（今山东曲阜）人。他的祖先是宋国显赫的贵族，系商纣王庶兄微子启的嫡系后裔。孔子的六世祖孔父嘉在与宋国太宰华督的内讧中被杀，孔父嘉之后三世为孔子的曾祖孔防叔，孔防叔为躲避华氏迫害，带领家人从宋国逃到鲁国，改姓埋名。孔防叔生伯夏，伯夏生孔子的父亲叔梁纥。叔梁纥曾做过陬邑宰，已沦落到贵族的底层——“士”。孔子3岁丧父，家道式微，他自称：“吾少也贱，故多能鄙事。”（《论语·子罕》）孔子自幼以演习礼仪为游戏，15岁立志读书，掌握六艺（礼、乐、射、御、书、数），青年时投身于鲁当权贵族季氏门下，当过管理仓库与管理牛羊的小吏，经常以“相礼”为业。30岁时开始私人兴教，聚徒讲学，有弟子三千、贤人七十二。50岁以后出任鲁中都宰、司空、司寇，在此期间，孔子做了三件大事：其一，鲁定公十年（公元前500年），齐鲁会盟于夹谷，孔子担任鲁方相礼，他挺身而出，粉碎了齐国想用莱夷人武装劫持鲁君的阴谋，折服了骄横的齐景公，让齐国归还了以前侵占鲁国的郓、汶阳、龟阴之地。其二，鲁国季孙氏、孟孙氏、叔孙氏三家各有私邑费、郈、成，后被其家臣作为抗拒他们的堡垒。鲁定公十三年（公元前497年），孔子向定公提议：“臣无藏甲，大夫毋百雉之城。”并说服季氏，制定了依靠鲁国公室力量“堕三都”的计划，随后，叔孙氏的郈邑被撤除，季孙氏的费邑被堕毁，孟孙氏的成邑因没有家臣反叛得以保留，卿大夫及其陪臣势力受到遏制，鲁国形势趋于稳定。其三，鲁定公十四年（公元前496年），孔子代理鲁国大司寇，上任后七日就把鲁国大夫少正卯杀死在东观之下，暴尸三日。[①] 孔子参与鲁国国政仅3个月，因不满鲁国君臣贪图享乐、不理政事，他主动放弃官位，怀着天下无道的忧患意识，率弟子离开鲁国，周游于卫、宋、陈、曹、郑、蔡、楚诸国，宣传自己的“救世”主张，但这些国家的当权者都忙于追名逐利，纵欲享乐，对孔子的学说不感兴趣，孔子不但没有得到重用，反而到处碰壁，倍尝艰辛。鲁哀公十一年（公元前484年），孔子怀着绝望的心情，结束流浪生活，回到鲁国，将自己的主要精力倾注于教育和学术研究上，整理文献典籍，精心

① 《淮南子·氾论训》：“孔子诛少正卯而鲁国之邪塞；子产诛邓析而郑国之奸禁。”

培养弟子，为儒家学派[①]的创立和中华民族传统文化的保存作出了突出的贡献。

《左传》《孟子》《荀子》《礼记》《史记》等文献都对孔子的言论事迹有所记载。由孔门弟子及再传弟子编辑的《论语》一书，是研究孔子思想的主要资料。

思想脉络

孔子将“人之常情”作为自己理论的落脚点和出发点，认为礼是维系“真情实意”的最佳方式，春秋时期“礼崩乐坏”是“天下无道”的表现，于是他站在看重人情的立场上，坚决维护宗法等级特权的礼制，严厉谴责各种违反和破坏周礼的言行，力图通过教化的手段恢复“周礼”，回到“天下有道”的社会。孔子没有或者很少谈及法律的起源、性质、地位、作用等法律的内在问题，而十分重视法律与政治、经济、伦理、道德的关系等法律的外在问题，刻意在法律与社会的广泛联系中从整体、宏观方面把握法律，从而建立起了一个“以仁释礼”的法律思想体系。这一思想体系有三个层次的内容：一是“礼治”，主张“为国以礼”，在维持尊卑贵贱等级关系的同时，以礼为立法的指导原则，倡导人人守礼；二是“德治”，主张“为政以德”，宣扬道德教化比法律强制的效果好，要求统治者以身作则，广施教化，反对滥用刑罚；三是“人治”，主张“为政在人”，以贤人政治弥补“任人唯亲”的不足，让贵族在法律不公开的司法活动中发挥主动、积极的作用，惩恶扬善，维护社会安定。孔子提供的“以仁释礼”的思维模式，强调的不是健全法制，而是完善人格，以人寻真求善的思想境界化解一切矛盾，使社会处于一种安详和睦的氛围之中。孔子从社会、从伦常等特殊视

① 《汉书·艺文志》：“儒家者流，盖出于司徒之官，助人君顺阴阳明教化者也。游文于六经之中，留意于仁义之际，祖述尧舜，宪章文武，宗师仲尼，以重其言，于道最为高。孔子曰：‘如有所誉，其有所试。’唐虞之隆，殷周之盛，仲尼之业，已试之效者也。然惑者既失精微，而辟者又随时抑扬，违离道本，苟以哗众取宠，后进循之，是以五经乖析，儒学寖衰，此辟儒之患。”

角考察法律所产生的真知灼见往往是许多“纯粹”的法学家无法企及的。

— 壹 —

以仁释礼

在“礼崩乐坏”的春秋时代，孔子对礼的坚定信念毫不动摇，他强调，“不知礼，无以立”(《论语·尧曰》)。主张以礼为治国的根本，以礼作为判断人们是非曲直的标准，并把“克己复礼”作为最高的政治追求，为此，他呼吁各级贵族“能以礼让为国”(《论语·里仁》)，各自克制，安分守己，停止争夺，恪守礼制；规劝国君以礼处事，用“礼”齐“民”；要求全体民众把自己的思想言行纳于礼的规范[①]。

孔子在肯定礼的同时，根据时代发展的需要，对礼改良维新。孔子认为，礼的生命力就在于顺应历史潮流对其进行不断修正和补充。周以后的礼也应该根据社会变化和人性需求对周礼有所删除或增加[②]。

用什么改良周礼呢？孔子提出了“仁”的观念，以“仁”作为“礼”的思想基础，从而充实了礼的内容，提升了礼的内在精神。许慎《说文解字》曰：“仁，亲也，从人从二。”“仁”者，二人也，即人与人，是一种彼此亲近的关系。孔子强调的不是远离社会独立存在的个人，而是束缚在一定人际关系中的具有社会性的人，个人的一切只有在人与人的相互联系中去确立和实现。因此，做人的主要任务是重视和处理好人际关系，而处理人际关系的基本准则是“仁者，爱人”(《论语·颜渊》)，即以关爱别人的方式履行自己不可推卸的社会责任。“仁”字在《论语》中出现过 105 次之多。

孔子的“仁”包含四大要素：

1. **“亲亲”**。孔子的“仁爱”不是爱谁是谁，而首先要找准爱的起点，换句话说，应该首先爱谁？从谁爱起？孔子主张“爱人”必须从“亲亲”开

① 《论语·颜渊》：“非礼勿视，非礼勿听，非礼勿言，非礼勿动。”

② 《论语·为政》：“殷因于夏礼，所损益可知也；周因于殷礼，所损益可知也。其或继周者，虽百世可知也。”《史记·礼书》：“观三代损益，乃知缘人情而制礼，依人性而作仪。”

始，爱与自己最亲近的亲人。“至尊莫若父”，“次亲莫若兄”，应该把爱自己的父兄摆在首位，“爱父谓之孝，爱兄谓之悌”，孝悌是建立在血缘关系上的爱，这是一种高尚的爱，纯粹的爱，脱离了低级趣味的爱，自然而然的爱，是为爱而爱。首先做到了“亲亲”，然后才去爱社会上自己遇到的所有人，这一爱的顺序不可颠倒。假如连自己身边的父兄都不爱，而绕开他们去爱自己的长官、老师、邻居、朋友等社会上的其他人，爱的性质就发生了变异，这就是一种别有用心的爱，成分复杂的爱，虚情假意的爱，是以爱为手段以功利为目的的庸俗的爱。因此，孔子说，孝悌是仁义的根本①。

2．**内在自觉**。孔子认为仁与礼密切相关，仁是礼乐的基础和前提②。仁与礼比较，礼是对个体成员具有外在约束力的制度规范，仁是人内心世界的自觉理念，它从内心深处驱动人自觉自愿、主动乐意地积极行动。鉴于春秋动乱之世，周天子已无能为力，礼的外在权威已丧失了原有的力量和作用，孔子用心理原则“仁”充实外在规范“礼”，实际上是把复兴“周礼”的任务和要求下达给了每一个社会成员，责令他们积极主动地承担起这一神圣使命③。以“仁”复礼的关键是从自己做起，在思想上解决问题。

3．**人文关怀**。人与人之间要有“同类意识”，仁爱就应从“亲亲”开始，由亲及疏，由近及远，推己及人，做到“泛爱众”(《论语·学而》)，“成人之美，不成人之恶”(《论语·颜渊》)，这是人之所以为人的标志，从而强化了人与人之间的密切交往和共同承担的社会责任。“仁”在人文关怀方面的基本要求是：每个人应该就近取譬，将心比心，设身处地为他人着想④，并懂得“过犹不及”(《论语·先进》)的道理，使自己的言行举止达到“中庸”，即不过分，不走极端，不咄咄逼人、落井下石、赶尽杀绝。给对方留

---

① 《论语·学而》：“其为人也孝悌，而好犯上者，鲜矣；不好犯上，而好作乱者，未之有也。君子务本，本立而道生。孝悌也者，其为仁之本欤！”

② 《论语·八佾》：“人而不仁，如礼何？人而不仁，如乐何？”

③ 《论语·颜渊》：“为仁由己，而由人乎哉？”《论语·述而》：“仁远乎哉？我欲仁，斯仁至矣。”

④ 《论语·雍也》：“夫仁者，已欲立而立人，已欲达而达人。”《论语·颜渊》：“己所不欲，勿施于人。”

条活路，也意味着给自己留下回旋的余地。“礼之用，和为贵”（《论语·学而》），礼原始的民主性和人道主义在“仁”的观念中得到了肯定。

4．人格魅力。孔子说：“刚、毅、木、讷近仁”（《论语·子路》），为了体现“仁”，一个人应该不为外在物质利益所诱惑，不卷入社会的纷争之中，保持坚定的信念和独立的人格。孔子为我们留下了这方面大量的人生格言[①]，提倡独立而不改的个体人格魅力。

•孔子讲学图

总之，“亲亲”是“仁”的基础，内在自觉是“仁”的特征，人文关怀是“仁”的内容，显示人格魅力是“仁”的价值取向。孔子的“仁”，要求每一个人在热爱自己亲属的基础上，自觉主动地对他人实施人文关怀，改善人际关系，以显示自己以人为善、不趋利附势的人格魅力。“仁”即“人道”。

在阶级社会中，礼从祭祀仪式演变为国家的典章制度，其突出的特征是一级制驭一级的等差格局和上对下只言权利、下对上唯讲义务的特权，礼划定的等级之间界线分明，层层制约，从而关系紧张，矛盾重重。孔子以仁释礼，把礼规定的等级关系也视为人与人的关系，这种人际关系的性

① 《论语·子罕》：“三军可夺帅也，匹夫不可夺志也……岁寒然后知松柏之后凋也。”《论语·卫灵公》：“志士仁人，无求生以害仁，有杀身以成仁……道不同，不相为谋。”《论语·宪问》：“知其不可而为之。”

质并非截然对立，你死我活，而是互相依存，共同支撑。这种关系只能以双方互相认同、彼此关爱的方式对待和处理，从而在提高群体中一般个人的地位的基础上，营造出人们协调一致、和睦融洽的氛围。仁与礼之间，仁是礼的内在精神、评价标准，礼是仁的外在表现、行为规范。仁的精神与礼的规范融为一体，彼此关照。仁为本，礼为用。在“礼”的框架内，“仁”是调解政治、经济、伦理、法律关系的基本原则，体现了以人为本的人文情怀。

贰

为国以礼

孔子生长在保存西周文化典籍较多的鲁国，自幼耳濡目染，潜移默化，接受到周礼的熏陶，成年后对周代的典章制度作过专门系统的研究。他对周礼极为推崇[①]，恢复西周“礼治”秩序成了孔子毕生的政治追求。孔子对“德礼”与“政刑”进行比较，认为“导之以政，齐之以刑，民免而无耻；导之以德，齐之以礼，有耻且格”(《论语·为政》)。“德礼”优于“政刑”，就本质而言，“政刑”不具有道德上的合理性，也不利于人性的恢复。就效果而言，推行“政刑”，虽能使人免于犯罪，但最终缺乏良知和羞耻之心；推行“德礼”，民众有羞耻之心，且主动服从统治者的意志。因此，孔子强调法律的制定和运用必须以礼为指导。礼对法的指导具体表现在如下几个方面：

1.正名。为了解决由谁来立法的问题，孔子提出了“正名”主张[②]。“正名”即辨正名分，使名实相符，指每个人必须按照周礼所规定的身份地位行使权利和履行义务，安守本分，绝不僭越。“正名”是为政的首要大事，

① 《论语·八佾》：“我爱其礼。”《论语·泰伯》：“君使臣以礼，臣事君以忠。”《论语·宪问》：“上好礼，则民易使也。”《论语·颜渊》“克己复礼为仁。”

② 《论语·子路》：“名不正，则言不顺；言不顺，则事不成；事不成，则礼乐不兴，礼乐不兴，则刑罚不中；刑罚不中，则民无所措手足。”

它直接关系到国事是否成功，礼乐是否复兴，刑罚是否适中，民众是否安居乐业，因此，为政必须从“正名”开始，做到“君君、臣臣、父父、子子”（《论语·颜渊》），即君主要像个君主，臣子要像个臣子，父亲要像个父亲，儿子要像个儿子。“正名”确立君主具有最高立法权，“礼乐征伐自天子出”，而决不容许“自诸侯出”“自大夫出”，甚至“陪臣执国命”（《论语·季氏》）。任何人“不在其位，不谋其政”（《论语·泰伯》）。只有君主专擅立法权，才能理顺礼刑关系，以礼为刑的标准，恰到好处地使用刑罚；只有君主专擅立法权，制定出来的法律才具有权威性和统一性，才能令行禁止，天下响应。“正名”是“为国以礼”的宗旨，因此，“礼教”又被称为“名教”。

2.法先王。为了解决怎样立法和立什么样的法的问题，孔子从历史的观念出发，从“法”之本源和本性，提出了“法先王”的主张。尧制定四时成岁、颁授农耕时令、设立诽谤木、开创禅让制；舜举八元八恺、放四凶、命官职；禹治理滔天洪水，建立夏朝；周文王、周武王灭商兴周；周公制礼作乐。孔子认为尧、舜、禹、文、武、周公凭“良知美德”制定的大法完美无缺①，现实君主立法应予以效仿，秉承他们的立法意图和立法宗旨②。由于先王之法是后世一切现实之法的永恒渊源，从而强调了法律的道德性和理想性，保障法律只能是以人为善的“善法”而非以人为敌的“恶法”。以人为善的“善法”才有教育感化功能，使人弃恶从善，迷途知返。由于先王之法是理想中的“应然之法”，从而成为了衡量世俗社会“实然之法”的标准和批判不良法制的利器。

3. 反对公布成文法。孔子认为，推行礼治，贵贱有别，法律秘而不宣，由贵族临事制刑，任意裁断。春秋之际，礼崩乐坏，新兴地主阶级为了剥夺奴隶主贵族的司法特权，要求实行“法治”，纷纷制定成文法予以公布，从而使定罪量刑有了一定的客观标准。鲁昭公二十九年（公元前 513 年），继“郑人铸刑于鼎”公布成文法之后，晋国“铸刑鼎，著范宣子所为刑书”。

① 《论语·述而》：“周之德，其可谓至德矣。”
② 《史记·孔子世家》：“祖述尧舜，宪章文武。”

孔子认为,“贵贱不愆,所谓度也”。他对晋铸刑鼎大为不满:“晋其亡乎!失其度矣”,“今弃是度也,而为刑鼎,民在鼎矣,何以尊贵,贵何业之守?贵贱无序,何以为国!”(《左传·昭公二十九年》)孔子反对公布成文法的根本原因在于坚持礼制,以维护贵族罪刑擅断的特权,巩固贱尊贵、贵使贱的等级秩序。

4.父子相隐。早在西周时就有“父子将狱,是无上下也”的宗法观念,反对父子相讼。为避免礼与法发生冲突,孔子强调家族伦理原则至高无上,主张以礼率法,法从于礼,合礼即合法,“父子相隐”即是解决礼法冲突的典型范例。《论语·子路》载:“叶公语孔子曰:‘吾党有直躬者。其父攘羊而子证之。’孔子曰:‘吾党之直者异于是:父为子隐,子为父隐,直在其中矣’。”由于伦理原则是“法治”原则的前提,家庭和睦是社会安定的基础,因此,当伦理原则与国家法律原则发生冲突时,应屈法以伸情,让国法退避三舍,对亲属的一般性犯罪网开一面,不予告发和举证。但孔子提倡的“父子相隐”是有限度的,允许相隐的为父子之间告发的顺手牵羊的偷盗一类的一般性犯罪,以维系父子亲情。例如,晋国贵族叔向的弟弟叔鱼因代理法官徇私枉法,被仇家所杀,叔向建议处叔鱼“戮尸”重刑。孔子对此大加赞赏:“治国制刑,不隐于亲”(《左传·昭公十四年》),称誉叔向为“古这遗直”,可见孔子对于危害国家根本利益的犯罪行为,不但不主张“隐于亲”,反而要求大义灭亲,严惩不贷,以维护国君的最高利益。江陵张家山出土的汉初制定的《二年律令》中规定:“子告父母,妇告威(公、婆),奴婢告主、主父母妻子,勿听,而弃告者市。”此当为中国历史上亲属尊卑间诉权限制之始端。西汉宣帝时下诏,规定亲属之间可以互相首谋隐匿犯罪行为,不予告发。同时,严禁卑幼控告尊长,违者以不孝死罪论处。汉代法律的“亲亲相首匿”、唐宋法律的“同居相为容隐”、明清法律的“亲属相为容隐”,无一不是从孔子的“父子相隐”发端而来,只不过容隐的对象有所增加,可容隐的罪过有所扩展,容隐的原则(亲属有罪相隐,不论罪或减刑;控告应隐亲属要处刑;国事重罪不适用相隐)更加明确而已。由此可以看出，孔子的“为国以礼”，强调国家的治乱、法律的好坏，取决于“亲亲尊尊”的等级秩序是否稳定。

叁

为政以德

孔子认为，在社会动荡时期，仅仅依靠“折民惟刑”的强硬办法已无法阻止民众的反抗，因此他反对“以力服人”的暴政，而倡导“为政以德”的德政，力图发挥道德感化作用来缓和各种社会矛盾，恢复“礼治”和实现“大一统”。孔子的“德治”要求统治者以身作则，带头遵守礼义，对自己的言行举止有所收敛，对民众施行怀柔安抚政策，减轻剥削、压迫的程度，主动改善统治者与被统治者之间的关系，让民众自愿归顺，维持政治现状。孔子的“德治”在法律思想上集中表现于以下几个方面：

1.怀德怀刑。孔子说：“君子怀德，小人怀土；君子怀刑，小人怀惠。”（《论语·里仁》）这就是说，国君的政治管理最理想的目标是“德治”，使用刑罚则是次一级的管理手段，其目的是使百姓安土重迁，从国君的管理中得到恩惠，这样社会就可以达到一个长治久安的效果。孔子要求统治者重视道德教化的作用，特别是把自己作为施教的典范，严格要求自己，关心法度，关心政刑。第一，重礼仪，讲诚信。① 第二，做道德表率，用自己的良言善行征服民心，使民众心悦诚服地效仿、跟从。② 第三，积极推行以尊“五美”弃“四恶”为主要内容的“德政”。“五美”是：“惠而不费”“劳而不怨”“欲而不贪”“泰而不骄”“威而不猛”；“四恶”是：“不教而杀谓之虐”“不戒视成谓之暴”“慢令致期谓之贼”“犹之与人也，出纳之吝，谓之有司”（《论语·尧曰》）。第四，先教后刑，反对“不教而杀”。如果统治者做到了广施教化，有人还要犯上作乱，就可理直气壮地用刑惩之。这样

① 《论语·子路》：“上好礼，则民莫敢不敬；上好义，则民莫敢不服；上好信，则民莫敢不用情。”

② 《论语·为政》：“为政以德，譬如北辰，居其所，而众星共之。”《论语·颜渊》：“子为政，焉用杀？子欲善而民善矣。君子之德风，小人之德草，草上之风必偃。”

用刑，既不会引起人们的反感，又可恰如其分地发挥刑罚的威慑和惩治作用。

2. 宽猛相济。 孔子重德轻刑，主张礼乐兴则刑罚中，但并不忽视刑罚的作用。孔子指出，德与刑在统治者眼里同等重要，统治应一张一弛，“张而不弛，文武弗能也；弛而不张，文武弗为也。一张一弛，文武之道也”（《礼记·乐记》）。鉴于人民力量巨大，单靠暴力不足以维护统治，必先施以小恩小惠，“宽则得众”，“惠则足以使人”（《论语·阳货》）。同时对失礼犯罪行为予以坚决镇压，例如，郑国多盗，取人之萑苻之泽，郑国统治者发兵攻打，“尽杀之，盗少止”，孔子称誉道：“善哉！政宽则民慢，慢则纠之以猛；猛则民残，残则施之以宽，宽以济猛，猛以济宽，政是以和。”（《左传·昭公二十年》）他认为，政治统治以遵守礼义为基本标准，以不违礼犯罪为起码要求，宽猛两种手段可以同时具备，统治者应根据时局的不同，灵活选择，交替使用，互为调剂，以缓和矛盾，求得政通人和。孔子是从政治的视角谈“宽猛”，强调的是政治统治手段的丰富性和灵活性，以化解不同政治势力的对抗。

3. 哀矜折狱。 孔子规劝统治者“赦小过”（《论语·子路》），即不计较别人小的过失，反对滥用刑罚。即使民众犯罪，堕入法网，切忌幸灾乐祸，洋洋得意，也不要唯恐刑之不重不酷，置之死地而后快，而要怀着“哀矜”的心情断狱[①]。“哀”即哀痛民众遇乱世之不幸，“矜”即怜悯民众不得教化而犯罪。孔子并非简单地把犯罪视为一个纯粹的法律问题，而是把它看作一个复杂的社会问题，深入分析犯罪的社会原因，特别是反省统治者自身的过失。例如，季康子苦于盗贼太多，向孔子请教，孔子答道：“苟子之不欲，虽赏之不窃。”（《论语·颜渊》）假如你不贪求太多的财货，就是奖励偷抢，他们也不会干。如果是“为上不正”，“上失其道”，统治者难脱其咎，民众的犯罪就事出有因，情有可原，就应同情他们，首先是恩及刑人，减免对他

① 《论语·子张》：“上失其道，民散久矣。如得其情，则哀矜而勿喜。”

们的处罚；其次，如果不能恩及刑人，至少也要做到行刑不乐。如此以“哀矜折狱”的方式缓和统治者与被统治者之间的矛盾。

4.无讼。孔子并不看重对犯罪事实形成之后的处罚，而是强调预防犯罪，以降低犯罪对人类的伤害。孔子说：“性相近也，习相远也。”《论语·阳货》人性情原本相近，因为后来习俗不同，便相去甚远。疾贫求富是人的通性[①]。由于不存在天生的罪犯，犯罪只能是由后天的社会影响所造成的，因此，犯罪可以预防。那么，构成犯罪的原因是什么呢？孔子明确指出贫穷滋生犯罪[②]，为此，孔子提出以“富之”“教之”(《论语·子路》)的有效手段预防犯罪。“富之”，即改善民众的物质生活状况，“教之”，即提高民众的道德修养，“富之”与“教之”比较，后者尤为重要[③]，因此，孔子更强调以道德教化消灭犯罪，以便达到“无讼”的境界。孔子说，审断狱讼对于处理已经发生的案件是必需的，这一点我同别人的理解差不多，但不同的是，德教能防患于未然，最终消灭发案的可能性。[④]争讼为破坏正常人伦关系的开始，应受到非议。孔子进一步强调指出：道德教化在较短的时间内难见成效，但只要持之以恒，不断努力，最终是可以战胜残暴，免除刑罚的。[⑤]孔子的“无讼”，一是容易使人们在长期的精神忍耐之下突然爆发，做出不理智的极端行为；二是习惯做出与世无争、逆来顺受的“伪善”。

肆

为政在人

在各种政治因素中，孔子最注重统治者个人以身作则的表率作用，

① 《论语·里仁》：“富与贵，是人之所欲也……贫与贱，是人之所恶也。”

② 《论语·宪问》：子曰：“贫而无怨难，富而无骄易。”《论语·卫灵公》：“君子固穷，小人穷斯滥矣。”

③ 《论语·里仁》：“富与贵是人之所欲也，不以其道得之，不处也；贫与贱，是人之所恶也，不以其道去之，不去也。”

④ 《论语·颜渊》：“听讼，吾犹人也。必也使无讼乎！”《四书集注》：“听讼者，治其末，其塞流也；正其本，清其源，则无讼矣。”

⑤ 《论语·子路》：“善人为邦百年，亦可以胜残去杀矣。”

认为国家的治乱、法律的善恶都取决于人，这是他主张“仁爱”、维护“礼治”、倡行“德治”的必然结果。与“为国以礼”“为政以德”相适应，他强调“为政在人”，突出了贤人在立法、司法中的决定性作用。

1.人存政举。孔子认为贤人的出现是政策法令产生的前提，首先应当明确由谁来立法，而不应过多纠缠立什么样的法。由于“礼乐征伐自天子出”，因此，有立法资格和权力的君主维系着国家的命运。孔子由衷地赞叹：“文武之政，布在方策。其人存，则政举；其人亡，其政息……故为政在人。”（《礼记·中庸》）西周文王、武王的为政之道是最好的，这都被记载于典章之中了。只要有道德高尚的贤人出现，那么，他们的开明政治就能得到推行；如果没有这样的贤人主政，他们的为政之道将消亡。所以，为政的关键在于人。

除贤君之外，各级官吏也应该推举贤人担任。当仲弓问如何为政时，孔子回答：“先有司，赦小过，举贤才。”（《论语·子路》）在劳动者之前身体力行，然后赦免有轻微过错的人，还必须提拔贤能之士。孔子说：“近不失亲，远不失举，可谓义矣。”（《左传·昭公二十八年》）举贤才弥补了周礼“世卿世禄”制与“任人唯亲”原则的缺失，为那些非贵族出身的贤才直接参与国政铺平了道路，从而改善了统治集团成员的组成结构，使之具有了政治活力。

2.身正令行。孔子认为，政治的表现形式是上行下效，统治者以身作则、严于律己对法令推行起着决定性的作用。因此，统治者应该“修己以敬”，“修己以安人”，“修己以安百姓”（《论语·宪问》）。孔子说：“政者，正也。子帅以正，孰敢不正？”（《论语·颜渊》）“政”字的本意就是端正，执政者带头端正自己，那么，谁敢不端正呢？假如执政者端正了自己，治理国家还有什么困难呢？执政者自身行为都端正不了，又凭什么去端正别人呢？① 执政者的行为端正，不发布命令，事情也行得通；执政者的行为不

① 《论语·子路》：“苟正其身矣，于从政乎何有？不能正其身，如正人何？”

端正，纵使三申五令，百姓也不会信从。① 因此，鲁哀公问怎样才能使百姓顺服？孔子回答说："举直错诸枉，则民服；举枉错诸直，则民不服。"（《论语·为政》）提拔正直的人居于邪恶的人之上，百姓就会服从；提拔邪恶的人放在正直的人之上，百姓就不会服从。执政者治理国家，应该把端正自己的"自律"放在第一位，把训诫、禁令的"他律"放在第二位。

对于司法官吏，孔子提出了"直道"（《论语·微子》）的要求。"直道"，指司法官心地宽厚，刚正不阿，不畏权贵，不徇私情。鲁国有个叫柳下惠的贤人，当司法官时，因"直道而事人"，多次被罢官，但他始终不以"枉道事人"，孔子对他予以很高的评价。

孔子"为政在人"的思想，并没有否定刑罚的作用，他只不过是在论述"人"与"刑"的关系时，将统治者置于"刑"之上，要求统治者审慎、恰如其分、适可而止地运用刑罚而已。

影响评价

古人云："天不生孔子，则万古如长夜。""大成至圣先师"孔子是一位朴实的思想家，他年老回顾自己的一生时说："吾十有五而志于学，三十而立，四十而不惑，五十而知天命，六十而耳顺，七十而从心所欲，不逾矩。"（《论语·为政》）孔子一生"食无求饱，居无求安"（《论语·学而》），"志于道，据于德，依于仁，游于艺"（《论语·述而》），"朝闻道，夕死可矣"（《论语·里仁》），是一位有信念、有追求的人。一方面，他孜孜求学，学而不厌，知礼明德，循规蹈矩，不断提高自己的精神境界。他准确把握和领略着人生命的季节，在每一个年龄段上自己的事业和对人生、对社会的认识都有一次大的飞跃。另一方面，也许是更重要的方面，他以改造动乱之世为己任，四处奔走，不懈努力。为此，他直面苦难的生活：自己虽有着高贵的贵族血统，却生不逢时，家庭地位每

① 《论语·子路》："其身正，不令而行；其身不正，虽令不从。"

况愈下，到自己这里已沦为布衣，却力图恢复，竭尽心力；他经历了一般人很少经历过的苦难，在人生三大不幸中，他遭遇了幼年丧父、老年丧子的巨大悲痛，却不怨天尤人，一蹶不振；他 50 岁以后始入仕途，却好景不长，不得执政者赏识，受到掣肘排挤，只好辞官而去，周游列国，14 年间，居无定所，颠沛流离，忙忙如漏网之鱼，累累如丧家之犬："微服而过宋"，遭司马桓魋追杀；因长相近似鲁国叛臣阳虎，被匡人拘禁；绝粮陈、蔡，跟从的弟子病了，卧床不起，还受到各式各样隐士的揶揄、讥讽。种种悲惨遭遇却成了孔子一生的巨大财富。

思想家必须去流浪，孔子正是在漫长的流浪生活中对世态炎凉、人情冷漠、为富不仁、道德沦丧有了切身的体验，在真切的体验中萌生出深邃的思想：人生中最重要的应当是人际关系。当人与人建立了相互信任、相互理解的亲密关系时，他人就会笑脸相迎、热情款待、提供帮助、始终追随；当人与人关系生疏时，他人就会熟视无睹，漠不关心，甚至反目为仇，冷酷无情，痛下杀手。人际关系的理想状态就是亲如父子兄弟的家庭生活，为此，孔子创立了处理人际关系的基本准则——"仁"，要求人们在遵守一定社会规则的前提下，充分展示体现人本质力量的善良仁爱，以此把人们从苦难深重的争斗与动乱中解救出来，让每一个家庭充满温馨，让人与人和睦相处。在此基础上，孔子对有权有势的贵族寄予厚望，认为身居统治地位的贵族更应该在把别人也当人的人文关怀中扮演主角，发挥重要作用。其有效方式就是统治者推行"德政""人治"，自我克制，慎终追远，小心执政，主动改善与被统治者之间的紧张关系，消除他们的对立情绪。如果统治者有恃无恐，目中无人，刚愎自用，我行我素，不把民众当回事，民众也决不会把他们当回事，轻者可避之如瘟疫，重者必揭竿而起，现行统治势必难以维持下去，最终受到最大伤害的还是统治者自己。孔子的固执与迂阔就在于过高地估计了贵族的政治素质和自然本性，且误认为道德教化无所不能。事实上，在物欲横流的动乱之世，贵族早已腐败堕落，早已泯灭了人性，随着阶级阵营的形成，道德的认识也因人而异，这就很难形成统一的道德秩序。但我们不能因此而无视孔子的主张，在与时俱进、社会文明的今天，我们扪心自问，孔子提出的以“仁”为准则的人文关怀我们每个人都珍视了吗？认真地身体力行了吗？我们仅以此追思孔子……

• 孔子见老子画像石

墨子

兼爱利民　天志尚同

核心要旨

『兼爱』与『仁爱』为何貌合神离？

以『天志』立法有哪些正当性和合理性？

『尚同』有哪些法律含义和基本要求？

应维护民众哪些基本权利？

神明裁判的法学意义是什么？

法律思想的产生与法律制度的制定不同，它不再是统治者的专利，正所谓思想家不论出身，无论哪个阶级或哪个阶层的人物，只要对法律有看法，有主张，就能产生自己的法律思想。春秋战国时期，诸侯林立，百家争鸣，墨子作为生活在社会底层的小手工业生产者的代言人也建立了自己的学术派别，提出了自己改造社会的行动方案，反映了社会底层民众的利益和要求。其法律思想别开生面，独具一格，成为先秦论坛上的一朵奇葩。

人生历程

墨子（约公元前 468～公元前 376 年），名翟，原为宋国人，后长期居住在鲁国。他出生于平民家庭，是一位木匠，有高超的手工技艺，与当时的能工巧匠公输班（俗称“鲁班”）齐名，被后人尊称为“科圣”。早年他曾“学儒者之业，受孔子之术”，后来“以为其礼烦扰而不说，厚葬靡财而贫民，服伤生而害事，故背周道而用夏政”（《淮南子·要略》），自创门户，与儒家分道扬镳，博采众说，聚徒讲学。墨子“日夜不休，以自苦为极”，长期奔走于各诸侯国之间，宣传他的政治主张。墨子创立的墨家[①]，成为先秦早期唯一能与儒家叫板抗衡的学派。儒墨两家，“无爵位以显人，无赏禄以利人，举天下之显荣者，必称此二地……从属弥众，弟子弥丰，充满天下”(《吕氏春秋·当梁》)，成为“显学”[②]。

墨家学派组织类似于手工业作坊里的学徒和师傅的关系，所有墨者（成员）都要绝对服从其巨子（首领）的指挥和领导，从而构成一个有严密组织和严格行业禁忌的准军事团体，是民间一股强大的社会力量。墨者大多是社会下层的劳动者，他们老实本分，艰苦朴素，吃苦耐劳，耿直仗义，具有为天下兴利除害而赴汤蹈火、死不旋踵的崇高品质和牺牲精神[③]。

《墨子》是研究墨子思想的第一手资料，其中大部分为墨子的言行，或者墨家后学的论述。《汉书·艺文志》著录《墨子》71篇，现存53篇，亡佚18篇。其中《兼爱》《非攻》《天志》《明鬼》《尚贤》《尚同》《非乐》《非命》《节葬》《节用》等篇表述了墨子的十大主张，代表了墨子的主要思想。

思想脉络

墨子的法律思想体系有四个基本层次：一是兼爱；二是天志；三是尚同；四是利民。兼爱是立法的宗旨，天志是立法的依据，尚同是法的根本属性，利民是立法的原则。

— 壹 —

兼爱非攻

春秋战国时期的社会是一个贫富不均、贵贱殊异、恃强凌弱的乱世，

① 《汉书·艺文志》：“墨家者流，盖出于清庙之守。茅屋采椽，是以贵俭；养三老五更，是以兼爱；选士大射，是以上贤；宗祀严父，是以右鬼；顺四时而行，是以非命；以孝视天下，是以上同，此其所长也。及蔽者为之，见俭之利，因以非礼，推兼爱之意，而不知别亲疏。”

② 《韩非子·显学》：“世之显学，儒墨也。儒之所至，孔丘也。墨之所至，墨翟也。”

③ 《淮南子·泰族训》：“墨子服役者百八十人，皆可使赴火蹈刃，死不还踵，化之所致也。”

人民过着“饥者不得食，寒者不得衣，劳者不得息”(《墨子·非乐上》)的痛苦不堪的生活。墨子认为，“圣人以治天下为事者也，必知乱之所自起，焉能治之；不知乱之所自起，则不能治”(《墨子·兼爱上》)。经过分析，他发现：天下的“祸篡怨恨”起于人与人之间的“不相爱”而“亏人自利”的“别”[①]。于是，墨子提出应以“兼相爱、交相利”之法来改变这种“互害”现状。“天下之人皆相爱，强不执弱，富不侮贫，贵不傲贱，诈不欺愚。天下祸篡怨恨可使毋起者，以相爱生也。”因此，“天下兼相爱则治，交相恶则乱”(《墨子·兼爱中》)。墨子提议，建立一个“天下兼相爱，爱人若爱其身”的理想社会。这就应当注意爱与利的反弹与回归[②]。由此看来，与“兼”对立的是“别”，兼爱，即不分亲疏、贵贱、贫富，一视同仁地爱一切人。

唐代韩愈《读墨子》曰：“儒墨同是尧舜，同非桀纣。同修身正心以治天下国家……孔子必用墨子，墨子必用孔子。不相用，不足为孔墨。”认为孔子与墨子都主张“爱”，二者可以相提并论、相互印证。不过，深入研判，墨子的“兼爱”与孔子的“仁爱”有所不同：首先，就爱的性质而言，孔子强调亲亲尊尊，爱有等级差别；墨子主张普遍的爱、平等的爱，“爱人若爱身”。其次，就爱的方式而言，孔子主张爱人先己后人，由己及人；墨子主张先人后己，爱人不外己，己在所爱之中。最后，就爱的内容而言，孔子言爱不言利，爱是超物质、超功利、纯精神的；墨子以利作为爱的物质基础、爱的依托、爱的载体，以交相利作为爱的先决条件，要求相互尊重私有财产所有权，这意味着互相帮助、等价交换、共谋福利本身就是爱，故而承认追求个人实际利益的合理性和正当性。

墨子的“兼爱”，主张“利之中取大，害之中取小”，倡导舍小利取大利，避大害忍小害。这种大小利害实际上反映的是集体利益和个人利益之

① 《墨子·兼爱下》：“恶人而贼人者，兼与？别与？即必曰：‘别也’。然即之交别者，果生天下之大害者与！”

② 《墨子·兼爱中》：“夫爱人者，人必从而爱之；利人者，人必从而利之；恶人者，人必从而恶之；害人者，人必从而害之。此何难之有！特上弗以为政，士不以为行故也。……兼相爱，交相利，此圣王之法，天下之治道也，不可不务为也。”

间的关系。墨子坚持集体利益高于个人利益，集体利益包容合理、正当的个人利益，努力使二者有机结合，积极为集体、个人兴利除害。

一个不兼爱交利的社会，“亏人自利”最极端的方式就是战争。因此，墨子提出“非攻”的主张，反对让民众深受其害的不义之战，维护和平、统一。他不辞辛劳，日夜兼程，赶往楚国，在楚国君主面前与公输班大斗攻守之法，公输班一败再败，无计可施，从而使楚国终止了攻宋的计划，墨子的国家也避免了一场战火之灾。

贰

天志明鬼

墨子认为，天下从事任何一项工作的人不可以没有法则标准，没有法则标准而能做成事的现象是不存在的。① 从将军宰相到一般官吏，乃至各种工匠，皆有各自依循的法则，所谓“无规矩不能成方圆”说的就是这个道理。② 有了规矩，机智灵巧的人能够迎合它，不机智灵巧的人受其约束，也比自己随心所欲要强。③ 治国、治天下也得有法度④。一切都应顺“法”而行。

问题的关键在于以什么标准来立法才行呢？可不可以按照父母、师长、君主的意志来立法？墨子的回答是否定的，因为天下为父母、师长、君主的人众多，其中兼爱的人少，偏心的人多，效法他们，就是以不仁为法。为此，人的意志不能为法，天的意志才可为法⑤。社会规则建立在每个人必须服从具有人格的天神主宰的基础之上，“天志”成为法律的本源和最高

① 《墨子·法仪》：“天下从事者，不可以无法仪，无法仪而其事能成者无有也。”
② 《墨子·法仪》：“虽至士之为将相者皆有法，虽至百工从事者亦皆有法。百工为方以矩，为圆以规，直以绳，正以县，平以水。无巧工不巧工，皆以此五者为法。”
③ 《墨子·法仪》：“巧者能中之，不巧者虽不能中，放依以从事，犹逾己。”
④ 《墨子·法仪》：“今大者治天下，其次治大国，而无法所度，此不若百工辨也。”
⑤ 《墨子·法仪》：“莫若法天，天之行广而无私，其施厚而不德，其明久而不衰，故圣王法之。既以天为法，动作有为必度于天，天之所欲则为之，天所不欲则止。”

标准。

"置立天之，以为仪法"（《墨子·天志下》）的正当性和优越性在于：其一，"天"公正无私，一视同仁；① 其二，"天"普遍永恒，无时无地不存在；其三，"天"善良仁慈，造福人类；② 其四，"天"威力无穷，扬善罚恶③。这样看来，法自然之天，就是遵循"兼相爱、交相利"的自然法。凡人乃至天子都必须"法天"④。

"天志"是小生产者的理想法，处于被统治地位的小生产者没有资格代表国家制定代表自己意志的法制，仅能以理想法表达自己的意志，这就是将自己的意志以"天志"的方式加以包装之后予以婉转的表达。因此，墨子最憎恨"无法无天"的人。

墨子认为，天比天子更高贵、更有智慧⑤。这就在现实君主之上矗立了一个有意志、有权威的天，以求威慑、约束、监督君主，庇护广大劳苦民众。在墨子眼里，天俨然成了小生产者的保护神，从而打破了贵族对上帝的利用和垄断，人民的意志披上了宗教的外衣，从而显得神圣和高尚，这是王权时代民众对神权的合理利用。

墨子不仅提出"天志"思想，还主张"明鬼"，强调鬼神的存在。至于鬼神的有无，历来存在两种对立的观点，墨子持肯定的态度⑥。他列举了史料中记载的"杜伯冤死三年后变鬼报复周宣王""郑穆公得鬼神庇护""庄

① 《墨子·法仪》："天之行广而无私，其施厚而不德，其明久而不衰。"

② 《墨子法仪》："天兼而爱之、兼而利之。"《墨子·天志中》："天之为寒热也，节四时、调阴阳雨露也；时五谷熟，六畜遂，疾灾、疠疫、凶饥则不至。"

③ 《墨子·法仪》："爱人利人者，天必福之；恶人贼人者，天必祸之。"

④ 《墨子·法仪》："既以天为法，动作有为必度于天，天之所欲则为之，天所不欲则止。然而天何欲何恶者也？天必欲人之相爱相利，而不欲人之相恶相贼也。"《墨子·天志中》："有天意也，将以度王公大人之为刑政也：顺天之意，谓之善刑政，不顺天之意，谓之不善刑政，故置此以为法，立此以为仪，将以量度天下，譬之犹分黑白也。"

⑤ 《墨子·天志下》："天子有善，天能赏之；天子有过，天能罚之。天子赏罚不当，听狱不中，天下疾病祸福，霜露不时。"

⑥ 《墨子·公孟》："古圣王皆以鬼神为神明而为祸福，执有祥不祥，是以政治而国安也。"《墨子·明鬼下》："何不尝入一乡一里而问之？自古以及今，生民以来者，亦有曾见鬼神之物，闻鬼神之声，则鬼神何谓无乎？……古者圣王治天下也，故必先鬼神而后人者。"

子仪冤死周年报复燕简公”等传说，证明：“凡杀不辜者，其得不祥，鬼神之诛，若此其憯遬乎！”(《墨子·明鬼下》)滥杀无辜，极不吉祥，鬼神讨伐，因果报应。最后得出结论：“今若使天下之人，偕若信鬼神之能赏贤而罚暴也，则夫天下岂乱哉？”(《墨子·明鬼下》)鬼神可对世上胡作非为者起到威慑作用，让其不敢恣意捣乱，危害他人。

— 叁 —

尚同尚贤

为了实现“兼相爱、交相利”的原则，墨子提出了“尚同”的主张，要求各级政长直到天子必须“一同天下之义”，即用“兼相爱、交相利”的原则统一人们的思想言行。为此，墨子追溯国家与法律的起源：“古者民始生，未有刑政之时”，每个人都有自己对事物的理解和是非标准，“一人一义，十人十义，百人百义，千人千义”，人众义众，人人意见不统一，而又“人是其义，以非人之义”，因此，大家互相指责，互相亏害，[①]这都是没有天子、政长造成的。由于“察天下之所以治者何也？天子惟能一同天下之义，是以天下治也”(《墨子·尚同上》)。这就需要选择天下贤可的人，立为天子和各级政长，然后由天子“发宪布令于天下之众，自上而下，一同天下之义”(《墨子·尚同中》)。由于“得下之情则治，不得下之情则乱”，应让人们逐级向上报告“善与不善”的基本情况，使“爱利天下者，上得而赏之；恶贼天下者，上得而罚之”。人民不但要“上同于天子”，“天子之所是，必亦是之；天子之所非，必亦非之”，而且还要服从各级政长，“上之所是必皆是之，上之所非必皆非之”(《墨子·尚同上》)，从中央到地方，一级制驭一级，上对下绝对统率，下对上绝对服从，从而形成由上到下的政治上的高度统一[②]。

---

① 《墨子·尚同上》：“内者父子兄弟作怨恶，离散不能相和合；天下之百姓，皆以水火毒药相亏害；至有余力，不能以相劳；腐朽余财，不以相分；隐匿良道，不以相教。天下之乱，若禽兽然。”

② 《墨子·尚同下》：“圣王皆以尚同为政。……尚同，为政之本而治之要也。”

墨子提出“尚同”，其目的在于：一是要求贤者立法，将“兼相爱、交相利”上升为国策和法律，以便用国家强制力贯彻落实；二是要求用君主主义统一人们的思想，上下一心，进退一致；三是君主和各级政长“兼爱”，上依“圣王之道”，下合“国家百姓之利”，实行义政。因此，“尚同”具有主张君主专制集权的色彩，用君主上同于天志的法令统一人们的意识、观念和行动，形成政治上的绝对集中与垄断。

尚贤则主张按照“兼相爱、交相利”的标准选举贤能者担任天子和各级官吏。墨子认为，尚贤[①]是为政的人才保障。因为只要是贤者当朝执政，百姓理应在公共行政上对当权者无条件地服从，以做到君臣一体，上下一致，赏善罚恶，恰如其分。墨子反对周礼规定的宗法世袭制和“任人唯亲”的原则[②]，他明确指出，贵族子弟并不都贤，如果让其治理国家，“则国家之乱可得而知”。而且这些人的身份又非别人“所学而能者也”，这就会使出身贫贱的人感到沮丧，而不肯积极进取、有所作为。要治理好国家，就必须不偏袒亲属，不嫌贫爱富，不以貌取人。抬举贤人，使之富贵，委以重任。抑制废除不肖者，使之贫贱，劳动改造。[③]墨子认为，贤人治国，勤奋公正，是国治刑正的必备条件。[④]墨子的“为贤之道”在于让“有力者疾以助人，有财者勉以分人，有道者劝以教人”(《墨子·尚贤下》)。

—— 肆 ——

利民循法

墨子提出“非命”的主张，反对儒家所说的“生死有命，富贵在天”的

① 《墨子·尚贤中》：“察其所能而慎予官……可使治国者，使治国；可使长官者，使长官；可使治邑者，使治邑。”

② 《墨子·尚贤下》：“今王公大人其所富，其所贵，皆王公大人骨肉之亲，无故富贵，面目美好者也。”

③ 《墨子·尚贤中》：“不党父兄，不偏富贵，不嬖颜色。贤者举而上之，富而贵之，以为官长；不肖者抑而废之，贫而贱之，以为徒役。”

④ 《墨子·尚贤中》：“贤者之治国也，蚤朝晏退，听狱治政，是以国家治而刑法正。”

宿命观，认为人生而平等的，人在后天有无穷的创造力，经过不懈努力，积聚一定的实力，就可以改变自身的命运。

墨子认为："吏不治则乱，农事缓则贫，贫且乱政之本。"（《墨子·非儒下》）"义，利也，可以利民。""利民"强调两点：

一是要开源节流。开源，即天下农工"各从事其所能"，努力生产，多创造物质财富[①]；节流，就是节省生活的花费和开销，杜绝浪费。开源节流的重点在于勤做薄葬。开源必定有极限，节流则能立竿见影。为此，墨子提出了"节用""节葬""非乐"等一系列主张。要求统治者过紧衣缩食的生活，清廉俭朴，不铺张浪费、奢侈豪华、繁章缛节；反对儒家看重的久丧厚葬之俗，以减少社会负担；反对音乐，禁止艺术享受；主张大兴社会福利，关照、扶持弱势群体，使老有所养、幼有所依[②]。

二是为民众争权利。这体现在如下三个方面：其一，民众的生存权。墨子指出，"饥者得食，寒者得衣，劳者得息"（《墨子·非乐上》）。自食其力的人都有生存的权利，游手好闲、好吃懒做、亏人自利、不劳而获的人就没有权利生存。[③]墨子还主张男女适龄婚嫁[④]。其二，民众的私有财产权。墨子认为，盗窃之所以构成犯罪，即因其"不与其劳取其食，以非其所有取之故"（《墨子·非乐上》），因此，应当受到惩罚，甚至可以刑杀。为了把杀无辜与杀盗区分开来，他特意主张，财产所有者杀掉偷盗自己私有财产的人，不算杀人罪，可以不承担任何法律责任，[⑤]以示私有财产权利圣神不可侵犯。其三，民众的参政权。墨子反对任人唯亲，主张打破宗法界

① 《墨子·非命下》："强乎耕稼树艺，多聚菽粟。"

② 《墨子·节用中》："老而无妻者，有所侍养而终其寿；幼弱孤童之无父母者，有所放依而长其身。"

③ 《墨子·非乐上》："赖其力者生，不赖其力者不生。"《墨子·天志下》："不与其劳，获其实，已非其所有取之故。……上得且罚之，众闻则非之。"

④ 《墨子·节用上》："昔者圣王为法曰：'丈夫二十，毋敢不处家；女子年十五，毋敢不事人，此圣王之法也'。"

⑤ 《墨子·小取》："杀盗人，非杀人。"

限，任人唯贤[①]，让民众中的贤能者有当官掌权的机会，以顺利进入统治集团。

墨子认为，学问在于明是非、审治乱、别同异、察名实、处利害、决嫌疑。[②]为了维护民众的利益，墨子主张约法省刑，认为："奸邪多则刑罚深，刑罚深则国乱。"（《墨子·辞过》）他特别关注法律适用，主张排除血缘亲情和权力财富对司法的侵蚀和干扰，公平司法，以刑治罪，严惩有罪，这体现在以下几个方面：

1.赏善罚恶，有罪必刑。墨子指出："听狱制罪者，刑也"（《墨子·非命上》），"墨者之法，杀人者死，伤人者刑"（《吕氏春秋·去私》）。这意味着，犯什么样的罪，就应受到什么相应的处罚。同时，墨子要求"刑法正"，即公正谨慎地运用刑法[③]。赏与贤、罚与暴必须相对应，做到等量齐观。如果"赏不当贤，罚不当暴"，赏就起不到劝善的作用，罚就失去了"止暴"的功能。他主张严格依照罪刑法定原则，依法定罪量刑，只要不违反刑法，有的行为即使对社会有害，也不构成犯罪，就不能施以刑罚[④]。这是中国较早出现的"罪刑法定"思想。

2. 赏罚不受血缘亲情困扰，要公平公正。墨子重申："赏贤罚暴，勿与亲戚兄弟之所阿。"（《墨子·兼爱下》）他反对以血缘关系干扰公平公正司法，力戒徇私舞弊、庇护亲友，主张大义灭亲、声张正义、秉公执法。

3. 法律、道德、社会舆论相得益彰。墨子提倡，法律、道德、社会舆论应保持一致，相得益彰，互相配合，互相监督，综合为治。"上之所赏"，不能"众之所非"；"上之所罚"，不能"下之所誉"（《墨子·尚同中》）。如果

---

① 《墨子·尚贤上》："古者圣王之为政，列德而尚贤，虽在农与工肆之人，有能则举之，高予之爵，重予之禄，任之以事，断予之令。……官无常贵而民无终贱，有能则举之，无能则下之。……虽在农与工肆之人，莫不竞劝而尚意。"

② 《墨子·小取》："夫辩者，将以明是非之分，审治乱之纪，明同异之处，察名实之理，处利害，决嫌疑。"

③ 《墨子·尚同中》："赏当贤，罚当暴，不杀不辜，不失有罪。"

④ 《墨子·经上》："罪，犯禁也。"《墨子·经说上》："罪不在禁，虽害无罪。"

法律上的赏罚与道德评价、舆论褒贬不一致，甚至相互掣肘、对立冲突，就会扰乱人们的视线，混淆人们的思想，模糊判断是非曲直的标准，法律、道德、舆论的社会信誉都会下降，社会就很难治理。

4. 鼓励荐贤告奸。 墨子主张，举荐贤人，告发奸邪，是人们必须履行的社会义务，国家对其要予以奖励。[①] 贤人被举荐，奸人被告发，扬善罚恶的渠道才会畅行无阻，社会正气才会得以弘扬，社会危害才会得以及时抑制和排除，国家的法律控制才会积极应对，收到实效。

5. 推崇神明裁判。 "法"的古体为"灋"，根据东汉许慎《说文解字》的解释，"法"字的本义是："刑也，平之如水，从水，廌所以触不直者去之，从去。"据说廌是一种独角兽，一说像羊，一说像牛，一说像鹿，它"性知有罪，有罪触，无罪则不触"（参见《论衡》），因此法的本意就有神明裁判、公正执法的初衷。墨子推崇神明裁判，他讲了这样一个故事[②]：很久以前，齐庄公的大臣，一个叫王里国，一个叫中里徼，这两个人争讼三年，狱案尚未裁断。齐庄公担心若两人都杀了，滥杀无辜；若把两人都放了，漏失罪犯。于是便让他们到齐国的神社盟誓，表示绝对服从神判，然后让一只羊断是非曲直。先是割破羊的颈动脉让其血流不止，随后宣读王里国的诉讼词直至结束，羊没有一点反应，再宣读中里徼的诉讼词，未及一半，羊一跃而起撞倒中里徼，折断其脚。最后祭祀神灵，在神社处死中里徼。齐人对此事广为知晓，并作为典型案例，记入齐国史册。墨子认为，神判以简单的方式裁断了复杂的案情，能让诉讼双方心服口服，让旁人不容置疑，比人判更公正神圣。它宣扬了判决不被人的意志所左右的公正性和以刑治罪的神圣性，以此告诫人们犯罪必定会得到应有的严惩，不要犯罪

---

① 《墨子·尚同下》："若见爱利天下以告者，亦犹爱利天下者也，上得则赏之；若见恶贼天下不以告者，亦犹恶贼天下者也，上得则罚之。"

② 《墨子·明鬼下》："昔者，齐庄君之臣有所谓王里国、中里徼者。此二子者，讼三年而狱不断。齐君由谦杀之恐不辜，犹谦释之恐失有罪，乃使之人共一羊，盟齐之神社，二子许诺。于是掘穴，刭羊而漉其血，读王里国之辞既已终矣，读中里徼之辞未半也，羊起而触之，折其脚，祧神之而槀之，殪之盟所。当是时，齐人从者莫不见，远者莫不闻，著在齐之春秋。"

作恶。

影响评价

在《史记》中，儒家、道家、法家等代表人物及学说都有传记记载，但司马迁却未为墨子立传，仅于《孟子荀卿列传》之后附著24个字："盖墨翟，宋之大夫，善守御，为节用，或曰并孔子时，或曰在其后。"春秋战国之际，墨家与儒家同样门徒众多、声势浩大，但墨家的主张与儒家的主张截然不同，因此，当儒家思想在汉代被确立为正统思想后，墨家思想就沦落为异端言论，受到封杀。值得关注的是，作为社会底层代言人的墨子要求建立人人平等的社会秩序，要求树立上天、君长、法律的威信，以此取代奴隶主为所欲为的人治。这种平等意识和为民众争权利的思想在漫长的封建社会是绝无仅有的，同时也是难能可贵的。墨子的法律思想虽昙花一现，却流芳千古！

孟子

善性仁政　贵民重义

核心要旨

从『仁』到『仁政』跨越的思想贡献是什么？

『王道』两个阶段的具体任务和目标是什么？

『民贵君轻』的理论内涵为何？

为什么义利不可兼得？

善辩者的修养和风采如何体现？

在中国古代法律思想演进的历程中，儒家思想因占据了正统地位而影响深远。在儒家学派内，孟子的学术名望仅次于创立儒学的至圣先师孔子，被尊称为“亚圣”。他义无反顾地高举儒学大旗，忠实地继承、捍卫和发展孔子的仁爱思想，从而使儒学愈加系统、丰富和完善。从孔子的“仁”到孟子的“仁政”，二者一脉相承，遥相呼应，形成了儒学的基本理论——“孔孟之道”，孟子也因此成为继孔子之后出现的又一位儒学大师。

人生历程

孟子（约公元前 372 年～公元前 289 年），名轲，字子舆，战国中期邹国（今山东邹县）人。他的先祖是鲁国大夫孟孙氏，后家道衰微，从鲁国迁居邹国。

孟子的人生经历与孔子大致相同，分为教书、游历、著述三个阶段，力图用学问改变世道。由于孔子去世之时与孟子出生之日相隔百年，孟子未能直接求学于孔子，只能受业于孔子嫡孙子思的门人，成为孔门的第五代传人（孔子—子游—子思—子思门人—孟子）。孟子对此耿耿于怀，长吁短叹：“予未得为孔子之徒也，予私淑诸人也。”（《孟子·离娄下》）但他并不怨天尤人，而是苦苦追随，刻意进取。孟子当时的学术境遇十分微妙，一方面，就儒家学派本身而言，已经有了智德超群、学识过人的开山鼻祖孔子，“观于海者难为水，游于圣人之门者难为言”（《孟子·尽心上》），在孔子熠熠生辉的光环笼罩之下，其后学很难脱颖而出，自立门户；另一方面，就儒家学派之外的社会而言，诸侯争霸，攻伐不息，各国当权者竞相采纳“内行刀锯，外用甲兵”的法家理论，孔子“仁爱”“复礼”的主张备受冷落，孔门又迫切需要产生思想巨匠来秉承、振新、完善儒学，使儒学在适应时代发展的要求后延续下去，于是，孟子应运而生，闪亮登场，成为战国时期儒家新的领军人物。孟子 30 岁左右效仿孔子收徒讲学，先后有学生数百人，42 岁以后带着弟子周游列国，先后到过滕、梁（魏）、宋、齐、鲁等国，游说诸侯，宣扬“仁政”学说，企图以“王道”统一天下。他曾被齐宣王任命为卿，“后车数十乘，从者数百人”，往来于各诸侯国，被视为上宾，受到相当高规格的接待。但孟子一谈到以仁政治国，当权者以为迂阔而不合时宜，见效缓慢，皆消极回避，“王顾左右而言他”（《孟子·梁惠王上》），不予采纳，这让孟子大失所望。62 岁时孟子结束了漫长的游历生活，退居故乡，与弟子万章等致力于著述，后病死于故乡。现存《孟子》一书，是孟子言行的真实记录。

思想脉络

战国时期，天下久分必合、久乱必治，只有统一，天下才会安定。统一成了大势所趋，人心所向，但如何统一，儒家与法家形成了倡“王道”与行“霸道”的分歧和对立：以商鞅、韩非为代表的法家主张重农战，严刑峻法，以武力征服天下；以孟子为代表的儒家主张保全善性，推行仁政，以道德教化收服民心，建立众望所归的“大一统”的王权统治。孟子“仁政”法律思想体系有四个基本层次：一是“性善”，二是“王道”，三是“民贵君轻”，四是“舍生取义”。四个层次围绕“仁政”逐步展开，形成一个完整的理论体系，即“性善”是“仁政”的出发点，“王道”是“仁政”的终极目标，“民贵君轻”是“仁政”的核心内容，“舍生取义”是“仁政”的价值判断标准。仁政与专制泾渭分明，分道扬镳。孟子的仁政学说把儒家法律思想发展到了一个新的高峰。

壹　仁政善性

众所周知，孔子首先提出了“仁”的思想，强调社会生活中人际关系的重要性，主张“仁者，爱人”，人和人之间要互相体谅，彼此关照，与人为善，和睦相处。孟子将孔子“仁”的观念运用于政治实践当中，认真解读实际政治关系，创立了“仁政”学说。统治者与被统治者是实际政治关系中最基本的关系，按照孔子“仁”的观念，统治者与被统治者要换位思考，互相关爱。孟子在此基础上进一步提出两个问题：其一，统治者爱被统治者与被统治者爱统治者这二者之间哪一种爱更重要？即由谁来充当仁爱的主导者，发挥其积极的引导和示范作用；其二，统治者爱被统治者与被统治者爱统治者这两种爱在爱的表现形式上是否相同？即统治者与被统治者拿什么来体现对对方的爱。孟子的回答是简洁而明确的：统治者应该义不容辞地充当仁爱的主角，首先带头去爱被统治者，爱的方式就是切实地解决民众的生存问题。因为统治者把持着天下的物质财富，这些物质财富是他们自已享受不完却会被糟蹋殆尽的，所以，只需他们发善心，体察一下百姓（被统治者）艰难的生活处境，施恩于天下，百姓十分严峻的温饱问题就会迎刃而解。百姓没有了生存之忧，他们就会真心实意地拥戴统治者，统治者的政治地位和政治权力就会稳固地、长期地延续下去，从而从根本上避免了被颠覆的危险。这样看来，孟子的“仁政”，是要求统治者对民众施以小恩小惠，解决他们的生存问题，以此换取民众在政治上对他们的信任、支持和拥戴。在这种爱与被爱的交流过程中，缓和了阶级矛盾，维护了封建统治阶级的根本利益和长远利益，“仁政”最大的受益者还是统治者。如果统治者不主动爱被统治者，不设身处地为他们解决实际困难，甚至不顾人民死活而推行虐政，被统治者就会采取逃亡或造反的方式求生存，社会动荡就在所难免，统治者就有可能被推翻，这对统治者是极为不利的。因此，“仁政”包括善政与善教两个方面①。

孔子言：“性相近，习相远。”在此基础上，孟子明确提出“性善”论。“孟子道性善，言必称尧舜。”（《孟子·滕文公上》）孟子以尧舜为推行“仁政”的楷模，以“性善”论为推行“仁政”的理论根据。他指出人生下来就具有为善的天性②。孟子举例说：假如有人突然看到一个小孩不慎掉进井里，就会奋不顾身地予以援救，这种义举的产生，肯定不是为了要与这个小孩的父母攀结交情，也不是为了要在乡里之间博取美誉，这纯粹是动了“恻隐之心”，也即是对自己的同类产生的同情心。人除了有恻隐之心外，还有羞恶之心、辞让之心和是非之心。这“四心”是人生来就有的共同天性，是人不同于禽兽的本质特征。恻隐之心是仁的开端，羞恶之心是义的开端，辞让之心是礼的开端，是非之心是智的开端（参见《孟子·公孙丑上》）。“仁义礼智根于心”（《孟子·尽心上》），“非由外铄我也，我固有之也”（《孟子·告子上》），一个健全的人的神圣使命就是始终保持内在固有的“善性”，并将它发扬光大，以造福于家庭和社会，实现国治民安。

孟子以“性善”论说明“仁政”的合理性和必然性。所谓“仁政”，即君主以“不忍人之心，行不忍人之政”，从而改善统治者与被统治者之间的对立关系，化解被统治者对统治者的仇视情绪，这样，“治天下可运诸掌”（《孟子·公孙丑上》）。孟子指出，统治者行仁政，不是一个能力问题，而是一个态度问题，“挟泰山以超北海”，这是谁也没有能力做到的事，而“为长者折枝”，是一个人愿意做就能做到的事，行仁政的关键在于统治者为还是不为。只要统治者不忘记自己也是人，体悟到自己的本性是善良的，

① 《孟子·尽心上》：“善政民畏之，善教民爱之。善政得民财，善教得民心。”

② 《孟子·告子上》：“人性之善也，犹水之就下也。人无有不善，水无有不下。”

"老吾老以及人之老，幼吾幼以及人之幼"，"推恩于天下"（《孟子·梁惠王上》），"仁政"就真切地推行起来了。

《三字经》开篇曰："人之初，性本善。"孟子的"性善"论在后世广为流传，在"德教"领域几乎成为定论。

—— 贰 ——

王道乐土

孟子对战争的残酷性和破坏性有着深刻的认识①，他指出，战争最大的受害者是百姓，它使"老弱转乎沟壑，壮者散而之四方"（《孟子·梁惠王下》）。因此，他坚决反对战争，反对分裂，主张尽快结束诸侯割据的局面，使天下"定于一"（《孟子·梁惠王上》）。因为只有"大一统"，天下才会最终安定。在统一的方式上，他谴责依仗强权、以力服人的"霸道"，提倡广施仁义、以德服人的"王道"。他说："以力假仁者霸，霸必有大国；以德行仁者王，王不待大。汤以七十里，文王以百里。以力服人者，非心服也，力不赡也；以德服人者，中心悦而诚服也。"（《孟子·公孙丑上》）倚仗刑赏法令和武力兼并而成大国可以称霸诸侯，称霸一定要凭借国力的强大；依靠道德推行仁义的可以"王"天下，"王"天下不必以强大国家为基础。仗恃实力使人服从，并不能使人心悦诚服，而只因服从者自身的实力不够。依靠道德使人服从，才能使人心悦诚服。倡行道德教化，就会出现"人和"，就会"得道多助"，就将无敌于天下。② 他扬"德"抑"力"，坚信"王道"必然胜于"霸道"。推行"王道"，就是要建立"父子有亲，君臣有义，夫妇有别，长幼有序、朋友有信"（《孟子·滕文公上》）的公序良俗的和谐社会。

---

① 《孟子·离娄上》："争地以战，杀人盈野；争城以战，杀人盈城，此所谓率土地而食人肉，罪不容于死。"

② 《孟子·梁惠王上》："地方百里而可以王。王如施仁政于民，省刑罚，薄税敛，深耕易耨，壮者以暇日修其孝悌忠信，入以事其父兄，出以事其长上，可使制梃以挞秦楚之坚甲利兵矣……仁者无敌。"

孟子认为，“王道”就是以道德教化推行“仁政”，解决好“民”的问题，诸侯国内部安定了，外敌就不敢轻举妄动了，其他诸侯国还会主动归服。为此，孟子设计了一幅“王道乐土”（参见《孟子·梁惠王上》）的蓝图，他把“王道”分为两个阶段：

一是“王道之始”，即“王道”的初级阶段。在这一阶段，如果不违农时让农民去服兵役、服徭役，就不会妨碍农业生产，粮食便吃不完；如果不用细密的网到池塘里捕捞，鱼也就吃都吃不完；如果进入山林砍伐有一定的时间限制，木材就会用都用不完了。粮食和鱼吃不完，木材用不尽，这就是“王道”的开始。“王道之始”要求依循季节进行农业生产，保护自然生态环境，解决养民的问题。民众的温饱问题解决了，统治者就会得到民众的拥护，社会就初步安定了。

二是“然而不王者，未之有也”，即“王道”全面实行的高级阶段。在这一阶段，每家分到五亩大的宅园，在宅园周围种植桑树，那么，50 岁以上的人都可以穿上丝棉袄；精心饲养鸡狗猪等家禽家畜，那么，70 岁以上的人都可以有肉吃了；一家人有百亩的耕地，不要去妨碍他们的生产，那么，几口人的家庭就可以吃得饱饱的了；谨慎地办好学校，用孝顺父母敬爱兄长的伦理道德反复训导他们，那么，须发花白的老人就不会头顶着、背负着重物在路上行走了。一般百姓不挨饿、不受冻，这就是天下归服的“王道”全面实行的阶段。“王道”全面实行的阶段是通过发展副业，大办教育，着重解决富民和教民的问题，让百姓过上富裕的生活，同时对他们实施教化，让他们自觉遵守伦理秩序，履行道德义务[①]，社会就彻底安定了。

孟子严厉谴责了社会上普遍存在的与“王道”背道而驰的现象：高贵人家的猪狗吃掉了百姓的口粮却不加以收敛和制止。道路上有饿死的人，却不知道打开粮仓赈济灾民。百姓死了，却急于推卸责任，说是年成

① 《孟子·离娄下》：“人人亲其亲，长其长，而天下平。”

不好，而与自己毫不相干，这与杀了人而推诿于兵器杀人有什么区别呢？（参见《孟子·梁惠王上》）社会上普遍存在贫富悬殊、阶级对立的现象，而统治者却推卸自己的政治责任。因此，统治者应该深刻检讨自己，老老实实地推行仁政，这样才会改善自己在民众心目中的形象，使民众面带微笑地聚集在他的身边。

叁

民贵君轻

孟子“仁政”学说的核心是“民”，他指出：“民为贵，社稷次之，君为轻。”（《孟子·尽心下》）民、国家、君主三者相比较，民最重要，国家次之，君最轻。得到民众拍举的人才能成为天子，因为民是立国之本，民心向背直接涉及国家和君主的安危，如果没有民众的理解和支持，国家政权、君主的统治地位都无从谈起。[①] 所以，统治者不应无视民众的利益和民众的力量，“民事不可缓”（《孟子·离娄上》），民的问题解决好了，君主的统治就不成问题了。如何对待人民这一问题，对于国家的治乱兴亡，具有极端的重要性。

孟子对当时的社会现实忧心忡忡[②]，他一是要求“贵民”，使民得到他们应该得到的东西，以维持生计；二是反对轻民、贱民、残民、贼民，过分地虐待和伤害民众。为此，孟子提出了一系列具体的法律主张：

（一）“正经界”

孟子认为：“夫仁政，必自经界始。”（《孟子·滕文公上》）划分田界的最佳方案就是恢复西周的“井田制”。所谓“井田制”，指每一井田有九百亩，当中一百亩是公田，其余八百亩分给八户作私田，这八户农民必须先

① 《孟子·尽心下》：“是故得乎丘民为天子，得乎天子为诸侯，得乎诸侯为大夫。……桀纣之失天下也，失其民也；失其民者，失其心也。得天下有道，得其民，斯得天下矣；得其民有道，得其心，斯得民矣。”

② 《孟子·离娄上》：“民之憔悴于虐政，未有甚于此时者也。”

共同把一百亩公田耕种完毕，再去料理各自的一百亩私田。公田的收入用于交纳地租，私田的收入用于维持每户农民的生产、生活。公田与私田界限明确，一方面可以限制贵族无休止地盘剥田租，侵吞农民的私有土地，使农民丧失基本的生存条件；另一方面，可以“制民之产”（《孟子·梁惠王上》），保证农民有一定数量的土地，“有恒产者有恒心”，农民可以依附于土地，安居乐业，自食其力，积极生产，过上有固定收入的安稳生活。这样，他们的基本生活需要满足了，也就不会触犯刑律，为非作歹了。

（二）“薄税敛”

战国时期，诸侯各国征发频繁，花样百出，有所谓“布缕之征”“粟米之征”“力役之征”（《孟子·尽心下》）。百姓经济负担沉重，怨声载道。孟子主张“取民有制”（《孟子·滕文公上》），指出：“易其田畴，薄其税敛，民可使富也。”（《孟子·尽心上》）一方面，鼓励百姓努力生产，增加劳动成果；另一方面，设立征收赋税徭役的定制，把对民众的经济剥削限制在他们能够承受的范围内。这样民众的生活就会轻松富裕一些，政治也就太平了。

（三）“省刑罚”

孟子强调以仁义治国，同时也不否认法律的作用，他既反对“上无道揆”，也反对“下无法守”；既指责“君子犯义”，也指责“小人犯刑”（《孟子·离娄上》）。他告诫统治者，“国家闲暇，及是时，明其政刑”（《孟子·公孙丑上》），用明确的法制政令规范司法、行政，使人们了解法制政令内容，力图避免暴政虐刑。孟子的“省刑罚”，不是不要刑罚，而是要减少刑罚方面的规定，减轻刑罚的危害程度，要准确、适当地运用刑罚，让刑罚更好地发挥惩恶扬善的积极作用。“省刑罚”思想具体表现在以下几个方面：

1.“不嗜杀人”。统治者应不以杀人为嗜好，要慎重地运用死刑，不依靠杀人来维护统治。孟子指出：“今夫天下之人牧，未有不嗜杀人者。”（《孟子·梁惠王上》）这种草菅人命、滥杀无辜的举止是极不人道的，给民众带来极大的伤害，扰乱了正常的社会秩序。孟子号召士大夫挺身而出，与残害民众的昏君、暴君作斗争[①]，并且指出，天下百姓都在盼望“不嗜杀人”的君主出现[②]。

2.“国人杀之”。执行死刑，事关重大，应广泛听取各方的意见，大家都认为罪大恶极，非杀不可，才予以处死。[③]孟子认为，在当时死刑作为惩治犯罪的最严厉手段固然不可轻易废除，但死刑消灭的是人的生命，一定要审慎对待，千万不可情绪冲动或听一面之辞而草率决定，更不能司法专断。凡审断死刑案件，先以“求生之道”审慎审理，确系罪大恶极，不杀不足以平民愤，为了维护广大民众的生存权利，不得已将其处死，由于被杀者是罪有应得，他就理应伏法，死而无怨。（参见《孟子·尽心上》）

3.“士师杀之”。只有司法官才能代表国家执行死刑。孟子说：譬如这里有一个杀人犯，有人问道，这个犯人该杀吗？那我会说，该杀。假如他再问，谁可以杀他呢？那我就会回答，只有治狱官才可以去杀他。（参见《孟子·公孙丑下》）孟子认为，除血亲复仇外，杀人的人都应该杀，但应交给司法官去审理，依法论处，执行死刑应该遵循法定程序，这样既可以树立法律的威信，又能够有效地惩治犯罪。反对“私力救济”，其他人无权杀人，其他人杀人，应承担相应的法律责任。

4.“诛不仁”。孟子视不仁不义为最严重的犯罪，要求严厉打击。[④]当时，最不仁义的事就是发动战争，因此，无论是战争贩子、祸国殃民的统治者，还是“杀人越货”的强盗，皆可诛杀。[⑤]

---

① 《孟子·离娄下》：“无罪而杀士，则大夫可以去；无罪而戮民，则士可以徙。”

② 《孟子·梁惠王上》：“如有不嗜杀人者，则天下之民皆引领而望之矣。诚如是也，民归之，犹水之就下，沛然谁能御之。”

③ 《孟子·梁惠王下》：“左右皆曰可杀，勿听；诸大夫皆曰可杀，勿听；国人皆曰可杀，然后察之；见可杀焉，然后杀之。故曰，国人杀之也。”

④ 《孟子·万章上》：“舜流共工于幽州，放驩兜于崇山，杀三苗于三危，殛鲧于羽山，四罪而天下咸服，诛不仁也。”

⑤ 《孟子·离娄上》：“争地以战，杀人盈野，争城以战，杀人盈城，此所谓率土地而食人肉，罪不容于死。故善战者服上刑，连诸侯者次之，辟草莱、任土地者次之。”

5.“罪人不孥”。孟子称赞文王治岐:“耕者九一,仕者世禄,关市讥而不征,泽梁无禁,罪人不孥。”(《孟子·梁惠王下》)惩罚罪犯,罪犯的亲属无罪就不应受牵连。孟子反对统治者滥罚无罪、“恶恶止其身,善善及子孙”(《春秋公羊传·昭公二十年》),犯罪者罪责自负,不搞株连。

6.“背法匿父”。孟子在孔子“父子相隐”思想影响下,进一步提出了“背法匿父”的主张。“背法匿父”是儒家解决礼法冲突的又一典型范例。据《孟子·尽心上》载,桃应问:舜当天子,皋陶做法官,假如舜的父亲瞽瞍杀了人,那应该如何处理呢?孟子回答道:皋陶会毫不犹豫地逮捕瞽瞍,舜也不会出面加以阻拦,因为皋陶逮捕瞽瞍是有法律依据的。桃应追问:那么,到了这一步,舜又该怎么办呢?孟子说:舜把抛弃天子之位看成抛弃破草鞋一样毫不足惜,他会从监狱里偷偷地背负父亲逃走,到遥远的海滨居住,快快活活地过一辈子,享尽天伦之乐,而把曾经做过天子的事忘掉。由于孝高于法,因此当伦理原则与法律原则发生冲突时,应先尽孝道,并不惜付出任何代价,帮助犯罪的父亲躲避法律的制裁。这样,既履行了道德义务,又不伤害法律的尊严,做到两全其美,相得益彰。

7.认可复仇。复仇是原始社会的习惯,凡本氏族成员受到他氏族成员的羞辱与伤害,每一个氏族成员都有为受害者复仇的权利和义务。进入阶级社会以后,由于中国特有的家国合一的社会结构,家族在社会中占有极重要的地位,“孝亲”伦理进一步受到重视,父母、亲属为人所害,子孙或亲人为其复仇便被视为“义事”。孟子出于孝道,在对复仇持肯定态度的同时,更谴责无故杀人、挑起事端者。他说:杀别人的父兄,引起别人的报复,反过来自己的父兄被杀,与自己亲手杀自己的父兄没什么区别,[①] 这对任何一个家庭都是灭顶之灾。因此,孟子将“好勇斗狠,以危父母”,视为“五不孝”(《孟子·离娄下》)之一,要求以家庭伦理予以严厉

---

① 《孟子·尽心下》:“吾今而后知杀人亲之重也。杀人之父,人亦杀其父;杀人之兄,人亦杀其兄,然则非自杀也,一间耳。”

禁止。

孟子认为："徒善不足以为政，徒法不足以自行。"（《孟子·离娄上》）为政，既要道德教化，又需刑罚制裁。根据"民贵君轻"的原则，孟子对为政的官吏提出了高标准，主张"尊贤使能，俊杰在位"，"贤者在位，能者在职"（《孟子·公孙丑上》），"惟仁者宜在高位，不仁而在高位，是播其恶于众也"（《孟子·离娄上》）。由于天下之本是民，那么，官吏首先应对民众负责，对国家负责，而不仅仅是对君主个人负责，并在此基础上建立起一种新型的君臣关系[①]。君贤，群臣要恪尽职守，辅弼君主；君不贤，则谏则诤，反复谏诤而不听，群臣可以离开他，甚至将君主"易位"[②]；对于像桀、纣一样的昏君、暴君，可以视为"一夫""民贼"，予以"放逐"（《孟子·尽心上》），甚至加以"诛伐"（《孟子·梁惠王下》）。因为"放逐"乃至"诛伐"一两个昏暴的君主要比逼迫民众揭竿而起、铤而走险所造成的社会动荡要小得多，所以应该以民与社稷利益为重。孟子的"暴君逐伐论"对专制君主是一种威慑，也是一种制约，其进步性应该得到充分的肯定。

肆

舍生取义

孟子认为，义与利都是人追求的，二者是一种对立关系，绝对不可同时得到。孟子主张重义轻利，生死关头，甚至"舍生取义"。他说："鱼，我所欲也，熊掌亦我所欲也；二者不可得兼，舍鱼而取熊掌者也。生亦我所欲也，义亦我所欲也；二者不可得兼，舍生而取义者也。"（《孟子·告子上》）为什么要做出这样的选择，孟子的理由是：如果人们都不讲仁义，把生命看得超过一切，那么，一切可以求得生存的方法，就都可以采用了。如果人们所害怕的再没有超过死亡的了，那么，一切可以避免自己祸害的事

① 《孟子·离娄下》："君之视臣如手足，则臣视君如腹心；君之视臣如犬马，则臣视君如国人；君之视臣如土芥，则臣视君如寇仇。"

② 《孟子·万章下》："君有大过则谏，反复之不听，则易位。"

情，就都可以干出来，这样社会不就成了不仁不义、自私自利、尔虞我诈、凶狠残忍的社会吗？这样的社会还有可能维持下去吗？一个高尚的人不应自私自利、苟且偷生，而应追求比生命更重要的道义。

孟子多次告诫统治者“何必曰利，亦有仁义而已矣”，统治者不应“利字”当头，“上下交征利而国危矣”（《孟子·梁惠王上》），应把仁义放在首位，善待百姓，让其得到实实在在的利益，才能从根本上缓和与被统治者之间的矛盾，巩固政治统治。

处理好义利关系，唯一的办法是修身养性。孟子说，要有所放弃才会有所收益[①]，应该放弃的是蝇头小利，应该强调的是“存心养性寡欲”。由于“天下之本在国，国之本在家，家之本在身”，“君子之守，修其身，而天下平”（《孟子·尽心下》），人的任何行为如果没有达到预期的效果，首先要反躬自责，从自己的灵魂深处、从自己的行为本身发现问题，自己的思想和行为端正了，天下自然会归向你。一个人要秉承天意有所作为，还应在艰苦的客观条件下自我修炼，他说：“天将降大任于是人也，必先苦其心志，劳其筋骨，饿其体肤，空乏其身，行拂乱其所为，所以动心忍性，曾益其所不能……然后知生于忧患而死于安乐。”（《孟子·告子下》）真正的大丈夫可以不为外界所动，“富贵不能淫，威武不能屈，贫贱不能移”（《孟子·滕文公下》），始终坚持“居天下之广居，立天下之正位，行天下之大道”（《孟子·滕文公下》），还要一颗红心，两手准备，“穷则独善其身，达则兼善天下”（《孟子·尽心下》），做一个善待自己、周济他人的人。

影响评价

学术有学术的规范，门派有门派的章程，孟子的言行举止中规中矩，他既没有对儒学大动手脚、偷梁换柱、改弦易辙、张扬自我，也未从社会功利的角度去，见风使舵、离经叛道、另起炉灶，而是真诚地表

① 《孟子·离娄下》：“人有不为也，而后可以有为。”

示对先师孔子学识及人品的心悦诚服、推崇备至。他说：如果地上有走兽，孔子就是走兽中的麒麟；如果空中有飞鸟，孔子就是飞鸟中的凤凰；如果世上有人类，孔子就是出类拔萃的圣人[①]。我一生最大的愿望就是向孔子学习。孟子学习孔子，不是企求"青出于蓝而胜于蓝"的超越，而只希冀恭恭敬敬地将孔子的思想传承下去，发扬光大。孟子的尊孔行为对本门学派的师承关系做了最好的诠释，开创了中国古代师门内尊师重道的先河，成为后世称颂效仿的典范。

随后的统治者不太喜欢孟子的言论，孟子的地位在唐代以前并不高。唐代的韩愈著《原道》，开始把孟子列为先秦儒家中唯一继承孔子"道统"的人。北宋的程颐说："孟子有功于圣门，不可胜言。孔子只说一个'仁'字，孟子开口便说'仁义'；孔子只说一个'志'字，孟子便说许多养气出来。只此二字，其功甚多。"南宋的朱熹将《孟子》与《论语》《大学》《中庸》合在一起称"四书"，其实际地位在"五经"之上，从此直到清末，"四书"一直是科举必考内容。明朝朱元璋辑有《孟子节文》，删掉了《孟子》里的某些章句，如"民为贵，社稷次之，君为轻"，"残贼之人谓之一夫，闻诛一夫纣矣，未闻弑君也"等，但阻碍不了孟子地位居高不下的事实，反而从另一个方面体现了对孟子"贵民"言论的戒备和恐惧。

孟子是一位有话要说，且不得不说的人，当时就以能言善辩扬名天下，但他的善辩，不是捏造新词、夸夸其谈、哗众取宠、沽名钓誉，而是有的放矢、仗义执言、理直气壮、振振有词。孟子的善辩，有两个决定性因素：其一，孟子内心世界的充实和丰富，他十分自信，对生活非常乐观[②]。因此，他总是以自己坦诚纯正的目光去看待形形色色的人物，

---

① 《孟子·公孙丑上》："出于其类，拔乎其萃，自生民以来，未有盛于孔子也。"

② 《孟子·尽心上》："万物皆备于我矣，反身而诚，乐莫大焉；强恕而行，乐莫大焉。"《孟子·公孙丑上》："吾善养吾浩然之气。"《孟子·公孙丑下》："如欲平治天下，当今之治，舍我其谁。"《孟子·离娄上》："大人者，不失其赤子之心。"

以自己稳定的心态、坚定的意志去应付世间瞬息万变的事态，处处以精神追求为尚，坚持己见，据理力争，捍卫人间正道，维护人格尊严，而不为名利所诱惑，不为权势所胁迫，不为庸人所凌辱。其二，孟子所言，为民请命，无私无畏，光明磊落，师出有名，什么“民贵君轻”“制民之产”“取民有制”，什么“救民水火”“解民倒悬”“视民如伤”，无一不是替民分忧，为民呐喊。由于出于公心，代表民意，伸张正义，其言论的号召力与感染力排山倒海、势不可挡。孟子的所作所为告诉我们：一个人活着，应该有一种精神、一种情怀，一个人活着，应该为别人说点什么、做点什么，这才是人之所以为人的标志，这才是人活着的意义和价值。

庄子

愤世嫉俗　逍遥无为

核心要旨

庄子相对主义方法论有哪些具体内容？

如何在浩渺的宇宙中悟『道』？

如何以自然作砝码权衡人的价值？

庄子的法律虚无主义有哪些具体表现？

如何做到『大隐隐于市』的『逍遥游』？

庄子是我国思想文化史上一个特异的存在。他智慧超人，才华横溢，想象诡异，言辞犀利，是仅次于老子的道家第二大宗师。老子生活在春秋，庄子出现在战国，此时旧贵族与新封建主之间的矛盾更加尖锐，繁琐的礼仪、严酷的法令、苛重的赋税、激烈的战争致使社会更加动荡不安，社会底层的芸芸众生生活得更加艰难。在这种情况下，任何一种社会规范都意味着对人的天性的扭曲、束缚、扼杀，任何一种政治统治都在制造人间的不幸和灾难，庄子一是对现实的悲观失望，二是想从精神解脱中寻求慰藉，他的思想正是这种境遇与情绪的真切反映。庄子进一步发挥了老子"道"论的消极方面，从相对无为迈向绝对无为，其隐士的意志情绪更加偏激固执，痛斥现实社会的火力更加集中猛烈，追求逍遥自由的愿望愈加坚定执着。这都为道家的法律思想吹来了一股新风，使道家学会放弃的聪明才智与技巧方略更为渊博、更为娴熟、更为彻底、更为玄妙。

人生历程

庄子（约公元前 369～公元前 286 年）名周，字子休（一说子沐），宋国蒙（今河南商丘）人，曾做过当地管理漆园的小吏，不久就辞官归家，以打草鞋为生，生活贫困潦倒，时常破衣遮体，借米度日，却自恃高傲，视功名利禄为粪土，选择“终身不仕，以快吾志”，宁愿过隐居生活，以保持独立的人格和追求逍遥无待的精神自由。他从事讲学和著述，是当时有名的隐者。但庄子的“隐”与老子的“隐”有所不同，老子是“小隐隐于野”，年迈之时才隐，隐于山野，重在“形隐”；庄子是“大隐隐于市”，在年富力强时就隐，隐于闹市，重在“心隐”。唐开元二十五年（公元737年）庄子被诏号为“南华真人”。

《庄子》一书是研究庄子思想的重要资料。

思想脉络

庄子的法律思想与老子一脉相承，并有新的进展：其一，采用相对主义方法论，揭示“道”的绝对性、无限性，使“道”更加虚无，更加变幻莫测；其二，延续了老子否定礼、法的主张，对于礼的虚伪性和法的残酷性进行了痛快淋漓地揭露，对人类的反思更为深刻，对现实的批判更加锋芒毕露，不遗余力，其批判的着力点不在君主，而在追名逐利的小人；其三，发展了老子的虚无倾向，反对一切社会制度，摒弃包括道德、法律在内的一切人类文明，回归自然，最早提出了中国的道德虚无主义和法律虚无主义。道家思想在庄子这里产生了两极分化，其追求理想境界的积极方面更加积极，其无视现实的消极方面更为消极，形成了虚幻理想与残酷现实的截然对立。

壹

相对齐一

与老子一样，庄子也承认矛盾的普遍存在以及矛盾向对立面转化的事实[①]。在此基础上，庄子构建了相对论体系。庄子的相对论有以下内容：

1．**所识之客体——物属性的相对。**认识事物，必须掌握物性，物的属性是相对的，因此，物性不能由物自身来决定。事物时而呈现这种属性，时而又呈现那种属性。例如，“秋水时至，百川灌河”时，黄河的河面显得十分宽阔，河伯欣然自喜，认为自己奇大无比。当他东行，遇见北海，北海“东面而视，不见水端”，河伯才一改初衷，以自己的渺小而羞愧不已。（参见《庄子·秋水》）在河伯眼里，北海算得上是庞然大物了，但北海与天地相比，也只具有“小”的属性。和黄河、北海一样，任何事物同时具有两种相对立的因素，这两种因素在事物的发展变化中交替出现、互相转化，因此，事物的任何属性都是相对的、不稳定的，人们就很难确定事物具有哪些自身的规定性。

2．**能思之主体——人认识的相对。**既然事物的属性在客观世界中难以确定，庄子就把探寻事物特性的目光由认识对象折回认识的主体，认为事物的差异取决于人认识事物的角度和方法。庄子指出：凭着事物大的一面而认为它是大的，它就是大的；凭着事物小的一面而认为它是小的，它就是小的。[②]事物的特性不是由它自身因素所确定的，而是取决于人怎样认识事物，是由人的主观意识决定的。由于认识主体的不同，对同一事物，很难形成一致的看法，例如，毛嫱、丽姬，人认为美；可鱼见之则深入于水，鸟见之则高飞于天，麋鹿见之则远逃于野，对其厌恶之情显而易见。由于认识主体受不同条件的限制，人们都站在自以为是的立场上判断事物，看法因人而异、无法统一，所以，人们认识事物正确与否也是相对的。

3．**齐物我。**齐物我，就是混淆物我界线，使二者合而为一。为此，庄子以“庄周梦蝶”为例：庄周睡着后，梦见自己变成一只翩翩起舞、飘然自得、轻松惬意的蝴蝶，这时全然忘记了自己是庄周。一觉醒来，对自己还

① 《庄子·则阳》：“安危相易，祸福相生，缓急相摩，聚散以成……穷则反，终则始，此物之所有。”

② 《庄子·秋水》：“以差观之，因其所大而大之，则万物莫不大；因其所小而小之，则万物莫不小……以趣观之，因其所然而然之，则万物莫不然；因其所非而非之，则万物莫不非。”

是庄周十分惊奇疑惑，不知是庄周做梦变成蝴蝶呢，还是蝴蝶做梦变成庄周？费心琢磨，烦恼不堪。最后，干脆不去作庄周与蝴蝶的分辨，任其物我合一，顷刻顿觉豁然开朗、精神洒脱。于是，庄子提出了“齐彼此”“齐物我”“齐是非”的主张，企图在人的思想观念中取消一切事物的差别，泯灭主客观的对立，抹杀是非界限，用这种“难得糊涂”的办法将“人和自然之间、人和人之间的矛盾真正解决”[①]。

庄子相对论否认事物客观存在的、不以人的意志而转移的自身规定性，否认人对事物相对正确认识的积累可以接近绝对真理，从而片面强调了客体的相对性和主体认识客体的相对性，错误地断定任何检验认识事物正确与否的标准都是不存在的，甚至断定事物是无法认识的。这正如马克思所言：“把相对主义作为认识论的基础，这必然使自己陷入绝对怀疑论、不可知论和诡辩，就是陷入主观主义。”[②]但庄子在分析主体对客体的认识过程中，揭示了事物的相对性以及人对事物认识的相对性，这无疑是他的过人之处。首先，庄子看到了把事物看成由单一因素构成的固定不变的传统思维方式的局限，却又找不到弥补缺陷的适当方式，只得把事物彼此对立的一面过分地夸大，绝对化了事物之间的相对关系，从而使自以为是的绝对论断丧失了至高无上的尊严，产生了动摇。其次，庄子的相对论提醒人们，观察事物时，不应只注意到它们本身是什么，这仅仅是认识的一个方面，认识活动是主客体之间的共同作用。由于各个主体具备的条件不同，的确会产生认识结果的差异，主体如何认识事物，恰恰是人们长期忽略的问题。庄子运用相对主义方法论分析问题时，觉察到了人的思维活动的某些特点。他从不同角度观察同一事物，从正反两方面寻找事物的特性，或者从一个固定角度认识不同事物，从睽违离异的复杂现象中把握他们的相通之处。这无疑强调了思维方式的灵活性，肯定了在认识活动中不同主体的差异性以及独立性，真正把人视为认识的主体，而不仅仅是伦理

① 马克思：《1844 年经济学——哲学手稿》，人民出版社 2012 年版，第 73 页。

② 《列宁选集》第 14 卷，人民出版社 1988 年版，第 136 页。

道德、社会制度约束的客体。

贰

宇宙之道

孔子和墨子都是具有高度社会责任感、注重实际的思想家，他们关注人与人的社会关系和时事政治，往往从人的社会性、道德观念和知识经验入手，在制约与教化的紧密联系中，阐述积极入世的政治主张。他们研究的对象主要是社会现实的产物，其思想范围比较狭窄。老庄与孔墨的不同之处在于，他们超越日常生活对自己思想的局限，把人类思索的范围由世俗社会扩展到整个宇宙，在漫无边际的天地之间探求人生的究竟，从人对自然的关照中反思自我，寻觅社会安定的出路，从而建立了道家自己的思想体系——包罗万象的宇宙哲学。

什么是宇宙？庄子说："有实而无乎处者，宇也；有长而无本剽者，宙也。"(《庄子·庚桑楚》)郭象注曰："宇者，有四方上下，而四方上下未有穷处；宙者，有古今之长，而古今之长无极。"①宇宙由广袤的空间和绵长的时间构成，它具有无限的广延性，是人们充分发挥主观能动性去全面、深刻认识所有事物的广阔场景。在这个场景中，人们既能从万事万物的联系和变化中体味操纵它们的本质力量——"道"的存在，又能从人与自然的关照中权衡人在宇宙中的地位，正确估量人自身的价值和能量。

春秋战国时期，人们活动的范围比较狭小，常常从社会功利的角度考虑问题，只注目于和自己生计密切相关的世俗环境，而对宇宙中的一切缺乏宏观的、动态的、本质的认识，错误地认为万物是有限的②。庄子在对宇宙的宏观认识中，揭示世界的无限性。

首先，庄子把认识对象放到宇宙背景中观察，得出与常人看法相去甚

① 郭象:《庄子注》。
② 《庄子·在宥》:"彼其物无穷，而人皆以为有终；彼其物无测，而人皆以为有极。"

远的结论[①]。在这里，庄子把人作为认识的客体，作为客观世界的组成部分，与其他自然物相提并论，就清楚地看到人的局限性，而这恰恰是一般人容易忽略的问题。这说明，把认识对象放到广阔深远的宇宙中去考察，在宇宙中，“我们绝对看不到任何孤立的东西，每件东西，都和它之前、之旁、之上、之下的东西发生联系”[②]，正是在事物之间的紧密联系和相互作用中，人们才能对事物形成全面、准确的认识。

其次，在辽阔深远的宇宙背景里，可以清楚地看到万事万物无时无地不处于运动变化之中[③]。庄子十分强调世界运动的绝对性，他根据发展变化的基本规律，看待一切事物，分析所有问题。庄子把人类的出现看作物种变迁的一个环节，万物在互相转化中，生成新的物质，从而构成了丰富多彩的大千世界。人作为万物中的一种，只不过是事物变化过程中的一种形态，用不着过于看重和认真对待人生，应该超脱旷达，“生而不悦，死而不祸”《庄子·秋水》。庄子用发展的眼光看待人类历史[④]，他认为，人类历史发生着翻天覆地变化，统治者治理国家的法令制度就不得不适应时代发展需要，随之而变，不应当沿用先王旧制，固守陈规，亦步亦趋地效仿古人。庄子发展变化的自然观和历史观，否定了人们以静止、固定的方法看待事物所形成的偏见，否定了传统观点的权威性，这是具有进步意义的。但庄子用事物运动的绝对性否定事物相对静止的属性，从而断定事物是不可认识的、毫无意义的，显然也是失之偏颇的。

最后，宇宙中万事万物的复杂联系和变动不居都是由宇宙本体——“道”决定的。“道”是宇宙中独立而永恒的神秘精神实体，它产生天地万

① 《庄子·秋水》：“计四海之在天地之间也，不似礨空之在大泽乎？计中国之在海内，不似稊米之在大仓乎？号物之数谓之万，人处一焉；人卒九州，穀食之所生，舟车之所通，人处一焉；此其比万物也，不似豪末之在于马体乎？”

② 1825年哥德对苏勒的谈话。

③ 《庄子·天地》：“天地虽大，其化均也；万物虽多，其治一也。”《庄子·知北游》：“天下莫不沉浮，终身不故。”《庄子·秋水》：“物之生也，若骤若驰，无动而不变，无时而不移。”

④ 《庄子·天运》：“礼义法度，应时而变者也……仁义，先王之蘧庐也，止可以一宿而不可久处。”

物，驱使鬼神，不受时间、空间的限制，无时不存，无处不有。[①]“道”无形无色，人们只能凭直觉感受到它的存在，而不能靠感官和理性思维去认识它。“道”存在于具体事物之内，它从内部操纵着事物的方方面面，是事物产生的本源和变化的主宰[②]。人们认识事物，不应只注意事物的细枝末节，而应由表及里，体悟事物的本质和变化规律——“道”的存在。宇宙中“道”的提出，有助于加深人们对事物的认识，便于从根本上揭示事物的特性和事物运动的原因。

庄子宇宙观的建立，实际上为人们观察事物提供了一个以无限的空间和绵延的时间合成的框架，凭借这个框架，便于认识和说明事物运动的轨迹、事物出现的原因以及事物之间的联系，从而对复杂的认识对象形成全面性与根本性的了解。这是庄子宇宙观的出现在中国古代认识发展史上的第一个重要意义。

在宇宙的天平上，庄子把自然用作权衡人的价值的砝码，而不是把个人得失当成测量人贵贱的尺度。庄子认为，人和自然都是“道”的产物，它们居于同等地位，没有高低贵贱之分。但自然只是被动地承受“道”，“道”即自然规律，自然规律的实质即“无为”。与自然“无为”截然不同的是，人往往企图通过自己的努力，追求身外之物，以满足自己日渐膨胀的占有欲望，以实现自己的人生价值。但事与愿违，由于人的行为脱离了“道”的轨迹，失去了人之所以为人的自然本性，所以其欲望不可能得到满足，其人生价值不可能实现。人想要悟“道”，就应崇尚自然，以天为徒，彻底摆脱现实矛盾对自己的纠缠。庄子说，“大美”存在于自然之中，人们如果取法天地、任随自然、无所作为，就能够成为与天合一的圣人。[③]在庄子的词

① 《庄子·大宗师》：“夫道，有情有信，无为无形；可传而不可受，可得而不可见；自本自根，未有天地，自古以固存；神鬼神帝，生天生地。”

② 《庄子·渔父》：“道者，万物之所由也。庶物失之者死，得之者生；为事逆之则败，顺之则成。”

③ 《庄子·刻意》：“天地之道，圣人之德也。”《庄子·知北游》：“天地有大美而不言，四时有明法而不议，万物有成理而不说，圣人者，原天地之美而达万物之理，是故至人无为，大圣不作，观于天地之谓也。”

汇里，自然是相对人而提出来的，自然天钧是调整人与自然、人与人关系的法则，回归自然，绝对无为，成了抵御物质诱惑、保持人真实性情的唯一途径。一句话，赞美自然也就等于赞美人类社会的理想。十分明确，庄子在自己的思想体系中的“自然”，既指抽象的自然规律，又指整个具体的自然界。庄子厌倦社会生活，无所作为，寄情于山水之间，亲近大自然，他由衷地感叹道：“山林欤！皋壤欤！使我欣欣然而乐欤！”（《庄子·知北游》）自然界本身是平静的，它是提供原始生存条件以满足人的最低生活水平，是人固守纯朴真挚的自然本性的安宁天地。人们只要投身于大自然的怀抱，就会开阔眼界，襟怀坦白，增长见识，陶冶情操，获得无穷的美的享受。庄子推崇自然的思想，一方面破除了人与自然的隔阂，“起初是作为一种完全异己的、有无限威力的和不可制服的力量与人们对立的”[①]。自然界，在观念形态中与人的关系变得密切与和谐，“天地与我并生，万物与我为一”（《庄子·齐物论》）的“物化”境界成了人追求的精神境界。另一方面，自然成了人正确估量自身的参照物，人们探索的目光开始由世俗社会超脱出来，涉猎与现实社会密切相关的自然界，在大自然面前，对人自身进行反思，从而找到正确的行为方式。这就增加了人的认识对象，丰富了人认识的内容，突出了方法论的重要性。这是庄子宇宙观出现在中国古代认识发展史上的第二个重要意义。

叁

遗弃现实

庄子认为，人在社会上安身立命应秉承一个基本的原则：“为善无近名，为恶无近刑。”（《庄子·养生主》）但战国时期是封建割据的诸侯国向中央集权的封建国家过渡的大动荡时期，社会动荡使久分必合、由乱而治的历史转折得以实现，也使各种矛盾暴露无遗，加剧激化。人们在物质利

① 《马克思恩格斯选集》第1卷，人民出版社1995年版，第35页。

益的刺激下，不惜违背人的本性，以身体乃至生命为代价，满足各种欲望，从而不可避免地酿成人的三大悲哀：一是“与物相刃相靡”；二是“终身役役而不知见成功”；三是形体消尽，精神毁灭。庄子指出：“自三代以下者，天下莫不以物易其性矣。小人则以身殉利，士则以身殉名，大夫则以身殉家，圣人则以身殉天下……其于伤性以身为殉，一也。”（《庄子·骈拇》）各诸侯国的统治者有过之而无不及，“多危身弃生以殉物”（《庄子·让王》），“决性命之情而饕贵富”（《庄子·骈拇》），他们贪图物质享受，过着奢侈靡乱的生活。为了满足自己的贪欲和权势欲，他们大动干戈，互相残杀，顷刻之间，宫廷内刀光剑影，国土上烽火连天。在当时，历史的艰难行进是以牺牲广大人民的根本利益作为代价的，人民在统治阶级横征暴敛下穷困潦倒，在战乱中流离失所，丧失了基本的生活条件，过着牛马不如的生活。人民与统治者在物质生活上贫富悬殊形成截然的对立，正是社会动荡不安的症结之所在。

庄子长期困居社会的底层，是浊世中一个清醒的旁观者。他视权贵如腐鼠，宁愿做泥水中曳尾而行的活乌龟，也不愿做供奉于庙堂上的死乌龟。他对君臣腐败、社会混乱的现象有着深刻的认识[①]。但由于时代的局限和阶级的局限，庄子不能从历史发展的必然趋势上认识动乱的社会现实，而仅仅从普遍的矛盾斗争现象中看到社会落后、黑暗的一面，从而对社会发展变化得出了悲观的结论：“千世之后，其必有人与人相食者也。”（《庄子·庚桑楚》）

遗弃现实的社会观使庄子思想有两个突出的倾向：一是对矛盾重重、纷争不断的黑暗社会作了深刻的揭露，彻底否定了一切现存制度和传统观念。但庄子对现实的批判不是从现实生活具体事件的忠实记录中披露出来的，而主要是在抒发愤世嫉俗的激情和显示崇高人格的浩然正气中加以表现的。二是对外在世界的否定是与内心世界向往个人本位、追求绝对自

① 《庄子·人世间》：“方今之时，仅免刑焉。”《庄子·山木》：“今处昏上乱相之间，而欲无惫，奚可得邪？”

由的理想联系在一起的。

庄子认为："圣人行不言之教，道不可致也……失道而后德，失德而后仁，失仁而后义，失义而后礼。礼者，道之华、乱之首也。"(《庄子·知北游》)庄子从绝对的"无为"观出发，主张"无以人灭天，无以故灭命"(《庄子·秋水》)，坚决反对任何对自然之道的干扰和破坏，要求取消人的一切有意识的活动。其批判的锋芒指向了儒家的仁义礼乐、法家的法术势、墨家的兼爱尚贤，认为这些"有为"政治是人类的多余之举，是导致虚伪、欺诈、强暴、动乱的根源。

庄子对儒家的"礼治"进行了彻底的揭露和批判：

其一，仁义礼乐是对人的自然本性的践踏和蹂躏。庄子认为，人的"常性"在社会生活中表现为"织而衣，耕而食"，以维持生存，"无知""无欲"(《庄子·马蹄》)，"逍遥于天地之间而心意自得"(《庄子·让王》)，这里既没有君子小人的贵贱之分，也没有宗族乡党的亲疏之别，人们彼此一致，完全平等。"道德不废，安取仁义？性情不离，安用礼乐？……毁道德以为仁义，圣人之过也。"(《庄子·马蹄》)仁义礼乐与朴实无华、真挚坦诚的人性水火不容，背道而驰，它的产生无疑是"圣人"给人类带来的灭顶之灾。

其二，仁义礼乐是对单一、纯正社会的分化瓦解，虚伪、混乱与对立由此而来。人们只知儒家倡导的仁义礼乐能换来声誉和威望，但不知在声誉与威望的掩饰下，障人耳目，惑人心智，名正言顺、理直气壮地为自己攫取个人私利，而这正好助长了虚伪和争斗[①]。由此可见，虚伪的仁义礼乐对治理天下有百害而无一利。

其三，仁义礼乐是大盗窃国的工具。庄子认为："彼窃钩者诛，窃国者侯。诸侯之门，而仁义存焉。"(《庄子·胠箧》)偷盗带钩的人受到诛杀，偷

① 《庄子·徐无鬼》："夫民不难聚也，爱之则亲，利之则至，誉之则劝，致其所恶则散。爱利出乎仁义，捐仁义者寡，利仁义者众。夫仁义之行，唯且无诚，且假乎禽贪者器。是以一人之断制利天下，譬之犹一覕也。夫尧知贤人之利天下也，而不知其贼天下也。"

盗国家的人当上诸侯，并且小国不敢指责他，大国不敢讨伐他，就在于他有权有势，可以立法定制、倡导仁义。仁义是统治者的专利品，而非劳苦大众的护身符，统治者用它来掩饰罪恶，麻痹对手，装点门面，粉饰太平，在仁义的招牌下杀人，是统治者惯用的伎俩。因此，“圣人不死，大盗不止”(《庄子·胠箧》)。

庄子对法家的“法治”发起了攻击。法家强调法律的权威，主张君主“独制”“一断于法”“以刑去刑”。庄子反唇相讥：“治，乱之率也。”(《庄子·天地》)以法治国，只会愈治愈乱，愈乱愈治。“今世殊死者相枕也，桁杨者相推也，刑戮者相望也”(《庄子·在宥》)，这不能说法律不严厉，不能说刑罚不酷重，“法治”的结果是，约束了人的天性，剥夺了人的尊严，促成了人际关系的隔漠，怨恨积蓄，残杀四起，造成天下大乱，不可收拾。

对于墨家的兼爱尚贤，庄子也给予了批判，指出：“兼爱”不合时宜，表面上是无私，实质仍是自私自利，根本无法实施。[①]而贤智是对“天放”民性的破坏，使人与人之间相互嫉恨和残害，“日以心斗”，结果是两败俱伤。因此，“名也者，相轧也；智也者，争之器也。二者凶器，非所以尽行也”(《庄子·人世间》)。同时，“举贤则民相轧，任知则民相盗”，朝廷上的阴谋倾轧以及民间的巧取豪夺都是与贤、智联系在一起的，任其发展，势必导致人类社会的消亡。

儒家的仁义礼乐、法家的法术势、墨家的兼爱尚贤都是以君主为本位而立论的，目的都是维护君权，愚弄民心，压制民意。这样的理论要么虚伪，要么专横，容易对社会产生误导。统治者可依据它阳奉阴违，大开杀戒；民众会依据它上行下效，敷衍应付，心存不满，突然发作。私有分化了人类，君主促成了对立。因此，在私有社会，在君主政治体制中，“赏罚利害，五刑之辟，教之末也；礼法度数，形名比详，治之末也”(《庄子·天道》)。由此可见，庄子对封建君主制度及其理论的批判，是深刻、尖锐、有

① 《庄子·天地》：“兼爱不亦迂乎？无私焉，乃私也。”

力的，它不但触及了根本，而且进行了致命一击。

庄子认为批判现实与追求理想这二者之间密切相关，不可割裂。现实是黑暗的，应该躲避，应该放弃，这是起因，实现个体的、精神的、绝对的自由，是结果，是归宿。没有对黑暗现实的憎恶，就不会有对神圣理想的向往。憎恶现实越彻底，追求理想越执着。因此，庄子对社会现实不仅仅是为批判而批判，也是为寻找实现理想的原动力。

庄子认为，自由即逍遥。逍遥，指的是一种无拘无束、悠闲自得的一种境界。庄子把“有待”与“无待”作为衡量是否逍遥的标准，“有待”，即对矛盾的对立面有所依赖，故而受之制约，因此是不自由的；“无待”，即对一切无所凭借，也就无所顾及，不受约束，因此是自由的。“有待”又分为下列两种情况：其一，“待物”，即依赖于客观条件，而受客观条件的限制，例如，大鹏凭借风力才能腾空而起，旅游者带足了干粮才能远行千里；其二，“待我”，就是“有心”，即依赖于自己的主观世界，而使主观精神不能安然自得、静心宁神，例如，鸠鴳为自己的疾飞速止而自鸣得意，众人为自己不如彭祖长寿而悲哀沮丧。

“有待”内容的差异性，使人世间出现了各种不同类型的“有待”者：一是“知效一官，行比一乡，德合一君而徵于一国者”，这些人，竭力尽智，积极用世，倚仗他人的赏识和恩赐，彰显于社会的一隅。他们目光短浅，忙忙碌碌，劳形伤神而内心不宁。二是“举世而誉之而不加劝，举世而非之而不加沮”（《庄子·逍遥游》）的宋荣子，虽然他不因世人的毁誉褒贬而起喜怒哀乐之情，社会似乎已对他失去了影响作用，但他宣扬“以禁攻寝兵为外，以情欲寡浅为内”（《庄子·天下》）的治世主张，并勉强要别人理解和接受，自我一方仍奈不住寂寞。三是列子，他御风而行，独来独往，不受制于人，也无所系于心，但他对客观条件有所依赖。这三类人有的“待我”而“逆于性”，有的“待物”而“累于身”，他们所凭借的对象，成了自由行动的羁绊，使他们与“逍遥游”无缘。

庄子祈求得到的自由是“无待”之“逍遥”，即顺应自然规律，迎合客观环境的各种变化，放弃一切主观欲望，不遁天悖情，避免与自然界和人类社会发生任何矛盾，在“无待”于主观世界与客观世界的同时，无拘无束地游于无穷的境界。

庄子“无待”的具体内容是：“至人无己，神人无功，圣人无名。”（《庄子·逍遥游》）在这里，至人、神人、圣人是“遗物离人而立于独”（《庄子·田子方》）的理想人物，无己、无功和无名是达到“逍遥”境界的基本途径。

“圣人无名”，即圣人不追求名誉地位。庄子以“尧让天下于许由”（《逍遥游》）的寓言故事形象地说明了“圣人无名”的深刻含义。尧让天下给许由时说：“夫子立而天下治，而我犹尸之，吾自视缺然，请致天下。”许由认为：“名者，实之宾也”，名号是实相的附属物，享有国君的名位，就应做出国君的政绩，这才名副其实。尧让位只是一种手段，其目的就在于让许由行使君主的职权，设法让天下得到治理。许由深知“名位高而忧责集”，得君位就意味着置身于各种社会矛盾的焦点之上，虽然尽个人主观努力排难解纷，但也无济于事，反而陷入“与之为无方则危吾国，与之为有方则危吾身”（《人世间》）的困境中，难以自拔。所以，许由坚决推辞不受其政，“予无所用天下为”。由此来看，“无名”只是表面现象，“无所用天下”才是问题的实质。“无名”是庄子处理“我”与他人这对社会矛盾时，采取不面对现实、不与他人发生任何社会联系的办法，推卸一个人应该担负的社会责任，以确保维持生命的最低生活条件。庄子提倡的“无名”，力图把“一切社会关系的总和”的人简单化为只有基本生理需要的人，乃至与动物毫无差别的人。这无疑是主张人性的退化，是人类社会文明进步的反动。

“神人无功”，即神人无所事事。庄子热情颂扬神人：“藐姑射之山，有神人居焉，肌肤若冰雪，淖约若处子，不食五谷，吸风饮露。”（《庄子·逍遥游》）这传神之笔不只描绘出神人纯洁的风姿和高尚的品质，还主要突出了神人与一般人不同的两个特点：其一，神人在现实生活的彼岸——虚无缥缈的姑射山上孤居独处，寂寞无偶，他不与任何人交往，完全脱离了世俗社会；其二，神人不具备人以及动物的基本欲望——食欲与性欲，当然就更没有人的社会欲望——贪欲和权势欲。神人超过圣人而有过之而无不及在于他既不“弊弊焉以天下为事”，也不“以物为事”。这也就是说，神人不但挣脱了社会关系的羁绊，也摒弃了物质需求的缧绁，“无人非，无物累”(《庄子·天道》)，获得了精神上和行为上的绝对自由。

“至人无己”，即至人无“我”，无内心外形之累。由于宇宙的本体、万物的渊源——“道”无为无行，不能用感官和理性思维去认识它，人们只有放弃一切人为的努力，放弃社会实践，完全抛开个人的情感欲望，彻底忘掉形骸的“我”，“不以心损道，不以人助天”(《庄子·大宗师》)，才能“独与天地精神往来而不傲睨于万物”(《庄子·天下》)。“无己”正是让人们在“天地与我并生，万物与我为一”的“杳然”精神状态中，体悟“窈窈冥冥”“昏昏默默”的“道”。

“无己”是对“无功”“无名”思想的发展，是庄子处理物我矛盾与人我矛盾的最终解决办法。“无名”和“无功”是以去掉与“我”既互相联系又互相对立的他人和物的一方，从而使矛盾消失。庄子认为，在人我矛盾和物我矛盾中，矛盾的主要方面都是“我”。“无己”就是主动消除自我这一方，使两对矛盾的对立面不复存在，“我”便进入了“无待”的领域。

庄子达到“无待”的方式主要有两种，一是心斋，就是要排除心中的种种杂念，保持内心世界的纯洁宁静；二是坐忘，稳坐不动，气定神闲，忘掉身外的一切。

由此可见，“逍遥游”追求的是绝对的精神自由，而不是物质享受与社会地位和名誉。

在他人眼里，庄子“逍遥游”的理论玄虚而无用。庄子却认为，只要对自身无害，即是大用。正因如此，庄子的“逍遥游”理论不是治世的良药，不是改造现实的利器，无助于解决复杂尖锐的社会矛盾，对社会的发展、人类历史的前进也毫无推动作用，但这一理论对个人却是有用的。它让人激流勇退，明哲保身，以放弃人的社会价值为代价，保全人的自然属性，以我无用于世的方式，求得一切无害于我的效果。这是一种极端利己主义的养身之道。

影响评价

庄子是一位棱角分明、锋芒毕露的廉洁正直之人。他一方面淡泊名利，主张修身养性、清静无为；而另一方面，他愤世嫉俗，内心深处充满着对世态的悲愤、怨叹与绝望。正因为世道污浊，所以他才退隐；正因为危机四伏，所以他才与世无争；正因为人生桎梏太多，所以他才率性特立，向往无拘无束的自由。因此，对丑陋现实的每一次抵触自然形成对崇高精神的向往，对社会现状越失望，对精神的追求就越彻底。

“无路可走，卒归于有路可走。”（刘熙载：《艺概》）庄子的法律思想以逃避现实的方式对待现实，以远离矛盾的途径处理矛盾，以放弃抗争的手段表示抗争。这种观念只能使人们在精神上得到自我安慰、自我满足、自我麻醉，在个人想象的虚幻世界里实现个人的绝对自由。由此可见，庄子只能算是一个聪慧的幻想家、无奈的处世者。

商鞅

变法图强　农战重刑

核心要旨

变法的历史必然性是什么？

如何解答法律与国家富强的关系？

『法治』的主要作用和基本条件是什么？

如何理解和践行『以刑去刑』？

商鞅为何会『作法自毙』？

人类社会有两种前进方式：一是按部就班，循序渐进；二是大刀阔斧，披荆斩棘。至于采取哪种方式，得视客观情形而定。人类需要新陈代谢，时代需要卸物加载，社会需要重新洗牌，资源需要重新配置，后一种方式就有了奇功异效，于是“变法”应运而生。战国时代，列国纷攘，战争频仍，各诸侯国谋存图强的必由之路就是革除陈规陋习，实行变法。当时较著名的变法活动有魏国的李悝、楚国的吴起、秦国的商鞅、赵国的武灵王等的变法，其中尤以商鞅变法影响最大，因为它直接促成了秦的强大与随后的天下一统。

人生历程

商鞅（约公元前 390～公元前 338 年），战国中期卫国（今河南安阳市内黄梁庄镇一带）人，原名公孙鞅，或称卫鞅。因在秦国为相变法有功，被秦孝公封于商（今陕西商县），号为商君，历史上又称他为商鞅。商鞅出身贵族，从小喜好“刑名之学”。二十多岁时到了率先变法并取得一定实效的魏国，任魏相公叔痤的家臣，公叔痤赏识他的才能，还来不及推荐他，就身患重病。魏惠王亲往探望，对公叔痤说：“您生病，如有不测，国家将怎么办？”公叔痤说：“我手下公孙鞅虽年少，但有奇才，愿君主将整个国家交给他治理。”魏惠王默默无语。魏惠王将要离开时，公叔痤对他说：“大王既然不听从我的意见重用公孙鞅，那就必须把他杀掉，千万不能让他离开魏国。”魏王答应了。离开后，他对身边的人说：“公叔痤病得不轻，悲哀啊！一会儿让我将大权交给商鞅，一会儿又劝我杀掉他，这不是太荒唐了吗！”并没把商鞅当回事。公叔痤随后，向商鞅坦白：“我做人是讲原则的，先君而后臣，首先要为国君谋划，其后才对属下讲诚信，我将实情告诉你，你赶快逃走吧。”商鞅说：“不用担心，大王既然不能根据你的话重用我，又怎能根据你的话杀掉我呢？”因此商鞅并没有慌忙逃离魏国。

公元前361年秦孝公即位，下令求贤。商鞅携带李悝的《法经》入秦，四次见秦孝公。第一次去见秦孝公，对秦孝公大讲道家的“帝道”，强调顺天而成，自然施政，秦孝公不为所动；第二次见秦孝公，改讲儒家的“王道”，鼓吹仁义礼乐，宗法治世，秦孝公也不感兴趣；第三次见秦孝公，又用“霸道”进行试探，终于发现秦孝公对此颇为关注，却未及与之深谈；第四次见到秦孝公，两人谈得非常投机，一连谈了好几天都不厌倦，“霸道”的“富国强兵”的“法治”之术可以很快见成效，很符合秦孝公的心意。[①]商鞅认为：“论至德者不和于俗，成大功者不谋于众。”（《商君书·更法》）他一改春秋之“士”“从道不从君”的传统，见风使舵，投其所好，我行我素，敢说敢为，受到秦孝公的赏识和重用，让其推行变法，最终使秦国国力强大。

商鞅变法之初，阻力重重，必须抓住重点，予以铲除。“法治”最大的障碍是“礼治”，朝臣主要的对手是宗族，宗族潜在的首脑是太子，“法之不行，自上犯之”，于是商鞅选择了以太子为打击对象，来树立法律的威信。有一天，太子入朝见孝公，未按照规定在宫门前下车步行，而是驱车直入，公车令商鞅前去阻止，太子犯法，商鞅刑其傅公子虔、黥其师公孙贾。之

① 《史记·商君列传》：“故吾以强国之术说君，君大悦之耳。然亦难以比德于殷周矣。”

后，秦人惧于刑罚，均按法令行动。[①] 但商鞅变法拿太子开刀，由此埋下祸根，最终给自己带来了杀身之祸。

公元前 340 年，商鞅设计生擒魏将公子昂，大破魏军，迫使魏国交还过去夺走的河西地。魏惠王非常后悔："寡人恨不用公叔痤之言也。" 秦孝公死后，太子即位，是为秦惠王。他对商鞅用刑弄残自己的老师耿耿于怀，他怂恿公子虔告发商鞅暗中谋反，派官吏逮捕商鞅。为免遭迫害，商鞅只好出逃。逃至边境的关口，找到一家旅店准备住宿，店主不知他是商鞅，告诉他："商君的法律规定，不能收留没有官府凭证者住宿，否则店主也要连坐。" 商鞅听罢，喟然长叹："天呀！ 制定法律最大的弊端全在于此。" 商鞅的 "作法自毙"，乃立法者之不幸而法律之大幸，立法者一旦制定了法律，不经正常的立法程序予以改动，就只能严格地遵守法律。法律的威严与魅力就在于此。商鞅原本想逃往魏国避难，但是因为他曾率领秦军以兵不厌诈的手段击败过魏国军队，所以被魏国拒之门外。无奈之下，商鞅只好重返自己的封地商，以私人武装与秦国军队对抗，最后失败遭擒，被车裂(即五马分尸)示众。

《商君书》并非商鞅一人所著，其中有一部分是后人辑录其言行并加以附益而成的，大约出自战国后期的法家人物之手。《汉书·艺文志》著录《商君书》29 篇，今存 24 篇，亡佚 5 篇。

思想脉络

商鞅在秦国曾主持过两次变法。第一次开始于公元前 356 年，主要内容：(1)以《法经》为蓝本，根据秦国实际情况加以修订和扩充，"改法为律"，强化法律的普遍性和准确适用性，厉行 "法治"。推行编户制[②]，按户按人口征收军赋，即 "舍地而税人"(《通典·食货典·赋税上》)。实施 "连

① 《战国策·秦策》："商君治秦，法令至行，公平无私，罚不讳强大，赏不私亲近，法及太子，黥劓其傅。斯年之后，道不拾遗，民不妄取，兵革大强，诸侯畏惧。"

② 《商君书·境内》："四境之内，丈夫女子皆有名于上，生者著，死者削。"

坐法”，即将秦民编入什、伍之内，使其相互监督。一人犯法，同一什、伍之人不检举、告发，也要承担法律责任，告奸者则可受赏。（2）奖励军功，禁止私斗，取消奴隶主贵族世卿世禄制和一切特权。制二十等军功爵，不论出身，杀敌一人，赏爵一级，益田一顷，益宅九亩，欲为官者为五十石之官。贵族宗室如果没有军功，即从名册上勾掉，不得受爵。官爵之迁与斩首之功相称。有功者显荣，无功者虽富无所芬华。对私斗的人，依其情节轻重，分别给予严厉的处罚。促民勇于公战，怯于私斗。（3）奖励耕织，重农抑商。凡努力于农，从事耕织而富起来的，免除本人的赋役；从事商业，追逐末利，或懒惰而致贫者，则将其妻子收为官奴婢。（4）清除父权家庭奴隶制和氏族社会残余，禁止父子兄弟同室居住，家庭有两个以上的男子，必须分居，单独立户，否则，加倍征收赋税。奖励生育，鼓励垦荒。

第二次变法开始于公元前 350 年，其主要内容是：（1）废除井田制，开阡陌，确立封建土地私有制。国家承认地主和自耕农的土地所有权，按各人所占土地面积定赋税，并在法律上公开允许自由买卖土地。[①]（2）取消分封制，普遍推行县制[②]，使之成为秦地方政权的基本组织形式。县令、县丞等地方官由国君直接任免，集权中央，“百县之治一形，则从迂者不敢更其制，过而废者不能匿其举。过举不匿，则官无邪人。迂者不饰，代者不更，则官属少而民不劳”（《商君书·垦令》）。（3）按户按人口征收军赋，即“舍地而税人”（《通典·食货典·赋税上》）。（4）统一度量衡，促进不同地区的商业贸易往来以及赋税制与俸禄制的统一。

《商君书》阐述了商鞅崇尚“功利主义”与“实用主义”的法律思想和政治主张，形成了一个以进化的历史观为理论前提，以封建制国家意识为理论核心，以“一民于农战”为主要政治目的，以轻赏重刑为基本统治手段的比较完整的“法治”思想体系，反映了新兴地主阶级以“法治”代替“礼治”的强烈愿望。

① 《汉书·食货志》：“为田开阡陌封疆而赋税平。……改帝王之制，除井田，民得买卖。”

② 司马迁：《史记·商君列传》：“集小都、乡、邑、聚为县，置令、丞，凡三十一县。”

•废井田　开阡陌

壹

更法

商鞅到秦国之后，力主变法，遭到了守旧派的强烈反对。为了展现“变法”的必然性，否定墨守成规的合理性，商鞅对历史进行了追溯。追溯历史，一是要明确历史的阶段性，二是要解释历史的规律性。商鞅把人类产生以来的历史划成上世、中世、下世、今世等四个不同的阶段：上世（伏羲、神农时代）“民知其母而不知其父”，“男耕而食，女织而衣，刑政不用而治”；中世（黄帝时代）出现了“以强胜弱，以众暴寡”的争执和抢夺；下世（夏商周）因此制定了“君臣上下之义，父子兄弟之礼，夫妇配匹之合”，“内行刀锯，外用甲兵”，国家与法产生了；今世（春秋战国时代）“强国事兼并，弱国务力守”，礼崩乐坏，以力服人。“上世亲亲而爱私，中世上贤而说仁，下世贵贵而尊官”（《商君书·开塞》），今世富国强兵事兼并。历史事实证明，每个历史阶段的社会情况不一样，治理社会的方式和手段也不尽相同[①]，上世“自治”，中世“德治”，下世“礼治”，今世“法治”。“三代不同礼而王，五霸不同法而霸，故智者作法而愚者制焉；贤者更礼而不肖者拘焉”（《商君书·更法》），历史从来就是发展变化的，“法古则后于时，脩今则塞于势”，“法古”“循今”都是愚蠢的想法，应该摒弃。因此，商鞅提出

① 《商君书·开塞》：“民道弊而所重易也，世事变而行道异也。”

"圣人之为国也，不法古，不修今，因世而为之治，度俗而为之法"（《商君书·壹言》），主张"当时而立法，因事而制礼……礼法以时而定，制令各顺其宜……治世不一道，便国不必法古"（《商君书·更法》）。

商鞅指出："法者所以爱民也，礼者所以便事也。以圣人苟可以强国，不法其故；苟可以利民，不循其礼。"（《商君书·更法》）确立社会制度的立足点是爱民便事，而不是和俗顺众，那么，变法的目的就在于强国利民。

贰

农战

商鞅认为，实力决定着国家的命运，而国家的实力只能靠农战去提升。[①] 商鞅强调"农"，即以农为内务之本，重农抑商；商鞅强调"战"，即以战为外扩之术，征服六国。农是战的根基，战是农的归宿。二者相辅相成，共铸辉煌。法令是保障农战从而达到富国强兵目的的有效手段。法律应做到"利出一孔"，即用立法的办法，把民众用以谋取富贵的其他途径统统堵死，只留下唯一的一条通道——农战。从事农战者赏，不从事农战者罚。为此，要做到"三个壹"，即"壹赏""壹刑""壹教"。

"壹赏"，就是"利出一孔"，只奖励那些有功于农战和告奸的人。奖励的办法就是拿生产的粮食和斩获敌人的人头换爵位。一方面，只有在战争中建立军功的人才能得到官爵和利禄[②]，贵族子弟也不例外。商鞅规定士兵斩获一颗敌首，便赏爵一级，赏耕地一顷，住宅地九亩，仆人一名。相反，如果同"伍"的士兵逃跑，其他四人都要处刑；"屯长""百将"等军官没有斩获敌首，要处以"斩刑"（《商君书·境内》）。士兵违反军令，不但处死本人，还要连坐其父母、兄弟、妻子。另一方面，重赏告奸，重罚匿奸[③]，

① 《商君书·农战》："国之所以兴者，农战也……国待农战而安，主待农战而尊。"
② 《商君书·赏刑》："利禄官爵抟出于兵，无有异施也。……宗室非有军功，论不得为属籍。"
③ 《商君书·禁使》："不告奸者，腰斩。告奸者，与斩敌首者同赏。……故至治，夫妻、交友不能相为弃恶盖非。……民人不能相为隐。"

使人们相互监督、相互防备，人人自危。总之，“壹赏”旨在用厚赏鼓励人们为农战出力，做到一不怕苦，二不怕死；用严刑防止人们逃避农战，只有这样，才能促使民众“喜农乐战”，“无敌于天下”（《商君书·壹言》）。

“壹刑”，就是统一刑罚适用的标准，适用刑罚时不分等级亲疏，同时实行重刑连坐。贵族与平民在法律面前一律平等，毫无例外，犯罪者无论身份如何，都要受到国家法律的同样制裁，以便使人人都服从法律。[①]

“壹教”，就是统一教育的内容，取缔一切不符合法令、不利于农战、不利于告奸的思想和言论[②]。商鞅认为，那些凭借着博闻广识、能言善辩、信义廉洁，以及精通礼乐、注重修养、结党友众的人，不能取得富贵。人们既不能非议法令，也不能散布自己的主张。他要求取缔各家言论，统一思想，统一风俗习惯，独崇法度，实行文化专制。“壹教”，一是让人们对国君、法律绝对服从，二是让人们心无旁骛地进行农业生产和战争。

商鞅根据现实斗争的需要，顺应历史发展的必然趋势，将春秋时期各诸侯国普遍重视的“国之大事，在祀与戎”（《左传·成公十三年》），改变为社会实践性较强的“国之大事，在农与战”，注重国家经济实力与军事实力的同时增长。商鞅重“农战”，使军人与农夫在秦国的社会地位得到迅速提升，旧贵族的社会地位有所下降，商人的发展受到遏制。

叁

法治

商鞅认为：“智者作法，愚者制焉；贤者更礼，不肖者拘焉。”（《史记·商君列传》）法令体现统治者的意志，臣民须无条件遵从。他强调

① 《商君书·赏刑》：“所谓壹刑者，刑无等级，自卿相将军以至大夫庶人，有不从王令、犯国禁、乱上制者，罪死不赦。有功于前，有败于后，不为损刑；有善于前，有过于后，不为亏法。忠臣孝子有过，必以其数断。守法守职之吏有不行王法者，罪死不赦，刑及三族。……重刑，连其罪，则民不敢试。民不敢试，则无刑也。”

② 《商君书·农战》：“农战之民千人，而有诗书辩慧者一人焉，千人者皆怠于农战矣。农战之民百人，而有技艺者一人焉，百人者皆怠于农战矣。”

“法”在治国中的重要地位[①]，从而主张“缘法而治”，并形成了较为系统的“法治”理论。

（一）“法治”的性质

1. 法的社会性。商鞅认为，“法不察民情而立之，则不威。”（《商君书·壹言》）法律必须根据当时社会的民风民俗和国家发展的根本需要来设立，才能产生深得民心、事半功倍的法律效应。[②]

2. 法的客观性。商鞅用秤和尺来比喻法，法律就是国家的秤和尺，是治理国家的客观准则。他指出：“法者，国之权衡也。”（《商君书·修权》）世上的统治者，大多舍弃法度而听信私家的议论，这是国家之所以动乱的原因。从前有作为的国君设置了秤和尺，直到现在还照样使用，是因为它们的标准明确。如果抛开秤来判断轻重，废弃尺来测量长短，即使估计得准确，商人也不会采取这种办法，因为这不一定可靠。人的情感性、功利性和主观随意性往往使其临事做出错误的判断和仓猝的选择，因此，需要在冷静、超脱于具体事情时制定法律来规范人们的行为[③]。商鞅认为，治理国家不能靠统治者的主观意志或个人信誉，而要靠客观稳定的法制，依法而行，人们就不会产生疑虑和争夺。君主的个人意志最好上升为法律，让人们遵守和服从，用制度管人往往比以人管人更有效，人的自觉自律是不恒常耐久的。就此而论，“法治”比“人治”更可靠。

3. 法的平等性。商鞅认为，法律应不分智愚、贤不肖，皆能平等地执法守法[④]。

---

① 《商君书·定分》：“法令者，民之命也，为治之本也，所以备民也。智者不得过，愚者不得不及。名分不定而欲天下之治也，是犹欲无饥而去食也，欲无寒而去衣也，欲至东而西行也，其不几亦明矣。”

② 《商君书·算地》：“故圣人之为国也，观俗立法则治，察国事本则宜。不观时俗，不察国本，则其法立而民乱，事剧而功寡。”

③ 《商君书·算地》：“圣人之为国也，观俗立法则治。”

④ 《商君书·定分》：“夫不待法令绳墨而无不正者，千万之一也，故圣人以千万治天下。故夫知者而后能知之，不可以为法，民不尽知；贤者而后知之，不可以为法，民不尽贤。故圣人为法，必使之明白易知，名正，愚知遍能知之。”

4.法的统一性。法律作为一种社会性规范，一旦成立，总有一定具有普遍意义的统一性和合理性，统治者必须以法令作为赏赐和刑罚的统一标准，以维护公平正义。作为个人，就只能慎重地面对法律，而不能仅仅依据自己的喜好和性情想说就说、想做就做，无所顾忌[①]。

（二）"法治"的作用

1.定分止争。国家的建立、社会的安定，都有待于等级名分的确定，为此，商鞅讲了"百人逐兔"的故事：一只兔子在野外奔跑，有一百多人在后面追赶，这并非因为野兔可以分成一百份，而是由于兔子究竟属于谁的名分还没有确定。卖兔子的人充满市场，就是盗贼也不敢强取豪夺，这是因为兔子属于谁的名分已经确定了。所以说，事物属于谁所有的名分没有确定时，就是尧、舜、禹那样的圣人也会像奔马一样地前去追逐它；属于谁的名分确定，就是贪婪的盗贼也不敢夺取。法令不明，就是名分不定，结果必然是"奸恶大起，人主夺威势，亡国灭社稷"(《商君书·定分》)。因此，圣人之所以要推行"法治"，就是为了确定名分。名分确定下来，即使很奸诈的人也会变成忠厚的人，民众也都老实听话，使每个人都达到自治。由此看来，确立等级名分、安定形势，是法的重要作用之一。

2. 兴功禁暴。农战是国家最重要的事业，但如果让人们自动选择职业，他们既不愿意从事农业，也不愿意当兵打仗。为什么呢？因为农业是辛苦的，脸朝黄土背朝天，辛勤耕耘，才会有所收获；战争是危险的，流血牺牲在所难免。国家最需要的，又是民众最不愿意从事的。怎么办呢？法律具有社会导向功能，"立法明分，中程者赏之，毁公者诛之"(《商君书·修权》)。为了使民众能致力于农战，唯一的办法就是施行赏罚，行农战者赏，拒农战者罚，"利出于地，则民尽力；名出于战，则民致死"(《商君书·算地》)。赏罚必须固定化、制度化，这就是"缘法而治"。

3.一民使下。法的作用还在于统一言行，役使下属。商鞅将君主和群

---

① 《商君书·君臣》："言不中法者，不听也，行不中法者，不高也，事不中法者，不为也。"

臣作了一个比较，认为君主在德行、智慧、勇力等方面并不比群臣强多少，但仍可以居于群臣之上，群臣虽有勇力、圣知，却不敢与君主争权，其关键在于君主可以制定法令，法令是君主权威和力量之所在。[①] 他认为要使政治稳定，就必须国进民退、国强民弱。“有道之国，务在弱民。”靠什么来弱民呢？“民胜法，国乱；法胜民，兵强。”（《商君书·赏刑》）遵法者赏，违法者罚，法律的作用在于对臣民的控制，对臣民的驱使。

（三）“法治”推行的条件

商鞅提出：“国之所以治者三：一曰法，二曰信，三曰权。”法、信、权是推行“法治”必不可少的要素：法决定国家的治乱，信决定法令的贯彻，权决定君主的地位，三者是一种相辅相成、共同支撑的关系。但三者的特点、地位、作用又各不相同：法由君臣“共操”，信由君臣“共立”，权由君主“独制”，“人主失守则危，君臣释法任私必乱，故立法明分而不以私害法则治，权制独断于君则威”。法在于明，信在于行，权在于集中垄断。因此，明智的君主应“爱权重信而不以私害法”（《商君书·修权》）。

1.任法。即以法律为标准，赏厚而信，刑重而必，不失疏远，不违亲近，使臣不蔽主而下不欺上。[②] 任法包括“有法”和“用法”两个基本环节。实行“法治”，首先要“有法”，其次要“用法”。

“有法”，即将法律公诸于众，令臣民知法无处不在，法律一经颁布就必须得到贯彻实施，使法律产生实际效力。由于“法者，君臣之所共操也”，所以官吏的学法、知法便成为关键。商鞅主张不但郡县各级官吏要学习法令的规定，同时还必须“为法令置官吏”，即设置专门主管法令的官吏，负责依法明确解答其他官吏或者民众对法令条文内容的咨询。如果不予回答，等到询问法令的人犯了罪，并且恰巧犯了他所问的那一条，便

① 《商君书·画策》：“凡人主德行非出人也，知非出人也，勇力非过人也，然民虽有圣知，弗敢我谋，勇力弗敢我杀，虽众不敢胜其主，虽众至亿万之数，县重赏而民不敢争，行罚而民不敢怨者，法也。”

② 《商君书·修权》：“明主任法去私，而国无隙蠹矣。”

"以吏民之所问法令之罪，各罪主法之吏"。"主法之吏"只能据法回答，不得随意增减，"有敢剟定法令，损益一字以上，罪死不赦"。官吏和民众想知道法令的都去问"主法之吏"。所有天下的官吏和民众没有不知道法令的。这样，"吏不敢以非法遇民，民又不敢犯法"(《商君书·定分》)。

用法，即法律在"必行"中树立权威。法令一旦制定出来，君主就必须带头依循法令，做到"言不中法者，不听也；行不中法者，不高也；事不中法者，不为也"(《商君书·君臣》)。在此基础上，商鞅提出了"治不听君，民不从官"的"法治"理想，确立了法令的权威地位。他认为，"法治"的关键在于人人知法守法，能够自觉地执行法令，其中起决定作用的是君主是否依法办事。如果能使"刑赏断于民心"，实行"家断"，即不出家门就能判断是非，那么，就可以成就王业，统一天下；如果能做到"官断"，即由官吏依法断案，国家就会强盛起来；但是如果只能"君断"，即全国只有君主一人才能断案，大多数的臣民都不知法，那就必然大乱。这就是所谓"治则家断，乱则君断。治国者贵不断"。因此，他认为在一个"法治"国家里，政事并不听从君主的临时意见，人民并不服从官吏的某些看法，一切都依君主的法令作为标准。商鞅崇尚法律，认为法的地位高于君主个人，君主应该维护法制的尊严，不任意违背甚至践踏法律。

2.重信。即注重官府和法律的信誉。有一个"徙木立信"的成语与商鞅有关。商鞅变法的法令已经制定出来了，但尚未公布。他担心民众不相信法律会真正执行，于是就在国都集市南门竖起一根三丈高的木桩，告示民众：有谁能把这根木桩搬到集市北门，就给他十金作为酬劳。围观的民众感到不可思议，以为是在愚弄他们，没有谁敢去搬动它。商鞅再次出示布告说：有能搬动的，给他五十金。在重赏之下，终于有一人壮着胆子站出来搬运木桩。尾随观看的人们络绎不绝。木桩被搬到集市北门，商鞅马上兑现，赋予五十金，以表明官府说到做到，诚信无欺。之后才颁布法令，法令很快在全国推行。(参见《史记·商君列传》)"徙木立信"，无论法令如何规定，民众都应对法令坚信不疑，无条件服从。“法治”的生命在于取信于民。商鞅认为，国家混乱的原因，往往不在于法令的混乱，也不在于没有法令，而是因为没有一套使法令必定贯彻和使“奸邪”必然就范的办法。法令不能取信于民，所以才“令不行，禁不止”，贯彻不下去。相反，“民信其赏，则事功成；信其刑，则奸无端”（《商君书·开塞》）。为了做到信赏必罚、令行禁止，他一方面强调“任法而去私议”，“不贵义而贵法，法必明，令必行”（《商君书·画策》），执法必严；另一方面又主张加大赏刑的幅度，使之效果明显，让人确信不疑。

•徙木立信

3.**爱权**。即权力崇拜，掌控权力，以权压人。商鞅认为：“权者，君之所独制也”，“权制独断于君则威”，“君尊则令行”。（《商君书·修权》）权力崇拜，旨在尊君。只有尊君，权力集中，权力垄断，政治才会强势推进、明确稳定，法令才能畅行无阻、立竿见影。

肆

重刑

在中国法律思想史上，商鞅是第一个系统提出“禁奸止过，莫若重刑”(《商君书·刑赏》)的重刑论的思想家。商鞅建立重刑论的基础是人性的“好利恶害”，内容是“刑主赏辅”，目的是“以刑去刑”(《商君书·画策》)。

1.好利恶害。在商鞅看来，法令和赏罚的直接对象是民众，因此实行“法治”，具体到运用赏罚都要以“民性”为出发点。商鞅认为好利恶害是人的本性①，天生如此，不可改变，但可以用法制加以引导和利用，使其接受社会的有效控制。

2.刑主赏辅。商鞅指出，在赏赐与刑罚的内部关系上，刑主赏辅，赏赐仅仅是刑罚的辅助。②他认为，法令包括刑赏两个方面的规定，“胜法之务，莫急于去奸；去奸之本，莫深于严刑”(《商君书·开塞》)，法令的主要作用是“禁奸止过”，所以应以运用刑罚为主。“刑主赏辅”表现在数量上，是“刑多而赏少”，“刑九而赏一”；表现在顺序上，是“先刑而后赏”；表现在针对对象上，是“刑用于将过”，惩罚犯罪动机，以及“赏施于告奸”。

在刑赏关系上，明确两个原则：其一，刑不善而不赏善。商鞅认为：“故善治者，刑不善而不赏善，故不刑而民善。”(《商君书·画策》)法的任务是治奸人，而不是治善人。对付奸民的手段只能是重刑。刑罚重，民众知难而退，不敢以身试法，就没有犯罪现象出现了，所有的民众都为善了。其二，重刑治罪。施行方式为：一是轻罪重刑③，用重刑惩治轻罪，以加大犯罪成本的方式形成法律的威慑力量，使人们“两利相权取其重，两害相

① 《商君书·算地》：“民之性，饥而求食，劳而求佚，苦则索乐，辱则求荣，此民之情也。民之求利，失礼之法；求名，失性之常……故曰：名利之所凑，则民道之……夫刑者所以禁邪也，而赏者所以助禁也。羞辱劳苦者，民之所恶也；显荣佚乐者，民之所务也。”《商君书·赏刑》：“民之欲富贵也，其阖棺而后止。”《商君书·错法》：“人生而有好恶，故民可治也。人君不可以不审好恶。好恶者，赏罚之本也。夫人情好爵禄而恶刑罚，人君设二者以御民之志，而立所欲焉。”

② 《商君书·禁使》：“人主之所以禁使者，赏罚也。赏随功，罚随罪。故论功察罪，不可不审也。”

③ 《商君书·说民》：“行刑，重其轻者，轻者不生，则重者无从至矣，此谓治之于其治也。行刑，重其重者，轻其轻者，轻者不止，则重者无从止矣，此谓治之于其乱也。故重轻，则刑去事成，国强；重重而轻轻，则刑至而事生，国削。”

权取其轻”，认为犯罪是不划算的，连轻罪都不敢犯，重罪也就销声匿迹了；二是牵连治罪[①]，一人犯罪，相关人士要受到牵连，也要承担罪责。

3．重刑灭罪。商鞅指出：“圣人不宥过，不赦刑，故奸无起。”（《商君书·赏刑》）并强调，只有用重刑彻底消灭犯罪，刑罚才会最终搁置不用。为此，他找到了两个立足点：一是重刑爱民[②]。推行重刑，是从爱民的良好愿望出发，让人们远离犯罪。二是以刑去刑[③]。商鞅单方面强调“法”的惩罚功能，以造成人们对“法”的恐惧。因为“行刑，重其重者，轻其轻者，轻者不止，则重者无从止矣”（《商君书·说民》）。这是一种唯目的论，只要最终消灭犯罪这个目的是好的，就不用计较实施重刑这一途径是否过分。但我们知道，途径与目的具有一致性，好的途径能达到预期的目的，不好的途径会与预期的目的背道而驰，事实证明，“重刑”的途径是不会通向无刑的。

一方面，商鞅认为，刑罚的目的是辅助仁义道德，得到民心。[④]另一方面，商鞅认为德来源于刑，有刑罚才有道德文明。[⑤]仁义诚信是“有法之常”，无法则无德。社会通过轻罪重罚，达到“以刑去刑”的社会理想境界之日，就是仁义诚信大行于世之时。商鞅的“重刑”论，实际上是夸大了刑罚的威慑作用和惩治作用，并为推行重刑找到了冠冕堂皇的理由：德生于刑，即刑罚运用表面上会表现出残暴，但最终将归于道德；而儒家的“以德去刑”论，表面上表现出道义，但最终将归于残暴。这大有强词夺理、胡搅蛮缠、混淆视听、搅乱人心的效果。

---

① 《史记·商君列传》：“令民为什伍而相牧司连坐，不告奸者腰斩，告奸者与斩敌首同赏，匿奸者与降敌同罚。”

② 《商君书·去强》：“重罚轻赏，则上爱民，民死上；重赏轻罚，则上不爱民，民不死上。”

③ 《商君书·靳令》：“行罚，重其轻者，轻者不至，重者不来，此谓以刑去刑，刑去事成。”《商君书·画策》：“以战去战，虽战可也；以杀去杀，虽杀可也；以刑去刑，虽重刑可也。……以刑止刑。”

④ 《商君书·靳令》：“圣君知物之要，故其治民有至要，故执赏罚以壹辅仁者，必之续也，圣君之治人也，必得其心，故能用力。”

⑤ 《商君书·靳令》：“刑生力，力生强，强生威，威生德。德生于刑。”

影响评价

“商鞅死……秦法未败也。”(《韩非子·定法》)商鞅的变法，对秦国的奴隶制度是一次毁灭性的打击，从而有力地巩固和发展了封建制度，取得了富国强兵的突出成效，使秦国从不被人重视的夷狄之邦，一跃成为令人畏惧的虎狼之国，为后来秦始皇统一中国奠定了坚实的基础。汉代刘歆《新序论》说：“秦孝公保崤函之固，以广雍州之地，东并河西，北收上郡，国富兵强，长雄诸侯，周室归籍，四方来贺，为战国霸君，秦遂以强，六世而并诸侯，亦皆商君之谋也。夫商君极身无二虑，尽公不顾私，使民内急耕织之业以富国，外重战伐之赏以劝戒士，法令必行，内不私贵宠，外不偏疏远，是以令行而禁止，法出而奸息……”北宋王安石也认为：“自古驱民在信诚，一言为重百金轻。今人未可非商鞅，商鞅能令政必行。”由此看来，如果没有商鞅的变法，就没有令行禁止的法令；没有令行禁止的法令，就没有强大的秦国。但在历史上，一旦变法成功，改革者往往不能坐享其成、高高在上，甚至都没有存在的必要，只能作为化解众人怨怒的牺牲品被抛弃、被毁灭。牺牲自己是改革者进行改革必然付出的代价，改革者是改革最好的祭品。因为改革是“刻薄少恩”①、得罪人的，改革者的结局肯定也是被人报复伤害，自食“刻薄少恩”的苦果，在封建时代，这也许是改革者无法逃脱的宿命、无法避免的结局。

① 《史记·商君列传》：“商君其天资刻薄人也……且所因由嬖臣及得用，刑公子虔，欺魏将卬，不师赵良之言，亦足发明商君之少恩矣。”

荀子

隆礼重法　明刑弼教

核心要旨

人的本性是『恶』还是『善』？

『礼』有什么存在的价值和必要？

强化法的治罪功能的路径有哪些？

如何理解『有治人，无治法』的言下之意？

如何解读『民水君舟』论？

在先秦儒家思想的发展过程中，孔子建构了“以仁释礼”的儒学基本理论框架，其继承者因分别强调仁义与礼乐而分为两支：孟子侧重弘扬孔子的仁义精神，强调人的主观意识和道德自觉，即重内在修养；荀子侧重发展孔子的礼乐思想，并释礼为法，重申社会的礼义教化和法制章程，即重人们行为的外在规范。由于“仁”是孔子思想的核心、主流，因此，孟子成了儒学的正宗，荀子成了儒学的新派。根据社会发展的需求，荀子及时把学术的价值体现调整到为统一天下的现实政治服务上来，他对儒学新的学术定位，既为儒学的发展拓展了空间，又增强了当权者对儒学的信任度和依赖感。荀子与孟子“同门异户”，他创立了自己的学术体系——荀学，并成为先秦后期儒家的泰斗。

人生历程

荀子（约公元前 313～公元前 238 年），名况，字卿，因避西汉宣帝刘询讳，“荀”与“孙”二字古音相通，故又称孙卿。战国末期赵国郇（今山西临猗）人。荀子 15 岁时游学于齐国稷下。稷下是当时的学术中心，天下学子从四面八方云集于此，谈论政事，切磋学问，增长见识，培养才干，各流派的代表人物纷纷登台讲学，扩大自己的学术声望和社会影响。荀子享有相当高的学术地位，深受学界同行的认可和尊重，曾先后三次被推举为稷下学宫的“祭酒”学宫之长，以学术领袖的身份主持学术活动，堪称“最为老师”。作为学会会长，荀子颇具大家风范，一方面，他立足儒学，学有专攻，知识渊博，才华过人，由衷地推崇孔子的学说，称孔子“德与周公齐，名与三王并”(《荀子·解蔽》)，以秉承儒学为神圣使命；另一方面，他心胸开阔，稳重平和，不拘泥门户之见，不死守一家之说，在精通各家学派思想的基础上，对其局限性提出中肯的批评，对其合理性包容认同，杂收博取，以充实自己的理论，弥补孔孟儒学“迂阔”而不切实际的缺陷，从而形成了杂而有统、讲求实用的学术风格。公元前 266 年，荀子打破“儒者西行不到秦”的陈规旧俗，应聘入秦考察，称道秦国为“治之至矣”，建议其“节威反文”、重用儒生，却未被秦昭王采纳，便离秦返齐。公元前 262 年，应楚相春申君邀请到楚国挂职，任兰陵(今山东苍山县西南兰陵镇)令，其间遭人谗言，被迫回到故乡赵国，不久又被春申君请回，继续担任兰陵令。公元前 238 年，春申君被李园杀害，荀子受到牵连，只得辞官归隐家中，著书立说，终老于兰陵。

荀子一生，主要以教学、著述为业，韩非、李斯都出自他的门下。现存《荀子》一书，共 32 篇，前 26 篇大体上是荀子自作，《大略》《宥坐》《子道》《法行》《哀公》《尧问》后 6 篇出自荀子门人之手。《荀子》真实反映了荀子的思想，是研究荀子思想的可靠资料。

思想脉络

荀子的法律思想体系有四个基本层次：一是“性恶”；二是“隆礼”；三是“重法”；四是“治人”。四个层次围绕“礼治”这个核心逐步展开，形成一个完整的理论体系，即“性恶”是设置礼义法制的客观依据，协调一致的礼、法是社会制度的基本要件[①]，“治人”是设立制度的主体及补救因素[②]。荀子法律思想的特色和独创性在于：一是强化传统儒学的政治色彩，使之具有政治的操作性和实践性，使心性儒学转而成为政治儒学；二是突破儒家爱礼轻法、法家重法贱礼的藩篱，礼法兼顾，隆礼重法，修性养俗，人制相应，吏民相宜[③]。

壹
性恶

荀子认为，学问无外乎“天道”“人性”，应“明于天人之分”[④]。天道是客观存在的，值得敬畏；人性是治世的依据，应该了解。

荀子说，人性是人与生俱来的自然本性[⑤]。在人性问题上，荀子认为孟子的“性善”论“无辩合符验，坐而言之”，从而针锋相对地提出了“性恶”论：“人之性恶，其善者伪也。”（《荀子·性恶》）“性恶”论基本内容是“性伪之分”：“不可学，不可事而在人者，谓之性；可学而能，可事而成之在人者，谓之伪，是性伪之分也。”（《荀子·性恶》）

第一，“性”，指人的自然本质和生理本能，人性恶。荀子认为，人的“性恶”是通过情欲表现出来的，这种情欲大致可分为四类：其一，喜耳悦目，好吃懒做[⑥]；其二，好利恶害，唯利是图；其三，嫉妒他人，排斥异己；其四，有“贵为天子，富有天下”的权势欲与“名声若日月，功绩如天地”（《荀子·荣辱》）的虚荣心。既然人本“性恶”，假如一味放纵、迁就，势必

① 《荀子·大略》：“君人者，隆礼尊贤而王，重法爱民而霸，好利多诈而危。”
② 《荀子·富国》：“由士以上则必以礼乐节之，众庶百姓则必以法数制之。”
③ 《荀子·王霸》：“故其法治，其佐贤，其民愿，其俗美，而四者齐，夫是之谓上一。如是，则不战而胜，不攻而得，甲兵不劳而天下服。”
④ 《荀子·天论》：“天行有常，不为尧存，不为桀亡。应之以治则吉，应之以乱则凶……故明于天人之分，则可谓至人也。”
⑤ 《荀子·正名》：“生之所以然者谓之性，性之和所生，精合感应，不事而自然谓之性。”
⑥ 《荀子·性恶》：“目好色，耳好声，口好味，心好利，骨体肤理好愉佚。”

引起争斗，造成混乱，实施犯罪[①]。

第二，“伪”，指后天人为地利用外在因素改造人性并达到预期的效果。荀子认为，每个人的情欲从内心深处驱使人犯罪，人人都有犯罪的潜能；预防、控制犯罪应该正本清源，从遏制情欲、改造人性入手，“欲虽不可去，求可节也”（《荀子·正名》），“化性起伪”[②]。圣人为了“化性起伪”，产生了礼义道德，也产生了法度[③]，礼义道德是矫治恶性的最基本和最有效的手段，除礼义外，权势、法律、刑罚在遏制恶性方面也有一定控制作用，应该综合为治。礼对恶性具有教化作用，刑罚对恶性具有惩治作用，刑罚只能暂时遏制恶性，礼义可以从根本上改造恶性，应重教化，不重惩罚。

荀子的“性恶”论，是从人们物欲泛滥、追名逐利的社会现实中得出的结论。对人性善恶的判断和理解，直接决定治理手段的选择。既然人性本“恶”，那么人不可能通过自我苦思冥想式的内在修炼弃恶从善，只能靠后天不懈努力，用外在的礼义法制去限制、改造自己的“恶性”[④]。荀子的“性恶”论为礼义法制的合理存在提供了客观依据。

荀子的“性恶”论与西方宣扬的“人性恶”有异曲同工之处。柏拉图《法律篇》说：“人的本性将永远倾向于贪婪和自私，逃避痛苦，追求快乐而无任何理性，人们先会考虑到这些，然后才考虑到公正和善德。”所以他主张“法治”。恩格斯在《费尔巴哈与德国古典哲学的终结》中说：“黑格尔指出：‘有些人以为他们说人性是善的这句话时，就算是自己说出了非常深刻的思想，但他们忘记了，人性是恶的这句话，意思要更深刻得多。’黑格尔所说的恶是历史发展的动力借以表现出来的形式，这里有双重的意思：

---

① 《荀子·性恶》：“今人之性，生而有好利焉，顺是，故争夺生而辞让亡焉；生而有疾恶焉，顺是，故残贼生而忠信亡焉；生而有耳目之欲，有好声色焉，顺是，故淫乱生而礼义文理亡焉。”

② 《荀子·性恶》：“圣人化性而起伪，伪起于性而生礼义，礼义生而制法度，然则利益法度者，是圣人之所生也。”

③ 《荀子·性恶》：“为之起礼义，制法度，以矫饰人之情性而正之，以扰化人之情性而导之也。”

④ 《荀子·礼论》：“古者圣王以人之性恶，以为偏险而不正，悖乱而不治，故为之立君上之执以临之，明礼义以化之，起法正以治之，重刑罚以禁之，使天下皆出于治、合于善也。”《荀子·大略》：“不富无以养民情，不教无以理民性。”

一方面，每一个新的进步都必然是对于某一种神圣事物的凌辱，是对于一种陈旧、衰亡，但为习惯所崇拜的秩序的叛乱。另一方面，自各种社会阶级的对立发生以来，正是人们恶劣的情欲——贪欲和权势欲成了历史发展的杠杆。”西方近代的“法治”设计也是建立在假设人性恶的逻辑起点上的，其内在逻辑是：外在约束机制（法律）对人的恶性的制约远胜于内在约束机制（道德），国家必须通过法律这种强有力的外在约束机制来抑制人的内心恶念，防止其恶性膨胀，干出违法犯罪的事情来。当大家都成为守法良民的时候，一种和谐有序的社会秩序也就出现了。尽管不是人人皆恶，但是人，特别是掌握权力的人在强大的物质诱惑面前是靠不住的，必须事先作现实制度设置有效防范，因此，法律的预设必须完备，制约机制必须有力，矫治体系必须严密，惩治方式必须严厉，“法治”社会由此不断进化，不断完善。认为人性善必定崇尚教化，认为人性恶必定推崇“法治”，这样看来，把人性假设为“恶”比把人性假设为“善”要理智和靠实得多。

贰

隆礼

春秋时期，礼崩乐坏，社会动乱，孔子大声疾呼“克己复礼”，要求每个人克制自己的欲望，恢复周礼，重新建立“君君、臣臣、父父、子子”的有秩社会。到了战国，七雄争霸，社会愈加动荡，天下需要统一，统一的天下需要建立新的等级制度，为了这一政治需要，荀子在对礼进行全面、系统论证和理性解释的基础上，提出了“隆礼”[①]论。

（一）礼的起源

荀子认为，礼是人类社会发展过程中的必然产物，礼的产生有两个主要原因：

① 《荀子·礼论》：“礼者，人道之极也。然而不法礼，不足礼，谓之无方之民；法礼，足礼，谓之有方之士。”《荀子·强国》：“君人者，隆礼尊贤而王……权谋、倾覆、幽险而尽亡矣。”

其一，人具有自然性，其物欲应当满足。荀子提出[①]：礼为什么会产生？人天生就有欲望，这种欲望就是对物质的占有和享用，由于物质有限而人的欲望无穷，这种欲望得不到满足，就会想方设法去追求，追求而没有界限和节制，就会产生争夺，就会引起混乱，人类很难在混乱中延续下去。圣明的君主憎恶混乱，制定出礼法来解决无穷的欲望与有限的物质之间的矛盾，使欲望不因为财物少而受到扼杀，财物也不因欲望大而消耗殆尽。物质与欲望在互相制约中长久维持下去，这就是礼产生的原因之一。荀子肯定了人的物质欲望存在的合理性和正当性，对人的“物欲”必须“养”。但由于物质财富有限，人的物欲无穷，有限之物不能满足无穷之欲，“欲多物寡必争”（《荀子·富国》）人类社会只好设立礼法加以规范，这就必须“有别”，即分门别类地限制并供养人的欲望。礼在内容上，不同等级的人满足不同限度的欲望；礼在方式上，以限制人的部分欲望为代价，以满足人的部分欲望为目的。

其二，人具有社会性，只能生活在社会群体中。人为万物之灵，“最为天下贵”，人与动物最大的区别在于人具有社会性（“能群”）[②]。人类为了生存，为了战胜自然，必须组成社会，互助合作，过群体生活。人与人就要有社会分工，社会分工是根据人与人之间的各种差异，划分等级，分配工作，确定名分。[③]礼有“明分使群”的功能，离开“群”，个人无法存活；没有“分”，社会难以维持。由此可见，荀子揭示了礼存在的合理性和长久性，

① 《荀子·礼论》：“礼起于何也？曰：人生而有欲，欲而不得，则不能无求，求而无度量分界，则不能不争。争则乱，乱则穷。先王恶其乱也，故制礼义以分之，以养人之欲，给人之求，使欲必不穷乎物，物必不屈于欲，两者相持而长，是礼之所起也……故礼者，养也。君子既得其养，又好其别。曷谓别？曰：贵贱有等，长幼有差，贫富轻重皆有称者也。”

② 《荀子·王制》：“人力不若牛，走不若马，而牛马为用，何也？曰：人能群，彼不能群也，人何以能群？曰：分。分何以能行？曰：义。故义以分则和，和则一，一则多力，多力则强，强则胜物。”《荀子·富国》：“人之生不能无群，群而无分则争，争则乱，乱则穷矣。故无分者，人之大害也；有分者，天下之本利也。”

③ 《荀子·富国》：“故先王案为之制礼义以分之，使有贵贱之等，长幼之差，知愚、能不能之分。皆使人载其事而各得其宜，然后使悫禄多少厚薄之称，是夫群居和一之道也。”

荀子要“隆”的礼，并不局限于某一历史时期的夏礼、殷礼乃至周礼，而是统指随人类社会发展而产生的制度规范、政治文明，因此，只要物质财富还不能充分满足人的需求，只要人与人之间还存在不平等，那么，为了调解人与物之间的矛盾，为了调整人与人之间的矛盾，礼就有存在的价值。

（二）礼的特性

礼有四层含义：一是制度，二是仪式，三是规范，四是规范内化的德性。礼有三本：天地是生命之本，祖先是种族之本，君长是政治之本。① 礼明确和维护了天地、祖先、君长的权威地位。

礼具有四种基本属性：（1）等级性②。荀子指出，人类社会之所以能够组成并正常运行，关键在于有“分”③，而“分”是礼的主要功能，也是礼的基本属性，“分”的标准和程序皆须依礼而定、依礼而行。“分”的内容是等级名分，“分”大致有四类：一是君臣上下之分；二是智愚、少长、老弱之分；三是农、士、工、商之分；四是夫妇之分。这就是政治地位的差别、行为能力的差别、职业的差别、性别的差别。“分”强调的是人身份的差别，这意味着君主、官吏、庶人按礼的排列顺序，定命安分，各尽其责，不得僭越，以维护社会的和睦稳定。“分”的实质是权力和财产的分配，它构成了因人而异的权利义务关系，涉及了行政制度、经济制度、社会规范、婚姻家庭制度等诸多因素，从而使礼具有国家大经大法的属性。（2）客观性④。荀子指出，礼是君主制定出来约束臣民的客观规范，这种客观规范相对稳定，明确具体，人人必须遵从，不得悖礼而行。（3）兼容性⑤。荀子认为：礼“上取象于天，下取法于地，中取则于人，人所以群居和一之理尽矣。”《荀

---

① 《荀子·礼论》：“礼有三本：天地者，生之本也；先祖者，类之本也；君师者，治之本也。”

② 《荀子·富国》：“礼者，贵贱有等，长幼有差，贫富轻重皆有称者也。”

③ 《荀子·王制》：“群而无分则争。”《荀子·富国》：“无分者人之大害也，有分者天下之本利也。”《荀子·非相》：“人道莫不有辨，辨莫大于分，分莫大于礼。”

④ 《荀子·礼论》：“礼岂不至矣哉！立隆以为极而天下莫之能损益也。……故绳墨诚陈矣，则不可欺以曲直；衡诚县矣，则不可欺以轻重；规矩诚设矣则不可欺以方圆；君子审于礼，则不可欺以诈伪。故绳者，直之至；衡者，平之至；规矩者，方圆之至；礼者，人道之极也。”

⑤ 《荀子·礼论》：“礼者，断长续短，损有余，益不足，达爱敬之文，而滋成行义之美者也。”

子·礼论》。礼，效仿天地人，体现人道，求同存异。每个人都能在礼中有所失而有所得，与他人形成互相依赖、各取所得、和睦相处的关系。“礼者，天道之极也。”(《荀子·礼论》)(4)节制性[①]。礼是一种威严的仪式，以形成下对上、卑对尊、贱对贵者的敬畏和顺从，对民众行为有节制作用。

(三)礼的作用

荀子说：“人无礼则不生，事无礼则不成，国家无礼则不宁。”(《荀子·修身》)礼为修身、治国的根本，其突出作用有：(1)顺人心[②]。荀子认为，礼具有教化作用，可以改造人的恶性，使之弃恶从善，远离犯罪。[③]礼可防民。(2)正国家[④]。荀子认为，礼是治国重要工具[⑤]。以礼治国，依礼而行，等级分明，秩序井然，社会才会安定，国家才会强盛。[⑥](3)定法令[⑦]。荀子指出，礼决定法，法服从礼。立法以礼为指导，以礼为准绳。礼所确定的权利义务关系即是法所坚决维护的。合礼之法即为良法，悖礼之法当是恶法。礼法不是一种对立关系，而是主次关系、同一关系，共同为维护封建政治统治服务。因此，法由礼而生，因礼而定，辅礼而行。[⑧]非礼行为，应该承担法律责任，受到严厉的惩罚，出礼入刑。

(四)礼的原则

周礼的原则是“亲亲、尊尊”，由于西周是在血缘关系的基础上建立的政治关系，“在家为父，在国为君”，亲父即是尊君，一个国家的君臣关系实质上是血缘亲疏关系。因此，周礼在用人制度上是“任人唯亲”，推行“世卿世禄制”。荀子并不反对宗法等级制，他认为“其取人有道，其用人有

---

① 《荀子·儒效》：“礼者，人主之所以为群臣寸、尺、寻、丈，检式也。”
② 《荀子·大略》：“礼以顺人心为本。”
③ 《荀子·修身》：“礼者，所以正身也……礼然而然，则是情安礼也。”
④ 《荀子·大略》：“为政不以礼，政不行矣。”《荀子·强国》：“人之命在天，国之命在礼。”
⑤ 《荀子·王霸》：“国无礼则不正。礼之所以正国也，譬之犹衡之于轻重也，犹绳墨之于曲直也，犹规矩之于方圆也，既错之而人莫之能诬也。”
⑥ 《荀子·议兵》：“礼者，治辨之极也，强国之本也，威行之道也，功名之总也。”
⑦ 《荀子·劝学》：“礼者，法之大分，类之纲纪也。”
⑧ 《荀子·性恶》：“礼义生而制法度。”《荀子·修身》：“故非礼，是无法也。”

法。取人之道，参之以礼，用人之法，禁之以等”（《荀子·君道》）。礼的原则应该：“亲亲”是“亲亲”，“尊尊”是“尊尊”，血亲人伦关系与政治关系不可混为一谈，家礼族规与国家礼法应有所区别，且强调国重于家，君高于父[①]。在用人问题上，荀子主张，“无德不贵，无能不官，无功不赏”（《荀子·王制》），选拔官吏主要看其品德和才能，不能仅凭他的血统和出身[②]。对贤能者要大胆录用，破格提拔；对昏庸无能之辈，无论出身如何高贵，也要立即罢免。荀子对适用礼的原则所作的解释，使宗法世袭制之下“任人唯亲”“孝悌为本”的传统旧礼，让位于“尚贤使能”“忠君报国”的新礼，实际上这就是封建国家的官僚制度。这套官僚制度为新的政治权贵提供了平步青云的机会，各级官吏由君主直接任免，加强了官吏对君主的政治依附，强化了君权。

总而言之，在荀子眼里，礼是做人、办事、治国的关键，[③]必须予以高度重视和极力推崇。

叁

重法

荀子认为，世上的人分为两类：善人和恶人。因此，荀子在推崇“礼”的同时也重视“法”，提倡“隆礼重法”，礼法并重，以刑弼教，先教后刑[④]。荀子认为，礼与法适用范围不同：“修礼以齐朝，正法以齐官，平政以齐民，然后节奏齐于朝，百事齐于官，众庶齐于下”《荀子·王制》，对士大夫以隆礼义为主，对官吏以正法则为主，对百姓以法律条文予以约束。礼与法功

① 《荀子·致士》：“君者，国之隆也；父者，家之隆也。隆一而治，二而乱。自古及今未有二隆争重而能长久者。”

② 《荀子·王制》：“虽王公士大夫之子孙也，不能属于礼义，则归之庶人。虽庶人之子孙也，积文学，正身行，能属于礼义，则归之卿、相、士大夫。”

③ 《荀子·礼论》：“人无礼不生，事无礼不成，国无礼不宁。”

④ 《荀子·王制》：“听政之大分，以善至者，待之以礼；以不善至者，待之以刑。两者分别，则贤不肖不杂，是非不乱。贤不肖不杂，则英杰至；是非不乱，则国家治。”《荀子·君道》：“法者，治之端也。”《荀子·成相》：“治之经，礼与刑，君子以修百姓宁。明德慎罚，国家既治四海平。”

能不同，礼具有教化功能，“小人”只有经过“化性起伪”才能成为君子，但礼也有一定的局限性，它只能规劝人从善，而不能强迫人为善；法具有奖惩、矫正、防范等强制作用，对不服教化的人有明显的效果，至少能强制人不为恶。荀子对“不教而诛”与“教而不诛”的后果进行了比较[①]：不进行礼义教化便大肆诛杀，那么，刑罚繁密，邪恶不止；只推行礼义教化而不要刑罚，那么，犯罪的人就得不到应有的惩罚。只有对极少数元凶首恶，才可以“不待教而诛”(《荀子·王制》)。因此，人“学也者，礼法也”(《荀子·修身》)。只有礼法并举，才会“奸邪不作，盗贼不起”(《荀子·富国》)。荀子的“重法”论有三个基本要求：

(一)有法可依

有法可依，首先要制定和公布成文法。为了让人知法守法，荀子主张大力进行法制宣传和普法教育，让天下人都知道：靠盗窃是不可能发家致富的，靠伤害人是不可能延年益寿的，违法乱纪者不可能安然无事，犯了罪即便逃到天涯海角，最终也将落入法网。[②]遵纪守法，是为人处世的基本要求，是保一生平安的前提条件。执法者“怒不过夺，喜不过予，是法胜私也”(《荀子·修身》)。

荀子说，法律是作为辨别人们言行举止是非曲直并行赏施罚的国家标准[③]。他认为：法不单指法律条文，它是由“法义”“法数”“类”组成的综合体系。“法义”指法的原理、原则、精神，由于荀子强调纳法入礼，以法释礼，因此，“法义”就是礼义；“法数”指法的具体条文；“类”指体现断案原则的判例。首先，要处理好“法义”与“法数”之间的关系。不懂得立法的根本原则而只注意确定各种法律条文，即使条文繁多，碰到处理具体案件

---

① 《荀子·富国》：“不教而诛，则刑繁而邪不胜；教而不诛，则奸民不惩。诛而不赏，则勤励之民不劝；诛赏而不类，则下疑，俗俭而百姓不一。”

② 《荀子·君子》：“天下晓然皆知夫盗窃之不可以为富也，皆知夫贼害之不可以为寿也，皆知夫犯上之禁不可以为安也。由其道，则人得其所好焉；不由其道，则必遇其所恶焉。是故刑罚綦省，而威行如流也。”

③ 《荀子·王制》：“令行禁止，王者之事毕矣……故公平者，职之衡也；中和者，听之绳也。”

时也必然会出差错。[①]“法义”是“法数”的灵魂，“法数”是“法义”的体现。立法关键在于反复推敲“法义”，而不是对法律条文锱铢必较。荀子强调，只有“士”才只知“好法而行”，君子、圣人因掌握立法大权，尤其要通晓“法义”。其次，要处理好“法数”与“类”之间的关系。由于社会现象十分复杂，且在不断的变化之中，法律条文不可能事无巨细、包罗一切，所以除“法数”之外，还必须有“类”作为补充。荀子说，有法律条文规定的，必须严格依法办案；没有法律条文规定的，可以按判例比附类推，这样审判之事就稳妥了。[②]为了避免立法与司法脱节，减缓法条与现实断案需求的矛盾，法主类辅，仍然可以做到有法可依。总之，统治者应精通“法义”，严守“法数”，以“类”补充，“饰动以义，听断以类，明振毫末，举措应变而不穷”，“人无法则伥伥然，有法而无志其义则渠渠然，依乎法而又深其类，然后温温然”(《荀子·王制》)。

(二)罪刑相当

法的主要方式是赏、罚[③]，荀子既否定法家的严刑酷罚、轻罪重刑，也不赞成传统儒家的以德怀刑、从轻发落，主张公正执法，罪刑相当。[④]法家的“重刑”论，是罪小于刑，张扬的是刑的威慑作用；传统儒家的“轻刑”论，是罪大于刑，宣示的是刑的教化功能；荀子的“当刑”论，是罪等于刑，强调的是刑的惩治效力，而惩治罪恶正是刑的核心价值。罪刑相当具体表现为：

1.信赏必罚。荀子认为：“用国者，义立而王，信立而霸，权谋立而亡。”(《荀子·富国》)他强调：“庆赏刑罚，欲必以信。”这个“信”表现为“无德不贵，无能不官，无功不赏，无罪不罚”(《荀子·王制》)。由于奖赏

① 《荀子·君道》：“不知法之义而正法之数者，虽博，临事必乱。”

② 《荀子·王制》：“有法者以法行，无法者以类举，听之尽也。偏党而无经，听之辟也。”《荀子·大略》：“庆赏刑罚，通类而后应。”

③ 《荀子·王制》：“勉之以庆赏，惩之以刑罚……渐庆赏以先之，严刑罚以纠之。”

④ 《荀子·致士》：“刑政平而百姓归之。”

是对功业的鼓励，刑罚是对犯罪的惩处，因此，只有针对功罪赏罚到位，才能够征服人心，扬善惩恶。特别是刑罚的目的在于禁止暴行，惩治罪恶，防止类似的恶性事件发生，就应该“为不善于幽而蒙刑于显”（《荀子·王制》）。

2.赏当贤，刑当暴。荀子认为，爵位和德行，职位和才能，赏赐与功劳，刑罚与罪恶，是一种等量齐观的对应关系，即德行越高爵位越高，能力越强职位越尊显，功劳越大赏赐越多，罪恶越深刑罚越重，这些配对的关系匀称了，国家就安定了，不匀称，赏刑失效，就会引起祸乱。[①] 荀子既不否定刑，也不反对采用死刑，关键在于刑罚运用是否恰当[②]。赏不当与刑不当比较，刑不当造成的社会危害更大，因为赏过了头最多让不该赏的小人获利，而刑超了量就会冤枉好人，滥杀无辜，给民众带来深重的灾难，其后果难以补救。[③] 要做到刑当罪，司法官在审案时，应反复澄清案情，谨慎运用刑罚。[④]

3.废除族刑。荀子主张“无德不举，无罪不罚”，反对“以世举贤”、“以族论罪”，严厉谴责“一人有罪而三族皆夷，德虽如舜，不免刑均”。“族诛”扩大了用刑对象，使与罪犯有血缘关系的无罪之人受到处罚，这是违背人道的暴政苛刑，应予废除。甚至还可以做到“刑不过罪，爵不逾德。故杀其父而臣其子，杀其兄而臣其弟”（《荀子·君子》），不唯成分论。

4.否定“象刑”。“象刑”的说法，最早见于儒家经典《尚书》，“象以典刑”（《尚书·舜典》），“皋陶……方施象刑惟明”（《尚书·益稷》）。相传尧舜时期不用肉刑而以特异的穿戴象征各种刑罚以示耻辱，使犯罪者幡然醒悟，不再犯罪，这就是“象刑”。如墨刑仅给罪犯脸上蒙上一块黑布；劓

① 《荀子·君子》：“刑当罪而威，不当罪则侮；爵当贤则贵，不当贤则贱。……刑称罪则治，不称罪则乱。”

② 《荀子·正论》：“杀人者不死，而伤人者不刑，是谓惠暴而宽贼也，非恶恶也。”

③ 《荀子·致士》：“赏不欲僭，刑不欲滥，赏僭则利及小人，刑滥则害及君子。若不幸而过，宁僭无滥，与其害善，不若利淫。”

④ 《荀子·成相》：“听之经，明其情，参伍明，谨施赏刑，显者必得，隐者复显民反诚。”

刑仅用草编的帽带向上勒住罪犯的鼻子；剕刑仅让犯罪者穿小鞋；宫刑仅在犯人裙裤的蔽膝之处剪一大洞，让风长驱直入；死刑仅让罪犯穿一件无领的赤褐色衣服。“象刑”被儒家渲染成古代圣王“德政”的表现，以此作为攻击现世政权严刑峻法的依据。荀子对此持怀疑态度，将“象刑”视为无稽之谈，根本不足为凭。他认为，假如一个人没有犯罪，那么，对他既用不着实刑，也用不着“象刑”；假如一个人犯了罪，那么，对他只能用实刑而不能用“象刑”。“象刑”的本质是重罪轻刑、实罪虚刑、有罪无刑。(参见《荀子·正论》)如果刑对罪仅仅是做做样子、摆摆架势、做做游戏，它就失去了惩治、威慑犯罪和警示世人的作用，最终会让人看轻了刑罚，这无疑是在怂恿犯罪、纵容犯罪，古代圣王绝不会干这种蠢事。由此可见，“象刑”是法学的一个伪命题。

5.刑罚世轻世重。最早提出刑罚因世道不同而有轻重之别的是《周礼》。《周礼·大司寇》：“刑新国用轻典，刑平国用中典，刑乱国用重典。”《周礼》是从政治的视角谈世道与刑罚轻重的关系，主张王朝刚建立之时，刑罚宜轻，在于笼络人心；太平守成之时，用常行不变的法典，刑罚适中，不轻不重；叛逆动乱之时，刑罚宜重，在于严刑镇压。故曰：治世刑轻，乱世刑重。荀子主张制定刑事政策应“刑罚世轻世重”，但刑罚轻重与社会治乱的关系与《周礼》相反，应“治则刑重，乱则刑轻。犯治之罪固重，犯乱之罪固轻”(《荀子·正论》)。荀子是从“法治”的视角论世道与刑罚轻重的关系，在治世，民众安居乐业，犯罪者并非为生计所迫而铤而走险，犯罪者是少数坏人，他们敢冒天下之大不韪，故意犯罪，“罪之在己”，对他们就应予以严惩，绝不姑息，以取得“故刑一人而天下服”的效果；在乱世，由于统治者失道失德，不行教化，人民不得已而犯罪，“罪不在民”[①]，就应该从轻发落，予以宽宥。

---

① 《荀子·宥坐》：“不教其民而听其狱，杀不辜也；三军大败，不可斩也；狱犴不治，不可刑也。罪不在民故也。”

（三）礼法并重

荀子主张“隆礼重法”，他认为礼与法不是互不相容的对立关系，而是相辅相成的互补关系。在荀子看来，礼不仅是道德规范，它本身也具有强制的约束力。从这个意义上说，礼也是广义的法。荀子指出，礼与法都是维系社会群体不可缺少的手段，提出“隆礼尊贤而王，重法爱民而霸”的政治学原理。

荀子要求统治者处理好礼法关系，具体表现为：(1)礼法并列。荀子认为，礼与法（刑）都是国家治理的重要手段，二者互相支撑，彼此印证，缺一不可[①]。(2)以礼生法。荀子指出，礼是法的本源，法的制定必须符合礼的精神。理解法律，必须寻根理枝，正本清源[②]。(3)先礼后法。荀子认为，在礼法实施方面，必须“先礼后法”，即首先要对民众施行礼仪教化，教化不起作用并且严重违规者，才施行刑法予以制裁。[③]

荀子主张“王霸杂用”，礼法双行。[④] 荀子作为儒家大师，当然不是把礼法无原则地并列起来。他的“王霸杂用”主张其实是以“王道”为主、以“霸道”为辅。荀子的这一思想实际上为封建社会统治者采纳。汉宣帝曾直言不讳地说：“汉家自有制度，本以霸王道杂之。”（《汉书·元帝纪》）

肆　治人

荀子重视人在政治统治实践中的主体作用，提出了“治人”学说，重在解决好执政者与法、君与臣、君与民之间的关系。

1.“有治人，无治法”。在执政者与法的关系上，荀子提出了“有乱

① 《荀子·成相》：“治之经，礼与刑，君子以修百姓宁。”
② 《荀子·王制》：“礼者，法之大分也，类之纲纪也。”《荀子·性恶》：“礼义生而制法度。”《荀子·王霸》：“礼者，法之枢要也。”
③ 《荀子·富国》：“不教而诛，则刑繁而邪不胜；教而不诛，则奸民不惩。”
④ 《荀子·强国》：“粹而王，驳而霸，无一焉而亡。”

君，无乱国；有治人，无治法”（《荀子·君道》）的命题，认为在治理国家的过程中，统治者高于法律，起着决定性的作用，为此，荀子作了周密的论证：其一，决定国家治乱兴亡的是人不是法。荀子以历史事实为依据：“有良法而乱者，有之矣；有君子而乱者，自古及今，未尝闻也。传曰：‘治生乎君子，乱生乎小人。’此之谓也。”（《荀子·王制》）因此，只有乱国的君主，而不存在自然混乱的国家；只有善于治国的人，而不存在善于治国的法律。其二，君主掌握立法权[①]。尽管法的作用十分重要，但法毕竟是人制定的，作为统治者的“人”决定着作为国家制度的“法”，治国应从立法开始，立法的人必须是品德高尚的圣人君子。先有圣人君子，然后才有良法[②]，没有圣人君子，即使有法，也是恶法。因此，治国，君子比法更重要，应由圣人立法。其三，“法不能独立”。法是一种被动的治国工具，需要人来掌握和执行[③]。礼法再完备，没有人执行，仍是一纸空文。[④]其四，“法有不至”。社会生活瞬息万变，天下事物呈现无穷，法律不可能事无巨细、包揽无遗。另外，法律一旦颁示天下，就具有相对的稳定性、长久性，不能朝令夕改，让人无所适从。这是法律的优势，也是法律的缺陷。在法律的适用过程中，如果出现了法律无具体明文规定的特殊情况，就需要君臣随机应变，酌情处理，灵活变通了。[⑤]

2.“臣谨修，君制变”。荀子指出，君主统理万物，使其各得其宜[⑥]。在

① 《荀子·君道》：“法者，治之端也；君子者，法之原也。故有君子，则法虽省足以遍矣；无君子，则法虽具失先后之施，不能应事之变，足以乱矣。”

② 《荀子·性恶》：“礼义法度者，是圣人之所生也……礼义法度者，是生于圣人之伪也。”《荀子·王制》：“无君子，则天地不理，礼义无统，上无君师，下无父子，夫是之谓至乱。”

③ 《荀子·君道》：“法不能独立，类不能自行，得其人则存，失其人则亡。”

④ 《荀子·君道》：“故有君子，则法虽省，足以遍矣。无君子，则法虽具，失先后之施，不能应事之变，足以乱矣。”

⑤ 《荀子·王制》：“王者之人：饰动以礼义，听断以类明振毫末，举措应变而不穷。”《荀子·君道》：“明主急得其人，而暗主急得其势。急得其人，则身佚而国治，功大而名美，上可以王，下可以霸；不急得其人而急得其势，则身劳而国乱，功废而名辱，社稷必危。”

⑥ 《荀子·王制》：“君者，善群也。群道当则万物皆得其宜，六畜皆得其长，群生皆得其命。”

政治上，君臣职责明确，君主贵在知人善任。[①] 要慎重选用人臣，这是决定治国成败、君主安危的关键。他将人臣分为圣臣、功臣、篡臣、态臣四类，并告诫君主：任用圣臣、功臣，远离篡臣、态臣。[②]

荀子指出："臣谨修，君制变，公察善思论不乱。以治天下，后世法之成律贯。"（《荀子·成相》）在君臣关系的问题上，鉴于"权出一者强，权出二者弱"（《荀子·议兵》）的政治常识，一方面，荀子强调天子的绝对权威，"势至重，形至佚，心至愈，志无所诎，形无所劳，尊无上矣……圣王在上，分义行乎下，则士大夫无流淫之行，百吏官人无怠慢之事，众庶百姓无奸怪之俗，无盗贼之罪，莫敢犯上之大禁"（《荀子·君子》）。君主知人善任，秉公立法，掌握法令的制定权和变更权，法律一经制定，官吏必须严格遵守，不能随心所欲地抛开法律作出裁断。"循法则、度量、刑辟、图籍，不知其义，谨守其数，慎不敢损益也……是官人百吏之所以取禄秩也。"（《荀子·荣辱》）另一方面，荀子强调君主应是圣君、仁君，臣下应是忠臣、诤臣。臣下要以道事君，"从道不从君"（《荀子·君道》），"从其义而不阿其惑"，可以采取谏、争、辅、拂等多种方式与君主的错误决策和糊涂行为作斗争[③]，"以德复君而化之，大忠也；以德调君而辅之，次忠也；以是谏非而怒之，下忠也；不恤君之荣辱，不恤国之臧否，偷合苟容以持禄养交而已耳，国贼也"（《荀子·臣道》）。

---

① 《荀子·君道》："以礼分施，均遍而不偏。"《荀子·王制》："列地建国，非以贵诸侯而已；列官职，差爵禄，非以尊大夫而已。主道知人，臣道知事。"

② 《荀子·臣道》："人臣之论：有态臣者，有篡臣者，有功臣者，有圣臣者。内不足使一民，外不足使距难，百姓不亲，诸侯不信；然而巧敏佞说，善取宠乎上，是态臣者也。上不忠乎君，下善取誉乎民，不恤公道通义，朋党比周，以环主图私为务，是篡臣者也。内足使以一民，外足使以距难，民亲之，士信之，上忠乎君，下爱百姓而不倦，是功臣者也。上则能尊君，下则能爱民，政令教化，刑下如影，应卒遇变，齐给如响，推类接誉，以待无方，曲成制象，是圣臣者也。用圣臣者王，用功臣者强，用篡臣者危，用态臣者亡。态臣用则必死，篡臣用则必危，功臣用则必荣，圣臣用则必尊。"

③ 《荀子·臣道》："大臣父兄，有能进言于君，用则可，不用则去，谓之谏；有能进言于君，用则可，不用则死，谓之争；有能比知同力，率群臣百吏而相与强君挢君，君虽不安，不能不听，遂以解国之大患，除国之大害，成于尊君安国，谓之辅；有能抗君之命，窃君之重，反君之事，以安国之危，除君之辱，功伐足以成国之大利，谓之拂。"

3．**“民水君舟”**。荀子认为：“天之生民，非为君也；天之立君，以为民也。……君子者，天地之参也，万物之总也，民之父母也。”（《荀子·大略》）他把君与民的关系比喻成舟与水的关系①，并进一步强调：“君者，民之原也。原清则流清，原浊则流浊。故有社稷者而不能爱民，不能利民，而求民之亲爱己，不可得也。民不亲不爱，而求其为己用、为己死，不可得也。”（《荀子·君道》）一句话，从君主的利益出发，以勤政爱民为手段，达到巩固君主权力、地位的目的。作为君主，其大的节操有三：平政爱民，隆礼敬士，尚贤使能。② 由此可见，荀子的“民水君舟”论，对民的态度比起孟子的“民贵君轻”论已有了明显的退步，它的重点不在为民请命，而在为君担忧，这是地地道道的替君着想的君本位理论，它的出现，标志着君主专制思想已经露出了端倪。

影响评价

荀子是一个有主见、有抱负的人，他“不诱于誉，不恐于诽，率而行道，端然正己，不为物倾”，一生执着追求的是成为大儒。什么是荀子心目中的大儒呢？用荀子自己的话讲：“志安公，行安修；知通统类，如是则可谓大儒矣。”（《荀子·儒效》）出以公心，品行高尚，以礼为基本原则，通晓各类事物，能灵活处理各种问题，这样的人就是大儒。大儒是国家的栋梁，可以担任天子手下的三公（司马、司空、司徒）。荀子没能出任三公，官不过县令，领衔学术界已是他最值得炫耀的事了，但他在他的弟子眼里就是一位名副其实的大儒。当有人提出荀子赶不上孔子时，他的弟子反驳说：荀子处于比孔子更混乱的时代，人才得不到任用，但他仍有远大的政治理想，他的学说虽不被当时的人认可，却能让

① 《荀子·王制》：“选贤良，举笃敬，兴孝悌，收孤寡，补贫穷，如是，则庶人安政矣。庶人安政，然后君子安位矣。传曰：‘君者，舟也；庶人者，水也。水则载舟，水则覆舟。’此之谓也。”

② 《荀子·王制》：“故君人者，欲安，则莫若平政爱民矣；欲荣，则莫若隆礼敬士矣；欲立功名，则莫若尚贤使能矣。是君人之大节也。”

以后的人受益无穷，这就是了不起的大儒。[①]

事实上，作为大儒的荀子是先秦儒家法律思想的终结者，又是封建正统法律思想的开启者。其一，荀子为“大一统”的封建王朝进行了人才储备。如果没有荀子，就不可能培养出韩非、李斯这样的学生；如果没有韩非、李斯，就不可能出现“大一统”的秦王朝；没有“大一统”的秦王朝，中国强大的封建王朝又将在何时出现？其二，荀子为“大一统”的封建王朝进行了理论积蓄。唐代杨倞在为《荀子》作注时称荀子为“真名士”“王者之师”。宋代苏轼写《荀卿论》，说“荀卿明王道，述礼乐”。作为“大儒”“王者之师”的荀子开创了学术依附于政治的先河，精心为封建统治提供学理性资源。学术与政治联姻，学术为政治服务，扩展了学术的适用空间，提升了学术的社会地位，增强了学术的影响力，但学术也可能在此失足，混同于政治，攀附于政治，献媚于政治，这就等于放弃了学术自身独立的价值、迷失了自身前行的方向，成了政治的傀儡或御用工具。学术与政治既有联系，又有区别，学术应始终与政治保持距离，做到若即若离，似真似幻，遥相呼应，绝不等同。文人应与权贵划清界限，做到桀骜不驯，独来独往，我行我素，捍卫道义。但从荀子开始，在封建社会，学术往往失身于政治，受政治操纵和愚弄，最终学术变味；文人往往投靠权贵，出卖智力，丧失品节，结果文人变态。谭嗣同说：“二千年之政，秦政也，皆大盗也；二千年之学，荀学也，皆乡愿也。”梁启超也认为：“自秦汉以来，政治学术，皆出于荀子。”荀子是中国政治学术的开创者。

---

① 《荀子·尧问》：“孙卿迫于乱世，鰌于严刑，上无贤主，下遇暴秦，礼义不行，教化不成，仁者绌约，天下冥冥，行全刺之，诸侯大倾。当是时也，知者不得虑，能者不得治，贤者不得使。故君上蔽而无睹，贤人距而不受，然则孙卿怀将圣之心，蒙佯狂之色，视天下以愚……是其所以名声不白，徒与不众，光辉不博也。今之学者，得孙卿之遗言余教，足以为天下法式表仪。所存者神，所过者化。”

韩非

以法治国　处势用术

核心要旨

人际关系的实质是『利害』吗？

『法治』有哪些基本要求？

如何理解用『术』的基点是『循名责实』和『烛私』？

如何评价法、势、术结合理论的意义和价值？

为什么说韩非智于谋国但拙于谋身？

先秦法家[1]可分为前期法家和后期法家。前期法家以战国初、中期的李悝、吴起、商鞅、慎到、申不害为代表，他们是政治实践家，领导了诸侯国的变法，收到了显著的成效；后期法家以战国晚期韩非为代表，他是政治理论家，致力于封建政治理论的建构和完善。当商鞅、吴起死于非命之后，法家的经验总结和理论提升靠韩非予以完成。

人生历程

韩非（公元前 280～公元前 233 年）出身于韩国的王侯之家，贵为公子（诸侯除太子以外的儿子）。喜好刑名法术之学，与后来做过秦朝丞相的李斯是同学，都是荀子的学生。韩非为人口吃，言谈艰涩，但文才出众，议论透辟。他看到韩国日趋贫弱，已处于危急关头，非常着急，数次上书劝说韩王变法图强，但韩王不予理睬。韩非考察历史上成败得失的变化，发奋著书立说，写出了《孤愤》《五蠹》《内外储》《说林》

① 《汉书·艺文志》："法家者流，盖出于理官，信赏必罚，以辅礼制。《易》曰'先王以明罚饬法'，此其所长也。及刻者为之，则无教化，去仁爱，专任刑法而欲以致治，至于残害至亲，伤恩薄厚。"

《说难》等十余万言的文章，全面、系统地阐述了他的“法治”思想，抒发了忧愤孤直而不容于时的愤懑。韩非的文章不胫而走，流传到了秦国，秦王嬴政读到韩非的著作，欣喜至极，大加赞赏，以为是前人所著，感叹地说：“嗟乎，寡人如果能见到文章的作者，与他交游，即使马上死了也无遗憾了！”当时李斯正好在旁，对秦王说：“这是韩非的著作。”秦王为了得到韩非，于公元前234年命秦军攻韩。次年，韩王派韩非出使秦国。韩非到了秦国便上书秦王，称颂“秦地方数千里，军队百万，法制严明，天下不如”，表示愿“昧死望见大王，言一举夺取天下的大计”，并夸下海口：“如果自己的计谋达不到预期效果，大王可斩臣以殉国，以警戒为王谋不忠者”。秦王非常高兴，但并未任用韩非。李斯、姚贾嫉妒韩非的才能，恐惧其取代自己，向秦王进谗言说：“韩非是韩国诸公子，目前大王想要吞并诸侯各国，韩非最终为韩而不为秦，这是人之常情。现在大王不用他，久留之后又让他回去了，这是为自己留下祸患，不如以触犯法律为由将他杀掉。”秦王认可了他们的说法，下令将韩非逮捕入狱，李斯趁机又派人给韩非送去毒药，逼迫他自杀；韩非想亲自向秦王陈述心迹而又不得进见，郁郁寡欢，遂饮毒药而亡。不久，秦王后悔了，派人赦免韩非，但为时已晚。韩非虽死，但他的思想却被秦王嬴政和李斯付诸政治实践中并取得成效。

《汉书·艺文志》法家类著录《韩子》55篇，与今本《韩非子》55篇相符，几乎全部都是韩非的著述。

思想脉络

《韩非子》阐述了韩非的法律思想和政治主张，形成了一个以进化史观的变法论为理论前提的、以私有制社会人际关系的本质是利害关系为现实基础的、以法势术的理论为基本内容的比较完整的“法治”思想体系。

— 壹 —

法与时转

韩非将人类历史分为上古、中古、近古、当今几个阶段[①]，上古巢居而用火，中古抗洪治水，近古（夏至西周）除暴安良，当今（春秋战国）诸侯争霸。由此可见，不同时代有不同的问题和不同的解决方法：“上古竞于道德，中世逐于智谋，当今争于气力”。如果把上古的构木为巢、钻燧取火用到夏后氏之世，必被鲧、禹所嘲笑；如果把鲧、禹治水的一套用于殷周之世，必被商汤、周武王所嘲笑；同样的道理，如果有人赞美尧、舜、禹、汤、武那一套并想用于今世，也必为“新圣”所嘲笑。人类社会不但是变化的，更是进化的。不是今不如昔，而是今胜于昔。因此，“圣人不期修古，不法常可，论世之事，因为之备……故事因于世，而备适于事”（《韩非子·五蠹》）。韩非指出：“故治民无常，唯治为法。法与时转则治，治与世宜则有功。故民朴而禁之以名则治，世知维之以刑则从，时移而治不易则乱，能治众而禁不变者削。故圣人之治民也，法与时移，而禁与世变。”（《韩非子·心度》）时代前进了，客观条件改变了，适应一定情势的法也要跟着改变，这样，社会才会安定，国家才会富强。

— 贰 —

欲利自为

韩非认为，人与人之间本质的关系是利害关系。形成利害关系有两个原因：一是人多财寡；二是人有“欲利自为”的本性。

（一）人多财寡

在探讨国家和法律起源时，韩非关注两个决定性因素：一是物质财富

① 《韩非子·五蠹》：“上古之世，人民少而禽兽众，人民不胜禽兽虫蛇。有圣人作，构木为巢，以避群害，而民悦之，使王天下，号之曰‘有巢氏’。民食果蓏蚌蛤，腥臊恶臭，而伤害腹胃，民多疾病。有圣人作，钻燧取火，以化腥臊，而民说之，使王天下，号之曰‘燧人氏’。中古之世，天下大水，而鲧、禹决渎。近古之世，桀、纣暴乱，而汤、武征伐。”

的多少，二是人口的多少。他说：古时候，男子不耕种，草木的果实足够吃的了；妇女不织布，禽兽的皮足够穿的了。不出力劳作而供养充足，人民少而财有余，由于这个缘故人民不争斗，因此，厚赏不行，重罚不用，民众自我自理。现在一人有五个儿子不算多，儿子又有五个儿子，祖父未死就有二十五个孙子，由于这个缘故，人民多而财货少，用力劳作而供养条件差，因此，对民众虽加倍奖赏和多次处罚都不能避免动乱。“是以古之易财，非仁也，财多也；今之争夺，非鄙也，财寡也。轻辞天子，非高也，势薄也；重争士橐，非下也，权重也。”（《韩非子·五蠹》）人口成几何数字增长，物的增长却十分缓慢，从而造成物质财富的短缺，人生存空间的狭窄，物质财富不能满足人的物质需要，人们之间势必产生隔阂和争斗，圣人只好制定法制来“立禁止争”。

（二）自私自利

韩非认为，人都是自私之辈，名利之徒。“利之所在，民之归之；名之所彰，士之死之。”（《韩非子·难四》）韩非超越了孟子“性善论”和荀子“性恶论”的窠臼，认为人自私自利的本性无善恶之分、好坏之别，人的这种本性不可抑制，也无须改变。正因为人性都是自私自利的，好利所以喜欢赏赐，恶害所以畏惧刑罚，法令才有了存在的必要。[①] 法令可以对自私自利的人性因势利导，略加利用。法律应该满足人的本性和基本欲望，这是法律之所以成立和行得通的条件之一。而且法律能为统治者带来很大的效益，并有助于提高其执政能力，故而它也就成了君主治国的不二法门。对人性，韩非不作道德评价，无所谓善恶；只作事实评价，它真实存在，合情合理，可资利用。

（三）利害关系

人多财寡，每个人的人性又都是自私自利的，那么，人与人相处，必定损人利己，人人自危。人际关系实质上是一种利害关系。儒家将人际关系

① 《韩非子·八经》：“凡治天下，必因人情，人情者有好恶，故赏罚可用，则禁令可立，而治道具矣。”

归纳为“五伦”，所谓“父子有亲，君臣有义，夫妇有别，长幼有序，朋友有信”。韩非逐一加以批驳：

真的是“父子有亲”吗？韩非以当时普遍流行的溺婴习俗为例加以反驳：“父母之于子也，产男则相贺，产女则杀之。此俱出于父母之怀衽，然男子受贺，女子杀之者，虑其后便，计之长利也。故父母之于子也，犹用计算之心以相待也，而况无父子之泽乎？”（《韩非子·六反》）父母重男轻女，完全是从自己的切身利益考虑而作出养儿弑女的选择。由此可见，父母子女的关系在私有制社会本质上是一种利害关系。

真的是“君臣有义”吗？韩非指出，君卖爵禄，臣卖死力，这是一种交易。[①] 君臣之间在利益上是对立的、互相利用的。[②] 因此，君臣关系本质上也是一种“上下一日百战”（《韩非子·扬权》）的利害关系。

真的是“夫妇有别”、相敬如宾吗？韩非指出，君主夫妻之间同床异梦，各怀心计。丈夫移情别爱年轻女子，妻子盼丈夫早死而让儿子即位，自己好当太后，二者互相谋害[③]。因此，夫妻之间的关系本质上也是一种利害关系。

照此类推，与此同理，“长幼有序”“朋友有信”也是靠不住的，因为兄弟、朋友之间本质上还是一种利害关系。

“五伦”之外呢？韩非以医患关系为例：“医善吮人之伤，含人之血，非骨肉之亲也，利所加也。”（《韩非子·备内》）医者与病人是一种利害关系。

① 《韩非子·饰邪》：“君臣异心，君以计畜臣，臣以计事君。君臣之交，计也。害身而利国，臣弗为也；害国而利臣，君不为也。臣之情，害身无利；君之情，害国无亲。君臣也者，以计合者也。”《韩非子·难一》：“君上之于民也，有难则用其死，安平则用其力……臣尽死力以与君市，君垂爵禄以与臣市。君臣之际，非父子之亲也，计数之所出也。”

② 《韩非子·内储说下》：“君臣之利异，故人臣莫忠。故臣利立而主利灭。”

③ 《韩非子·备内》：“且万乘之主，千乘之君，后妃夫人嫡子为太子者，或有欲其君之蚤死者，何以知其然？夫妻者，非有骨肉之恩也，爱则亲，不爱则疏。语曰：‘其母好者其子抱’，然则其为之反也，其母恶者其子释。丈夫年五十而好色未解也，妇人年三十而美色衰矣。以衰美之妇人事好色之丈夫，则身见疏贱而子疑不为后。此后妃夫人之所以冀其君之死者也。唯母为后而子为主，则令无不行，禁无不止，男女之乐不减于先君，而擅万乘不疑，此鸩毒扼昧之所以用也……故后妃夫人太子之党成而欲君之死也，君不死则势不重，情非憎君也，利在君之死也。”

再以地主和雇农的关系为例："主人费家而美食，调布而求易钱"，并非爱佣客，而是求"耕者且深，耨者熟耘"；雇农"致力而疾耕耘"，也不是"爱主人"，而是求"羹且美，钱布且易"(《韩非子·外储说左上》)。主雇之间也是一种利害关系。

韩非进一步指出，既然人与人之间都是利害关系，那么，第一，在利害关系上不可能建立社会公德。比如："故舆人成舆则欲人之富贵，匠人成棺则欲人之夭死也，非舆人仁而匠人贼也，人不贵则舆不售，人不死则棺不买，情非憎人也，利在人之死也。"(《韩非子·备内》)人与人都是各有所图，并不存在道德上的"仁"与"贼"。因此，对任何事物，不能以情感代替理智，不能用道德评价取代事实评价。道德说教迂阔而不切实际，不如法禁戒律行之有效。第二，在利害关系上不能均贫富、杀富济贫。韩非认为，富人之所以富，是勤劳与节俭的结果，穷人之所以穷，是懒惰与奢侈之所致，如果"征敛于富人以布施于贫家，是夺力俭而与侈惰也"(《韩非子·显学》)。

韩非的言论撕开了宗法社会蒙在人际关系上的温情脉脉的面纱，使之露出了鲜血淋漓的真实面目，从而既证实了自私自利、唯利是图的必然性，又说明了设立严刑峻法的合理性。调整利害关系，道德说教是靠不住的。处理利害关系，一是不择手段，自由竞争，打破旧的格局，社会由治而乱；二是依靠"法治"，权力崇拜，国家强制，社会由乱而治。

由于人们之间只存在这种相互对立的利害关系，所以君主只有用利害原则来控制臣民。他强调灭"臣利"，立"君利"。主张让民众先吃苦，后得利。但臣与民所能得到的都是小利，大利全归君主，即凡是有利的归于君，凡是对君主有害的则追究得利的人。他强调，实现这种"君利中心"最有效的手段就是"法治"。君主通过"法治"利用利害关系的方法有二：一是用刑罚强制手段禁止人们做不利于君主和国家的事；二是以赏赐爵禄为诱饵，鼓励人们做有利于君主和国家的事。而关于这种禁奸和赏功的规定就是"法"。

叁

法势术

(一)"法势术"推进论

韩非认为:"国无常强无常弱,奉法者强则国强,奉法者弱则国弱。"(《韩非子·有度》)法律是维护统治的重要手段和途径[①]。前期法家慎到重"势",申不害重"术",商鞅重"法"。韩非在总结前期法家的经验教训的基础上,将法(法令)、术(策略)、势(权势)三者有机地结合起来,形成了"以法为本""法势术"相结合的思想体系,成为法家思想集大成者。

1.法

韩非指出:"法者,宪令著于官府,赏罚必于民心。赏存乎慎法,而罚加乎奸令者也。"(《韩非子·定法》)商鞅重法,韩非在商鞅学说的基础上对法的涵义、性质、作用作进一步的论述,使法家关于法的理论更加完善。

(1)法的性质

韩非认为,古时仓颉造字,"自环者谓之私,背私者谓之公,公、私之相背也"(《韩非子·五蠹》)。当公利与私利发生冲突时,法律应体现公利而废除私利[②],法是公平正义的客观准则,应立法为公。

(2)法的作用

其一,法有设立规则秩序进行社会控制的作用,能禁奸、尊主、强国,防止变乱之患。法能有效地禁止臣民的奸邪行为。禁奸包括两个方面:一是禁奸臣,即防止内部的篡夺;二是禁奸民,即镇压人民的反抗。法能尊主。君主依法治吏,使臣吏既"不得背法而专制",又"不得逾功而先劳"。对民来说,在法的利诱和罚诫下,只能忠实地为君主出力卖命[③]。法出自君,赏罚来自君,臣民自然对君主百依百顺,无限尊崇。法能强国。富国

① 《韩非子·饰邪》:"以道为常,以法为本。"

② 《韩非子·诡使》:"立法令者,所以废私也;法令行而私道废矣。私者,所以乱法也。"《韩非子·有度》:"能去私曲就公法者,民安而国理。能去私行行公法者,则兵强而敌弱。"

③ 《韩非子·六反》:"以力得富,以事致贵,以过受罚,以功致赏。"

强兵的途径是耕战，而发展耕战的关键是“民用”，民为君用的中介是“官治”。而“官治”“民用”只能靠“法治”[①]。

其二，“法治”胜过“德治”“智治”“心治”，可以统一人们的意志。慎到云：“法虽不善，犹愈于无法。所以一人心也。”（《慎子·威德》）对“法治”胜于“德治”，韩非认为：“严家无悍虏，而慈母有败子。吾以此知威势之可以禁暴，而德厚之不足以止乱也。夫圣人之治国，不恃人之为吾善也，而用其不得为非也。恃人之为吾善也，境内不什数，用人不得为非，一国可使齐。为治者用众而舍寡，故不务德而务法。”（《韩非子·显学》）仁义道德只是有名无实的空话，用它来治国，“大者国亡身死，小者地削主卑”。因为仁义是以同情心为基础的，表现为施舍贫困和不忍刑罚，这样必然造成“无功者得赏”“暴乱者不止”，以致“奸私之臣愈众，而暴乱之徒愈胜。不亡待何？”（《韩非子·奸劫弑臣》）比较而言，只有法令刑罚才是最有效的，法令具有强制性，“威势之可以禁暴，而德厚之不足以止乱”，因此，“明主之治国也，众其守而重其罪，使民以法禁而不以廉止”（《韩非子·六反》）。对“法治”胜于“智治”，韩非认为，“所谓智者，微妙之言也”，这种深奥玄妙的言辞连聪明博学之人都很难懂，民众就更无法知道了，因此，“明主之道，一法而不求智”（《韩非子·五蠹》）。对“法治”胜于“心治”，韩非认为，由于“下众而上寡”，靠心治，君主永远都不是民众的对手[②]。因此，治国只能靠“法治”[③]。

（3）“法治”的基本要求

其一，“明法”[④]。法令应严明、彰显，被天下知晓遵从，“法莫如显”（《韩

---

① 《韩非子·外储说右下》：“治强生于法，弱乱生于阿。”

② 《韩非子·用人》：“释法术而心治，尧不能正一国；去规矩而凭妄意度，奚仲不能成一轮……使中主守法术，拙匠守规矩尺寸，则万不失矣。”

③ 《韩非子·有度》：“以法治国，举措而已矣。”

④ 《韩非子·南面》：“人主使人臣虽有智能，不得背法而专制，虽有贤行不得逾功而先劳，虽有忠信不得释法而不禁，此之谓明法。”

非子·难三》)。明法是"法治"的基本特征,应以法为本,唯法为治,树立法律的威信。[①]"法治"必须做到:"赏足以劝善""威足以胜暴""备足以完法"(《韩非子·守道》)。韩非指出,法律是判断人们是非功过并行赏施刑的唯一准则。法所重者为国家公利,君主用法作为衡量人们的"自为心"是否有利于国家,并作为赏罚的依据,所以治国必须以法为本。

其二,"壹法"。法的统一和公开是"法治"的前提,应"一其宪令","布之百姓"。韩非认为,要使吏民守法,首先,应该统一法令:"明主之法必详事……挈前言而责后功",法令之间要协调一致,不能前后矛盾,"不一其宪令,则奸多"(《韩非子·定法》)。其次,要用法律规范人们的言行举止,使吏民知法信法,追求法的效力的统一,以保证法的统一实施。"明主言法,则境内卑贱莫不闻知也",因此,必须做到"法者,编著之图籍,设之于官府,而布之于百姓者也……故法莫如显……是以明主言法,则境内卑贱莫不闻知也,不独满于堂"(《韩非子·难三》),这样做,既可以使"万民皆知所避就",又能使"官不敢枉法,吏不敢为私"。"信名,则群臣守职,善恶不逾,百事不怠。"(《韩非子·外储说左上》)

其三,"固法"。强调法的稳定性是韩非立法思想的重要特点。虽然韩非也主张"不期修古,不法常可"(《韩非子·五蠹》),但这主要是针对儒家的仁义礼治而发论的。强调法令不轻易改变,则在于稳定已经建立起来的封建制度。在他关于"法治"的论述中,主要倾向是反对法令数变。他举例说,秤锤放得平正,轻重才称得准确;镜面平坦,形象才能照得清晰。[②]如果老是把镜子晃来晃去,则什么都看不清楚了。法律老是变来变去,那就要造成很大的混乱。[③]因为"法"决定着人们的利害关系,法变了,利害关系也要随之改变,人们就不会致力于耕战。这样,"法禁变易,号令数下",

---

① 《韩非子·八经》:"明主之国,令者言最贵者也,法者事最适者也。言无二贵,法不两适,故言行而不轨于法令者必禁。"

② 《韩非子·饰邪》:"夫摇镜,则不得为明;摇衡,则不得为正,法之谓也。"

③ 《韩非子·解老》:"凡法令更,则利害易,利害易,则民务变。民务变,谓之变业。……治大国而数变法,则民苦之。"

往往成为亡国的征兆。主张固法[①]，反对法律多元，反对常变法律，从而得出了“是以有道之君贵静，不重变法”(《喻老》)的结论。

其四，“任法”。法不阿贵，信赏必罚，不失信于人，法律在适用过程中方能显现其效力。诚信、公正是执法的基本要求。韩非将赏和罚称为君主手中的“二柄”，是贯彻法令的关键。[②]一是赏罚必须以法律为准，信赏必罚，不得滥用；[③]二是要使赏罚必信，还必须注重公平，强调赏罚不因喜怒哀乐，不问亲疏贵贱，只求功罪；[④]三是赏罚必须与毁誉的社会舆论协调一致[⑤]。

其五，“严法”。严刑重罚，“以刑去刑”。韩非主张，“求过不求善”，“罚莫如重而必，使民畏之”(《韩非子·五蠹》)。其理由在于：严刑重罚符合人自私自利的本性和好利恶害的心理。施以厚赏，就能使人们迅速地得到所要求的利益；加以重罚，就能很快地禁止作恶的行为。赏与刑相比，刑胜于赏，应该用严刑、重刑[⑥]，重刑是禁奸的有效手段[⑦]。明确主张“禁奸于未萌”“以重禁轻”的重刑主义[⑧]。他认为，只有重刑才能有效地禁止包括小过、大罪在内的一切犯罪，同时还能预防犯罪[⑨]。因为对轻罪实行重刑符

① 《韩非子·五蠹》：“法莫如一而固，使民知之。”《韩非子·问辩》：“明主之国，令者，言最贵者也；法者，事最适者也。言无二贵，法不两适，故言行而不轨于法令者，必禁。”

② 《韩非子·大体》：“不以智累心，不以私累己，寄治乱于法术，托是非于赏罚，属轻重于权衡。”

③ 《韩非子·外储说左下》：“信赏以尽能，必罚以禁邪。”《韩非子·五蠹》：“赏莫如厚而信，使民利之；罚莫如重而必，使民畏之。”《韩非子·解老》：“民不犯法则上亦不行刑。”

④ 《韩非子·主道》：“诚有功，则虽疏贱必赏，诚有过，则虽近爱必诛。”《韩非子·有度》：“不避尊贵，不就卑贱……法不阿贵，绳不绕曲，法之所加，智者弗能辞，勇者弗敢争。刑过不避大臣，赏善不遗匹夫。”

⑤ 《韩非子·八经》：“明主之道，赏必出乎公利，名必在乎为上。赏誉同轨非诛俱行。”

⑥ 《韩非子·心度》：“刑胜而民静，赏繁而奸生，故治民者，刑胜，治之首也；赏繁，乱之本也。”

⑦ 《韩非子·奸劫弑臣》：“夫严刑重罚者，民之所恶也，而国之所以治也；哀怜百姓，轻刑罚者，民之所善，而国之所以危也。”

⑧ 《韩非子·六反》：“轻刑，此乱亡之术也。凡赏罚之必者，劝禁也。赏厚则所欲之得也疾，罚重则所恶之禁也急。”

⑨ 《韩非子·守道》：“古之善守者，以其所重禁其所轻，以其所难止其所易。”《韩非子·内储说上》：“重罪者，人之所难反也；而小过者，人之所易去也，使人去其所易，无罹其所难，此治之道。夫小过不生，大罪不至，是人无罪，而乱不生也。”

合人们的畏惧心理和利害原则，“民不以小利加大罪，故奸必止者也”(《韩非子·六反》)，重刑的目的不在惩罚，而在禁奸，不是伤民而是爱民。实行轻刑，民众必定忽视而容易犯罪。有罪不处罚，便等于驱使他们去犯罪；加以处罚，便等于设下陷阱让人们去跳，这必然伤民。相反，上设重刑而奸尽止，没有奸邪就不用刑罚，这就是爱民。采用重刑，不仅能起到严惩罪犯的作用，又能起到刑罚的威慑作用，让百姓知难而退，不敢以身试法。

韩非的“法治”是“以法治国”，即“用法而治”，而不是“依法治国”，即“由法而治”。“以法治国”是法律工具论，即按照专制君主的个人意志，以法律作为统治工具，严刑峻法，严密控制社会，严厉制裁犯罪行为，专制君主自己则凌驾于法律之上，法不治君，从而形成君主操纵法律、臣民顺从法律的社会控制格局。“以法治国”实质上与“德治”一样也是一种“人治”。“依法治国”是法律至上论或法律准则论，即按照平等民众的普遍意愿和普遍利益立法，法律成为治理国家、管理社会事务的最高权威和依据，在法律面前人人平等，任何人无论职位高低、智力强弱，都一律依从法律，奉行法律，从而形成人在法之下、法在人之上的格局。“依法治国”实质上才是具有现代意义的“法治”。韩非这样描述他自己营造的“以法治国”的“法治”社会：“故明主之治国也，适其时事以致财物，论其税赋以均贫富，厚其爵禄以尽贤能，重其刑罚以禁奸邪，使民以力得富，以事致贵，以过受罪，以功致赏，而不念慈惠之赐，此帝王之政也。”(《韩非子·六反》)他的“法治”实质上是彻头彻尾的“人治”，而非地地道道的“法治”。

2.势

韩非指出：“明君之所以立功成名者四：一曰天时，二曰人心，三曰技能，四曰势位。”(《韩非子·功名》)势位是君主建功立业的四大必备条件之一。慎到最早谈到“势”的重要，“尧为匹夫，不能使其邻家；至南面而王，则令行禁止……贤不足以服不肖，而势位足以屈贤矣”(《慎子·威德》)，但他并没有明确“势”的内涵。韩非指出：“夫势者，名一而变无数者也”，认为“势”有无数不同的含义。他对“势”作了明确的解释：“势”是君主统治众人的权力和地位[①]。这种权力、地位具有强制性和至高无上性[②]。有势位，可以发号施令，指使臣下；有势权，可以强迫臣民就范，令行禁止。因此。“势”是君主之筋力，须臾不可离，愈强劲愈好。另外，慎到认为，腾蛇游雾，飞龙乘云，如果云罢雾霁，飞龙腾蛇便与地上爬行的蚯蚓没什么两样，其失去了所处之势也。韩非认为：“贤人而诎于不肖者，则权轻位卑也；不肖而能服于贤者，则权重位尊也。尧为匹夫，不能治三人，而桀为天子，能乱天下。吾以此知势位之足恃，而贤智之不足慕也。”不仅如此，他还将权势与道德对立起来，即“贤智未足以服众，而势位足以屈贤者也”，其结论自然就是“贤势不相容”（《韩非子·难势》）。由此可见，慎到所言的“势”是静态之“势”、自然之“势”；韩非所言的是动态之“势”、人为所设之“势”[③]。

韩非的“人设之势”强调两个重点：其一，“擅势”，即要擅长使用这种权势，功劳归君主，过错归臣下[④]。权势不用，过期作废。权势反复使用，其威信不断提升，令人折服。其二，“独制”，非我莫属，垄断权力，他人无法企及和逾越。“能独断者，故可以为天下主。”（《韩非子·难势》）由此可见，韩非“势”论的主旨，在于尊君和专制集权。

3.术

申不害重“术”，一是确立了术的原则：术要“藏于无事，示天下无为。”二是明确了术的控制技术：“为人君者操契以责其名。”（《申子·大体》）在此基础上，韩非则强调：“吏者，民之本纲者也，故明主治吏不治民。”（《韩非子·外储说右下》）“术不欲见”（《韩非子·难三》），它是君主

① 《韩非子·八经》：“势者，胜众之资也。”

② 《韩非子·难势》：“势之为道也，无不禁。”《韩非子·爱臣》：“万物莫如身之至贵也，位之至尊也，主威之重、主势之隆也。”

③ 《韩非子·难势》：“势必于自然，则无为言于势矣，吾所为言势者，言人之所设也。”

④ 《韩非子·难势》：“有功则君有其贤，有过则臣任其罪。”

考察和驾驭臣下的策略和技术[①]。就积极方面而言，“术者，因任而授官，循名而责实，操杀生之柄，课群臣之能者也，此人主之所执也”（《韩非子·定法》），旨在控制群臣；就消极方面而言，“术者，藏之于胸中，以偶众端而潜御群臣者也……而术不欲见……用术，则亲爱近习莫之得闻也，不得满室”（《韩非子·难三》），旨在玩弄阴谋。因此，用术，一是“循名责实”。按照臣下的职位名号，众臣互相加以比照，考察其品行、能力和政绩[②]，看是否职责分明[③]，看是否名副其实[④]，看是否赏罚严明[⑤]，特别要警惕和严惩职权小而野心大有僭越行为的官吏。二是“烛私”（《韩非子·孤愤》）。即君主深藏不露、布局设套，采用“众端并观”“一听责下”“疑诏诡使”“挟知而问”“倒言反事”等方式来洞察臣下的隐私，了解其真实想法，以便早做准备，以防不测。在君主面前，臣下不应该有隐私，不应该有所保留，君主才有安全感[⑥]。

（二）“法势术”结合论

韩非认为，“法、势、术”都是人主治国的工具[⑦]，并批评重“法”的商鞅“无术以知奸”，批评重“术”的申不害“不擅其法”，批评重“势”的慎到不知“抱法”，强调法为首，势为中，术为下，“法、势、术”三者不可偏废。

1. 抱法处势

韩非认为：“夫势者，非能必使贤者用已，而不肖者不用已也。贤者用

---

① 《韩非子·和氏》：“主用术，则大臣不得擅断，近习不敢卖重。”《韩非子·六反》：“无术以任人，无所任而不败。”

② 《韩非子·用人》：“见能于官以受职，尽力于权衡以任事，人臣皆宜其能，胜其官。”

③ 《韩非子·难一》：“臣不得越官而有功……一人不兼官，一官不兼事。”

④ 《韩非子·六反》：“明主听其言，必责其用，观其行，必求其功。”

⑤ 《韩非子·主道》：“群臣陈其言，君以言授其事，事以责其功。功当其事，事当其言则赏；功不当其事，事不当其言则诛。”

⑥ 《韩非子·王道》：“明君无为于上，群臣竦惧于下。”

⑦ 《韩非子·定法》：“今申不害言术，而公孙鞅为法。术者，因任而授官，循名而责实，操杀生之柄，课群臣之能者也，此人主之所执也。法者，宪令著于官府，刑罚必于民心，赏存乎慎法，而罚加乎奸令者也，此臣之所师也。君无术则弊于上，臣无法则乱于下，此不可一无，皆帝王之具也。”

之则天下治，不肖者用之则天下乱。……夫势者，便治而利乱者也。……势者，养虎狼之心而成暴乱之事者也，此天下之大患也。势之于治乱，本末有位也，而语专言势之足以治天下者，则其智之所至者浅矣。”因此，韩非要求“法”与“势”紧密结合：“抱法处势则治，背法去势则败。”(《韩非子·难势》)一方面他认为“势治”是“法治”的前提和依靠：“君执柄处势，故令行禁止”，只有将“法”与权力结合起来才能做到强制规范，令行禁止。可见“法”离不开“势”。另一方面，“势”也离不开“法”，“势治”离开了“法”，就成了依靠“贤者”的“人治”。“夫良马固车，使臧获御之则为人笑，王良御之而日取千里，车马非异也，或至乎千里，或为人笑，则巧拙相去远矣。今以国位为车，以势为马，以号令为辔，以刑罚为鞭策。使尧舜御之，则天下治；桀纣御之则天下乱，则贤不肖相去远矣。”(《韩非子·难势》)但贤明圣君与昏庸的暴君一千年才出现一个，现实中的大多数君主并非“贤者”“庸者”，而是“上不及尧舜，而下亦不为桀纣”的“中人之资”。如果实行“人治”，这些中主便无法治理天下；反之，如果实行“法治”，中主们只要抱法处势进行统治也就行了。

2. 非法则术

有人问韩非，对君主而言，是法重要呢？还是术重要？韩非反问他：对于人来说，是吃饭重要？还是穿衣重要？“人不食十日则死，大寒之隆，不衣亦死”，二者缺一不可，同样重要。与此同理，“君无术则弊于上，臣无法则乱于下，此不可一无，皆帝王之具也”(《韩非子·定法》)。因此，君主最宝贵的东西，“非法即术”。在“法”与“术”结合方面，重“法”的商鞅和重“术”的申不害都有缺陷：商鞅的“变法”与“重刑”都是正确的，但“无术以知奸”，致使变法得到的国富兵强的果实变成了奸臣们损公利私、争权夺利的资本：“战胜则大臣尊，益地则私封立”，国家没得到半点实惠；申不害“治不逾官”“因能授官”之术是适用的，但他“不擅其法，不一其宪令”，导致“奸人”钻新旧法令不统一的空子，谋取私利，申不害“故托万乘之劲韩，十七年而不至于霸王者，虽用术于上，法不勤饰于官之患也”。这样看来，“申子未尽于术，商君未尽于法也”，主要是没有将“法”与“术”结合起来，“二子之于法术，皆未尽善也”(《韩非子·定法》)。

3. 处势修术

权势要靠“法”来加强，也要靠“术”来维持。“势者，君之马也，无术以御之，身虽劳犹不免乱，有术以御之，身处佚乐之地，又致帝王之功也。”“人主者不操术，则威势轻而臣擅名。”(《韩非子·内储说右下》)“术”是君主控制臣的关键，是君主专门用来对付臣下的独门暗器。因此，只能君主执掌“术”，而不能让臣下玩弄“术”。

韩非“法势术”思想体系建立意义在于：其一，对不同的政治势力提出不同的政治要求：君主重“势”，即不断巩固、提升自己的权力、地位，居高临下，不受制于人；对臣用“术”，国君主要以“术”考察、监督臣属，让其唯命是从，与自己保持高度一致，不敢居心叵测，自作主张，阴谋篡权；对臣民用“法”，让臣民遵守法律，循规蹈矩，不敢犯上作乱、自作主张。其二，强“势”、用“术”、行“法”，三者形成良性互动，强“势”，是用“术”、行“法”的先决条件；用“术”可察奸止乱，使“势”坚如磐石而毫不动摇，使“法”畅行无阻、天下响应；行“法”，能使“势”的提升和“术”的运用步入正轨而不迷失方向。由此可见，以“法”为中心、“法势术”相结合的思想，确定的是：“法”为主导，“势”为基础，“术”为策应，其实质是封建君主专制下的“事在四方，要在中央，圣人执要，四方来效”的“法治天下”。

韩非的“法治”理论是有重大缺陷的。一是“法治”的构建过分依赖于君主，加之他错误地认定国君是国家公利的代表，着重强调国君权势的重要性，从而将立法权、行政权都交给了国君，致使司法权也不能独立行使，没有考虑法律如何制约君主，结果事与愿违，“法治”成了专制君主逞一人私欲的工具，而不被人民所认可。二是在后来统治者的眼里，往往“法”不如“术”，“术”不如“势”，政治实践中以势滥术、仗势枉法、以术乱法的事例比比皆是，见惯不惊，“法治”在“势治”与“术治”的夹缝中受到挟持，在权势与权术的双重作用下，“法治”往往改变了自身的特性，迷失了前行的方向。这是有违韩非构架“法势术”理论体系初衷的。

影响评价

宏大思想理论体系的建立，有赖于对当时时事的深入了解、全面认识和准确抉择，务实与功利是最直截了当的价值判断标准。韩非看问题既有广阔的历史视野，又有深刻的理性洞察力，“论事入髓，为文刺心”。但发论乃至做人太功利、太实在、太政治化了，有时候就太不地道、太无文化了。撕开文化的掩饰，抛弃道德的鼓吹，本来有意思的事就变得太直白、太露骨而太没意思，本来有品位的人会变得没品位、没素质。为此，一个人在功利面前不能做到“难得糊涂”，也要争取做到“揣着明白装糊涂”。因为你太精明、太现实、太功利、太政治，别人也不是傻子，别人拿这一套来对你，你受得了吗？这样的人还能相交吗？这样的人际关系还能维持下去吗？除非你永远处于强权政治的顶峰，永远居于打遍天下无敌手的不败之地。韩非就是这样认为的，也是这样为君王设计的，但韩非的学说君主也许能做到，一般人能做到吗？假如不能做到，那么，就要反受其害，后患无穷。因此，后人评价韩非“智于谋国，拙于谋身”，多少有些道理，值得我们品味。

韩非做学问是成功的，但做人、做事是失败的。司马迁认为：“韩子引绳墨，切事情，明是非，其极惨礉少恩。”（《史记·老子韩非列传》）韩非作为一介书生，太理性了，往往冷峻而缺乏情感。司马光也说：“臣闻君子亲其亲以及人之亲，爱其国以及人之国，是以功大名美而享有百福也。今非为秦画谋，而首欲覆其宗国，以售其言，罪固不容于死矣，乌足愍哉！”（《资治通鉴》）虽然韩国不用韩非，但韩非也不至于为秦国谋划，拿自己的国家韩国开刀，这有悖情理，但罪不至死，其命运是值得同情的。韩非的悲剧在于，他太想证明自己，却又机会难得，一个才学出众、过于聪明但说话结巴的读书人在被用与不被用之间，往往会丧失自己的立场，背叛自己的情感，迷失前行的方向。让韩非始料未及、至死都想不明白的是，自己苦心经营所创立的理论为朝廷所用，而自己却被朝廷冷落甚至废弃。这是才学出众的读书人最大的困惑和无尽的悲哀，而制造这种困惑和悲哀的也许是另一些与之关系密切且不愿被人超越自身而已掌握重权的读书人。在政坛上，同为读书人，相煎何太急？

贾谊

攻守异术　居安思危

核心要旨

为什么说秦汉之际法律思想发生了重大转折？

『民本』与『民主』是一回事吗？

政治上的『投鼠忌器』具体含义是什么？

如何正确处理中央与地方的关系？

青年才俊会有哪些仕途困惑？

秦汉之际，中国古代法律思想走了一个“之”字形道路，经历了一个否定之否定的过程。首先，秦运用法家的“法治”理论统一天下后，仍以这一理论为统治思想，强调“事皆决于上”“以法为教，以吏为师”，严刑峻法，不施仁义。由于法家理论太偏激，只重视运用残酷镇压、无情打击的方式进行统治，从而激化了各种社会矛盾，陈胜、吴广揭竿而起，天下纷纷响应，一举推翻了秦仅维持了 14 年的政权。其次，汉承秦制，西汉继承了秦中央集权的君主专制制度，但在政治法律思想上，改弦易辙，推崇“无为而治”、与民休息的黄老思想，约法省刑，轻徭薄赋，减轻了对民众的政治压迫和经济剥削，大大缓和了社会矛盾，经济开始复苏，人心安定，统治者逐渐站稳了脚跟，但由于黄老思想太消极，文景时期出现了诸侯造反和匈奴侵扰的内忧外患。最后，汉武帝即位，采纳董仲舒“罢黜百家，独尊儒术”的提议，倡行德主刑辅、礼法结合的有为政治，封建正统思想得以确立。在秦汉法律思想产生重大转折的过程中，贾谊一方面批秦之暴政，另一方面驳黄老之“无为”，主张“定经制，兴礼乐”，以“文治”取代“刑治”与“无治”，积极进取，“建久安之世，成长治之业”，这为儒家思想占据封建正统地位扫除了障碍，奠定了基础。

人生历程

贾谊（公元前 200～公元前 168 年），洛阳（今河南洛阳）人，世称贾太傅、贾长沙、贾生。贾谊从小就刻苦学习，博览群书，先秦诸子百家的书籍无所不读，18 岁时就以能诵述《诗》《书》和撰写文章闻名于河南郡。郡守吴公将他召置门下，十分器重。汉文帝即位时，风闻吴公政治平和为天下第一，又与李斯是同一地方的人，曾跟着李斯学习法律，就征召吴公为廷尉。吴公趁机向汉文帝举荐贾谊，汉文帝召贾谊为博士（汉初的博士，掌文献典籍，为王朝的咨询官，秩六百石）。21 岁的贾谊在当时是最年轻的博士，他少年得志、意气风发，每当汉文帝下诏令交付议论，许多老博士“欲语不能”，贾谊就抢先把别人想说而没有说出来的意思表达得清清楚楚、明明白白、有理有据，众博士将他视为能人，汉文帝也很赏识他。于是，在一年之中就把他破格提拔为太中大夫（皇帝身边掌议论的高级顾问官）。贾谊认为汉朝建立二十多年了，政宽人和，天下富实，但太平现象的背后隐藏着严重的社会危机，他要求统治者改变“无为而治”的现状，“改正朔，易服色，定官名，兴礼乐”，并亲自草拟了具体的实施方案：“色上黄，数用五，为官名悉更。”汉文帝嫌不合时宜，故搁置不用，但却采纳并实施了贾谊有关修订律令和加强对诸侯王控制的意见，这就难免得罪了一些功臣元老。汉文帝二年（公元前 178 年），汉文帝打算进一步提拔贾谊“任公卿之位”，并把这一用意交予大臣讨论。朝中群臣愤愤不平，嫉恨在心，出招排挤，东阳侯张相如、御史大夫冯敬、绛侯周勃、颍阳侯灌婴诋毁贾谊“年少初学，专欲擅权，纷乱诸事”，上大夫邓通也乘机诬陷贾谊[1]。于是,贾谊的政治生涯和人生道路遇到了重大的挫折和阻碍,汉文帝开始有意疏远他,不再用他议事,接着任命他为长沙王吴差(当时唯一的异姓王)的太傅,实际上是将贾谊从天子近臣贬谪为离长安数千里之遥的异姓诸侯小国的地方官吏。贾谊谪居长沙 3 年,在政治上几乎完全处于被闲置的状态,形影相吊,孤苦寂寞,加之长沙荒凉僻远,低洼潮湿,生活不适,心情晦暗,自然产生了“寿不得长”的恐惧。汉文帝七年(公元前 173 年),汉文帝想念贾谊,又把贾谊召回长安,贾谊的政治生涯出现了一线转机。贾谊到宫中晋见皇上,正值汉文帝刚举行过祭拜天地的礼仪。君臣之间久未相见,谈兴甚浓,气氛融洽,这次会晤一直延续到深夜,汉文帝情不自禁地一次又一次移动膝下坐席向贾谊靠近,但他只向贾谊探询鬼神的本源,只字不提治国之策[2],这未免有失贾谊的期望,让他无法施展自己的政治抱负。但汉文帝还是被贾谊的“才调”打动,自叹不及,不久便任命贾谊担任自己宠爱的少子梁怀王刘辑的太傅,贾谊的政治处境有所改善,遭受创伤的心灵也暂时获得了一些慰藉。汉文帝十一年(公元前 169 年),梁怀王上朝时不慎坠马身亡,贾谊身为太傅,有不可推卸的责任,可以下狱治罪;而他更深深地歉疚自己辜负了皇帝的重托。政治上的不祥之兆,道义上的自责,生存上的毫无意义,使贾谊精神负担十分沉重,不久便在无限忧伤中默默死去,年不足 33 岁。

贾谊的著作,经后人整理为《新书》10 卷 58 篇。他的《过秦论》《论积贮疏》《陈政事疏》(即《治安策》),“理既切至,辞亦通畅,可谓识大体

① 应劭:《风俗通义·正失》:“中垒校尉刘向对孝成帝曰:太中大夫邓通以佞幸吮痈疡脓汁见爱,拟于至亲,赐以蜀郡铜山,令得铸钱。通私家之富侔于王者、封君。又为微行,数幸通家。文帝代服衣罽,袭毡帽,骑骏马,从侍中近臣常侍期门武骑,猎渐台下,驰射狐兔果雉刺彘。是时侍诏贾山谏,以为不宜数从郡国贤良吏出游猎,重令此人负名不称其与。及太中大夫贾谊亦数陈止游猎,是时谊与邓通俱侍中同位,谊又恶通为人,数廷讥之,由是疏远,迁为长沙太傅。”

② 李商隐:《贾生》:“宣室求贤访逐臣,贾生才调更无伦。可怜夜半虚前席,不问苍生问鬼神。”

矣”(《文心雕龙·奏启》),是享有盛名的西汉政论雄文。明人辑有《贾长沙集》,今人辑有《贾谊集》。

思想脉络

贾谊生活在西汉初年,他涉入仕途时,朝廷上下都认为“天下顺治”,大功告成,可以高枕无忧了。而有远见卓识的贾谊却敏锐地指出这如同“抱火厝之积薪之下而寝其上,火未及燃,因谓之安,偷安者也”(《新书·数宁》)。他一再告诫汉文帝,绝不能以危为安、麻痹大意,必须采取积极措施,“备患于未形”,防患于未然。贾谊的法律思想有四个基本层次:一是“以民为本”,二是“立经陈纪”,三是“礼法结合”,四是“强干弱枝”。四个层次围绕封建统治“长治久安”这一核心逐步展开,形成一个完整的理论体系,即“以民为本”,安抚民心,是“长治久安”的基础;“立经陈纪”,建立等级特权制度,是“长治久安”的依据和保障;“礼法结合”,礼义教化与法律强制并用,是“长治久安”的基本途径;“强干弱枝”,大力削藩,巩固中央集权,是“长治久安”应着重解决的政治难题。贾谊的“长治久安”理论为封建统治者守天下提供了强有力的思想武器。

壹 以民为本

西汉初期,面对功劳显赫、不可一世的秦王朝在短短的14年时间内土崩瓦解、灰飞烟灭这一震撼人心的“意外”之事,每一位政治家、思想家都借秦王朝“说事”,表述自己的政治见解。其中,对秦二世而亡的教训总结得较深刻、分析得较透辟的非贾谊的《过秦论》莫属。贾谊在《过秦论》中指出:“始皇奋六世之余烈,振长策而御宇内,吞二周而亡诸侯,履至尊而制六合,执敲扑以鞭笞天下”,建立了第一个“大一统”的封建王朝,这是顺应民心,符合历史潮流的。当时民众对新王朝寄予厚望,希望它能保障人的生命安全,赐民恩惠。这一形势对秦王朝非常有利,只要服从民意,造福于民，天下就太平了，统治者的地位就牢固了。但秦始皇不识时务，不明“取与攻守不同术”的道理，仍然用争夺天下的暴力手段征服平民百姓，“怀贪鄙之心，行自奋之智，不信功臣，不亲士民，废王道而立私爱，焚文书而酷刑法，先诈力而后仁义，以暴虐为天下始”，使秦王朝出现了衰亡的征兆。秦始皇死后，秦二世胡亥即位，民众对新的君主抱有新的期望，这也是纠正前任统治者错误的天赐良机，因为“劳民之易为仁也”，这不需要统治者有过高的智慧和品行，作为“庸主”，只要做到任忠贤，忧海内，正先帝之过，以礼天下，轻赋少事，约法省刑，“使天下之人皆得自新，更节修行，各慎其身”，天下就会恢复平静，民众就会心满意足。但秦二世不但未有所收敛，反而变本加厉，在秦始皇暴政的道路上越走越远，“繁刑严诛，吏治刻深，赏罚不当，赋敛无度，天下多事，吏不能纪，百姓困穷而主不收恤。然后，奸伪并起，而上下相遁；蒙罪者众，刑戮相望于道，而天下苦之。自群卿以下至于众庶，人怀自危之心，亲处穷苦之实，咸不安其位，故易动也。是以陈涉不用汤、武之贤，不藉公侯之尊，奋臂于大泽，而天下响应者，其民危也。”国家危机四伏，灭亡之势难以补救。暴秦败亡的事实说明天下“难得而易失，难常而易亡”(《新书·修政语》)，其原因就在于“仁义不施，而攻守之势异也”，即夺天下与守天下不是一回事，守天下靠的不是武力征服，而是“贵顺权”，施仁义，安抚民心。

贾谊从秦亡的惨痛教训中，清醒地认识到得天下之心者得天下，他要求政治统治必须正视民众的力量，于是在孟子“民贵君轻”论和荀子“民水君舟”论的基础上，提出了“以民为本”“以民为命”“以民为功”的思想命题[①]。他郑重告诫统治者：“轻本不祥，实为身殃……故夫灾与福也，非粹在天也，必在士民也。”“以民为本”的理由有两个：其一，君主必须得到

① 《新书·大政》：“闻之，于政也，民无不为本也。国以为本，君以为本，吏以为本。故国以民为安危，君以民为威侮，吏以民为贵贱。此之谓民无不为本也。民无不为命也。国以为命，君以为命，吏以为命。故国以民为存亡，君以民为盲明，吏以民为贤不肖，此之谓民无不为命也。闻之于政也，民无不为功也。故国以为功，君以为功，吏以为功，国以民为兴坏，君以民为强弱，吏以民为能否，此之谓民无不为功也。”

民众的承认和拥戴，没有民众，君主就失去了依靠，无依无靠的君主就成了孤家寡人，他就无法生存，就必然倒台。[①] 其二，君主、官吏是可以改换的，国家和民众是不能变更的，是国家、人民决定君主、官吏的命运，而不是君主、官吏主宰国家、人民的命运。依靠国家和人民，天下就安定了。[②] 因此，对于政治而言，国家、君主、官吏都得“以民为本”“以民为命”“以民为功”“以民为力”。他强调，“自古而至于今，与民为仇者，有迟有速，而民必胜之矣”（《新书·大政》）。贾谊“以民为本”思想包含三项基本内容：

1. **以诚待民。** 贾谊指出：民不可欺。民众虽然看起来贫贱卑微、愚昧无知，但他们人多势众、力量强大，是物质财富的生产者，是国家的根基，因此，统治者不可怠慢和欺诈他们。[③] 尽管取天下可以“兵不厌诈”，但守天下只等诚信待民。事实证明，从古至今，玩弄人民、以人民为敌的人，或早或迟，总有一天会被人民战胜。统治者要靠自己诚信的言行造福于民，就必须严于律己，小心慎微。贾谊说：“夫一出而不可反者，言也。一见而不可得掩者，行也。故夫言与行者，知愚之表也，贤不肖之别也。是以智者慎言慎行，以为身福。愚者易言易行，以为身灾。故君子言必可行也，然后言之，行必可言也。呜呼，戒之哉！戒之哉！行之者在身，命之者在人，此福灾之本也。”（《新书·大政》）统治者只有“行缘道而言顾义”，其言行才有信誉，才能让民众深信不疑。

2. **行善亲民。** 贾谊认为，统治者最忌讳的秉性一是狂，二是惑。[④] 统治者狂妄自大、目中无人就会知善不行；统治者迷惑糊涂、利令智昏就会知

---

① 《新书·大政》：“君者，群也。无人谁据，无据必蹶。”

② 《新书·大政》：“王者有易政而无易国，有易吏而无易民，故因是国也而为安，因是民也而为治。”

③ 《新书·大政》：“故夫民者，至贱而不可简也，至愚不可欺也。故自古而至于今，与民为仇者，有迟有速，而民必胜之矣。”

④ 《新书·大政》：“知善而弗行谓之狂，知恶而不改谓之惑。故夫狂与惑者，圣王之戒也，而君子之愧也。”

恶不改。明智的君主“闻善而行之如争，闻恶而改之如仇”，他就会有长进，就会受人拥戴，然后“祸灾可离”，可以保福。民不善的表面原因是吏不善，根本原因是君不善。[①] 统治者要积善成德，防微杜渐，因为“善不可谓小而无益，不善不可谓小而无伤。非以小善为一足以利天下，小不善为一足以乱国家也。当夫轻始而傲微，则其流必至于大乱也”(《新书·审微》)。只要统治者注重细节，从小善做起，真心实意为民众办好事，亲近于民，取悦于民，君主与民众的关系就会改善。同时，统治者要对伤害民众的小事处处提防，设法避免，以免民众与君主离心离德，否则时间长了必酿成大祸，难以收拾。

3. 造福爱民。贾谊认为，统治者爱民与民众归顺统治者之间存在着必然的联系，“弗爱则弗附”。因此，应把是否爱民作为衡量官吏功过、忠奸的标准。“夫为人臣者，以富乐民为功，以贫苦民为罪。故君以知贤为明，吏以爱民为忠。”(《新书·大政》)爱民就应该长远打算，做到“以民为福”“以民为财”，在社会发展过程中给人民带来幸福和财富。

“民本”一词出自《尚书》[②]，后有孟子的“民贵君轻”论和荀子的“民水君舟”论，贾谊在此基础上创立了“民本”论。“民本”论，大大丰富了先秦儒家“贵民”“重民”的思想。但“民本”思想与中国近代以后出现的“民主”思想貌合神离，彼此隔绝，特质异类，相去甚远。换句话说，“民本”之树再根深叶茂，也开不出“民主”绚丽之花，结不出“民主”丰硕之果。“民主”是“由民”，民本位，人民通过斗争方式，推翻专制统治，当家作主，由自己来决定自己的命运和实现自己的合法权益，实施人民的统治，保障人的自由意志、个体权利和全面发展。它是站在人民立场上的一种制度设计，必定要求权力制约和法律至上。而“民本”是“为民”，君本位，“民”是仅作为一个具有等级属性的群体概念而存在，君主操纵政治，

① 《新书·大政》：“君能为善，则吏必能为善矣；吏能为善，则民必能为善矣。故民之不善也，吏之罪也。吏之不善也，君之过也。”

② 《尚书·五子之歌》：“皇祖有训，民可近，不可下，民惟邦本，本固邦宁。”

垄断权力，靠君主解决民的问题，即从君主切身出发，从封建统治的长治久安考虑，告诫统治者要克制自己，对民发善心，施恩惠，以此换取民心，确保统治地位的稳定与长久。因此，“民本”是一种道德企盼，它必定产生圣主明君的梦幻。“民本”思想虽然不是站在民众的立场上为人民争权利、谋福利，但它在客观效果上也关注了民众的利益，施民以恩惠，因而在特定的历史阶段也具有一定的积极、进步意义。

— 贰 —

立经陈纪

贾谊认为，反对秦朝的暴政苛刑，并不意味着放弃典章制度和取消刑罚，在政治上无所作为。由于汉初统治者安于现状，不思进取，制度疏阔、刑罚宽简，致使社会混乱，险象环生：一是民风浇薄，上下无辨；二是诸侯僭越，本末舛逆；三是匈奴猖獗，屡兴事端。这都是西汉中央王朝长期推行“无为”政策带来的负面效应。贾谊对“无为”思想提出了严厉的批评[①]，表明西汉既不能重蹈覆辙，走秦朝废礼弃德、轻罪重刑的老路，又不能受“无为”思想误导，放任自流，不加管束。他提出了“变化因时”“立经陈纪”的主张，“前事不忘，后世之师，是以君子为国，观之上古，验之当世，参以人事，察盛衰之理，审权势之宜；去就有序，变化因时；故旷日长久，而社稷安矣”（《新书·过秦论》），“立经陈纪，轻重同得，后可以为万世法程”（《汉书·贾谊传》）。即根据社会客观情况的需要，确立准则，颁行礼制法纪。

贾谊论证了“定经制，兴礼乐”的重要性和必要性。他引用管子“礼义廉耻，是谓四维。四维不张，国乃灭亡”的话作为理论依据，进一步分析说：秦朝不提倡礼义廉耻，众叛亲离，十三年就王国。现在汉代礼义廉耻

① 《新书·孽产子》：“悲夫！俗至不敬也，至之等也，至冒其上也。进计者犹曰‘无为’，可为长太息者此也。”

并不完备，奸人心存侥幸，民众疑惑难解，这就需要定经制。[①]“定经制，兴礼乐”的要点有二：一是“尊尊”，二是“贵贵”。

1．**“尊尊”**。所谓“尊尊”，就是要确立以尊君为中心的封建等级制度，人们各按其尊卑贵贱的等级名分行事[②]。在贾谊看来，在严格的封建等级制中，要正确对待君、臣、民的关系，突出皇帝至高无上、唯我独尊的地位[③]。他说，皇帝尊贵得像巍峨的殿堂，群臣像台阶，民众是平地，从公、卿、大夫、士，一直到民众，逐级而下，等级分明，不可逾越。（参见《新书·阶级》）尊君理念的扩展就是“正太子”，贾谊认为，“天下之命，县于太子；太子之善，在于早谕教与选左右。……夫教得而左右正，则太子正矣，太子正而天下定矣”。夏商周三代，选用德高望重的人作为太子的太保、太傅、太师、少保、少傅、少师，“故太子乃生而见正事，闻正言，行正道，左右前后皆正人也”（《汉书·贾谊传》）。他举反例，商鞅和太子作对，最终作法自毙；赵高唆使胡亥非礼尚刑，秦朝骤亡。

2．**“贵贵”**。所谓“贵贵”，就是皇帝应尊礼大臣，将大臣与平民区别对待，确定其特殊的法律地位和权利，予以宠信，即使大臣有过失，也要碍于脸面，予以特殊处理。贾谊明确主张，“古者廉耻节礼以治君子，故有赐死而之戮辱，是以黥劓之罪不及大夫”，即对大夫不用肉刑。这是基于如下两方面的考虑：其一，“投鼠忌器”，由于显贵大臣在皇帝身边工作，君臣一体，休戚相关，贵宠之臣“今而有过，帝令废之可也，退之可也，赐之死可也，灭之可也。若夫束缚之，系谍之，输之司寇，编之徒官，司寇小吏詈骂而榜笞之”（《汉书·贾谊传》），公开对大夫与众庶一样用刑，会有损于

① 《新书·俗激》：“秦灭四维而不张，故君臣乖乱，六亲殃戮，奸人并起，万民离叛，凡十三岁而社稷为虚。今四维犹未备也，故奸人几幸而众心疑惑，岂如今定经制，令君君臣臣，上下有差，父子六亲，各得其宜，奸人亡所几幸，群众信上而不疑惑哉，此业一定，世世常安，而后有所持循矣。若夫经制不定，是犹渡江河无维楫，中流而遇风波也，船必覆矣。”

② 《汉书·贾谊传》：“夫立君臣，等上下，使父子有礼，六亲有纪，此非天之所为，人之所设也。夫人之所设，不为不立，不植则僵，不修则坏。”

③ 《新书·服疑》：“卑尊已著，上下已分，则人伦法矣。于是主之与臣，若日之与星，臣不几可以疑主，贱不几可以冒贵，下不凌等，则上位尊，臣不逾级，则主位安，谨守伦纪，则乱无由生。”

统治者的威信，让人们怀疑和蔑视整个统治集团，因此，“君之宠臣，虽或有过，刑戮不加其身，尊君之势也”(《新书·阶级》)。其二，君主对显贵大臣，应改容以礼相待。君主用礼义廉耻约束臣下，教化臣下，并保障他们的法律特权和地位，给予一定的照顾和庇护，臣下会知恩图报，死心塌地为君主卖命。如果君以刑治臣，臣必然会产生逆反心理，处处与君作对[①]。

鉴于大夫与庶民法律地位的不平等，大夫犯下罪恶，另当别论。一是“为官者讳”。不直呼罪名，而采用隐晦、含蓄的说法，让其感到羞愧，认真反省，自我悔改。[②]二是根据大臣犯罪的不同程度，作特殊处理。犯有小罪的大臣，只要听到谴责、叱骂，就穿上丧服，在水盆上放一把宝剑，将自己囚禁在静室内，认真检讨自己的罪过，君主不派人把大臣捆起来押走；犯有中罪的大臣，自毁容颜，表示认罪，君主不派人砍他的头；犯有大罪的大臣，闻到君主赐死的命令，朝北跪拜，向君主谢恩，然后自杀，君主不派人揪住大臣的脑袋戮辱。(参见《新书·阶级》)之所以这样做，就是要让大臣明白，自己作恶，咎由自取，应自行了断，处罚自我，犯不着让君主派人来强制执行，以维护统治集团的尊严。

贾谊的这些建议被汉文帝采纳，养臣有节，从此之后，“大臣有罪，皆自杀，不受刑”(《汉书·贾谊传》)。

叁

礼法结合

在统治方法上，贾谊主张“礼法结合”，德刑并用。他认为商鞅片面强

① 《新书·阶级》：“人主遇其大臣如遇犬马，彼将犬马自为也。如遇官徒，彼将官徒自为也。顽顿无耻，奊苟无节，廉耻不立，则且不自好，则苟若而可，见利则趋，见便则夺，主上有败，困而攙之矣。”

② 《新书·阶级》：“古者大臣有坐不廉而废者，不谓不廉，曰‘簠簋不饰’。坐污秽淫乱、男女之别者，不曰淤秽，曰‘帷薄不修’。坐罢软不胜任者，不谓罢软，曰‘下官不职’。故贵大臣定有其罪矣，犹未斥然正以呼之也。尚迁就而为之讳也。”

调“法治”而摒弃礼治，是造成秦骤亡的一个重要原因。[①] 汉兴以来，不施礼义，致使秦遗风尤存，弃礼义，捐廉耻，人们追名逐利，不讲道德。[②] 针对这一现状，贾谊认为不仅要进行一系列制度上的改革，更重要的还在于讲礼义，兴教化，移风易俗，转变人的观念。

在贾谊看来，国家的安危不是一朝一夕形成的，而是对统治方法取舍的必然结果，用礼义统治，得民众拥护，统治长久[③]；用刑罚统治，民众怨怒反叛，子孙诛绝。

贾谊特别阐明了礼的重要性[④]。礼涉及社会生活的方方面面，是人们必须遵循的社会准则和规范，是君主安邦定国、拥有人民的法宝。礼的基本内容是端正君臣父子的名分，强化君主的威信和德行，划分尊卑大小强弱的等差。“故礼者，所以守尊卑之经，强弱之称者也。”(《新书·礼》)贾谊强调兴礼乐，用礼义协调各种社会关系，做到“君仁臣忠，父慈子孝，兄爱弟敬，夫和妻柔，姑慈妇听”(《新书·礼》)。他批评了“礼义不如法令，教化不如刑罚”的错误观点，重申德治、礼治的“绝恶”“导善”的功能作用是刑法所不具备的。

贾谊在重视礼的同时，也未忽略法，主张礼法结合。贾谊认为，礼与法的功能是不相同的，礼具有教化功能，可劝人为善，防患于未然，绝恶于未萌，但它是以潜移默化的方式进行，一时很难收到明显的效果；法具有

---

① 《新书·时变》:“商君遗礼义，弃仁恩，并心于进取，行之二岁，秦俗日败。故秦人家富子壮则出分，家贫子壮则出赘。假父耰锄杖彗耳，虑有德色矣；母取瓢碗箕帚，虑立谇语，抱哺其子，与公并踞；妇姑不相说，则反唇而睨。其慈子嗜利而轻简父母也，虑非有伦理也，其不同禽兽仅焉耳？然犹并心而赴时者，曰功成而败义耳。”

② 《新书·时变》:“今俗侈靡，以出伦逾等相骄，以富过其事相竞。今世贵空爵而贱良，俗靡而尊奸；富民不为奸而贫为里骂，廉吏释官而归为邑笑；居官敢行奸而富为贤吏，家处者犯法为利为材士。如兄劝其弟，父劝其子，则俗之邪至于此矣。”

③ 《新书·礼乐志》:“兴礼乐，然后诸侯轨道，百姓素朴，狱讼衰息。”

④ 《新书·礼》:“故道德仁义，非礼不成；教训正俗，非礼不备；分争辨讼，非礼不决；君臣上下父子兄弟，非礼不定；宦学事师，非礼不亲；班朝治军，莅官行法，非礼威严不行；祷祠祭祀，供给鬼神，非礼不诚不庄。是以君子恭敬撙节退让以明礼。……礼者，所以固国家，定社稷，使君无失其民者也。”

惩治功能，可禁人为恶，亡羊补牢，在罪恶产生以后严惩罪犯，使人畏惧，知难而退，不敢以身试法，其方式简单快捷，容易取得立竿见影的效果。[①] 尽管礼与法的功能不同，但它们都是统治工具，必须二者兼用，互为补充，默契配合，相得益彰。然而，礼与法比较，礼的功效还是优于法的功效[②]。一方面，“夫心未滥而先谕教，则化易成也”（《汉书·贾谊传》）。礼在人们思想还没有变坏之前，就从细微之处入手，从日常生活着眼，正面引导，耐心说服，这就从根本上打消了人们为恶作乱的念头，从根源上杜绝和减少了狱讼。另一方面，刑罚虽能惩治犯罪，但罪恶的出现给社会和人造成的损失和伤害却难以消弭，社会为犯罪付出的成本是昂贵而难以承受的。因此，从降低统治的社会成本考虑，应先用礼教，后用刑罚。总而言之，法令有罚罪的功效，是治民的必要底线，但它必须以德礼的价值理性为取向，只有积礼义，行德教，才能“德教洽而民气乐”（《汉书·贾谊传》），才是真正的“养民之道”。

尽管礼优先于法，但法也有它独特的作用和效力，是统治不可缺少的工具，千万不可废法而不用。他告诫统治者：“建法以习之，设官以牧之”（《新书·服疑》），“缘法循理谓之轨”（《新书·道术》），有法可依，依法办事，民众才会顺从。如何用法，贾谊的主张是：

1.“顺理当辜，慎刑慎杀”。从“德治”的立场出发，“法治”的刑罚工具尽可能不用，不得已而用时也只宜慎用。贾谊认为：以刑治罪，不在于受处罚者数量的多少、处罚的轻重，关键在于处罚要做到有罪必罚，罪刑相当，特别是要审慎地运用死刑。杀一无罪之人，“天”所

---

① 《汉书·贾谊传》：“凡人之智，能见已然，不能见将然。夫礼者禁于将然之前，而法者禁于已然之后，是故法之所用易见，而礼之所为生难知也。若夫庆赏以劝善，刑罚以惩恶，先王执此之政，坚如金石，行此之令，信如四时，据此之公，无私如天地耳，岂顾不用哉？然而曰礼云礼云者，贵绝恶于未萌，而起教于微眇，使民日迁善远罪而不自知也。”

② 《汉书·贾谊传》：“以礼义治之者，积礼义；以刑罚治之者，积刑罚。刑罚积而民怨背，礼义积而民和亲。故世主欲民之善同，而所以使民善者或异。或道之以德教，或敺之以法令。道之以德教者，德教洽而民气乐；敺之以法令者，法令极而民风哀。”

不容。[1]

2. “狱疑则从去，赏疑则从与”。贾谊在夏代“与其杀不辜，宁失不经”和“宥故无大，刑故无小。罪疑惟轻，功疑惟重”(《尚书·大禹谟》)的刑罚原则基础上，进一步提出了“与其杀不辜，宁失有罪。疑罪从去，疑功从予”[2]的主张，明确表示：做不到公正断案，宁可宽舍有罪，不谬害善人。贾谊认为“疑功从有”是仁爱宽厚，“疑罪从无”是诚信而不刻薄，都是让利于民。这样做有两大好处：其一，疑罪可赦，疑功必赏，可以避免有功无赏、无罪见诛的错误出现，不让统治者失仁失信于民；其二，赏疑功，赦疑罪，可劝勉人建功改错，统治者获得宽厚的名声，民众得到治理的实惠。

3. 禁民私铸钱币。汉初，铸钱特权归国家专有，但民间盗铸现象时有发生，汉文帝五年(公元前 175 年)“除盗铸钱令，使民得自铸”。贾谊认为“事有召祸，法有起奸”(《新书·铸钱》)，这样做有三大危害：一是私人铸钱，弄虚作假，必定触犯法律，构成犯罪；二是民间铸钱质量规格不一，有碍流通；三是影响农业生产。他建议由国家垄断造钱原料，统一铸造铜钱，禁止私人铸造钱币。

肆

强干弱枝

在楚汉战争期间，刘邦为了积蓄力量，战胜项羽，不得不以分封为王的方式笼络一些颇有实力的将领。西汉建立后，刘邦又找各种借口灭掉了这些异姓诸侯王，并将他们的领地分封给同姓子弟，企图利用血缘宗族关

① 《新书·耳痹》：“若诛伐顺理而当辜，杀三军而无咎；诛杀不当辜，杀一匹夫，其罪闻皇天……故凡自行，不可不谨慎也。”

② 《新书·大政上》：“诛赏之慎焉，故与其杀不辜也，宁失于有罪也。故夫罪也者，疑则附之去已；夫功也者，疑则附之与已。则此毋有无罪而见诛，毋有有功而无赏者矣。戒之哉！戒之哉！诛赏之慎焉，故古之立刑也，以禁不肖，以起怠惰之民也。是以一罪疑则弗遂诛也，故不肖得改也；故一功疑则必弗倍也，故愚民可劝也。是以上有仁誉而下有治名。疑罪从去，仁也；疑功从予，信也。”

系加强统治。然而，这些同姓诸侯王羽翼丰满后，“废先帝之法，不听天子之诏”，想自己当皇帝，“出入拟于天子，擅为法令，不用汉法”(《史记·淮南王衡山列传》)，甚至“制大权以逼天子”。诸侯王势力的日益强大，对中央政权构成了严重的威胁。

贾谊敏锐地察觉到同姓诸侯王势力膨胀的危险，他向汉文帝建议，必须尽快改变这种“本末舛逆”“尾大不掉”“末大必折”(《新书·大都》)的局面。他分析说：汉初诸侯反叛的根本原因在于他们势力太大，权力大重[①]。他由此得出结论：强者先反，弱者后反，力小者不反。

怎样“削藩”呢？贾谊认为，对进行分裂活动的诸侯王，必须施行“权势法制”，即运用国家政权和法律的力量，削弱诸侯王的实力，而不能靠仁义的说教。他用宰牛打比方：擅长宰牛的人，由于他下刀宰割之处都是牛身上那些容易支解分裂的部位，所以其“芒刃不顿(钝)”，至于碰到大骨头，就要用砍刀斧头。现在诸侯王都是“大骨头”，所以只有用斧头——“权势法制”严厉镇压，逼其就范[②]。

贾谊从当时具体的历史条件出发，认为最根本的解决办法是，将每一个诸侯国“划大为小”，封给原来诸侯王的子弟，就会分散和削弱诸侯王的势力[③]。国小则力弱，力弱对中央的依附力就强，依附力强就利于控制，控制了诸侯，中央就失去了强大的对手，中央集权就巩固了，天下就安定了。

综上所述，贾谊“以民为本”“立经陈纪”“礼法结合”“强干弱枝”的主张都是为了解决君主与臣民、中央与地方诸侯间的矛盾，进一步强化君主专制统治，使天下“长治久安”。这一理论不同于秦苛严的“法治”，也有别于黄老的“无为而治”，而是地地道道的儒家倡行的宽严适度的“礼治”“仁治”。

---

① 《新书·藩伤》：“既已令之为藩臣矣，为人臣下矣，而厚其力，重其权，使有骄心而难服从也。”

② 《新书·制不定》：“仁义恩厚，人主之芒刃也；权势法制，人主之斤斧也。今诸侯王皆众髋髀也，释斤斧之用，而欲婴以芒刃，臣以为不缺则折。”

③ 《新书·藩强》：“欲天下之治安，莫若众建诸侯而少其力，力少则易使以义，国小则无邪心。”

影响评价

贾谊不足33岁就忧郁而死，纵观他的一生，虽受谗遭贬，未登公卿之位，但他的具有远见卓识的政治理论和改革建议，汉文帝还是比较重视的，大多数是被采纳实施了的。就这一点而言，是那些身居高位而庸庸碌碌的公卿们无法比拟的。北宋王安石在诗《贾生》中感叹道："一时谋议略施行，谁道君王薄贾生？爵位自高言尽废，古来何啻万公卿。"只要自己的意见被朝廷采用，他就是不是公卿的公卿。

司马迁在写《史记》时，将屈原与贾谊合传撰写，渲染了二人被人猜忌、备受冷落的悲惨遭遇。贾谊被贬谪长沙，到汨罗江畔凭吊屈原时，写有《吊屈原赋》，文中责怪小人当道，挑拨离间，使自己失去了汉文帝的信任。在长沙居住时，因猫头鹰降临居室，贾谊又借事起兴，写有《鵩鸟赋》，抱怨时运不佳，命运多舛。宋代苏东坡写有《贾谊论》，文中感叹道："非才之难，所以自用者实难。惜乎！贾生，王者之佐，而不能自用其才也。夫君子之所取者远，则必有所待，所就者大，则必有所忍。古之贤人，皆负可致之才而卒不能行其万一者，未必皆其时君之罪，或者其自取也……呜呼！贾生志大而量小，才有余而识不足也。古之人有高世之才，必有遗俗之累，是故非聪明睿智不惑之主，则不能全其用。"由此看来，贾谊也有自身的弱点：一是不会依赖。他年轻气盛，锋芒毕露，操之过急，缺乏经验，误认为参与政治就是表明看法，阐述观点，而完全不必顾及他人的态度、想法和感受，不必考虑他人的处境和利害得失，不会凭借和利用指点、帮助自己的政治势力，以致常常孤军奋战，腹背受敌。二是不会忍耐。他心胸狭窄，精神负担太重，一遇挫折，就过多的内疚和自责，以致垂头丧气，一触即溃[①]。像贾谊这样有性格缺陷的人，除非生逢一位明智而有主见的政治导师（最好是君主），能力排众议，大胆任用，提供便利，可处处呵护，时时开导，排

① 毛泽东：《贾生》："贾生才调世无伦，哭泣情怀吊屈文。梁王堕马寻常事，何用哀伤付一生。"

忧解难，让他扬长避短，欲所欲为，一帆风顺，建功立业。但贾谊偏偏遇到的是小心慎微，优柔寡断，韬光养晦，巧妙平衡各种关系，力求自保的汉文帝，贾谊在政坛上就只能独来独往，直接面对盘根错节的人际关系，亲自处理纷纭复杂的各种事端，这样他自己致命的弱点就暴露无遗，容易受人攻击而遭到重创，并一败涂地、一蹶不振。峣峣者易折，皎皎者易污。一个在政治上十分幼稚、耿直、老实的人，一旦步入仕途，注定会成为政治的牺牲品，贾谊就是这方面的一个例子。面对贾谊这颗政治彗星的匆匆殒落，我们是感叹政治斗争的严峻？是惋惜青年才子的不堪一击？还是二者兼而有之？

董仲舒

天人感应　三纲五常

核心要旨

『天人感应』的基本内容是什么？

『三纲五常』的理论体系是如何建立的？

『德主刑辅』有哪些主要依据？

『春秋决狱』的法学意义是什么？

学术大师如何实现思想上的『大一统』？

汉朝建立初期，战事刚刚平息，经济凋敝，土地荒芜，天下饥馑，国库空虚，统治者立足未稳。汉统治者吸取秦朝骤亡的教训，推行黄老思想，“无为而治”“与民休息”，经过近七十年的调整、发展，经济得以复苏，民心安定，政治平和，出现了“文景之治”的盛世。但在这祥和升平的背后却潜伏着诸侯叛乱与外寇侵扰的重重危机。汉武帝即位后，力图凭借优厚的社会条件，建功立业，有所作为，从而产生了改弦更张的愿望。董仲舒亲身经历了汉高祖、惠帝、文帝、景帝、武帝五朝世事，如果说贾谊的学识和才华在于阐述如何实施国家政治上的统一，那么，董仲舒的天分和智慧则在鼓吹思想上的统一，而只有思想统一了，政治上的统一才会牢固。为了重塑君主的权威，以思想上的统一巩固政治上的专制集权，董仲舒认为：“《春秋》大一统者，天地之常经，古今之通谊也。今师异道，人异论，百家殊方，指意不同，是以上亡以持一统；法制数变，下不知所守。臣愚以为诸不在六艺之科、孔子之术者，皆绝其道，勿使并进。邪僻之说灭息，然后统纪可一而法度可明，民知所从矣。”（《汉书·董仲舒传》）董仲舒提出的“罢黜百家，独尊儒术”的建议被汉武帝采纳。自此，儒家思想定格为封建正统的法律思想。董仲舒的学说完成了对儒家伦理法思想的重构和改造，使其进一步神学化、系统化、理论化，从而成为有别于孔孟传统儒学的新儒学。

人生历程

董仲舒（公元前 197 年～公元前 104 年），广川（今河北枣强东北）人。年轻时研读《春秋公羊传》，推崇儒学，是西汉公羊学大师，有汉代孔子之称。汉景帝时，董仲舒任职博士，回乡授徒讲经，采取“以久次相授业”的教学方式，让高年级中成绩优异者教授低年级的学生，以致许多学生尽管完成了学业，也从未见过老师董仲舒一面。董仲舒专心于学问，有“三年不观于舍园”的传说，他严于律己，非礼不行，学生都很尊敬他。元光元年（公元前 134 年），汉武帝诏举贤良方正，能直言极谏之士，董仲舒在推荐的贤良中排名第一，并获得了加试两场的殊荣。他在“天人三策”中坦诚直言，无所顾忌，既系统而全面地阐述了维护和巩固皇权的理论，又言及“灾异”对君主有警示、告诫的作用，要求君主对自身行为有所检点，有所克制。汉武帝虽认为董仲舒言之有理，但并不切合自己的心意。思想家的高深理论与政治家的现实权力构成了隔阂和冲突。对策后，汉武帝没有把董仲舒留在身边委以重任，而是任命他为江都易王刘非的丞相就算了结。刘非是汉武帝同父异母的兄长，曾在景帝平定七国之乱时生擒吴王刘濞，立有战功。刘非胸有大志，狂妄骄横，目中无人。董仲舒教之以礼仪，赢得了刘非的敬重。在江都为相期间，董仲舒运用丰富的天文知识，求雨止雨，造福于民，深得民众爱戴。后因刘非多次请缨攻打匈奴，招惹武帝不满，遂废董仲舒相，降为中大夫。董仲舒闲居家中，著《灾异之记》，分析元光五年（公元前 130 年）辽东高庙和长陵高园便殿发生的火灾与现实政治的联系，以便对当朝统治者发出政治警告。大臣主父偃到董仲舒家造访，偷窃《灾异之记》草稿上奏天子，汉武帝将它交与朝中诸儒审阅，董仲舒的弟子吕步舒不知是自己老师的文章，认为其主张愚蠢至极。汉武帝一怒之下，将董仲舒交给司法官吏惩办，依照法律应当判处死刑，汉武帝下诏赦免其罪，董仲舒从此以后不敢再谈论灾异之事。公孙弘与董仲舒同为春秋公羊学大师，其学术水平不及董仲舒，但喜欢阿谀奉承，深得汉武帝赏识，仕途上一帆风顺，位至公卿。公孙弘嫉妒董仲舒的才华，猜忌他的地位将超过自己，于是向汉武帝推荐董仲舒担任胶西于王刘端的丞相。刘端是江都易王刘非的亲兄弟，他比刘非更骄纵凶残。但刘端听说董仲舒是位大儒，于是很善待他。但董仲舒一天到晚提心吊胆，唯恐刘端惹是生非，给自己招来杀身之祸，不久便托病辞职，回归故里，专心著书立说。朝廷遇到重大问题，往往派使臣或廷尉张汤到他家询问，“其对皆有明法”。太初元年（公元前 104 年），董仲舒病死于家中，享年 93 岁。

据《汉书·董仲书传》记载，董仲舒的著述有 123 篇，但传世的只有 82 篇，由后人编成《春秋繁露》一书，该书和《举贤良对策》一文，集中反映了董仲舒的政治法律思想。

思想脉络

董仲舒的法律思想有四个基本论题：一是“天人感应”，二是“三纲五常”，三是“德主刑辅”，四是“春秋决狱”。四个论题围绕封建社会主导思想必须统一这一核心展开，“天人感应”是中央集权君主专制制度的精神依托，“三纲五常”是封建等级社会的基本准则，“德主刑辅”是具体的统治方式，“春秋决狱”是将儒家经义运用于司法实践，力图使统治观念与法律制度协调吻合。

壹

天人感应

董仲舒在吸收夏商周神权法思想、墨家“天志”思想、道家“天道”思想、阴阳家的“阴阳五行”思想的基础上，以阴阳变化来推衍《春秋》中所记述的灾害现象，探求天人之间的某些关联，创立了“天人感应”学说。所谓“天人感应”，就是把自然界的天，说成是有人格、有意志、主宰一切的实体，无论是日月运行、寒暑交替等自然现象，还是国家治乱、朝廷兴衰等社会现象，无一不是天意的体现。“为人者天”，“人副天数”。董仲舒的“天人感应”学说包含三个内容：

1. **天人合一**。董仲舒认为，“天”是自然界和人类社会的创造者和最高主宰[①]。(1)天人相类。人既然是天派生的，人就与天处处相似，“以类合之，天人一也”(《春秋繁露·阴阳义》)。首先，人与天在类别上异事而同形[②]。董仲舒说，人生理上有的，天在构造上也具备，二者一模一样，同类相通。其次，人与天在运行上异质而同序。董仲舒说，“木生春，生之性，农之木，劝农事，无夺民时”，秋冬肃杀则“警百官，诛不法”《春秋繁露·五行顺逆》，像四季运行那样，人类也有生长消灭。由于“人的性情，有由天也”(《春秋繁露·为人者天》)，它们同形、同序，就可以互相影响，彼此配合，产生共鸣。(2)天人相通。天道与人道相互联系，相互贯通。[③]人要将自己的言行举止主动与天的意志联系起来考虑，有所类似，有所迎合，有所规范，有所约束，千万不可我行我素，自由散漫。

2. **君权神授**。董仲舒把天打扮成至高无上的神[④]。他说，君主与天最密切最亲近，天意是通过帝王来贯彻实施的。[⑤]既然君主的权力是上天授

---

① 《春秋繁露·顺命》：“天者，万物之祖，万物非天不生。”《春秋繁露·郊祭》：“天者，百神之大君也。”

② 《春秋繁露·人副天数》：“天地之符，阴阳之副，常设于身。身犹天也，数与之相参，故命与之相连也。天以终岁之数，成人之身，故小节三百六十六，副日数也；大节十二分，副月数也；内有五藏，副五行数也；外有四肢，副四时数也；乍视乍瞑，副昼夜也；乍刚乍柔，副冬夏也；乍哀乍乐，副阴阳也；心有计虑，副度数也；行有伦理，副天地也。此皆暗肤著身，与人俱生，比而偶之弇合。”

③ 《春秋繁露·深察名号》：“天人之际，合而为一。同而通理，动而相益，顺而相受，谓之德道。”

④ 《春秋繁露·顺命》：“天者，百神之君也。王者之所最尊也。”

⑤ 《春秋繁露·顺命》：“皇天右而子之，号称天子之。”《春秋繁露·奉本》：“人之得天得众者，莫如受命之天子。”

予的，那么，封建的专制统治就是代表天意的神圣统治。董仲舒对天的神化，最终目的是抬高人世间统治者的地位，即名归于天，实统于君。为此，他独具匠心地解释了“王”字的写法与含义：“古之造文者，三画而连其中，谓之王。三画者，天、地与人也。而连其中者，通其道也。取天、地与人之中以为贯而参通之，非王者孰能当是？是故王者唯天之施，施其时而成之，法其命而循之诸人，法其数而以起事，治其道而以出法，治其志而归之于仁，仁之美者在于天，天，仁也。”（《春秋繁露·王道通三》）一方面董仲舒要求“屈君而伸天”[①]。他强调，天子既受命于天，就要以天为楷模，忠实于天，效仿于天。[②]天子应有关爱、兴利天下人的思想，要有安定、造福社会的功绩。[③]另一方面，董仲舒强调“屈民而伸君”。他认为庶民奉君，皇帝的权力是天授予的[④]，这种权力是至高无上永恒不衰的，老百姓对皇帝就应该信仰崇拜，心悦诚服，完全依赖。民众应以君主的法令为判断是非曲直的标准，唯命是从，忠心不二，“君也者，掌令者也，令行而禁止”（《春秋繁露·尧舜汤武》）。与“君权神授”同理，董仲舒提出“法权神授”，认为人间法律是上天意志的体现。

3.符瑞灾异。董仲舒认为，君主的统治是天意的具体体现，君主必须秉承天意行事。天对君主的行为的好坏不是视而不见、放任自流，而是因势利导、奖惩分明的，其具体方法是呈现符瑞或降下灾异来褒贬统治者所作所为。当统治者积善累德、政治清明、社会安定时，天瑞应诚而至，这时就会出现阴阳和谐、风调雨顺、四季分明、五谷丰登的景象，以示对统治者

---

① 《春秋繁露·尧舜汤武》：“王者承天意以从事。……为人主者法天之行，是故内深藏所以为神，外博观所从为明也。”《春秋繁露·楚庄王》：“圣者法天，贤者法圣，此其大数也。得大数而治，失大数而乱，此治乱之分也。”

② 《春秋繁露·深察名号》：“受命之君，天意之所予也。故号为天子者，宜视天如父，事天以孝道也。”《春秋繁露·王道通三》：“天常以爱利为意，以养长为事，春秋冬夏皆其可用也，王者亦常以爱利天下为意，以安乐一世为事。”

③ 《春秋繁露·尧舜汤武》：“天立王以为民也，故其德足以安乐民者，天予之。其恶足以贼害民者，天夺之。”

④ 《春秋繁露·为人者天》：“唯天子受命于天，天下受命于天子。”

的表彰。反之，当统治者昏聩平庸、政治腐败、道义将失、社会动荡时，灾异现象就会降临，如气候反常，干旱、水灾、地震、泥石流相继出现，以示对统治者的警告、谴责和惩罚[①]。由此可见，君主虽然至高无上，但这并不意味着他可以恣意妄为、不受约束，天从仁爱天下的良好愿望出发，以天谴天罚的方式，对恣意妄为的君主发出警告、谴责和处罚，君主从中得到启悟，君权多多少少会受到限制。相比之下，董仲舒的“符瑞”说仅仅是“灾异”说的点缀和陪衬，他更热衷于“灾异”说，就在于表达一位读书人对无限膨胀的君权的一种担忧，力图以此使最高权力受到制约。但后来的君主却找好了对策，当灾异发生之时，就将社会动乱的责任推卸给某位大臣，将其当替罪羊杀掉，以给天下人一个说法，结果“灾异”说非但没有成为讨伐暴君的武器，反而成了专制君主排斥异己的工具。这是有违董仲舒的初衷的。

董仲舒的“天人感应”论具有浓郁的非理性色彩，它是在秦始皇暴政骤亡后，君主人格出现信仰危机时，寻找到“天”这一新的政治支点。“天”既可标榜政治、道德、理想，重塑君主的形象，提升君主的权威，又可对现实社会的君主形成制约，让其有所畏惧，自我克制，而不是恣意妄为，肆无忌惮。大国众民既需要君主的最高权力，又要对君主掌控的最高权力有所制衡，以防其专制武断带来的巨大灾难，这是“天人感应”论正反两面表述的内容。

贰

三纲五常

儒家以君臣、父子、兄弟、夫妇、朋友五种关系为“五伦”，认为只有用体现尊卑等级秩序的礼来处理五种关系，才能治理好国家。董仲舒认为：

① 《春秋繁露·必仁且智》：“天地之物有不常之变者，谓之异，小者谓之灾。灾常先至而异乃随之。灾者，天之谴也。异者，天之威也。谴之而不知，乃畏之以威……凡灾异之本，尽生于国家之失。国家之失乃始萌芽，而天出灾害以谴告之。谴告之而不知变，乃见怪异以惊骇之，惊骇之尚不知畏恐，其殃咎乃至。以此见天意之仁而不欲陷人也……故见天意者之于灾异也，畏之而不恶也，以为天欲振吾过，救吾失，故以此报我也。”

“道者，所由适于治之路也。……天不变，道亦不变。”(《汉书·董仲舒传》)“道”指王朝统治过程中带有根本性而不可更改的纲常礼教。董仲舒根据儒家君臣、父子的伦理原则，以及“阳尊阴卑”的神学理论，提出了一套维护封建等级制度的“三纲五常”论[①]，按照“天人感应”说中阴阳关系的模式，阴阳相合，互相兼顾，阳尊阴卑，有社会地位之别的君臣关系、有辈分之别的父子关系、有性别之别的夫妇关系，实质上都是两两相对、不可颠倒的尊卑关系，即“君为臣纲，父为子纲，夫为妻纲”。

(一)三纲

1.君为臣纲。在“三纲”中最重要的是“君为臣纲”。首先，要充分认识君主的地位、作用[②]。在封建君主专制政体中，君主是整个国家的领导核心、最高权威，他的地位至高无上，他的权力硕大无朋，他的意志是判断是非曲直的标准，人们必须遵从。一个国家，“未有去人君之权，能制其势者也。未有贵贱无差能全其位者也”(《春秋繁露·王道》)。君主统治重在，“上谨于承天意，以顺命也；下务明教化民，以成性也；正法度之宜，别上下之序，以防欲也。修此三者而大本举矣”。董仲舒将“尊君”与“大一统”结合，强调：“《春秋》大一统者，天地之常经，古今之通谊也。”(《汉书·董仲舒传》)其次，要正确对待君臣关系。董仲舒说：“春秋之法，以人随君，以君随天，曰缘民臣之心，不可一日无君，一日不可无君……故屈民而伸君，屈君以伸天，春秋之大义也。”(《春秋繁露·玉杯》)他认为，作为君主，要取象于天，居高临下，意志坚定，态度强硬，明察秋毫，奖罚分明；作为臣，应效仿于地，甘居卑位，光明磊落，真情流露，尽职尽责，忠心耿耿。(参见《春秋繁露·天地之行》)臣处处要替君主着想，绝对服从君主，为君

① 《春秋繁露·基义》：“物莫无合，而合各有阴阳。阳兼于阴，阴兼于阳。夫兼于妻，妻兼于夫；父兼于子，子兼于父；君兼于臣，臣兼于君。君臣父子夫妇之义，皆取诸阴阳之道。君为阳，臣为阴；父为阳，子为阴；夫为阳，妻为阴。阴阳无所独行，其始也不得专起，其终也不得分功，有所兼之义……王道之三纲，可求于天。”

② 《春秋繁露·立元神》：“君人者，国之元，发言动作万物之枢机，枢机之发，荣辱之端也，失之毫厘，驷不及追。”《春秋繁露·通国身》：“身以心为本，国以君为主。”

主奔走效劳，甚至不惜牺牲自己的生命。至于臣子做出了成绩，都要归功于君主；臣子出现了过错，由自己全部承担罪责。[①] 臣子有了好的想法，不要当众向君主提出来，而是回避他人向君主进言，然后变成君主自己的主张表达时，臣子再表示附和拥戴，用这种方式烘托君主的智慧、能力和威望。（参见《春秋繁露·竹林》）如果臣子违抗君命，或有贬低君主的言行，就应毫不手软，处以死刑。（参见《春秋繁露·楚庄王》）

2. 父为子纲。董仲舒说，“父为子纲”是“三纲”的出发点[②]。孝有两层基本含义：其一，顺从父亲。儿子要听从父亲的教诲，服从父亲的意志，从小培养以下尊上的良好习惯，长大成人后入仕则能忠。孝是忠的基础，忠是孝的延续，如果“子不奉父命，则有伯讨之罪”（《春秋繁露·顺命》）。其二，子承父业[③]。人生在世，生命短暂，中国又是一个重安居乐业，重经验积累的小农社会，父授子业，父子相承，一种技艺就能发扬光大，一项事业才能继往开来，一类文化必将蔚为壮观。反之，如果父志子改，见异思迁，一种技艺就会销声匿迹，一项事业就会半途而废，一种文化就会后继乏人，这既不利于社会的稳定，也无益于国家的发展。

3. 夫为妻纲。董仲舒用阴阳之道对儒家男尊女卑思想作了神秘性解释[④]，丈夫统治妻子、妻子依附丈夫的主从关系是天经地义的，不因二者的贵贱状况而有所改变。夫对妻拥有绝对的权利，妻不奉夫之命，就是不奉顺上天，其罪可以处死。

由此可见，“三纲”确立的君臣关系、父子关系、夫妻关系是一种等级森严、权利与义务对立的统治与被统治关系，这种关系被认为是永恒的、合理的、稳定的、不可逆转的。在“三纲”关系中，人与人之间不可能平

① 《春秋繁露·王道通三》：“君不名恶，臣不名善，善皆归于君，恶皆归于臣。”

② 《春秋繁露·顺命》：“子受命于父……父者，子之天也。”《春秋繁露·五行对》：“故曰夫孝者，天之经也。”

③ 《春秋繁露·五行对》：“父之所生，其子长之；父之所长，其子养之；父子所养，其子成之。诸父所为，其子皆奉承而续行之，不敢不致如父之意，尽为人道也……父授之，子受之，乃天之道也。”

④ 《春秋繁露·阳尊阴卑》：“夫为阳，妻为阴，达阳而不达阴，以天道制之也。丈夫虽贱皆为阳，妇人虽贵皆为阴。”

等，但却可以在人际交往中找到心理平衡：在男性占主导地位的社会，自己为人子要受制于父，但自己长大后还可以役使自己的儿子；自己为人臣，要受制于君，但回到家里，还可以统治依赖自己生存的妻子。这就是“奴化”心态，即自己在受欺凌的同时，还存在欺凌比自己更卑更弱的人的机会和条件，人们便是从中找到慰藉，心安理得。“三纲”所谓的合理性，大致不过于此。

（二）五常

董仲舒所讲的“五常”，指仁、义、礼、智、信这五种常行之道①，这是一个人必须遵循的道德原则和应该履行的社会义务。

1.仁。董仲舒在孔子“仁者，爱人”的基础上，对“仁”进行了两点补充：其一，“仁”是去爱别人，不是爱自己②；其二，“仁”的含义非常丰富，它指富有同情心，收敛谨慎，与世无争，爱憎分明，心舒志平，气和欲节，平易近人，明白事理。（参见《春秋繁露·必仁且智》）如果一个人有勇气才能而不“仁”，就会狂暴而手执利器，伤害无辜之人，因此，一个人无论才能大小，地位高低，应该首先做到“仁”——宽以待人。

2.义。“义”，即做自己应该做的事，走自己应该走的路③。“义”的法则在于端正自我，而不在矫正别人。端正自我，就是要严于律己，及时改正自身的缺点和错误。

3.礼。“礼”是维护宗法社会尊卑贵贱的等级特权制度，其作用在于制约人们的思想言行，使其中规中矩，尽职尽责。④如果没有“礼”，则“上下之伦无别，其势不能相治，故苦乱也”（《春秋繁露·度制》）。

---

① 《汉书·董仲舒传》：“夫仁、义、礼、知、信五常之道，王者所当修饬也。五者修饬，故受天之祐，而享鬼神之灵，德施于方外，延及群生也。”

② 《春秋繁露·仁义法》：“仁之法在爱人，不在爱我……人不被其爱，虽厚自爱，不予为仁。”

③ 《春秋繁露·仁义法》：“义者，谓宜在我者，宜在我者而后可以称义……我不自正，虽能正人，弗予为义。”

④ 《春秋繁露·奉本》：“礼者，继天地，体阴阳，而慎主客，序尊卑贵贱大小之位，而差外内远近新故之级者。”

4.智。"智"，即一个人的智慧才能[①]。一个有智慧和才能的人，思想敏锐，善于谋划，对客观事物有准确的认识，知福祸，明利害，不夸夸其谈，注重实效，因势利导，适可而止。（参见《春秋繁露·必仁且智》）

5.信。"信"，指忠厚本分，表露真情[②]。只有老老实实做事，诚诚恳恳待人，才能取得别人的信任，从而建立起友善的人际关系。

董仲舒强调指出：封建统治者用仁、义、礼、智、信等五种永恒不变的"道"教化民众，民众就会遵纪守法，顺从统治者的意志，从这个意义上讲，"五常"是防止民众犯上作乱的"堤防"。

对于一个人来讲，"三纲"要求他准确认识自己的社会定位，消极被动地服从封建宗法伦理秩序，"五常"要求他积极履行自己的道德义务，"三纲"与"五常"一静一动，互相配合，不失为约束人统治人的最佳途径。

叁

德主刑辅

董仲舒认为，治理国家不能只靠刑罚，"天地之数，不能独以寒暑成岁，必有春夏秋冬；圣人之道，不能独以威势成政，必有教化"（《春秋繁露·为人者天》），通过教化培养人的是非荣耻之心，犹如防止犯罪的堤防[③]。他认真分析了汉武帝时期的法制现状，指出"今废先王德教之官，而独任执法之吏治民，毋乃任刑之意与"。这无疑是沿袭秦法，循而不改，势必出现"法出而奸生，令下而奸生，令下而诈起，如以汤止沸，抱薪救火"（《汉书·董仲舒传》）的局面，一发不可收拾。董仲舒认为，"德治"是天下唯一的"大治之道"[④]。在他看来，施行"德治"，仁政教化大行于天下，违法

---

① 《春秋繁露·必仁且智》："莫近于仁，莫急于智。"

② 《春秋繁露·天地之行》："竭愚写情，不饰其过，所以为信。"

③ 《春秋繁露·立元神》："故以德为国者，甘于饴蜜，固于胶漆，是以圣贤勉而崇本而不敢失也。"

④ 《春秋繁露·保权位》："圣人天地动、四时化者，非有他也；其见义大故能动，动故能化，化故能大行。化大行故法不犯，法不犯故刑不用，刑不用则尧舜之功德，此大治之道也。"

犯罪的行为就没有了；没有违法犯罪，就不用刑罚，于是天下太平，这就是“大治之道”①。故治理国家也必须实行“德主刑辅”。因此，董仲舒认为西汉统治亟待“更化”，即以儒家“德主刑辅”理论取代法家“任刑不任德”、道家“无为而治”的理论，主张“多其爱而少其严，厚其德而简其刑”(《春秋繁露·基义》)。董仲舒的一系列论述为封建正统法律思想规定了基本的模式。

董仲舒以先秦儒家学说为中心，吸收法家、道家、阴阳家以及西周天命神权观中有利于帝制统治的思想因素，在继承先秦儒家德刑关系思想的基础上，用“天人感应”说、“阴阳五行”学说及人性论加以论证，明确提出“刑者德之辅”的观点，进一步使“德主刑辅”思想得以理论化、体系化。董仲舒说：“教，政之本也。狱，政之末也。其事异域，其用一也。不可不以相顺，故君子重之也。”(《春秋繁露·精华》)道德教化是为政的根本，刑狱治罪是为政的末梢。德教与刑罚都是统治人民的工具，它们在各自不同的领域为巩固封建统治发挥着重要的作用，因此，君主重视它们。

董仲舒的“德主刑辅”论有两个重要依据：

1.天道阴阳。在德刑关系问题上，董仲舒将“阴阳五行说”用于治国理论中，来证实德刑兼备、“德主刑辅”是符合天道运行规律的。②他把德刑同阴阳四时相比附，说明天道使人世间有德教，也有刑罚。他批评专用刑罚③，也反对忽视刑罚的作用，主张德威并用，不可或缺，“庆赏罚刑异事而同功，皆王者之所以成德也”(《春秋繁露·四时之副》)。但德与刑之间

---

① 《春秋繁露·保位权》：“国之所以为国者，德也……是故为人君者，固守其德以附其民。”

② 《春秋繁露·阴阳义》：“天道之常，一阴一阳。阳者，天之德也；阴者，天之刑也。”《汉书·董仲舒传》：“王者欲有所为宜求其端于天，天道之大者在阴阳。阳为德，阴为刑，刑主杀而德主生。是故阳常居大夏而以生育养长为事，阴常居大冬而积于空虚不用之处，以此见天之任德不任刑。”

③ 《春秋繁露·阳尊阴卑》：“刑之不可任以成世也，犹阴不可任以成岁也。为政而任刑，谓之逆天，非王道也。”《春秋繁露·为人者天》：“圣人之道，不能独以威势成政，必有教化。”

有主次之分，先后之别。①他说，尚德是国家有道的表现②，主张圣明的统治者应当奉行“德主刑辅”的原则，以道德教化为务，移风易俗，使人孝悌敬上，安分守己，不去犯罪，从而减轻刑罚。但对那些不接受教化的顽固之徒，就应以刑罚治之，以显示统治者的威信和尊严。

2.性三品。董仲舒调和孟子“性善”论与荀子“性恶”论的冲突，创立了“性三品”说，“圣人之性不可以名性；斗筲之性又不可以名性；名性者，中民之性”(《春秋繁露·实性》)。他把人性分成上、中、下三等：一是“圣人之性”，这是天生性善；二是“斗筲之性”，这是天生性恶；三是“中民之性”，这是“有善质而未能善”(《春秋繁露·深察名号》)，是可善可恶的。由于三种人性的善恶情况各不相同，因此，在施行德、刑时，应因人而异，有所区别。具体地讲，“圣人之性”，指少数道德完美的人的人性，他们情欲极少，秉承天意，教化他人，他们自身既用不着教化，更无须用刑罚；“斗筲之性”，指少数欲望强盛、才识短浅、气量狭小、地位低微的人的人性，他们贪得无厌，难以满足，天生性恶，教化对他们不起任何作用，只有用刑罚严加制裁，才能迫使他们顺从统治③；“中民之性”，是处于中间状态的人的人性，他们是“待渐于教训而后能为善”。三种人性中，以“中民之性”为数众多，因此，应多德少刑。

董仲舒的“德主刑辅”，“德主”就是要推行德政，施行道德教化，很好地解决“养民”“惠民”和“导民为善”的问题，这是为政的主导方面；“刑辅”，就是严厉制裁犯罪，这是为政的辅助方面。二者合理搭配，分清主次，即统治者应该在份额上，大德小刑；在顺序上，先德后刑；在比例上，多德少刑、厚德简刑；在取舍上，“近德远刑”“贵德贱刑”“任德而不任

① 《春秋繁露·天辨在人》：“天之任阳不任阴，好德不好刑……阳贵而阴贱，天之制也……刑者，德之辅；阴者，阳之助也。”

② 《春秋繁露·身之养重于义》：“国有道，虽加刑，无刑也；国无道，虽杀之，不可胜也。”《汉书·董仲舒传》：“王者承天意以从事，故任德教而不任刑。……刑者不可任以治世，犹阴之不可任以成岁也；为政而任刑，不顺于天，故先王莫之肯为也。”

③ 《春秋繁露·五行相生》：“不顺如叛，则命司徒诛其率正。”《春秋繁露·为人者天》：“可杀而不可使为乱。”

刑”(《春秋繁露·基义》),最终实现“刑返德而顺于德”,以促进政治清明。“德主刑辅”思想,为运用道德教化与刑罚两手治理国家提供了理论武器。由于在封建专制制度历史条件下,“人治”大于“法治”,这就客观上造成了道德的地位高于法律。“德主刑辅”思想反映了封建社会中法律与道德各自的客观地位,便利于当权者打着“圣人之道”的旗帜进行统治,因而受到历代统治者的尊崇。至西汉中叶后,这一思想长期被奉为封建立法和司法的指导思想,在历史上产生了深远的影响。

肆

春秋决狱

所谓“春秋决狱”,就是以儒家经典《春秋》的精神和其中所载的事例、判例作为分析案情、定罪量刑的依据。它是以儒家思想指导司法审判,从而把儒家经典法律化的一种表现形式。将儒家经典《春秋》作为司法审判依据的首创者是董仲舒,这是为了使“尊王室,诛乱臣贼子”,维护封建伦理道德的统治思想与现行法制协调一致所做的有益尝试。随着汉朝“罢黜百家,独尊儒术”统治思想的实施,儒家思想迅速在法制上得到回应,但是由于律的稳定性特征、立法的相对滞后的特点,儒家思想的影响首先体现在司法层面。此过程虽比立法改革来得缓慢,但比较隐蔽,也不会引起在当时体制下安于现状的既得利益阶层的过多注意,并且得到了皇帝的认可与支持,遂得以顺利推进。

汉代儒生在断案过程中开始把《春秋》《诗经》《书经》《易经》《仪礼》引作依据,其中引作《春秋》者最多,这是“春秋大义”所决定的[①]。在儒生

① 《史记·太史公自序》:“《春秋》文成数万,其指数千。万物之散聚皆在《春秋》。……故有国者不可以不知《春秋》,前有谗而弗见,后有贼而不知,为人臣者不可以不知《春秋》,守经事而不知其宜,遭变事而不知其权。为人君父而不通于《春秋》之义者,必蒙首恶之名。为人臣子而不通于《春秋》之义者,必陷篡弑之诛,死罪之名。其实皆以为善,为之不知其义,被之空言而不敢辞。夫不通礼义之旨,至于君不君,臣不臣,父为父,子不子。夫君不君则犯,臣不臣则诛,父不父则无道,子不子则不孝。此四行者,天下之过也。以天下之大过予之,则受而弗敢辞。故《春秋》者,礼义之大宗也。”

看来,《春秋》既然是孔子“手定”的“刑书”,是“以断事”的“信之符”,其“微言大义”在褒贬中树立了善与恶的标准,具备了扬善抑恶、区分是非曲直、刑狱断案的功能。春秋决狱一开始是从难办案件入手,尤其是情理法冲突激烈的案件。据史籍记载,董仲舒曾作《春秋决狱》232 事[①],但该书早已亡佚,只有 6 则判例散见于《通典》《太平御览》《白帖》等典籍中,我们仅列举其中的 3 例:

案例一:甲的父亲乙与旁人丙发生口角,争吵中丙拔出佩剑指着乙,情急之下,甲为保护父亲就冲上去抡起棍子打丙,不料却误伤了自己的父亲。按照法律规定,甲殴其父,应该杀头。董仲舒却认为:父与子是最亲密的,听说父亲与人争斗,自然会产生恐惧警惕,拿起棍子解救父亲,不是想要殴打父亲。根据《春秋》之义,许止的父亲病了,许止送药给父亲治病,不料父亲喝完药后就死了。君子认为,许止本来的愿望是好的,应赦免不诛。因此,甲的行为不是法律中所言“殴父”,不当判罪。(参见《太平御览》卷 640)

案例二:甲乞求丙收养儿子乙,丙把乙养育成人。有一天甲因喝醉了酒,对乙说:“你是我的儿子。”乙发怒用杖打了甲二十下。甲挨打后恼羞成怒,到县衙告乙殴打父亲。董仲舒做出判决:甲生了乙,但自己不养育而送了人,父子恩义已经断绝,虽然乙打了甲,不必问罪。(参见《通典》卷 69)

案例三:妇甲丈夫乙驾船出海,遇风浪船沉人死,妇甲因找不到尸首安葬,四个月后,妇甲之母丙将其改嫁他人,这将如何判决?有人认为,妇甲夫死未葬,依法不得改嫁,违者要按“私为人妻”罪弃市。董仲舒则援引《春秋》经义:妇人死了丈夫又无儿子,可以改嫁,况且,甲又是遵从母亲之命而改嫁,无淫乱之心,不属于“私为之妻”,故不当论罪。(参见《太平御览》卷 640)

---

① 《后汉书·应劭列传》:“故胶西相董仲舒老病致仕,朝廷每有政议,数遣廷尉张汤亲至陋巷,问其得失。于是作《春秋决狱》二百三十二事,动以经对,言之详矣。”

上述案例都体现了“春秋决狱”的一个最重要的原则——“原心定罪”。董仲舒说:“春秋之听狱也,必本其事而原其志:志邪者不待成,首恶者罪特重,本直者其论轻……罪同异论,其本殊也。”(《春秋繁露·精华》)所谓“春秋决狱”,就是在审理案件时,不仅要根据犯罪事实,更要追究犯罪动机。有犯罪动机,不必待其有犯罪事实,要予以处罚;有犯罪动机,也有犯罪事实的共同犯罪的首犯,要加重处罚;只有犯罪行为,没有犯罪动机,要从轻或免予处罚。犯罪行为相同,量刑轻重不同,关键在于有无主观恶意[①]。

董仲舒的“春秋决狱”,在当时具有积极意义。首先,“春秋决狱”是儒学不能完全深入到立法而改行的权宜之计,即将儒家经义置于法律之上,指导司法审判,使儒家念情信义、重德轻刑的思想运用于司法实践,这对秦朝以来法律繁琐、吏治刻深、刑罚酷重的现象都有一定的遏制作用,变革了以法家为指导思想的秦汉法律制度与精神;其次,“春秋决狱”要求在审案时,将犯罪行为与犯罪动机综合考察,区别故意犯罪和过失犯罪,强调对首犯严厉打击,对从犯酌情减刑,这都有一定的合理因素;再次,“春秋决狱”呈现出适用判例和创制判例的操作过程,新形成的判例对今后同类案件的审判具有借鉴和指导意义,判例法可以弥补成文法的空缺和不足;最后,“春秋决狱”还是儒法联系在司法领域的一种尝试,在客观效果上促进了礼法结合。正是由于“春秋决狱”,发展为引经注律和引经入律,才让儒学经学化,促成了此后魏晋律学的发明和昌盛,造就了中华法律文明的灿烂与辉煌。

但“春秋决狱”也有自身的缺陷,这决定了它不仅无法妥善地解决司法中存在的问题,反而带来许多弊端。比如,舍弃法律明文而援引儒家经典断案,由于儒家经典不具备法律条文的规范性和准确性,其微言大义常使不同的人做出不同的理解和解释,而司法官也不一定是像董仲舒那样精

① 《春秋繁露·五行相生》:“执法司寇……清廉平,路遗不受,请谒不听,据法听讼,无有所阿。”

通儒家经典的经学大师，势必自以为是，牵强附会，断章取义，妄加揣测，造成“罪同而论异。奸吏因缘为市，所欲活则傅生议，所欲陷则予死比，议者咸冤伤之”（《汉书·刑法志》）。又如，“春秋决狱”，重犯罪事实，更重犯罪动机，容易形成“《春秋》之治狱，论心定罪，志善而违于法者免，志恶而合于法者诛。故其治狱，时有出于律之外者”（《盐铁论·刑德》）。这势必为司法官吏主观擅断、舞文弄法、滥用经义颠覆法律、任情枉法、出入人罪大开方便之门。再如，“春秋决狱”侧重追究犯罪的主观动机，加强了对人们的思想控制，容易误入文化专制的泥潭。

董仲舒倡导的“春秋决狱”，实际上是一场封建司法和立法的儒家化运动。“春秋决狱”的基本精神是依据儒家经典，尤其是“春秋各代大义”来审理案件，按照“原心论罪”的原则定罪量刑。这一做法得到了最高统治集团的认可，并将“春秋决狱”的司法成果制成“决事比”，作为判例法加以引用。这标志着当时的统治者已开始自觉地推进法律儒家化的进程。引经断狱的做法在中国古代历史上延续了六七百年之久，直到隋唐封建法制完善之后逐渐退隐。

影响评价

孔子曰：“学而优则仕。”他鼓励有学问的人都去当官。但实际上，在中国封建社会，“学而优”者并不能当好官，当大官。做学问与当官并不是一回事，有的人适于做学问，专心致志可以做成大学问；有些人精于当官，混迹官场可以如鱼得水，左右逢源，步步高升。但也有的人做学问颇多建树，当官则捉襟见肘、“自取其辱”，董仲舒就是这方面的明证。董仲舒正直谦和，知识渊博，创立了一个又一个新理念，但在当官方面他既不如公孙弘那样善于投机取巧、讨好奉迎的小人，也不如主父偃那样嫉贤妒能、出卖朋友的坏人。前者曾当过汉朝丞相，后者一时为汉武帝面前的红人。而董仲舒一入仕途，却四处碰壁，屡屡受挫，最终只得知难而退，悬车致仕，专心于学问。后来的有识之士，在评价董仲舒时，并不计较他当没当过官，当了多大官，而是看重他的人品学问，看重他在思想理论上的贡献。在此，我们引宋代史学家司马光《独乐园七咏·读书堂》一诗为证。诗曰：

吾爱董仲舒，穷经守幽独。所居虽有园，三年不游目。
邪说远去耳，圣言饱充腹。发策登汉廷，百家始消伏。

刘颂

纲举网疏　法正威断

核心要旨

如何处理『诛大罪』与『赦小过』的关系？

如何妥善处理权与法、情与法的关系？

『罪刑法定』的基本含义是什么？

司法官如何分清职责而各有专攻？

刘颂为何提议恢复肉刑？

法学，既是一门理论性学科，又是一门应用性学科，法律理论与法律实践之间，关系密切，循环往复。理论可以指导实践，实践也可以印证、充实理论。作为一名司法官吏，只要立足司法实践，不断发现问题，认真思索，积累经验，也能提出独树一帜的法律思想，西晋的刘颂就是这方面的杰出代表。

人生历程

刘颂（？～约 300 年）字子雅，广陵（江苏扬州）人，出身世族名门。刘颂“少能辨物理，为时人所称。察孝廉，举秀才，皆不就”。晋文帝任命他为相府掾，奉命出使蜀国。当时蜀国刚刚平定，土地荒芜，民众饥馑。刘颂上表朝廷赈贷，没有等到朝廷的批准就将物资借贷给民众，由此被除名。晋武帝时，任尚书三公郎，主管立法和审理冤讼，逐级升迁中书侍郎、黄门郎、议郎、廷尉。以后又出任河内太守、淮南相，晋惠帝时官拜三公尚书、吏部尚书等职。刘颂在晋朝为官近四十年，几乎与这个王朝兴衰存亡的命运相始终，他长期主持中央的司法、吏治工作，对司马氏政权忠心耿耿，竭尽全力，并以直言敢谏、执法严明著称于世。史书称誉他“上疏论律令事，为时论所美……在官严整，甚有政绩”，比如他在担任守廷尉时，尚书令史扈寅无罪下狱，晋武帝诏使拷讯，刘颂掌握了扈寅无罪的证据，使扈寅免遭不白之冤，当时的人把刘颂比作汉代的良吏张释之。又如刘颂在担任河内太守时，“郡界多公主水碓，遏塞流水，转为浸害，颂表罢之，百姓获其便利”。再如，刘颂在担任淮南相时，“旧修芍陂，年用数万人。豪强兼并，孤贫失业，颂使大小戮力，计功受分，百姓歌其平惠”（《晋书·刘颂传》）。这说明刘颂出淤泥而不染，在腐败的司马氏集团中，还是一位较为清明廉正、爱民如子、有所作为的官吏。

刘颂是一位没有论著的法律实践家，他的法律思想主要见于《晋书·刘颂传》《晋书·刑法志》所收录的刘颂的奏疏中。

思想脉络

刘颂生活的西晋时期，三国鼎立的局面刚刚结束，国家实现了统一，但西晋王朝十分腐败。统治阶级聚敛无度，淫奢相竞；皇帝卖官鬻爵，中饱私囊；世家大族贪暴恣肆，胡作非为，“纲纪大坏，货赂公行，势位之家，以贵陵物，忠贤路绝，谗邪得志，更相荐举，天下谓之互市焉”（《晋书·惠帝记》）。刘颂在执政集团中不随波逐流，不自甘堕落，始终保持清醒的头脑，他把当时的社会定位为“所遇之时，实是叔世”（《晋书·刘颂传》），并将衰败归咎于秦始皇、汉武帝之后的政刑“渐颓”，法令宽泛。面对现实，只有加强法制建设，树立法律的权威，养成君臣共同遵守法纪的风气，政治局势才会缓和，社会状况才会改善，民众才会顺从。因此，“重法”是挽救司马氏政权危机的唯一途径。他在立法，尤其是司法方面提出了一系列独到的见解，旨在强调法律的地位和作用，倡导依法办事，严厉执法，完善法制。这些见解对我国古代法律思想的发展产生了促进作用，有的主张甚至至今仍有借鉴意义和参考价值。

壹

纲举网疏

按照法律的一般原理，“道径众，民不知所由也；法令众，人不知所避也。故王者之制法也，昭乎如日月，故民不迷；旷乎若大路，故民不惑。幽隐远方，折乎知之，室女童妇，咸知所避。是故法令不犯，而狱犴不用也”。法令应简单明了，妇孺皆知。但秦代“法繁于秋荼，而网密于凝脂，然而上下相遁，奸伪萌生，有司治之，若救烂捌焦不能禁，非网疏而罪漏，礼义废而刑罚任也”。到了汉武帝时期，法令繁杂的现象依然存在，“方今律令百有余篇，文章繁，罪名重，群国用之，疑惑或浅或深，自吏明习者不知所处，而况愚民乎？律令尘蠹于栈阁，吏不能遍睹，而况愚民乎？此断狱所以滋众而民犯禁滋多也”（《盐铁论·刑德》）。这种情况成为魏晋必须解决的法制难题。刘颂指出，“细过微阙、谬妄之失，此人情之所必有，而悉纠以法，则朝野无立人，此所谓欲理而反乱者也”。西晋的司法者不明白这个道理，“自近世以来，为监司者，类大纲不振而网甚密。网甚密，则微过必举”，即官吏们对真正涉及社会治乱的重大案件熟视无睹，听之任之，而专门纠缠一些微小过失，穷追猛打，不予宽恕，这是为政者不明法理、本末倒置、避重就轻所造成的。这样做的危害性在于：“微过不足以害政，举之则微而益乱；大纲不振，则豪强横肆，豪强横肆，则百姓失职矣。此错所急，而倒所务之由也。”法制的运用不当，导致整个社会更加混乱，这比没有法制的情况更为严重。他主张“纲举网疏”。“纲举网疏”的基本含义为：“苟不至于害政，则皆天网之所漏也；所犯在甚泰，然后王诛所必加，此举罪浅深之大例也。”（《晋书·刘颂传》）“纲举网疏”既不推行苛政，避免引起民众的反感，又遏制犯罪，使社会得到了有效的治理①。

刘颂把“纲举网疏”作为为政的原则，以“诛大罪，赦小过”为“诛赦

① 《晋书·刘颂传》：“是以善为治者，纲举而网疏，纲举则所罗者广，网疏则小罪必漏。所罗者广，则大罪不纵，则甚泰必刑；微过必漏，则为政不苛。甚泰必刑，然后犯治必塞，此为政之要也。”

之准式"(《晋书·刘颂传》),要求统治者做到"大事急而小事缓",准确把握法制运行的方向和节奏,使其产生良好的社会效应。

"诛大罪",就是将那些害政乱民、罪大恶极者绳之以法,严厉打击,使法制达到"简而不漏,大罪必诛,法禁易全"的境地。刘颂说:"人主不善碎密之案,必责犯强举尤之奏,当以尽公,则害政之奸自然禽矣。夫大奸犯政而乱兆庶之罪者,类出富强,而豪富者其力足惮,其货足欲,是以官长顾势而顿笔。下吏纵奸,惧所司之不举,则谨密网以罗微罪,使奏劾相接,状似尽公,而挠法不亮固已在其中矣。非徒无益于治体,清议乃由此而益伤。"(《晋书·刘颂传》)一方面,那些大奸害政者大都是有钱有势的豪门大族,官府怕给自己找麻烦而不敢得罪他们,明知他们危害一方,也只能迁就妥协回避退让,这势必会助长其嚣张气焰,让其为非作歹,遗害无穷;另一方面,官吏为了表示自己忠实职守,尽心公务,便四处搜罗君子良民的一些小过失,严加惩处,以致在司法过程中,欺软怕硬,避重就轻,恃强凌弱,因人而异,法制失去了扬善罚恶、锄暴安良、匡扶正义的积极作用,这是对法制的践踏和破坏。这种做法必须坚决制止,"善恶之报必取其尤",法制才行之有效,天下才会"善化"。

"赦小过",就是将那些无伤国家大政,无害社会安定大局的小过错,与犯罪行为区分开来,高抬贵手,不予计较,从根本上避免"谨密网以罗微罪"。刘颂认为:"所谓贤人君子,苟不能无过,小疵不可以废其身,而辄绳之以法,则愧于明时。"这就是说,金无足赤,人无完人,贤人君子,也不可能不犯错误,如果人们一有过失就揪住不放,斤斤计较,吹毛求疵,罗织罪名,诉诸法律,这"何异放凶豹于公路,而禁鼠盗于隅隙"(《晋书·刘颂传》),不但国家得不到很好的治理,善良的人也会处处受到挟制,很难身安气顺,有所作为。因此,"圣人深识人情而达政体",只要人们的小过失不危害国家和他人,就应网开一面,得过且过,不必动辄就用法律手段去解决,以免激起矛盾。

贰

以律断罪

刘颂认为，西晋法制混乱的另一个主要原因是“法渐多门，令甚不一”，其表现为“政出群下，每有疑狱，各立私情，刑法不定，狱讼繁滋”。由于定罪量刑的司法活动缺失统一、稳定、准确的法律依据，致使“吏不知所守，下不知所避”，也让“奸伪者因法之多门，以售其情，所欲深浅，苟断不一”，结果出现了“事同议异，狱犴不平，有伤于法”(《晋书·刑法志》)，扰乱了正常的社会秩序，危及到了统治者的统治。因此，西晋王朝的当务之急是统一规范法律，树立法制权威，提高法律效力，以法治国。

刘颂认为，要纠正“法渐多门，令甚不一”的混乱现象，必须着手解决权与法、情与法的矛盾，理顺它们之间的关系，减少二者之间的冲突，维护法律的尊严。

是“权大于法”？还是“法大于权”？刘颂从中国封建君主专制的政治体制的实际出发，提出了“分权论”来缓和权与法的冲突，即按照君主、大臣、执掌某一部门或某一地方具体事务的官吏手中掌握权力大小的不同，确认他们不同的法律地位。“分权论”的内容为：“人主权断”“大臣释滞”“主者守文”。他分析说：“君臣之分，各有所司。法欲必奉，故令主者守文；理有穷塞，故使大臣释滞；事有时宜，故人主权断。”具体地讲，对于事关国家大政方针，或者超出法律规定范围以外的特殊重大案例的“非常之断，出法赏罚”，“唯人主专之，非奉职之臣所得拟议”，君主可以根据具体情况，凭个人意志临时裁断，灵活处理；若遇到证据不够确凿、充分，或者法律没有明确规定的疑难案件，可交付中央主管司法的大臣讨论，做出法律解释，提供解决方案；其余，凡是触犯刑律，证据确凿的案件，承办具体案件的司法官吏必须“以律断罪”，严格执法。这就形成一种固定模式：君主的权力大于法，大臣的权力等于法，一般官吏的权力小于法。这样做，既维护了“法自君出”的神圣地位，弥补了现存法制的不足，又根据不同情况采取有针对性的对策，将权力对法律的冲击限制在一定的范围内，尤其可以使一般官吏在执法、司法过程中，“不得出以意妄议，其余皆以律令从事，然后法信于下，人听不惑，吏不容奸，可以言政。人主轨斯格以责群下，大臣小吏各守其局，则法一矣”（《晋书·刑法志》）。“分权论”的重点是要尽量避免和防止一般官吏利用手中的权力违抗和扰乱法律。

是“法应含情脉脉”？还是“法不容情”？刘颂提出了“分法论”，即把法分为立法与司法两个领域，主张在立法领域，情入于法，法内含情；而在司法领域，法与情绝缘，法不容情，大义灭亲。刘颂指出：“古人有言：‘善为政者，看人设教。’看人设教，制法之谓也。又曰‘随时之宜’，当务之谓也。然则看人、随时在大量也，而制其法。”在立法领域，“看人设教”“随时之宜”，容纳和反映风土人情，此时之情，是普遍的民情、众情，此情具有“公”的性质，因此，以“公情”立“公法”，应尽可能的将公众之情吸纳于法律之中，这样的法律才反映民情，公正合理，适应时代的特点，迎合社会的需求，这样的法律才会得到社会的承认，得到民众的遵行。而在司法领域，如果要参照或考虑人情，此时之情，为具体之情、个别之情、特殊之情，情的性质为“私”，因此，不能以“私情”乱“公法”。刘颂严厉斥责在执法、司法领域以“议事以制”“看人设教”“随时之宜”为借口，抛开既定法律而不顾，为情所累，随心所欲，固执己见，量刑畸轻畸重，或枉断人罪，以乱法典。他说：“执平者欲适情之所安，自托于议事以制，臣窃以为听言则美，论理则违”，“夫善用法者，忍违情不厌听之断，轻重虽不允人心，经于凡览，若不可行，法乃得直”。在执法过程中，司法官应以法律为准绳，有法可依，有法必依，执法必严，违法必究，且排除人情世故的干扰，不受流言蜚语的影响，我行我素，铁面无私，不畏权势，秉公执法。也只有当“情求傍请之迹绝，似是而非之奏塞”（《晋书·刑法志》），法律才会获得人们应有的敬重和信赖。

在理顺权与法、情与法关系的基础上，刘颂提出了依法行事、一断于律的主张：“今若设法未尽当，则宜改之。”但法律一经颁行，就应维护法律的稳定性和长久性，严格依法行事。刘颂认为，依法行事的好处在于：其一，法律可取信于天下。他说："夫人君所与天下共者，法也。已令四海，不可以不信为教，方求天下之不慢，不可绳以不信之法。"其二，法律对官吏是一种制度约束，防止他们图谋私利，鱼肉百姓。因此，司法官应该"唯当奉用法令"，做到"法轨既定则行之，行之信如四时，执之坚如金石"，甚至"死生以之，不敢错思于成制之外，以差轻重"(《晋书·刑法志》)，不计个人得失，甚至将生死置之度外，忠实职守，捍卫法律的尊严。

刘颂进一步提出了依法定罪的司法原则，他主张："律法断罪，皆当以法律令正文，若无正文，依附名例断之，其正文、名例所不及，皆勿论。"(《晋书·刑法志》)这段话包括三层含义：其一，定罪量刑，首先应援引国家颁布的法典明文规定的法律条文作为依据，由于这些法律条文表意清晰，规范准确，适用性强，可直接用来公正断案；其二，当法典没有明确规定具体法律条文，则可引用法典具有总则性质的刑名、法例所确立的法律原则，在宏观上予以指导，这样，既不会有违法律的基本精神，又可弥补法律条文规定有所遗漏的不足；其三，如果法典正文与刑名、法例都没有规定，即使是所谓"犯罪"，也不应定罪并予以处罚。刘颂提出的依法定罪的司法原则近似现代刑法中"法无明文不为罪"的"罪刑法定主义"原则，但它比西方最早提出"罪刑法定主义"原则的贝卡利亚早了近一千五百年。唐代将刘颂的这一思想制度化，在唐律正文中规定："诸断罪，皆须具引律、令、格、式正文，违者，笞三十"(《唐律疏议·断狱》)，"诸称律令、格、式不便于事者，皆须申尚书省，议定奏闻。若不申议辄奏改行者，徒二年"(《唐律疏议·职制律》)。

刘颂认为，应把研究法律与适用法律区分开来，"法吏以上，所执不同，得为异议。如律之文，守法之官，唯当奉用律令"(《晋书·刑法志》)。

刘颂认为，司法有诸多环节，必须重视程序。监司、狱官、法吏等司法官吏应分清职责，各有专攻，恪尽职守，齐心协力。他说："夫监司以法举罪，狱官案劾尽实，法吏据辞守文，大较虽同，然至于施用，监司与夫法狱体宜小异。”先由监司负责检举罪行，提出诉讼；然后由狱官负责审核犯罪事实，侦查案情，甄别真伪，查证属实；最后由法吏依照法律条文，定罪量刑，做出判决。由于有具体的分工，不同岗位的司法官吏工作任务就有所不同，实现的目标也不一样，“狱官唯实，法吏唯文，监司则欲举大而略小”（《晋书·刘颂传》），狱官看重的是犯罪事实，法吏钻研的是法律条文，监司掌握的是刑事政策和原则。在法律范围内，司法官吏观察事物的角度不同，所执见解也就不尽相同，也就可以发表不同意见，进行协商讨论。这样一来，监司、狱官、法吏各有侧重，彼此呼应，互相促进，相互制约，共同保证司法的公平公正。

叁　恢复肉刑

中国奴隶制时期的“五刑”，除“大辟”是生命刑外，其余四种“墨”“劓”“剕”“宫”，无一不是“断肢体，割肌肤”的肉刑，肉刑给犯罪者留下的是终身的痛苦和时刻感受到的屈辱，使他们成为不能自食其力的社会赘疣。汉文帝十三年（公元前167年）出现了“缇萦上书”。据班固《汉书·刑法志》记载：齐国的太仓令（管仓库的官吏）淳于意长期在民间行医，却不肯为豪门贵族出诊，从而被权贵罗织贪污渎职的罪名，诏令押解长安处刑。淳于意膝下无男，只有五女。他最小的女儿缇萦才十四岁，随父一同来到京城长安，上书汉文帝，认为自己的父亲是位廉洁平和的好官，无罪可言，而且刑罚又太不人道，一旦用刑处罚，处死刑的人不能起死回生，处肉刑的人身体不能修复，堵塞了罪犯改过自新之路。她表示愿意到官府充当奴婢，以赎父亲的刑罚，使其自新。汉文帝读信后怜悲其意，对肉刑的灭绝人道和推行德政进行了认真反思，宽免了淳于意，并以此为契机，责令大臣废除肉刑。汉文帝时期，进行刑制改革的具体方案是：当墨者，髡钳为城旦舂；当劓者，笞三百；当斩左趾者，笞五百；当斩右趾者，弃市。废除肉刑，标志着一改酷刑苛政的狰狞面目，而推行宽和“德政”，既保全了犯罪者的劳动能力，增加了经济剥削的对象，又给他们提供了弃恶从善、悔过自新的机会，促进封建经济的发展，维护了社会的安定。然而在取缔肉刑后的以刑治罪的操作过程中，刑罚不但没有减轻，反而出现了有所加重的趋势：首先，斩右趾改为弃市，将肉刑上升为死刑，剥夺了一部分罪犯的生存权，扩大了死刑运用的范围；其次，以笞刑代替劓刑、斩左趾，由于笞刑数量过多，且任意笞打，结果将受刑者活活打死。废除肉刑的愿望是好的，但在实际运作过程中，事与愿违，出现了“外有轻刑之名，内实杀人”(《汉书·刑法志》)的不良后果。既然废除肉刑的大方向是正确的，汉文帝去世后，景帝即位，他在汉文帝废除肉刑的基础上继续前进，开头是一而再地减少笞刑的数量，随后又制定《棰令》，规范刑具的长短、粗细和材质（竹）、外观（削平其节），指定受刑部位（臀部），明确用刑方式（一个人施刑直至结束），这样笞刑便不至于夺人性命，成了名实相符的轻刑。但新的问题又出现了：在新的刑罚体系中，死刑太重，笞刑太轻，“民易犯之”；生刑与死刑过于悬殊，轻重失当，缺乏过渡，对某些犯罪就很难适中、公允、恰当地量刑，“酷吏犹以为威”。肉刑存废之争发端于东汉光武帝建武十四年（38 年），当时朝中大臣上言：“古者肉刑严重，则人畏法令；今宪律轻薄，故奸轨不胜。”于是光武帝诏下公卿，集议复肉刑之事宜，梁统杜林首议之。梁统认为，轻刑使得大患增加，让奸恶得恩惠，善人反受其害；而杜林从儒家思想出发，强调德礼教化，反对以刑止乱，认为严刑峻法只会引起更大的弊端。统治者采纳了杜林的建议，肉刑没有被恢复。自此以后，从汉魏一直到隋唐，围绕肉刑存废展开了激烈的争论，在这场旷日持久的争论中，作为力主恢复肉刑一派的主将，刘颂提出了较为系统的“刑治”理论。

刘颂认为，“今死刑重，故非命者众；生刑轻，故罪不禁奸。所以然者，肉刑不用之所致也”。与肉刑比较，死刑过重，丧失生命的人多；笞刑、徒刑太轻，判罪用刑，不能禁奸止邪。古者用刑以止刑，如今反而“以刑生刑，以徒生徒”，受笞刑、徒刑处罚的罪犯成为重新犯罪的隐患，防不胜防，久治不愈。只有肉刑是有效手段。因此，废除肉刑，使“刑不制罪，法不胜奸”，他主张“肉刑宜用，事便于政”（《晋书·刑法志》）。其具体做法为：“今宜取死刑之限重，生刑之限轻，及三犯逃亡之淫盗，悉以肉刑代之，其应四五岁刑者，皆髡笞使各有差，悉不复居作。”（《晋书·刑法志》）刘颂列举了恢复肉刑的充足理由：

第一，肉刑是古代圣王之制[①]，应当承认肉刑产生和存在的历史合理性，汉文帝废除肉刑是拘泥于小仁小义，轻易违背了圣王设立的刑制精义，是言行不审慎所致。如今恢复肉刑，正是为了捍卫圣王之制，维护圣王用刑深意，是推行“法治”的应有之义。

第二，肉刑最能展示刑罚的威吓和惩戒作用，它既能给犯罪的人带来深刻、永久的痛苦，让其“残体为戮，终身作诫”，以后不再重蹈覆辙，也能“民见其痛，畏而不犯”（《晋书·刑法志》），让未犯罪的人看到罪犯受肉刑的痛苦，受到警示威吓，畏惧胆怯而不敢以身试法。

第三，对犯罪者施行肉刑，“去其为恶之具”，犯罪者身体伤残后，为再次犯罪带来诸多不便。例如，逃跑的人砍掉他的脚，就没法再逃跑；偷盗的人砍掉他的手，就没法再偷盗；奸淫妇女的人，割掉他的生殖器，也就没法再滥发淫威伤害女性。[②]一句话，迫使其想犯罪都没有能力和条件去犯罪，以达到“止奸绝本”的效果。

第四，犯罪者受肉刑，可以避免死刑，保全性命，受刑后回归故里，与家人团聚，“父母妻子，共相养恤，不流离于涂路”（《晋书·刑法志》），创伤愈合后，还可以从事一些力所能及的劳动，同时，除了宫刑，受其他肉刑的人，也可以照常生育后代，颐养天年，犯罪者对家庭、社会较强的依附性，使他们心平气和，安于现状，苟且偷生。这也免除了系囚之徒大量增加，

① 《晋书·刑法志》：“圣王之制肉刑，远有深理。”

② 《晋书·刑法志》：“亡者刖其足，无所用复亡；盗者截其手，无所用复盗；淫者割其势，理亦如之。除恶塞源，莫善于此。”

逃囚层出不穷，官府穷于应付、疲劳奔命、难以管理的弊病，从而降低了司法的成本。

所以刘颂说，“犹曰肉刑不可用，臣窃以为不识务之甚也”。杜绝犯罪行为，没有比肉刑更好的了。刘颂主张把刑罚等级改为死刑、肉刑、杖笞和髡刑。他的主张，实际上反映了当时统治者复杂的想法：一方面，为了巩固统治，要求加重惩罚；另一方面，根据西晋地广人稀、劳动力缺乏的现状，为了增加剥削收入，又希望少杀人，以便繁殖人口，增加劳动力。

同时，刘颂主张“犯罪则必刑而无赦”。他认为，《周礼》规定的“三赦三宥”只是施于老幼等弱者，并不适用于所有犯罪之人。但“暨至后世，以时崄多难，因赦解结，权以行之，又不以宽罪人也；至今恒以罪积狱繁，赦以散之，是以赦愈数而狱愈塞”。因此，“无取于数赦，于政体胜矣”（《晋书·刑法志》）。

长期担任司法官吏，与罪犯打了一辈子交道的刘颂，对犯罪者采取了敌视态度，不把他们当人看待，不对他们实施人文关怀和道德感化，认为“不刑，则罪无所禁；不制，则群恶横肆……除恶塞源，莫善于此（肉刑）”（《晋书·刑法志》），尽管他恢复肉刑的主张有逆历史潮流而动、不识时务之嫌，但是事出有因，是可以宽容的。值得肯定的是，刘颂恢复肉刑的见解建立在如何减少甚至消灭犯罪的良好愿望之上，且要求用刑轻重等级适度而有秩，从而使刑与罪的对应更加准确，这是符合刑法自身的特点和发展规律的。从汉魏至隋唐，兴废肉刑的争论缕缕不绝，最终争论双方的意见被社会合理地吸收了：既没有让灭绝人性、残暴野蛮的肉刑死灰复燃，又在笞刑和死刑之间设立了徒刑、流刑等中间刑，封建制“五刑”（笞杖徒流死）得以确立。这一结果是刘颂始料未及的，也是许多参与肉刑争论的人始料未及的。俗话说：“理不辩不明。”各执一端的争论或许是正误、是非的一次较量，或许是求同存异的一次磨合，经过争论，往往在克服对立双方局限性的基础上，升华为一种全新的认识，反映出历史发展的必然。中国历史上肉刑兴废的争论的意义就在于此。

影响评价

每个人都有自己的思想，但要想从有思想的人成为思想家，却较为艰难。中国几千年的历史中，芸芸众生，杰出的思想家就那么几十位。当今学术界，以思想家、理论家自居的人不在少数，他们以给别人“洗脑”为己任，刻意制定理念，炒作自我，装腔作势，自命不凡，总认为某种思想或某种理论是自己创立的，别人只不过是随声附和、锦上添花、狗尾续貂罢了。相比之下，西晋的刘颂，一生别无他求，只图立足现实，把本职工作做好。为做好本职工作，势必虚心请教，体验生活，积累经验，出主意，想办法，实实在在地解决一些社会难题。他提出的司法变革的思想见解也许支离破碎，不成体统，但却是真情的流露、智慧的结晶，这是一些所谓的“思想家”挖空心思、拍肿脑袋都臆造不出来的。在实干中发现问题，在解决问题过程中产生思想，这是刘颂留给我们的启迪。以思想家的标准去衡量，许多人都看不上刘颂，但刘颂的法律思想却有它的敏锐和闪光之处。说不定无论我们依据的客观条件如何优越，无论我们如何自信，无论我们有多大决心超越前贤，但最终都只能望其项背，自愧不如……

白居易

随时立制　顺变致理

核心要旨

如何理顺刑礼道之间的关系？

如何从根本上预防犯罪？

用『赦』有哪些基本要求？

如何提高法学品位而重用司法官吏？

如何评价《甲乙判》的法学地位？

唐朝在推翻隋朝的农民起义的威势中得以确立，唐初的统治者借鉴了隋立法毁法、二世速亡的教训，主张“安人宁国”“立法宽简”“一准乎礼”，从而缓和了社会矛盾，迎来了太平盛世——“贞观之治”。但随后的“安史之乱”，使唐朝大伤元气，由盛转衰。面对这一局势，一批靠考取功名而进入统治集团的庶族官吏，独具慧眼，要求从实际出发，整顿“法治”。其中白居易以关心民间疾苦，直言敢谏著称于世，他利用为科举考试准备文章和当谏议官时行使讽谏权力的机会，阐述了自己很有针对性和实用性的法律思想。

人生历程

白居易（772～846 年），字乐天，晚年自号香山居士、醉吟先生。祖籍太原，后迁居下邽（今陕西渭南市临渭区），出生于新郑，其家庭“世敦儒业”，靠科举获取功名。他的祖父白锽，曾任滑台节度使，是当世有名的文人。他的父亲白季庚曾任彭城县令、襄州别驾。“居易”两字来源于《中庸》：“君子居易以俟命，小人行险以侥幸。”白居易从小聪慧绝人，襟怀宏放，5 岁学写诗，9 岁懂得辨别声韵。11 岁离家远游，到越中（今浙江一带）避难，过着“离乱失故乡，骨肉多散分”的生活，倍尝艰辛，对社会底层有了真切地接触和了解。16 岁时“始知有进士，苦节读书”。18 岁时进谒名士顾况，顾况用他的名字来开玩笑：“长安米贵，居大不易”，但当读到白居易“赋得古原草送别”一诗中“野火烧不尽，春风吹又生”诗句时，甚为钦佩，立即改口说：“有才如此，居易不难。”（辛文房：《唐才子传·白居易传》）贞元十六年（800 年）在中书舍人高郢的主试下，考取第四名进士。贞元十八年（802 年）参加吏部试书判拔萃科，及第，授秘书省校书郎。著乐府及诗百余篇，规讽时事，补政缺失，这些诗不胫而走，流闻禁中，德宗纳谏思理，渴闻谠言。元和元年（806 年）白居易为准备由宪宗亲自主持开选的制举，罢校书郎，退居上都华阳观，闭门累月，揣摩当代时事，写成策林 75 篇。参加“才识兼茂明于体用科”，策入第四等，补盩县县尉。元和二年（807 年）召白居易回长安，拜翰林学士。元和三年（808 年）任命为左拾遗（皇帝身边的谏诤官）。为了报答宪宗的知遇之恩，白居易食不知味，寝不遑安，只想尽到“救济人病，裨补时阙”的职责，粉身碎骨，也在所不惜。他坚持刚正耿直的个性，绝不委曲求全，屡陈时政，请降系囚，蠲租税，放宫人，绝进奉，禁掠卖良人，宪宗皆从之，但宪宗对他的批评指责颇为不满，其举止也颇遭权贵的忌妒。三年秩满，改授京兆府户曹参军，被驱出近臣之列，剥夺了直接参与朝政的资格。元和六年（811 年）白居易的母亲因患严重的精神失常症死于长安宣平里，他护柩归乡，守孝三年，安心务农。元和九年（814 年）丁忧期满，宪宗召他入朝，任左赞善大夫（伴太子读书的官吏）。元和十年（815 年）平卢节度使李师道密派中岳寺僧人在上朝的路上暗杀宰相武元衡、御史中丞裴度，武元衡当场死亡，裴度受了重伤。白居易带头上书请求迅速捕捉刺客，查明幕后主使，予以严惩，以肃法纪。权贵指责他不是谏官而越职奏事，不合法制，又攻击他自作《赏花》《新井》诗，有伤名教，致使其母看花坠井而死，行不可用，被贬为江州司马。元和十三年（818年）得到敕令，升任忠州刺吏。元和十五年（820年），宪宗暴死中和殿，白居易被召入京，拜尚书司门员外郎，后升任中书舍人。面对愈演愈烈的朋党之争，白居易始终保持中正，不相附离，完节自高，仗义执言，致使对立的两派对他都心怀不满。他屡次上书言事，遭穆宗驳回。为了回避君主的荒怠与大臣的倾轧，白居易力求外放，去当远离朝廷的地方官。长庆二年（822年），被任命为杭州刺史，他简政爱民，整修钱塘水利，蓄水灌田千余顷；浚城中六井，以供饮用。宝历元年（825年）任苏州刺史，又“削使科条简，摊令赋役均”。太和二年（828年）授刑部侍郎。太和五年（831年）改任河南尹，又授太子少傅，分司东都。会昌二年（842年）白居易罢太子少傅，以刑部尚书致仕。与香山僧如满结香火社，白衣鸠杖，自号“香山居士”。会昌四年（844年），白居易施家财，开凿龙门八节石滩，疏通河道，以利舟楫。会昌六年（846年）八月，白居易卒，葬于洛阳龙门香山琵琶峰。赠尚书右仆射，谥曰文。

白居易著作有《白氏长庆集》共75卷，经今人顾颉刚校勘、标点、整理而成《白居易集》。

思想脉络

白居易身处中唐，面对“安史之乱”对唐王朝原有的政治思想秩序的破坏，引起了他对过去、现在、未来“法治”承接与走向的冷静思考。他着力在刑、礼、道三者的关系上辨明传统观念对综合为治的积极作用，并对犯罪现象追根溯源，力图从社会治理的角度根除、防范。他还对人才的选拔提出了“悬法科而上”的选拔司法行政官员的先进理念，以作为践行自己法律思想核心的路径。这一切无疑都是他对封建正统法律思想恢复与发展的突出贡献。

壹

刑礼道迭相为用

先秦时期，法家标榜“以刑去刑”，儒家倡导礼义仁政，道家鼓吹“道法自然”，秦汉以后，思想逐渐由多元归于一统，出现了儒法合流、名教本乎自然的趋势，如何对待刑、礼、道？是偏重其一，还是同时倡导、兼举并用？在根据实际需要具体运用时，三者有无先后顺序？有无功效优劣的区别？当今社会针对现实问题，采取相应措施，刑、礼、道应先用哪项？白居易从理论上全面系统地论述了刑、礼、道三者的差别和密切联系，提出了刑、礼、道“循环表里，迭相为用”的主张。

首先，白居易比较了刑、礼、道的特性和利弊得失。他认为：“圣王之致理也，以刑纠人恶，故人知劝惧；以礼导人情，故人知耻格；以道率人性，故人反淳和。”（《白居易集·刑礼道》）但刑、礼、道有自身的局限性，如刑罚可以禁人为恶，但不能防范人的情欲；礼义可以约束人的情欲，但不能顺导人的本性；道德可以顺导人的本性，却不能制止人们犯罪。因此，刑、礼、道用途各异，异曲同工，殊途同归，不可偏废，三者都是圣王治理天下的有效手段。

其次，白居易具体追溯了刑、礼、道产生的由来，以明确三者之间必然的联系。他打比方说：人的本性就像君主的田土，人心迷乱如同田园荒芜，杂草丛生，就只能用刑罚加以铲除；排除人的迷乱和惰性之后，恰似田土开垦，应移栽礼义；当礼义根植于人心后，再按照人的本性进行道德培养，以期有所收获。用刑罚犹如开荒，用礼义犹如种植，用道教犹如收获。由此可见，刑、礼、道在产生过程中是有先后顺序的：推行刑罚后确立礼义，建立礼义后产生道德。刑、礼、道之间的关系为：当道德沦丧时，就用礼义去规范，当礼义被践踏时就用刑罚去制裁，但实施刑罚是为了恢复礼义，遵守礼义是为了呼唤道德。因此，刑罚是礼义的门户，礼义是道德的根基。运用刑罚是政治统治的入口，固守礼义才是政治统治的根本。政治统治，应以刑罚为先，以礼义为本，以德教为终。

再次，白居易详细分析了刑、礼、道的用途。刑、礼、道作为“王化”的三种方式，有不同的针对性和各自的用途，如同天有日月，年有四季，废一不可，并用也不行。三者的运用要分秩序，搁置要有条理。他说：“当其惩恶抑淫，致人于劝惧，莫先于刑；铲邪窒欲，致人于耻格，莫尚于礼；反和复朴，致人于敦厚，莫大于道。”（《白居易集·刑礼道》）刑、礼、道三者的搁置要从实际出发，顺应社会的变化，做到有理有据，恰如其分[①]。因此，在社会动乱、道德衰败的时代，君王就松缓礼义的运用而加重刑罚；在社会稳定、人心思安的时期，君王就减轻刑罚而重视礼义教化；在天下太平相安的阶段，君王就减少礼义教化而提倡道德。只要通晓社会的变化，选择刑、礼、道加以适当运用、最佳发挥，那么，天下大治就会实现，君王的教化就能成功。

最后，白居易分析了唐朝所处的形势及其对策：当今蛮夷华夏皆有秩序，朝廷内外无忧无患，人心稳定，国泰民安，正是国家减刑崇礼之时，如果不失时机地广行礼义教化，是容易收到实效的。

贰 令一则行，推诚则化

君主推行统治，靠的是发号施令，建立法度。[②]假如君主不以政策法令统一人们的思想言行，听任人心各异，人们想法不同就会产生疑问，疑问多了迷惑不解，社会就会出现混乱。因此，消除混乱应把发号施令摆在首位。因此，圣明的君王是重视法令的。另外，法令出自君主一人，发布于天下，贯彻于百姓，它如风行，如雨降，有往而无返，圣明的君主应专一而审慎地对待法令。

① 《白居易集·刑礼道》：“是以衰乱之代，则弛礼而张刑；平定之时，则省刑而弘礼；清静之日，则杀礼而任道。”

② 《白居易集·号令》：“王者发施号令，所以齐其俗，一其心。俗齐则和，心一则固，人于是乎可任使也。”

然而法令已经颁布，而风俗习惯仍统一不起来，关键在于法令不统一。白居易列举了法令不统一的种种表现：有的是开始的时候谨严，结束的时候怠慢；有的是对眼前的人严谨，对远方的人松懈；有的是对下贱的人急迫，对尊贵的人宽缓；有的是推行于关系生疏的人，废止于自己的亲属。面对这些情况，如何统一法令呢？这必须做到两点：其一，维护法令的相对稳定性，切忌法令“朝出夕改，晨行暮止”（《白居易集·号令》），更不能出尔反尔，立法毁法。其二，做到适用法律上的平等、统一，谨而不慢，张而不弛，不分贵贱，不别亲疏，一律“准法科罪”。

白居易认为，典章制度、政策法令必须靠统治者去推行，要想让天下人高高兴兴地遵从法令，必须靠统治者讲求诚信和身体力行[①]。“凡下之从上也，不从口之言，从上之所好也。不从力之制，从上之所为也。盖行诸己也诚，则化诸人也速。求诸己也至，则感诸人也深。若不推之于诚，虽三令五申，而令不明矣。苟不行之于己，虽家至日见，而人不信矣。”君主明白这个道理，就应该“以礼自修，以法自理，慎其所好，重其所为，有诸己者而后求诸人，责于下者必先禁于上”。统治者能严于律己，宽以待人，才会出现“言出则千里之外应如响，令下则四海之内行如风”（《白居易集·号令》）的可喜局面。

白居易认为：“君之作为，为教兴废之本；君之举措，为人理乱之源。”（《白居易集·策林》）他对君主立法提出了一项基本要求，即舍己从众，令顺人心。他说：“三皇之为君也，无常心，以天下心为心。五帝之为君也，无常欲，以百姓欲为欲。顺其心以出令，则不严而理；因其欲以设教，则不劳而成。故风号无文而人从，刑赏不施而人服……无为而天下化者，由此道也。”如果君主立法时，压抑天下人之心以奉承君主一人之心，克制百姓的欲望以顺从君主自己一人的欲望，尽管他辛勤工作，但“出令而吏或犯，设教而人敢违，刑虽明而寡惩，赏虽厚而鲜劝”（《白居易集·不劳而理》），

① 《白居易集·号令》：“典章不能自举，待教令而举；教令不能自行，待诚信而行。”

收不到很好的功效。

为了保证君主无私公正地立法，必须集思广益，采谏纳诤①。白居易说，作为君主身边掌讽谏的左右拾遗，对于发令举事，“有不便于时，不合于道者”，就应该“小则上封，大则廷诤”，对于拾遗一职，应该“重其选”“卑其秩”，因为“大凡人之情，位高则惜其位，身贵则爱其身。惜位则偷合而不言，爱身则苟容而不谏，此必然之理也”。降低其品秩的原因，就在于使“位不足惜，身未足爱”；慎重其人选的原因，就在于让这些人向上不忍有负皇恩，向下不忍有愧良心。只有当他们认为“位未足惜，身未足爱”时，才会“有阙必规，有违必谏；朝廷得失无不察，天下利病无不言”(《白居易集·初授拾遗献书》)，这才符合朝廷设置拾遗一职的苦衷。

叁 以法从事

白居易曾担任过刑部侍郎一职，后又以刑部尚书致仕，对唐代司法实践中碰到的许多问题，提出了切合实际的真知灼见，这对中国古代法律思想的发展是有所贡献的。

(一)止狱措刑在富而教之

犯罪现象层出不穷、屡禁不止，对社会构成极大的威胁和伤害，如果让犯罪事实形成后，再依法严惩，犯罪所消耗的社会成本太大，让人类难以承受，因此，应积极地预防犯罪，乃至达到最终消灭犯罪、不用刑罚的理想境界。在预防犯罪方面，管仲提出过“仓廪实而知礼节，衣食足而知荣辱”(《管子·牧民》)的见解，孔子则主张“既庶矣，而后富之；既富矣，而

① 《白居易集·纳谏》：“天子之耳，不能自聪，合天下之耳听之，而后聪也。天子之目，不能自明，合天下之目视之，而后明也。天子之心，不能自圣，合天下之心思之，而后圣也。若天子唯以两耳听之，两目视之，一心思之，则十步之内，不能闻也；百步之外，不能见也；殿庭之外，不能知也，而况四海之大，万枢之繁者乎？圣王知其然，故立谏诤讽议之官，开献替启沃之道，俾乎补察遗阙，辅助聪明，犹惧其未也，于是设敢谏之鼓，建进善之旌，立诽谤之木。工商得以流议，士庶得以传言，然后过日闻而德日新矣。”

后教之”(《论语·子路》),这就说明一个道理:“食足财丰,而后礼教所由兴也;礼行教立,而后刑罚所由措也。”(《白居易集·止狱措刑》)在此基础上,白居易提出了“止狱措刑在富而教之”的理论。

白居易指出,在历史上,有贤明君主遏制犯罪的成功范例,如西周成、康御宇,“天下富寿,人知耻格,故囹圄空虚四十余年”;西汉文、景继统,“节用劝农,海内殷富,人人自爱,不犯刑法,故每岁决狱,仅至四百”;唐太宗之朝,“勤俭化人,人用富庶,加以德教,致于升平,故一岁断刑,不满三十”。出现罪少而刑寡的盛世,“虽则明圣慎刑、贤良恤狱之所致也,然亦由天下之人,生厚德正而寡过也”。同时,也有暴君恶主以暴止暴失败的教训,如夏桀王、商纣王“暴征仇敛,万姓穷苦,有怨无耻,奸宄并兴。故是时也,比屋可戮”;秦王朝“厚赋以竭人财,远役以殚人力。力殚财竭,尽为寇贼,群盗满山,赭衣塞路。故每岁断罪,数至十万”。出现多罪重刑的衰世,“虽则暴君淫刑、奸吏弄法之所致也,然亦由天下之人贫困思邪而多罪也”。

什么是圣人的“措刑之道”呢?白居易对犯罪产生的社会原因进行了详细的分析,指出:“刑之繁省,系于罪之众寡也;教之废兴,系于人之贫富也。圣王不患刑之繁,而患罪之众;不患教之废,而患人之贫。故人苟富则教斯兴矣;罪苟寡则刑斯省矣。”这样看来,刑是罪的报应,物质生活条件是教化的基础,二者构成必然的因果关系[①]。

白居易认为:“天下之人,贫困思邪而多罪。”而“人庶之贫困者,由官吏之纵欲也。官吏之纵欲者,由君上之不能节俭”,如果君主“修身化下,宫室有制,服食有度,声色有节,畋遊有时,不徇己情,不穷己欲,不殚人力,不耗人财”,就能使“贪欲之吏不得不廉”,使“贫困之人不得不安”(《白居易集·人之困穷由君之奢欲》)。因此,圣王消灭盗贼的办法有两

① 《白居易集·止狱措刑》:“是以财产不均,贫富相并,虽尧舜为主,不能息忿争而省刑狱也。衣食不充,冻馁并至,虽皋陶为士,不能止奸宄而去盗贼也。若失之于本,求之于末,虽圣贤并生,臣窃以为难矣。”

种：一是选贤举能，广行教化；二是安民兴业，改善生计[①]。如果统治者能让民众衣食足而财产均，他们就会乐意接受礼义教化，对自己的言行有所顾忌，有所约束，就不会去犯罪。

遏制犯罪，一是“有司平刑之要”，即“察大小之狱，审轻重之刑，定加减于科条，得情伪于察色”；二是“王者恤刑之法”，即“尽钦恤之道，竭哀矜之诚，使生者不怨，死者不恨”。但“王者恤刑之法”与“有司平刑之要”只能减少犯罪，只有“圣人措刑之道”（《白居易集·止狱措刑》）才能从根本上彻底消灭犯罪。“端影于表，澄流于源”的“圣人措刑之道”为：“富其人，崇其教，开其廉耻之路，塞其冤滥之门，使人内乐其生，外畏其罪，则必过犯自省，刑罚自措。斯所谓致群心于有耻，立大制于不严。”（《白居易集·止狱措刑》）

（二）赦不可废，亦不可数

赦，是中国古代对犯罪者减轻或免除刑事处罚的制度。儒家经典历来主张“眚灾肆赦”（《尚书·舜典》），即对因过失和意外而不幸犯罪的人可以赦免。“雷雨作，解。君子以赦过宥罪”（《易·解卦》），即雷雨大作，罪孽化解，君子因而赦免罪过（参见《白居易集·赦议》）。这说明赦不可废除，必须推行。但《管子》却有不同的看法：“赦者，奔马之委辔也；不赦者，痤疽之砭石也。”（《管子·法法》）赦好比脱缰的野马，不赦就像治病的石针。民间谚语也说：“一年中如果大赦两次，妇女儿童都因害怕而不敢出声了。”这表示赦免不能常用，用多了刑罚就没有威严。唐朝统治者用赦频繁，平均每1.57年大赦一次，唐德宗更是平均1.4年大赦一次。白居易认为：赦是君主治理天下的重要手段，但它是双刃剑，“赦之为德大矣，为贼亦甚矣”。它可以有效地体现君主的德政，但用得不好又会给社会造成严重的危害。

首先，用赦要突出一个“时”字[②]，即根据形势的需要，选择恰当的时

① 《白居易集·去盗贼》：“始则举有德，选有能，使教化大行，奸宄者去。次又安其业，厚其生，使廉耻大兴，贪暴者息……由是观之，则俗之贪廉，盗之有无，系于人之劳逸，吏之贤否。”

② 《白居易集·赦议》：“赦之为用，用必有时。”

机去推行。“当其王道融，人心质，善者众而不善者鲜，一人不善，众人恶之，故赦之可也。所以表好生恶杀，且臻乎仁寿之域矣。而肆赦宥过之典，由兹作焉。及夫大道隐，至德衰，善者鲜而不善者众，一人不善，众人劝之，故赦之不可也。所以明惩恶劝善，且革浇漓之俗矣，而执禁不赦之文，由兹兴焉。”（《白居易集·礼部试策五道》）另外，当君主登基或更改年号之际，为了表明万象更新，君主广施重生命恶残杀的仁德，必须大赦天下；但在平时统治时，如果轻易或屡次行赦，就为奸邪开辟了道路，为祸乱打开了大门，法律就形同虚设，失去了应有的作用（参见《白居易集·赦议》）。

其次，用赦要针对一个“事”字，即“理大罪，赦小过”，“使人畏爱悦服”。《尚书·大禹谟》曰：“宥过无大，况小者乎？刑故无小，况大者乎。”白居易认为：“政不可宽，宽则人慢；刑不可急，急则人残。故失于恢恢，则漏网而为弊；务于察察，则及泉而不祥。将使宽猛适宜，疏密合制，上施畏爱之道，下有悦服之心。”刑政之中，只有“理大罪，赦小过”。这样做，理由在于：理大罪，维护道义，让天下人敬畏和服从法律；赦小过，体现宽容仁慈，让天下人心悦诚服地爱戴君主。政治统治就达到了宽猛适宜，疏密合制的理想境界。白居易指出，唐代司法违背了“理大罪，赦小过”的原则。监察法制的实施，对朝廷属官苛刻严厉，对藩镇首领宽慢松缓；刑罚的惩戒，只惩治小吏，而宽纵免究大官。这样一来，没有权势的人虽有小过就被绳之以法；倚仗权势的人虽罪大恶极而逍遥法外，这是违背先王宽宥过失、严惩故犯的用刑之道的。白居易希望统治者举其纲，疏其网，严惩重罪以申明正义，赦宥小过以示仁慈，使王政德化彰显天下（参见《白居易集·赦议》）。

为此，白居易的结论是：对赦应该重视而不轻废，疏用而不数施。滥施赦免，就会加惠奸人、助长邪恶，误导小人陷入犯大罪的境地，社会危害极其严重。

（三）肉刑可废不可用

肉刑在上古就已出现，而西汉废除肉刑至唐也有近千年。从汉代起，许多见识广博的贤明之士都评议过肉刑的功过是非。坚持废除肉刑的人认为：肉刑毁坏人的肌肤，截断人的肢体，使人终身残疾，君主假如容忍肉刑而加以使用，就违背了平易宽和、怜悯仁慈的主观愿望，也堵死了罪犯改过自新之路。提倡恢复肉刑的人认为：即使是笞杖鞭刑，只要酷吏滥用，专断擅杀的弊病仍然存在，这种“外有轻刑之名，内实蓄意杀人”的做法，同样有违君主宽惠待民的本意。

白居易认为，看待肉刑用废的问题，应本着“议事者宜征其实，用刑者宜酌其情”的原则，首先，从事实上印证：肉刑，大概是劓、刵、椓、黥、刖之类，《尚书》称其为“五虐之刑”。根据历史文献记载，古代苗人首创“五虐之刑”，上天就降罪严惩；秦朝残暴使用肉刑，结果人心背离，导致速亡。由此可见，滥用肉刑，怎会没有众多的无辜者惨死？汉文帝开始废除肉刑，刑罚才得以清平公正；唐太宗除断趾之罪，改为“加役流”，没有人再用肉刑。既然如此，在太平盛世，哪里还有蓄意害人致死的呢？因此，完全没有必要脱离当今的现实情况，去恢复古代的旧制。其次，从人情上考虑：“圣人之用刑也，轻重适时变，用舍顺人情”，况且肉刑废除已久，许多人都不了解它了，现在突然要复用，毁容伤面，绝筋折骨，见者必然痛心疾首，闻者肯定惊恐不安，这是不得人心的。因此，从事实和人情两方面思量，得出的结论是：恢复肉刑有害无利，肉刑“可废不可复”（《白居易集·议肉刑》）。总而言之，要杜绝犯罪，应该从刑罚符合人道做起。

（四）升法科，选法吏

白居易指出：法律是靠人执行的，没有懂法尊法的人才执法，好的法律也不能起到应有的作用。例如，当今的法律，是贞观时期制定的法律，当今的官职，是贞观时期设置的官职。为什么在过去适用法律民风淳厚，而在今天推行法律百姓却不得安宁？这并不是法律不适宜于当前的形势，而是官吏不遵循法律办事。“虽有贞观之法，苟无贞观之吏，欲其刑善，无乃难乎？”造成这种局面，是由于朝廷不重视法学，轻视法官，从而导致参加法科考试和充任法官的人选，大多不是德才兼备的君子，而多是缺德少才的小人。

白居易认为，适用法律，因执法者的不同而事同效异。“盖刑法者，君子行之，则诚信而简易，简易则人安；小人习之，则诈伪而滋彰，滋彰则俗弊。此所以刑一而用二，法同而理殊者也。”况且加上“律令尘蠹于栈阁，制敕堆盈于案几”，诏书政令、法律条文太多太繁，几乎司法官无法全部看完，所以也就不可能以法律固定的标准进行处罚，现在按法律条文规定加重或减轻处罚的权力完全掌握在具体办案的“法直”(执法者)手中，这实际上意味着国家生杀大权掌握在小人手中，小人代表国家决定人的生死。“小人之心孰不可忍？至有黩货贿者矣，有祐亲爱者矣，有陷仇怨者矣，有畏权豪者矣，有欺残弱者矣。是以重轻加减，随其喜怒；出入比附，由乎爱憎。官不察其所由，人不知其所避”，司法腐败在所难免。为此，白居易提议：第一，“高其科”。提高法学学科的品位，重用司法部门的官吏。提升法学为上等的应试科目，那么应试法学的一定是饱学之俊杰。第二，“重其吏”。重用司法官吏，那么朝廷任命的法官必定是有才德之贤良。然后考察他们的能力，奖励其中的优秀者。把精明善察、谨守律令的人，提升为御史；将严肃谨慎、体情思考的人，任用为法官。这样一来，“则仁恕之诚，廉平之气，不散于简牍之间矣；掊刻之心，舞文之弊，不生于刀笔之下矣”(《白居易集·论刑法之弊》)。为致使官吏“去贪致清”，应高薪养廉，“厚其禄，均其俸”，使其“温饱充于内，清廉形于外。然后示之以耻，纠之以刑。如此，则纵或为非者，百无一二也”(《白居易集·使官吏清廉》)。第三，举荐官吏，承担连带责任，与赏罚挂钩[①]。有了素质高的司法官吏，才能保证

① 《白居易集·请行赏罚，以劝举贤》：“得人者，行进贤之赏；谬举者，坐不当之罪。”

依法断罪，公正司法才会蔚然成风。

肆 甲乙判

唐代推行科举制，即通过分科考试举拔人才，作为任官的一种资格。科举考中后，只取得“出身”，文官还要经吏部的选任。吏部“择人之法有四：一曰身，体貌丰伟；二曰言，言辞辩证；三曰书，楷法遒美；四曰判，文理优长”（《新唐书·选举志》）。相貌、言辞、书法、判词是选拔官吏的四项条件，由于吏部取人，以临政治民为第一要义，要求通情达理，熟悉法律，明辨是非，揭隐发微，故四者中尤重书判。“凡试判登科谓之‘入等’，甚拙者谓之‘蓝缕’，选未满而试文三篇谓之‘宏辞’，试判三条谓之‘拔萃’，中者即授官。”（洪迈：《容斋随笔·唐书判》）唐代应试判文在内容和风格上曾发生过一次较大的变化，据杜佑《通典·选举三》记载：“初，吏部选才，将亲其人，覆其吏事，始取州县案牍疑议，试其断割，而观其能否，此所以为判也。后日月寖久，选人猥多，案牍浅近，不足为难，乃采经籍古义，假设甲乙，令其判断。既而来者益众，而通经正籍又不足以为问，乃征僻书，曲学，隐伏之义间之，惟惧人之能知也。”唐代一旦将断狱之词作为考试题目，判文就产生了脱离现实生活中的具体案件而依据经义典籍断罪的转变，应试文人趁机避实就虚，借题发挥，以充分显示自己学识的渊博，思维的敏捷，说理的谨严，文辞的华丽。为了给应试者提供制作判牍的程式和方法，以体现“文理优长”的审美标准，出现了书判集，如张鷟的《龙筋凤髓判》，白居易的《甲乙判》。白居易的《甲乙判》共一百篇，我们仅抄录其中的两篇如下：

其一

得丁冒名事发，法司准法科罪。节度使奏丁在官有美政，请免罪真授，以劝能者。法司以乱法，不许。

宥则利淫，诛则伤善。失人尤可，坏法实难。丁僭滥为心，僶俛从事；始假名而作伪，咎则自贻；终励节而为官，政将可取。节使以功惟补过，请欲劝能；宪司以仁不惠奸，议难乱纪。制宜经久，理贵从长。见小善而必求，材虽苟得；逾大防而不禁，弊将若何？济时不在于一夫，守法宜尊乎三尺。盍惩行诈，勿许拜真。

丁冒名顶替入仕，当官后有突出的政绩，其弄虚作假的行为暴露后，节度使提议除免其罪，以他的真实姓名授予官职，让其将功补过，以此鼓励官吏积极从政，做出成绩。司法官吏认为丁犯罪事实清楚，破坏了国家的任官制度，应依法治罪。由此可见，在对丁冒名入仕一案的处理过程中，行政部门与司法部门产生了重大的分歧，如何正确裁断这一案例呢，白居易拟判表明了自己的判断：本着“制宜经久，理贵从长”的原则，当得人与护法发生冲突，不可兼顾时，应从国家的根本利益和长远利益权衡利弊，得到一个好官吏利益小，破坏国家的法律制度危害大，即“失人犹可，坏法实难”，并为此做出了“严惩行诈的犯罪行为，不许以其真实姓名拜官”的判决。

其二

得甲将死，命其子以嬖妾为殉，其子嫁之。或非其违父之命。子云：不敢陷父于恶。

观行慰心，则禀父命；辨惑执礼，宜全子道。甲立身失正，没齿归乱：命子以邪，生不戒之在色；爱妾为殉，死而有害于人。违则弃言，顺为陷恶。三年之道，虽奉先而无改；一言以失，难致亲于不义。诚宜嫁是，岂可顺非？况孝在慎终，有同魏颗理命；事殊改正，未伤庄子难能。宜忘在耳之言，庶见因心之孝。

甲将死，留下遗嘱，命令他的儿子将自己的爱妾用来殉葬，甲死后，他的儿子却让其爱妾改嫁。有人指责甲的儿子违背了父亲的意志，甲的儿子却称：不敢陷父亲于不义。白居易拟判认为：根据“观行慰心，则禀父命；辨惑执礼，宜全子道”的原则，甲生不戒女色，死有害别人的生命，“立身失正，没齿归乱”，其错误命令不该听从。甲的儿子违背父命，有“子孙违反教令”之嫌，但顺从父命，又会让父作恶。二者权衡，宁可不从父命，也不陷父于不义，这才是真正的孝，并为此得出结论：应该忘掉父亲说过的错话，来维护父亲的声誉。

南宋洪迈称：“白乐天《甲乙判》，则读之愈多，使人不厌……若此之类，不背人情，合于法意，援经引史，比喻甚明，非‘青钱学士’所能及也。”(《容斋随笔·龙筋凤髓判》)白居易的《甲乙判》贡献在于：其一，甲乙判形成了固定的格式。甲乙判分为题、判两部分，其性质为对题拟判，题与判之间既有明确的区分，又存在内在联系。判题以“得”为引发词，并用甲、乙、丙、丁、戊、已、庚、辛代替姓名，所有判文词形式归于一致。甲乙判由“四六”文写成，用典不多，语言浅显明白，事理清楚易懂。这种固定格式对司法实践中判决书的格式化、规范化是有积极地影响的。其二，甲乙判内容丰富，列举的大多都是社会生活乃至司法实践中容易碰到的难题，如数赦与废赦，出妻与不去妻，忠孝不得两全，官吏息讼与不理狱讼，七十致仕与称病告老，悔婚时纳币而未立婚书，父不悦与无失妇道而出妻，强取债务人财物过本数，等等。判文条分缕析，协调儒法，自圆其说，言之成理，展示了较强的分析问题与解决问题的能力，也提出了许多客观务实、公允正直的法律见解和司法原则，这既可为以后的司法者提供借鉴，也可以为以后的立法提供启迪。

影响评价

白居易进士及第时，自称："居易，鄙人也。上无朝廷附丽之援，次无乡曲吹嘘之誉。然则孰为而来哉？盖所仗者文章耳，所望者主司至公耳。"(《白居易集·给陈给事中书》)入仕后，为了"图将来之安，补既往之败"，他立足社会现实，关心民众的疾苦，反映民众的要求，在力所能及的情况下造福于民。为纠正是非不分、赏罚不明的朝政，他无所顾忌，直言敢谏，颇能切中时弊，从而得罪了皇帝和权贵，累遭贬谪，但他"常以忘怀处顺为事，都不以迁谪介意"(《新唐书·白居易传》)，放纵诗酒，善待自己。等到归京复用，又皆为幼君少主，自己也年老体衰，任官之情顿感索寞。只求参禅学道，忘情山水，精神上有所寄托，完节自高。白居易晚年曾自撰墓志铭："前后历官二十任，食禄四十年。外以儒行修其身，中以释教治其心，旁以山水风月、歌诗琴酒乐其志……寿过七十，官至二品，有名于世，无益于人。"呜呼，居易其贤哉！年轻时以文章为本，了解社会，体现民意，针砭时弊，匡扶正义；年迈时以品节为高，寄情山水，信奉宗教，气定神闲，善待生命。这正如晚唐诗人皮日休《七爱诗——白太传》所言：

吾爱白乐天，逸才生自然。谁谓辞翰器，乃是经纶贤。
欻从浮艳诗，作得典诰篇。立身百行足，为文六艺全。
清望逸内署，直声惊谏垣。所刺必有思，所临必有传。
忘形任诗酒，寄傲遍林泉。所望标文柄，所希持化权。
何期遇訾毁，中道多左迁。天下皆汲汲，乐天独怡然。
天下皆闷闷，乐天独舍旃。高吟辞两掖，清啸罢三川。
处世似孤鹤，遗荣同脱蝉。仕若不得志，可为龟镜焉。

范仲淹

革故鼎新　力行新政

核心要旨

立法应谨记哪些原则？

官制改革有哪些重点、难点？

限制君权有哪些具体途径？

如何『以律量刑』？

如何理解『公罪不可无』与『私罪不可有』？

宋朝变法，前后共有两次。一次是仁宗时期范仲淹的“庆历新政”，另一次是神宗时期王安石的“熙宁新法”。北宋王朝从真宗赵恒（998～1022年在位）统治时起，经仁宗赵祯（1023～1063年在位），到英宗赵曙（1063～1067年在位）为止，总共将近70年的时间。这一时期是中央集权的统治逐渐巩固和社会经济向前发展的时期，同时也是封建制度日益腐朽和衰弱的时期。最高统治集团确立了“不用新人、务行故事”的执政原则，在政治上养尊持重，无动于衷，因循保守，苟且偷安；在思想上尊儒、崇佛、重道，较为庞杂混乱。对内对外，形成了消极凝滞、敷衍捱日的氛围。这个腐败的封建王朝，日益陷入不能自拔的危机之中。正是在这种形势下，农民阶级反抗地主阶级的斗争风起云涌，沉重打击着宋王朝的黑暗统治；而同时在“士”阶层也在萌发着一种敢于担当的自觉精神，他们议论着各式各样挽救危机的办法，并且开始出现了某些进行政治和社会改革的呼声和尝试。其中以仁宗庆历年间参知政事范仲淹主持实行的“庆历新政”，以及他提出的加强法制、进行司法改革的主张，最具有典型意义和深刻影响。

人生历程

范仲淹（989～1052 年），字希文，苏州吴县人，两岁丧父，母亲谢氏贫困无依，改嫁山东淄州长山县朱文翰，范仲淹改名朱说。范仲淹从小读书十分刻苦，朱家虽是长山的富户，但他为了励志，常去附近长白山上的醴泉寺寄宿读书，晨夕之间，就读吟诵，给僧人留下了深刻的印象。他每天只煮一锅稠粥，凉了以后划成四块，早暮各取两块，拌几根腌菜，聊以充饥，而把精力用在读书上，如是者 3 年，后世便有了“断齑画粥”的美誉。大中祥符四年（1011 年）始知自己原是苏州范家之子的身世，这些年一直靠继父抚养。他愧愤交集，决心脱离朱家，自立门户，待将来卓然立业，再接母归养。于是他泣辞老母，到睢阳应天府书院（后称南都学舍）读书。大中祥符七年（1014 年）迷信道教的宋真宗率领百官到亳州（今安徽亳县）太清宫朝拜，浩浩荡荡的车马路过南京（今河南商丘），整个城市轰动了，人们争先恐后地瞻仰皇帝，惟独有范仲淹闭门不出，仍然埋头读书。有个要好的同学特地跑来劝他：“快去看，这是个千载难逢的机会，千万不要错过！”但范仲淹只随口说了句：“将来再见也为时不晚”，便头也不抬地继续读他的书了。大中祥符八年（1015 年）范仲淹中进士，在崇政殿参加御试时，他第一次看见年近五旬的真宗皇帝，后来还荣赴御赐的宴席。不久，他被任命为广德军（今安徽广德县）司理参军（掌管讼狱、审理案件的官员，从九品）。接着，又调任为集庆军（今安徽亳州一带）节度推官（幕职官，从八品）。从此开始了近 40 年的政治生涯。他把母亲接来赡养，并正式复宗姓范，改名仲淹。天禧五年（1021 年）范仲淹被调往泰州海陵西溪镇（今江苏省东台县附近）做盐仓监官，负责监督淮盐贮运转销。他发现当地海堤多年失修，坍圮不堪，不仅盐场亭灶失去屏障，而且广阔的农田民宅也屡受海涛威胁。遇上大海潮汐，甚至水淹泰州城下，成千上万灾民流离失所，官府盐产与租赋都蒙受损失。为此，他上书江淮漕运张纶，痛陈海堤利害，建议在通州、泰州、楚州、海州（今连云港至长江口北岸）沿海，重修一道坚固的捍海堤堰。张纶慨然表示赞同，并奏准朝廷，调范仲淹做兴化县令（今江苏省兴化市），全面负责治堰。天圣二年（1024 年）秋范仲淹率领来自 4 个州的数万民夫，奔赴海滨。不久，绵延数百里的长堤便横亘在黄海滩头。盐场和农田的生产从此有了保障。往年受灾流亡的数千民户，又扶老携幼，返回家园。人们感激范仲淹的功绩，把海堰叫作“范公堤”。兴化县不少灾民，竟跟着他姓了范。天圣三年（1025 年）范仲淹被调回京师，做大理寺丞，从此，他跨入京官的行列。天圣四年（1026 年）其母病故，范仲淹辞官服丧。天圣六年（1028 年）范仲淹服丧期满，继充秘阁校理、右司谏，曾先后出知睦州、苏州，因为治水有功，又被调回京师，并拜尚书礼部员外郎，权知开封府。范仲淹在京城大力整顿官僚机构，剔除弊政，把工作安排得井井有条，仅仅几个月，号称繁剧的开封府就“肃然称治”。后因揭露宰相吕夷简挟私进退近臣，被以“朋党”贬知饶州，又徙润州，再徙越州。仁宗宝元三年（1040 年）以龙图阁直学士任陕西经略安抚招讨副使兼知延州。在此期间，治军有方，对防御西夏的侵扰，功绩卓著，对沿边少数民族居民，则诚心团结，慷慨优惠，严立赏罚公约，缓和了民族矛盾。庆历三年（1043 年）任参知政事。任上主持针对当时积弊的改革运动，被称为“庆历新政”。新政实施的短短几个月间，政治局面已焕然一新：官僚机构开始精简；以往凭家势做官的子弟，受到重重限制；昔日单凭资历晋升的官僚，增加了调查业绩品德等手续，有特殊才干的人员，得到破格提拔；全国普遍办起了学校；科举中突出了实用议论文的考核。由于改革触动当权的守旧势力的利益，因此，遭到反对派的攻击和诬陷，甚至诬告他图谋不轨，妄图废黜皇帝。暗潮明浪，层袭叠击。庆历五年（1045 年），宋仁宗下诏废弃一切改革措施，范仲淹被罢政而赶出朝廷，“庆历新政”不到一年时间遂告夭折。范仲淹被贬到边疆，任资政殿学士兼陕西四路安抚使，知邠州，继徙邓州、杭州，迁户部侍郎，徙青州；最后请颍州，未至而卒，赠兵部尚书、楚国公，谥文正。所著有《范文正公集》（48 卷），是研究范仲淹法律思想的主要资料。

思想脉络

范仲淹被认为学明经术，有文武全才，他具有长期主持地方行政和在中央出将入相的经历。执政期间，对外抵御侵侮，加强边防，对内提出明黜陟、抑侥倖、精贡举、择官长、均公田、厚农桑、修武备、减徭役、覃恩信、重命令等十大建议，为变法张本。范仲淹的十大建议，大致可分为三项：前五事属于澄清吏治，中三事涉及民富国强，后二事是办理前八事的路径，信赏必罚，法在必行。澄清吏治的重点在于裁削幸滥，考覆官吏，企图通过对官僚制度的改革，限制官僚特权，裁汰冗员，改进选官方法和监察途径，借以提高官吏素质，加强统治效率，以拯救政治危机。同时从健全和加强法制入手，以封建正统思想为指导，针对当时积弊，力主提高立法质量和进行司法改革，以重新建立强有力的封建统治。

壹 重整纲纪

范仲淹认为，“历代之政，久皆有弊。弊而不救，祸乱必生。何哉？纲纪浸隳，制度日削，恩赏不节，赋敛无度，人情惨怨，天祸暴起……我国家革五代之乱，富有四海，垂八十年。纲纪制度，日削月侵。官壅于下，民困于外，夷狄骄盛，寇盗横炽，不可不更张以救之。然则欲正其末，必端其本；欲清其流，必澄其源”（《范文正公集·答手诏条陈十事》）。当时宋朝问题的症结在国家的纲常、法纪和制度的缺失，整个社会无章可循、无法可依，处于一片混乱之中，那么推行“法治”便是行之有效的善谋良策。因此，他要求仁宗“顺天下之心，力行此事”，只要“法制有立，纲纪再振”（《范文正公集·答手诏条陈十事》），宋王朝就可以得到复兴，天下民众就会享受福祉。要做到立法制、振纲纪，关键在于严肃慎重地制定法律，并保证法律的贯彻执行。

如何制定法律呢？范仲淹认为，法是规范社会行为的标尺，是君、臣与民众共同遵守的依据，立法千万不可以草率从事，必须严肃认真。他指出："法度所以示信。"《宋史·范仲淹传》法律要有威信，首先在于，法要符合客观实际，相对稳定。以前的明智的君主，从来都是"慎乃出令，令出惟行"。"重其法令，使无敢动摇"，以保证国家政令顺利地推行于天下。而时下宋王朝现实的情况则不然："每降宣饬条贯，烦而无信，轻而匆稟，上失其威，下受其弊。"(《范文正公集·答手诏条陈十事》)出台的律条和命令，冗长繁琐，要点缺失，重复矛盾，脱离实际，令人无所适从，或轻易厘改，失信于民，以至于无从依循。这样丧失权威性的律令，不但起不到治国的效果，反而有失皇帝与朝廷的威严，百姓也受到了蒙蔽和愚弄。他分析了为什么会造成国家法律"烦而无信""轻而匆稟"的原因。因为皇上和朝廷，只是听取官员们呈奏上报的一面之词，不加以调查研究，不做分析论证，轻率地采纳意见，马上向下颁行命令和条例，严重脱离了实际，造成了"烦而无信"的后果。命令和条例出台之后，不是因地制宜、区别对待，而是不分青红皂白颁发各地，难免一意孤行，违背客观。这样就完全背离了立法的初衷，"致坏大法"，产生了下级官吏轻视法规，有法不依，违法不究的"轻而匆稟"的不良现象。因此，为了让律条法令尽可能符合客观实际，而不至于经常变更，范仲淹向仁宗皇帝建议："今后百官起请条贯"，皇上和朝廷不马上颁行，必须经中书省、枢密院召开会议讨论，详细推敲论证，保证将要出台的法令合乎实际。如果是出台刑法方面的法令，还要送审刑院、大理寺审核，并且要有法律专家和主管相臣签署的意见，删去繁冗、符合实际、经久适用者，才能颁行天下。颁行之后，务必切实贯彻。如有玩忽违反者，必须"重其法，以行天子之命"(《范文正公集·奏上时务书》)。范仲淹构思的这些周密的立法程序，无疑会起到保障法律准确性与公正性的作用，改变随意与盲目立法的现状。

法律要取信于民，其内容必须以仁德为怀，勿为苛酷。[①] 范仲淹恳请仁

① 《范文正公集·奏上时务书》："以德服人，天下欣戴；以力服人，天下怨望。尧舜以德，则人爱君如父母；秦以力，则人视君如仇雠。是故御天下者，德可凭而力不可恃也……敦好生之志，推不忍之心，薄于刑典，厚于恻隐，在物祝纲，于民泣辜，常戒百官，勿为苛酷。"

宗皇帝厚爱百姓、推己及人、重视教化、轻于酷刑、广施仁爱，藉此向天下人昭示慈爱，以收拾人心。他指出，国家每三年举行一次郊祭，祭罢宗庙、上帝之后，总要肆赦天下，并且要求“赦书日行五百里，敢以赦前事言者，以其罪罪之，欲其王泽及物之速也如此”。但不幸现在每遇大赦，虽然博得“天下欢呼”，而一两个月之后，“钱谷司存督责如旧，桎梏老幼，籍没家产。至于宽赋敛、减徭役、存恤孤贫、振举滞淹之事，未尝施行，使天子及民之意，尽成空言，有负圣心，损伤和气”（《范文正公集·奏上时务书》）。针对这种现象，他提出具体建议：“臣请特降诏书，今后赦书内宣布恩泽，有所施行，而三司、转运司、州县不切遵禀者，并从违制，徒二年断，情重者，当行刺配。应天禧年以前天下欠负，不问有无侵欺盗用，并与除放，违者仰御史台、提点刑狱司常切觉察纠劾，无令壅遏”，“臣请降诏中书，今后每遇南郊赦后，精选臣僚往诸路安抚，察官吏能否，求百姓疾苦，使赦书中及民之事，一一施行，天下百姓莫不幸甚”（《范文正公集·答手诏条陈十事》），使百姓在大赦中真正得到实惠。

— 贰 —

澄清吏治

宋朝建国以来，便面临着阶级矛盾、民族矛盾日趋尖锐的种种危机，北宋王朝不惜加重对汉族人民的盘剥，以巨额贡赋向辽和西夏祈求和平。同时，随着中央集权的君主专制制度的进一步强化，官吏队伍恶性膨胀。宋仁宗时，出现了“州县不广于前，而官五倍于旧”的局面。大批官吏只拿俸禄，无所事事，“居其官不知其职者，十常八九”。军队也从宋太祖时的 37 万人猛增到 125 万人。这势必造成财政空虚，民众不堪重负，农民起义此起彼伏，难以平息。这时已到了“不可不更张以救之”的时候。范仲淹认为，往古圣人治理国家，无不在于善“通其变”。在这种情形下，只能革除陋习，更张救弊。他以《易经》的辩证思想，阐发变法图强的道理：

“《易》曰：‘穷则变，变则通，通则久。’此言天下之理，有所穷塞，则思变通之道，既能变通，则成长久之业。”（《范文正公集·易义》）强调现在已经到了积弊重重、不改革就不能生存的关键时刻了，必须“革故鼎新”[①]。

任官的基本原则是：“分职求理，当任贤者。”范仲淹指出：“官也者，名器所守；贤也者，才谋不群。当建官而公共，惟任贤而职分。”（《范文正公集·任官惟贤材赋》）宋代朝政昏暗的主要原因是官制之弊。其主要表现为：第一，赏罚不明，“贤愚同等，清浊一致”。按照当时的“磨勘之制”，各级官吏每隔几年就要晋升一级，“今文资三年一迁，武职五年一迁，谓之‘磨勘’，不限内外，不问劳逸，贤不肖并进”（《范文正公集·答手诏条陈十事》），甚至“知县两任例升同判，同判两任例升知州”（《范文正公集·上执政书》）。在这种制度下，对官吏不问劳逸如何，不看政绩好坏，只以资历为准。官吏有功得不到提拔，有过得不到惩处。故官员不求有功，但求无过，因循苟且，无所作为，于是形成了人浮于事、不求进取、论资排辈、坐享其成的恶劣风气。第二，官风不正，庸碌苟且，排斥良吏，祸国殃民。当时的官场风气：不讲原则，混淆是非，无正确的评价和激励机制。在这种官风下，“人人因循，不复奋励”，“良吏百无一二”，少数有为之士、清廉之官被斥责为“生事”，倍遭嫉沮非笑，稍有差失，随而挤陷，落井下石，置之死地而后快。而素餐尸禄、无所事事的平庸之辈、不肖之人，却步步提升，坐至高官，历历皆是。他们“或急急于富贵之援，或孜孜于子孙之计，志不在政，功焉及民。以狱讼稍简为政成，以教令不行为坐镇，以移风易俗为虚语，以简贤附势为知几”（《范文正公集·上执政书》），有的结帮营私，互相包庇，维护共同的既得利益。由于“不能拔人，限以资级，使才者多滞而朝廷乏贤”（《范文正公集·答窃议》），造成了“天下赋税不得均，狱讼不得平，水旱不得救，盗贼不得除”（《范文正公集·论转运得人许自择知州》）的恶果。

“天下治乱，系之于人，得人则治，失人则乱。”（《范文正公集·奏杜杞

① 《范文正公集·易义》：“天下无道，圣人革之，天下既革而制作兴，制作兴而立成器……故曰：革去故而鼎取新，圣人之新为天下也夫。”

等充馆职》）为此，范仲淹坚决主张改革官制，任用贤能，并以此作为变法图强的突破口，其具体措施是：

1.**“明黜陟，抑侥倖”**。整饬官吏升降制度，责实效，举政事，革滥赏，省冗官。范仲淹认为：“今文资三年一迁，武职五年一迁，谓之磨勘。不限内外，不问劳逸，贤与不肖并进。”他主张改进良莠并进的“磨勘制”，一律以考核为官的政绩和才能为标准，以决黜陟，做到“惟政能可旌者，擢以不次；无所称者，至老不迁，故人人自励，以求绩效”（《范文正公集·答手诏条陈十事》）。有功则进，无功则黜，赏罚分明。一方面，破格提拔有大功劳和明显政绩的官吏，“今后两地臣僚，有大功大善，则特加爵命；无大功大善，更不非时进秩。其理状寻常而出者，只守本官，不得更带美职”，“庶僚中有高才异行，多所荐论，或异略嘉谋，为上信纳者，自有特恩改迁，非磨勘之可滞也”。此外，“外任善政著闻，有补风化；或累讼之狱，能辨冤沈；或五次推勘，人无翻讼；或劝课农桑，大获美利”等，均“列状上闻，并与改官，不隔磨勘”（《范文正公集·答手诏条陈十事》）。另一方面，“委天下按察使省视官吏：老耄者罢之，贪浊者劾之，昏懦者逐之，是能去谬吏而纠慢政也”（《范文正公集·奏灾异后合行四事》）。加强对地方官吏的巡视，以“兴利除害，黜陟幽明”，皆可奏请撤换有罪和不称职的官员，以激励任职官员。

2.**“开学校，精贡举”**。范仲淹说：“开学校，设科举，率贤俊以趋之，各使尽其心、就其器，将以共理于天下。”开学校、设科举是为了大力培养、选拔人才。如何“开学校”呢？他说：“夫善国者，莫先育才，育才之方，莫先劝学；劝学之要，莫尚宗经：宗经则道大，道大则才大，才大则功大。盖圣人法度之言存乎《书》，安危之几存乎《易》，得失之鉴存乎《诗》，是非之辨存乎《春秋》，天下之制存乎《礼》，万物之情存乎《乐》。故俊哲之人入乎六经，则能服法度之言，察安危之几，陈得失之鉴，析是非之辨，明天下之制，尽万物之情。使斯人之徒辅成五道，复何求哉？”（《范文正公集·上时相议制举书》)在学校教以儒家经典,使人才有治国的素质和能力。州县立校,士在校学习三百日后,方能参加科举考试。同时,他主张"精贡举",即严格贡举制度。为了培养有真才实学的人,首先,应该改革科举考试内容,把原来进士科只注重诗赋改为重策论,阐发对时务的分析和治理的方略;把明经科只要求死背儒家经书的词句改为要求阐述经书的意义和道理。其次,取消"糊名考校法","必先考其履行,然后取以艺业"。"将以正教化之本,育卿士之材。"(《范文正公集·再进前所陈十事》)培育、选拔有真才实学的人才为国器用,"则国家得人,百姓受赐"(《范文正公集·答手诏条陈十事》)。

3. **"择官长","固本救民,重在郡县"**。范仲淹十分重视贤才在治理国家中的作用[①],尤其在政治改革之际,不培养和提拔支持改革的各级官员,改革是绝对不能奏效的。他明确提出,"先王建侯,以共理天下。今之刺史、县令,即古之诸侯。一方舒惨,百姓休戚,实系其人"(《范文正公集·答手诏条陈十事》)。要特别重视"举县令、择郡长",县令、郡长不得其才,"故一邑之间,簿书不精,吏胥不畏,徭役不均,刑罚不中,民利不作,民害不去,鳏寡不恤,游堕不禁播艺不增,孝悌不劝",王道不行也。"固邦本非举县令、择郡长则莫之行焉","固邦本者,在乎举县令、择郡守以救民之弊也",要求按贤能标准"县令、郡长一变其人"(《范文正公集·上执政书》)。改革,需要具体去实践,这就离不开基层官吏的支持和参与。针对当时分布在州县两级官不称职者十居八九的状况,他建议朝廷从选各路(北宋州以上的一级监察和财政区划)监司官入手,让各路的按察使来甄别各该路的官吏,时常检查地方政绩,奖励能员,罢免不才;委托各路按察使自择知州,知州择知县,不能胜任者一笔勾销。各路选派地方官要通过认真地推荐和审查,以防止冗滥。

① 《范文正公集·选贤任能论》:"王者得贤杰而天下治,失贤杰而天下乱。"《范文正公集·得地千里不如一贤赋》:"得地千里,不如一贤。"《范文正公集·鄱州建学记》:"国家之患,莫大于乏人。"

总之，范仲淹改革官制强调："慎选举之方则政无虚授，敦教育之道则代不乏人。"（《范文正公集·上执政书》）考察人才和储备人才，是改革官制的两个着力点。

叁

限制君权

北宋王朝吸取唐代藩镇割据、尾大不掉的教训，采取了一系列加强中央集权的措施。如收回地方军事、财政、行政诸权，使之直接听命于朝廷；中书省、枢密院、三司这三大部门互相牵制，互不通气，分别对皇帝负责；朝廷派出"通判"监理一州的军民刑政，监督知州行为，随时呈报皇帝。中央集权的空前加强，使皇帝的个人因素在治国中的作用异常重要，因而也从客观上导致皇帝个人的专断的恶性发展。范仲淹力图予以扼制，以确保封建王朝的长治久安。其主要途径是劝说皇帝明晓"君臣共理天下"的道理，重用贤臣，遵守法制。

1.**"明主施政，能顺民欲"**。范仲淹认为，政治应顺应民心，允协群情[①]。只有这样，"布政从民者，黎元克信；驱民从政者，群心不循。思柔远而能迩，必去逆而效顺。举刑罚罪，因众弃而方行，列爵养贤，由佥谐而后进"（《范文正公集·政在顺民心赋》）。布政使民，刑罚赏赐，都依从民意，才能收到良好的社会成效。

2.**君主要力戒独断偏听**。范仲淹肯定君主对于一个国家的重要作用，认为"天生兆人，得王乃定"（《范文正公集·推委臣下论》），国家没有一个"奉天承运"的君主来实行统治，是绝对不行的。但是，要治理一个国家，并不是君主一人之力所能胜任的："万机百度，不可独当"；因而必须"内立公、卿、大夫、士，外设公、侯、伯、子、男"，使他们分任百事，各有攸司。

① 《范文正公集·政在顺民心赋》："王者广育黔首，诞布皇明。阐邦政而攸叙，顺民心而和平。振穷恤贫，必俯从于众望；发号施令，实允协于群情。"

以使君主得以“操荣辱之柄，制英雄之命，庶务委于下，而大柄归于上”(《范文正公集·推委臣下论》)，从而顺利地驾驭天下。因此，他强调君主独尊，又反对君主独断。范仲淹认为，自古圣人设立百官，目的就在于“君臣共理天下”[①]。他说，皇帝个人的智慧总是有限的，如果一任己意独断、偏听，国家就有颠覆的危险。君主应“开言路，采群议”，与大臣共处国事，共商大计，以避免个人独断专行和偏听佞言给国家带来的危害。在他看来，君主独尊并不等于君主独断。相反，为了保持独尊，为了应付“万机之繁”，避免一旦失误，君主应当准许和鼓励群臣上言，从谏如流，以补其阙，从而达到“上无蒙蔽，下无壅塞”(《范文正公集·奏上时务书》)的目的。

为了做到这一点，范仲淹对于当时盛行的臣下每每向皇帝“上言密陈得失”，而皇帝亦即据此以为“内降处分”的现象，提出了自己的看法，认为依靠这种办法来执行赏罚，是不足为训的。首先，这种“密陈”是“未可尽以为实”的。他说：“臣下上言，密陈得失，未可尽以为实，亦当深究其宜。或务窥人短长，或欲希旨上下，动摇赏罚之柄，离隔君臣之情，似是而非，言伪而辩，虽圣鉴之下，能无惑焉？”如果听到一点这种“密奏”，便以为确有其事，作出决断，结果与事实不符，岂不误了大事？因此，对于这种“密奏”，一定要仔细审察，和大臣们共同研讨，然后作出决定施行。其次，即使这种“密奏”事出有因，必须做出处理，也应由国家司法机关负责，而绝不能由皇帝迳行作“内降处分，一面施行”，否则，便会发生许多弊病，使“谗谮之人，缘隙而进，以讦为直，以诈为忠，使内外相疑，政教不一，非致理之本也”(《范文正公集·奏上时务书》)，甚至会使一些奸佞小臣“恃国恩宠，为人阶缘”，造成“公议未行，私请先至。如此则人皆由径，政有多门”(《范文正公集·奏上时务书》)的现象，其危害是非常严重的。“恩幸多

---

① 《范文正公集·奏上时务书》：“圣人之至明也，临万机之事而不敢独断；圣人之至聪也，纳群臣之言而不敢偏听。独断则千虑或失，偏听则众心必离。人心离则社稷危而不扶，圣虑失则政教差而弥远。故先王务公共，共设百官，而不敢独断者，惧一虑之失也，开言路、采群议而不敢偏听者，惧一虑之失也；开言路而不敢偏听者，惧众心之离也。”

以内降除官，非太平之政。”（《宋史·范仲淹列传》）

3. 重宰相谏官御史之职。针对当时中央行政机关无实权的弊端，范仲淹要求提高宰相之权：“三代之制，皆立三公、建六卿。”三公六卿，“各帅其属，以佐王理邦国。大事从其长，小事则专达”。“我国家有周之天下，未能行周之制，亦当约而申之，以治天下，则可卜长世之业矣。今中书乃天官冢宰之任，枢密院乃古夏官司马之任，其地官、春官、秋官、冬官之职，各散于群有司，皆无六卿之正，又无三公兼领之重。而两府间惟进拟差，除多循资级、评论赏罚、各遵条例之外，上不专三公论道之职，下不专六卿佐王之业，虽庶政不修，天下不理”，建议“宰相下兼其职以重其事也”（《范文正公集·奏乞两府兼判》）。他还要求改变“谏官、御史之徒尸素于朝”“犯颜者危，缄口者安，以进药石为虚言，以陈丝发为供职”的现象，认为“谏官御史，耳目之司，不讳之朝，宜有赏劝”，以“广开言路，上达民情”（《范文正公集·奏上时务书》）。

4. 舍一己之私，公正执法。实现“君臣共理天下”的重要途径是执法公正，赏罚惟一[①]。范仲淹认为，执行国家的法律法令，标准既须统一，执行尤赖公正[②]。他说，私而忘公，就失去了分别是非、曲直、功罪的标准，天下的“轻重妍丑”，当然也就混淆莫辨了。所以，国家要使法律法令正确地贯彻执行，首先必须做到信赏必罚；而要做到信赏必罚，执法者就必须绝对出之以公心，具体而言，就是“贵贱亲疏，赏罚惟一，有功者虽憎必赏，有罪者虽爱必罚，舍一心之私，从万人之望，示天下之公也，唯圣人行之”（《范文正公集·奏上时务书》）。当权者对那些有功的人，即使是自己最憎恨的仇人，也要割弃前嫌，出以公心，给予奖励；对于那些触犯了法律，负罪在身的嫌犯，即使是自己的亲人和朋友，也要依法予以惩罚。这就要求

---

① 《范文正公集·再奏雪张亢》：“法者，圣人为天下画一，不以贵贱亲疏而轻重也。”

② 《范文正公集·上执政书》：“赏罚者，天子之衡鉴也。衡鉴一私，则天下之轻重妍丑从而乱焉，此先王之所慎也。”

执政者、执法者舍弃一己私心，出以公心，忠于法律。这里的关键在于君主。君主总揽万机，仪表天下，君主的好恶，可以影响百僚。要坚持公正，维护赏罚的标准，最重要的是君主要做到克制自己的好恶之情，严格依法办事。君主带头尊重法律了，在下的官吏就会紧紧跟随和刻意效仿，遵法守法，才会蔚然成风。

范仲淹的“君臣共理天下”说，不仅是针对当时皇权太重的现实而发，更重要的是为推行改革服务的。但是，由于这一理论只是建立在劝谏君主和君主自觉的基础上，是正直之士的一厢情愿，因此，就不可能形成行之有效的制度，因而也就无法实现。

肆

以律量刑

范仲淹认为：“赏罚之柄，驾驭天下。如赏罚频失，将何以保太平之业？”(《范文正公集·奏议许怀德等差遣》)他指出，宋代司法腐败，错判误判，量刑不准，伤害无辜百姓。“天下官吏明贤者绝少，愚暗者至多”，尤其突出司法官吏的昏庸愚昧，“民讼不能辨，吏奸不能防，听断十事，差失者五六”，“刑罚不中，日有枉滥”。错案冤案得不到及时纠正的原因在于：一是转运使与提点刑狱官“但采其虚声，岂能遍阅其实”，只听些虚假之词，了解不到案件的真实情况。二是“其奏按于朝廷者，千百事中一二事耳”，由下向上反映的案情，中间梗塞，能上报朝廷的案件其实很少。三是“其奏到案牍，下审刑，大理寺，又只据案文，不察情实，惟务尽法，岂恤非辜”。“或无正条，则引谬例。”即中央司法机关不察实情，只看文字材料，敷衍塞责，甚至错用法律条款。四是“一断之后，虽冤难伸”，即使受理冤假错案，能后昭雪的也很少。“其间死生荣辱，伤人之情，实损和气者多矣！”范仲淹正告皇帝“古者一刑不当，而大旱三年，著于史策，以戒来代，非虚言也”(《范文正公集·奏灾异后合行四事》)。改变这种现状，切实可行的办法是：

1.**“圆情理，审刑名”**。范仲淹认为，审理案件最重要的是圆其情理、审其刑名，对于事实不清、罪名不当的案件，必须从澄清事实和定罪时援引法律是否恰当两个方面重新审理。例如，司法官将葛宗古“私用公使钱入己”（挪用公款）的行为定做“监主自盗”罪，就是适用刑名不当，原因是“法寺近例断遣”，司法官“不敢从轻，遂至入罪（加重处罚）”（《范文正公集·奏葛宗古》）。再如，因官吏管理河流交通不善，未及时迁移桥梁，加之狂风大作，致使五十五只舟船“因风并相磕撞致损”，司法官意以私罪论处。范仲淹指出，该案“本因公事，别无私曲”，应“改作公罪，免令过后频来理雪”（《范文正公集·奏辩陈留移桥》）。他反对在审判中“或无正条，则引谬例”的草率做法，其“一断之后，虽冤莫伸，或能理雪，百无一二”。他建议由审刑院、大理寺精选明晓法律的辅臣，慎重对待天下之法，“令检寻自来断案及旧例，削其谬误，可存留者，著为例册”（《范文正公集·奏灾异后合行四事》），明确法律依据，既可避免冤案错案的发生，又能提高审判的准确性。

2.**“行纠察”，加强司法监督**。范仲淹建议由朝廷委派“按刑之司”，“纠察四方，绝斯民之冤”（《范文正公集·上执政书》），并且“专切体量州县长吏及刑狱法官，有用法枉曲、侵害良善者，具事状奏闻，候到朝廷详其情理，别行降黜”（《范文正公集·奏灾异后合行四事》）。他还建议协调大理寺和刑部之间的关系，他说：“审刑大理寺评天下之法，生死荣辱，系于笔下，祸及非辜，怨动天地，故五帝三王尽心此道，即秋官司寇之政也”，“刑部一司，详覆天下已断文案。凡天下诉冤之奏，尽委刑部辨之，此亦秋官司寇之政也”。尽管这两个机关都是“秋官司寇之政”，但是，现在刑部“官属寡弱，与审刑大理寺势不相敌，岂敢尽行驳正？故沉冤之人，十无一雪”。因此，他主张加强朝廷对两个司法机关的统一领导，派“辅臣兼判”，以重其事；同时令大理寺“每至岁终，具天下断案中大辟流罪以特恩减放并法寺辨明出入人数进呈”，令刑部“至每岁终，具天下断案详覆到差失公事并辩雪过负冤人数进呈”(《范文正公集·奏乞两府兼判》),进行审核,以对两个司法机关实行宏观控制,令其协调配合,维护司法公正。

3.“重命令”,提升法律的权威性,令行禁止。范仲淹认为,当时审判质量极差,差失不断。其原因有二:一是法官无德,二是法官无才。对前者,他主张司法官吏应严格依法办事,对忽视、违背法律者,严惩不贷①;对后者,他主张通过考试选拔法官,提高其业务素质。他建议由各县保举“有行止、会笔札曹司一名”,赴本州法司集中“习学法律”,“委本州长吏以下聚厅试验”,“稍通刑名义理”(《范文正公集·奏议许怀德等差遣》),即放归原县充任法司。经三年判案无误者,提升一级;有失误无赃私者,五年提升一级。用这种办法迅速培训一批粗通法律的司法官员,以替代庸碌之官,不断提高司法人员的业务素质,避免和防止大量冤案、滞案的发生。

4.约法求治。元昊起兵时,曾联络羌族,约定环庆路酋长六百余人为其向导。庆历元年(1041年)五月,庆州知州范仲淹到环庆路蕃部,以朝廷名义犒赏羌族各部,与之签订条约:“仇已和断,辄私报之及伤人者,罚羊百、马二,已杀者斩;负债争讼,听告官为理,辄质缚平人者,罚羊五十、马一;贼马入界,追集不赴,随本族,每户罚羊二,质其首领;贼大入,老幼入保本寨,官为给食,即不入寨,本家罚羊二,全族不至者,质其首领。”(《范文正公集·与诸羌约》)严明赏罚,羌族遂脱离西夏,为宋效力。

影响评价

后人对范仲淹的评价颇高。《宋史·范仲淹传》曰:“仲淹泛通《六经》,长于《易》,学者多从质问,为执经讲解,亡所倦。尝推其奉以食

① 《范文正公集·答手诏条陈十事》:“準律文,诸被制书有所施行而违者,徒二年;失错者,杖一百。又监临主司受财而枉法者,十五匹,绞。”《范文正公集·答手奏乞于陕西河东沿边行赎法》:“所断赎刑失错者,官吏各准其罪,不以失减,官典受赃者,并以枉法赃论。”

四方游士，诸子至易衣而出，仲淹晏如也。每感激论天下事，奋不顾身，一时士大夫矫厉尚风节，自仲淹倡之。”王安石在《祭范颍州文》中写道：“呜呼我公，一世之师。由初迄终，名节无疵。”元好问道：“文正范公，在布衣为名士，在州县为能吏，在边境为名将，其才其量其忠，一身而备数器。在朝廷，则孔子之所谓大臣者，求之千百年间，盖不一二见，非但为一代宗臣而已。”吕中在《宋大事记讲义》称：“先儒论宋朝人物，以范仲淹为第一。”

范仲淹出生贫寒，社会地位卑微，但他刻苦读书，经科举而入仕，官至宰相。他来自社会底层，做事则务实，以兼济天下为己任；读书则明道，以坚持真理为原则。范仲淹难能可贵的是，进入官场之后，并没有因此改变自己的秉性，放弃自己的节操，忘记自己的责任。从地方官到朝廷重臣，再被贬为地方官，他抱着“公罪不可无，私罪不可有”的政治气度，敢于担当，不是为民造福，就是为国家排忧解难，从来不计个人得失。面对封建统治之颓势，他认为振兴的办法无外乎提升法制的威信，以引导君主和约束官吏，使无序逐渐归于有序。提升法制的威信，一是加强立法，有法可依，令行禁止；二是加强执法，君臣都得遵守法纪，依法办事；三是改革司法，违法必究，依律断罪，惩治邪恶。有忧患意识的人，特别是像范仲淹这样“先天下之忧而忧，后天下之乐而乐”(《岳阳楼记》)以天下为己任的人，忧国忧民的人，必定有崇高之德、睿智之思、非凡之举、不朽之功。他看待法制，也必定有非同凡响的真知卓识。一个人见解的高低往往和一个人品德素质的好坏成正比。令我们兴叹的是：古往今来，有忧患意识的人不少，但对法制提出明智主张的忧患之人实在是寥寥无几，凤毛麟角！

王安石

无畏变革　法度贤才

核心要旨

什么是大无畏的政坛精神？

如何用法制手段选拔和任用人才？

如何注重司法官吏的培养？

如何评价阿云案引发的礼法之争？

改革家有哪些忧虑和困惑？

中国古代凡有雄才大略的帝王和积极有为的政治家，无不变法图存，经历辉煌与失败，他们有的名标青史，有的成为遭受千古骂名的历史过客。王安石，便是这样一位历史过客，他留下了冲天的胆略和豪气，留下了为官的印迹，留下了是是非非，却没有留下辉煌。要说有辉煌的话，那也是他的文学作品，而非他的政绩。

人生历程

王安石（1021～1086年）字介甫，号半山，小字獾郎，世称临川先生。抚州临川（今江西抚州东乡县上池里洋村）人。王安石出生在一个小官吏家庭，年少刻苦好学，读书过目不忘，写文章动笔如飞，初看并不引人注目，写成之后，观者皆服其文精妙。庆历二年（1042年）以进士第四名及第，历任签书淮南（扬州）节度判官厅公事、鄞县（今浙江宁波）知县、舒州（今安徽潜山）通判，一度调开封任群牧司判官，旋又外调常州知府、提点江南东路刑狱公事，继召为三司度支判官、知制诰。在任地方官期间，兴修水利，办理借贷，兴建学校，颇有政绩。嘉祐四年（1059 年）入京为三司度文判官。不久朝廷任命他入直集贤院，同修起居注，他不愿任此闲职，固辞不就，遂改任知制诰，替皇帝起草诏令文告，纠察在京刑狱，因言忤旨意，难以在朝为官，嘉祐八年（1063 年）以母病为由辞官回江宁尽孝。英宗即位后，屡召王安石赴京，王安石均以服母丧和有病为由，恳辞入朝任职。治平四年（1067 年）神宗即位，诏王安石为江宁知府，旋即召为翰林学士兼侍讲。熙宁元年（1068 年），神宗召王安石"越次入对"，王安石即上书主张变法。熙宁二年（1069 年）提为参知政事，主持变法。熙宁七年（1074 年），反对王安石变法的官吏借口天旱，指责新法使"天怒人怨"，"饥民流离"，迫使神宗罢去王安石相位，再任江宁知府。时过一年，熙宁八年（1075 年）又被起用为相，熙宁九年（1076 年）又被罢相。但神宗仍然依照王安石所定新法推行。元丰八年（1085 年）神宗死，哲宗即位。因哲宗尚不满 10 岁，神宗母亲宣仁太后执掌国政。她任用反对新法的司马光为相，尽废新法。王安石晚年退居江宁，著述讲学，封荆国公，世称王荆公。后病死于江宁（今江苏南京）钟山，谥文。今传《临川先生文集》《王文公文集》。

思想脉络

王安石入仕 44 年，其间两任相职，力主"变法"，被列宁誉为是"中国 11 世纪改革家"。王安石的"变法"理论在宋代名噪一时，被称为"荆公新学"。

王安石的法律思想以大无畏的革新精神为基础，用法制手段选拔和任用人才，要求国家重立法、立善法、便行法，促进政治、经济、社会的发展，要求官吏惟当守法议罪，大胆进行司法实践，重用司法人才，但其改革的结局令人忧虑和困惑。

壹 三不足

王安石认为：“因循苟且，逸豫而无为，可以侥幸一时，而不可以旷日持久。”(《王文公文集·上时政书》)因此，立意“变革天下之弊法”，以图复兴。但是，大官僚、大地主阶层认为王安石的变法是“三反”，即反自然、反传统、反众人意志。为了阻止变法，抛出三个“法宝”，即天变可畏，把自然界的灾异归罪于实行新法；祖宗之法不可变，给变法者戴上“叛逆”的帽子；人言可恤，一旦实行新法，必定怨声载道，天下大乱。为了回应这种非难与指责，王安石针锋相对地提出“三不足”的口号，即天变不足畏、祖宗不足法、人言不足恤。

为什么天变不足畏？王安石认为，其一，天是天，人是人，天道与人事，二者各是一个领域，彼此独立，界限分明，互不相关。日食月食与地震的发生，都是正常的自然现象，不值得害怕和忌讳。有时候自然界的灾异现象与人类社会的动乱、变故同时发生，纯属一种偶然的巧合，两者之间并没有因果关系，不能牵强附会，硬拉扯到一起。自然的变故必定是人的罪过造成的看法，是极端荒谬的。其二，自然界的运动规律是可以认识的。这种规律就是事物的对立统一，即相反相成的运动。人在自然面前有一定的能动性，而不是一味地被自然所支配。因此，天象的变异不值得害怕。

为什么祖宗不足法？王安石认为，制定法律制度的目的，在于使天下安宁、国家强盛。为达此目的，三代帝王都根据当时的国势民情确立制度，而对前代法律有所更易①。建立法律制度的宗旨就是度时之宜，通变而治，“此圣人所依贵权时之变者也”。就宋代而言，也没有固守祖宗之法。他说：“祖宗之法不足守，则固当如此。且仁宗在位四十年，凡数次修敕。

① 《王文公文集·策问十道》：“夏之法至商而更之，商之法至周而更之，皆因世就民而为之节，然其所以法意不相师乎？”

若法一定，子孙当世世守之，则祖宗何故屡自改变。”他进一步指出，对于祖宗之法不能生搬硬套“施设之方”，只能“法其意”，即不违背历代制定法律的宗旨。“夫二帝三王，相去盖千有余载，一治一乱，其盛衰之时具矣。其所遭之变，所遇之势，亦各不同，其施设之方亦皆殊，而其为天下国家之意，本末先后，未尝不同也。臣故曰：当法其意而已。”他强调：“今天下财力日以困穷，风俗日以衰坏，患在不知法度，不法先王之政故也。法先王之政，法其意而已。法其意，则吾所改易更革，不至于倾骇天下之耳目，而固已合矣。”目前纲纪不明，财力日穷，风俗日坏，已成颓衰之势。如不改弦更张，国势将一败涂地而不可收拾。唯一的办法就是“视时势之可否，而因人情之患苦，变更天下之弊法，以趋先王之意”（《王文公文集·上皇帝万言书》）。因此，旧的传统不能作为治世固守的依据。

为什么人言不足恤？变法伊始，守旧派纷纷以直言敢谏的忠臣的面目出现，向皇帝直言劝谏，要求废止新法。如果不采纳他们的意见，就是一意孤行，不循民意，不恤民言。王安石并没有被这种舆论所慑服。他认为，人言有符合义理的，也有信口雌黄、打胡乱说的，对待人言的态度也有两种，一是凡符合义理的就从善如流，二是凡打胡乱说的就不予理睬。对变法来讲，一是国家立法不能受人言的左右，而应以国民长远利益为标准①；二是如果以人言为恤，就根本制定不出善法②。因此，人言不足恤，流言蜚语用不着去顾虑。

王安石的“三不足”，不是违抗自然规律、违反文化传统、违背民众意愿，而是不惊恐自然灾害、不固守成规旧俗、不忌惮流言蜚语。“三不足”使改革无私无畏，无所顾忌，大张旗鼓，披荆斩棘，勇往直前，绝不动摇。

---

① 《王文公文集·上皇帝万言书》：“朝廷立法，当内自断以义，而要久远便民而已，岂须规则恤浅近人之议论。”

② 《王文公文集·上皇帝万言书》：“流俗之人，罕能学问，故多不识利害之情，而于君子立法之意有所不思，而好为异论，若人主无道以揆之，则必为异论众多所夺，虽有善法，何由立哉！”

贰

明法重贤

作为政治家，王安石认为宋朝主要的问题在于：占位掌权的并不都是贤才，办理政事并非都符合法度，结果只能是官场混乱，民众贫困，世风日下，国力日衰。[①]要实现天下大治，须对症下药，有的放矢，主要靠两种办法：一是“大明法度”，即废除旧法、弊法，创立新法、善法；二是“众建贤才”，即汰除守旧平庸之吏，起用进取有为之士[②]。在此基础上，他把法度和贤才的作用统一起来，认为“法治”和“人治”是相辅相成、相得益彰的两个重要因素，从而形成了“法治”“人治”协调统一论。

王安石目睹宋王朝自“庆历新政”以后民族矛盾、阶级矛盾日益深化[③]的现象。他认为，国家是否富强，天下是否安宁，关键在于有没有仁善合理的法度[④]。立法，立善法，是治理国家的前提。有了善法，还得有人才去推行，因此，他又十分重视“人”的作用。“国以任贤使能而兴，弃贤专已而衰……有贤而能用之者，国之福也，有之而不用，犹无有也，可不慎欤？”(《王文公文集·兴贤》)“任贤”表现在以下两方面：

其一，立法离不开贤人。王安石认为，现在时势衰败，虽欲改易更革，“其势必不能者，何也？以方今天下之才不足故也”(《王文公文集·上皇帝万言书》)。可见，是否有一定数量的有为之士，是实行变法的重要条件。

---

① 《王文公文集·上时政书》：“方今朝廷之位，未可谓能得贤才；政事所施，未可谓能合法度。官乱于上，民贫于下，风俗日以薄，财力日以困穷。”

② 《王文公文集·上时政书》：“盖夫天下至大器也，非大明法度，不足以维持，非众建贤才，不足以保守。苟无至诚恻怛忧天下之心，则不能询考贤才，讲求法度。贤才不用，法度不修，偷假岁月，则幸或可以无他，旷日持久，则未尝不终于大乱。”

③ 《王文公文集·上皇帝万言书》：“顾内则不能无以社稷为忧，外则不能无惧于夷狄，天下之财力日以困穷，而风俗日以衰坏，四方有志之士諰諰然常恐天下之久不安。此其故何也？患在不知法度故也……今朝廷法令严惧，无所不有，而臣以谓无法度者，何哉？方今之法度，多不合乎先王之仁故也。”

④ 《王文公文集·周公》：“盖君子之为政也，立善法于天下，则天下治；立善法于一国，则一国治。如其不能立法，而欲人人悦之，则日亦不足矣。”

要实行新政，创制新法、善法，必须靠贤人出谋划策，积极参与，否则，根本立不出新法、善法[①]。变法就意味着力排众议，孤军奋战、众叛亲离，所以必须有支持变法的新生力量参与立法。

其二，执法离不开贤才。王安石说："今以一路数千里之间，能推行朝廷之法令，知其所缓急，而一切能使民以修其职事者甚少，而不才苟简贪鄙之人，至不可胜数。其能讲先王之意以合当时之变者，盖阖郡之间，往往而绝矣。"在位的人才明显不足，流落在民间的人才也十分罕见。于是，"朝廷每一令下，其意虽善，在位者犹不能推行，使膏泽加于民，而吏辄缘之为奸，以扰百姓"。由此可见，"在位非其人而恃法以为治，自古及今，未有能治者也"(《王文公文集·上皇帝万言书》)。任何一项好的法令，"得其人而行之，则为大利，非其人而行之，则为大害"(《王文公文集·上五事书》)。"守天下之法者吏也，吏不良则有法而莫守。"(《王文公文集·度支副使厅壁题名记》)必须要有好的执法者，法律才会得到实施，才会见到成效。

运用法制手段选拔和任用人才，是王安石"法治""人治"统一协调思想在实践中的具体表现。

1．**"久其任而待之以考绩之法"**。王安石认为，北宋在选拔任用官吏方面存在两大弊端：一是不重视真才实学。或者只关注一次的考试成绩："使之于一日二日之间考试其行能而进退之"；或者只看出身资历："方今取之既不以其道，至于任人又不问其德之所宜，而问其出身之先后，不论其才之称否，而问其历任之多少"。他反对以一时的考试取人，也反对不问能力，只看资历，更反对变相的世袭制。他说："官人以世，而不计其才行，此乃纣之所以乱亡之道，而治世之所无也。"他主张用考试和推荐相结合的办法选拔有真才实学的人才。他说："先王之取人也，必于乡党，必于

① 《王文公文集·详定十二事议》："朝廷必欲大修法度、甄序人财，则以至诚恻怛求治之心，博延天下议论之士，而与之反复，必有至当之论，可施于当时。凡区区变更而终无补于事实者，臣愚窃恐皆不足为。"

庠序，使众人推其所谓贤能，书之以告于上而察之。诚贤能也，然后随其德之大小、才之高下而官使之。”既要遵从社会底层的意见，又要看官府对其言行、能力测试的结果，二者结合，再根据其品德和才能的高下，授以相应的官职。二是“任不久于其任”。宋代官场之弊在于任官之后“不得久于其官，往往数日辄迁之”，加上这些官吏毫无专业技能，或所学非所用。“以文学进者，且使之治财。已使之治财矣，有转而使之典狱。已使之典狱矣，又转而使之治礼。是则一人之身，而责之以百官之所能备，宜其人才之难为也。夫责人以其所难为，则人之能为者少矣。人之能为者少，则相率尔不为。”（《王文公文文集·上皇帝万言书》）官吏很难安下心来，做出一番成绩。王安石主张任官“久其任而待之以考绩之法”。这样做的好处在于：一是可以让任官者“专其业”，“夫人之才，成于专而毁于杂”，只有让官吏久其职事，才能熟悉情况，积累经验，获得专业技能，轻车熟路，搞好本职工作；二是“而后可以责其有为”，对官吏提出必须完成的任务和指标，以此检验他的行政能力和业务水平，并作为升黜的依据。

2. 设“明法科”，培养执法官吏。王安石指出，审判质量极差，原因在于“今之典狱者未尝学狱”。而且科举制度是“以诗赋记诵求天下之士，而无学校养成之法；以科名资历叙朝廷之位，而无官司课试之方”。熙宁三年（1070 年），他将所有的进士科以外的科目统统废除，另设“新科明法”，以“律令、刑统大义、断案”为考试内容，考试合格“始出官”，充任司法官吏。此外，还规定，所有要参与选官的人须再考刑法，合格者才委派官职。进士的考试内容也加入刑法。经“明法科”考试合格者，其名次在及第进士之上，以示褒奖。这一措施是对传统旧观念的冲击，因为，“昔曰刑法者，世皆指为俗吏”，“旧明法最为下科”，“律学在六学之一，后来缙绅，多耻此学，旧明法科徒诵其文，罕通其意”（《宋史·选举志》）。这个措施重在倡导读书人学以致用，当官者依法治民。熙宁六年（1073 年），王安石在国子监设立律学教授，凡得到推荐的候补官吏都必须在此学习法律，培养断案能力，考试合格后方能补官。“设明法科”不仅为王安石变法培养了许多得力人才，而且对古代法律的研究具有促进作用。纵观历史，王安石开启了将法律教育与管理选拔任免结合一体的先例。

叁

守法议罪

宋代，法律样式有敕、令、格、式。“神宗圣训曰：‘禁于未然之谓敕；禁于已然之谓令；设于此以待彼之至，谓之格；设于此使彼效之，谓之式。’凡人笞杖徒流死，自名例以下至断狱十有二门，丽刑名轻重者，皆为敕；自品官以下至断狱三十五门，约束禁止者，皆为令；命官庶人之等，倍全分厘之给，有等级高下者，皆为格；表奏、帐籍、关牒、符檄之类，有体制模楷者，皆为式。”（《容斋随笔·敕令格式》）王安石重视法律的作用，要求严格依法办事，秉公执法，公正司法。其具体要求为：

1. 君主应当知法遵法。王安石主张君主遵守法令，“盖宪者，为法以示人之谓也。所以法以示人，当率法慎为能”。所谓“慎为能”，就是严格依法办事，不凭一己“私智”：“总天下万事而断之以私智，则人臣皆将归事于其君而不任其责，淫辞邪说并至。”另外，他指出，知法、懂法是慎法的重要条件，要求君主不仅要谨慎行法，而且要学习和明晓法律。“人君听断不知所出，此事之所堕也。”（《王文公文集·答圣问赓歌事》）他主张依法治罪，反对君主任意法外施恩。“熙宁七年旱，神宗欲降赦，时已两赦矣，王安石曰：‘汤旱，以六事自责，曰政不节与？若一岁三赦，是政不节，非所以弭灾也。’乃止。”（《容斋随笔·多赦长恶》）

2. 执法应“刑平而公”。要做到“刑平而公”，关键在于严厉制裁违法犯罪的贵戚、大臣，使他们像寻常百姓一样循法守令。“大臣、贵戚、左右、近习，莫敢强横犯法，其自重慎或甚于闾巷之人，此刑平而公之效也。”他还主张运用监察手段抑制权贵，使“大臣、贵戚、左右、近习莫能大擅威福、广施货赂，一有奸慝，随辄上闻，贪邪横猾，虽或见用，未尝得久”（《王文公文集·本朝百年无事札子》)。

3.“有司议罪，惟当守法”。宋神宗熙宁年间，发生了阿云案，“登州有奏，妇阿云，母服中聘于韦，恶韦丑陋，谋杀不死”(《宋史·刑法志》)。当时登州知州许遵引用《刑统》中“因犯杀伤而自首，得免所因之罪，仍从故杀伤法”条文，认为该案“按问欲举，自首”，应以谋杀已伤，减二等处理。这一意见被刑部驳回，大理寺、审刑院以违律为婚、违礼杀夫奏裁，论当绞刑。许遵受到御史台弹劾，许遵不服，“请下二制议”。于是案件既经大理寺、审刑院、刑部，又经翰林、中书、枢密，产生不同的裁决意见和争论。争论的焦点为：阿云为母服丧期未满，婚约是否有效？谋杀是否有自首情节？谋杀伤人自首是否能免除谋杀罪？王安石与司马光意见截然不同，针锋相对。司马光认为阿云谋杀亲夫，严重违反礼义，“礼之所去，刑之所取”，谋杀已伤应判死刑。王安石却支持许遵的意见，他在上神宗奏折中指出：“《刑统》杀伤罪名不一，有因谋，有因斗，有因劫囚，有因略卖……此杀伤而有所因者也。惟有故杀伤则无所因，故《刑统》因犯杀伤而自首，得免所因之罪，仍从故杀伤法……今刑部以因犯杀伤者谓别因有犯，遂致杀伤。窃以为律但言因犯，不言别因。则谋杀何故不得为杀伤所因之犯？……今法寺、刑部乃以法得首免之谋杀，与法不得首免之已伤合为一事，其失律意明甚。臣以为云谋杀已伤，按问欲举自首，合从谋杀减二等论。”主张依法不依礼，从法律条文中寻找为弱女子阿云开脱罪状的法律依据，结果奉敕免阿云死罪。为维护司法统一，王安石反对司法官在审判中不循法律、任其私虑。他说：“有司议罪，惟当守法。情理轻重，则敕许奏裁。若有可辄得舍法以论罪，则法乱于下，人无所措手足矣。”(《文献通考·刑考九》)“三司措置，百司失理，莫能与之抗衡”，这种局面不利于保证审判质量，对此，他建议加强司法监督，主张“今使内制一人总其权以敌三司”，派得力官员“躬亲点检细事，小既足以究察诸司奸弊，大又足以检制三司，酌情处置，未为失也”(《王文公文集·看详杂议》)。当大理寺

"议定刑名"不当或意见不能统一时，宰相、副宰相应当参与意见。他说："有司用刑不当，则审刑、大理当论证；审刑、大理用刑不当，即差官定议；议既不当，即中书自宜论奏，取决人主。此所谓国体。岂有中书不可论正刑名之理。"（《宋史·刑法志》）

4. 树立国家法制权威，禁止私自复仇。血亲复仇，是氏族社会延续下来的习惯，儒家对复仇持肯定的态度[①]，但复仇对封建国家法制产生了强烈的冲击。王安石站在维护国家法制至高无上的立场上，明确反对复仇，认为复仇"非治世之道也"。治世，"明天子在上，自方伯、诸侯以至于有司，各修其职，其能杀不辜者少矣"。如果父兄不幸无辜被他人杀害，其子弟不该私自去复仇，应走申诉程序，"以告于有司"，"有司不能听，以告于其君；其君不能听，以告于方伯；方伯不能听，以告于天子，则天子诛其不能听者，而为之施刑于其仇"，所以治世不可能出现复仇。所谓复仇，是乱世的产物。因为"乱世，则天子诸侯方伯皆不可以告。故《书》说纣曰：'凡有辜罪，乃罔恒获。小民方兴，相为敌仇。'盖仇之所以兴，以上之不可告，辜罪之不常获也"，于是就有"父兄之仇而辄杀之者，君子权其势，恕其情而与之，可也。故复仇之义，见于《春秋传》，见于《礼记》，为乱世之为子弟者言之也"。在王安石看来，复仇之兴，是天下大乱、法令失效的变态行为。随着社会的安定，国家法制的逐步加强，复仇就成了一种不法行为，特别是"为父受诛，子复仇"，是违法犯罪行为，儿子应"不敢以身之私，而害天下之公"。如果国家处于乱世而法律又禁止复仇，该怎么处理才好呢？王安石说："可以复仇而不复，非孝也；复仇而殄祀，亦非孝也。"可以复仇而不复仇非孝道，复仇后受到法律惩治亦非孝道，这是一个左右为难的选择。"以仇未复之耻，居于终身焉，盖可也。"只能忍耻含侮，抱憾终身，以服从法律。因为，"仇之不复者，天也；不忘复仇者，己也。克己以畏天，心不忘其亲，不亦可矣"（《王文公文集·复仇解》）。心存复仇的愿望，

① 《礼记·曲礼》："父之仇，弗与共戴天；兄弟之仇，不反兵；交游之仇，不同国。"

行为上不作违法复仇的举动，以“人格分裂”的方式同时满足遵守国家法律和保有伦理精神的需要。

肆

理财兴农

嘉祐四年（1059年），王安石入京为三司度支判官，曾上仁宗皇帝言事书（近万言），对官制、科举以及奢靡无节的颓败风气作了深刻的揭露，提出了“因天下之力以生天下之财，取天下之财以供天下之费”的理财原则，请求改革政治，变更法度，发展农业，加强边防，但并未引起朝廷的重视。为摆脱宋王朝所面临的政治危机（“冗官”）、经济危机（“冗费”、土地集中、赋税减少）以及军事危机（“冗兵”、辽与西夏不断侵扰），熙宁二年（1069年）王安石被提为参知政事，主持变法。为指导变法的实施，设立制置三司条例司议行新政。王安石建议宋神宗“以农事为急”，搞官营经济，他拍胸脯说：“善理财者，不加赋而国用足。”王安石认为自己的新法不是为聚敛，而是抑豪富、济贫民、足国用的正义之举。他先后颁行农田水利法、市易法、均输法、青苗法、保甲法、方田均税法、免役法、保马法等，统称“熙宁新法”。其具体做法为：推行“农田水利法”，通过国家资助、民众集资等方式兴修水利工程，大量增加可灌溉的耕地，保证农田的高产稳产；推行“市易法”，国家设市易司，“通有无、权贵贱，以平物价，所以抑兼并也”，官府以“贵买贱卖”的方式干预物价；推行“均输法”，设立国家贸易公司，徙贵就贱，用近易远，“便转输、省劳费、去重敛、宽农民”，“敛不及民而用度充足”，调整对农民征收实物和运输方式，减轻农民负担；推行“青苗法”，即国家成立农村小额贷款银行，出息二分，方便农民春贷秋还，抑制豪强地主的高利贷盘剥；推行“保甲法”，籍民二丁取一，十家为一保，保丁授弓弩，教之战阵，寓兵于民；推行“方田均税法”，以“方”为单位，测量土地，验其肥瘠，定其色号，分五等定税额；推行“免役法”，据家资高下出钱,由官雇役。

新法的推行,取得了一定成效,促进了农田水利事业的发展,国家财政状况有所改善,军事力量也得到加强,并在一定程度上限制了大地主和豪商对农民的剥削。但实际上,王安石的新法是"官进民退",是彻头彻尾的以公共利益为名的"聚敛",造成官方设立的市易司垄断了市场,"凡商旅所有,必卖于市易",结果"市梳朴则梳朴贵,市脂麻则脂麻贵",人皆怨谤;均输法则"笼诸路杂货,渔夺商人毫末之利",导致小商贩无生意可做……王安石变法打破了国家与市场、社会之间的防线,放大了官吏涌入社会与市场榨取商民脂膏的机会与空间,朝廷垄断了商品贸易,商人、市民、农人的利益均遭侵犯,社会原有秩序遭到破坏。而上书直谏变法危害的贤良大臣均遭王安石罢黜,或贬官或流放,导致税吏越发恣意妄为、胆大包天。此种情况愈演愈烈,变法的实际效果与主观设想相去甚远,甚至背道而驰。

影响评价

王安石登上政坛,力主变法,政治自信心充足,他以诗言志:"不畏浮云遮望眼,只缘身在最高层。"(《登飞来峰》)朝廷对王安石有较高的评价,说他"名高一时,学贯千载;智足以达其道,辩足以行其言;瑰玮之文,足以藻饰万物;卓越之行,足以风动四方"(《王安石赠太傅敕》)。同僚欧阳修对他赞颂:"翰林风月三千首,吏部文章二百年。老去自怜心尚在,后来谁与子争先。"

但民间对王安石的议论却逆耳难忍。据传,王安石推行新法之后,招致很多骂名。有一次,他和一个仆人结伴,微服回乡。晚上他们住在一位老婆婆家里。第二天早上,老婆婆一边用木勺搅拌盆中的泔水,一边喊:"拗相公,来!"两头猪听到呼唤,立即冲过来。然后,老婆婆给鸡喂食,又喊道:"王安石,来!"所有的鸡听到这一招呼都跑了过来。王安石满脸的疑惑和不快。老婆婆告诉他:“官人有所不知,王安石是当今丞相,拗相公是他的诨名。我恨他,所以用来唤畜生。”王安石闻言脸色大变,忙问究竟。老婆婆说:“我是一个寡妇,已经寡居二十多年了,只和一个婢女住在一起,然而王安石却要我们出这样那样的赋税钱,出了钱,差役还一样都不减少。我种桑、麻,全交给了官府;我养猪、鸡,自己却从来吃不上一块肉。说实在的,有朝一日,我碰到了王安石,我立刻把他烹了,以解心头之恨。”听完老婆婆的一番话后,王安石当下须发尽白,无地自容。

我们知道,民富国强是变法的目标,民富是国强的先决条件,国强是民富的最终结果,二者关系不可割裂,顺序不容颠倒。但王安石的变法,竟然造成国富民穷的结果,老百姓因为改革付出惨重的代价而对改革家恨之入骨,这是改革家始料未及且痛心疾首的。如果改革最终使百姓穷困潦倒、疲劳奔命而怨声载道,还不如不作这样的折腾和改变。

朱熹

天理人欲　德礼政刑

核心要旨

如何理解『存天理，灭人欲』的立法宗旨？

尊君与抑制君权二者如何兼顾？

如何理顺德礼政刑之间的关系？

执法严宽如何具体运作？

做学问的最高境界是什么？

公元960年，宋朝的建立，标志着中国已步入封建社会晚期。宋朝统治者一方面吸取唐“安史之乱”的教训，为了从根本上扭转过去藩镇割据、大权旁落的局面，采取了没收地方实权、重用文官等一系列措施，强化中央集权，使封建专制主义有了进一步的发展；另一方面，一改唐以前的限田政策，土地“不抑兼并”，加速了土地的流转、集中，地主与佃农两大降营日渐形成，贫富分化历历在目。这样一来，对权力的垄断，对财富的争夺，使有的人丧失了人性良知的同时，也恶化了人际关系，激化了社会矛盾。朱熹认为，社会动荡不安的原因在于“法弊”“时弊”。“法弊”即纲纪松弛，“时弊”即“人皆以私心为之”。面对“法弊”“时弊”，无论是讲今生来世、天堂地狱、因果报应的佛学，还是讲清心寡欲、清静无为的道教，抑或重伦理亲情、仁义礼智信的儒学，都显得有气无力，缺乏特效。而儒、道、佛三者之间的并存与争执，也引起了思想上的混乱，让人们一头雾水，无所适从。朱熹认为，“天理未明，物欲方炽”，“人欲横流，天理几灭”，于是，以儒学为本，兼容佛、道的理学应运而生。它为人们抵御权势欲、贪欲的侵蚀，自觉依循封建统治的秩序提供了强大的思想武器。朱熹是宋代理学集大成者，且在法律思想上有突出贡献和深远影响。

人生历程

朱熹（1130～1200年），字元晦，后改为仲晦，号晦庵，晚年称晦翁、云谷老人、沧州遁叟。徽州婺源（今江西婺源）人，生于福建尤溪。朱熹从小聪慧过人，受教于父，学习儒家经典。4岁时其父指天说："这是天。"朱熹则问："天之上有何物？"其父大惊。5岁读《孝经》，在书上题词自勉："不若是，非人也。"8岁读《孟子》，发出"圣人与我同类者"的感慨。13岁读《论语》。14岁时父亲病逝，遵父遗言，师事父亲老友"一胡二刘"（胡原仲、刘致中、刘彦中），在学习儒术的同时，对佛教、道教也无不过问，尤其对佛教产生了强烈的兴趣。18岁参加建州乡贡考试，中举。次年又中进士。22岁授泉州同安县主簿。两年后任满，请求辞官去职，潜心理学研究，求师于父亲的同门师友、二程的三传弟子李侗，出佛学而回归儒学，悉心求道，得理学之真传，成为儒家道统中的重要人物。绍兴三十二年（1162年）孝宗即位，下诏求直言，朱熹上《壬午应诏封事》，提出三项建议："帝王之学不可以不熟讲"；"修攘之计不可不以早定"；"本原之地不可不加意"（《朱文公文集·壬午应诏封事》）。注重统治理论的研究，反和主战的态度十分鲜明。朱熹在家著书、讲学二十余年后，淳熙五年（1178年）经宰相史浩推荐，出任南康（今江西星子县）知军。淳熙八年（1181年）任提举两浙东路常平茶盐公事。绍熙元年（1190年）知漳州，后召任知潭州。在此期间，朱熹提出设社仓、主经界的改革措施，恤民省赋，大修荒政，律己公廉，执事勤谨，弹劾贪官污吏，完成《四书章句集注》，建立白鹿洞书院和岳麓书院，讲学授徒，宣扬"道学"，形成了独立的学派。绍熙五年（1194年）宁宗继位，朱熹被举为焕章阁侍制兼侍讲。不久因上书斥韩侂胄窃柄弄权，引起宁宗不满，以干预朝政的罪名被罢免出朝。随后，御史大夫沈继祖历数朱熹“不孝其亲”“不敬于君”“不忠于国”“玩侮朝廷”等十大罪名，弹劾其宣扬伪学。宁宗下诏禁止道学，朱熹在落职罢祠后，郁闷不乐，不久就长辞人世。朱熹死后九年，嘉定二年（1209 年）宁宗诏赐朱熹遗表恩泽，谥曰文，称朱文公。嘉定五年（1212 年）把朱熹的《论语集注》《孟子集注》被列入官学，作为法定的教科书，禁止道学的诏令被废除。理宗即位后，确立朱熹思想为官学。

朱熹著述甚多，有《朱文公文集》《四书章句集注》《周易本义》《诗集传》等。此外有《朱子语类》，是他与弟子们的问答录。

思想脉络

理学发萌于唐中叶的韩愈、李翱。韩愈提出了“道统”论，要求对儒学正本清源，一是仿照佛教诸宗派传法世系的法统，明确儒学从孔子到孟子就后继无人的传承世系[①]；二是澄清了儒学的真谛是“仁义之道”[②]，而不是“天人感应”。李翱提出“性善情恶”说，要求克制情欲，恢复“天命之性”。北宋时期，理学有了很大的发展，周敦颐援佛、道入儒，断言“太极”是万物的本源，主张“无欲”主静、去恶从善。张载《西铭》有云：“故天地之塞，吾其体；天地之帅，吾其性。民，吾同胞；物，吾与也。”这种气象博大的人生观把仁视为天地大德，对其他理学家影响颇大，进而将仁提升到天地万物的道德本源地位。程颢、程颐兄弟说：“若夫至仁，则天地为一身，而天地之间，品物万形为四肢百体。夫人岂有视四肢百体而不爱者哉？”（《河南程氏遗书》卷四）提出了理气、道器、形而上形而下、格物致知、天理人欲等基本范畴，成为理学的奠基者。南宋的朱熹创造性地发展了“二程”理学，他以儒学为核心，吸取了道教宇宙构成、万物生化的理论

① 韩愈：《原道》：“斯吾所谓道也，非向所谓老与佛之道也。尧以是传之舜，舜以是传之禹，禹以是传之汤，汤以是传之文武周公，文武周公传之孔子，孔子传之孟轲，轲之死，不得其传焉。”

② 韩愈：《原道》：“博爱之谓仁，行而宜之之谓义，由是而之焉之谓道，足乎己无待于外之谓德。”

和佛教思辨哲学，把理作为宇宙的本原和主宰，作为包括平民在内的所有人必须敬奉的社会准则，作为儒学之“道统”，从而完成了儒家思想哲理化、儒家经学义理化、儒学道统体系化、儒家学说大众化四大任务，使儒学有了很高的学术品位和广泛的社会影响力，封建正统思想发展到一个前所未有的崭新阶段，且统治中国封建社会思想领域达七百余年。

朱熹的法律思想以“存天理，灭人欲”为核心，提出了“振肃纲纪，天理君权”“德礼政刑，迭相为用”“以严为本，以宽济之”三大主张，极大地丰富了封建正统法律思想。

— 壹 —

存天理，灭人欲

朱熹的理学以探讨在自然、社会现象背后有一个更根本的本体为核心，强调穷理尽性，追求人的存在依据及其价值，自觉做到“存天理，灭人欲”。什么是“理”？怎样体认“理”？“理”的价值和意义何在？朱熹回答了这三个问题，从而建立了自己的理学体系。

1. 宇宙之间，一理而已。“理”是朱熹思想的核心，朱熹认为：“理”是宇宙本体，是天地人物存在的依据。[①]“理”的内涵十分丰富：其一，“理”是万事万物的本源，它主宰万事万物而生生不息[②]。其二，“理”是超感觉、超时空的绝对存在，即理在事先，理在物上[③]。它不以人的主观意志而转移，也不会为人所感知。其三，“理”为事物必然的规律和法则。“理”是天下万物的“当然之则”和“所以然之故”，“至于天下之物，则必各有所以然

① 《朱文公文集·读大纪》：“宇宙之间，一理而已。天得之而为天，地得之而为地，而凡生于天地之间者，又各得之以为性……自未始有物之前，以至人消物尽之后，终则复始，始复有终，又未尝有顷刻之或停也。”

② 《朱子语类·理气上·太极天地上》：“未有天地之先，毕竟也只是理，有此理，便有此天地；若无此理，便亦无天地，无人无物，都无该载了。”

③ 《朱子语类·卷九五》：“形而上者，无形无影是此理；形而下者，有情有状是此器。”《朱文公文集·答何国财四》：“非人所能为乃天理也，天理自然，各有定体。”

之故，与其所当然之则，所谓理也”(《朱子四书或问·大学或问》)。抽象的“理”与具体的事相对而言，“形而上者，指理而言；形而下者，指事物而言。事事物物，皆有其理，事物可见，而其理难知，即事即物，便要见得此理”(《朱子语类·卷七五》)。要做一个自觉的人，关键在明理，而不在乎忙于做事，“理有未明，则见物而不见理；理无不尽，则见理而不见物。不见理，故心为物蔽而知有不极”(《朱文公文集·答李孝述继盖问目》)。对“理”要诚实相待和绝对服从，知“理”后，就能“审微于未形，御变于将来”。其四，“理”是治民必须遵循的伦理道德原则。朱熹把“三纲五常”提升为形而上本体之理，以此来说明现实社会伦理道德的合理性和必然性①。“三纲五常”是理之体，恻隐、善恶、恭敬、是非是理之用，理之体通过理之用实实在在地表现出来。朱熹将伦理道德原则说成是理的内容之一，一方面，充实了理的内涵；另一方面，提高了伦理道德原则的地位，责令人人务必遵从。总而言之，天理、物则、人伦、法制高度统一，浑然一体。“理”的提出，在于告诫人们的思想言行，不可能随心所欲，欲所欲为，而必须受到理念、自然规律、道德法则、法律法规的多重约束。

2. 即物穷理，格物致知。朱熹明确指出，“莫不有知”的“人心之灵”是认知的主体，“莫不有理”的“天下之物”是认识的客体，主体与客体之间有清晰的界限，不能混为一谈。认知主体和认知客体联系的方式是“格物致知”②。大概有此物，必有是理，由于理无形而难知，物有迹而易睹，因此，人们对理的认识，只能通过对每一具体事物的观察，体认其中隐含的道理。所谓“致知”，“致，推极也；知，犹识也。推极吾之知识，欲其所

① 《朱文公文集·答何叔京二十八》：“天理只是仁义礼智之总名，仁义礼智便是天理之件数。”《朱文公文集·甲寅行宫便殿奏札二》：“夫天下之事，莫不有理，为君臣者有君臣之理，为父子者有父子之理，为夫妇、为兄弟、为朋友以至出入起居，应事接物之际，亦莫不各有其理焉。”《朱文公文集·癸未垂拱奏札二》：“三纲之要，五常之本，人伦天理之至，无所逃于天地之间。”《朱文公文集·戊申延和奏札》：“盖三纲五常，天理民彝之大节而治道之本根也。故圣人以治，为之教以明之，为之刑以弼之。”

② 《朱子语类·大学·经下》：“格物者，格，尽也。须是穷尽事物之理。若是穷得三两分，便未是格物，须是穷尽得到十分，方是格物……盖天下之事，皆谓之物，而物之所在，莫不有理。”

知无不尽也”。“致知所以求为真知，真知是要彻骨都见得透。”(《大学章句·经一》)格物与致知是认识的两个阶段，“格物，是物物上穷其至理；致知，是吾心无所不知。格物是零细说，致知是全体说”(《朱子语类·大学二·经下》)。从格物到致知，是一个“积累有渐”到“豁然贯通”的过程，二者互相依赖，不可或缺。在此基础上，朱熹还进一步探讨了知与行关系问题，知行“只有两件事，理会，践行”(《朱子语类·学三·论知行》)。首先，在程序上，知先行后，“故圣贤教人，必以穷理为先，而力行以终之”(《朱文公文集·答郭希吕》)。由于知是行的前提，行必须依赖知，知行不得脱节，因此，先知后行的顺序是固定的，不容颠倒。“会做事底人，必先度事势有必可做之理，方去做。”其次，在价值上，行重知轻。朱熹认为，就知识的来源而论，先有知，后有行；但就知识的社会效果而论，践行比致知更为重要。[①] 论其原因，一是“知易行难”，二是明理的目的是力行，三是力行是检验知正确与否的标准。因此，“学之之博，未若知之之要，知之之要，未若行之之实”(《朱子语类·学七·力行》)。最后，在关系上，知行互发。知与行关系密切，一是互相依存，“知行常相须，如目无足不行，足无目不见”(《朱子语类·学三·论知行》)，不可偏废。二是互相促进，“知之愈明，则行之愈笃；行之愈笃，则知之益明”(《朱子语类·大学一·纲领》)。

3. 天理自明，人欲自消。所谓天理与人欲之分，最早见于《礼记·乐记》,《乐记》是把天理人欲作为一对伦理范畴提出来的：“人生而静，天之性也。感于物而动，性之欲也。物至知知，然后好恶形焉。好恶无节于内，知诱于外，不能反躬，天理灭矣。夫物之感人无穷，而人之好恶无节，则是物至而人化物也。人化物也者，灭天理而穷人欲者也。”认为人的本性主静，感物而动产生欲，欲与理对应，人易受客观外物的诱惑，以致好恶无节，这样就会出现人欲横流而天理灭绝的状况。如果《乐记》只是客观描述了“天理”与“人欲”势不两立的情形的话，那么，朱熹进一步提出了

① 《朱文公文集·答程正思》:“致知力行，论其先后，固当以致知为先。然论其轻重，则当以力行为重。”

积极、自觉的应对办法，即“存天理，灭人欲”(《朱子语类·学六·持守》)。什么是“天理”？什么是“人欲”？朱熹回答说，“天理”就是心之本然，性之本善，就是“三纲五常”。“人欲”不尽同于“欲”，“欲”指的是人们对于物质生活的正当要求和欲望，这是合理存在而不能去掉的，“若是饥而欲食，渴而欲饮，则此欲亦岂能无此”(《朱子语类·卷七八》)。由此可见，朱熹并不否定人们自然欲望的正当性和合理性，但这一欲望被限制在维持生存的范围内。“人欲”指超出人们基本生活需求之上，一味追求物质享受及个人利益的私欲，“人欲者，此心之疾疢，循之则其心私而且邪”(《朱文公文集·辛丑延和奏札二》)。“人欲”是被物质享受诱惑而产生的残忍、贪婪和邪恶的奢望和私欲，是危乱国家的根源。“天理”为“公”，“人欲”为“私”，“天理”与“人欲”构成了对立的矛盾统一体，“有个天理，便有个人欲。盖缘这个天理，须有个安顿处，才安顿得不恰好，便有人欲出来”。一人心中，不是天理，便是人欲，因此，应该“革尽人欲，复尽天理”(《朱子语类·学七·力行》)。朱熹的“理、欲”之辨比起孟子的“义、利”之争，无论在理论的深度上，还是在涵盖的广度上，都有过之而无不及。

朱熹的理学，在天理层面为中国人找到了思想的终极关怀和心灵的安顿之处。

贰

振肃纲纪，天理君权

秦汉以来，中国建立了封建君主制度，这一制度在长期运作过程中，在治理国家、统治人民方面发挥着重要作用，但也出现了危机，如汉代的宦官、后戚专权，唐代的藩镇割据。对于如何证实这一政治体制的合理性，如何不断地完善这一政治体制，朱熹提出了“振肃纲纪”“天理君权”的思想命题。朱熹指出，国家的治乱与纲纪张弛密切相关，纲纪正，则天下定；纲纪乱，则上无道揆而下无法守，天下就会混乱不堪。正纲纪，就是君主出以公心，尚贤举能，建立一套赏善罚恶等级分明的制度。① 振肃纲纪的关键是“天理君权”。“天理君权”的思想包含两项基本内容：一是尊君，二是限制君权，这是一个事物正反的两个方面，可以对立统一。

1. **尊君**。朱熹把君主制纲入天理的范畴，以证实其存在的合理性。他说：“问：上帝降衷于民，天将降大任于人，天祐民作之君，天生物因其才而笃，作善降百祥，作不善降百殃；天将降非常之祸于此世，必预出非常之人以拟之。凡此等类，是苍苍在上者真有主宰如是邪？抑天无心，只是推原其理如此邪？曰：此三段只一意，这个也只是理如此。”（《朱子语类·理气上·太极天地上》）无论是天将降大任于人，还是天祐民作之君，皆是“理”使之然。由于君权是符合天理的，因此，朱熹主张“尊君”，即维护君主在等级社会中的至高无上地位和神圣不可侵犯的权威。他说：“君臣之际，权不可略重，才重则无君，且如汉末，天下唯知有曹氏而已。魏末，唯知有司马氏而已。”（《朱子语类·学七·力行》）臣下的地位凌驾于君主之上，君主大权旁落，国家就四分五裂，国势衰微，民心涣散。尊君，就是为了维护国家的统一和社会的稳定。

2. **限制君权**。朱熹主张君主制，却反对绝对君权主义。他说：“人主之学，当以明理为先。是理既明，则凡所当为而必为，所不当为而必止者，莫非循天之理而非有意、必、固、我之私也。”（《朱文公文集·癸未垂拱奏札二》）君主必须循天之理来治理国家。为了防止君权过分膨胀，限制君主滥用职权，朱熹提出了三项措施：第一，“正君心”。朱熹认为，在君主制下，君主心术的正邪是国家治乱安危的决定因素，“人主之心一正，则天下之事无有不正；人主之心一邪，则天下之事无有不邪”（《朱文公文集·乙酉拟上封事》）。因此，“天下事有大根本，有小根本。正君心是大本”（《朱子

① 《朱子语类·朱子五·论治道》：“人君为治之本在乎正心术以立纪纲。所谓纲者，犹网之有纲也；所谓纪者，犹丝之有纪也。网无纲则不能以自张，丝无纪则不能以自理。故一家则有一家之纲纪，一国则有一国之纲纪。若乃乡总于县，县总于州，州总于诸路，诸路总于台省，台省总于宰相，而宰相兼统众职，以与天子相可否而出政令，此则天下之纲纪也。”

语类·朱子五·论治道》)。即以天理为标准,权立天下大公的观念,以此规范君主的言行,铲除私心邪念。由此可见,君主更要带头遵循“存天理,灭人欲”的准则,“正心以正朝廷,正朝廷以正百官,正百官以正万民,正万民以正四方”(《朱文公文集·天子之礼》)。而不能任以私欲,无所顾忌。第二,反对君主“独任”。朱熹认为,君主手中的权力不能过于集中,形成对权力的垄断。一是要给予宰相一定的实权①,由贤才担任宰相,辅助君主共治天下;二是将封建之国“杂建于郡县之间”,以加强地方权力的方式来制约君权。第三,反对君主“独断”。朱熹指出,君主无论是立法发令,还是人事安排,都要和大臣商议,集思广益,做出正确的决断②,使大臣“得以极意尽言而无惮”(《朱文公文集·经筵留身面陈四事札子》)。不然,即使君主的独断是正确的,但它本身不合于治体,违背了君臣相谋同治天下的原则,将给后世留下隐患和祸害。除此之外,还要公选天下直谏敢言之人为“谏官”,广开言路,指陈君主的过失,君主应虚心听取,闻过则改,从善如流。在限制君权的基础上,朱熹赞同孟子的“诛伐暴君论”,主张天理高于君主之位,应顺从“君道”,不屈从“君人”,“从理不从君”,对那些凶暴荒淫、灭绝天理、颠倒错乱、伤败彝伦、众叛亲离的君主,应大张旗鼓、理直气壮地加以诛伐。因为这是诛“独夫民贼”,而不是“诛君”。

朱熹认为,治理国家,不仅要有法可依,还必须依从好的法律,“法弊虽有良有司,亦无如之何”。针对南宋的“法弊”“时弊”,他要求变革法度,以挽颓风。他说:“若闲乐之论祖宗法度但当谨守而不可变尤为痛切,是固然矣。然祖宗之所以为法,盖亦因事制宜以趋一时之便。而其仰循前代,俯徇流俗者,尚多有之,未必皆其竭心思、法圣智、以遗子孙,而欲其万世守之者也。是以行之既久而不能无弊,则变而通之,是乃后人之责。”

① 《朱文公文集·辛丑延和奏札二》:“夫天下之治固必出于一人,而天下之事则有非一人所能独任者,是以人君既正其心,诚其意于堂阼之上、突奥之中,而必深求天下敦厚诚实刚明公正之贤以为辅相。”

② 《朱文公文集·经筵留身面陈四事札子》:“盖君虽以制命为职,然必谋之大臣,参之给舍,使之熟议,以求公议之所在,然后扬于王庭,明出命令,而公行之。”

(《朱子全书·诸子二·秦》)当祖宗法度不适应现实需要，就应随时变通，在变法的指导原则上，要分清什么是不能变的，什么是可以变的。[①] 封建纲常名教是本，法律制度是末，本不变而末可变，二者不容倒置。他批评有的变法之士“遗其本而务其末，缓于实而急于文”(《朱文公文集·读两陈谏议遗墨》)。变法“必以仁义为先，而不以功利为急”，否则，不仅不能铲除人们的私心邪念，反而会助其滋生，这样做不仅“无补于既往”，而且“有害于方来”(《朱文公文集·答陈同甫》)。在变法的方法上，他认为要对症下药，有计划、有步骤地进行，先“深得其所以区处更革之宜，又有以识其先后缓急之序”，从而“渐次更张”，“得而图之”(《朱子全书·治道二·谏诤》)。改革时弊的关键不只靠法律制度，而是尽除私欲，改变人心。在法律的形式上，要求立法简易，他说：“立个简易之法，与民由之，甚好……今法极繁，人不能变通，只管筑塞在这里。”由于法律不可能十全十美，“大抵立法必有弊，未有无弊之法，其要只在得人。若是个人，则法虽不善，亦占分数多了。若非其人，则有善法，亦何益于事”。因此，朱熹在强调法制的重要性的同时，也充分肯定执法者的能动作用。

叁

德礼政刑，相为终始

在“存天理，灭人欲”的新观念引导下，朱熹对儒家“道之以政，齐之以刑，民免而无耻；道之以德，齐之以礼，有耻且格”(《论语·为政》)的思想进行了重新定位和详细诠释。

在“德礼”与“政刑”的外部关系上，朱熹认为两者都是“天理”的产物，都是统治者进行统治的方法和工具，其目的和本质完全一致，都是为了“存天理，灭人欲”。他说：“圣人亦不曾徒用政刑，到德礼既行，天下既

① 《朱子全书·历代一·唐三代》：“盖天下有万世不晚之常理，又有权一时之变者，如君君、臣臣、父父、子子，常理也；有不得已处，即是变也。然毕竟还那常理底是。”

治，亦不曾不用政刑”（《朱子语类·卷六四》），“圣人谓不可专恃政刑，然有德礼而无政刑，又做不得”（《朱子语类·卷二三》）。要求充分认识“德礼”与“政刑”的一致性，做到各取所需，各尽其能。但“德礼”“政刑”毕竟不是同一物，它们两者间还存在一定的差异，“若夫道德性命之与刑名度数，则其精粗本末虽若有间，然其相为表里，如影如形，则又不可得而分别也”（《朱文公文集·读两陈谏议遗墨》）。首先，它们具有不同的特征。“德礼”重在引导教育，让人们“知善之可慕”“知不善之可羞”（《朱文公文集·读两陈谏议遗墨》），“政刑”是国家的暴力强制。其次，它们在治国中所处的地位不同。“德礼”是本，“政刑”是末；“德礼”是精，“政刑”是粗；“德礼”是形，“政刑”是影。“政刑”必须以“德礼”为指导，才能不迷失方向，准确无误，而“德礼”的贯彻又必须通过“政刑”的实施来提供保障。

在“德与礼”“政与行”的内部关系中，它们彼此依存，互相呼应。关于德与礼的关系，朱熹指出，“德”是一种心理上的道德品质或善心。“礼”是制度品节，伦理教化。德礼之间，“德”是“礼”的依据，“礼”是“德”的屏障。“德者，义理也，义理非礼不行，故欲以德道民者，必以礼齐民。”（《朱文公文集·答程允夫》）由于人的思想境界不一，道德自觉与伦理规范就各有侧重，“德”可使人有所观感而兴起，礼则使人“耻于不善”而“至于善”。关于政与刑的关系，朱熹认为“政”指政治制度和法律等行为规范，“政，谓法制禁令也”，它让人们知道应当做什么，不应当做什么。“刑”就是刑罚措施，它是违背法律后应遭受的惩罚。“政”“刑”之间，“先立法制如此，若不尽从，便以刑罚齐之”（《论语集注·为政》）。没有“政”，“刑”就失去了标准；而没有“刑”，“政”就软弱无力，不被人依从。

在董仲舒“性三品”说的基础上，朱熹把人按气质禀性分为最厚、厚、薄、最薄四类，而德、礼、政、刑各针对不同类型的人，即对气禀最厚者，只需“导之以德”；对气禀厚者，可“齐之以礼”；对气禀薄者，要“导之以政”；对气禀最薄者，只能施加刑罚。另外，德礼政刑的功能不尽相同，“刑”重在暴力制裁，“政”重在制度规范，“礼”重在伦理教化，“德”重在道德自觉。四者由近及远，由浅入深，构成了“存天理，灭人欲”的不同步骤和环节，由刑辅政，由政助礼，由礼援德，四者各呈其能，相为终始，和谐统一。①

朱熹还从人心的角度解释德治：“德字从心者，以其得之于心也，如为孝是心中得这个孝，为仁是心中得这个仁”；“为政以德不是欲以德去为政，亦不是块然全无所作为，但修德于己而人自感化”（《朱子语类·卷二三》）。具体地讲：“仁是根，恻隐是萌芽，亲亲，仁民，爱物，便是推广到枝叶处。”（《朱子语类·卷六》）仁心表现在政策上，则是爱民如子、平易近人、爱惜民力等措施。在德治思想的开掘上，理学诸子有两个突出之处，一是以《大学》为根据，从中概括出“三纲八目”的治国模式。三纲为明德、亲民（朱熹释作“新民”）、止于至善；八目为格物、致知、诚意、正心、修身、齐家、治国、平天下。对于君主的修身，他们极为看重，期望君主志向确定而达到天下大治。二是提倡教化，整肃人心。理学家通过书院讲习等方式传授儒家伦理，为修身齐家治国平天下的实现提供良好的社会环境，从而提高了广大士人的社会参与意识。后世产生“天下兴亡、匹夫有责”的国家意识，理学家及其追随者的讲学活动不无关联。

肆

以严为本，以宽济之

朱熹认为，既然明确了制定法律和执行法律的目的是“存天理，灭人欲”，既然理顺了德、礼、政、刑之间的关系：用刑是为政令的畅通无阻、礼德的广泛施行创造条件，那么，苛严的法令与“伤民之肌肤，残民之躯命”的刑罚，因符合义理，而有了用武之地。因此，在执法过程中，官吏们完全没有必要顾虑重重，缩手缩脚，怕背残酷用刑的骂名，而一味人为地从轻

① 《论语集注·为政》：“政者，为治之具；刑者，辅治之法。德礼则所以出治之本，而德又礼之本也。此其相为终始，虽不可偏废，然刑政能使民远罪而已。德礼之效，则有以使民日迁善而不自知，故治民者不可徒恃其末，又当深探其本也。”

从宽，以示宽厚仁慈。为此，朱熹提出了“以严为本，以宽济之”的执法主张。[①] 推行“宽政”“轻刑”有诸多弊端：一是败坏民风民俗。“刑愈轻，而愈不足以厚民之俗，往往反以长其悖逆作乱之心，而使狱讼之愈繁。”(《朱文公文集·戊申延和奏札一》)二是践踏规则秩序，造成“事无统纪”，统治者缓急予夺之权旁落，政令得不到落实，社会完全失控。三是坏人钻法律的空子兴风作浪，必使“奸豪得志”，气焰嚣张。四是平民受害遭殃，“既不蒙其惠，又反受其殃”。朱熹认为，要首先看主张对犯罪分子“宽刑”的人站在什么主场上阐述观点，立场不对，必定导致观点的错误[②]。与将受刑的犯人相比，被犯罪分子伤害的人更值得同情，对罪犯宽刑，是站在罪犯一边为他们考虑过多，而有损于民众的利益，这是有违常理的。“人命至重，官司何故斩之于市？盖为此人曾杀那人，不斩他，则那人之冤无以伸，这爱心便归在杀人者一边了。”(《朱子语类·朱子七·论刑》)因此，“恻隐是善，于不当恻隐处恻隐，即是恶”(《朱子全书·道统二·程子书》)。只有对犯罪分子应严厉打击，绝不心慈手软，才能禁奸止乱，让民众“被其泽”，“实受其赐”。

朱熹“以严为本”的“严”体现在以下四个方面：

第一，“严”的原则是“慎刑”，使运用刑罚准确无误。朱熹主张恤刑而不滥刑[③]。狱讼是关系到民众性命的大事，如果案件情节虚假，缺乏必要的证据，或诉讼两方各执一端，争执不下，就应慎重考虑，从轻发落，以免滥杀无辜，草菅人命。

第二，“严”的手段是恢复肉刑。汉魏以来围绕肉刑的存废问题展开

① 《朱子语类·朱子五·论治道》：“或问：为政者，当以宽为本，而以严济之。曰：某谓当以严为本，而以宽济之……须是令行禁止。若曰令不行、禁不止，而以是为宽，非也……古人为政，一本于宽，今必须反之以严。盖必如是矫之，而后有以得其当……今人说宽政，多是事事不管，某谓坏了这‘宽’字。”

② 《朱子语类·朱子五·论治道》：“今人说轻刑者，只见所犯之人为可悯，而不知被伤之人尤可念也。如劫盗杀人者，人多为之求生，殊不念死者之为无辜，是知为盗贼计，而不为良民谋也。”

③ 《诸子语类·朱子七·论刑》：“所谓钦恤者，欲其详审曲直，令有罪者不得免，而无罪者不得滥刑也。”

了激烈的争论，与以往的儒生不同，朱熹公开主张恢复肉刑。朱熹认为，比起流宥等轻刑，肉刑的最大好处是既能体现“全其性命”的“仁”，又能张扬刑罚的惩治和威慑作用，并以“残其支体”的方式让罪犯失去重新作案的条件，有效地防止他们继续作恶[①]。

第三，“严”的必备条件是精选治狱之官，提高办案质量，讲究办案效率。朱熹对当时的司法现状极为不满，一是审判效率极低，案件不论大小，稍有疑虑，就逐级上报，等待审批。“奏案一上，动涉年岁”，有的小案，“罪状明白，初无可疑，而凡经二年有半”。二是审判质量差，“今县之狱委于令，其选固已精矣，而未必皆得人，其弊未易革也”，而负责具体审案的官吏素质较差，致使“州郡小大之狱，往往多失其平”。虽然有逐级上报审批制度，但上下往返的案卷“不过受成于州县之具状”，上级司法机关只看案牍而不重新审查案件事实，所以，“使其文案粗备，情节稍圆。则虽颠倒是非，出入生死，盖不得而察也”。因此“欲清庶狱之源者，莫若遴选州县治狱之官”，要求他们“明谨用刑而不留狱”，这样，“轻者早得决遣释放，重者不至仓卒枉滥”。朱熹还批评了执法官吏受佛教“罪祸报应”说的影响，“多喜出入人罪以求福报”，这造成了不良的后果，“夫使无罪者不得直，而有罪者得幸免，是乃所以为恶尔”(《朱子语类·朱子七·论刑》)，因此，福祸的因果报应是根本不存在的。

第四，“严”的重点在于“明刑弼教”，维护封建宗法等级观念，严厉打击政治、伦理犯罪。朱熹指出：“三纲五常，天理民彝之大节，而治道之本根也。故圣人之治，为之教以明之，为之刑以弼之……臣伏见近年以来，或以妻杀夫，或以族子杀族父，或以地客杀地主，而有司议刑，卒从流宥之法，夫杀人者不死，伤人者不刑，虽二帝三王不能以此为治于天下，而况其系于父子之亲，君臣之义，三纲之重，又非凡人之比者乎？……诸若此类

① 《朱文公文集·答郑景望》：“今徒流之法，既不足以止穿窬淫放之奸，而其过于重者，则又有不当死而死，如强暴赃满之类者，苟采陈群之议，一以宫剕之辟当之，则虽残其肢体，而实全其躯命，且绝其为乱之本，而使后无以肆焉。”

涉于人伦风化之本者，有司不以经术义理裁之，而世儒之鄙论，异端之邪说，俗吏之私计得以行乎其间。”对犯上作乱，败坏伦常的人，大开杀戒，严惩不贷，是维护“天理民彝”的正义行为，是“期于无刑”的必经之路。另外，在诉讼过程中，要自觉维护封建等级特权，“凡听五刑之讼，必原父子之亲，立君臣之义以权之。盖必如此，然后轻重之序可得而论，浅深之量可得而测，而所以悉其聪明，致其忠爱者，亦始得其所施而不悖，此先王之义刑义杀，所以虽或伤民之肌肤，残民之躯命，然刑一人而天下之人耸然不敢肆意于为恶，则是乃所以正直辅翼，而若其有常之性也”；“凡有狱讼必先论其尊卑、上下、长幼、亲疏之分，而后听其曲直之辞。凡以下犯上，以卑凌尊者，虽直不右；其不直者，罪加凡人之坐；其有不辜至于杀伤者，虽有疑虑可悯；而至于奏谳，亦不准辄用拟贷之例”。(《朱子语类·朱子七·论刑》)主张不受司法常规的制约，以伦常关系作为量刑轻重的标准。

朱熹的“以宽济之”的运用范围极其有限，仅用于“罪之疑者从轻”。他进一步解释说：“所谓疑者，非法令之所能决，则罪从轻而功从重，惟此一条为然耳，非谓凡罪皆可以从轻，而凡功皆可以从重也。”这就是说，当犯罪事实清楚但在运用法律产生疑问时，经上级批准之后，可以科以轻刑。他指责执法官吏对“宽恤”本旨的曲解，误以为“当宽人之罪而出其死，故凡罪之当杀者，必多为可出之涂，以俟奏裁，则率多减等”(《朱子语类·朱子七·论刑》)，这样盲目地减轻重刑的幅度，大大削弱了刑罚惩邪罚恶的功能，扰乱了正常的法制秩序。因此，要严格限制“宽刑”。

综上所述，朱熹的理学适应了中国封建社会后期统治者维护“三纲五常”、强化封建礼教的需求，因此，被奉为官方御用学术，对封建社会政治、法律、经济、文化等各个领域起着指导作用。朱熹以“存天理，灭人欲”为核心的法律思想，在理论上具有更缜密和思辨的特点，对人们更有迷惑性和约束力，这标志着儒家法律思想经进一步完善后，重新占领了统治地位。

影响评价

朱熹的人生历程，并不复杂，甚至可以说是略显简单，19 岁进士及第，初入仕途，却发现自己功力浅薄，遂改投名师，苦读二十余年，得读书之真谛："居敬持志，为读书之本；循序致精，为读书之法。"(《朱文公文集·上宋光宗疏》)但当他知识渊博，思想成熟，禀性坚定，再回归官场时，才发现难以改变的自己与这繁芜、多变、慌乱、功利的世俗社会格格不入，朱熹的失意和窘困在所难免。《宋史》称他"登第五十年，仕于外者仅九考，立朝才四十日"，一生主要从事于学术研究和教育门徒。朱熹说："若此学不明，天下事决无可为之理。"(《朱文公文集·答林泽之》)作为一名学者，他的价值和使命就在于钻研学术，制造理念，去支配人的言行，使其成为自觉的人。他提出的"存天理，灭人欲"这一经典命题，告诫人们"天理"与"人欲"是对立的，一个人不能太势利、太纵欲、太庸俗、太自私，应该有自己的信念和精神追求，为了信念和精神追求可以克制甚至消除"人欲"。毋庸讳言，尽管朱熹的"天理"有特定的含义，尽管朱熹想维护的是纲常礼教这些对封建统治者有用的东西，但朱熹给后人留下的这一理念却令人回味，发人深思，并要求每个人必须做出自己的判断和选择，是让"人欲"耗尽生命，还是让"天理"照亮人生？此时此刻，不由得令人想起宋代理学家张载所言"理学"的宗旨："为天地立心，为生民立命，为往圣继绝学，为万世开太平！"(《张载集·语录中》)这一宗旨也是做学问的最高境界，令人神往，令人愿为此作不懈努力！

丘濬

经世致用　治平天下

核心要旨

如何做到德礼政刑综合为治？

为什么立法应符合经义、顺情便民？

为什么执法应以公理灭私情？

如何理解司法中的原情定罪？

为什么称《大学衍义补》为皇帝必读书？

明王朝步入中后期已逐渐衰落。在经济方面，皇亲国戚官僚遍立皇庄，占夺地产，土地兼并日趋严重。同时，皇亲国戚官僚地主们又通过滥用优免特权，以及诡寄、挪移等非法手段把赋役转嫁到中小地主和自耕农的头上，不仅造成赋税制度的混乱，严重影响政府的财政收入，还使广大劳动人民的负担日趋沉重，民生贫困。封建国家对土地失去了控制，小农经济遭到破坏，使明朝统治在经济方面出现了危机。在行政方面，地方各级官吏的腐败使日常行政陷入瘫痪和混乱，国家机器运转失灵，如一些司法机关“权门之利害如响，富室之贿赂通神，钝口夺于佞词，人命轻于酷吏”。一些有权有利的官位，则冗员充斥。而无利或言事诸官，如有碍权贵利益一经罢免便不再补充，这样到了万历时期，遂形成“都御使数年空署”，甚至“阁中虚无人”（内阁只有首辅一人）的局面。在思想方面，政治专制必然导致思想专制，传统思想伦理对人民的精神的束缚也越来越大。旧有的宋明理学本身的弊端和对人民思想的束缚必然导致人民对这一思想的反对。总而言之，封建统治一旦步入晚期，一旦面对统治集团日益膨胀而难以抑制的各种欲望，一旦面对纷纭复杂的社会矛盾，从理论认识到制度设计，就容易违背构建之初衷，容易迷失前行的方向，甚至对如何治国平天下这样重大的问题，也懵懵懂懂、迷迷糊糊。丘濬力图澄清的就是要让当时统治者必须明白的如何治国平天下的道理。

人生历程

丘濬（1420～1495 年），字仲深，号琛庵，又号玉峰、琼台，广东琼山（今海南海口）人。他出身于医学世家，天资聪慧，过目成诵。正统九年（1444 年）乡试中解元，3 年后入国子监读书，深受器重，名气益盛。景泰五年（1454 年）复试于礼部，中进士，名列前茅，但因长相丑陋，仅列殿试二甲第一登进士（传胪）。后来文名远扬，被选入翰林院。当时选入翰林的只 10 人，丘濬为庶吉士之首，一时“名动京师”。参与《寰宇通志》的编纂，书成后，被提升为翰林院编修。成化元年（1465 年）宪宗即位后，升为侍讲，并受命参与编纂《英宗实录》。3 年后书编成，又被提升为侍讲学士。每次讲学，英宗都为丘濬渊博的学识与洪亮的声音、流利的言辞所吸引，聚精会神地听讲，敬服不已。后受命编修《宋元通鉴纲目》，成化十三年（1477 年）完成。成书后，擢升翰林院学士。稍后，再晋升为国子监祭酒。成化十六年（1480 年）丘濬被加礼部侍郎，仍掌国子监事。他才识过人，认为宋人真德秀所撰《大学衍义》仅发挥了格物、致知、诚意、正心、修身、齐家诸义，而“于治国平天下条目未具，乃博采群书补之”，精心钻研，做出新见解，汇辑十年，增补了 160 卷，形成了巨著《大学衍义补》。弘治元年（1488 年）明孝宗即位后，丘濬出任礼部尚书，加太子太保，兼文渊阁大学士，参与机务。晚年右目失明，犹披览不辍。弘治八年（1495 年）卒于任上，赠太傅，谥文庄，葬于海南琼山郊水头村。

思想脉络

丘濬的《大学衍义补》以“经世致用”为指导思想，从正朝廷、正百官、固邦本、制国用、明礼乐、秩祭祀、崇教化、备规制、慎刑宪、严武备、驭夷狄、成功化等方面，专门论述治国平天下的要领，在广泛汇集整理前代关于法律制度、法律思想的丰富资料的基础上，以附加按语和注解的形式，就历代法律思想和制度中的一些问题进行比较和点评。他主张法律需要具备权威性、稳定性，法律一旦确定，其权威性应该高于君主个人意志，臣民应奉君之法而不奉君之意。立法应以保障人民生命财产安全为目的。他认为，法律的制定执行都离不开人，“法治”脱离不了“人治”。离开了“人治”，“法治”也只能成为空谈。法律需要有公开性、明晰性、普及性，要使人人易知易晓，如果有法律条文不易被普通百姓理解，就需要官府主动做阐释普及工作。刑罚也要尊重犯人的尊严，给予改过自新的出路，要有“人道”的考虑。诸如此类，不失为真知灼见，在当今仍有现实意义。

壹

德礼政刑，王道之具

德、礼、政、刑，即德治、教化、政令、刑罚，是封建统治阶级治理国家的主要方法，最早由儒家创始者孔子所提出。但孔子认为政刑的作用是有限的，只有德治、教化才是根本的治国方法，因此，他首先提出重德轻刑、以德去刑的主张。西汉董仲舒以“天人合一”的神学目的论为基础，论证了“大德小刑”“德主刑辅”的原理，使之成为封建正统法律思想的一个重要理论支柱。南宋朱熹更把这一原理根植于客观唯心主义理学，特别是“理同气异”的人性的基础上，使之更加缜密和富有思辨色彩。但是，理论与实践脱节，特别是到了封建社会衰落的明代，统治者口头上虽标榜“仁政”，实际上却肆无忌惮地滥施淫威。丘濬德主刑辅、明刑弼教的德刑关系说，正是根据这一现实提出来的。他站在挽救危机、抨击暴政的封建士大夫立场上，用比较分析的方法，对前代的有关思想进行综合归纳，从而使传统的德主刑辅学说更加缜密周全。

在谈到德刑关系时，孔子说：“道之以政，齐之以刑，民免而无耻；道之以德，齐之以礼，有耻且格。”(《论语·为政》)朱熹说：“政者，为治之具；刑者，辅治之法。德、礼则所以出治之本，而德又礼之本也。此其相为始终，虽不可以偏废，然刑、政能使民远罪而已。德、礼之效，则有以使民日迁善而不自知，故治民者不可徒恃其末，又当深探其本也。”(《论语集注·为政》)丘濬认为，对于德、刑关系，孔子是从比较的角度，朱熹则是从统一的角度论述的，应将二者结合起来理解。孔子分德礼、政刑为二，旨在说明二者的效力有浅深之别；朱熹合德礼、政刑为一，意在强调二者的一致性和密切关系。兼顾这两种观点，才是对德礼政刑全面而正确的认识。

其一，“德礼政刑四政，王道之具也”。德治、教化、政令、刑罚，在本质上是一致的，都是“治国、平天下”的方法和工具，其目的都是为了维护封建统治秩序。四者互为因果，相辅相成，不可偏废。①

其二，德礼、政刑的作用毕竟不同。德礼可以使人民闻风而动、感恩戴德、心悦诚服地主动服从封建王朝的统治，也就用不着强迫的行政命令和残酷的刑罚制裁了。政刑具有一定的社会控制和威慑作用，使人们迫于畏惧而不敢非分之想、胡言乱语、为非作歹。但是，刑罚总是在违法犯罪行为已经构成之后才可能实施，它并不能预防违法犯罪行为。德礼、政刑之间存在着主次关系，德礼高于政刑，两者发生冲突时，强调政刑要服从于德礼。刑罚必须以礼乐教化为本，才能起到其应有的作用。②

其三，刑罚的目的是保障德礼的贯彻实行。“明刑以弼教”是刑罚根

---

① 《大学衍义补·神圣功化之极》：“人君以此四者治天下，不徒有出治之本，而又有为治之具；不徒有为治之具，而又有为治之法。本末兼该，始终相成，此所以为王者之道，行之天下万事而无弊。”

② 《大学衍义补·总论朝廷之政》：“刑，天讨也，天以是而齐乱民，不得已而为一日之用尔，非常用以为治之具也。人君奉天道以出治，所以为治者，德也，刑非所先也。民有不齐者，不得已而用刑以治之，姑以为一日齐民之用也。所以为治者，不翾翾在是也……礼乐刑政其致一也，必有礼乐以为刑政之本，则政事之行、刑罚之施，皆本乎自然之理，以立为当然之制，使民知所避而不敢违。是以民生日用之间，心志有所主，耳目有所加，举动云为有所制，是以不犯于有司。有犯焉者，然后施之以刑罚。苟为不然，蚩蚩蠢蠢之民，一举手，一动足，皆罹于宪网之中，而不知所以为生者矣。民不知所以为生，则求所以为生之路，求之不得则舍死以求，祸乱之作往往以此，秦隋之亡，其明验也。”

本价值之所在。刑罚是对犯罪的一种国家报复："有如是之罪，必陷如是之刑"，这既可以对犯罪者予以惩罚，使其认罪伏法、改过迁善，不再重新为恶："惩之于小，所以戒其大；惩之于初，所以戒其终"（《大学衍义补·总论制刑之义》）；也以教为主，寓教于刑，让其他人引以为戒，对犯罪有所警惕，远离犯罪："惩之于细则大者不作，戒之于先则后者不继。惩一人以惧千万人；戒一事以遏千万事。"（《大学衍义补·谨详谳之议》）因此，丘濬说"刑者所以辅政弼教，圣人不得已而用之，用之辅政之所不行，弼教之所不及耳，非专恃此以为治也"，"圣人制刑以弼教辅治，而使之不至于衰乱"（《大学衍义补·总论制刑之义》）。

丘濬强调崇礼重法，明刑弼教，认为治国之道，虽然应以德礼教化为先，但刑以辅政，刑以弼教，也是不可缺少的。他说：只有政刑而没有德礼，叫做"徒法"；只有德礼而没有政刑，叫作"徒善"。"徒法"和"徒善"都治理不好国家。所以这四者对于为政是缺一不可的。这是因为，为政之本在于"修德以化民"，如果化之以德而还有不服的，就必须用礼来规范他们的行动，以使"德化可行"。但如果"导之而不从，化之而不齐"，那就非有法制禁令不可了。这种德礼刑政的统一观，表明道德教化和法律规范的结合，是中国传统法律文化的显著特征。

贰

应经合义，顺情便民

丘濬认为，礼即封建伦理纲常名教，是国家政治制度和法律的核心："礼者，其大者在纲常，其小者在制度"（《大学衍义补·神圣功化之极》）；"礼乐者，政刑之本；刑政者，礼乐之辅"（《大学衍义补·总论朝廷之政》）。法律制度符合礼的原则，就是"良法"，否则就是"淫刑"（《大学衍义补·一道德而同俗》）。礼的精神和原则集中体现在儒家经典之中，所以，儒家经典及其所体现的原则，就成了封建统治阶级立法的指导思想。他说："经者，礼义之所出。人必违于礼义，然后入于刑法。律令者，刑法之所在，议而校定，必礼义、法律两无歉焉。本是以立天下之法用。”人总是违反了礼义然后才入于刑罚的。“为学而不本于六经，非正学；立言而不祖于六经，非雅言；施治而不本于六经，非善治”；制法而不本于六经，便不会“知其所以然之故与其当然之则”，也就不可能是“良法”。所以，一定要像汉代那样：“论事往往主于经义，而言刑者必与礼并。”他认为，国家法律的制定与修订，“取应经合义”，这是“百世定律之至言要道”（《大学衍义补·定律令之制》），他要求令“通义理、明习法律者校定科比，一其法度”，使不悖于经义。除立法外，司法官吏“非通经学，明义理，背道德者，不可居之”，即用法也必须由通经明义的儒学之士参与，以此来保障法律制度符合礼之要求，以改变当时酷吏横行、法外用刑的现状。在司法中，当法律与礼的原则发生矛盾时，必须服从礼的原则。

同时，由于儒家经典是天理与民心的体现，丘濬说，“民为邦本，本固邦宁”，“君以民存，亦以民亡”。“天子不能奉天道以养民，反假天之威以害之。天道有知，其肯容耶？”（《大学衍义补·顺天时之令》）国家的治乱富贫与民众息息相关：“国家之财，皆出于民。君之所用者，皆民之所供。”（《大学衍义补·贡赋之制》）所以，“国以民为本”，“君以民为天”（《大学衍义补·择民之长》）。“合情便民”便是设范立制的基本要求。他认为，立法应当以顺民、便民为宗旨，“因时以定制，缘情以制刑”（《大学衍义补·定律令之制》）。这主要表现在如下几个方面：

1. 省刑罚，薄税敛。丘濬说：“圣人之制为刑辟，非故用此以张其威、罔其民也。盖立为刑辟，使人知所避而不犯，则无犯刑辟者矣。此辟以止辟也。”（《大学衍义补·谨详谳之议》）因此，法律的形式应简易而直截了当，让民众能够知晓法律[①]，从而避免司法官吏舞智玩术，破律生端，得以轻重其罪。在法律的内容上，主张立法应当使“刑之所加必称罪之轻重”

① 《大学衍义补·定律令之制》：“制律者当何如？亦曰，浅易其语，显明其义，使人易晓，知所避而不犯，可也……不简其科条，不饰其文义，惟直书其事显明其义，用世俗浅近之言，备委曲详尽之义。所谓以准加减等文，皆即实以书明白著其文曰：该得某罪，该杖几十，所加者何罪，所减者几何。使天下有目者所共见，有耳者所共闻。粗知文义者，开卷即了。”

(《大学衍义补·戒滥纵之失》)。丘濬认为,国家取之于民的赋税徭役应有定制,“善治国者,不能不取于民,亦不可过取于民”(《大学衍义补·贡赋之制》)。财富与民心关系密切,“得民心之道无他,惜民财爱民力而已”,统治者万万不可做“得其财,失其心”的蠢事。只要“上之人不以兴作疲其筋力,不以刑法残其体肤,不以征役散其父母妻子,不以诛求耗其田庐资财,则凡民之所爱,皆为其所有”(《大学衍义补·总论固本之道》)。因此,统治者只能制定“经常可久、百世不变”的“薄税宽敛”的赋税制度,让百姓乐生重死、安居乐业,而不流离失所、动辄犯上作乱。

2. 维护土地私有制,限制兼并。 丘濬认为,古代井田制自秦汉就废除了,现在要求恢复是违背人情事理的。土地私有制推行已久,就应切实加以保护,不许任何人侵犯。土地私有者出卖或扩充田地的,则听民之便,不加干涉。但要限制土地兼并,应根据“不追究既往,而惟限制其将来”的原则,制定一丁有田一顷的限数,对以前超限之田,概不追夺,对法令公布后超限者,要没收新购之田,并追夺过去超限之田。这样,“既不夺民所有”(《大学衍义补·制民之产》),又可抑制土地兼并。

3. 保护工商,反对官府与民争利。 丘濬反对用过多过繁的法律法令“争商贾之利,夺庶民之有”,反对官方以禁榷制度垄断盐、铁、茶诸业,与民为敌。主张为养民,应听民之便,放手让私人工商业和市场经济合法存在和自由发展。这些观点反映了当时处于萌芽状态的资本主义经济亟需进一步发展的要求。

叁

以公理灭私情

丘濬十分重视法律的作用,认为封建法律代表着统治阶级的根本利益和长远利益,所以,封建统治阶级在强迫一般人民绝对服从法律的同时,也应要求自己的内部成员遵守法律,甚至连最高统治者皇帝也不应例外。但是,在封建社会后期,随着皇权的高度扩大和贵族特权的膨胀,封建王朝的腐败程度也迅速加深。统治者肆无忌惮，营私舞弊，践踏法纪，草菅人命，种种弊端一发而不可收拾。“民之所以为盗，不在朝廷则在官吏。”（《大学衍义补·遏盗之机》）统治者以身试法、带头坏法是造成社会动乱的重要原因。丘濬出于维护封建政权的整体利益，力图杜绝统治者率先乱法的现象的需要，强调，法律一经制定颁行，君臣上下，都必须严格遵守，做到“坚如金石，信如四时”，“朝廷所当世守，法司所当遵行”。无论最高统治者还是一般司法官吏，都“不可不守国家之法”，而恪守法制的关键是秉公而去私，“一惟以公理而灭私情”。在这里，国家利益至上是“公”，个人欲望在前是“私”；依法办事是“公”，徇情枉法是“私”。他认为国家的治乱，在于最高统治者能否实现体现“公意”的礼法制度，官吏们如果能够做到“循天理之公，而不恂乎人欲之私”，遵守法律，依法办事，便可“下无冤人，上无缪听”，则可达到“教化以兴”。

为了限制统治阶级破坏封建法制，丘濬借用董仲舒的“天谴”说，用“天意”“天理”的绝对权威对君主专断加以约束和限制，要求君主带头依法办事。丘濬认为，封建国家的法律制度都是秉承“天意”，而不是君主个人意志的体现。因此，“刑者，天讨有罪之具，人君承天意以行刑”（《大学衍义补·序》）。在执法中，不是依据哪一个人的主观愿望，而是符合于天理，顺乎众人的好恶。他说，“人君之刑赏，非一人喜怒之私，乃众人好恶之心”（《大学衍义补·慎刑宪》）。“刑无大小，皆上天所以讨有罪者也，为人上者，苟以私意刑戮人，则非天讨矣”；“加罪人以非法之刑，非天讨之公”，“不以公而以私，不以理而以欲……假天之讨有罪以杀无罪，是重得罪于天也”（《大学衍义补·序》）。所以，君主赏罚时要公开进行，不能悄悄运作，毫无声息。司法机关的司法活动有一定的独立性，君主不应妄加干涉[1]，执法之吏应不畏强权威胁，不受财利贿赂，“从君之法而不从君之

① 《大学衍义补·制刑狱之具》：“天下之法当出于一，帝王之心，无偏无党。犯于有司，当付有司治之……国家常制，自有掌刑之官，原设之狱，罪无大小，皆有所司。又何用别开旁门，使权归一人，祸及百姓哉。”

意”，维护法律的尊严和威信。

“以公理而灭私情”的论断，表明封建法制的宗旨是体现和维护封建王朝的整体利益，无论是君主、官吏，应克制私情私欲，以避免违背国法，破坏社会秩序。

— 肆 —

慎刑恤狱，原情定罪

丘濬认为：“民生有欲，不能无争，争则必有讼。”（《大学衍义补·详听断之法》）他重视法律的作用、维护法律尊严的思想在司法上的反映，就是慎刑恤狱，原情定罪。

1.“原情定罪”。丘濬认为，“论罪者必原情，原情二字，实古今谳狱之要道也”（《大学衍义补·谨详谳之议》）。审理案件单靠有限的法律条文是不够的，还应注意以往的判例，衡量犯罪的情节和行为人的动机、目的①。司法官必须“原其情，揆诸理，定以法比，审故误之因，求法外之意”，然后“执刑书以断天下之狱”。因此，他主张“因情而求法”，对情无宥者，“依律处断”；对“情可原者”，则应给予宽免，“故有不可入之刑”；反对“移情而合法”，搞“客观归罪”，“故无不可加之罪”。他强调分别罪情的轻重，慎重量刑，“哀敬以折狱”，“哀则不忍，敬则不忽”（《大学衍义补·详听断之法》），做到“有是实而后可加以是名，有是罪而后可施以是刑”，以期罚当其罪，使“情之重者服以上刑，轻者服以下刑”。这样，才能使典狱之官不敢不尽其心，受刑之人不敢不服其罪，判刑轻重和杀戮与否都合乎中道，以达到“朝廷无冤狱，天下无冤民”的局面。他还主张“治狱必先宽，寓忠爱之意于鞠讯之中，存仁厚恻怛之心于明慎详审之中”，在原情的基础上做到“求其出而不可得，然后入之；求其生而不可得，然后死之。在我

① 《大学衍义补·总论制刑之义》：“盖狱以明照为主，必先得其情实，则刑不滥……盖用狱必明以照之，使人无隐情；震以威之，使人无拒意。而又当行而行，当止而止，不过于用其明而恣其威。”

有诚心，则在人无遗憾”(《大学衍义补·总论制刑之义》)。他认为“后世失入者坐以公罪，而失出者往往问以为赃”，是使刑官“宁失入而不敢失出”的根本原因，这种做法是不符合《书经》“与其杀不辜，宁失不经”的精神的。因此，他主张加重“失入”的罪责。他主张谨慎用刑，专心理狱。既然刑罚暂时还不能废除，因此，一名好的司法人员就必须谨慎用刑，专心理狱。丘濬说：“所谓‘今之听狱者，求所以杀之；古之听狱者，求所以生之。’请合而言之曰：听狱者，当于杀之中而求其生，求其生而不可得，然后杀之；有可生之路，则请以谳焉。罪疑从轻可也，不疑然后杀之。如是，则狱无不得之情，世无冤死之鬼矣。”(《大学衍义补·总论制刑之义》)触犯法律者“既得其罪，附于刑矣，恐其非心服也，又从而用情以讯之。又恐迫急而不尽其明也，必至旬时之久，乃敢断之。既断之矣，又以其所犯之刑书，读之于囚，审之而弗变，乃用法焉。其谨之又谨如此，此先王之世，天下所以无冤民也欤”(《大学衍义补·详听断之法》)。

2. **注重证据**。丘濬认为，为了澄清犯罪事实，公正裁断，审理案件“必备两造之辞，必合众人之听，必核其实，必审其疑”(《大学衍义补·详听断之法》)。审判中“不可以盛怒临之”，“不可以严刑加之”，“输其情则真伪可得而见”，要让被告人大胆陈述，把话说完，以全面掌握原、被告的真实情况。对盗窃、抢劫案，要有指认其“党羽”的人证，要注意收集“赃仗”等物证，还要实地调查，“既访诸其邻保，又质诸其亲属”，以取得证言。“必须无一之参错，然后坐以罪焉，则我心尽而彼心服矣”，因为“盗贼之名，天下之至恶者也，一旦用以加诸其人，非真有实情显迹者，不可也”(《大学衍义补·谨详谳之议》)。对田地之讼，“此由疆界不明，质约不真之故”，只要“官府稽其图册，民庶执其凭由”，打官司时，“严证佐、按图本”，以决曲直，“则讼平矣”(《大学衍义补·详听断之法》)。

3. **限制赎刑**。丘濬认为，古之所谓赎刑，本来只对官府内部犯鞭扑一类轻罪者适用，而未及五刑。“既已杀人伤人矣，又使之得以金赎，则有财者皆可以杀人伤人，而无辜被害者何其大不幸也。”周穆王时期，“五刑之疑有赦……虽在疑赦，皆不免与罚赎”。后来将赎刑“一概用之以为常法”，甚至犯死罪者亦可以以金赎免，这就违背了帝王“辟以止辟”的立法初衷。天下生民众多，有贫有富，有钱者可赎死免刑，“则犯法死者皆贫民，而富民不复死矣”，贫富异刑，不是“中正”之道。圣人之刑，无贫富差别：“富者不得以财而幸免，贫者不以匮而独死。”他主张对赎刑严加限制，只可适用于轻罪，而绝不可适用于死刑①。“为天下生民主者”，不可不以滥用赎刑为戒。

4. 控制复仇。复仇是儒家一贯肯定的行为，是孝慈友爱的体现。因此，复仇常常得到民间的称道和官府的宽免。丘濬首先肯定复仇，“按复仇之义乃生民秉彝之道，天地自然之理”。“复仇之义，所以使人知杀者必报，而不敢相戕害，非但畏公法，亦畏私议；非但念天理，亦念人情也。此人所以与人相安相忘，而得以遂其有生之乐也……然而王法虽公，刑官虽明，而无诉告者，则其冤不能上达，此圣人制其法于礼。”如果国家法律对复仇行为不加控制，“苟杀人者转相报复，焉用国法为哉！”因此，他主张实行有限制的复仇，即假使父母兄弟被他人所杀，欲报仇者必须告官。若官府循私畏势而不能替其伸张正义，或其势远力弱，一时不能实现公平正义，报仇者“奋其义”将所当杀之仇人杀死，这也是公平正义原则所允许的，报仇者无罪，官府坐以赃罪除名。若不报官而擅杀所当杀之仇人，免死流放。误杀、戏杀、过失杀人不准复仇。这样，“则于经于律，两无违悖。人知仇之必报，而不敢相杀害以全其生；知法之有禁而不敢辄专杀以犯于法。则天下无难处之事，国家无难断之狱，人世无不报之仇，地下无枉死之鬼矣”(《大学衍义补·明复仇之义》)。

---

① 《大学衍义补·明流赎之意》：“若夫杀人者而亦得赎焉，则死者何辜？而其寡妻孤子何以泄其愤哉？死者抱千载不报之冤，生者含没齿不平之气，以此感伤天地之和，致灾异之变，或驯致祸乱者，亦或有之。”

5. 慎行赦宥。一般情况下，“详谳之际，人之真有所犯者，则必决然而不宥。其罪虽小，不可不为之惩；不惩，则必有仿而为者于其后矣”（《大学衍义补·谨详谳之议》）。特殊情况下，《尚书·舜典》有“眚灾肆赦”的规定，朱熹曾解释道：“眚灾肆赦，言不幸而触罪者，则肆而赦之，此法外之意也。”丘濬指出：“按此万世言赦罪之始。夫帝舜之世所谓赦者，盖因其所犯之罪，或出于过误，或出于不幸，非其本心。固欲为是事也；而适有如是之罪焉，非特不可以入常刑，则虽流宥金赎，亦不可也。故直赦之，盖就一人一事而言，非若后世概为一札，并凡天下一切罪人，不问其过误故犯，悉除之也。”他认为，古代的赦宥是针对因“过失”和“不幸”（意外事件）而触犯刑律的轻罪，对这种轻罪罚以赎金犹觉太重，所以干脆赦免之，而且专为一人一事而论，不曾泛及所有罪犯。后世曲解其旨，经常滥赦，且定为常制。这样对“良民”毫无益处，却让“奸民”钻了空子。他说：“当承平之世，赦不可有；有则奸宄得志，而良民不安。当危疑之时，赦不可无；无则反侧不安，而祸乱不解。”（《大学衍义补·慎眚灾之赦》）赦宥只应施行于社会动乱之时和案情有疑之际。如果不问有疑无疑一概蠲除，就是“惠奸宄，贼良民。怙终得志，善良喑哑，失天讨之公，纵人欲之私”。为了不致于乱赦，丘濬还划定了赦刑的条件和范围：“赦令之颁，宥罪之外，蠲逋减税，省刑已责，弛工罢役，宽征招亡，凡宽民惠下之道，因赦而行可也。非此属也，一切付之有司行焉。”（《大学衍义补·慎眚灾之赦》）因此，“无赦则民不至于犯罪，尽心则吏不至于滥刑，此民所以畏法而亲上也”（《大学衍义补·总论制刑之义》）。

6. 禁用株连。株连，实质上是“则以有罪诛无罪。反诛无罪，则天下之无罪者寡矣”（《盐铁论·周秦》）。丘濬反对当时盛行的株连之风。他指出：“古者，五刑极于大辟，死一身之外，无余刑也。至秦人始有三族之法，罪及于妻子同产。夫以一人之有罪，而其妻子固无罪也，况一族乎！父之族，同一气脉之相传，且犹不可，又况于母族、妻族乎！是人家以一女子适人之故，而累及其一家一族，无辜而至于绝宗殄祀。若推其类而至于义之尽，则生女可以不举矣。使家家皆惩之而不举，则人类不几于绝乎？”（《大学衍义补·戒滥纵之失》）

此外，在反对刑讯，反对使用族刑、肉刑，以及在要求严格规定比附类推的适用和死刑复核的程序等方面，丘濬也提出了不少合理的见解。这一切不仅在明代中后期，而且在明以后的法律思想领域，都产生了积极的影响。

影响评价

丘濬经历了明永乐、洪熙、宣德、正统、景泰、天顺、成化、弘治等八世，目睹了明代由盛转衰的变化，因而能够洞察明王朝的腐败与倾轧；同时，他以惊人的毅力博览群书，尤其致力于典章制度的研究。他的《大学衍义补》在中国古代法律思想上占有重要地位。一方面，该书完成后，曾受到统治阶级和士大夫阶层的热烈欢迎，被尊为皇帝的必读书，丘濬本人也因进献《大学衍义补》而被孝宗从礼部右侍郎提升为礼部尚书，并赏赐金币以资鼓励，命官府刊行；另一方面，《大学衍义补·慎刑宪》所确立的各项法制原则和思想，对明清时期的立法和司法活动产生了重大的影响，有些思想则在明后期及清代的律学著作如王肯堂的《律例笺释》、沈之奇的《大清律辑注》中得到了反映。此外，《大学衍义补》还传至日本，为日本法学界多次刊印，日本著名学者芦野德林（1695～1775 年）还仿照《大学衍义补·慎刑宪》的体例、内容，编写了《无刑录》一书，直接传播丘濬的法律思想。

丘濬作为明中后期的重臣，对正统法律思想既有继承又有发展，继承的是正统法律思想的核心，发展的是实用主义指导下的实用法律。其思想既是社会发展的产物，也是儒家思想进一步与社会协调的产物；既是当时国家解决社会矛盾的良策，也是经世致用的良方，为当时法律的变革提供了参考，也是法律变革的推进剂。当代学者钱穆对丘濬的评价是："皆卓然得学统之正，伟然揽学林之要，全国学者传诵其书，至于清末，历四五百载，弗辍弗衰。盖文庄不仅为琼岛一人物，乃中国史上之第一流也。"[①]

① 《丘文庄公丛书·序文》，载《琼台诗文会稿》，1972年影印本。

王守仁

真知笃行　淳风美俗

核心要旨

如何理解『知行合一』与『致良知』？

商税立法为何要确立『官商两便』的原则？

民族立法为何要确立『顺情循故』的原则？

司法中如何做到『情法交申』？

保甲与乡约制度的运作方式是什么？

与宋代比较，明代的封建专制又有了实质性的进展：在经济上，皇帝与王公勋戚以建立皇庄的方式大势兼并土地，国家税田迅速减少，赋税全部集中到农民头上，致使大批自耕农极度贫困和流民大量涌现，极大地危及封建经济的发展，也冲击和破坏着社会的安定；在政治上，废除宰相制度，皇帝垄断一切大权，宦官受宠，厂卫专横，统治集团内部分崩离析，矛盾重重，政治威信一落千丈；在思想上，被奉为正统的程朱理学早已失去了活力，日益造成思想的僵化和理论上的空疏，与客观现实严重脱节。王守仁认为，明代经济的动荡、制度的专横、思想的僵化，促成了政治的腐败、学术的虚伪、世风的颓靡，而这一切的关键又在于学术没有起到对人们的思想言行产生正确的引导作用。为此，王守仁的“心学”从消除程朱理学的流弊入手，强调以道德之学救治人心，注重道德实践，消灭私心杂念，战胜自我，争做圣人，以达到加强封建道德教化，延续封建专制统治的目的。文治武功并重的王守仁曾自诩平生做了两件事：一是破山中之贼，二是破心中之贼，深感“破山中之贼易，破心中之贼难”(《王阳明全集·与杨仕德、薛尚诚》),“心学”可破“心中之贼”。

人生历程

王守仁(1472～1529年),字伯安,号阳明子,世称阳明先生,浙江余姚人。他的祖父王伦是位有著作行世的隐士,父亲王华状元及第,官至南京吏部尚书。11岁时,王守仁随祖父去北京,路过镇江金山寺,王伦当地的一些朋友就在金山寺设酒招待。当酒过三巡,众人诗兴大发,打算赋咏金山寺诗助兴,但未做成,王守仁从旁赋曰:“金山一点大如拳,打破维扬水底天,醉倚妙高台上月,玉箫吹彻洞龙眠。”众人感到惊异,复命赋蔽月山房诗,他又随口应曰:“山近月远觉月小,便道此山大于月。若有人眼大如天,当见山高月更阔。”让众人赞叹不已。12岁读私塾时曾经问老师:“何为第一等事?”老师说:“惟读书登第耳。”王守仁质疑说:“登第恐未为第一等事,或读书学圣贤耳。”15岁一人出游居庸关、山海关,即慷慨有经略四方之志:“询诸夷种落,悉闻备御策,逐胡儿骑射,胡人不敢犯。”喜欢练习骑射,技艺高强。19岁,其父责成他学习经义,准备科举考试,他“日则随众课业,夜则搜取诸经子史读之,多至夜分”,还遍读朱熹的著作,花了7天功夫去“格”竹子之“理”,结果累病了仍一无所获,从而开始对朱熹的理学产生了怀疑。21岁浙江乡试中举人,22岁参加北京会试落第,首辅李西涯开玩笑说:“汝今岁不第,来科必为状元,试作来科状元赋。”王守仁悬笔立即写成,诸老惊呼“天才”。25岁第二次参加会试,为忌妒者所抑。考生中有以不得第为耻者,王守仁对他们说:“世以不得第为耻,吾以不得第动心为耻。”回到余姚后,他组建诗社,“泛滥于词章”,后警觉“焉能以有限精神为无用之虚文”。26岁时,边关告急,朝廷推举将才,王守仁认为武举之设,仅得骑射搏击之士,而不能收韬略统驭之才,于是“留心武事,凡兵家秘书,莫不精究。每遇宾宴,尝聚果核列阵势为戏”。28岁第三次参加会试,获进士及第,赐二甲进士出身第七人。观政工部,授刑部云南清吏司主事。因体弱多病，溺于佛老，后发现佛老不能体现人性、顾及人情，遂归本儒学。33 岁任兵部武选清吏司主事。弘治十八年（1505 年）明孝宗死，明武宗朱厚照继位，时年 15 岁，由太监刘谨专权。王守仁因为言官戴铣辩护，冒犯了刘谨，被其矫旨廷杖系狱，后又被谪为贵州龙场驿驿丞。他居夷处困，自建草棚，日夜端居默坐，因念“圣人处此，更有何道”，忽中夜大悟格物致知之旨，始知圣人之道，吾性自足，向之求理于事物者误也，应在自己内心寻求，遂创立“心学”。成立龙冈书院，研习“心学”。正德五年（1510 年）王守仁三年谪迁期满，升任江西庐陵知县，他将自己的学术应用于政治，在半年多的任期内，整顿基层组织，建立保甲制度，慎重挑选里正三老，解决许多积压的案件。正德七年（1512 年）刘瑾伏诛后，调任南京刑部四川清吏司主事，不久回京任吏部郎中，后改任南京太仆寺少卿、南京鸿胪寺卿。正德十一年（1516 年）王守仁由兵部尚书王琼推荐升任都察院左佥都御史，巡抚南赣，平定漳州詹师富、大帽山卢珂、大庾陈日龙、横水谢志珊、桶冈蓝天凤，浰头池仲容等匪徒暴乱。正德十四年（1519 年）六月率部镇压福建地方叛乱，于丰城途中获悉宁王朱宸濠反，即返吉安起义兵，水陆并进捣南昌，连下九江、南康，费时 35 天，平叛擒朱宸濠。九月抵杭州献俘，因宦官许泰、张忠谗言，非但无功，反遭诬获咎，太监张永设法得以免祸，即称病居西湖净慈寺、九华山诸寺院。1521 年武宗逝世，世宗即位，御史梁世镖攻击王守仁的学说为异学，得世宗批准，并明令宣布学禁。王守仁回乡为父亲守丧，赋闲 6 年之久，专心讲学，创办书院，主“致良知”，要求动静结合，在事上磨炼。嘉靖六年（1527 年）受命镇压思恩、田州、八寨、仙台、花相等地瑶族、壮族叛乱，翌年秋平定。在边疆地区推广农作，建立学校，采取了一些有利于国家统一和促进边疆经济文化发展的措施。嘉靖七年（1528 年）卒于江西南安青龙浦舟中，世宗不谕祭。民间私祀者遍天下。死后 40 年，隆庆二年（1568 年）穆宗赐祀，“诏赠新建侯，谥文成”，颁铁券。穆宗在券文中写道：“两肩正气，一代伟人，具拨乱反正之才，展救世安民之略，功高不赏，朕甚悯焉！因念勋贤，重申盟誓。”[①] 王守仁的著作为《王阳明全集》(《王文成公全书》)。

思想脉络

心学的创始人是南宋的陆九渊(1139～1193年),他把儒家中思孟学派的思想和佛教禅宗思想糅合在一起,充分肯定人的主观意志——“心”的地位和作用,强调“心即理”,要求人“收拾精神,自作主宰”,充分发挥道德主体自我实现自我完善的作用。明中叶以后,王守仁把陆九渊的“心学”发展到一个更加完善的地步。他认为,“心”是万物的本源、宇宙的主宰,它在人类社会中则体现为封建道德伦理观念,这种观念即人与生俱来的“良知”,一个人不怕做不到,只怕意识不到;只要意识得到,就会做得到。因此,完全没有必要去“格物致知”,只要求理于心,知行合一,不断体现“良知”,就是“圣人”了。王守仁以无限膨胀的内在的“心”,涵盖了朱熹包罗万象的外在的“理”,把主观思辨发挥到了无以复加的程度。朱熹的“理学”与王阳明的“心学”除思想方法不同外,其本质都是为了维护封建纲常名教。于是,朱熹“存天理,灭人欲”的理念,在王守仁这里就换了一种说法,叫作“致良知”“破心中之贼”。

王守仁不仅是封建正统法律思想的继承者,更重要的是,他还是封建正统法律思想的实行者。因此,他的法律主张不仅通过其著述,还通过为政的种种措施表现出来,形成了二者的协调统一,务实与适用的特色突出。针对明代的学术腐败,他提出了“知行合一”“致良知”的主张;针对明代的政治腐败,他提出了“因时立法”“赏罚分明”的主张;针对明代的民风腐败,他提出了“设保甲”“移风俗”的主张。三大主张包括了得君行道的上层路线、士人振奋的中层路线和移风易俗的下层路线,立体全面,有的放矢,便于操作,注重实效,其中许多见解对当今的法制建设仍有一定的借鉴作用。

① 参见《王阳明全集·年谱》《明史·王守仁传》《王阳明全集·阳明先生行状》。

壹

知行合一，致良知

王守仁认为，长期的封建专制的政治体制与私有制的发展，使“功利之毒沦浃于人之心髓而习以成性”，人们“相矜以知，相轧以势，相争以利，相高以技能，相取以声誉”，而佛老之说、群儒之论不能胜功利之心，破功利之见，知识学问反而成了获取功名的手段和工具[①]。长此以往，济私满欲，巧伪的学术风气兴风作浪，愈演愈烈，这具体表现为：“外冠裳而内禽兽”(《王阳明全集·书林司训卷》)，“议文法而略道义”，“论形迹而遗心术”(《王阳明全集·论元年春王正月》)，求艰深隐奥而弃明易简实，更有在科举考试中，弄虚作假，欺世盗名之风。因此，学术不明，以假乱真；学术不正，恶习滋生。王守仁认为，应拔本塞源，以诚信之学正人心，息邪说，兴廉政。建立“崇本尚实，反朴还淳”的学风，学以致用。为矫正学术腐败，王守仁提出了“心学”的三个思想命题。

（一）“心外无理”

王守仁对陆九渊“心即理”的观点进行了精密化论述，他说：“夫物理不外于吾心。外吾心而求物理，无物理矣。遗物理而求吾心，吾心又何物耶？心之体，性也，性即理也。”因此，求理一定要找准方向，它不是向外在客观世界去格物致知，而是向内，“必求诸心”。“心外无理”有丰富的含义：第一，道德规范的理并不表现在客观对象身上，例如，事父的孝，不能“去父上求个孝的理”，事君的忠，不能“去君上求个忠的理”，假如理表现在父亲身上，那么，就会出现这样的疑惑：有的父亲值得孝，有的父亲不值得孝；父亲生前值得孝，父亲死后就没有孝的道理了，这是对“孝”的亵渎。因此，理完全是行为主体的人的动机意志的表现，即“都在此心”。第二，心为没有受私欲蒙蔽或玷污的心，受私欲蒙蔽和玷污的心是不会表现

① 《王阳明全集·答顾东桥书》：“记诵之广，适以长其敖也；知识之多，适以行其恶也；闻见之博，适以肆其辨也；辞章之富，适以饰其伪也。”

出道德意志、做出道德行为的。人只有在内心世界不断扫除私欲，天理才会自然显现。第三，无私欲的本心即是天理，唯一的本心，是支配不同事物的主宰，“身之主宰便是心，心之所发便是意，意之本体便是知，意之所在便是物”(《王阳明全集·传习录上》)。心与物的逻辑联系为：有了人心，就产生意向，有了意向的作用，就产生相应的事物[①]。这样看来，提高思想境界，体现道德品质，是人之所以为人的标志。

(二)“知行合一”

王守仁认为，明代学风“巧伪”的原因在于知行分离、知行不一。他“揭知行合一之说”，正是要矫正朱熹“致知格物之谬”。朱熹“穷理尽性”的知行观有三个基本观点：知先行后，行重知轻，知行互发。虽然也涉及知行的联系，但存在明显缺陷：第一，朱熹将知行分为两事，要求知先于行，知后再行，无所不知，无所不能，它让人们今天格一物，明天格一物，琐屑支离，不得要领，得到的不可能是真知，也延误和阻碍了人们去“行”[②]。因此，“知而不行就是不知”，比朱熹更看重“行”。第二，朱熹将心与理分而为二，只顾在外界事物上求理，而忽略了求理于心，忽略了加强内心道德修养，有些事表面上看起来做得冠冕堂皇，实则无动于衷，不是人主观能动性和道德精神的真实体现，这就迷失了生活的目的，埋没了人生的价值，还会对社会产生很大危害。总之，王守仁主张，只有知行合一，求理于心，才是做人正确的方法。[③]

“知行合一”来自王守仁对人生坎坷的切身体验，他说：“及谪贵州三年，百难备尝，然后能有所见。”(《王阳明全集·与王纯甫》)他经变故，遭

---

① 《王阳明全集·答顾东桥书》：“意之所用必有其物，物即事也。如意用于事亲，即事亲为一物；意用于治民，即治民为一物；意用于读书，即读书为一物；意用于听讼，即听讼为一物。凡意之所用，无有无物者。有是意即有是物，无是意即无是物矣，物非意之用乎？”

② 《王阳明全集·传习录上》：“今人却就将知行分作两件去做，以为必先知了，然后能行。我如今且去讲习讨论做知的工夫，待知得真了方去做行的工夫，故遂终身不行，亦遂终身不知。”

③ 《王阳明全集·答顾东桥书》：“外心以求理，此知行之所以二也。求理于吾心，此圣门知行合一之教。”

屈辱后，深刻感悟到：人性本善，人性自足，只要在自己内在精神上花力气、下工夫，就能获得真知，然后进行道德实践，就能对社会做出贡献。

王守仁详细剖析了知行的密切关系和其展示人的主体性的共同作用，他认为，知与行存在三层关系：其一，就知行与人这一主体的关系而言，“知是行的主意，行是知的功夫”。人的想法、打算、目的是知，人的功夫、出力、成就是行，知是行的指导，行是知的结果，它们是人主观世界能动作用的反映，二者实际上是一回事。其二，就有意识的活动的统一过程而言，知行总是相生相伴，紧紧跟随，不可截然割裂。一个事件的开始主要是知，但已经包含了行[①]；一个事物的终结，主要是行，也必须体现知。知是行的发端，所知者即是行；行是知的极致，所行者也是知。其三，就知行的性质而言，二者互相渗透，彼此包容。[②]王守仁强调指出：心之本体的知才是真知，心之本体的行才是笃行。真知指的是道德意识，笃行指的是道德实践，因此，“知行合一”充分肯定了人道德的自觉性和实践性，谴责没有自觉性和实践性的道德就是不道德，或者是一种虚伪的道德。

（三）“致良知”

王守仁“心学”的宗旨是“致良知”[③]。何为良知？王守仁说，心是天地万物之主，而心的主宰是良知，良知人皆有之，但人与人的差别在于能不能“致良知”，只有道德品行高尚的君子才能“致良知”[④]。那么，何为“致

---

① 《王阳明全集·传习录上》：“知是行之始，行是知之成。”

② 《王阳明全集·答顾东桥书》：“知之真切笃实处即是行，行之明觉精察处即是知。知行功夫，本不可离。”

③ 《王阳明全集·钱德洪刻文录序说》：“吾‘良知’二字，自龙场以后，便已不出此意，只是点此二字不出，于学者言，费却多少辞说。今幸见出此意，一语之下，洞见全体，真是痛快，不觉手舞足蹈。学者闻之，亦省却多少寻讨工夫。”

④ 《王阳明全集·答聂文尉（一）》：“是非之心，不虑而知，不学而能，所谓良知也。良知之在人心，无间于圣愚，天下古今之所同也，世之君子，惟务致其良知，则自能公是非，同好恶，视人犹己，视国犹家，而以天地万物为一体，求天下无治不可得矣。”

良知”？（1）致良知就是要达到良知的极限[①]。尽管天赋良知人人皆有，但其最高境界——对良知的明觉，却是后天不断致知的结果，这是一般人难以做到的。（2）致良知就是要实现良知[②]。要按照良知确立的是非标准去做，不要修饰，不要隐瞒，自然而然地、积极主动地去显现良知。（3）致良知为圣人之学[③]。良知是致知活动的出发点和归宿，也是主体达到人格理想而进入圣人境界的标志，因此，致良知可称为圣人之学。（4）致良知处于一种不断进取的运动过程[④]。主体对良知的体认，有一个由粗到精，由浅入深，由近及远，积少成多的过程，“着实用功，便见道无终穷，愈探愈深”（《王阳明全集·传习录上》）。而这一进化过程又分为“尽心知性知天”“存心养性事天”“夭寿不贰修身以俟”三个阶段，必须循序渐进，不断提升。

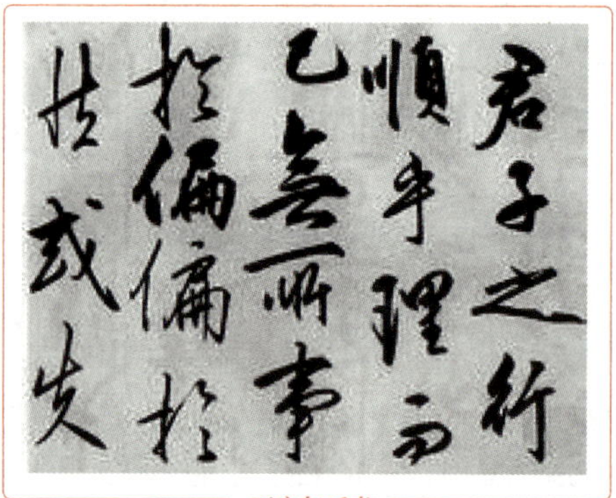

•王守仁手书

① 《王阳明全集·大学问》：“吾良知之所知者无有亏缺障蔽，而得以极其至矣。”

② 《王阳明全集·传习录下》：“尔那一点良知，是尔自家底准则。尔意念着处，他是便知是，非便知非，更瞒他一些不得。尔只不要欺他，实实落落依着他做去。”

③ 《王阳明全集·书魏师孟卷》：“心之良知是谓圣。圣人之学，惟是致此良知而已。自然而致之者，圣人也；勉然而致之者，贤人也；自蔽自昧而不肯致之者，愚不肖者也。愚不肖者，虽其蔽昧之极，良知又未尝不存也。苟能致之，即与圣人无异矣。此良知所以为圣愚之同具，而人皆可以为尧舜。”

④ 《王阳明全集·惜阴说》：“天道之运，无一息之或停；吾心良知之运，亦无一息之或停。良知即天道，谓之‘亦’，则犹二之矣。知良知之运无一息之或停者，则知惜阴矣；知惜阴者，则知其致良知矣。”

— 贰 —

明德亲民，情法交申

王守仁对明朝中后期的政治腐败有清醒的认识，官吏们假公济私，唯利是图，他们打着忠信廉洁的旗号，干的却是见风使舵，钻营名利的勾当；他们只图外表形迹，八面玲珑，不顾丧失原则，败坏心术，陷害贤良。[①] 如果这种现象不得以根除，封建统治就没有起死回生的希望。如何消除明朝的政治腐败？王守仁提出了以下几种措施。

（一）“明德亲民”

王守仁指出，“财者民之心也，财散则民聚；民者邦之本也，本固则邦宁……君民一体，古今同符”（《王阳明全集·计处地方疏》）。为政与为学是相通的，二者可以互相印证，相得益彰，为政与为学的关键在于“明德亲民”[②]。为政，应该忠实职守，亲近民众；为学，要彰明道德，反省自身。二者结合，彼此关照，看看是否“惩己之忿”而平“民之所恶”，“窒己之欲”而从“民之所好”，“舍己之利”而顺“民之所趋”，“惕己之易”而警“民之所忽”，“去己之蠹”而拯“民之所患”，“明己之性”而复“民之所同”。（《王阳明全集·书朱子礼卷》）知学是为了明德，为政是为了亲民。明德是爱民的基础，爱民是明德的具体体现。因此，知学者可以为政，为政者可以知学。王守仁尤其强调，“郡县之职，以亲民也，亲民之学不明，而天下无善治矣……惟夫明其明德以亲民也，故能以一身为天下；亲民以明其明德也，故能以天下为一身”（《王阳明全集·书赵孟立卷》）。

① 《王阳明全集·陈言边务疏》：“臣愚以为今之大患，在于为大臣者，外托慎重老成之名，而内为固禄希宠之计；为左右者，内挟交蟠蔽壅之资，而外肆招权纳贿之恶。习以成俗，互相为奸。忧世者，谓之迂狂；进言者，目以浮躁。沮抑正大刚直之气，而养成怯懦因循之风。故其衰耗颓塌，将至于不可支持而不自觉。”《王阳明全集·送别省吾林都宪序》：“今世大夫计逐功名，甚于市井刀锥之较，稍有患害可相连及，辄设机阱，立党援，以巧脱幸免。一不遂其私，瞋目攘臂，以相抵捍钩摘，公然为之，曾不以为耻，而人亦莫有非之者，盖士风之衰薄，至于此而亦极矣。”

② 《王阳明全集·书朱子礼卷》：“明德，亲民，一也。古之人明明德以亲其民，亲民所以明其明德也。是故明明德，体也；亲民，用也。而止至善，其要矣。”

由于“心好之身必安之，君好之民必欲之”，要做到“明德亲民”，作为统治核心的君主必须摆正位置，发挥表率作用。首先，对君主要准确定位，妥善处理君民关系。王守仁说：“民以君为心也，君以民为体也。体而必从夫心，则民亦必从夫君……君者民之主，君好于上，而民从于下，固亦理之必然与！”“君以民存，亦以民亡。”民众要服从君主，君主要体恤民众，民众决定君主的生死存亡。其次，“人君之心惟在所养”。君主要摆正心态，加强道德修养，做一个“至公”“至善”“至正”的人①。

（二）“因时致治”

王守仁指出：办大事，必须顺情、因势、乘机、及时，造福民众。②特别是制定法制，必须从实际出发，根据时代的个别性、地域的差异性、被统治对象的特殊性，予以慎重考虑，使其“便地方而顺民情”（《王阳明全集·批东乡反民投顺状词》）。王守仁的“因时致治”思想包含三个方面的内容：

1.“官商两便”的商税立法

明中叶以后的农民起义此起彼伏，频繁不断，统治者必须筹措军饷，予以镇压。但当时各地方政权“库藏渐竭”“称贷既多”；中央王朝内帑“营建方新，力或不逮”，如果多方盘剥，重科贫民，一是贫民“穷困已极，势难复征”；二是“民已贫而敛不休，是驱之从盗也”（《王阳明全集·再请疏通盐法疏》）。在这种情况下，商税应为“给军饷，裕民力”（《王阳明全集·议南赣商税疏》）而设，商税立法应坚持“不伤民、不困商”（《王阳明全集·禁约榷商官吏》）、“商贾疏通”、“官商两便”（《王阳明全集·再请疏通盐法疏》）的原则，改变一贯抑制商贾的态度，放松对商贾的种种限制，这

① 《王阳明全集·山东乡试录》：“人君之心，天地民物之主也，礼乐刑政教化之所自出也，非至公无以绝天下之私；非至正无以息天下之邪；非至善无以化天下之恶。”

② 《王阳明全集·绥柔流贼》：“凡举大事，必顺其情而使之，因其势而导之，乘其机而动之，及其时而兴之；是以为之但见易，而成之不见其难，此天下之民所以阴受其庇，而莫知其功之所自也。今皆反之，岂所见若是其相远乎？亦由无忠诚恻怛之心以爱其民，不肯身任地方利害为久远之图，凡所施为，不本于精神心术，而惟事补辏掇拾，支吾粉饰于其外，以苟幸吾身之无事，此盖今时之通弊也。”

样就会出现“不加赋而财足，不扰民而事办”(《王阳明全集·疏通盐法疏》)的效果。

其一，制定税法要“因地势之便，从民心所欲”，顺应地理形势的特点和尊重当地居民的风俗习惯，做到“于事有益，于法无碍”(《王阳明全集·再请疏通盐法疏》)。例如，赣南袁州、临江、吉安三府，地处偏僻，溪流湍悍，滩石峻险。过去一向禁绝“广盐”而输入“淮盐”，“淮盐逆水而上，动经旬月之久；广盐顺流而下，不过信宿之程。故民苦淮盐之难，而惟以广盐为便”，但国家按行政辖区的划分，用行政手段强制禁止“广盐”的销售，私盐趁虚而入，扰乱了正常的经贸秩序[①]。王守仁请求从地理与民俗的因素考虑，疏通盐法，著为定例，这样对国家、商人、平民都有好处。

其二，慎重稽考税率，“斟酌适中”(《王阳明全集·疏通盐法疏》)。王守仁认为，“商人比诸农夫固为逐末，然其终岁弃离家室，辛苦道途，以营什一之利，良亦可悯”(《王阳明全集·禁约榷商官吏》)。在确定税率时，一方面，要“从轻定议则例，仍严加稽考，务使税课所入，随多寡以为数，而不以多取为能”(《王阳明全集·再请疏通盐法疏》)。另一方面，对不同货物征收不同的税额，例如，对盐“十引抽一引”，“其余杂货，俱照旧例三分抽一。若资本微细，柴炭鸡鸭之类，一概免抽”(《王阳明全集·禁约榷商官吏》)。或对专事贩运的商人抽较重的税，对农民、平民的少量贸易活动则予以减税或免税的优待。

其三，加强对课税机关的管理监督。王守仁认为，课税机关太少，会有“脱漏之弊”；课税机关太多，会有“留滞之扰”。征税的“头绪既多”，加上行政部门监察不力，致使税务官吏“彼此得以容其奸隙”，“胥猾得以恣其侵渔”，其危害更大。一是要求商人遵守税法，禁止奸商与污吏勾结，漏税、逃税。官吏对商人抽税后，发给“票帖”，以防诈伪。二是从严治吏，对骚扰客商、贪污受贿的税务官员，依法严惩。三是加强对税务机关

① 《王阳明全集·再请疏通盐法疏》：“广盐行则商税集，而用资于军饷，赋省于贫民；广盐止则私贩兴，而弊滋于奸宄，利归于豪右。”

的监督管理，“既有分巡道之监临，又有巡抚之统驭；访察数多，奸弊自少”（《王阳明全集·议南赣商税疏》）。

其四，踏勘灾伤。王守仁认为：“诚于爱民者，不徒虚文之举；忠于谋国者，必有深长之思”，对民众的利益应全盘考虑，从长计议。中国是一个农业大国，自然灾害对农民的伤害是很大的，国家必须对灾民进行有计划的救济，免除其生活之忧，让其恢复生产。正德十四年（1519年）吉安等十三府所属庐陵等县，“本年自三月至于秋七月不雨，禾苗未及生发，尽行枯死。夏税秋粮，无从办纳。人民愁叹，将及流离”。当灾害降临后，地方官应“亲临踏勘灾伤”，了解受灾状况，如实向上汇报，请求减免赋税，“以救残伤之民，以防变乱之阶”（《王阳明全集·旱灾疏》）。遇到饥荒，地方官要开仓放粮，“身亲给散，使贫民得实惠之沾，官府无虚出之弊”（《王阳明全集·批吉安府救荒疏》）。

2.“顺情循故”的民族立法

王守仁认为，对少数民族地区的立法应体现两个基本原则：

其一，攻心为上。“用兵之法，伐谋为先；处夷之道，攻心为上。”对民族地区，应“柔远人而抚戎狄，谓之柔与抚者，岂专恃兵甲之盛，威力之强而已乎”。“征剿之后，有司即宜诚心抚恤，以安其心；若不服其心，而徒欲久留湖兵，多调狼卒，凭藉兵力以威劫把持，谓为可久之计，则亦末矣。”推行招抚怀柔政策，“待以诚信，敷以德恩”（《王阳明全集·绥柔流贼》），让少数民族自愿归服。王守仁晚年曾到汉代名将马伏波庙宇参拜，留有“从来胜算归廊庙，耻说兵戈定四夷”的诗句。

其二，宜顺其情。治理少数民族地区不能盲目照搬“中土礼法”，必须顺从当地的风俗习惯[①]，例如，思恩为瑶、壮聚居区，“本府原系土官，自改

① 《王阳明全集·处置平复地方以图久安疏》：“今天下郡县之设，乃有大小繁简之别，中土边方之殊，流官土袭之不同者，岂故为是多端哉？盖亦因其广谷大川风土之异气，人生其间，刚柔缓急之异禀；服食器用，好恶习尚之异类，是以顺其情不违其俗，循其故不异其宜，要在使人各得其所，固亦惟以乱民而已矣。”

立流官，开图立里，土俗不便，奈缘小人冥顽，不谙汉法，屡次攘乱不定”，“改土归流”既不能合理利用民族地区的人力、物力资源，还增加了层层防范的负担。因此，他主张“因其土俗，仍置酋长”。“宜从夷俗，仍立土官”，“彼将各保其境土而人自为守，内制瑶僮，外防边夷”。但设立酋长、土官，并不意味着要放弃或削弱中央王朝对民族地区的统治权，最好的办法是“宜仍土官以顺其情，分土目以散其党，设流官以制其势”(《王阳明全集·奏报田州思恩平复疏》)。所谓“仍土官以顺其情”，就是承认土官的合法地位，予其所属之地，“听以其土俗自治”(《王阳明全集·处置平复地方以图久安疏》)，让他们畏威怀德，实施对民族地区的统治；所谓“分土目以散其党”，就是设土巡检司，让土目充任，听从流官知府的调遣，分散土官的势力；所谓“设流官以制其势”就是设流官知府节制土官，要求土官上贡纳税，服从统摄，接受教化。

3.“情法交申”的审慎司法

在司法方面，有些地区，“僻在一隅……地里遥远，政教不及，小民罔知法度，不时劫掠乡村，肆无忌惮，酿成大祸”(《王阳明全集·添设清平县治疏》)，在这种情况下，官吏要灵活掌握，“一应词讼、差徭、钱粮、学校等项，俱听因时就事，从宜区处，应申请者申请，应兴革者兴革，务在畜众安民，不必牵制文法”(《王阳明全集·牌行崇义县查行十家牌法》)，并殚其心力，悉其聪明，广施教化，以情动人。

“讼之大者，莫过于人命；恶之极者，无甚于盗贼。”(《王阳明全集·送方寿卿广东佥宪序》)要严厉打击杀人、盗窃等重罪。处罚罪犯，要“究治如律”“情法交申”。王守仁认为，犯罪行为虽属同一罪名，但“就其情罪轻重而言，尚亦不能无等”，这样适用刑罚就自然有了轻重之分，在“取其罪犯之显暴者，明正典刑，以为臣子不忠之戒”，而对那些“酌其心迹之堪悯者，量加黜谪，以存罪疑惟轻之仁”，只有这样，才能使“奸谀知警，国宪可明”(《王阳明全集·处置从逆官员疏》)。因此，他在处置参加宁王朱宸濠叛乱的“从逆官员”时，主张对谋反知情故纵者，律斩决不待时，而对“事虽涉于顺从，势实由于迫胁”的官员酌情降职免官，对被迫参加叛乱的下级军官及兵士，因为“据法在所难容，原情亦非得已；宥之则失之于轻，处斩似伤之于重，合无俯顺舆情”，不如“免其死罪，令其永远充军”，这样才“情法得以两尽，抑且军伍不致缺人”(《王阳明全集·恤重刑以实军伍疏》)。

(三)赏罚分明

王守仁说：“赏罚，国之大典。”(《王阳明全集·答潘直卿》)他十分重视赏罚对治理国家的作用：“夫刑赏之用当，而后善有所劝，恶有所惩；劝惩之道明，而后政得其安。”(《王阳明全集·申明赏罚以励人心疏》)赏刑的目的是使“善者益知有所劝，则助恶者日衰；恶者益知有所惩，则向善者益多”(《王阳明全集·绥柔流贼》)。对被统治者运用赏刑，既要抚慰劝诱与严厉打击相结合，使统治的手段丰富化，也要使注重策略与坚持原则二者兼顾，这样就能取得很好的统治效果。除此之外，尤其要对统治内部成员运用奖惩机制，惩恶扬善，“行法振威”(《王阳明全集·陈言边务疏》)，提高行政效率，调动其积极性和主动性，齐心合力，共同维护统治集团的根本利益和长远利益。这对迅速扭转政治腐败、政治疲软的不利局面是十分有效的。正确对待和运用赏罚体现在如下几个方面：

1.旌劝有常典，黜罚有明条。必须事先颁布法令法规作为赏罚的客观标准。“法令明，则赏罚信”(《王阳明全集·陈言边务疏》)，这样，既可以对人们产生教化引导作用，又能够保证赏罚公正、平等，真实地得到实施，当权者也不敢公然压抑贤良，资助奸恶，随心所欲，滥施赏罚。

2.有赏有罚，奖惩分明。王守仁认为，明代军队“偷靡成习，节义鲜彰”(《王阳明全集·收复九江南康参失事官员疏》)，军心涣散，战斗力下降，其主要原因在于“赏罚之不行”，因此，“今日用兵，却须号令严明，有功必赏，有罪必戮”(《王阳明全集·牌行委官林应骢督谕土目》)，为了强化赏罚的作用，还应加大赏罚的幅度，重赏重罚。

3.速赏速罚，立竿见影。王守仁认为："古者赏不逾时，罚不后事。过时而赏，与无赏同；后事而罚，与不罚同。况过时而不赏，后事而不罚，其亦何以齐一人心而作兴士气。"(《王阳明全集·申明赏罚以励人心疏》)一是平时当功过出现时，就应立即做出赏罚的回应，而不仅仅是大祸临头、情况危急之时才启用赏罚；二是给予领兵统事的官吏一定赏罚的酌处权，让他们直接对部下进行奖惩，上级部门和皇帝只行使审批和监督权。

4.严惩违法官吏。王守仁从实践中深切感受到厉行"法治"的困难，他曾感叹道："夫法之不行，自上犯之。"在军队中，那些总兵官等头目之所以"需求刻剥，骚扰道路，仗势以夺功，无劳而冒赏，懈战士之心，兴边戎之怨"，就因为他们"非势家之子弟，即豪门之夤缘，皆以权力而强委之也"。那么，"其委之也，敢以不有受乎！其受之也，其肯以不庇乎！"他们即使"苟戾于法，又敢斩之以殉乎！"(《王阳明全集·陈言边务疏》)而中央、地方各级政府机关的正直守法之吏，受到权贵的排挤打击，使他们"拂抑之，牵制之，言未出口，而辱已加于身；事未解于倒悬，而机已发于陷阱。议者以为处此而能不挠于理法，不罹于祸败，则天下无复为难之事，是固然矣"(《王阳明全集·送方寿卿广东佥宪序》)。因此，他要求"各该官吏俱要守法奉公，长廉远耻，祛患卫民，竭诚报国"，(《王阳明全集·巡抚南赣钦奉敕谕通行各属》)如果有敢以身试法，必将严惩不贷，以儆效尤。

— 叁 —

设立保甲，移风易俗

明中后期，人心不古，世风日下，社会风气颓靡不振，令人忧虑。民风不正的具体表现为：人们重欲厚利，尚利谋财，背信弃义，唯利是图，损人利己，争讼不已。人情冷漠，世态炎凉，从而使人际关系紧张，道义情理荡然无存。国家政策法令很难执行[①]。总而言之，“风俗不美，乱所由兴，今民穷苦已甚，而又竞为淫侈，岂不重自困乏”（《王阳明全集·告谕》）。

王守仁认为，“风俗之美恶，天下之治忽关焉”。“天下之大患，莫大于风俗之颓靡而不觉”，就好像“潦水之赴壑，浸淫泛滥，其始若无所患，而既其末也。奔驰溃决，忽焉不终朝而就竭”，风俗败坏，“甲兵虽强，土地虽广，财赋虽盛，边境虽宁，而天下之治，终不可为”，所以“古之善治者，未尝不以风俗为首务”（《王阳明全集·山东乡试录》）。要改善风俗习惯，必须对症下药，敢于创新，采取如下行之有效的措施：

（一）广施教化

王守仁认为：“君子之政，不必专于法，要在宜于人；君子之教，不必泥于古，要在入于善。”（《王阳明全集·重修月潭寺见公馆记》）他重视刑罚的作用，但同时注意到刑罚的作用是有限的，它只能“破山中之贼”，只能使人安分守己，不能“破心中之贼”（《王阳明全集·与杨仁德薛尚谦》），使人成为圣人，所以要让人们心中的良知战胜物欲，不能只靠刑罚，主要还在于教化[②]。因此，应该以教化为先，不可徒恃刑罚。

对民众教化，首先，要给民众提供生存的物资条件，民不聊生，“救死不赡，奚暇责民以礼义”（《王阳明全集·仰南安赣州府印行告谕牌》）。人民衣食有着，安居乐业，才会接受教化。百姓衣食无着，饥寒切身，不但不会接受教化，还会群起为盗。而民众贫困，就在于统治者“搜剔太甚”，因此，他主张“罢冗员之俸，损不急之赏，止无名之征，节用省费”（《王阳明全集·再请疏通盐法疏》），以缓和统治者与被统治者之间的矛盾。其次，

① 《王阳明全集·重修六合县儒学记》：“民之蔽于欲而厚于利”，“爱其财与力，至争刀锥；靳举手投足，宁殆其身而不悔”。《王明阳全集·谕俗四条》：“今人为子孙计，或至谋人之业，夺人之产，日夜营营，无所不至”，“今人不忍一言之忿，或争铢两之利，遂相构讼……仇仇相报，遂至破家荡产，祸贻子孙”。《王阳明全集·答聂文尉》：“一家骨肉之亲，已不能无尔我胜负之意。”

② 《王阳明全集·牌行南宁府延师讲礼》：“安上治民，莫善于礼，冠婚丧祭诸仪，固宜家谕而户晓者，今皆废而不讲，欲求风俗之美，其可得乎？……徒事刑驱势迫，是谓以火济火，何益于治？若教之以礼，庶几所谓小人学道则易使矣。”

用刑罚严惩“顽梗强横，不服教化者”（《王阳明全集·牌行崇义县查行十家牌法》），辅助教化畅行无阻。

（二）发告谕

王守仁多次发布告谕，“有司之政，风俗为首，习俗侈靡，乱是用生”，命令各府“发去告谕，照式翻刊，多用纸张，印发所属各县，查照十家牌甲，每家给与一道，其乡村山落，亦照屯堡里甲分散”，并由城郭乡村“推选素行端方、人所信服者几人，不时巡行晓谕”（《王阳明全集·仰南安赣州印行告谕牌》），广泛宣讲。告谕的内容十分具体，切实可行。一是各安生理，教抚亲邻。[①] 二是节俭办丧事，“吾民居丧，不得用鼓乐，为佛事，竭赀分帛，费财于无用之地，而俭于其亲之身，投之水火”。三是有病不求巫：“病者宜求医药，不得听信邪术，专事巫祷。”四是婚事从俭，“嫁娶之家，丰俭称赀，不得计论聘财妆奁，不得大会宾客，酒食连朝。亲戚随时相问，惟贵诚心实礼，不得徒师虚文，为送节等名目，奢靡相尚”。五是减少聚众生事，“街市村坊，不得迎神赛会，百千成群”，要求人们“遵依告谕，互相戒勉，共兴恭俭之风，以成淳厚之俗”（《王阳明全集·告谕》）。六是禁省词讼，“各府、州、县军民人等，暂且各回生理，保尔家室，毋轻忿争，一应小事，各宜含忍，不得辄兴词讼；不思一朝之忿，锱铢之利，遂致丧身亡家，始谋不臧，后悔何及”。七是举告贪官污吏、豪强恶霸[②]。凡户婚田土等事，先进行民间调解，不许动辄告官。总之，告谕民众，孝亲敬长，守身奉法，讲信修睦，息讼罢争。[③]

---

① 《王阳明全集·告谕各府父老子弟》：“告谕父老子弟，今兵荒之余，困苦良甚，其各休养生息，相勉于善。父慈子孝，兄友弟恭，夫和妇从，长惠幼顺。勤俭以守家业，谦和以处乡里。心要平恕，毋怀险谲，事贵含忍，毋轻斗争。”

② 《王阳明全集·禁省词讼告谕》：“中间果有赃官酷吏，豪奸巨贼，虐众殃民，患害激切者，务要简切直言，字多不过一二行，陈告亦须自下而上，毋致躐越。其余一切事情，俱候地方宁谧，官军班还之日，各赴该管官司告理。若剖断不公，或有亏枉，方诉申诉。敢有故违，仍前告扰者，定行痛责，仍照例枷号问发，决不轻贷。”

③ 《王阳明全集·告谕新民》：“务兴礼义之习，永为良善之民。子弟群小中或有不遵教诲，出外生事为非者，父老头目即与执送官府，明正典刑。一则彰明尔等为善去恶之诚，一则剪除莨莠，免致延蔓，贻累尔等良善。”

（三）立乡约

王守仁主张创立乡约制度，乡约组织的活动宗旨为："故今特为乡约以协和尔民。自今凡尔同约之民，皆宜孝尔父母，敬尔兄长，教训尔子孙，和顺尔乡里，死丧相助，患难相恤，善相劝勉，恶相告戒，息讼罢争，讲信修睦，务为良善之民，共成仁厚之俗。"(《王阳明全集·南赣乡约》)乡约制度的主要内容包括：

1.**首领**。"同约中推年高有德为众所敬服者一人为约长，二人为约副，又推公直果断者四人为约正，通达明察者四人为约史，精健廉干者四人为知约，礼仪习熟者二人为约赞。"

2.**文案**。为了解民情，惩恶扬善，"置文簿三扇：其一扇备写同约姓名，及日逐出入所为，知约司之；其二扇一书彰善，一书纠过，约长司之"。"彰善者，其辞显而决；纠过者，其辞隐而婉，亦忠厚之道也。如有人不弟，毋直曰不弟，但云闻某于事兄敬长之礼颇有未尽，某未敢以为信，姑案之以俟，凡纠过恶皆例此"，善良之举，大张旗鼓，积极颂扬；丑恶之行，点到为止，催其悔悟。

3.**活动经费**。"同约之人，每一会，人出银三分，送知约，具饮食，毋大奢，取免饥渴而已。"

4.**规约**。(1)同约之人凡有危疑难处之事，需共同商议，当理济事。不得坐视推脱，陷人于恶；(2)同约之人按期纳粮当差，不得拖累同甲；(3)放债收息，合依常例，不得重叠计算，逼迫穷困之人走投无路；(4)凡斗殴不平之事，鸣之约长公论是非，作出裁断；(5)忠厚老实，勤恳敬业，不得阳奉阴违私通盗贼，贩卖牛马，走漏消息，为一己之利，殃及万民；(6)不得以公差公务名义盘剥乡民；(7)对犯罪自新之人，不计前嫌，与其各守本分；(8)悔过自新之人，应痛改前非，辛勤劳动，公平买卖，向良民看齐；(9)男女适龄既是婚嫁，不得以聘礼、嫁妆不充足而愆期；(10)父母丧葬，衣衾棺椁，但尽诚孝，不得倾家荡产，耗费资财。

5.乡约会期。乡约组织每月望日开会一次。

6.乡约会址。“立约所于道里均平之处,择寺观宽大者为之。”

7.乡约会议。会场设告谕牌及香案,同约之人在香案前按序排列,听约长读告谕后起誓:“祇奉戒谕,齐心合德,同归于善;若有二三其心,阳善阴恶者,神明诛殛。”各居其位,听约正宣读乡约后,齐声承诺:“凡我同盟,务遵乡约。”“设彰善位于堂上”“设纠恶位于阶下”,由约史将好人好事、坏人坏事公布于众,然后征询大家意见,意见一致后,令善者、恶者分别就“彰善位”“纠恶位”,以示褒贬,并纪录于彰善簿与纠过簿。最后,约正做总结发言,鼓励大家遵守乡规民约,勤勉谨慎,扬善罚恶。

8.与会纪律。“会期以月之望,若有疾病事故不及赴者,许先期遣人告知约;无故不赴者,以过恶书,仍罚银一两公用。”

9.约长职责。主持乡约会议;召集商议乡约公务,帮助解决通约之人危难之事;劝令通约之人及期纳粮当差;调解通约之人的债务纠纷,禁止高利贷;维护乡村治安;制约官差盘剥勒索;调解通约之人民事纠纷;处理同约之人轻微刑事案件,不服从调解,则报官。

10.对失职约长的处罚。“约长若有乘机侵害众户,及受财不举,许被害之人告发重治。”

11.乡约与官府关系。乡约先行教化,责令悔改;顽固不化,然后扭送官府处理。[①]不听乡约劝诫,不主动弃恶从善,或不投案自首,同约之人可执送官府治罪。乡约与官府衔接,使官府成为乡间治理的后盾和最后一道屏障。

乡约制度通过建立民间组织,以宣传伦理道德、制定乡规民约的方式,端正乡民的思想,约束乡民的行为。乡约在教育德行、纠察不法、确保赋

① 《王阳明全集·南赣乡约》:“若有难改之恶,且勿纠,使无所容,或激而遂肆其恶矣。约长副等须先期阴与之言,使当自首,众共诱掖奖劝之,以兴其善念,姑使书之,使其可改;若不能改,然后纠而书之;又不能改,然后白之官;又不能改,同约之人执送之官,明正其罪;势不能执,戮力协谋官府请兵灭之。”

税、彰善纠过等方面起到了积极的社会影响。

（四）建保甲

王守仁认为，地方官吏以“剪除盗贼，安养小民”为职责，应完善社会基层组织的机制，强化其自我管理功能，使之成为禁奸止邪的第一道屏障，成为倡行礼义教化的重要阵地[①]。为此，他推行“十家牌法”，十家为一“甲”。“十家牌法”有重大的现实意义：基层治理，严防盗贼，保一方平安。[②]

“十家牌法”目的明确：“凡立十家牌，专为止息盗贼；若使每甲各自纠察，甲内之人，不得容留盗贼……务令各甲各自纠举，甲内但有平日习为盗贼者，即行捕送官司，明正典刑；其或过恶未稔，尚可教戒者，照依牌谕，报名在官，令其改化自新，官府时加点名省谕，又逐日督令各家，轮流沿门晓谕觉察”，这样一来，从“甲”到城郭乡村再到州县，则“奸伪无所容，而盗贼自可息”。（《王阳明全集·申行十家牌法》）以兵剿贼，不如以“甲”防贼，这样既用力轻而易举，又从根本上得到了治理。

改善社会风气需要解决如何召集、如何引导、如何运作、如何管理、如何监督等一系列问题，“十家牌法”为改善社会风气提供了组织保证。王守仁认为“十家牌法”的特点是：“其法甚约，其治甚广。”“其法甚约”指的是内容简单，任务明确，便于操作。[③] 首先，它便于了解各户的实际状况；其

① 《王阳明全集·十家牌法告谕各府父老子弟》：“故今特为保甲之法，以相警戒。聊属父老，其率子弟慎行之……自今各家务要父慈子孝，兄爱弟敬，夫和妇随，长惠幼顺，小心以奉官法，勤谨以办国课，恭俭以守家业，谦和以处乡里。心要平恕，毋得轻易忿争；事要含忍，毋得辄兴词讼；见善互相劝勉，有恶互相惩戒；务兴礼让之风，以成敦厚之俗。”

② 《王阳明全集·案行各分巡道督编十家牌》：“访得所属军民之家，多有规图小利，寄住来历不明之人，同为狡伪欺窃之事；甚者私通畲贼，而与之传递消息；窝藏奸宄，而为之盘踞夤缘；盗贼不靖，职此其由。”《王阳明全集·绥柔流贼》：“近行十家牌谕，诚亦弭盗安民之良法……诚使此法一行，则不待调发而处处皆兵，不待屯聚而家家皆兵，不待蓄养而人人皆兵，无馈运之劳，而粮饷足，无关隘之设而守御固，习之愈久而法愈精，行之弥广而功弥大。”

③ 《王阳明全集·申谕十家牌法》：“凡置十家牌，须先将各家门面小牌挨审的实；如人丁若干，必查某丁为某官吏，或生员，或当某差役，习某技艺，作某生理，或过某房出赘，或有某残疾，及户籍田粮等项，俱要逐一查审得实。十家编排既定，照式造册一本留县，以备查考；及遇勾摄及差调等项，按册处分，更无躲闪脱漏，一县之事，如视诸掌。”

次，它便于了解各户与外人的往来情况，使其不敢隐奸藏恶，为非作歹①；最后，它便于每个家庭积极参与，把教化落到实处②。“其治甚广”指的是涉及乡村治理的方方面面，治世功能明显，作用突出，效益明显，能做到“盗贼可息”“词讼可简”“赋役可均”“外侮可御”“风俗可淳”“礼乐可兴”，“一邑之治真可以不劳而致”。对于“十家牌法”，地方官吏必须“严加督察，期于著实施行，毋使虚应故事”（《王阳明全集·申谕十家牌法》）。

十家为一“牌”，但不立“牌头”，主要是为了防备“胁制侵扰”之弊。但是在乡村，“遇有盗贼之警，不可以无统纪”，因此，在推行“十家牌法”的基础上，还应立保长“督领”，使众志齐一。“各府州县，于各乡村推选才行为众信服者一人为保长，专一防御盗贼。平时各甲词讼，悉照牌谕，不许保长干预，因而武断乡曲；但遇盗警，即仰保长统率各甲设谋截捕”，俱听保长调度。“但有后期不赴者，保长公同各甲举告官司，量加罚治。”（《王阳明全集·申谕十家牌法增立保长》）

综上所述，王守仁的“心学”是为了针砭时弊，他提倡以内心良知为是非标准，强调身体力行，知行合一，注重事功，突出道德观念的自觉性与实践性，从而一扫宋明学术的虚巧之风；他要求明德亲民，因时立法，赏罚分明，情法交申，以根除政治腐败；他力主从社会基层做起，建保甲，立乡约，倡教化，树新风，进行综合治理，以扭转颓靡民风。人的精神面貌振奋了，学术空气净化了，社会环境改善了，廉洁政治才能实现。

① 《王阳明全集·案行各分巡道督编十家牌》：“合就行令所属府县，在城居民，每家各置一牌，备写门户籍贯，及人丁多寡之数，有无寄住暂宿之人，揭于各家门首，以凭官府查考。仍编十家为一牌，开列各户姓名，背写本院告谕，日轮一家，沿门按牌审察动静，但有面目生疏之人，踪迹可疑之事，即行报官究理。或有隐匿，十家连罪。如此庶居民不敢纵恶，而奸伪无所潜形。”

② 《王阳明全集·申谕十家牌法》：“大抵法立弊生，必须人存政举。若十家牌式，徒尔编置张挂，督劝考较立法，虽或暂行，终归废弛。仰各该县官，务于坊里乡都之内，推选年高有德，众所信服之人，或三四十人，或一二十人，厚其礼貌，特示优崇，使之分投巡访劝谕，深山穷谷必至，教其不能，督其不率；面命耳提，多方化导；或素习顽梗之区，亦可间行乡约；进见之时，咨询民瘼，以通下情，其于邑政，必有裨补……庶几教化兴行，风俗可美。”

影响评价

王守仁天资聪慧，勤奋好学，为人忠厚老实，志向远大，但身体羸弱，多病缠身。五十多岁就过早地离开了人世。他的人生旅途，布满荆棘，坎坷纵横，科举两次落第，当官贬谪荒夷，但他积极乐观，从不气馁，反而把每一次磨难作为对自己意志品质的考验，借此提高自己的思想境界，力争做到事功盖世、文章传人。他有明确的人生目标：对自己而言，就是做悟性极高、行为能力极强的圣人；对社会而言，就是弘扬传统文化，抵御权势、物质利益对人的诱惑，避免误入歧途，在思想上正确引导人们，共同维持一个遵理重情的和睦友善的社会。创造和睦友善社会，就得净化每个人的心灵，培养好的习惯，遵循道德礼义，而这一切又应该从教育儿童开始，塑造一代新人。说到这里，似乎听到有人在吟诵王守仁的“示儿”(《示宪儿》)诗：

幼儿曹，听教诲：勤读书，要孝悌；
学谦恭，循礼仪；节饮食，戒游戏；
毋说谎，毋贪利；毋任情，毋斗气；
毋责人，但自治；能下人，是有志；
能容人，是大器；凡做人，在心地；
心地好，是良士；心地恶，是凶类；
譬树果，心是蒂；蒂若坏，果必坠；
吾教汝，全在是；汝谛听，勿轻弃。

张居正

敦本务实　振其纪纲

核心要旨

为何称张居正为『起衰振隳』与威权震主的『救时宰相』？

奉法必尊与执法必严的关系是什么？

整饬吏治有哪些重点与难点？

如何处理『法在必行』与『不赦奸过』的关系？

在中国封建社会，以改革闻名于世的思想家没有几个，初期有战国的商鞅，中期有宋代的王安石，后期就是明代的张居正了。他们义无反顾地走上了破旧立新的艰难改革之路，虽身负清算诽谤污蔑，人生充满浓烈的悲剧色彩，但改革的成果却影响深远，恩泽后世。他们勇于为改革献身的精神，令人钦佩。明代，要么是君主雄才大略，如朱元璋、朱棣；要么是君主荒诞无能，如朱载垕、朱由校。这样一来，干臣似乎没有多少施展才华的舞台，但张居正是一个例外。张居正与朱元璋有着一样的布衣身份，但一个是君的楷模，一个是臣的风范。张居正虽未成为一代开国君主，但他从秀才、举人、进士，官至内阁大学士，从平民中崛起，在万历王朝初年当了十年首辅，以帝师的身份辅佐十岁的小皇帝，力挽狂澜，临危制变，推行改革，威振一世，把衰败混乱的明王朝治理得国富民安，人们赞扬他是“起衰振隳”[①] 的“救时宰相”。

① 《明通鉴》：“是时帑藏充盈，国最完富”，“起衰振隳，纲纪修明，海内殷阜，居正之力也。”

人生历程

张居正（1525～1582年），少名白圭，字叔大，号太岳，湖广江陵（今湖北江陵）人。出生于普通农民家庭。张居正自幼就以神童蜚声乡里，13岁参加了乡试，本可以考中举人，只因主考的湖广巡抚顾璘有意让他经受挫折，以激励他更加奋进，故意使他落选。果然，3年后张居正再度赴试，一举成名，成为明朝最年轻的举人。嘉靖二十六年（1547年）张居正考中进士，由庶吉士进充翰林院编修，再迁右谕德兼侍讲学士，总领翰林院事。嘉靖二十八年（1549年），张居正向世宗皇帝上《陈时政疏》，初步表明自己的政治主张，但未引起皇帝的重视。隆庆元年（1567年），任吏部左侍郎兼东阁大学士。隆庆二年（1568年）向穆宗皇帝上《陈六事疏》，系统全面地论述改革思想，也未被采纳。隆庆六年（1572年）穆宗逝世，神宗登基，张居正与高拱并为首辅，为吏部尚书兼英武殿大学士加少保兼太子太保。万历初年，张居正与宦官冯保合谋逐高拱，代为首辅。当时万历皇帝年幼，一切军政大事均由张居正主持裁决。他开始实行整饬吏治、整饬边防、整顿经济、兴修水利等一系列改革措施，以图除旧布新、振纲除弊、强国富民。改革取得了显著的成效，“海内肃清，四夷詟服，太仓粟可支数年”，“天下宴然”。万历五年（1577年）张居正的父亲因病去世，按明朝礼制规定，在职官员自闻父母丧日起，要辞官守孝3年。如有特殊情况，经皇帝特批，可以继续留任，称为“夺情”。明朝是重孝的王朝，在明中叶就已多次申令，不准“夺情”，按惯例张居正也要遵守，可此时改革刚有起色，正处关键时刻，万历皇帝深感：“国不可一日无张先生”，而张居正也感到宏图未展，难舍京城。于是，万历皇帝就下诏“夺情”，不批准张居正辞官回家守孝，张居正也半推半就，“在官守制”。君臣二人的做法引起了许多大臣的强烈不满，他们批评张居正贪恋权位、不忠不孝，要求他去职守丧。万历皇帝和张居正态度异常坚决，他们采用果断甚至是令人恐怖的手段，镇压反对派：将余懋学革职为民，傅应祯充军，刘台下锦衣卫狱，吴中行被痛打当场昏死……“夺情”风波显示了权力巅峰上的张居正驾驭权柄的能力，似乎一切都在他的掌握之中。但由张居正个人主导的这场改革的成功，也预示身后隐伏的危机，这就是人存政举，人亡政息。万历十年（1582年）张居正因病逝世，万历皇帝为其辍朝一日，赠上柱国，谥“文忠”，赐治丧银，并遣官护丧归葬，极尽死后之“哀荣”。但随后改革的反对派开始发难，万历十二年（1584年）万历皇帝突然下诏削夺张居正一切官爵，并查抄家产。其长子自缢身亡，三子自杀未遂，家眷数人饿死，部下皆被撤职。至于他一腔心血建树的新政，更是付诸流水。“由是，上下恬熙，法纪渐至不振。”

张居正死后，明朝的各种社会矛盾急剧恶化，一发而不可收拾。在大明亡国丧钟清晰可闻的时候，人们越发怀念那个敢作敢为、魄力非凡的张居正。历史就是这样令人啼笑皆非。当年诽谤新政的人又何尝料到，日暮途穷时他们竟会梦想追回改革的盛景？当初大骂张居正是禽兽而被廷杖致残的邹元标，拖着一条拐腿，为张居正的昭雪奔走呼号，试图召回失去的新政。无可奈何花落去，古老的帝国大厦终于被历史的巨浪冲击得分崩离析了。到崇祯十三年（1640年），明亡前四年，张居正才获得平反。

张居正著有《张太岳集》（明刊本）四十六卷，清末光绪年间以《张文忠公全集》增刊行世。其中大量的奏疏和书牍，是研究张居正法律思想的重要资料。

思想脉络

自明王室中衰以后，各种社会问题纷至沓来，政治社会危机日益加剧：在经济上，土地兼并加剧，财政来源枯竭，只能依靠增加赋税的方式，横征暴敛，大肆搜刮，造成民穷财尽，经济一触即溃；在政治上，宦官专权肆虐，宦官机构不断扩大，宦官队伍迅速膨胀，宦官垄断司法、军事、监察等机构，朝野上下处于宦官的笼罩之中，政治极度黑暗；在军事上，国防松弛，农民起义蜂起，内部蒙古贵族割据骚乱，沿海日本海盗趁机侵略，国家兵弱军乏，难以遏制纷乱的局面。面对严峻的形势，为改革的需要，张居正提出务实致用的主张：“以足踏实地为功，以崇尚本质为行，以遵守成宪为准，以诚心顺上为忠。”（《张文忠公全集·答南司成屠平石论为学》）执政期间，他推行了一系列旨在“强公室，杜私门，省议论，核名实”的改革措施，“以尊主庇民，率作兴事”（《张文忠公全集·与李太仆渐庵论治体》）。政治上，“祛积习以作颓靡，振纲纪以正风俗，省议论以行国是，核名实以行赏罚”，重振纪纲，修明法度，大力加强中央集权，整饬吏治；经济上以“固邦本”为中心，强调“厚农而资商”，“厚商而利农”，农商并重，并厉行清丈田亩和“一条鞭法”，限制土地兼并，促进生产的发展和国家财政的改观；军事上，“饬武备，谨边防”，用名将，抵抗侵侮。他的改革，以遵循“圣贤经术”和本朝“成宪”为旗号，以行政实权强力推进，不轻易诋毁前辈，不以私意虚谈干扰国家法令，避免背上“反古背上”的骂名，以减少改革的阻力。张居正主张君主要亲自总揽法纪刑赏之权，强化君主诏令的绝对权威，还要严明法制，而严明法制的关键是执法公平无私、不偏不倚。张居正主张用法律、法令来规范天下，果断地推行各项政策法令。他提倡的法制，重点在于约束和规范官吏，打击其不法现象。这在一定程度上具有历史进步意义。

壹　总揽乾纲，严肃法度

张居正认为：“人主以一身而居乎兆民之上，临制四海之广，所以能使天下皆服从其教令，整齐而不乱者，纪纲而已。纲如网之有绳，纪如丝之有总。”（《张文忠公全集·陈六事疏》）纪纲是君主维持封建统治秩序的“太阿之柄”，不可一日“倒持”。明代从明太祖起一直到明孝宗，“皆以刚明英断，总揽乾纲，独运威福，兢守高皇帝之法，不敢失坠，故人心大定，而势有常尊”，但自嘉靖以来，皇权疲软懈怠、政治腐败、国力衰弱，基本原因之一，是“纲纪堕落，法度陵夷”（《张文忠公全集·答司空雷古和叙知己》),宗藩勋戚等豪门骄恣不法,仗势横行[1]。于是中央政令只能行之于百姓而不能用于豪门,上下权势地位颠倒,屡令不行,屡禁不止,朝廷不可能有效地统一管理国家。他认为:"尊主权"为"方今急务",而"尊主权"的有效方式,就是树立法律的威信。

1. **奉法应尊**。张居正认为,作为最高权力机构的中央王朝,应当"强其根本,振其纪纲"(《张文忠公全集·辛未会试程策二》),即高度集权中央,由君主"总揽乾纲,独运威福"(《张文忠公全集·杂著》),做到事权归一,政令畅行无阻,严格按照国家法律来规范天下,以加强中央集权的权威和国家的统一管理。他对所有的权力主体提出了不同的政治要求。皇帝应"奋乾刚之断,普离照之明,张法纪以肃群工,揽权纲而贞百度",以法律为衡量功过是非的权威标准,一视同仁,严厉执法,做到"刑赏予夺一归之公道而不必曲循乎私情,政教号令必断于宸衷而毋致纷更于浮议;法所当加,虽贵近不宥;事有所枉,虽疏贱必申",以实现"体统正,朝廷尊而下有法守"(《张文忠公全集·陈六事疏》)的效果。各级官府应发挥自身职能,所谓"一方之本在抚按,天下之本在官府",官府"一切以尊主庇、振举颓废为务",使尊奉朝廷和执行法律密切结合。

2. **执法必严**。张居正认为,政治清明在于坚决执行法律和讲究行政工作的效率[2]。法在必行,言在必做,任何事都得随之考核,以最终取得绩效。在朝廷三令五申的情况下,如果还有人继续无视法律政令,沉溺故常,坚守旧辙,"以朝廷为必可背,以法纪为必可干"(《张文忠公全集·请戒谕群臣疏》),一定依法严惩,绝不姑息。他把不法权贵看作"权蝎",认为

① 《张文忠公全集·陈六事疏》:"纪纲不肃,法度不行,上下务为姑息,百事悉纵委徇;以模棱两可谓之调停,以委曲迁就谓之善处。法之所加,惟在于微贱,而强梗者虽坏法干纪而莫之谁何。礼之所制,反在于朝廷,而为下者或越礼犯分而恬不知畏。陵替之风渐成,指背之势难使。"

② 《张文忠公全集·请稽查章奏随事考成以修实政疏》:"盖天下之事,不难于立法,而难于法之必行;不难于听言,而难于言之必效。若徇事而不考其终,兴事而不加屡省,上无综核之明,人怀苟且之念,虽使尧舜为君,禹皋为佐,恐也难以底绩而有成也。"

他们才是真正祸国殃民的大患，因此，以打击不法权贵作为“励精之始”，提出“锄强戳凶，剔奸厘弊”的主张。“所在强宗豪民，敢有挠法者，严治不贷”，把改革的锋芒指向统治阶级内部的不法现象，以触动最腐朽、最黑暗的社会势力。

贰

法无古今，宜时安民

张居正说：“识时务者，谓之俊杰。”他认为：“法不可以轻变，也不可以苟因。苟因，则承敝袭舛，有颓靡不振之虞，此不事事之过也；轻变，则厌故喜新，有更张无序之患，此太多事之过也。”（《张文忠公全集·辛未会试程策》）张居正对法“轻变”和“苟因”的担忧都是符合事理的。“苟因”与“轻变”，“二者，法之所禁也。而且犯之，又何暇责其能行法哉。去二者之过，而一求诸实，法斯行矣。”（《张文忠公全集·辛未会试程策》）古往今来，社会是不断发生变化的，因此，要扫除积弊，国家法律也必须不断更新。关键是国家设范立制的依据是什么？“法无古今，惟其时之所宜，与民之所安”（《张文忠公全集·辛未会试程策二》），对此，张居正提出了从时势和民情出发，看法制是否有利于社会的发展和人民的需要，强调“法制无常，近民为要；古今异势，便俗为宜”（《张文忠公全集·辛未会试程策二》）。建立法律制度，以宜时便民为原则，“时宜之，民安之，虽庸众之所建立，不可废也；戾于时，拂于民，虽圣哲之所创造，可无从也”（《张文忠公全集·辛未会试程策二》）。在他看来，判别一项法律制度的优劣，不在其创建者的贤愚尊卑，而仅在于它是否符合时宜，体现民意。这种观点，不仅批驳了那些“动称三代”，“不达时变”（《张文忠公全集·杂著》），但谓祖宗之法惟当谨守而不可更革的迂腐之论，对推行改革有积极意义，而且在法律与人民的关系上，强调了要体察民情、考虑民意、保有人民，这无疑是“民本”思想的体现。因此，张居正的变法，不重形式上的改弦更张，只看内容和效果是否让人民在变法中得到实惠。他自憾位居高官，对民间习俗犹如隔岸观花，不如底层下属了解民间疾苦。“人情物理不悉，便是学问不透。”要求无论当官，还是做学问，都要走出衙门和书斋，面向实际，把治学理政与解决国计民生结合起来。为政与治学，如果不了解民情，不反映民情，不体现民情，就当不好官，也做不出真学问。

明朝中后期，土地兼并现象十分严重，不仅使老百姓失去赖以生存的土地，生活难以为继，对中央政权的财政收入也造成了很大的影响。针对这一情况，张居正开始了以清丈土地、推行“一条鞭法”为主要内容的经济改革措施。

万历六年(1578年)张居正下令清丈全国土地，包括勋戚庄田等所谓“官田”在内，概莫能外。丈田之举遭到极大阻力，史书记载：“闻之丈量谕下，诸王孙遮道而噪，诸酋长抗疏而陈，诸军士荷戈而哄”。但张居正力排众议，严申“法治”，“其扰法者，下诏切责”，终于使清丈土地的工作能够进行下去。到万历九年(1581年)，历时三年的土地清丈乃告完成，清查出大批隐田。据载，全国丈量出来的土地达七百万顷，比弘治年间的土地多出了近三百万顷。这就为推行“一条鞭法”，实行按亩计征奠定了基础。

根据《明史·食货志》记载：“一条鞭法者，总括一州县之赋役，量地计丁，丁粮必输于官。一岁之役，官为佥募。力差则计其工食之费，量为增减；银差则计其交纳之费，加以增耗。凡额办、派办、京库岁需与存留供亿之费，以及土贡方物，悉并为一条，皆计亩征银，折办于官，故谓之一条鞭。”“一条鞭法”，就是把田赋、劳役以及各种杂差和贡赋各个项目，并为一科，统统折合成银两交纳。它简化了税制，使苛繁的服役制度趋于简化单一，防止官员因缘为奸，便于国家控制。

首先，“一条鞭法”把赋、役加派、土贡方物各种征项合并归一，使之化繁为简，改变原来名目繁多、混乱不堪的财税状况。

其次，实行部分的摊丁入亩。明代原规定各项差役按户丁编排，而农民往往丁多地少，实际上成为差役的主要承担者。地主富豪占地多而负担却少，以致贫者益贫、富者益富。这种赋役制度显然不合理。“一条鞭法”

则将各项差役按户丁和田土两项加以编派，实行部分“役归于地，计亩征收”，从而明显地增加按财产征税的比重，使徭役负担变得相对合理。

再次，实行一切徭役征银和部分田赋、土贡方物征银的办法。以银代物，不仅促使赋役征收向单一化方向发展，而且也符合商品经济发展的客观要求。

最后，将赋役的催征和解运，由民间的里甲助理层层收送递转，改由地方政府统一办理，有利于简化手续，防止克扣现象的发生。

推行“一条鞭法”数年之后，“太仓粟充盈，可支十年”，“太仆金亦积四百余万”。改革产生了安抚百姓、充盈国库的效果。

叁

整饬吏治，慎用刑罚

整饬吏治，是张居正推行改革的有力措施之一，也是他法律思想的重要组成部分。张居正认为吏治清明、政令通顺是改革成功的保障。他说：“为国之法似理身，元气欲固，神气欲扬。广中患不在盗贼，而在吏治不清，纲纪不振，故元气日耗，神气日索。”应“以振纲纪、察吏治、安民生为事”（《张文忠公全集·答殷石汀论吏治》）。他指出，明朝中期以来，官风不正、贿赂权门现象突出，这样不仅造成了大批冗官，加重了财政开支，而且还大大降低了行政效率。整饬吏治，关键在于“慎重名器，爱惜赏罚”。一是事先慎重选拔任用，事后认真考察赏罚。他认为，世上本不缺乏人才，只要“人主操用舍予夺之权以奔走，天下之士，何求而不得？”只要综核名实，善于发现和拔擢人才，人才是完全够用的。因此，他主张严格考核之法，严明黜陟，“用人必考其终，授任必求其当，有功于国家，即千金之赏、通侯之印，亦不宜吝；无功于国家，虽颦笑之微，敝裤之贱，亦勿轻予”。二是在选拔人才上，他要求不务虚名，不拘资格，全面审核，以政绩为标准。[①]

① 《张文忠公全集·陈六事疏》：“用舍进退，一以功实为准，毋徒眩于声名，毋尽拘于资格，毋摇之以毁誉，毋杂之以爱憎，毋以一事概其平生，毋以一眚掩其大节。”

立贤无方，唯才是用，即使贱为僧道皂隶，只要出类拔萃，可以位列九卿，作为国家的栋梁。可见，他在任用人才方面是有较强的“法治”精神和远见卓识的。据《国榷》记载，仅万历九年（1581 年），中央即裁减冗员 419 人，地方裁减 902 人。

张居正设立“考成法”考察官吏是否称职。其主要内容包括：其一，六部和都察院把所属官员应办之事订立期限，并分别登记在三本账簿上，一本由六部和都察院留作底册，另一本送六科，最后一本存内阁。其二，六部和都察院按账簿登记，逐月进行检查。对所属官员承办的事情，每完成一件须登出一件，反之必须如实申报，否则以违罪处罚。六科亦可根据账簿登记，要求六部每半年上报一次执行情况，违者限事例进行议处。其三，内阁同样依照账簿登记，对六科的稽查工作进行查实。由六科纠弹六部，通过内阁控制六科，内阁首辅便成为掌控实权的最高首领。“考成法”不仅将六部纳入内阁的领导之下，还将宦官原有的稽查奏章、考核诸司的权力收归内阁，有效防止了宦官干政。

与治吏密切相关的是“清隐占”和“惩贪墨”。张居正认为，造成“私家日富，公室日贫，国匮民穷”的原因，一是豪强的兼并，二是官吏的贪污。正如他所说：“自嘉靖以来，当国者政以贿成，吏朘民膏以媚权门。而继秉国者，又务一切姑息之政，为逋负渊薮，以成兼并之私。”这就只能运用法律的威力来应对，一是清理隐瞒侵占的田地，“查刷宿弊，清理逋欠，严治侵渔揽纳之奸”；二是惩处贪赃枉法的官吏，“杜绝贿门，痛惩贪墨”（《张文忠公全集·答应天巡抚宋阳山论均粮足民》）。正是由于豪强的兼并和官吏的贪污，造成百姓“逃亡为乱”。如果没有豪强“隐占”和官吏“贪墨”，人民就不受侵扰、安居乐业，也就不会犯罪。因此，他反对“严刑峻法虐使其民”，强调“徇情之与顺情，名虽同而实则异；振作之与操切，事若近而用则殊。盖顺情者，因人情之所同欲者而施之；若徇情，则不顾理之是非、事之可否，而惟人情之是便而已。振作者，谓整齐严肃，悬法以示民，而是指不敢犯。若操切，则为严刑峻法，虐使其民而已。故情可顺而不可徇，法可严而不可猛”（《张文忠公全集·陈六事疏》）。这种对民众谨慎用刑的思想是对民众滥施刑威的否定。

注重司法官的选用。张居正指出：“近来居是官者，不知本职所在，舍其当务，而漫求他事以塞职。居数月而考选实授，只具文尔。一旦奉使观风，乃不知法律为何物，而反以吏为师。祖宗命官责任之意，几于沦失矣。”司法官往往从非法律部门选任，这些官员既不懂法，导致谈论法时，虚言泛论，不切实际；又无行政经验，导致巡视地方时，只得以吏为师，无法监督。因此，张居正认为：“盖章奏议论，人人能之，若招拟刑名，则非平素究心于此者，不可以虚言饰也。”（《张文忠公全集·答南总宪吴尧山言法律奏章》）

肆
严刑明法，奸无所赦

张居正主张“以法绳天下”。他认为，明代法制主要有两个弊病：其一是有法不行。“天下之事，不难于立法，而难于法之必行；不难于听言，而难于言之必效。”明代法律是一代圣明之法[①]。有了好的法律，但不切实执行，也等于无法。即使是当今皇帝的诏令也“废格不行，钞到各部，概行停搁，或已题奉钦依，一切视为故纸，禁之不止，令之不从”。“法之弊而不可行哉。”“车之不前也，马不力也，不策马而策车何益！法之不行也，人不力也，不议人而议法何益！下流壅则上溢，上源窒则下枯。”造成“法壅”的病症有四：积习难恒，纪纲不举，议论纷纭，名实不符。“决其壅，疏其窒，而法行也。”（《张文忠公全集·辛未会试程策二》）其二是执法不公。“法之所加，惟在于微贱；而强梗者，虽坏法干纪，而莫之谁何。礼之所制，反在于朝廷；而为下者，或越礼犯分，而恬不知畏。”“刑赏予夺，不能归于公

① 《张文忠公全集·辛未会试程策二》：“夫高皇帝始为法也，律令三易而后成，官制晚年而始定，一时名臣英佐，相与持筹而算之，其利害审矣”，“大小相维，鸿纤具备。自三代以来，法制之善，未有过于昭代者也。然今甫两百年余耳，科条虽具而美意渐荒，申令难勤而实效罔获”。

道。”因此，张居正主张，“严刑明法，制欲禁邪”，“法在必行，奸无所赦”（《张文忠公全集·答宪长周友山言弭盗非全在不欲》）。

在德与刑的关系上，张居正仍是德主刑辅思想的支持者，他说：“教化不行，礼义不立，至于礼乐不兴，刑罚不中，民将无所措其手足。当此之时，虽有严令繁刑，祇益乱耳，乌能捄斯败乎？”（《张文忠公全集·宜都县重修儒学记》）然而在刑罚具体运用上，为维护封建统治秩序，他要求以严厉手段制裁严重的犯罪行为。在他看来，宽缓的刑事政策以仁爱为心导致祸患[①]，严明法制则能造成天下安宁。宽容犯罪是一种毫无政治眼光的“姑息之爱”。皇后以“岁喜”为名拟旨“暂免行刑”，对此，张居正认为，首先这不符合祖宗旧制。“查我祖宗旧制，凡官吏军民人等，犯该死罪，有决不待时者，有监至秋后者。鞫问既明，悉依律处决。未有淹禁累年不行处断者。”其次，这是认识糊涂的表现。“独见犯罪者身被诛戮之可悯，而不知被彼所戕害者皆含冤蓄愤于幽冥之中。明王圣主不为之一泄，彼以其怨恨冤苦之气，郁而不散……独奈何不忍于有罪之凶恶，而反忍于无辜之良善乎？其用仁也舛矣。”（《张文忠公全集·论决重囚疏》）基于这种认识，他主张，“凡作措画，惟施一概之平，法所当加，亲故不宥；才有可用，疏远不遗；又务综核名实，搜剔隐奸，推毂善良，摧抑浮竞”，只有这样，才能使“必不能枉己以徇人，必不能违道以干誉；台省纲纪，必欲振肃；朝廷法令，必欲奉行。奸宄之人，必不敢姑息，以挠三尺之公；险燥之士，必不敢引进，以坏国家之事”（《张文忠公全集·乞鉴别忠邪以定国疏》）。法律严明，秉公执法，公平裁断，犯罪就会减少，社会才会安定。

影响评价

张居正是明代中后期封建统治阶级的政治家，他能洞察和正视社

① 《张文忠公全集·答宪长周友山言弭盗非全在不欲》：“盖闻圣王杀以止杀，刑期无刑，不闻纵释有罪以为仁也。”

会积弊，通识时变，勇于任事，大胆改革，并取得一定成效。他的法律思想同他的政治实践一样，在明代历史上占有一定的地位。“人存政举，人亡政息”这句话，在张居正身上应验了，他生前位极人臣，掌控朝政，显赫一时，轰轰烈烈，举朝争颂其功而不敢言其过；祸发身后，死后遭人报复，夺爵抄产，家破人亡，威风扫地，“举朝争索其罪而不敢言其功”。张居正生前身后社会待遇的巨大反差给后人留下了太多的思索：改革是得罪人的事，事前有反对，事中有阻挠，事后有报复。但改革的成效一旦经历时间的检验是有利于社会、有助于国家、有益于人民的，改革与改革家终究会彪炳当世，璀璨千秋。故《明史·张居正传》云：“肩劳任怨，举废饬弛，弼成万历初年之治。其时中外乂安，海内殷阜，纪纲法度，莫不修明。功在社稷，日久论定，人益追思。”

黄宗羲

天下为主　立法去私

核心要旨

为何说君主是天下的罪魁祸首？

封建法律是『非法之法』吗？

民主启蒙的四大主张具体内容是什么？

如何理解『有治法而后有治人』的法学含义？

黄宗羲如何做到从黑暗背后猜测光明？

明末清初，出现了三股社会浪潮：其一，腐朽的明王朝在农民起义的打击下迅速灭亡，满洲贵族的入关，使广大人民陷入民族灾难，阶级矛盾与民族矛盾尖锐复杂；其二，随着商品经济的发展，资本主义萌芽已在东南半壁破土生发，新兴市民阶层登上历史舞台，发出了不满封建专制主义的呼声；其三，无论是程朱理学，还是陆王心学，均空谈天理心性，学问与现实严重脱节，缺失社会责任感，日趋腐朽，使人窒息欲绝。三者交织在一起，前后激荡，汹涌澎湃，造成了"天崩地解"(《黄宗羲全集·留别海昌同学录》)的局面。"风雨如晦，鸡鸣不已"(《诗经·风雨》)，"天生豪杰为斯世所必不可无之人"(黄宗羲全集·陈献五十寿序)，面对动荡的社会和严峻的现实，一部分目光敏锐的启蒙思想家挺身而出，大放异彩。他们站在社会斗争的前列，凭着广博的学识与异乎寻常的思维方式以及对民族与国家强烈的责任感，在反思历史的同时，也在寻找新的社会出路，从而形成了叛逆封建专制，鼓吹民主启蒙的激进思潮。这就将中国封建社会带入了痛定思痛的自我批判阶段。黄宗羲是明末清初启蒙思想家最杰出的代表之一。

人生历程

黄宗羲（1610～1695年）字太冲，号南雷，人称黎洲先生，浙江余姚人。其父黄尊素为万历四十四年的进士，曾任宁国府推官，山东道监察御史，是东林党的著名人物。黄宗羲从小聪明异常，好学深思。14岁中秀才后，随父进京，研习制艺之余，潜购各类小说，博览群书，不琐守章句。17岁时其父因弹劾阉党首领魏忠贤专权被削职归籍，不久又下狱，受酷刑而死。黄宗羲一边苦读，一边练习搏击之术，准备为父报仇。崇祯皇帝即位后，阉党失势，魏忠贤自缢身亡，黄宗羲袖里藏着奏疏和铁锥，独自入京讼冤。刑部会审阉党时，黄宗羲作为原告，应邀出庭作证，他用铁锥刺伤阉党许显纯，又与周廷祚、夏承将迫害东林党人的狱卒颜紫、叶文仲捶死。当罗织罪名陷害黄尊素的太监李实，将三千两百银塞给黄宗羲，让他不出庭对质时，黄宗羲义正辞严地予以拒绝，对簿公堂时，又锥刺李实。并奏明崇祯皇帝，在诏狱中门设祭，追悼东林党人，哭声闻于禁中。后奉父灵柩返回故里。20岁时，遵照父亲遗言，拜刘宗周为师，发愤攻读史籍，“读二十一史，每日丹铅一本，迟明而起，鸡鸣方已，盖两年而毕”（《黄宗羲全集·补历代史表序》）。21岁入场屋应试，落榜，同年，在南京参加复社，其成员大多是东林党后裔。当时，阉党阮大铖在南京招摇过市，企图东山再起。黄宗羲与顾杲、杨廷枢等复社成员，联合发出《南都防乱揭》，揭露阮大铖的阴谋与罪恶，使其暂时有所收敛。30岁时赴南京应乡试落第，33岁时在京师应北榜乡试落第，大学士周廷儒欲荐为中书舍人，力辞不就。1644年清军入关，马士英、阮大铖拥立朱由崧为福王，阉党再次得势，他们专权东南，谋兴大狱，大肆逮捕黄宗羲等人。不久，清军长驱南下，南京小朝廷覆灭，混乱之中，黄宗羲侥幸脱险返回浙江。回到故乡后，黄宗羲变卖家产，召集里中子弟数百人组成“世忠营”，参加了熊汝霖、孙嘉绩等奉鲁王朱以海为监国的抗清队伍，共同防守钱塘江。他被任命为兵部职方司主事，后改任监察御史。他曾率军旅渡杭州湾，与浙西友军会师，准备由海宁攻取海盐，并约会太湖豪杰，以图大举。但鲁监国政权内部矛盾重重，导致钱塘江防线崩溃，鲁王由海上潜逃至闽。黄宗羲率部退守四明山，其部下不遵行他的团结山民、不可就地取粮的方针，山寨被毁，黄宗羲只得隐居化安山，终未失志。顺治六年（1649 年）六月他听说监国鲁王还至东海，即赴舟山“行朝”，先后任右佥都御史、左副都御史。但囿于海魁悍帅制肘，不能有所建树，于是变易姓名，间行回乡，被迫停止了武装斗争。

黄宗羲晚年对“徒然”挽救明王朝与反抗清廷进行了反思，从而对整个封建专制制度产生了全面的怀疑，适时地将武装斗争转化为思想理论斗争，形成了独具特色的启蒙思想。他集中精力于学术活动，一是忘我地著书立说，有 72 种著作流传于世，如《宋元学案》《明儒学案》《留书》《明夷待访录》等。黄宗羲在《留书·自序》中称：“自有宇宙以来，著书者何限？或以私意搀入其间，其留亦为无用。吾之言非一人之私言也，后之人苟有因吾言而行之者，又何异乎吾之自行其言乎？是故其书不可不留。”表明了他为后人治国留言的意向。二是创宁波证人书院，大力倡办教育，应邀赴各地讲学，培养了万斯同、仇兆鳌、查慎行、全祖望、章学诚等一大批人才。黄宗羲在学术上的惊人成就震撼朝野，清廷曾多次以越来越优厚的条件招聘他进京做官，均遭到拒绝，终身不仕清廷。

思想脉络

黄宗羲的法律思想主要集中在《明夷待访录》一书中。《明夷待访录》共 13 篇。“明夷”本为《周易》中六十四卦中第三十六卦，其卦象为“离下坤上”，即地在上，日在下。其爻辞有曰：“明夷于飞垂其翼，君子于行三日不食。有攸往，主人有言。”“明”即太阳（离），“夷”是损伤之意。从卦象上看，太阳处“坤”（大地）之下，即光明消失，黑暗来临。另外，“明”既指太阳，亦暗指称为“明朝”；“夷”有“平复”“消亡”之意，包含亡国之痛。这暗含作者对当时黑暗社会的愤懑和指责，也是对太阳再度升起普照天下的期盼。“待访”是指有智慧的人处在患难地位，等待贤者来访，为其指点迷津。

黄宗羲法律思想的过人之处主要在于：他以丰厚的历史文化知识为依托，用犀利的语言和深邃的思辨，对家天下的封建君主和封建法制进行了猛烈的抨击，饱含激情地为人们展示了一幅民主“法治”的理想蓝图。

壹　天下大害，君而已矣

中国封建社会，君主集立法、司法、行政、军事、经济诸大权于一身，既是封建统治的主要象征，又是专制主义“法治”的集中代表。黄宗羲经历了家国之变，深感君主专制不仅是明朝倾覆的直接原因，而且也是社会向前发展的主要障碍。因此，他对专制君主进行了淋漓尽致的揭露和义正辞严的声讨。

1.揭露了“君权神授”的虚伪。黄宗羲追根溯源，分析了君权产生及基本形态（从“公天下”到“私天下”）演变的历史过程：人生之初，天下是属于天下所有人的，由于“人各自私也，人各自利也，天下有公利而莫或兴之，有公害而莫或除之。有人者出，不以一己之利为利，而使天下受其利；不以一己之害为害，而使天下释其害”。设立君主的本来目的，是让君主出以公心，为天下人兴利除害，从而建立“天下为主，君为客”（《明夷待访录·原君》）的君民关系：人民是天下的主人，君主是人民的仆人，“凡君之所毕世而经营者，为天下也”。天下人爱戴君主，比之如父，拟之如天，的确不为过也。但后来的君主却不是这样，他们以为天下利害之权皆出于我，我是天下最厉害的人，以天下之利尽归于己，以天下之害尽归于人，并且将天下作为自己的家产，据为己有，尽情享受，还“视天下为莫大产业，传之子孙，受享无穷”，更是极其反动，令人无法容忍。君主制的不合理，关键在于后世的君主为了谋取私利，故意颠倒了“天下为主，君为客”的君民关系，歪曲了君主与民众权利义务的约定，君主的性质也就随之发生了劣变。这样看来，君主既不是神灵的代表，也不是正义的化身，而是损人利己、以人民为敌的元凶。

2.猛烈抨击了专制君主盘剥和残害人民所犯下的滔天罪行。黄宗羲以上下几千年的历史事实为依据，指出君主无论在登基之前还是在上台以后，都一直在迫害人民：当他们未当君主前，必定扩充实力，兴兵征战，“荼毒天下之肝脑，离散天下之子女”，漠视人的基本尊严和生存权利，对于人民的妻离子散、家破人亡的悲惨处境，无动于衷，熟视无睹，理直气壮地认为这是在为子孙创业；当他们登上君主宝座之后，并未有所收敛，对人民有所补偿和报答，而是变本加厉地压榨人民，“敲剥天下之骨髓，离散天下之子女”，以满足“一人之淫乐”，并认为这是他自己私有产业的“花息”。天下的民众对君主怀恨在心，“视之如寇仇，名之为独夫”，其根本原因就在于：专制君主是造成天下大乱、民不聊生的罪魁祸首[①]。

3.彻底肯定了“君为臣纲”的荒谬。黄宗羲指出，君主是权力的化身、是非的标准，往往使官吏沦为君主独裁的附属物，变成君主专制的工具，似乎“臣为君而设”，臣的一切都是君主赏赐的，臣的职能都是根据君主的需要而设立的，臣的作为就是为君主谋取私利[②]。这一方面必定造成选官任职的“任人为私”(《明夷待访录·原臣》)，以君主个人的好恶为标准，“能事我者贤之，不能事我否之”(《明夷待访录·置相》)，所选之人都是俯首贴耳、言听计从、趋炎附势、摇尾乞怜的，既没有主见，又缺乏人品的“仆妾”。另一方面导致宦官专权。由于“人主之多欲”，必定重用投其所好、依附力强的宦官。他们干涉朝政，甚至掌握重权，以致“宰相六部，为奄宦奉行之员而已”(《明夷待访录·奄臣上》)。

4.沉痛陈述了君主专制给君主本人及其家庭带来的灭顶之灾。由于君主专制的本质是“以天下为敌”，君主比起天下人，处于一种人少、势单、

---

① 《明夷待访录·原君》：“凡天下之无地而得安宁者，为君也。”

② 《明夷待访录·原臣》：“后世骄君自恣，不以天下万民为事，其所乎求乎草野者，不过欲得奔走服役之人，乃使草野之应于上者，亦不出夫奔走服役，一时免于寒饿，遂感在上之知遇，不复计其礼之备与不备，跻之仆妾之间而以为当然。”《明夷待访录·学校》：“三代以下，天下之是非一出于朝廷。天子荣之，则群趋以为是；天子辱之，则群擿以为非。”

力薄、智寡的不利地位，“一人之智力，不能胜天下欲得之者之众”，这就必然给君主本人及其家族带来毁灭性的灾难，“远者数世，近者及身，其血肉之崩溃在其子孙矣”。当大祸临头时，他们只能对亲生骨肉留下“若何为生我（帝王）家”（《明夷待访录·原君》）的哀怨，这是多么可悲的事啊！

综上所述，黄宗羲列举了专制君主谋取私利，敲剥人民，奴役群臣，专横暴虐等种种罪恶，从而得出一个结论：“为天下之大害者，君而已矣。”（《明夷待访录·原君》）对专制君主这个罪魁祸首，必须铲除。值得强调的是，黄宗羲对封建专制君主的批判与在此之前许多思想家的批判有明显的不同：其一，在批判的力度上，过去的思想家往往是针对某一朝代或某一个昏庸、残暴的君主的批判，而黄宗羲是对整个封建制度中所有专制君主的抨击和批判，具有广泛性和彻底性；其二，在批判的态度和目的上，过去的思想家往往是苦口婆心地规劝，善心良意地告诫，其目的是维护和巩固君主的统治地位，而黄宗羲的批判是与专制君主决裂，目的在于绝不妥协地否定和取缔君主专制。

贰

一家之法，非法之法

黄宗羲认为：“三代以上有法，三代以下无法。”夏、商、周之前，“二帝三王知天下之不可无养也，为之授田以耕之；知天下之不可无衣也，为之授地以桑麻之；知天下之不可无教也，为之学校以兴之；为之婚姻之礼以防其淫，为了卒乘之赋以防其乱”。这就是三代以上的法，“固未尝为一己而立也”。因此，法律是“天下之公器”，旨在兴公利，除公害，而不是为一个人谋取私利，君主也不能例外。这就要求立法者为天下立法，而不为立法者自己立法。为天下而立的“公”法，“藏天下于天下者也，山泽之利不必其尽取，刑赏之权不疑其旁落，贵不在朝廷也，贱不在草莽也……天下之人不见上之可欲，不见下之可恶，法愈疏而乱愈不作，所谓无法之法也”（《明夷待访录·原法》）。它就是宽松的、公平的、善良的法，这种法定分止争，从根本上避免了犯罪现象的出现。

三代以下的君主，为自己立法，一是为家天下的长治久安而防患于未然，“既得天下，唯恐其祚命之不长也，子孙之不能保有也，思患于未然以为之法”；二是掠夺天下的财富，损人利己，唯利是图，“藏天下于筐箧者也，利不欲其遗于天下，福必欲其敛于上”。“此其法何曾有一毫为天下之心哉！而亦可谓法乎？”(《明夷待访录·原法》)这就背叛了法产生的本旨，势必引起人心浮动，天下纷争。“然则其所谓法者，一家之法而非天下之法。”(《明夷待访录·原法》)

黄宗羲进一步分析了“一家之法”存在的弊端与危害：

其一，致使法令繁密。君主“利不欲其遗于下，福必欲其敛于上；用一人焉则疑其自私，而又用一人以制其私；行一事焉则虑其可欺，而又设一事以防其欺”。君主为了图谋私利，就得随时事无巨细地不断设立各种条款防范和限制他人，一法不足而反复立法，“故其法不得不密”，法令太苛刻、太烦琐，人们不堪重负，必定铤而走险，以身试法，因此，法愈密而天下愈乱。

其二，立法毁法，有法不依。黄宗羲指出：“论者谓一代有一代之法，子孙以法祖为孝。夫非法之法，前王不胜其利欲之私以创之，后王或不胜其利欲之私以坏之；坏之者固足以害天下，其创之者亦未始非害天下者也。乃必欲周旋于此胶彼漆之中以博宪章之余名。”封建君主无论是制定还是废除法令都是出于不断膨胀的私欲、私利，法令缺失了公正性和稳定性，就很容易受到蔑视，受到践踏，受到破坏。

其三，唯我独尊，压抑贤才。黄宗羲认为：“自非法之法桎梏天下人之手足，即有能治之人，终不胜其牵挽嫌疑之顾盼；有所设施，亦就其分之所得，安于苟简，而不能有度外之功名。”为君主一人的私利去约束、限制天下人，使天下人的聪明才智没有施展的机会而白白地浪费。

其四，狱吏之舞文弄法，残害人民。胥吏狱卒，大多数是“皇皇求利者”，君主在上谋取“大私”，上行下效，狱吏在下“亦何所不至，创为文网以济其私”(《明夷待访录·原法》)。到头来,民众受到君主、狱吏的双重残害,处境十分艰难。

正因如此,黄宗羲指出,只要法律本身仅仅是为君主一身、一家的私利,那么,无论其内容条款孰优孰劣,体系结构是否详备完善,立法技术是否高超,都是不值得称道的。

综上所述,黄宗羲揭示了封建之法的本质是“一家之法”,从而得出结论:“天下之乱即生于法之中,所谓非法之法也。”(《明夷待访录·原法》)不公正的法不但不能治天下,反而只会乱天下。黄宗羲对封建法制的批判并没有停留在对某一朝代的君主立法或某一项法律条文的批判,而是针对本质低劣的整个封建立法,要求予以彻底取缔。

叁

有治法而后有治人

黄宗羲认为,上古社会之所以国泰民安,主要原因就在于有法可依,并且此法“固未尝为一己而立也”,是“藏天下于天下者”,体现公平、正义的“公”法,它可以制约独裁者的权力,伸张和维护广大民众的权利,因此,他主张“有治法而后有治人”(《明夷待访录·原法》)。

黄宗羲指出,在为民兴利除害的作用上比较,法的作用要大于人的作用,更应该重视法的订立与实行。黄宗羲的“治法”是指与“一家之法”截然对立的“天下之法”,即代表天下人利益的公平正义的法律。有了这样的“天下之法”,然后君主、宰相、公卿、士大夫直至庶民百姓皆严格遵守和奉行法律,在法律面前人人平等,任何人都没有凌驾于法律之上的特权,这样便能够实现天下大治。因此,“天下之治乱,系于法之存亡”。“治法”既能充分发挥“能治之人”的智慧才能,让其造福于社会,又能限制贪婪残忍的人,让其不至于危害天下。[1]黄宗羲所主张的“法治”以否定君主

① 《明夷待访录·原法》:“使先王之法而在,莫不有法外之意存乎其间。其人是也,则可以无不行之意;其人非也,亦不至深刻罗网,反害天下。”

专制为前提，它既不同于儒家的“人治”，也不同于法家的“法治”，而强调“天下之法”的法律本质。这多多少少具备一些西方资产阶级“法治”理论的特色，在当时让人耳目一新，追慕向往。

明太祖朱元璋为了“收天下之权归一人”，废除沿袭一千多年的丞相制和沿袭七百多年的三省制，将相权并入君权；撤销行省，设立分别直接受制朝廷的“三司”（布政使司、按察使司、都指挥使司）；废大都督府，分设五军都督府，同兵部分掌军权；此外，还有“不衷古制”的廷杖和锦衣卫的设立。这样，使君权不受制衡，扩张到极点，真正达到“朕即国家”的程度。有鉴于此，为了限制君主的权力，开启开明政治，维护天下人的权利，黄宗羲大胆假设，要求从四个方面入手，以分权的方式，推进具有民主意味的“法治”方案。

（一）学校议政

黄宗羲认为，学校有两大功能，一是养士。即培养官吏，这是历朝历代都重视的。黄宗羲强调了养士的标准，即培养“诗书宽大之气”，使他们具有“经天纬地之略”“礼乐兵农之才”“抚危定倾之心”“利济苍生之志”。这些英雄豪杰把个人对社会的责任视为人生第一要义，不计个人得失，能为国家民族建功立业，即“大者以治天下，小者以为民用”。二是议政。黄宗羲认为，养士仅为“学校之一事”，“学校不仅为养士而设也”，“必使治天下之具皆出于学校，而后设学校之意始”。学校是表达天下人舆论的场所和代表民意的参政机构，它的主要职能有：反映民意，议论朝政，参与决策，监督行政。黄宗羲反对“天下之是非一出于朝廷”，而主张“公其是非于学校”，真正做到“天子之所是未必是，天子之所非未必非，天子亦遂不敢自为非是”。他提议由有真才实学和民主意识的名儒担任中央和地方两级学校的学官，尤其是京师的太学，其祭酒应推择当世大儒，让其享受与宰相一样的政治待遇，“或宰相退处为之”。农历每月初一，君主、大臣应临太学，“祭酒南面讲学，天子亦就弟子之列，政有缺失，祭酒直言无讳……天子之子，年至十五，则与大臣之子就学于太学，使知民之情伪，且使之稍习于劳苦”。地方学校的学官也有评议、监督、弹劾当地官吏的权力，“郡县公议，请名儒主之，自布衣以至宰相之谢事者，皆可当其任，不拘已仕未仕也。其人稍有干于清议，则诸生得共起而易之，曰：‘是不可以为吾师’”。地方上，农历每月初一和十五，“学官讲学，郡县官就弟子列，北面再拜。师、弟子各以疑义相质难。其以簿书期会不至者，罚之。郡县官政事缺失，小则纠绳，大则伐鼓号于众”（《明夷待访录·学校》）。从中央到地方，从天子到各级官吏的政绩，受到学校的监督和评议。显然，从黄宗羲所描绘的学校议政可看出，黄宗羲实际上已聪慧地猜到了西方近代议会政治的一些内容。

（二）复置丞相

黄宗羲认为，君主一人，不能治理好天下，故设官分治：“原夫作君之意，所以治天下也。天下不能一人而治，则设官以治之；是官者，分身之君也。”除君主外，最大的官吏是丞相。为了改变君主专制集权的现状，应落实相权，分解君权。在中国古代社会，宰相居一人之下，万人之上，掌最高行政权，为百官之长。明初朱元璋明令废除丞相制度，“宰相既罢，天子更无与为礼者矣。遂谓百官之设，所以事我，能事我者我贤之，不能事我者我否之。设官之意既讹，尚能得作君之意乎？”因此，“有明之无善治，自高皇帝罢丞相始”。清明政治必置宰相。他提议恢复明初废除了的宰相制度，由那些品德高尚、有真才实学的大儒、名儒出任宰相。宰相有两大职能：其一，与君主共商国事。宰相、六卿、谏官与君主每日在偏殿议政，凡章奏进呈，由六科给事中逐级上达给宰相、天子，由君相共议可否，“天子批红，天子不能尽，则由宰相批之，下六部施行”（《明夷待访录·置相》）。其二，主管中央行政事务。宰相下设“政事堂”作为有职有权的办事机构，政事堂由吏房、枢机房、兵房、户房、刑礼房构成，分曹以主众务，宰相统领、协调各行政部门，使其分工合作，各尽其职，政情畅达。从黄宗羲设计的宰相制度可以看出，黄宗羲敏锐地捕捉到了近代西方资产阶级责任内阁制的一些真谛。

为顺利推行宰相制度，在治官方面扫清障碍，就必须做到以下三点：

1.摆正君臣关系。黄宗羲认为："天下之治乱，不在一姓之兴亡，而在万民之忧乐。"他追溯了臣产生的由来："原夫作君之意，所以治天下也。天下不能一人而治，则设官以治之。是官者，分身之君也。"既然臣的产生与君的出现道理一样，他们都是天下人的侍从，都是为了齐心协力为天下人治理好天下，"夫治天下犹曳大木然，前者唱邪，后者唱许。君与臣，共曳木之人也"。君臣之间的关系是平等的，地位和作用是相同的。因此，臣应站稳立场，端正心态[①]。臣服从的是天下人的意志，而不需要依附于君，看君主的脸色行事。不仅如此，当君主倒行逆施，背弃民众时，臣还可以君为敌，警告、废黜、诛灭君主。黄宗羲认为，臣在君面前，不可能是消极、被动、碌碌无为，而应是积极有为。这种有为不限于道义上对君主进行劝谏，还更应有舆论上的谴责，行政上的制裁，甚至政治上的判决。

2.整顿胥吏。胥吏是各级官府中的主要成员之一，它包括两大类：一类是"守簿书，定期会"，负责办理衙门中的文书工作的一般公务人员；另一类是在衙门中奔走服役的，负责保管官物，督赋税，供驱使的杂事人员。宋以前官府中的胥吏为数不多，职权也十分有限，且"皆士人"，服役的勤杂人员"则以乡户充之"，实行不脱离生产的轮值制。但是经王安石变法改差役为雇役后，众多奔走服役者变成了胥吏。到了明代，胥吏队伍已十分庞大。流氓无赖混迹于胥吏之中，长期滞留官府，他们狼狈为奸，仗势欺人，乱立科条，假公济私，挤兑士人，唯利是图，成为扰政害民的一大祸根。黄宗羲主张坚决革除"胥吏之害"，其办法有三种：其一，裁冗员。精简官府办事人员，提高办事效率。其二，复差役。让勤杂人员每年轮值当差，使其"伎俩生疏，不敢弄法"（《明夷待访录·胥吏》），从而避免恶吏的

① 《明夷待访录·原臣》："缘夫天下之大，非一人之所能治，而分治之以群工。故我之出而仕也，为天下，非为君也；为万民，非为一姓也……君臣之名，从天下而有之者也。吾无天下之责，则吾在君为路人。出而仕于君也，不以天下为事，则君之仆妾也；以天下为事，则君之师友。"

产生。其三，用士人。重用那些经科举考试而获取当官资格的学生，让这些具有一定文化素质的人，有施展抱负的用武之地，官僚队伍也有了充足的后备力量。这是清理各级官僚机构的一个有力措施。

3.罢除宦官。宦官原属宫廷内侍从、佣奴，其地位卑微、品行低劣，一般没有资格涉足政治。但作为君主忠实的贴身奴仆，宦官与君主朝夕相处，形影不离，他们对君主的生活情趣、性格爱好了如指掌，容易有的放矢，投其所好，博其欢心，取其信任。在君主专制日益强化的过程中，由于君主的贪欲和权势欲恶性膨胀，他们往往利用宦官去监视、钳制群臣，而宦官则狐假虎威，利用君主的私心攫取权柄，窃居要津，甚至专权干政，造成极为恶劣的社会影响和极为黑暗的政治统治。由此看来，宦官制是附生于专制君主政体上的一个毒瘤，必须予以割除。为什么要罢除宦官呢？黄宗羲认为：其一，回顾历史，宦官干政危及王权之事无代不有，但汉唐宋只有干预朝政的宦官，到了明代，竟然有奉行朝政、独揽大权、架空君主的宦官。“本章之批答，先有口传，后有票拟；天下之财赋，先内库而后太仓；天下之刑狱，先东厂而后法司，其他无不皆然。”宦官不除，政治终无清明之日。其二，宦官得势，造成官风、学风的腐败。君主“所求乎奴婢者使令，所求乎师友者道德”，廷臣正直坦诚，批评劝谏君主过失，经常得罪君主，引起君主的反感；宦官曲意奉迎，得到君主的宠信。这样一来，不仅宦官以其奴婢之道事其主，廷臣也会放弃原则，背弃道理，委曲求全，明哲保身，故“一世之人心学术为奴婢之归者，皆奄宦为之也”。其三，宦官为“刑余之人，不顾礼义，凶暴是闻”（《明夷待访录·奄臣上》），以暴政苛刑治天下，必引起天下人之怨怒。其四，为数众多的宦官充盈内宫，为君主提供奢侈、淫荡的生活享受，对国家政治有害而无利。黄宗羲指出，要解决宦官干政的问题，一是要减少宦官人数，自三宫以外，一切当罢；二是外朝的公文往来要减少中间环节，不要让宦官经手，以防其从中作梗。

（三）地方分治

为了加强中央集权制，宋太祖将地方的行政权、军事权、财政权、司法权收归中央，地方政权对中央的依附性加强了，对君主的一切只能被动、消极地服从。黄宗羲认为，“封建”与“郡县”都存在弊端，“封建之弊，强弱吞并，天子之政教有所不加；郡县之弊，疆场之害苦无已时。欲去两者之弊，使其并行不悖，则沿边之方镇乎”。针对君主集权制，黄宗羲提议变封建制与郡县制为地方分治，即各地方政权有一定的自主权和自治权，从而有力地限制了君主的权力，在地方政权的压力下，君主不敢冒天下之大不韪，独断专行，出卖国家和民众的利益。地方权力包括：有独立的行政权，“一切政教张弛，不从中制”，“统帅专一，独任其咎，则思虑自周，战守自固”；有独立的人事权，“属下官员亦听其自行辟召，然后名闻”；有独立的财政权，“田赋商税，听其征收，以充战守之用”，“一方之财自供一方”；有独立的军事权，“务令其钱粮兵马，内足自立，外足捍患”，“一方之兵自供一方”。(《明夷待访录·方镇》)地方义务为：“每年一贡，三年一朝，终其世兵民辑睦，疆场宁谧。”地方政权既可成为中央的屏障，又能在制约君权方面有所作为。可见，黄宗羲的主张接近了西方近代资产阶级的联邦制，通过地方政权限制君主的独断专横。

（四）财产私有

黄宗羲指出，人类形成之初，“人各得其私，人各得其利”，应当承认民众个人私有财产权利获得的正当性，人有了私有财产，才有个人的自由、幸福可言，才有经济地位和政治地位可言。人民富裕了，强大了，君主、官吏就不敢伤天害理，为所欲为。发展私有财产权有三条途径：

1.授田养民。将土地收归国有，再分给渴求土地的农民，让其自食其力。田产为私人所有，官府不能“赋税以扰之”(《明夷待访录·田制》)，君主不能任意剥夺。允许富民运用经济手段购置土地和垦荒占有土地，对富民的私有土地，既不“均田”，也不“限田”。

2.工商皆本。手工业是生产社会财富的，商业是流通社会财富的，这都是国家的本业，不应受到轻视和遏制。要大力发展工商，使其成为谋取私利的重要手段。改善民众生活的贫困，促进国家经济的繁荣和发展。除

“不切于民用，一概痛绝之”，促使国家由谋生的小农经济向谋利的商品经济转化。

3.**推行货币**。黄宗羲说：“钱币所以为利也，惟无一时之利，而后有久远之利。”(《明夷待访录·财计》)货币流转无穷，促进商品交换，给人们带来永久性的利益，极大地满足人们自私自利的本性，促进商品经济的繁荣发展。

黄宗羲主张保护私有财产权利，充分发展商品经济，旨在培养新的阶级力量，可谓是封建君主专制制度的掘墓人。

影响评价

黄宗羲将自己的一生划为三个阶段：“初锢之为党人，继指之为游侠，终厕之于儒林。其为人也，盖三变而至今。”(《黄黎洲先生年谱》)无论是起初的政治运动，还是随后的武装斗争，对顽固的封建专制统治来说，都是隔靴搔痒，收效甚微；以卵击石，无伤根本。直至晚年，他才顿然醒悟，改变了抗争的方式，即点燃思想的火炬，在黑暗中示人以光明，给人以希望，励人以抗争。有哲人说，思想能走多远，人们就能走多远。梁启超在《清代学术概论》一文中说过：“梁启超、谭嗣同同辈倡民权共和之说，则将其书(《明夷待访录》)节抄，印数万本，秘密散布，于晚清思想之骤变，极有力焉。”黄宗羲的启蒙思想是自甘封闭的中国封建社会走得最远的先进思想，它对封建君主制的唾弃，对民主“法治”的倡导，不仅在当时振聋发聩，振奋人心，而且长此以往激励着一批又一批民主斗士前仆后继，浴血奋战，披荆斩棘，奋勇前进，为推翻封建黑暗统治作不懈努力。

王夫之

趋时更新　法贵统一

核心要旨

为什么法律必须趋时更新？

为何要以立法为公、保类卫群为立法宗旨？

如何妥善处理任道、任法与任人之间的关系？

为何要严以治吏与宽以养民？

为什么说民主、『法治』是社会变革之魂？

明清之际是一个“天崩地解”“海徙山移”的大动荡的社会转型期，中国封建社会开始从黑暗腐朽走向末路，资本主义因素出现萌芽而生长缓慢。经济上，土地兼并激烈，赋役极端繁苛，不仅把广大农民赶入痛苦和死亡的渊薮，而且也殃及了中小地主的利益；政治上，皇权专制统治下的腐败愈演愈烈，阉党勾结特务机关进行黑暗统治，使中国大地充满了戾气与杀机，终于引发了农民战争的兴起。在政治危机的诱发下，民族危机也几乎在同一时间爆发，清军入关，民族矛盾迅速上升为主要社会矛盾。在这样一个阶级矛盾和民族矛盾复杂交错的大动荡时期，中国几千年的皇权官僚专制主义社会已经进入将要全面崩溃的境地，而所有的动荡与巨变都预示着新时代的来临。社会大变局之下必然会出现思想的裂变。一批思想家从民族危机的忧患意识中滋生出政治批判意识，开始突破传统思想的牢笼，开启民主意识，抨击君主专制。一股强大的以批判宋明道学为共同倾向的早期启蒙思潮兴起。作为这一时代启蒙思潮的代表人物，王夫之强调以人为本，倡导民权，提倡“法治”，主张对权力进行制衡。这些思想大胆地颠覆了传统君主专制主义，直指封建统治命脉，开创了民主的先河，对后世产生了不可忽视的影响。

人生历程

王夫之（1619～1692 年），字而农，号姜斋，中年别号卖姜翁、瓠子、一瓠道人等，晚年因隐居衡阳石船山麓，被人称为船山先生，湖南衡阳人。崇祯十五年（1642 年）王夫之在武昌应乡试中举。崇祯十七年（1644 年）三月李自成攻入北京，推翻了明王朝。同年五月，吴三桂引清兵入关攻陷北京，清王朝建立。王夫之赴京会试之路从此中断。“天倾地裂”的大变局使王夫之的思想发生了极大的动荡。起先，他对农民军产生了极度的仇恨，不愿与之合作。在清军南下后，农民军奋起反抗，成为抗清的主力，这个时候王夫之逐步改变了对农民军的态度，转而将仇恨转向清朝统治者，把希望寄托在联合农民军来抗击清军。王夫之在清军南下后一直进行抗清活动，先是组织衡山起义，后是厕身于南明永历小朝廷，均立足未稳而四处逃亡。十年曲折的生活经历，使他有机会接触下层社会，体察民情。在抗清斗争失败后，王夫之退隐荒僻的石船山麓，本着“不能以事功救天下，即以学术救万世”的愿望，授徒讲学，著书立说，对几千年来禁锢人们头脑的儒家经典及其时代变种宋明道学，展开了比较全面而深刻的批判。他的主要著作多达 100 余种、近 400 卷，其中法律思想比较集中的是:《读通鉴论》《读四书大全说》《宋论》《黄书》《噩梦》等。由于他的思想主张为清朝统治者所不容，所以其著作被列为“禁书”，湮没 100 多年之久，直至清末资产阶级改良运动时才得以大量刊行。

思想脉络

王夫之主张变革封建专制的特权人治传统，全面推行“法治”，为此，他引用历史事实进行了深入翔实的论证。从变法到立法，从守法再到司法，他借古说今，批判专制，寻求变革，在传统话语中传递着民主性、民族性、法治性的新的思想元素，形成了全面构建法制体系的学说。

壹

“趋时更新”的变法论

道统高于法统。王夫之指出：“治天下以道，未闻以法也。道也者，导之也。上导下遵以为路也。”（《读通鉴论·卷五》）法不能独立存在、自行不殆，而受客观世界之“道”主宰和驱使，是道决定法，法体现道。“道行乾坤之全，而其用必以人为依。”（《思问录·内篇》）道的用途在于以人为依据，遵从人的需要。法虽不是绝对的，也不是万能的，但法有突出的治世功能。“法未足以治天下，而天下分崩离析之际，则非法不足以定之。”（《读通鉴论·卷二三》）“人之陷于水火者为势已逆，而我始创法立制以拯之也。”（《读四书大全说·卷一》）“法不可以治天下者，而至于无法，则民无以有其生，而上无以有其民，固天下之将治也，则先有制法之主。”（《读通鉴论·卷三十》）

王夫之认为，法律应随着社会历史的不断变化而变化，随着时代的发展而发展。[①] 他坚决反对传统的“奉天法古”论，提出法律必须“趋时更新”。

首先，王夫之认为，法律“趋时更新”是社会发展的客观规律和必然要求，不以任何人的意志为转移。他把社会发展的趋势和发展规律分别称为“势”与“理”，二者密切联系。[②] 势与理皆出于自然。他以“郡县”制取代“封建”制的事实来说明这个道理：在夏商周，由于“民淳而听于世族”，所以分封诸侯在当时是顺“势”合“理”的。但之后的客观形势发生了变

① 《读通鉴论·卷三》：“夫为政之患，闻古人之效而悦之，不察其精意，不揆其时会，欲姑试之，而不合，则又为之法以制之，于是法乱弊滋，而古道遂终绝于天下。”

② 《宋论·卷七》：“极重之势，其末必轻，轻则反之也易，此势之必然者也。顺必然之势者，理也；理之自然者，天也……天者，理而已矣；理者，势之顺者而已矣。”

化，诸侯国彼此吞并，仅存无几，最终被“郡县”制所代替。他断言：“郡县之制，垂二千年而弗能改，合古今上下皆安之，势之所趋，岂非理而能然哉！”（《读通鉴论·卷一》）由此可见，法制的以新代旧是由社会发展的历史规律决定的。

其次，王夫之通过对“圣法不可变”的“正统论”的否定，以论证法律“趋时更新”不可避免。他首先明确“统”的真实含义：“统之为言，合而并之之谓也，因而续之之谓也。”（《读通鉴论·卷末叙论一》）所谓“统”，即结合不变与因续不断。中国几千年的历史，基本上是“一离一合”，有结合同时又有分离，并非一直结合不变；同时又数易统治集团，甚至其中还出现了好几次异族统治，是“绝而不续”，并非一直因续不改，因此，无“统”可言。另外，社会是按照“一治一乱”的规律发展的。“当其治，无不正者以相干，而何有于正？当其乱，既不正矣，而又孰为正？”因此，也无“正”可言。按照“势”与“理”的要求，只有“天下非一姓之私”，“必循天下之公”才称得上“正”，那么，私天下的政权和法制都属不正。这样看来，所谓“正统”是不存在的，是为维护专制统治的人别有用心捏造出来的。“正统”王朝不存在，“常法”也就不存在。所谓“正统”“常法”，皆是“镇压人心”的专制政权和专制法制。

再次，王夫之揭示出“天下有定理而无定法”“事随势迁，而法必变”的规律，深刻论述了改革旧法的必要和法律“趋时更新”的前景。王夫之认为法律不变的原理为知人、安民、近贤远奸，法律及一切制度都必须“因其时而取宜于国民”（《读通鉴论·卷二五》），绝不能拘泥于某种旧法而不予变通。法律制度只有向前发展，而不能复古倒退。王夫之认为，社会的发展是由野蛮到文明，法制的发展是从为私到为公，将来必然是一种“天下有大公至正”的法制。

最后，王夫之明确了变法必须从“同条共贯”（《读通鉴论·卷三》）、“相扶成治”（《读通鉴论·卷二一》）的法制体系考虑。他认为，各代的法律制度，是适应当时的形势和需要建立的，因而自成体系，内部协调，并与当时的政治、道德相合，“以一成纯而互相裁制”（《读通鉴论·卷二一》）。因此，在变革法制时，不能对旧法制任意割裂，也不能小修小补，必须从整体着眼、从根本入手，进行全面变革，并全面考虑、统一规划，建立内部结构协调一致的、外部与政治、经济、道德协调的新的“一代之法”。

贰

“必循天下之公”“保类卫群”的立法论

立法是推行“法治”的首要环节，王夫之对此予以高度关注，提出了具有民主“法治”意识的立法论。

（一）法律的地位是立国有法，法贵统一

王夫之认为，国家与法制关系密切，二者相生相伴，互相支撑，“至于无法，则民无以有其上，而上无以有其民”（《读通鉴论·卷三十》）。国家建立伊始，必须制定法律[①]。通过立法，统治者表达部分民意，民众有法可守以求安顿[②]。“有国也，始有制法之令焉”，建国即立法，使君臣知道有法可依，民众知道有法可守。建国创制之法，虽不能面面俱到、完善精美，但“固留有余以养天下而平其情”（《宋论·卷四》），这样的法令即使存在某些缺陷也比没有法律治理要好得多[③]。

王夫之指出：“立国之始，法不得不详。有国之道，用不得不丰。不详则苛横者议其后，而变异增加者无已。不丰则事起而猝无以应，必横取于民，以成乎陋习。”（《噩梦》）建国伊始，百废待兴，统治者必须建立相对完善的法律，使民众守法，官吏遵法执政，司法官依法断案，从而保证国家机器在法制的轨道上正常运行。立法详细明确，钻法律空子假公济私、为所

① 《读通鉴论·卷三十》：“君犹知有民而思治之，则虽不中不远；民犹知有法而遵之，则蒙其害而相习而安。”

② 《宋论·卷四》：“国家当创业之始，由乱而治，则必有所兴革，以为一代之规。其所兴革不足以为规一代者，则必速亡。”

③ 《读通鉴论·卷三十》：“故天下之将治也，则先有制法之主，以使民知上有天子、下有吏，而已以有守以谋其生。其始制之法也，不能皆善……虽不善，贤于无法也。”

欲为的现象才不会出现。“纲纪定，法守专”（《宋论·卷四》），纲领确定了，守法就得专一，而不朝令夕改、轻易变法。

立国必有法，法贵统一[①]。法律是统一臣民思想言行的权威标准，法制统一，国家统一，社会安定；法制不统一，国家分裂，社会动荡不安。

（二）法律的性质是“公而非私”

王夫之认为，法律为“公”为“民”是千古立法的“精意”之所在。“一姓之兴亡，私也，而生民之生死，公也”（《读通鉴论·卷一七》），“天下非一姓之私”（《读通鉴论·卷一一》），“王者臣天下之人而效职”。法律为公为民，就在于立法应出以公心、代表民意，体现天下人的意志和要求，而不是体现君主的私意，此为公法。立法“必循天下之公”而去“一姓之私”（《读通鉴论·卷末叙论一》），如果法律成为为皇帝一人服务一时的工具，它就必定衰败而最终被遗弃。制定以“天下之公”的法律，在“于天理人情上絜著一个均平方正之矩，使一国率而由之……民之所好，民之所恶，矩之所自出也。有絜著之道，则已好民之好，恶民之恶矣……则为上者必有不利其私者”。以民众的好恶为判断是非曲直的标准，“制为成宪，子孙守之，臣民奉之。入官守法，仕者之所遵”（《读四书大全说·卷一》）。

（三）立法的宗旨是“保类卫群”

王夫之认为，种族是自然和社会的基本形式，上自人类，下至昆虫，都在维护自己的种族利益，法律在这方面有着重要的作用。因此，必建民族之国，必立民族之君，必设民族之法。民族利益高于一切，是判断和取舍君主和法制的最高标准。“保其类者为之长，卫其群者为之君”，能维护民族利益，才有资格当君主和官吏。按照这一标准，民族高于君主。为了民族的利益，君主之位“可禅”“可继”“可革”（《黄书·原极》）。

首先，“保类卫群”表现在居住在中国境内各民族互不侵犯，各自为安，保持自己的民族特点。各民族生活的地理环境不同，风俗习惯、气质、

① 《宋论·卷十》：“民以恬愉，法以画一……故治国之道，须画一以立洁矩之道。”

言行举止也有所不同。[1]应当保留和尊重民族特点，“天有殊气，地有殊理，人有殊质，物有殊产。各生其所生，养其所养，君长其君长，部落其部落，彼无我侵，我无彼虞，各安其所而不相渎耳”(《宋论·卷六》)。各民族可独立生存，民族自主，互不侵扰，和睦相处。其次，“保类卫群”强调各民族所属土地的完整和不可侵犯。各民族天生便具有地域、气质、风俗、制度的不同，所以应“各守其地”“各安其所”，如果侵入他们的领地，则“天不佑”“地不宜”“人不服”。只要是本民族的疆土，尽管是遐荒之地也要守卫。最后，“保类卫群”要维护各民族的文化传统。一个民族的文化特征消失了，这个民族就会退化，受罚于天。

(四)立法的原则是“尊君卑臣”、分权分治

王夫之反对封建暴政，但他向往的仍是中央集权的封建政体，认为法律应体现并维护君臣等级关系。他说，天下之所以纷乱不止，君臣关系的紊乱和颠倒是一个重要原因。因而主张以严格的法制来维护君主的至尊地位。由于君主的产生源于民意，因此，君主必须为民，民众应该尊君。

王夫之肯定君权，但反对君主个人独裁，主张分权制衡，即以权力来制约权力。“分权”是指君主与宰相、大臣分权，各行其职，各尽其责。他很重视宰相的作用[2]，认为宰相应与君主共掌政权。宰相与君主分权在于制约君主，如果君主不称职，宰相可以取而代之。“分权”还包括给群臣百官以各自本职范围内的权力，官吏既可参与法制的设立，又可积极行政司法，以防止君主的专制。

王夫之总结明王朝覆灭的教训，通观政治体制的得失，设计了一套特殊的权力“制衡”机制——天子、宰相、谏官“环相为治”[3]。宰相对天子负

---

① 《读通鉴论·卷一四》：“夷狄之与华夏，所生异地，其地异，其气异矣。气异而习异，习异而所知所行蔑不异焉。”

② 《读通鉴论·卷二六》：“宰相无权，则天下无纲；天下无纲而不乱者，未知或有……相得其人，宰相之权，即天子之权，挈大纲以振天下，易也……宰相以条例行之部寺，部寺以条例行之镇道，镇道以条例行之郡邑，郡邑以条例行之编氓。”

③ 《宋论·卷四》：“宰相之用舍听之天子，谏官之予夺听之宰相，天子之得失则举而听之谏官，环相为治，而言乃为功。谏官者，以绳纠天子，而非以绳纠宰相者也。”

责，谏官对宰相负责，天子受谏官监督并接受其批评。宰相对谏官有任免权，天子对宰相有任免权。王夫之出于大臣之道和君臣关系的考虑，不主张宰相直接监督天子，而由谏官劝谏天子[①]。作为群臣之首的宰相，对天子的不良言行应据理力争，如果天子不听从，宰相应辞职离去。宰相如果不辞职离去，其人格则受到侮辱；如果宰相立刻辞职离去，则遗弃天子，有损君臣之义。为了顾全天子和宰相，王夫之主张设置谏官，作为中间缓冲器。由于谏官职位较低，对大局影响不大。因此，王夫之的天子、宰相、谏官“环相为治”的构想，实质是为了减缓天子与宰相之间的直接冲突，由于最终决定权仍在天子手中，不可能达到真正的权力制衡。

王夫之的“分治”，则指中央与地方的分级统治、分级管理，反对把所有的权力都集中到中央。“以天子统乎天下则天下乱”，地方有适当的自治权则天下治。王夫之认为：“州牧刺史统其州者也……故分其统于郡；郡守统其郡者也……故分其统于县。上统之则乱，分统之则治。”严格规定中央君主与地方各级的权限，二者互不干涉。“天子之令不行于郡，州牧刺史之令不行于县，郡守之令不行于民，此之谓一统。”（《读通鉴论·卷一六》）在这样的“一统”体系中，君臣都有一定的权限，既可发挥自己的积极作用，又可对对方产生制约。

（五）立法的形式是“法简刑轻”

王夫之认为，法律无论多么繁密也不可能事无巨细包罗所有违法行为[②]。因此，他主张法律简明，令行禁止，树立法律威信。[③]法律宽简了，人不至于轻易陷于犯罪，司法不易曲解法意，定罪量刑具有准确性，民众才

① 《宋论·卷四》：“谏官以其犯颜无讳之危言，绳之于早，纠之于微，则木不腐而蠹不生，形不污而影不黯”，“大臣者，一谏而善道之，再谏而昌言之，三谏而危言之；然而终不庸焉，则引身以退，大臣之道也”。

② 《读通鉴论·卷四》：“法之立也有限，而人之犯也无方。以有限之法尽无方之慝，是诚有所不能该矣。”《读通鉴论·卷一》：“法愈密，吏权愈重；死刑愈繁，贿赂愈彰。”

③ 《读通鉴论·卷二二》：“法贵简而能禁，刑贵轻而必行。小过不察，则无烦苛；大罪不漏，则止奸慝”，“简者，宽仁之本也；敬以行简者，居正之原也。敬者，不以微疵累大德；简者，临民之上理，不以苛细起纷争”。

会有所畏惧，法律也才有威慑力。法律简明，是罪非罪，昭然若揭，黑白分明，民众知法守法，官员依法办事，乡里知书识礼者可协助办案，“法治”的氛围就形成了。① 王夫之还要求废止酷刑，“夫刑极于死而止矣。其不得不用死刑者，以止恶，以惩恶，不得已而用也……非以恶恶之甚而欲快其怒也。极于死而止矣，枭之、磔之、轘之，于死者又何恤焉，徒以逞其扼腕刺眼之忿而怖人已耳”(《读通鉴论》卷一九)。滥用酷刑，极威胁恐吓之能事，但民不畏死，也就不受酷刑的胁迫。

(六)立法的程序是由下而上、集思广益

王夫之认为，立法举足轻重，经过严密的立法论证程序，“不周知天下之务不足以决一事之成”(《读通鉴论·卷二十》)。他主张：“酌腹里远近，山泽肥瘠，民人众寡，风俗淳顽，因其故俗之便，使民自陈之，邑之贤大夫酌之，良有司裁之，公卿决之，天子制之。”(《读通鉴论·卷一六》)立法，首先是“民自陈之”，即给民众发言的权利，民众是守法者，生活在社会底层，了解社会实情，立法必须倾听他们的呼声；其次是“邑之贤大夫酌之”，即让地方知名人士斟酌法律条文，并采纳他们的合理化建议；再次是“良有司裁之，公卿决之”，即行政、司法部门的官吏审核法律条文，公卿大臣决定法律条文的取舍；最后是“天子制之”，即由君主代表国家制定和颁布法律。这样一来，民众具有立法提案权，地方知名人士具有立法讨论权，职能部门官吏具有立法建议审核权，公卿大臣具有立法建议的决断权，君主具有立法权。立法程序的设置，可以保证立法的公正性和合理性。

叁

“任法任人、宽严结合”的司法论

王夫之以历史为鉴，认为秦汉以来，在“法治”的推行方面存在三大

① 《读通鉴论·卷一七》：“夫法者，本简也，一部之大纲，数事而已矣；一事之大纲，数条而已矣……惟简矣，划然立不可乱之法于此，则奸与无奸，如黑白之粲然。民易守，官易察也，无所用其授受之密传；而远郊农圃之子，苟知书数，皆可抱案以事官。”

弊端：一是“治道之裂，坏于无法”(《噩梦》)，即没有一部体现“天下之公”的法律制度；二是“任法而不任人”(《读通鉴论·卷六》)，或“任人而废法”(《读通鉴论·卷十》)，致使权臣小人掌权，祸乱天下；三是执法宽严不当，放纵贪官污吏，残害良民百姓。

王夫之将法律视为高于一切的准则，任何人都必须在法律的范围内活动。他说：“司宪者，秉法以纠百职，百职弗敢亵也；奉使巡宣者，衔命以巡郡邑，郡邑弗敢黩也。”同时他强调，不仅百官要守法，君主也要守法，法律才能真正起到保护民众利益的作用：“故为之禁制以厚其坊，督抚监察，郡守不敢奉其壶飧；方面监司，邑令不敢呈其竿牍；以法相裁，以义相制，以廉相帅，自天子始而天下咸受其裁焉。君子正而小人安，有王者起，莫能易此矣。而何得藉口三代之贡享上交以训贪而启渔民之祸哉？”(《宋论·卷十》)他反对将任何人的意志凌驾于法律之上，将法律的权威视为高于君主之权威，法律是至高无上的，君主也不能例外，一方面，君主不能言出法随，更不能以言代法，则“有天子而若无”；另一方面，只要有了至高无上的法律来治理国家，那么，即使没有君主，整个社会依旧可以照常地运行，只要实行“法治”，则“无天子而若有”。但是要实行“法治”，保证国家长治久安的法律要由谁制定？王夫之认为应靠“圣主”来制定“奕世之规”，或是“守前王之法”，这样的回答不免令人失望。王夫之在大胆提出以“法治”否定“人治”之后，仍无法摆脱对于君主的依赖，又回归到“人治”的思想。尽管如此，对于仍处于17世纪的王夫之来说，他的思想已经超越了旧的顽固观念，为中国传统法律思想开始近代化转型开启了突破之门。

(一)“任道”与“任法”并重

王夫之主张以“道”指导“法”的实施。他说：“治天下以道，未闻以法也。道者，导之也，上导下遵以为路也。”(《读通鉴论·卷五》)“任法，则人主安而天下困；任道，则天下逸而人主劳”，就是因为“天下之大，田赋之多，人民之众，固不可以一切之法治之也”(《读通鉴论·卷一六》)。何为

“道”？所谓“道”，就是大家普遍认同的标准、原则和必须遵循的规律[①]，就是要为公为民，就是要一视同仁、平等对待。

（二）“任法”与“任人”兼顾

王夫之认为，“人”需要以法为准则，“法”需要人来完善、来推行，二者缺一不可。任人废法，私意就会泛滥，弄虚作假，废实毁业。[②] 王夫之特别强调：“文法廉吏不足以止奸，必须擎大纲，编细法。”（《读通鉴论》卷七）相反，“治之弊也，任法而不任人。夫法者，岂天子一人能持之以遍查臣工乎？势且仍委之人而使之操法”（《读通鉴论·卷三》）。任法不任人，一则可导致胥吏舞文弄法，任意出入人罪，“意为轻重，贿为出入”；二则造成一事一法，法密刑酷，“于是律外有例，例外有奏准之令”（《读通鉴论·卷四》）。事无巨细，激化矛盾，以法乱法，以法坏法，后患无穷。因此，必须将“任法”与“任人”结合起来，“择人而授以法，使之遵焉；非立法以课人，必使与科条相应，非是者罚也”（《读通鉴论·卷十》）。“择人”即选贤任能，维护“天下之公”。王夫之主张“治天下者，以天下之禄位，公天下之贤者”（《读通鉴论·卷三》），反对崇儒特权势力的“世卿世禄”“任人唯亲”的做法，并斥责“设制科以取士，惟其言以登用之，则国是乱，佞人进，治道之大蠹也”。对选拔的对象，必须从思想到行动进行全面、严格的考察：“必考其用心之贞淫，躬行之俭侈，而后受以大任”（《读通鉴论·卷二五》）。“授法”则严格依法办事，否则要追究法律责任。[③]

（三）“严以治吏”与“宽以养民”相结合

王夫之在推崇“法治”、反对特权的基础上，提出了“宽以养民，严以治吏”（《读通鉴论·卷八》）的政治主张。孔子曾经说过：“政宽则民慢，慢

---

① 《读四书大全说·卷三》：“道者，天下用所流行，其必用之路也。”

② 《读通鉴论·卷十》：“任人而废法，则下以合离为毁誉，上以好恶为取舍，废职业，徇虚名，逞私意，皆其弊也。”

③ 《读通鉴论·卷三》：“法严而任宽仁之吏，则民重犯法，而多矜全；法宽而任鸷击之吏，则民轻犯奸，而无辜者卒罹而不可活……严于法而无可移，则民知怀刑；宽之以其人而不相尚以杀，则民无滥死。”

则纠之以猛；猛则民残，残则施之以宽。宽以济猛，猛以济宽，政是以和。”（《左传·昭公二十年》）从此，“宽猛相济”原则便被历代统治者奉为治民的信条。王夫之针对这一信条予以反驳，他认为所谓的“民慢则纠之以猛”之说，是走极端、下狠手摧残民众，实质上是把统治者个人的意志置于法律之上，是对法律的践踏，对民意的蹂躏。一个健全的社会，应当“宽以养民，严以治吏”，重在防止官员犯罪，而不能仅仅对民众讲所谓的“宽猛相济”。明末的弊政就在于民众疲惫困顿而统治者“用刑太繁，求治太速”，这就像对待病在五脏而年老体衰的人，本已元气大伤、奄奄一息，还用猛药，只会造成更大的伤害。因此，在衰微之世，如果对百姓再强调“猛”，就会进一步助长统治者的威淫，把百姓尽“激为盗贼”，乃至“摧折无几”，将古老的封建社会推上死亡的边缘。他强调在任何时候对官吏都要严，对民众都要宽，这是一个不变的道理。①如果一个国家的法律更多地针对官吏，而不是更多地整治民众，那么，在这样的国度内，人民的权利就有可能得到相对的保障。因此，立法应从传统的防治民众犯罪向防止官吏、政府犯罪进行转化。

王夫之认为“严以治吏”在于惩治官场腐败。官场腐败，一是冗员滥积，人满为患，勾心斗角，人浮于事，冗官或内耗生事，或法外扰民；二是官员失德，争权夺利，贿赂公行，包庇容奸，奢侈攀比，误国害民；三是卖官鬻爵，投机钻营，渔猎于民，贪污腐化成风，祸患无穷；四是朋比为奸，结党营私，小人得志，败类猖獗，祸乱国政。国家官吏的腐败为国家心腹大患，不根除势必导致国家灭亡。为了保障国家的长治久安，必须“严以治吏”。

王夫之认为“法贵责上”，“严以治吏”的关键在于“严之于上官”而不在“下吏”，“上官”才是祸害民众的根源。他认识到历代专制王朝并非不严肃官纪、惩贪治贪，然而其惩贪治贪，通常是针对下级官员的，只“拍

① 《读通鉴论·卷八》：“严者，治吏之经也；宽者，养民之纬也；并行不悖，而非以时为进退者也。”

苍蝇”不“打老虎”①。所以，严惩对老百姓直接实行虐取的下级官员并不能起到根本作用，因为这些下级官员不过是那些贪婪的高级官员的犬鹰，他们虐取于百姓的财物，除了奉献给上司外，自己所得并不多。他们之所以遭到惩罚，在很大程度上是代上级官员受过，成了上级官员的替罪羊，对于那些高官来说，除去了某些鹰犬，还可以有新的鹰犬来替他们敛财。另外，对于高级官员的贪污，如果没有特殊的原因，则会以“官当”“铜赎”等处罚代替，而免于刑责。这种官当制度，赋予了封建官僚以法律特权，使他们可以逃脱法律的制裁，其贪污也就愈加肆无忌惮。所以“官当”“铜赎”制度是“法之不均”的表现，是亡国之道。治吏的关键就在于治上官，“严之于上官，而贪息于守令，下逮于簿尉胥吏，皆喙息而不敢逞”（《读通鉴论·卷二八》）。“严之于上官”还要根据上官罪恶的大小和情节的轻重区别对待，“原情定罪，岂可概之而无殊乎？”要着眼于大是大非问题，不纠缠生活小节，若“酒浆婢妾之失，陷以终身，当世之有全人者，其能几也”。这样就能做到“小过不察”“大罪不漏”（《读通鉴论·卷二二》），把打击的锋芒主要对准一小撮罪大恶极的高官权贵。

王夫之认为，要严惩酷吏。司法官吏之“酷”，在于其“贪”，民众欲免受其残酷迫害，只能向其行贿，以满足其贪欲。“酷风衰止，贪亦无以济矣。”为使酷风衰止，王夫之针对明律对问刑官“故出入人罪”一概而论的弊端，提出“故出罚轻而故入罚重”的主张。对未受赃而量刑轻于罪的情形，应对司法官吏从轻处罚；对故入人罪，量刑重于罪的情形，即使司法官吏未受赃，也应与受赃者同罪。故入人罪，易制造冤假错案，给犯罪嫌疑人带来不可挽回的伤害，理应严惩不贷，以避免司法官吏司法专横、草菅人命。

---

①《读通鉴论·卷二八》：“严下吏之贪而不问上官，法益峻，贪益甚，政益乱，民益死，国乃以亡。群有司众矣，人望以廉，必不可得者也。中人可以自全，不肖有所惮而不敢，皆视上官而已。上官之虐取也，不即施于百姓，必假手下吏以为之渔猎，下吏因之以售其箕敛，然其所得于上奉之余者亦僅矣。而百姓之怨毒诅呪，乃至叩阍号愬者，唯知有下吏，而不知贼害之所自生。下吏既与上官为鹰犬，复代上官受缧绁，法之不均，情之不忍矣。”

中国传统社会推行的都是专制主义的特权人治，为了维护统治阶级的利益，防止人民犯上作乱，历代立法者都将“礼不下庶人，刑不上大夫”视为基本准则。王夫之指出，“礼不下庶人，刑不上大夫”是“靳礼于上而专刑于下，不足以语王道矣”。他解释说：“以刑治者，治人者也；以礼治者，自治者也。”（《春秋家说》）认为法以治人，是他律，而礼以自治，是自律，刑法不应该专于贱而略于贵，而礼也不应该专于贵而略于贱，礼也应该下达于百姓，让百姓“自治”。所以说，应该将“礼不下庶人，刑不上大夫”的说法颠倒过来，即“王者之法，刑尤详于贵，礼必逮于下”。他要求刑的上移和礼的下移，主张法律应该更多地起到对达官贵人进行约束的作用，而同时应该将礼普及到下层的民众当中去，这样才可称之为“王道”。

王夫之从“宽以养民”出发，要求改革司法风气，尽理原情，明慎用刑。其一，断罪要有证据，并准确分辨“同恶者”、“见知者”和“被枉者”，原情尽理，准确定罪量刑；其二，要迅速裁断，及时结案，动用刑罚，惩治犯罪，不要留狱，反对秋冬行刑制度；其三，要准许民众越诉和请代书；其四，不鼓励告奸，也不任意赦免罪犯。

影响评价

王夫之在船山时，为其土宅撰写了一副对联：“六经责我开生面，七尺从天乞活埋。”即为创新思想与学术，不惜牺牲生命。其无私无畏的豪情壮志，溢于言表。王夫之处于巨变的时代，站在历史的拐点，他被历史使命感、被民族使命感所驱动着，注定要通过自己的言行，表达新的时代的召唤。时代需要对前人思想的突破，需要民众的觉醒，需要民权的倡导，需要民主的呼唤，而王夫之的思想，正是代表了时代的需求。正如谭嗣同所说，王夫之的学说“纯是兴民权之微旨”，他突破性的思想为之后的民主、民权思想的兴盛开创了先河，为新时代的来临开辟了道路。

龚自珍

诋诽专制　更法改图

核心要旨

衰世出现的三大征兆是什么？

选拔人才有哪两项标准？

如何从人情出发修正礼法？

修礼变法三项原则的具体内容是什么？

为何称龚自珍是吹箫舞剑的性情中人？

鸦片战争的前夜，清廷在宋代剥夺地方实权、明代废除丞相的基础上，迈出了加强封建专制集权的第三步，即大兴文字狱，推行文化专制，封建制度愈加黑暗腐朽，令人郁闷，致人窒息。此时，以英国为首的西方资本主义列强对中国虎视眈眈，蠢蠢欲动，想对这个内在空虚、日渐衰败的东方大国进行一次空前的侵吞和掠夺。面对危在旦夕的严峻局势，封建统治集团内部一批地位卑微、头脑清醒的中低层官吏挺身而出，他们面对现实，力陈当时社会的阴暗面和现存制度的不合理，呼吁进行由上而下的政治变革。这批“识时务”者的精神领袖是自认为“一事平生无齮龁，但开风气不为师”(《龚自珍全集·己亥杂诗》)的龚自珍。

人生历程

龚自珍(1792～1841 年)，字尔玉，又字璱人，号定盦，后更名易简，字伯定；又更名巩祚，号定庵，浙江仁和(今浙江杭州)人，出身于世代官宦学者家庭。嘉庆二十三年(1818 年)龚自珍第三次参加省试，考中浙江中式第四名举人。嘉庆二十四年(1819 年)应恩科会试，落第，跟随刘逢禄学习《春秋公羊传》，从研究考据学转向今文经学，力图用“经世致用”的学风，从经书的微言大义中寻找“更法”“改图”的理论依据。他写诗明志：“昨日相逢刘礼部，高言大句快无加。从君烧尽虫鱼学，甘作东京卖饼家。”（《杂诗·已卯自春徂夏在京师作》）摆脱繁琐考证桎梏，迈向活泼自由的议政之路的兴奋之情溢于言表。嘉庆二十五年（1820年）会试仍落第，筮仕得内阁中书，开始了近20年的京官生活，他利用内阁文献深入研究当代典章制度，著《东南罢番舶议》《西域置行省议》，反映了他对东南沿海以及西北边防的关注。道光元年（1821年）在内阁充任国史馆校对官，参与重修《清一统志》，自撰《蒙古图志》30篇，创天地东西南北之学。道光二年（1822年）、道光三年（1823年）、道光六年（1826年）会试皆不第，科举考试的一再失利，使龚自珍的社会批判精神有增无减，锋芒毕露，咄咄逼人。他在各种场合狂放傲言，对时政多有抨击，受到权贵的忌恨和排挤，但龚自珍并未有所顾忌，有所收敛，仍我行我素，泰然处之，且写诗曰：“侧身天地本孤绝，矧乃气悍心肝淳。欹斜谑浪震四座，即此难免群公瞋。”（《龚自珍全集·十月廿夜大风不寐起而书怀》）道光九年（1829年）龚自珍第六次参加会试，终于考中进士。廷试对策，仿效王安石“上仁宗皇帝言事书”，撰《御试安边抚远疏》，议论新疆平定准格尔叛乱后的善后治理，从施政、用人、治水、治边等方面提出改革主张。又胪举时事，洒洒千余言，直陈无隐，阅卷诸公大惊，最终以楷法不符合规格为由，不列优等，将龚自珍置于三甲第十九名，不得入翰林，仍为内阁中书。先后任宗人府主事、礼部主事等冷署闲职，“困阨下僚”，无法施展自己的政治抱负。道光十九年（1839年）借故其父年逾七旬，叔父任礼部尚书，例当引避，乞求归养。辞官南下，“以一车自载，一车载文集百卷以行，夷然傲然，不以贫自馁”。途中杂记行程，兼述旧事，得绝句350首，题名为《已亥杂诗》。道光二十一年（1841年）春离杭州赴任江苏丹阳云阳书院讲席，因父亲龚丽正去世，龚自珍又兼任了原由其父主持的杭州紫阳书院讲席。夏末，他曾写信给江苏巡抚梁章钜，准备辞去教职，赴上海参加反抗外国侵略的战斗。但9月26日突患急病暴卒于丹阳

(参见《龚自珍全集·定庵先生年谱》)。其著作有《定庵文集》,今人辑有《龚自珍全集》。

思想脉络

龚自珍的法律思想主要体现在两个方面:其一,无情地揭露和批判封建社会的种种弊端,从而触动了“专制政体”的痼疾;其二,热情地倡导内政改革,移风易俗,抵御外敌。鉴于清廷推行的文化禁锢政策,龚自珍表述思想的方式也比较独特,他往往引经据典,以古喻今,“求杂治断”,随处讥讽,一针见血,时有“非常异义可怪之论”,动人心弦,发人深思,催人猛醒。

— 壹 —

讥切时政,诋诽专制

以人才为标准,按照人才的差异,龚自珍把世道分为三等,“治世为一等,乱世为一等,衰世别为一等”。“衰世”在形式上、名目上、声音笑貌上类似于“治世”,但深入观察,就会发现这个社会黑白杂糅,善恶不分,是非不明,真伪难辨,人心麻木,举世无才。这正如“履霜之屩,寒于坚冰;未雨之鸟,戚于飘摇;痹痨之疾,殆于痈疽;将萎之华,惨于槁木”(《龚自珍全集·乙丙之际著议第九》)。这样的世道是不可求治的。

龚自珍将自己所处的“嘉(庆)道(光)”之世定位于“衰世”,他指出:“自乾隆末年以来,官吏士民,狼艰狈蹶,不士、不农、不工、不商之人,十将五六,又或飧烟草,习邪教,取诛戮,或冻馁以死,终不肯治一寸之丝、一粒之饭以益人。承乾隆六十载太平之盛,人心惯于泰侈,风俗习于游荡,京师其尤甚者。自京师始,概乎四方,大抵富户变贫户,贫户变饿者,四民之首,奔走下贱,各省大局,岌岌乎皆不可支月日,奚暇问年岁?”(《龚自珍全集·西域置行省议》)这就像一个气息奄奄、濒于死亡的老人,“日之将夕,悲风骤至。人思灯烛,惨惨目光。吸饮暮气,与梦为邻”(《龚自珍全集·尊隐》)。专制制度,大限已至,无法自救。

龚自珍认为,造成"衰世"的主要原因有三个:一是政治体制过于专制;二是法律过于繁苛;三是人才过于压抑。于是,他便从这三方面入手,对封建制度进行了猛烈的攻击和深刻的批判。

(一)一人为刚,万夫为柔

封建专制体制是如何形成的?龚自珍以史为证,他说,过去称霸天下的君主,除了假借神的旗号,不断展示自己力量的强大、意志的坚定、头脑的灵活、财富的充足之外,为了进一步树立自己的绝对权威,不惜以仇视天下读书人的态度,以去掉他人廉耻之心的手段,来抬高自己,独断专行,让人们都屈从于君主手中的权力,从而造成了"一夫为刚,万夫为柔"的局面,在这种极端的君主专制统治下,"政要之官知车马、服饰、言词捷给而已,外此非所知也。清暇之官,知作书法、赓诗而已,外此非所问也"(《龚自珍全集·古史钩沉论一》)。他们只知明哲保身,苟且偷安,沽名钓誉,谋取私利。君主将大臣视为犬马,视为囚徒,用利禄在前面引诱他们,以刑罚在后面教训他们,大臣就只会出卖人格,放弃原则,俯首帖耳地顺从君主的意志。由此可见,君主的淫威和霸道,造成了士大夫的无耻和柔弱。换句话说,士大夫的寡廉鲜耻、碌碌无为,并不仅仅是他们的个人道德品质的沦丧,问题的关键在于专制体制营造的政治环境改变了他们的形象。但是,一旦国难当头,"其家求寄食焉之寓公,旅进而旅豢焉之仆从,伺主人喜怒之狎客,试召而诘之,则岂有为主人分一夕之愁苦者哉?"(《龚自珍全集·明良论二》)他们不会承担为臣的责任,是绝对靠不住的。

(二)无才之世,士不知耻

龚自珍察古观今,并结合自己的亲身感受,把人才的境遇视作衡量时代兴盛与衰落的重要标准。他认为自己所处的时代是一个"无才之世"①,

① 《龚自珍全集·乙丙之际著议第九》:"左无才相,右无才史,阃无才将,庠序无才士,陇无才民,廛无才工,衢无才商,抑巷无才偷,市无才驵,薮泽无才盗,则非但鲜君子也,抑小人甚鲜。"

不仅将相士大夫无才，各行各业无才，就连小偷、大盗也无才，这是一个平庸、鄙俗的社会，毫无生机，尽失新意。

举世无才，特别是无社会精英的原因有三个：

其一，呆板、腐朽的科举考试。“今世科场之文，万喙相因，词可猎而取，貌可拟而肖，坊间刻本，如山如海。四书文禄士，五百年矣；士禄于四书文，数万辈矣，既穷既极。”（《龚自珍全集·与人笺》）科举文章，大家抄袭模仿，装腔作势，千篇一律，陈词滥调。腐朽的科举制消磨了人的青春，损耗了人的生命，扼制和摧残了人的才华，扭曲和践踏了人的心性，造成了“沉沉心事北南东，一睨人材海内空”（《龚自珍全集·夜坐》）的惨境。

其二，论资历用人。清廷任用官吏，轻视才华，看重资历，“累月以为劳，计岁以为阶”，熬上一定年月，只要不出差错，就会按部就班徐徐升迁，但这一进程十分漫长。初入仕途的读书人，有的 20 岁，有的 40 岁，平均年龄为 30 岁。有翰林出身的，从庶吉士升到尚书位置，需 30 年或 35 年，要当大学士又得差不多 10 年的光景，不是翰林出身的士，按法律是不能任大学士的。[①] 这样一来，资格不深的人，尽管辛苦勤劳，也不会破格提拔；身居高位的人保职守俸，无所作为。“一限以资格，此士大夫所以尽奄然而无有生气者也。”（《龚自珍全集·明良论三》）

其三，用“名教”杀人。清廷用高压手段推行纲常名教，而纲常名教实质上是摧残人才的软刀子[②]。大兴文字学、言韵学、训诂学、考据学，引诱士人脱离现实，自甘封闭，埋头故纸堆中，搞繁琐的考证。学问与现实的严重脱节，学术与政治的彻底绝缘，使读书人轻易放弃了自己关心政治、改

---

① 《龚自珍全集·明良论三》：“凡满洲、汉人之仕宦者，大抵由其始宦之日，凡三十五年而至一品，极速亦三十年。贤智者终不得越，而愚不肖亦得以驯而到”，“夫自三十进身，以至于宰辅，为一品大臣，其齿发固已老矣，精神固已惫矣，虽有耆寿之德，老成之典型，亦足以示新进；然而因阅历而审顾，因审顾而退葸，因退葸而尸玩。仕久而恋其籍，年高而顾其子孙，傫然终日，不肯自请去。或有故而去矣，而英奇未尽之士，亦卒不得起而相代”。

② 《龚自珍全集·乙丙之际塾议九》：“戮之非刀、非锯、非水火；文亦戮之，名亦戮之，声音笑貌亦戮之……徒戮其心，戮其能忧心、能愤心、能思虑心，能作为心、能有廉耻心、能无渣滓心。”

造社会的历史使命，其社会价值消失殆尽。

最令龚自珍痛心的是，由于人才遭到多方扼杀，导致了“士不知耻”的严重后果，他说，“士皆知有耻，则国家永无耻矣；士不知耻，为国之大耻。历览近代之士，自其敷奏之日，始进之年，而耻已存者寡矣。官益久，则气愈媮；望愈崇，则谄愈固；地益近，则媚亦益工”（《龚自珍全集·明良论二》）。士人一入仕途，便开始恬不知耻，当官的时间越长，当官当得越大，就愈加厚颜无耻。“今政要之官，知车马、服饰、言词捷给而已，外此非所知也。清暇之官，知作书法、赓诗而已，外此非所问也。堂陛之言，探喜怒以为之节，蒙色笑，获燕闲之赏，则扬扬然以喜，出夸其门生、妻子。小不霁，则头抢地而出，别求夫可以受眷之法，彼其心岂真敬畏哉？”（《龚自珍全集·明良论二》）大臣贪图物质享受以显示身份的高贵，故弄风雅，擅长做秀，绝无真情实意，恬不知耻。“士不知耻”将造成“始辱其身家，以延及于社稷”（《龚自珍全集·明良论二》）。由此可见，士人的道德情操是衡量人才高下的基本标准，如果士人都寡廉鲜耻，出卖道德良心，丧失气节情操，士之所以为士的资本便缺失了。这既是士人个体的小悲哀，也是国家民族的大悲哀。士之无耻，必将祸国殃民。

（三）不破之例，幕僚作祟

清廷除了极力加强皇权外，还设立了种种繁杂森严的礼仪律令约束和控制臣民，纵容吏胥，张牙舞爪，徇私枉法，出入人罪。清朝的司法黑暗集中表现在以下两个方面：

其一，以“不可破之例”，束缚各级官吏。清廷所立礼仪法制，繁琐呆板，其主要功能是“约束之，羁縻之”，惩治之，这样一来，“朝廷一二品之大臣，朝见而免冠，夕见而免冠，议处、察议之谕不绝于邸钞。部臣工于综核，吏部之议群臣，都察院之议吏部也，靡月不有。府州县官，左顾则罚俸至，右顾则降级至，左右顾则革职至，大抵逆亿于所未然，而又绝不斠画其所已然”。各级官吏处处受到防范与牵制，时时将遭遇惩治和处罚，整日诚惶诚恐，诸多顾忌，不可能在政治上有所建树。另外，社会瞬息万变，在政治统治中，会随时遇到一些新问题，这就需要官吏发挥主观能动性，积极、灵活地加以解决，但清朝“天下无巨细，一束之于不可破之例，则虽以总督之尊，而实不能以行一谋，专一事”。这正如“人有疥癣之疾，则终日抑搔之，其疮痏，则日夜抚摩之，犹惧未艾，手欲勿动不可得。而乃卧之以独木，缚之以长绳，俾四肢不可以屈伸，则虽甚痒且甚痛，而亦冥心息虑以置之耳”(《龚自珍全集·明良论四》)。本来封建统治就有病在身，还以“不可破之例”自缚手脚，不允许大臣为之消痒止痛，它就只能自作自受，坐以待毙了。

其二，刑狱黑暗，幕僚猖獗。龚自珍指出：“古之书狱也以狱，今之书狱也不以狱。”司法官吏判案时，不顾案情事实，主观擅断，畸轻畸重，出入人罪：或不按章程办事，自作主张，“书狱者之言将不同”，“或亢或逊，或简或缛，或成文章语中律令，或不成文章语不中律令”，牵强附会，陷人于罪，制造许多冤狱错案；或办案官吏杜撰案情，各地抄狱案完全雷同；或上级司法官吏不认真审查案卷，人云亦云，盲目依从，主动放弃“驳难”的权力；或下级官吏畏惧上司，敷衍了事，穷于应付，不敢秉公执法，据实裁断。因此，“天下无一不犯法之官”(《龚自珍全集·乙丙之际塾议三》)。

对清朝司法危害最大的不外乎幕僚专擅司法权力。清代官吏以科举、捐纳、门荫进入仕途的官吏，一般都不具备法律知识，也不了解社会的风土人情，他们往往自聘幕僚，让幕僚代替自己处理刑名事务，幕僚也借此拿捏官吏，操纵控制了司法[①]。官吏心甘情愿拜幕僚为师，幕僚就“挟百执事而颠倒下上”。全国十八行省都有这样的幕僚，他们像豺狼一样盘踞各地，像猫头鹰一样伺机而动，像毒藤一样到处延伸，像苍蝇一样迅速繁殖。

① 《龚自珍全集·乙丙之际塾议三》：“是有书之者，其人语科目京官来者曰：京秩官未知外省事宜，宜听我书。则唯唯。语入赀来者曰：汝未知仕宦，宜听我书。又唯唯。语门荫来者曰：汝父兄且慑我。又唯唯，尤力持以文学名之官曰：汝之学术文义，不中当世用，尤宜听我书。又唯唯。今天下官之种类，尽此数者。既尽驱而师之矣。”

他们时而互相勾结，时而彼此攻讦。幕僚以恶势力的面目出现，扰乱了正常的司法秩序，使司法领域暗无天日，惨绝人寰。

作为清朝统治集团的边缘人物，龚自珍对封建专制的种种弊端知根知底，了如指掌，他的批判能做到有的放矢，入木三分，揭示了问题的普遍性和严重性。

贰

更法改图，任用人才

龚自珍认为，人类社会在不停地变化，“古人之世，倏而为今之世；今人之世，倏而为后之世；旋转簸荡而不已”（《龚自珍全集·释风》）。《易》曰：“穷则变，变则通，通则久。”变易是万物生存的必然方式。他以“公羊三世说”作为变法的理论依据，“夫礼，据乱而作，故有据乱之祭，有治升平之祭，有太平之祭”（《龚自珍全集·五经大义终始论》），他把人类社会分为“据乱世”“升平世”“太平世”三种形态。社会的变化是在不断变易中循环，由“初”到“中”，由“中”到“终”，经过了“中”否定“初”，“终”否定“中”的复杂过程，从而完成了“终”对“初”的回归。[①] 回归远古就成了社会变革的唯一走向。

龚自珍指出，清王朝已经到了非更改不可的地步了，他将官僚贵族盘踞的“京师”与民众聚集的“山中”作对比：京师如同“鼠壤”，基础空虚；“山中之壁垒坚”，有一定实力。因此，“京师之日短，山中之日长”，“俄焉寂然，灯烛无光，不闻余言，但闻鼾声，夜之漫漫，鹖旦不鸣，则山中之民，有大音声起，天地为之钟鼓，神人为之波涛”（《龚自珍全集·尊隐》）。但龚自珍认为，社会变革“可以虑，可以更，不可以骤”（《龚自珍全集·平均篇》）。“自古及今法无不改”（《龚自珍全集·上大学士书》），他并不希望由下而上彻底推翻现存制度，他告诫统治者“一祖之法无不敝，千夫之议无

① 《龚自珍全集·壬癸之际胎观五》：“万物之数括于三：初异中，中异终，终不异初……万物一而立，再而反，三而如初。”

不靡，与其赠来者以劲改革，孰若自改革”（《龚自珍全集·乙丙之际著议第七》）。统治者自觉地循序渐进地主动变革更为有利。

如何进行“更法”“改图”呢？龚自珍以诗言志：“霜豪掷罢倚天寒，任作淋漓淡墨看。何敢自矜医国手？药方只贩古时丹。”（《龚自珍全集·己亥杂诗》）他的改革方案，主要是所谓“仿古法而行”，其基本内容有：

（一）摆正君臣关系

首先，要重建君臣礼仪。中国是礼仪之邦，全民都注重礼仪。行礼的方式有三种：“一曰坐，二曰立，三曰跪”，“凡常朝之仪有三，一曰主坐臣亦坐，二曰主立臣亦立，三曰主坐臣立”（《龚自珍全集·撰四等十仪》）。君臣同属统治集团的核心成员，身份同样显赫，地位同样尊贵，应当互相敬重。跪拜之礼只用于祭祀天地祖先神灵，而不用于君臣之间。古时大臣在君主面前“巍然岸然师傅自处之风”（《龚自珍全集·明良论二》），君主赐坐、赐茶，他们讲古论道，直言不讳，“急公爱上，出于天性”（《龚自珍全集·明良论一》）。但近古以来，“臣节之盛，扫地尽矣”，臣子会君主，“朝见长跪，夕见长跪”，没有发表议论的机会，“殿陛之仪，渐相悬以相绝”（《龚自珍全集·明良论二》），这种礼仪导致臣子在君主面前唯唯诺诺，规规矩矩，实则心存芥蒂，离心离德。龚自珍主张“人主之遇其臣也，厚以礼，绳以道”，臣特立独行，报君以气节赤诚，便能达到君臣同心协力、和谐相处的境地，“内外官吏，皆忘其身家以相为谋，则君民上下之交，何事不成？何废不举？”（《龚自珍全集·明良论一》）

其次，合理分配君臣权力。龚自珍崇仰古代君臣分权，天子、百官、吏胥各守其职、各尽其责的做法。“律令者，吏胥之所守也；政道者，天子与百官之所图也。守律令而不敢变，吏胥之所以侍立而体卑也；行政道而惟吾意之所欲为，天子百官之所以南面而权尊也。”官府的办事人员严格遵从律令，依法行事；君主大臣共同商议国家的大政方针，坦诚地表达自己的政见，达成共识。但明清两代，“朕即国家”，“君权独断”，在极端的君主专制统治下，“官司之命，且倒悬于吏胥之手，彼上下其手，以处夫群臣之不合乎吏胥者”，大臣“权不重则气不振，气不振则偷，偷则敝；权不重则民不畏，不畏则狎，狎则变”。君主专断，大臣权轻，必定使大臣无能，吏胥猖獗，吏治腐败、社会涣散。龚自珍主张“乾纲贵裁断，不贵端拱无为”，“圣天子总其大端而已”，而重“内外大臣之权”，“命大臣以所当为，端群臣以所当从”，君主“但责之以治天下之效，不必问其若之何而以为治”，在宽松和谐的政治氛围中，实现君臣共治天下。

（二）不拘一格降人才

龚自珍认为，改除时弊，推行新政，必须解决人才的问题[①]。他以诗急切地表达了自己对人才的渴望：“九州生气恃风雷，万马齐喑究可哀！我劝天公重抖擞，不拘一格降人材。”（《龚自珍全集·己亥杂诗》）要打破沉闷的政治局面，要给毫无生机的社会生活注入活力，就需要一大批“不拘一格”的人才。

要造就人才，首先就得解除专制制度对人的各种限制和约束。当时社会的思想、意识、文章无时无刻不在扼杀人才，一旦有人才出现，“则百不才督之缚之，以至于戮之。戮之非刀、非锯、非水火；文亦戮之，名亦戮之，声音笑貌亦戮之。戮之权不告于君，不告于大夫，不宣于司市，君大夫亦不任受”，并且“徒戮其心，戮其能忧心，能愤心能思虑心，能作为心，能有廉耻心，能无渣滓心。又非一日而戮之，乃以渐，或三岁而戮之，十年而戮之，百年而戮之”。（《龚自珍全集·乙丙之际著议第九》）在《病梅馆记》一文中，龚自珍以梅喻人才，由于“梅以曲为美，直则无姿；以奇为美，正则无景；以疏为美，密则无态”，因此，“天下之民，斫直，删密，锄正，以殀梅、病梅”，使“江浙之梅皆病”。其解决的办法只能是“毁其盆，悉埋于地，解其棕缚”，使它们按本性自然生长。

---

① 《龚自珍全集·上大学士书》：“自古及今，法无不改，势无不积，事例无不变迁，风气无不移易，所恃者，人材必不绝于世而已。”

所谓人才，有两项基本标准。其一，推崇“自我”①。龚自珍认为，是众人而非“圣人”创造了世界，众人的主宰是每个人的“自我”，每个人按“自我”的方式和意图创造了天地日月、山川人物、语言文字、人伦纲纪。龚自珍强调了“自我”和“创造”这两个观念。“自我”的内涵是以个人为本位的人格尊严和独特个性，“创造”是人的主观能动性的外化、物化，即改造客观世界，生产劳动产品。无“自我”，就不能有“创造”的条件；无“创造”，就没有“自我”的社会价值。其二，张扬“心力”。所谓“心力”，就是自由意志，主体精神。②龚自珍说，人有了“心力”，就有了主见；有了是非观念，有了真情实感，就会冲动振奋。这种人居上位，就能坚持原则，捍卫真理；居下位，也可以毫不掩饰地发表自己的政治见解。有了“心力”，除旧布新才会顺利成功。

（三）修改礼法，本乎人情

龚自珍指出：历代君王，仁与不仁的差别在于，如何对待赋税、刑法、劳役。③就“赋”而言，清廷“开捐例，加赋，加盐价”，是“割臀以肥脑，自啖其肉”（《龚自珍全集·西域置行省议》）。东南农民负担尤其沉重，“国赋三升民一斗，屠牛那不胜栽禾”（《龚自珍全集·己亥杂诗》）。统治者与民众的矛盾十分尖锐，礼仪法制已经到了非改不可的地步。龚自珍认为，变法修礼，必须体现三项原则：

第一，礼律应“合人情，厚民生”。《礼记》曰：“夫礼之初，始诸饮食。”

---

① 《龚自珍全集·壬癸之际胎观一》：“天地、人所造，众人自造，非圣人所造。圣人也者，与众人对立，与众人为无尽。众人之宰，非道非极，自名曰我。我光造日月，我力造山川，我变造毛羽肖翘，我理造文字言语，我气造天地，我天地又造人，我分别造伦纪。”

② 《龚自珍全集·壬癸之际胎观第四》：“心无力者，谓之庸人。报大仇，医大病，解大难，谋大事，学大道，皆以心之力。”《龚自珍全集·上大学士书》：“夫有人必有胸肝，有胸肝则必有耳目，有耳目则必有上下百年之见闻，有见闻则必有考订同异之事；有考订同异之事则或胸以为是，胸以为非，有是非，则必有感慨激奋，感慨激奋而居上位，有其力，则所是者依，所非者去；感慨激奋而居下位，无其力，则探吾之是非，而昌昌大言之，如此，法改胡所弊？势积胡所重？风气移易胡所惩？事例变迁胡所惧？”

③ 《龚自珍全集·升平分类读史雅诗自序》：“史之百王，仁不仁之差，大端有三：视其赋，视其刑，视其役而已矣。”

龚自珍说："圣人之道，本天人之际，胪幽明之序，始乎饮食，中乎制作，终乎闻性与天道。"(《龚自珍全集·五经大义终始论》)他追根溯源，对礼仪法律的产生原因进行了深入的探讨：古时候并没有后王君公，没有礼乐刑法，也没有礼乐刑法的确立等级与特权。君主与礼法是人类社会发展到一定阶段的必然产物，人们对此并不感到疑惑和惊恐。这是因为，当自然生长的食物短缺，人们开始重视用自己的智慧和力量来生产食物，并将耕种的土地据为己有。"土广而谷众"者，为了报答祖先的恩德，为了庇护自己的子孙，为了维护自己的物质利益和社会地位，为了稳定社会秩序，就确立了各种名目的规章制度，"名之曰礼，曰乐，曰刑法"(《龚自珍全集·农宗》)。建立了以农为本的国家。因此，礼仪法制是从饮食、人伦中产生的，是由下而上形成的。礼法应以农为宗，满足人的基本物质需求，维系主要的宗法人伦关系。律何本？本人情。礼何出，厚民生。

第二，"平均土地"。龚自珍指出，"天有私也""地有私也""日月有私也。"(《龚自珍全集·论私》)人的本性也是自私的，所有人都有追求财富的欲望，但社会上却出现了贫富不均，"贫相轧，富相耀；贫者阽，富者安。贫者日愈倾，富者日愈壅"。这样下去，"小不相齐，渐至大不相齐，大不相齐，即至丧天下"。因此，"有天下者，莫高于平平之尚也"，"随其时而剂调之"，以平均富贵。这种平均，不是数量上的绝对平均，而是"犹水，君取盂焉，臣取勺焉，民取卮焉"(《龚自珍全集·平均篇》)，大家各有所取的质量上的平均。龚自珍说，在以农为本的国家，最根本的问题是以平均的方式解决农民的土地问题[①]，所以，他请定"王法"，即仿照古代宗法制度，按血缘关系的远近确定不同份额的土地占有关系，平均富贵，使人们各守其业，各安其分，上下不相侵夺。

第三，"兴化善俗"为"制治之本"。龚自珍说："古之奉法者曰：夫明庶物，察人伦，总是非，申仁恕，极精微。"(《龚自珍全集·五经大义终始答

① 《龚自珍全集·农宗》："木无二本，川无二源，贵贱无二人，人无二治，治无二法。请使农之有一田、一宅，如天子之有万国天下。"

问》)他指出:“人心”为“世俗之本”,而“世俗之本”又是“王运之本”,如果人心亡,世俗坏,则“王运中易”,国家就会灭亡。为了正人心,淳风俗,应加强德礼教化,不在专用力和刑。① 刑的作用是辅助礼,维护礼。② “应试之以至难之法,齐之以至信之刑,统之以至澹之心”(《龚自珍全集·平均篇》),这就容易收到政治统治的成效。他力主以“刑乱国用重典”的方式禁绝种植,贩运和吸食鸦片:吸食鸦片者处绞刑;种植鸦片者斩首示众,并将其“三族”内的亲属收为官奴;贩卖和制造鸦片者斩首;破坏禁烟的夷人和奸民,就地正法,杀一儆百。(参见《龚自珍全集·送钦差大臣侯官林公序》)

由此可知,龚自珍的“更法”“改图”是比较幼稚和粗糙的,面对积重难返的封建专制,要么是重臣权、用人才的局部改良,要么是均田、农本、宗法的复古幻想,这都不能从根本上解决问题。

影响评价

作为中国近代“开风气之先”的思想家,龚自珍认为:“纵使文章惊海内,纸上苍生而已。”(《龚自珍全集·金缕曲·癸酉秋出都述怀有赋》)他看不起“避席畏闻文字狱,著书都为稻粱谋”的读书人,主张学术与政治协调、统一,他指出:“一代之治,即一代之学也;一代之学,皆一代王者开之也……是道也,是学也,是治也,则一而已矣。”(《龚自珍全集·乙丙之际著议第六》)学问与治世不可截然分割,应该以治世去充实学问,以学问去批判改造现实。龚自珍的“开风气”表现在两个方面:一是不把钻研学问作为政治的避风港,而大力倡导经世致用的务实学风,让读书人关注社会,参与变革,在推动时代前进的过程中体现自己的价值;二是推崇现实批判精神,摧枯拉朽,石破天惊,让人们

① 《龚自珍全集·农宗答问五》:“全德不恃力,莫肯不服,其次用力。”《龚自珍全集·明良论二》:“非礼无以劝节,非礼非节无以全耻”。

② 《龚自珍全集·春秋决事比自序》:“刑书者,乃所以为礼义也;出乎礼,入乎刑,不可以中立。”

看到封建专制已经千疮百孔，无可救药，以激发人们对美好事物的眷恋向往。龚自珍“开风气”的方式是“怨去吹箫，狂来说剑，两样消魂味”(《龚自珍全集·湘月·泛舟西湖》)，但“侠骨幽情箫与剑，问箫心剑态谁能画”(《定庵先生年谱》)，“剑态”宣泄的是对丑陋现实的畅快淋漓地攻击，招招命中要害；“箫心”寄予的是对回归远古的缠绵深情，声声空灵飘渺。这就意味着龚自珍会常处于一种矛盾纠结的状态，他清楚地了解现实的症结，但古时药方上却没有根治它的灵丹妙药；他毅然堵死了封建专制活命的通道，但却找不到社会变革真正的出口。他敏锐地揭示和分析了一些重大的社会问题，但却对切实有效地解决这些问题束手无策，其忧虑、怅惘在所难免。还是梁启超对龚自珍的评价最为妥帖和公允，他在《清代学术概论》说：“龚自珍……喜为要眇之思……讥切时政，诋排专制……晚清思想之解放，自珍确与有功焉。光绪间所谓新学家者，大率人人皆经过崇拜龚氏之一时期，初读《定庵文集》，若受电然，稍进乃厌浅薄。”龚自珍的法律思想，刚一接触，耳目一新，备受震撼；时间一长，仔细品味，方觉肤浅。但在晚清之时，能有如此之叛逆思想和不满情绪，实属不易，难能可贵。为此，我们感叹：“千年专制积怨深，唤醒民众唯书生。老屋尘土难清除，我有敝帚当自珍。”呜呼，一代大师龚自珍……

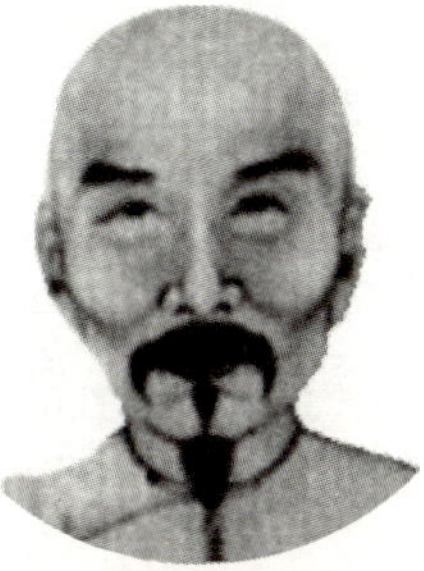

魏源

因势变法　师夷制夷

核心要旨

《海国图志》有哪些学术价值？

如何处理学习西方与制御西方的关系？

怎样以学致用解决实际问题？

为何说便民利民是变法的动力？

魏源与龚自珍生活在同一时代，他的思想和龚自珍非常接近，都比较务实，比较关注现实社会的政治问题。但魏源毕竟比龚自珍多活了15年，他亲身经历了鸦片战争的全过程，亲眼目睹了腐败的清王朝在外国侵略者面前不堪一击而屈膝投降的丑恶嘴脸，深为灾难深重的中国的前途命运忧心忡忡。他与龚自珍一样愤世嫉俗，渴望变革，但二人的变革却大相径庭：龚自珍的变革类似情感冲动地梦幻“复古”，即回归自己理想化了的“古代”；魏源的变革则作出了“师夷”的理智抉择，即以夷为师，向西方列强学习，达到西方世界强盛的状态。他另辟蹊径，强调以外在的西方强国为效仿对象，使羸弱落后的中国迅速强大起来。由此可见，魏源的思想已经突破了封建思想的藩篱，成为中国法律思想近代化的前驱先路。

人生历程

魏源（1794～1857年），原名远达，字默深，号良图，湖南邵阳人，出身于中小地主家庭。魏源才15岁中秀才，开始研究王阳明的心学。21岁随父至京城。1822年，魏源中举人。在北京逗留期间，与龚自珍、林则徐结识，切磋学问，议论时政；跟从刘逢禄学习《公羊春秋》，苦心钻研经世致用之学。他以博闻强记著称，当时人们纷纷传言："记不清，问默深；记不全，问魏源。"（姚永朴:《魏默深先生》，载《旧闻随笔》卷二）1825年，江苏布政使贺长龄聘魏源编辑《皇朝经世文编》。他一反汉学家支离破碎的治学方法，对清代经世致用思想进行了阶段性总结，编辑过程中，其经世思想日益成熟。1829年，应礼部试不第，捐得内阁中书舍人，得以博览内阁典籍，留意于掌故之学。1832年，应礼部试又未中，充任两江总督陶澍幕僚，筹议漕运、盐法、河务、兵制，成为地方治理的权威人士。1841年，入钦差大臣、两江总督裕谦幕府，直接参与抗英斗争。当时英军攻定海，魏源主张不守定海，引英军入长江内歼之。建议未被采纳。后来定海、镇海相继失守，裕谦投水自杀。魏源辞归江苏。林则徐由镇海发配新疆伊犁，途经江苏，魏源迎于京口（镇江），二人畅谈终日。林则徐将自己所译《四洲志》及部分资料交给魏源，嘱托他撰写《海国图志》。1842年，中英《南京条约》签订，魏源著《圣武记》，认为："物耻足以振之，国耻足以兴之。"希望清廷以前世武功激励自己，积极抵御"四夷"。随后他又在林则徐编译的《四洲记》的基础上写成《海国图志》，从西方人的视角，客观、系统地介绍了当时所能收集到的世界各国地理历史文化状况，为中国人真实地了解西方提供了方便。1845年，再次北上应试，中礼部会试第十名，殿试中三甲九十三名，赐同进士出身，分发江苏，任东台知县，礼耆德，惩奸滑，士民悦服。1848年，改任兴化知县。期间筑堤治水，颇有成效。兴化地势低洼，附近的高邮、洪泽二湖，秋天必定涨水，故设南关、中新等五坝，以资宣泄。民种早禾，秋初涨水，新谷已收获，启坝放水，不会影响一年的收成。但是近年来因堤防不坚实，地方官吏担心横决致罪，不顾民众利益，水刚刚涨就启坝，庄稼丰收在望也不顾及，致使农户苦饥，怨声载道。魏源莅任时，庄稼将熟，湖水涨盛，河员欲启坝，民众愤愤不平。魏源督民昼夜筑护，并请制府陆建瀛督防塞。碰上西风大发，澍雨翻盆两昼夜，湖浪挟威益厉，啮堤防如沃雪，高邮将决，魏源冒风雨，伏堤上哀号，愿以身贷民命，自辰至未，屡为巨涛所漂，士民从者十余万。直到风平浪静才开始休息。被暑雨所激，眼睛赤肿如桃，见者无不感激。陆建瀛感叹："精诚所至，金石为开，岂不信然。"立秋后庄稼收获完毕，魏源才让河员启坝放水，这一年竟获得大丰收。故民谓其稻曰魏公稻。1851 年，授高邮知州。1853 年兴办团练，与太平军对抗，因迟误驿报，被革职。后虽奉旨复官，但以"年逾六十，遭遇坎坷，世乱多故，无心仕宦"为由辞去官职，避居兴化，潜心著述。1854 年，专心佛学。1857 年，病逝于杭州。（参见《邵阳魏府君事略》）

魏源的著作主要有：《元史新编》《古微堂集》《圣武记》《海国图志》等。其短篇论著和诗文编辑成《魏源集》流行于世。

思想脉络

魏源所处的时代，是中国由封建社会向半殖民地半封建社会急剧变化的时代。他的法律思想明显分为前后两个时期：鸦片战争前，主要提倡务实，切实解决治河、盐务、漕运、兵制、防苗等实际问题；鸦片战争后，主要对战败的教训进行反思，针对内忧外患，认为内部是制度腐朽，外部是技不如人，从而提出了"变法"与"师夷"两大主张。魏源认为论学应以"经世致用"为宗旨，提出"变古愈尽，便民愈甚"的变法主张，倡导学习西方先进科学技术，总结出"师夷长技以制夷"的新思想。

— 壹 —

通经致用，务实政务

魏源十分重视"学"与"治"的关系。魏源的《默觚》，以"学"为上篇，以"治"为下篇，以示"学"与"治"关系密切，不可割裂。"学"是"治"的前提和基础，"治"是"学"的检验方式和发展的必然归宿。"学"

重在觉悟的提高和秉性的塑造。要做到以道为乐而不以欲为乐，“刚柔克而性不畸，敬义立而德不孤”（《魏源集·默觚下·学篇一》）。

魏源认为，才、情是做学问的基础[①]，学与问关系密切、互为支撑[②]。学问，一是“以匡居之虚理验诸实事”，二是“以一己之意见质诸人”。因此，“士而欲任天下之重，必自其勤访问始”（《魏源集·默觚下·治篇一》）。魏源既鄙视不问世事、繁琐考证的汉学，认为它“锢天下聪明智慧使尽出于无用之一途”（《魏源集·武进李申耆先生传》）；也不满意空论心性礼义的理学，认为它与佛学、道教一样无益于治国安民[③]，要求读书人不要钻故纸堆，闭门造车，自娱自乐，而要游历山川，设身处地，考察民俗，审人才德，关注社会现实，从“实事”、“实功”和亲身经历中取得真知灼见，解决实际问题。

面对矛盾丛生的社会，魏源留心社情政务，注重经济发展，认为“众人以讻讻败事，圣人以讻讻决机。苟非其人，法不虚创，功不虚施。时乎，时乎，智者争之”（《魏源集·筹漕篇上》）。根据因利乘便、事半功倍、一劳永逸的原则，对漕运、盐法、河工、兵饷提出了四大建策。

1. 海运优于河运。19 世纪初叶，由于黄河泛滥、运河淤塞、清口倒灌、河床垫高，漕运面临危机。魏源全面揭露漕运之弊：“河之患在国计，漕之患在民生。国家岁出数百万帑金以治河，官民岁出数百万帮费以办漕，河患即有时息，帮费终无时免，孰谓河治而漕即治乎？全漕即不由河，河未必因此而治。”（《魏源集·筹漕篇下》）国家花费了大量的人力、财力治理黄河，成效并不明显，漕运的条件无法保障。魏源指出，随着时势的变化，海运取代河运，商运取代官运，是顺应历史潮流、化繁为简的明智抉

① 《魏源集·默觚下·治篇一》：“人有恒言曰‘才情’，才生于情，未有无情而有才者也。……无情于民物而能才济民物，自古至今未之有也。”

② 《魏源集·默觚下·治篇一》：“人有恒言曰：‘学问’，未有学而不资于问者也……绝世之资，必不如专门之夙习也；独得之见，必不如众议之参同也。”

③ 《魏源集·默觚下·治篇一》：“释老不可治天下国家矣，心性迂谈可治天下乎？”

择[①]。海运“其优于河运者有四利：利国、利民、利官、利商”(《魏源集·道光丙戌海运记》)。这样看来，“海运之利，非河运比；本朝之海运，又非前代比……诚欲事半功倍，一劳而永逸，百全而无弊，人心风俗日益厚，吏治日益盛，国计日益裕，必由是也，无他术也”(《魏源集·海运全案跋》)。因此，以海运弥补河运不足的变通，关键在于为国计、为民生。[②]

2.“票盐”取代“盐引”。清代盐法承袭明制，食盐由官府和专利商人共同垄断。其方式有两种：一是官运官销，二是官督商销，但以后者为主，商人须从官府领取运销食盐的专利权证件——盐引，才能合法经销食盐。其弊端是盐官与世袭盐商相互勾结，中饱旁蠹。他们一方面私加盐价盘剥民众，另一方面以私盐逃税，使国家盐税收入锐减。鉴于“盐引”法害国伤民，魏源认为：“天下无数百年不弊之法，亦无穷极不变之法，亦无不易简而能变通之法。求诸末者繁而难，反其本者顺而易。利出于三孔者民贫，利出于二孔者国贫，利出于一孔者国与民交利。”(《魏源集·淮南盐法轻本敌私议自序》)“与其使利出三孔二孔病国病民，曷如尽收中饱蠹蚀之权，使利出于一孔。宜民者无迂途，实效者无虚议，大人化裁通变之事也。”(《魏源集·筹鹾篇》)他力主改革盐法，利归一孔，以手续简便的“票盐”取代“盐引”[③]。食盐自由运销，政府从中征税，这样，由于取消了官吏控制、商人垄断的阻碍，民众既可买到便宜食盐，国家的盐税收入又有所增加。

3.改道黄河。黄河水害是困扰清朝的一大问题。嘉庆、道光时期，黄

---

① 《魏源集·海运全案序》：“时之未至，虽圣人不能先天以开人，行海运必今日，其诸至创而至因者乎！古之帝者不尽负海而都，或负海都矣，而海道未通，海氛未靖，海商海舶未备，虽欲籍海用海无自。故三代有贡道，无漕运；汉、唐有漕运，无海运；元、明海运矣，而有官运，无商运。其以海代河，商代官，必待我道光五年乘天时人事至顺而行之，故无风涛、盗贼、黴湿之疑也，无募丁、造舟、访道之费且劳也；乘天时人事交迫而行之，渎告灾，非海无由也；官告竭，非商不为功也；乘百余年海禁之久开与台洋十万米之已试而行之，其事若无难，其理至易见也。”

② 《魏源集·海运全案跋》：“彼谓变通济运者，所益固在国计；而调剂漕务，则所益尤在民生。圣人举事，无一不根柢于民依而善乘夫时势，故举一事而百顺从之。”

③ 《魏源集·淮北票盐记》：“票盐以轻课敌私，以畅销溢额，故能以一纲行两纲之盐，即以一纲收两倍之课。”

河因河床升高，决堤十数次。朝廷虽设河道总督专理河工，并拨巨额银两疏浚河道，但因官吏的贪赃枉法与愚昧无知，河患非但没有减轻，反而日趋严重。魏源严厉批评朝廷河政缺乏统筹安排，治标不治本，穷于应付[①]。并指责治河官吏，不但贪污浪费造成费用上浮，而且治河方法不当造成下属费用增加[②]。由此看来，"河工者，国帑之大漏卮也"(《魏源集·筹河篇上》)。魏源在对黄河下游的地理形势作认真考察的基础上，提出了黄河改道的建议，"由今之河，无变今之道，虽神禹复生不能治，断非改道不为功。人力预改之者，上也，否则待天意自改之，虽非下士所敢议，而亦乌忍不议？"(《魏源集·筹河篇上》)

4. 整顿军储。嘉庆、道光时期，军费日增，统治阶级浮华奢侈，贪污腐化，国库日趋短绌，财政危机一触即发。针对这一状况，魏源提出了除弊、节用、塞患、开源四大对策以变法兴利。除弊，即清除弊端，使天下大政利国利民，必不利于中饱私囊的人。节用，即减少庆典，军队裁员，不普赐田租，不普免逋负，而侧重救济贫困良民。塞患，即禁止吸食鸦片，限期三月戒烟，对不戒者先黥后诛，使其杀之无怨。贩烟者立诛，不在黥赎之列，"其贩烟吸烟，必许告发，告不实者反坐"(《魏源集·军储篇一》)。开源，即大兴屯垦、采金换币，"食源莫如屯垦，货源莫如采金与更币"(《魏源集·军储篇一》)。另外，还可以开矿。

魏源认为："事必本乎心，善言心者，必有验于事矣；法必本乎人，善言人者，必有资于法矣；今必本乎古，善言古者，必有验于今矣；物必本乎我，善言我者，必有乘于物矣。"(《魏源集·皇朝经世文编叙》)他的治世方略，学以致用，切合实际，有的放矢，兴利除弊，带有明显的社会批判倾向，是有利于治国平天下的。

① 《魏源集·筹河篇上》："但言防河，不言治河，故河成今日之患；但筹河用，不筹国用，故财成今日之匮。"

② 《魏源集·筹河篇上》："河臣不治海口，而唯务泄涨，涨愈泄，溜愈缓，海口渐淤，河底亦渐高，则又唯事增堤。自下而上，字一二岁以至十岁、数十岁，河高而堤与俱高。"

—— 贰 ——

变古愈尽，便民愈甚

魏源认为，中国在鸦片战争中惨败，表面上看是舰炮不如西方，实质上是中国内政的不景气。他对清王朝内政的腐败懈怠、官吏的昏愦无能痛心疾首，认为清王朝政治腐败主要表现在如下两个方面：

其一，荒政猖獗①。清廷政治荒废表现为：人浮于事、政令繁琐、耗费资源、人才短缺、政风不振、边警松弛，以致粉饰太平、混淆是非、弄虚作假、苟且因循、自欺欺人。政治上的无所作为，造成民风的懈怠，举国上下不知大的灾难即将降临，沉溺于自我麻醉、虚张声势、苟且度日。

其二，鄙夫作祟②。魏源认为，鄙夫无视国计民生，只贪图高官厚禄，明哲保身。他们结党营私、因循守旧、苟且偷安、不思进取、萎靡不振，最终旷时误事、贻害无穷。

针对荒政猖獗与鄙夫作祟，根除的办法有两个，一是振奋精神，二是重视人才。所谓振奋精神，必须去掉人心的“寐患”，树立坚定信念，朝

① 《魏源集·治篇十一》：“荒者乱之萌也，乱不生于乱而生于太康之时。堂阶翫愒，其一荒；政令丛琐，其二荒；物力耗匮，其三荒；人材嵬茶，其四荒；谣俗浇酗，其五荒；边场弛警，其六荒；大荒之萌未有不由此六荒者也。去草昧愈远，人心愈溺，其朝野上下莫不玩细娱而苟近安，安其危而利其灾，职思其居者容有之矣，畴则职思其忧者乎？畴则职思其外者乎？以持禄养骄为镇静，以深虑远计为狂愚，以繁文缛节为足黼太平，以科条律例为足剔奸蠹，甚至圆熟为才，模棱为德，画饼为文，养痈为武，头会箕敛为富，‘出话不然，为犹不远’，举物力、人材、风俗尽销铄于泯泯之中，方以为泰之极也。”

② 《魏源集·默觚下·治篇十一》：“历代亡天下之患有七：暴君、强藩、女主、外戚、宦寺、权奸、鄙夫也。暴君无论矣，强藩、女主、外戚、宦寺、奸相，皆必乘乱世暗君而始得肆其毒，人人得而知之，人人得而攻之。惟鄙夫则不然，虽当全盛之世，有愿治之君，而鄙夫胸中，除富贵而外不知国计民生为何事，除私党而外不知人材为何物；所陈诸上者，无非肤琐不急之谈，纷饰润色之事，以宴安酖毒为培元气，以养痈贻患为守旧章，以缄默固宠为保明哲，人主被其熏陶渐摩，亦潜化于痿痹不仁而莫之觉。岂知久之又久，无职不旷，无事不蛊，其害且在强藩、女祸、外戚、宦寺、权奸之上；其人则方托老成文学，光辅升平，攻之无可攻，刺之无可刺，使天下阴受其害而已不与其责焉。古之庸医杀人；今之庸医，不能生人，亦不敢杀人，不问寒、热、虚、实、内伤、外感，概予温补和解之剂，致人于不生不死之间，而病日深日痼。故鄙夫之害治也，犹乡愿之害德也，圣人不恶小人而恶鄙夫乡愿，岂不深哉！”

气蓬勃，奋发向上；所谓重视人才，必须去掉人才的“虚患”，培养忧患意识，脚踏实地，有所作为。① 人的精神振奋了，人才得到了任用，就可以以法治天下，腐败的吏治也会有所改观。“如是，何患于四夷？何忧乎御侮！”（《魏源集·圣武记叙》）可谓战胜于庙堂之上。

要从根本上解决问题，实现政治复兴，国家强盛，还必须推行改革，除弊兴利，便民利民。魏源认为，世上没有任何永恒不变的事物，天地、事物、人类“无一息不变”②。作为治理社会的法制，也应随着时势的变化而有所改变③。“天下无数百年不弊之法，无穷极不变之法，无不除弊而能兴利之法，无不易简而能变通之法。”（《魏源集·筹鹾篇》）他既指责因循守旧、墨守成规，又否定只顾目前、忘记历史。用过去制约现在的叫“诬今”，用现在衡量过去的叫“诬古”，与“诬今”者不可能探讨如何治世，与“诬古”者不可能谈论学问（《魏源集·默觚下·治篇五》）。与历代儒生主张“祖述尧舜，宪章文武”不同，魏源认为历史是进化的，后世比前代文明、进步。“后世之事，胜于三代者三大端：文帝废肉刑，三代酷而后世仁也；柳子非封建，三代私而后代公也；世族变为贡举，与封建之变为郡县何异？”（《魏源集·默觚下·治篇九》）应该立足现实向前看，在变化中求生存，在革新中求发展。但变革不能图虚名、摆架势，天下事有可变与不可变者，关键在于便不便于人情世故。“天下事，人情所不便者，变可复，人情所群便者，变则不可复……履不必同，期于适足；治不必同，期于利民。”（《魏源集·默觚下·治篇五》）变革是为了实用、便民、利民，值得强调的是：“小变则小革，大变则大革；小革则小治，大革则大治。”（《魏源

① 《魏源集·海国图志叙》：“去伪，去饰，去畏难，去养痈，去营窟，则人心之寐患祛其一。以实事程实功，以实功程实事，艾三年而蓄之，网临渊而结之，毋冯河，毋画饼，则人材之虚患祛其二。寐患去而天日昌，虚患去而风雷行。”

② 《魏源集·默觚下·治篇五》：“三代以上，天皆不同今日之天，地皆不同今日之地，人皆不同今日之人，物皆不同今日之物……故气化无一息不变者也，其不变者道而已，势则日变而不可复者也。”

③ 《魏源集·湖广水利论》：“今昔情形不同，自有因时因地制宜之法。”

集·圣武记》)“变古愈尽,便民愈甚。”(《魏源集·默觚下·治篇五》)即变古越彻底,民众受益就越多。但在变革的具体操作过程中,不能急躁粗暴,不讲策略,要充分认识法律的可行性,重步骤,讲程序,兼顾包容,稳妥行事。因为“强人之所不能,法必不立;禁人之所必犯,法必不行。虽然,立能行之法,禁能革之事,而求治太速,疾恶太严,革弊太尽,亦有激而反之者矣;用人太骤,听言太轻,处己太峻,亦有能发不能收之者矣。兼黄、老、申、韩之所长而去其所短,斯治国之庖丁乎”(《魏源集·默觚下·治篇三》)。

魏源指出,“求诸末者烦而难,反其本者顺而易”(《魏源集·淮南盐法轻本敌私议自序》),变革必须“反本复始”,“万事莫不有其本,守其本者常有余,失其本者常不足。祸莫大于不知足,不知足莫大于忘本”(《魏源集·默觚下·治篇十四》)。不可只凭主观想象办事,而要了解事物的本源,依据客观规律,因势利导,改善现状。“虽古之圣王,不能使甲兵之世复还于无甲兵,而但能以甲兵止甲兵也;不能使刑狱之世复还于无刑狱,而但能以刑狱止刑狱也;不能使歌舞之世复还于无歌舞,而但能以歌舞为礼乐也。刑狱甲兵归于歌舞,歌舞归于礼乐,礼乐归于道德,则不肃而严,不怒而威,不侈靡而乐。是以圣王之治,以事功销祸乱,以道德销事功;逆而泯之,不顺而放之,沌沌乎博而圆,豚豚乎莫得其门,是谓反本复始之治。”(《魏源集·默觚下·治篇十四》)由此看来,兴事业、顾廉耻,是治理国家的基本途径。

魏源认为,改革的重点在于“去法外之弊”而“求用法之人”。他说:“医之活人,方也;杀人,亦方也。人君治天下,法也;害天下,亦法也。不难于得方而难得用方之医,不难于立法而难得行法之人。弓矢,中之具也,而非所以中也;法令,治之具也,而非所以治也。君子不轻为变法之议,而惟去法外之弊,弊去而法仍复其初矣。不汲汲求立法,而惟求用法之人,得其人自能立法矣。”(《魏源集·默觚下·治篇四》)在他看来,“治法本于治人”,这就是说,能否治理好天下,不在于“法”本身如何,关键在于有无“行法之人”。这些“行法之人”德才兼备，利民便民，秉公执法，刚直不阿。依靠他们，可以辅助君主修养道德，可以建立和完善政治法律制度，可以“去法外之弊”。

改革的重要内容是移风易俗。魏源认为：“使人不暇顾廉耻，则国必衰；使人不敢顾家业，则国必亡。”（《魏源集·默觚下·治篇十四》）风俗习惯“以众成之”，他说：一群人中，十人穿鞋，一人赤脚，赤脚人感到羞耻；相反，十人赤脚，一人穿鞋，穿鞋者感到耻辱。一种坏风俗一旦形成，尽管是贤者处于其中，也不免颠倒于众习。“群尚俭则耻奢，群尚奢则耻俭矣；群尚让则耻竞，群尚竞则耻让矣。”现在世风日下，人心不古，各地郡县“地不远而各自为俗，好讦讼，好勇战，好奢靡，好任侠，好封殖，相高相尚，生而习见，不以为非；未至则求其至，已至则求其胜，虽贤父兄师友戒劝之，良有司训谕之不止”（《魏源集·默觚下·治篇十四》）。因此，移风易俗的方法除了上行下效、因势利导外，还应该“易其所安而别开以可慕”（《魏源集·默觚下·治篇十四》），即引导人们读诗书、学文学，接受礼义教化，从而开创新的社会风尚。

魏源认为，刑赏是治理国家必不可少的手段，“无欲而好仁，无畏而恶不仁者，天下一人而已。故知者利仁而君子怀刑焉。刑赏者，劝惩天下之中人，然劝惩所及者，显恶显善而已。阴慝阴善，则王法劝惩所不及，自非天网恢恢疏而不失，岂能福善祸淫于耳目之所不及乎”（《魏源集·默觚下·治篇十六》）。因此，统治者应该以道德教化为先，再以刑赏辅助之，就会见到成效。

魏源还抨击了封建专制制度，告诫统治者关注民众的问题，实行德治[①]。他说，天下是天下人的天下，民众决定天子的命运、国家的前途。明智的君主懂得这个道理，就会善待民众，广泛听取大家的意见，做出正确

① 《魏源集·默觚下·治篇三》：“人者，天地之仁也。‘天地之性人为贵’，天子者，众人所积而成，而侮慢人者，非侮慢天乎？人聚则强，人散则尪，人静则昌，人讼则荒，人背则亡。故天子自视众人中之一人，斯视天下为天下之天下。”

的决策，治理好国家，造福于民众，而不是一意孤行，与民众为敌，祸国殃民。势力、利润、名誉仅仅是治理天下的工具，道德才是治理天下的宗旨，“夫惟使势、利、名纯出乎道德者，可以治天下矣”（《魏源集·默觚下·治篇三》）。

叁

师夷长技以制夷

魏源认为，抵御外侮是“凡有血气者所宜愤悱，凡有耳目心知者所宜讲画”（《魏源集·海国图志叙》）的急迫问题。但中国在鸦片战争的失败最直接的原因是缺乏对外在世界的了解和盲目自尊自大。为此，魏源与林则徐一样，否定自我封闭的蒙昧主义，号召“睁开眼睛看世界”，心平气和地了解、研究“夷情”，寻找对策。[①] 由此得出的结论是：其一，中西文化关系密切，互相提携。魏源认为，西方文化源于中国，而后才获得进步的。[②] 谁优秀、谁强大，就应向谁学习。西方毕竟向我们学习过，才发展到今天这一步，中国向西方学习也顺理成章。他的《海国图志》与过去海图之书最大的不同就在于：“彼皆以中土人谈西洋，此则以西洋人谈西洋也”（《魏源集·海国图志叙》），以西方为本位，客观真实，不带蔑视西方的偏见。其二，西方战胜中国，靠的是“船坚炮利”的“长技”。在《海国图志》中，魏源全面提出了“师夷之长技以制夷”的主张[③]。他认为，与西方列强打交道的方式不外乎两种：一是贸易上的“款夷”，二是军事上的“攻夷”。“款夷”是指平时与西方国家经济交往应该采用的策略和方法[④]。魏源主张，以

① 《魏源集·筹海篇三》：“欲制外夷者，必先悉夷情始；欲悉夷情者，必先立译馆翻夷书始；欲造就边才者，必先用留心边事之督抚始。”

② 《魏源集·筹海篇三》：“中国智慧无所不有，历算则日月薄食，闰余消息，不爽稍毫；仪器则钟表晷刻，不亚西土；至罗针壶漏，则创自中国而后西行。”

③ 《魏源集·海国图志叙》：“是书何以作？曰：为以夷攻夷而作，为以夷款夷而作，为师夷之长技以制夷而作。”

④ 《魏源集·筹海篇四》：“我患夷之强，夷贪我之利，两相牵制，倖可无事，非今日主款者之秘略乎？……外夷惟利是图，惟威是畏，必使有可畏怀，而后俯首从命。”

实力为后盾，不卑不亢，与各国平等交往，互通有无，牢牢掌握外交上的主动权。“款夷之策二：曰听互市各国以款夷；持鸦片初约以通市。”（《魏源集·筹海篇一》）与各国进行正常的贸易往来，依条约禁止走私鸦片，既让外商有利可图，又不让其对中国的利益有所侵害。“攻夷”是指战争阶段与西方国家军事斗争应坚持的原则。“攻夷之策二：曰调夷之仇国以攻夷；师夷之长技以制夷。”（《魏源集·筹海篇一》）

“师夷制夷”这一主张包含如下含义：其一，端正学习态度，放下架子，以夷为师，虚心向强敌学习。其二，明确学习内容，将西方国家的长技为我所用。“夷之长技三：一战舰，二火器，三养兵练兵之法。”（《魏源集·筹海篇三》）在从西洋购买船炮的同时，引进西方先进的工业生产技术，自己制造船炮，发展民用工业，促进资本主义经济因素的生长。其三，明确学习目的是抵御西方国家的侵略，克敌制胜[①]。为了反侵略，必须学习西方。

魏源在介绍西方各国的历史、地理、政治、文化时，十分推崇西方资产阶级政治法律制度。他这样介绍美国：“共二十七部酋，分东西二路，而公举一大酋总摄之。匪惟不世及，且不四载而受代，一变古今官家之局，而人心翕然，可不谓公乎！议事听讼，选官举贤，皆自下始。众可可之，众否否之；众好好之，众恶恶之；三占从二，舍独徇同。即在下预议之人，亦先由公举，可不谓周乎！”“本省之官，由本省之民选择公举……事无大小，必须各官合议，然后推行。即不咸允，亦须十人中有六人合意，然后可行。”（《魏源集·海国图志·弥利坚总记》）他称颂美国的联邦制度：“墨利加北洲（北美洲）以部落代君长，其章程可垂奕世而无弊。”（《魏源集·海国图志》后叙）他赞扬英国的民族政治：“乡绅房者，由庶民推择有才识学术者处之，国有大事，王谂相，相告爵房，聚众公议，参以条例，决其可否，辗转告乡绅房，必乡绅大众允诺而后行，否则寝其事勿论。”（《魏源集·海国图志·英吉利国广述中》）他还将“不设君位，惟立官长贵族等办理国务”

① 《魏源集·海国图志·大西洋欧罗巴洲各国总序》：“善师四夷者，能制四夷；不善师四夷者，外夷制之。”

的瑞士，称为“西土之桃花源”(《魏源集·海国图志·瑞士沿革》)。魏源在呼吁国内社会变革的同时，也号召对外向西方学习；在承认西方物质文明的同时，也倾慕西方的政治法律制度。这意味着为中国的变革确立了努力的方向，效仿西方、学习西方，就是中国近代化的发端。

影响评价

魏源是一介书生、性情中人。他生平寡言笑，少嗜欲。无论严寒酷暑，手不释卷。与挚友会面交谈，不过数刻，即伏案吟哦。喜欢游览，遇名胜辄题咏，足迹几乎遍布疆域之内，自称“州有九，涉其八；岳有五，登其四”。为政推崇简恕，以诚信感人，为地方百姓办实事，深得人心。听政之暇，以典籍自娱，不事苛察。与客接，无多言；有问学者，则反复譬导，娓娓不倦。如大政有更张，与论难，则辞辩风起，循环无端，而要归一是。对求助者，有求必应，尽力而为，不吝啬。受人委托，必竭力践言，不弄虚作假。辞官后，除书籍外，无余财。(参见《魏源集·邵阳魏府君事略》)郭嵩焘曾说：“默深先生喜经世之略，其为学淹博贯通，无所不窥，而务出己意，耻蹈袭前人。”魏源将做学问与为政结合在一起，亲身体验，通经致用，形成朴素务实的政纪、学风。面对现实，他将对内改革时弊、对外向西方学习结合起来，从而开启了中国近代政治法律发展的新方向。

洪仁玕

法制为先　持法必严

核心要旨

如何评价《资政新篇》的法学地位？

为何说立法是治国的根本？

如何处理恩威并济与度势行法的关系？

官吏如何成为遵纪守法的表率？

怎样做到赏罚严明与教法兼行？

19世纪中叶爆发的太平天国革命，是我国旧式农民革命战争的高峰。太平天国不但建立了自己的革命政权，制定了相关的法律制度，还形成了自己的法律思想。其中，比较系统且具有典型意义的是洪仁玕接受西方法律文化影响后所形成的变法维新法律思想。

人生历程

洪仁玕（1822～1864年），字益谦（一作谦益），号吉甫，广东花县（今广州花都区）人，洪秀全族弟。他自幼学习经史，多次考秀才未中，后在家任私塾老师。1843年参加洪秀全成立的拜上帝会。1851年1月，洪秀全领导发动金田起义，建号太平天国，洪仁玕驰奔广西，因太平军转移，从军未成。1852年曾被捕，按律将治死罪，但当晚他挣脱绳索逃走。同年为声援太平军，在广东花县发动小规模的武装起义。起义失败后，洪仁玕逃到香港，住在瑞典传教士韩山文处，并正式受洗入教。此间他曾经离港回广东寻找太平军，未能如愿，再度回港。洪仁玕在香港居住多年，亲眼目睹香港社会状况，接受基督教的教诲，受西方文化的影响深刻。1859 年 4 月洪仁玕辗转到达天京，此时太平天国已经面临十分严峻的形势。由于起义领导人之间一系列内讧，致使“朝中无将，国内无人”(《太平天国·李秀成自述》)。洪仁玕的到来，使洪秀全大为振奋，同年 5 月就破例封他为“开朝精忠军师天扶朝纲干王”，总理太平天国朝政。当年，洪仁玕作《资政新篇》，提出一套统筹全局的改革内政、建设国家的革新方案。经洪秀全旨准，《资政新篇》作为官方文书刊刻颁布。作为太平天国后期政治经济的近代化纲领，《资政新篇》集中反映了当时先进的中国人向西方寻找真理和探索救国救民道路的迫切愿望，但由于客观环境和条件限制，所以没有也不可能付诸实施，对太平天国革命的发展未能产生显著作用。洪仁玕又策划和组织了东征和西征，虽取得某些进展，但终未成功。他资历不深，骤膺高位，难以取得众将领的支持；又因与洪秀全的观念颇有差异，引起洪秀全的猜疑。1864 年 6 月洪秀全死后，洪仁玕虽辅佐幼天王，却已无力回天。7 月，天京陷落，太平天国覆亡。洪仁玕在外地催粮，暂免罹难。他迎突围的幼天王辗转于安徽、浙江、江西，拟与侍王李世贤会合。10 月洪仁玕兵败石城，与幼天王等相继被俘，11 月 23 日在南昌被凌迟处死。

思想脉络

洪仁玕的主要著作有《资政新篇》《立法制喧谕》《英杰归真》《诛妖檄文》等。这些著作包含的法律思想，除了吸取了古代“以法治国”的历史经验和西方资本主义国家的法制观外，更结合了太平天国前期自身法制的经验教训，强调“风风”“法法”“刑刑”六字箴言。“风风”，即法制的目标是移风易俗，改变封建专制社会的面貌；“法法”，即建立法制体系，依法行事；“刑刑”，即突出以刑治罪功效，强调法律的适用。

壹

国家以法制为先

洪仁玕来到天京时，正值杨韦事件之后，法纪废弛，人心冷淡，斗志涣散，国势衰微。他借鉴中外历史经验，积极寻求救国方略。在他看来，“立法制”是治国的主要措施，而整顿太平天国的法纪，已成为“万不容已之急务”。洪仁玕从正面论证了法制对于维护国家统治的重要作用。国家和法制相互依存、密不可分、相生相伴，国家靠法制进行社会控制，没有法制，国家就没有立足之地，也不可能发展、强盛。[①]“立法”是治国之“本”，西周之所以“肇八百之畿”，是由于周公之《周礼》；近代西方一些资本主义国家之所以臻于富强，也是由于“技艺精巧，邦法宏深”。英国“于今称为最强之邦，由法善也”。他介绍美国的民主制度较详，他说，美国的总统“五年一任，限以俸禄，任满则养尊处优，各省再举。有事各省总目公议”；美国的选举制度“置一大柜在中廷，令凡官民有仁智者，写票公举，置于柜内，以多人举者为贤能也，以多议者为公也”。俄国“其地最广”，“百余年前……屡为英、佛、瑞、罗、日耳曼等国所迫，故遣其长子伪装凡民，到佛兰西邦学习邦法，火船技艺，数年回邦……大兴政教，百余年来，声威日著，今亦为北方冠冕之邦也”。日本“近与花旗邦（美国）通商，得有各项技艺，以为法则，将来亦必出于巧焉”。与此相反，世界上有一些国家昧于大势，守旧不变，因而国势衰颓，挨打受欺。如土耳其，“不知变通，故邦势不振，而于丙长年为俄罗斯所侵”(《资政新篇·法法类》)。他得出结论：先得圣贤，创立体制，因时制宜，度势行法，坚持不变。[②]

洪仁玕愤怒地批判了中国封建反动统治者闭关锁国、夜郎自大的愚昧虚骄态度。由于不知变通，中国在世界上也沦为被欺凌的弱国，“从前不能

① 《立法制宣谕》：“国家以法制为先，法制以遵行为要，能遵行然后有法制，有法制而后有国家，此千秋不易之大经，而尤为今兹万不容已之急务也。”

② 《资政新篇·法法类》：“足见纲常大典，教养大法，必先得贤人，创立大体，代有贤能继起而扩充其制，精巧其技，因时制宜，度势行法，必永远不替也。”

为东洋之冠冕，暂为失色，良可慨矣！”他认为“前之中国不如是”，即不如西方近代国家先进，就是因为“毫无设法修葺补理，以致全体闭塞，血脉不通，病其深矣”。而要“以救时弊”，“与番人并雄”，必须以“因时制宜，度势行法”作为改革法制的指导原则。洪仁玕认为，资本主义国家之所以强大，原因就在“邦法”先进，“国法密深”，“纲常大典、教育大法”优越。洪仁玕从“度势行法”这一命题出发，主张移植西方法律，对中国的法制制度来一番“革故鼎新”。他在中国第一次提出了采行资本主义国家法律制度的问题，认为只有向西方资本主义国家学习，参酌西方资本主义国家的某些法制来制定中国的法律、法令，才能符合时代的要求，使国家长盛不衰。

洪仁玕的变法思想是以进化论观点为基础的。他认为事物总是不断发展变化的，法律变革应该跟上时代的发展要求。“一切制度考文，无不革故鼎新。”(《英杰归真》)对于法律制度来说，也应该“视乎时势之变通为律”，以求更新。法制必须变通，要“审时度势”“因时制宜”[①]，符合时代前进要求。因而，太平天国需要根据时代发展更新法制，自成体系。洪仁玕的变法思想主要包含如下方面：

1. 以法制改变人的思想观念。洪仁玕要求抛弃中国传统观念，自上而下地革除陈规陋习，信奉宗教，相信科学，与时俱进，改变社会风气，使中国成为一个重视科技的现代基督教国家。他说，世上有上、中、下三宝，上宝即上帝，中宝即现代科技，下宝才是中国传统文艺。从观念层面，用基督教新教取代儒、释、道，信奉上帝。从知识层面，为“奇技淫巧”辩护，将现代科技提升到“中宝”地位，强调现代科技强国富民的巨大威力，否定中国奢靡享乐、玩物丧志之风；仅把中国传统文艺放到“下宝”的地位，勉

① 《资政新篇·风风类》：“夫事有常变，理有穷通。故事有今不可行而可豫定者，为后之福；有今可行而不可永定者，为后之祸。其理在于审时度势，与本末强弱耳。然本末之强弱适均，视乎时势之变通为律，则自今而至后，自小而至大，自省而至国，自国而至万邦，亦无不可行矣。其要在于因时制宜，审势而行而已。”

强维持延续之。[①] 对基督教和现代科技的并重，是洪仁玕有别于中国传统知识分子的独到之处。

2. 以法制强化政治的统一、清廉。洪仁玕要求权归于一，政出一门，加强中央的领导，令行禁止，王、侯不得各自为政。但又要上情下达，下情上达，做到“上下情通”。给地方政权和民众以议政、参政和施政的应有权力，使中央统领、地方管理和民众参议有机结合起来。因此，他主张的中央集权不同于洪秀全的君主专制。针对太平天国后期有些地区废除乡官制度的情况，他建议恢复和普遍设立乡官、乡兵以及钱粮和税务机关，以发挥地方自治的作用。洪仁玕在他的革新计划里，并没有提出引进西方的民主制度。他在西方制度的影响下，提出一个行使民主权利的办法：为了“上下情通”“遵行法制”，建立必要的类似西方近代的监察、检察机构制度，即“准卖新闻篇或设暗柜”。他的“暗柜”并不是选举投票箱，而是收集民意的“意见箱”，作为施政参考。至于“新闻篇”，“有新闻篇以泄奸谋”，故“一切诡弊，难逃太阳之照”。“新闻馆以报时事常变，物价低昂。”他建议设置新闻官，“其官有职无权，性品诚实不阿者，官职不受众官节制，亦不节制众官，即赏罚亦不准众官褒贬”(《资政新篇·法法类》)。新闻官必须相对独立，其一，“其官有职无权”，即对各部门违法乱纪的官员有检举参劾之责，而无直接处分之权；其二，“官职不受众官节制，亦不节制众官，即赏罚亦不准众官褒贬”，这类官员自成系统，独立于行政部门之外；其三，新闻官“性品诚实不阿”，敢于秉公行使监察之权；其四，新闻官的任务是“专收十八省及万方新闻篇有招牌图记者，以资圣鉴”，即专门收集各省各种报纸呈缴中央，了解各项兴革大法的实施情况，检查各级官吏

① 《资政新篇·风风类》：“中地素以骄奢之习为宝，或诗画美艳，金玉精奇，非一无可取，第是宝之下者也。夫所谓上宝者，以天父上帝、天兄基督、圣神爷之风，三位一体为宝。一敬信间，声色不形，肃然有律，诚以此能格其邪心，宝其灵魂，化其愚蒙，宝其才德也。中宝者，以有用之物为宝，如火船、火车、钟镖、电火表、寒暑表、风雨表、日晷表、千里镜、量天尺、连环枪、天球、地球等物，皆有探造化之巧，足以广闻见之精，此正正堂堂之技，非妇儿掩饰之文，永古可行者也。”

的忠奸、善恶。新闻官行使监察职权，其作用在于充当“民心公议”的代表。“奸者股栗存诫，是一念之忠者清心可表。一念之于善、恶，难逃民心公议矣。人岂有不善，世岂有不平哉？”（《资政新篇·法法类》）对国家公职人员，洪仁玕主张建立考核制度，并颁布《钦定功劳部章程》，规定“有功足录”，“存其劳绩”，严禁“私门请谒，以杜卖官鬻爵之弊”，违者依法问罪。

3.以法制促进新的生产关系的形成和发展。洪仁玕主张实行发展资本主义的经济立法，以改变旧中国封建的、半殖民地半封建的生产关系，促进和保护新的资本主义生产方式的产生和发展，希图中国走上民族独立的、资本主义的道路。1853年洪秀全颁布的《天朝田亩制度》规定，取消一切土地和财产私有、取消私人经济、取消商品生产和商品经济等。洪仁玕的《资政新篇》实际上否定了《天朝田亩制度》“四同两无”（“有田同耕，有饭同食，有衣同穿，有钱同使”“无处不均匀，无人不饱暖”）的空想农业社会主义，提出了全面发展资本主义的纲领，为资本主义在中国发展开辟了道路。

（1）主张发展近代交通运输和邮电事业。要求兴建联络全国各省的“二十一条大路，以为全国之脉络”，又辅以郡、县、乡公路，通“车马之利”。又“兴舟楫之利”，疏通黄河、江淮水道，既防凶旱水溢，又便利水陆交通。“邮亭由国而立”，“以通朝廷文书”。另设书信馆，“以通各色家信”，书信馆既可公办，也准许富民出资私人开设。

（2）主张颁行保护私人投资法。鼓励“富民”做“善用财帛者”，把资财转化为资本，用来开发“天财地宝”，兴办新式工矿企业，不要做封建“守财奴”。他主张“兴器皿技艺”，发展工矿业，即制造火车、轮船、蒸汽机等各种机械、仪表。“有能造精奇利便者，准其自售”；奖给“兴宝藏”者以“总领”官职，“准其招民采取”，并保障其开矿的优先权，不许他人“争斗抢夺”。

（3）鼓励兴办私家银行。发行钞票，发展金融事业，准许私人开设银行。银行或三四家合资经营，或一家独资开办，“均无不可也”，“或银货相易，或纸银相易，皆准每两取息三厘”。

（4）允许私人投资开采矿山。“爵为总领，准其招民采取。”分配办法是：“总领获十之二，国库获十之二，采者获十之六。”

（5）主张颁行劳资法。提出应当“禁卖子为奴”，废除人身依附的封建制，明令“准富者请人雇工”，在工矿企业实行雇佣劳动制度。为了保证“富民”得到所需的劳动力，他主张通过教育和强制手段，迫使“惰民”接受资本主义的劳动纪律，向产业工人转化。他还主张规定产业资本的剥削率，对办工矿企业者，准其获利达百分之二十。

（6）提出建立专利制度。主张对兴办新式工业的“富民”和科学技术的发明创造者，实行“专利”保护法，使民族资本和近代科学技术得以发展和壮大。例如，对火车、轮船及其他“精巧技艺”的创造、发明，“任乎智者自创”，“首创致巧者，赏以自专其利”，“器小者赏五年，大者赏十年，益民多者年数加多，无益之物有责无赏”，限期既满他人可以仿造。“有能造精奇利便者，惟其自售。他人仿造，罪而罚之。”

（7）主张颁行保险法。中国可以学习外国“兴保人物之例”，倡导试办保险业，保障自由竞争。

4.以法制发展文化教育卫生事业，增进社会福利。洪仁玕主张开学馆、建医院、修礼拜堂。大兴社会福利，奖励慈善事业，办四民院（鳏寡孤独院）、四疾院（跛盲聋哑院）、育婴堂。他主张革新社会风气，严禁买卖人口、蓄养奴婢、卖淫、缠足、斗蟋蟀、斗鸡、斗狗、养鸟、建庙宇寺观、吃黄烟鸦片以及其他恶习陋俗。“拯民出于迷昧之途，入于光明之国。”禁止溺子女，“溺者罪之”。禁除社会游民，使人人参加生产劳动。他认为“九流惰民”不务正业，伤风败俗莫过于此。禁除“惰民”的办法是：在法律上规定，每人每天至少要工作三个时辰，达不到这一标准的，“迸诸绝域，以警颓风之渐也”。

5.以法制协调对外关系。洪仁玕主张“内修国政，外示信义”，从独立自主和不承认不平等条约的原则出发，反对闭关自守，愿意同资本主义国家进行正常的通商贸易、平等往来、礼义相待和文化交流。他指出：“人类虽下，而志不愿下，即或愿下，亦迫势耳，非忠诚献曝也。”所以，在与外国往来文书的用语上，“可称照会、交好、通和、亲爱意，其余万方来朝、四夷宾服及夷狄戎蛮鬼子，一切轻污之字，皆不必说也。盖轻污字样是口角取胜之事，不是经纶实际，且招祸也”。他强调制定“柔远人之法”。“凡外邦人技艺精巧，邦法宏深，宜先许其通商，但不得擅入旱地（内地），恐百姓等罕见多奇致生别事。惟许牧师等并教技艺之人入内，教导我民，但准其为国献策，不得毁谤国法。”此外，在与外国人的通商中，对进口有害于我国人民健康的东西是坚决查禁的。他重申严禁“一切生熟……鸦片”，并提出了严禁的措施：“先要禁为官者，渐次严禁属下，绝其栽植之源，遏其航来之路，或于外洋入口之烟不准过关，走私者杀无赦。”（《资政新篇·法法类》）从维护民族独立、保护民族经济、维护国民健康的立场出发，在外国资本主义“不得毁谤国法”，不得干涉天国内政的前提下，“许其通商”。

从以上几个方面看，洪仁玕在倡导“革故鼎新”的法制改革中，根据时代发展的需求，将资本主义的一些要素纳入封建主义体制内，而这种变更是以法制作为支撑的，构成了较为系统的法制保障体系。

贰

设法用人

洪仁玕强调“设法用人”。“设法”即建立健全法律制度，反对结党联盟，加强中央统一领导；“用人”，即人尽其用，赏罚严明，延揽人才，广采意见，鼓励人人奋力上进，杜绝私门请谒及依恃父兄朋友权势，钻营仕途。

洪仁玕认为，制定法律制度非常重要[①]。他指出，国家不但要“立法

① 《资政新篇·法法类》：“所谓以法法之者，其事大关世道人心，如纲常伦纪，教养大典，则宜立法以为准焉。是下有所趋，庶不陷于僻矣……此立法善而施法广，积时久而持法严，代有贤智以相维持，民自固结而不可解，天下永垂不朽矣。”

制”，而且要“立法当”“立法善”。怎样才能使“法善”呢？第一，重视坚持法律基本规范的良好传统与适应形势变化二者之间的关系。洪仁玕用“盖法律者，无定而有定，有定而无定”，来说明法律基本规范的稳定性和具体法律条文可变性的道理，认为这正是“立法所以难”“生弊所以易”的原因。“然则如何而后可以立法？”就是要谨守“盖法之质，在乎大纲，一定不易；法之文，在乎小纪，每多变迁”的原则。换句话说，涉及国家制度和基本国策的纲领、理念，即“大纲”，是不能变的，但具体法律条文，即“小纪”，则是可以而且需要变动的。对法律的可能修正留有余地：“若恐其久而有差，更当留一律以便随时损益小纪，彰明大纲也。”洪仁玕的这一立法原则既继承了中国古代“法与时转、治与事宜”的进步法律思想，同时也引入了西方资本主义国家的立法实践经验，具有鲜明的时代特色。第二，立法者既要熟悉中国的国情，明了太平天国肩负的历史使命，又要了解当时世界各国的发展状况，了解西方资本主义法制成长的原因和过程，掌握西方法制具体规定的合理性和必然性。“立法之人，必先经磨炼，洞悉天人性情，熟谙各国风教，大小上下，源委重轻，无不了然于胸中者，然后推而出之，乃能稳惬人情也。”根据太平天国法制建设的需要，移植科学、先进的西方法制，必须有的放矢、因时变通、推陈出新，符合中国的人情世故。

洪仁玕认为，法要“恩威并济”。“威”指“持法严”，就是严肃认真地“奉法、执法、行法”。法制一旦制定，就要严格执行，否则，法律仅为一纸空文，就无“法治”可言。要做到“执法严”，就要把“执法”与“用人”紧密地结合在一起。单有善法而执法者不得其人，便很可能自坏其法。[①]所以，洪仁玕特别强调“得人”，把得“贤智之士”，视为立法、执法的条件。在他看来，立法、执法的人，应具备如下素质：

① 《资政新篇·法法类》：“惟在乎设法用人之得其当耳。盖用人不当，适足以坏法；设法不当，适足以害人，可不慎乎？然而斯二者，并行不悖惟在乎设法，必于立法之中，得乎权济。”

1. **度势行法**。洪仁玕认为，凡是“贤智”之人，必须明了发展了的客观“时”“势”，以“度势行法”，做到“古所无者兴之，恶者禁之，是者损益之”，即凡历史上好的、适应时代需要的，应予吸收和继承，属于封建糟粕的，则坚决予以遗弃。主张效法欧美，吸取资本主义法律的新东西。他指出只有具有这样新思想的人，“始能认识新天新地新人新世界也，否则，彼且不能自新，又安知所谓新之者？吾恐彼且谓新不如旧矣。岂易同日而语哉”。

2. **稳惬人情**。洪仁玕认为，立法、执法绝不能用那些“既无才情，又无算计”的亲贵嬖臣，也不能用那些蒙昧无知，不务“经纶实际”，单凭“口角取胜”的人，而必须用那些社会阅历丰富、洞悉太平天国民众性情、熟谙各国风俗教化、掌握法律具体规定、敢于创新的“稳惬人情”之人。只有这样，所立之法方为“善法”，所执之法方为“信法”。

3. **真心践法**。洪仁玕认为，国家官吏必须以身作则，做遵纪守法的表率。国家官吏“奉行天法”，应“亲身以倡之，真心以践之，则上风下草，上行下效矣”。对于那些违法乱纪的“可耻之行，见则鄙之忽之，遇则怒之挞之”。这样，就会收到“民自厌而去之，是不刑而自化，不禁自弭”的效果。他坚决反对官员搞特权，认为如果容忍官员在法律上的特权，则“法立弊生，人将效尤，不致作乱而不已”，所以，他主张一切禁革法令，把整顿吏治作为“持法严”的首先任务。对如下几类作奸犯科的行为，必须严惩不贷：一是官员贪污受贿。对文武官员，“除俸值外，有妄取民贿一文者，议法”，凡在国家收入中，“有为己私抽者，议法”。二是官员吸食和贩卖鸦片。规定“一切生熟黄烟鸦片，先要禁为官者……于外洋入口……走私者，杀无赦”。三是官员“结党联盟”“私门请渴”“卖官胃爵”。规定“倘有私予官职者，当律以大辟，私受官职者，亦正典刑”。他认为：“凡子臣弟友，各有分所当为，各有俸值……岂可攀援以玷仕途？”“为国荐贤，亦属分内之事，即得俸值，何可贪赃，审实革职，二罪俱罚。”四是官员逆命弄兵。他主张对于逆命弄兵的人，要“削其兵柄……官员交别将统带，属员改列朝宫，身兵改为宿卫，均令安故，毋使稍惊，则党羽自除，虽欲逆命而不能弄兵而已”。对硬要以身试法者，即使“其高官王位”，也要“明正典刑，传示各处，震栗众心”。

4.奉法自守。洪仁玕认为，“奉行天法”要刚正不阿，不畏权贵、不徇情废法。法律行之于老百姓易于办到，难就难在对官员干犯法纪能否“认真耳”。如果法律、法令只是惩罚普通的平民百姓，对“为官者”，特别是身居“高官”者，没有约束强制力，那就会“法立弊生，人将效尤”，作乱不已。他进一步强调，法制废弛，不能只归咎于法不善。“岂法不善与？”“实奉法者毁之尔。”他借鉴历史经验并针对当时的现实，明确要求“奉法执法行法之人，有以主之，有以认真耳”，不许徇情废法和有“假公济私之举”，才能使“人皆服法”。因此，他主张贯彻禁革陈规陋习、歪风邪气、腐败现象的法律法令时，“先要禁为官者，渐次严禁在下”。“惟在在上者，以为可耻之行，见则鄙之忽之，遇则怒之挞之，民自厌而去之，是不刑而自化，不禁而自弭矣。”主张对那些严重破坏国家法制的人，“无论其高官王位”，一定要“明正典刑”，直至“律以大辟”。只要做到法制严明，“则人皆服法”。

5.保持敏锐的政治嗅觉。洪仁玕认为，“大纲”是绝不能改变的，而实施“大纲”的“小纪”，是可以根据时势的发展而适当变通的。他还鉴于“小人坏法，常窥小者无备而掠为己有，常借大者之公以掩护己私”的情况，要求立法、执法者必须清醒地认识“大纲”与“小纪”、法中的“豫定者”和“今可行”者的关系，保持敏锐的政治嗅觉，洞悉社会的风云变幻，不为“小人坏法”留下空隙。

洪仁玕对立法、执法人员素质的要求之所以如此严格，是因为他认识到，有了“贤智”兼备的立法、执法人才作为组织保证，“立法善”“执法严”的实现才有可能，否则便是空谈。

叁

赏罚严明，教法兼行

洪仁玕主张，严明赏罚，做到有功必赏，有罪必罚。他十分推崇诸葛亮，认为诸葛亮之所以见称古今，就在于“为将有为将之法律”，即“器使群材，赏罚分明”。只有像诸葛亮那样，赏不遗远，罚不阿近，爵不可以无功取，刑不可以贵势免，才能取信于民。

洪仁玕主张刑罚要严，对罪行累累、证据确凿的犯罪分子，必须坚决打击，严惩不贷。同时反对司法实践中，尤其是“天京变乱”中，存在的用刑过滥、无罪牵连、枉杀无辜的严重弊端。他反对封建法律“诛九族”的做法，要求废除株连法，主张“罪人不孥”，一人犯罪一人受罚。无论犯罪性质轻重、罪行大小，一律刑止一身，治罪只及于犯罪人本身，不要连坐其家属亲朋。家属只有在同案犯罪的情况下才可逮捕治罪，否则应善视抚慰。如果“连累及之，是迫之使反也”(《资政新篇·法法类》)，会严重削弱起义队伍的力量。他针对封建法制中的严刑酷罚、重刑轻罪的倾向及其带来的严重危害，及时提出了慎刑少杀、废除酷刑、“善待轻犯”的建议。主张应该根据犯罪的情节轻重，分别给予不同的处理。对于“轻犯”要实行“善待”，以开其自新之路，使之“改过自新”，罪犯“刑满释回，一以重其廉耻，二以免生他患”。要求废除点天灯、五马分尸、斩首、剥皮、桩沙等酷刑，至于“大罪宜死者，只用大架吊死”。为了减少错捕、错判、错杀，洪仁玕还强调审理案件一定要注重事实，对那些伪造证据、混淆是非、冤枉好人、制造混乱的“妄证者”，一定要“同罪”处罚。但对那些因不明真相而检举不实的群众却要加以保护，对群众的意见应当加以尊重。①强调刑罚要体现“人心公权”和人道主义。

洪仁玕认为，在讲“赏罚严明”的同时，必须法外施恩，即“刑外化

① 《资政新篇·刑刑类》：“朝廷考察，若探未实者，注明‘某人来说，未知是否，俟后报明’字样，则不得责之。”

之以德”，把刑罚和教化结合起来，“德化于前，刑罚于后”，反对“不教而杀”。他十分重视通过法制教育提高人们知法、畏法、守法的自觉性。教化是“治人心恶之未形者，制于萌念之始”；法律是“治人身恶之既形者，制其滋蔓之多”。因此，教化与法制应该结合起来，“教法兼行”[①]。他说，只有立足于本国良风良俗，实行“教法兼行”“非不教而杀”，才有助于人们“免生罪念”，使一些触犯法律的行为“制于萌念之始”，防微杜渐，防止或减少犯罪的发生和蔓延。怎样进行守法教育和以教辅法呢？他的主张归纳起来，主要有这样几条：一是“刊刻颁行，咸使闻知”。洪仁玕认为法律“其事大关世道人心”，所以，法律必须郑重“刊刻颁行”，并公之于众。这样就会使“下有所趋，庶不陷于僻……而登于道者”。二是设“新闻馆”，发行报纸宣传法律知识。报纸的宣传应把“昭法律、别善恶、励廉耻、表忠孝”作为主要任务之一，以使人们受到法纪教育，知法不违，守法不移。三是“教以天条”，树立新的道德风尚。洪仁玕从宗教信仰出发，把“天条”作为人们应该遵循的道德规范。“十款天条，治人心恶之未形者，制于萌念之始。诸凡国法治人身恶之既形者，制其枝蔓之多。”所以，应“先教以天条，而后齐以国法”。“先教以天条”，“开人之蒙蔽以慰其心”，“广人之智慧以善其行”，“拯民出于迷昧之途，入于光明之国”，以防范违法于未然。如果仍有“不鲜顽民”，明知故犯，自当“齐以国法，固非不教而杀矣”(《资政新篇·刑刑类》)。四是利用类似公开审判的形式进行普法教育，惩一儆百。洪仁玕主张对死刑罪犯，要公布罪行及行刑日期，当众处决，“先彰其罪状并日期，则观者可以股栗自儆”(《资政新篇·刑刑类》)，教育群众远离犯罪。

洪仁玕把从教育入手防止犯罪的上述诸法，称之为“法外之法”，并且援用儒家刑德并施的观点，来阐明“教法兼行”的意义。他说，只有“法外辅之以法”，才能“入于德”，“刑外化之以德”，才能“省于刑”。

① 《资政新篇·法法类》："教行则法著，法著则知恩，于以民相劝诫，才德日生，风俗日厚矣。"

影响评价

洪仁玕不愧为太平天国先进的思想家。他在太平天国后期总理朝政期间，顺应国内外形势的发展，“度势行法”，提出了我国第一个近代化方案——《资政新篇》，力图为农民革命另辟蹊径，找到一条继续前进的道路。他一反历代农民起义的传统观念和陈旧模式，大力倡导发展资本主义。在探索法律近代化的道路上，在有意无意之间，竟然“先人一步”，在中国历史上第一次描绘了走资本主义道路的蓝图，在漫漫的封建主义长夜中，显示出光明和朝气。但是由于客观条件的限制，他的法制主张未能真正实现，因而也未能起到挽救太平天国免遭覆灭的作用。思想家思想的时运不济，虽然并不能降低其理论价值，但只开绚丽之花而不结丰硕之果的境况，多少会让人扼腕痛惜！

曾国藩

一秉于礼　严刑致安

核心要旨

如何做到『以礼自治』与『以礼治人』？

如何践行严行法制，振之以猛？

曾国藩为何要『礼让为国』与『守定和议』？

曾国藩是如何『一日三省吾身』的？

19世纪中期开始，中国民族危机日益深重，阶级矛盾日益尖锐，在内有民众起义、外有强敌入侵的晚清政治舞台上出现了一位“誉之则为圣相，谳之则为元凶”（章太炎语）、“不能流芳千古，也要遗臭万年”的极为复杂而又重要的人物——曾国藩。一方面，他以儒家“正心、诚意、修身、齐家、治国、平天下”的训示严格激励自己，笃于修身，精研理学，在不断地自我检讨中努力实现“内圣外王”的理想人生道路；另一方面，他又适应时事的要求，接受近代西方文化，倡导洋务运动，在对外交往上，奉行“守定和议”“曲全邻好”。曾国藩在中国近代史上的崛起，使其影响至今不衰。其思想充分表达了他对丰富的中国传统文化的兼容并蓄，体现出明清以来价值观变革的时代特征。着重分析曾国藩的法律思想，有助于我们更好地把握存在于当时社会的某些特定现象。

人生历程

曾国藩（1811～1872年），初名子城，字伯函，号涤生，湖南湘乡白杨坪（今湖南双峰）人。曾国藩出生于一个地主家庭，兄妹九人。作为家中长子，他自幼天资聪明，勤奋好学。7 岁起便在父亲曾麟书执教的私塾中读书。14 岁时能读《周礼》《史记》《文选》，并参加长沙的童子试，成绩俱佳，列为优等。20 岁时先后在衡阳唐氏私塾和湘乡涟滨书院求学。1832 年，曾国藩参加科举，中秀才。同年底，与欧阳沧溟之女成婚。1834 年曾国藩又到湖南最高学府长沙岳麓书院学习，师从欧阳厚钧，接受系统的儒家教育，并深受湖南学风的熏陶。当年即考中举人，不料在来年的会试中落榜。回乡后，曾国藩发愤苦读史书。1838 年曾国藩中进士。1840 年授翰林院检讨。1840 年至 1847 年，曾国藩一直在翰林院詹事府担任闲散文职。他充分利用这个条件，广交朋友，阅读大量书籍，精心研究历代封建王朝的典章制度和治国方略，尤其致力于理学。受唐鉴、倭仁的影响，专攻程朱理学，成为一代理学大师。唐鉴对曾国藩的一生行事、修身、做学问影响极大。曾国藩曾向唐鉴请教读书、修身的妙诀。唐鉴告诉他，读书应当以《朱子全集》为宗，修身的最好办法是记日记反省自我。此后，唐鉴又推荐自己的弟子、著名的理学家倭仁与曾国藩相识。倭仁的教导与唐鉴一样，只是在内省和实践方面比唐鉴更严格。从此，曾国藩日读《朱子全集》，按唐鉴、倭仁“日课”去做，重在反省自己。同时，曾国藩的仕途也一帆风顺。1847 年升内阁学士、礼部侍郎，后遍任兵部、工部、刑部、吏部侍郎。从 1838 年中进士算起，10 年中曾国藩七迁连跃十级，从七品升到了正二品。1852 年因母丧回籍守制。1854 年创建湘军，参与镇压太平天国的军事活动。1861 年湘军攻陷安庆后，曾国藩创办了安庆军械所，制造洋枪洋炮。1862 年任两江总督，加协办大学士衔。1864 年湘军攻陷天京，曾国藩因剿杀太平天国有功赏加太子太保衔，封一等毅勇侯爵。曾国藩一生多病。多年来视力微弱，常患晕眩之症。剿捻无功而回任两江总督之后诸事棘手，心情沮丧，忧思过度，身体愈衰。1869 年又北上出任直隶总督，日理万机，更加劳累过度。1870 年右眼失明，更是雪上加霜。此时清政府派曾国藩处理天津教案①。曾国藩屈从于列强压力，完全满足了法国侵略者的要求。一时间，全国舆论哗然，朝野皆指责曾国藩是汉奸、卖国贼。这令曾国藩深感难堪，倍加寒心。1870 年冬曾国藩在一片咒骂声中离开北京，回到南京，第三次就任两江总督。由于重病缠身，加上长期精神抑郁，1872 年 3 月 20 日曾国藩在南京病逝。朝廷得知曾国藩病死任上，遂辍朝三月，追赠他为太傅，溢以文正。他的著作汇编为《曾文正公全集》。

思想脉络

曾国藩的法律思想受程朱理学的深刻影响，一方面，主张以“诚”待礼，忠实于封建纲常礼教，加强统治阶级内部的团结，共同反对太平天国农民起义；缓和与外国列强的矛盾，妥协退让，乃至投降。另一方面，用严刑为手段，坚决镇压违礼乱法的行为。

---

① 1860 年《北京条约》签订后，法国天主教传教士开始在天津望海楼修建教堂。为显示其慈善、文明，还开办了仁慈堂，收养弃婴和孤儿。但是该堂在 1870 年不断发生婴儿失踪、死亡等事件，于是天津人民与法国传教士发生了冲突。法国传教士向中国的官吏与群众开枪，致一人死亡。天津人民奋起反抗，打死了包括法国驻天津领事丰大业在内的 20 余人，并焚毁法国领事馆、望海楼天主教堂及英美传教士开办的四座基督教堂。这就是轰动一时的“天津教案”。该事件完全是法国传教士借传教之名欺压中国百姓所致。案发后，法、英、美列强联合向清政府提出抗议，并集结军舰示威。清政府于是派当时的直隶总督曾国藩去处理。曾国藩认为，殴毙法国领事，是从来没有的事，“主意不欲与之开衅”，应当归罪于天津人民。他屈从于列强压力，完全满足了法国侵略者的要求，其处理结果是：任意逮捕 80 余名无辜群众，重刑逼供，正法（死刑）30 人，军徒（充军、徒刑）25 人；赔偿教堂器物损失等约白银 50 万两；天津知县、知府革职，发往黑龙江效力赎罪；由清政府派三口通商大臣崇厚出使法国，赔礼道歉。因此，在对天津教案的处理上，曾国藩是以大量的赔款和杀害中国人民来讨好外国传教士的，而对外国传教士在中国土地上杀人犯罪，却不加制裁。为维护清朝的封建统治，曾国藩一味讨好外国侵略者而无视人民权益，损害国家领土完整与司法主权，给国家与民族造成了莫大的耻辱。对这个交涉结果，朝廷人士及民众舆论均甚为不满，朝野上下一片唾骂，就连他的湖南同乡也把湖广会馆夸耀其功名的匾额砸烂焚烧。

壹

一秉于礼

曾国藩以儒家道统的继承人自居，极力鼓吹封建纲常名教和礼治。他强调“三纲之道”是“地维能赖以立，天柱所赖以尊”（《曾文正公全集·喻纪泽》）的圣神不可侵犯的教条，把礼治看作当时的治世良方，公然声称“君臣父子，上下尊卑，秩然如冠履之不可倒置”（《曾文正公全集·讨粤匪檄》）。封建纲常名教是封建宗法等级秩序的总括和封建伦理的最高准则，也是封建法律的基石。曾国藩坚持维护纲常名教，就是坚持固有的封建主义法律的根本原则和思想基础。曾国藩十分推崇礼治，“先王之制礼也，人人纳于轨范之中，自其弱齿，以立制防”（《曾文正公全集·江宁府学记》），主张用传统文化中的礼来阐述和实践其政治抱负。他明确指出“古之君子之所以尽其心养其性者，不可得而见，其修身、齐家、治国、平天下，则一秉乎礼。自其内焉者言之，舍礼无所谓道德；自其外焉者言之，舍礼无所谓政事”（《曾文正公全集·求阙斋笔记》），突出了礼的极端重要性。

曾国藩作为清末著名的理学大师，学术造诣极深，义理思想与经世致用兼容。曾国藩在学术上最为尊崇且钻研最深的是程朱理学，一生以义理之学为标榜，认为在所有的学问中以义理之学最大。他提出了义理的三大主张：第一，“性命并重”观。“性”与“命”是古代哲学上立足于人文主义的两个传统命题，用以阐释天人关系和人伦关系的两个基本范畴。曾国藩从伦常思想的前提出发，将“性”与“命”两个命题并列，认为“性”与“命”不但是立“天、地、人”之才的大本大源，而且是一切阴阳、刚柔、动静、开合以及人的貌、言、视、听、思“五常”的主宰。同时，他将“性”与“仁、义、礼、智、信”联系起来，将“命”作为维系“君臣、父子、兄弟、夫妇、朋友”的纽带。他不仅赋予“性”与“命”鲜明的道德属性，而且赋予它们强烈的政治属性，使之成为维护封建宗法制度与纲常伦理关系的重要思想武器。第二，“格物穷理”说。曾国藩认为，“格物”的目的是“穷理”，即穷“存心之理”，穷“性命”之理，以此维护“仁义礼智”“忠孝敬慈”这一套封建的纲常礼教。同时，他还继承了孟子的“性本善”论，认为“格物穷理”的目的就是为了“复性”，是一种修身进德的手段，其目的是达到“内圣”的境界。第三，“立诚居敬”论。曾国藩认为，“圣学王道”的核心是“诚”①，“诚”为“圣人之本”和“五常之本”，是维系国家和民族命运的纽带。为此，他将“诚”作为一种提高个人自我涵养功夫来看待，并把“居敬”看作是达到“立诚”的一种手段。“敬”的范围很广，既包括一个人外表的严整，又包括一个人内心的专一；既包括一个人处事的严谨，又包括一个人内心的慎独。“立诚居敬”是实现仁义的前提条件，有了仁，就可以“平物我之情，而息天下之争”。

曾国藩将宋明理学的注重内省修身与汉代儒家注重道德实践结合起来，主张“礼治”包括两个方面：一是“以礼自治”。所谓“以礼自治”，就是用“礼”召唤志同道合者，在“四方多难，纲纪紊乱”之际，“克己而爱人，去伪而崇拙”，极力主张封建主义的自我牺牲精神，强调克己复礼，甚至在必要的时候应去捐生、卖命。谨守封建伦常与法纪，互相规劝，同心协力，团结一致对付农民起义，维护封建社会秩序和纲常礼教，挽救清王朝的危亡。二是“以礼治人”。所谓“以礼治人”，就是针对人们心中“礼”的观念日趋淡薄的现象，力图把人民群众的一言一行纳入“礼治”的轨道。用礼来“辟异端”，正纲纪，强迫人民接受礼的统治。

曾国藩认为，“礼”必须与“仁”为表里，传统儒学的精髓是“仁”。他称：“孔门教人，莫大于求仁。”（《曾文正公全集·日课四条》）仁与礼，一内一外，互相配合，“盖圣王所以平物我之情，而息天下之争，内之莫大于仁，外之莫急于礼”（《曾文正公全集·王船山遗书序》）。所谓仁，即“恕以待人”，就是凡事都要留有余地，宽以待人。曾国藩提倡的“礼”，源于中国传统文化中的儒学，由孔子所阐发经历代王朝不断发展和强化。“礼”被

① 《曾文正公全集·复贺耦庚中丞》：“窃以为天地之所以不息，国之所以立，贤人德业之所以可大、可久，皆诚为之也。故曰：诚者，物之始终，不诚无物。”

认为是别尊卑，明贵贱，区分上下、亲疏、长幼的等级差别。在古代，对有关君臣父子、文武百僚、庶民百姓等，礼的规定都非常严格。礼成为一种维护宗法等级制度的社会秩序和道德规范。儒家讲“礼”，强调“君使臣以礼，臣事君以忠”(《论语·八佾》)，君子学礼不越轨，小人学礼要安分，使人们自觉地接受封建等级制度的约束。礼学是曾国藩治学的价值坐标，展开学问的切入点，兼采汉学的重要途径。他以礼学沟通汉、宋，既接续汉学家的礼学论题，又在礼学中融入宋学思想。他重视礼教，但没有将礼学化为礼教，而是将礼学与儒家仁义学说统一起来，主张在俭朴的基础上发扬儒家的礼仪。

然而，面对西方文化的挑战，在道光、咸丰年间封建传统文化日益衰败的局势下，很难发挥礼的作用。事实上，封建专制政体不可能照老样子发展下去，传统儒学也不能照搬发挥作用。恢复规范统治秩序，再现文化辉煌是当时学术所急于呼唤的。曾国藩在当时明确认识到，解决时世艰难只是问题的一个方面，更重要的是要重建社会秩序，使社会重新归于礼。他认识到，礼的外延包括了义理和经济，礼既是一种学术，也是一种政术。

在晚清中国社会出现“数千年未有之大变局”的时代背景下，曾国藩认为，高谈理性的义理之学必须以讲求实用的经世致用思想为补充才能更好地发挥作用，因而他将姚鼐的“义理、考据、辞章”三门之学发展为四门之学，指出：“为学之术有四：曰义理，曰考据，曰辞章，曰经济。”曾国藩将学术一分为四，把义理摆在独尊一统位置的同时，也大大地提高了经世致用的学术地位。他从理学家的立场出发，将经世实学融入义理之内，认为义理与经济是体与用、内与外、德与功的关系，强调经济存在于义理之中，并在义理之中发挥积极的作用。

曾国藩在坚持以义理为主体的前提下，大力提倡经济之学。在他看来，经济必须以义理为本，而义理又离不开经济。他不仅坚持了程朱理学的基本要义，而且为程朱理学增添了经世致用的思想，使义理之学焕发出新活力。曾国藩前期的经世思想具体表现在三个方面：其一，主张选贤任能，整顿吏治。清代后期政治黑暗的突出表现之一就是吏治腐败。他曾痛批当时的官场："京官办事通病有二：曰退缩，曰琐屑。外官办事通病有二：曰敷衍，曰颟顸。"（《曾文正公全集·曾文正公奏稿》）他以勤、恕、廉、明作为衡量人才的标准："勤以治事，恕以待人，廉以服众，明以应物。四字俱全，可为名将，可为好官。"（《曾文正公全集·杂著·忠勤》）其二，主张经济改革，减轻百姓负担。鸦片战争前后，清朝危机四伏。曾国藩为此于1851年12月接连上奏，提出"银价太贵，银钱难纳"的问题。为了稳定银钱比价，他提出一切以钱起数，使银从钱的建议，在一定程度上利于减轻农民负担，缓冲阶级矛盾。其三，主张裁兵节饷，加强军备。在镇压太平天国运动时，曾国藩一针见血地指出："天下之患有二端，一曰国用不足，一曰兵伍不精。"富国强兵，既可以平息农民起义，又可提高国家的国际地位。

贰

严行法制，振之以猛

在治国理念上，曾国藩不但崇尚礼治，而且十分重视法制在维护封建统治中的作用。概括起来，其法制思想主要包括以下几个方面。

1. **重视法制，严格执法。**曾国藩认为，要天下真正大治，除礼治之外，得依靠法制的威力，做到有法必行，对犯罪行为不能任意赦免。他认为，凡立一法、出一令，期在必行。若待而不行，而后更改，则不如不轻议法令为好。既然有法必行，故不得任意赦免，因为"多赦不可以治民，溺爱不可以治家，宽纵不可以治军"（《曾文正公全集·杂著·赦》）。而与赦免相关的赎罚，也应当严禁。为此，他要求各地方官吏"专札通饬各属，于词讼罚捐，概行停止"。对于所犯之罚，不能赦，也不能赎，用法一律从严。

2. **执法从严。**曾国藩相当推崇法家的严刑主张，认为这是历史上圣君贤相用以惩恶安良的好做法。尤其在发生农民起义时，则强调要兼用申韩之术、管商之法，“振之以猛”。他提出，子产、诸葛亮、王猛“皆用严刑，以致乂安”，主张用严刑峻法和血腥屠杀扑灭农民起义。对造反之人要“一意残忍”(《曾文正公全集·严办土匪以靖地方折》)，“若非严刑峻法，痛加诛戮”，就不得“折其不逞之志，而销其逆乱之萌”(《曾文正公全集·与徐玉山太守》)。力用重典，以除强暴，安民救世。早在湖南办团练时，他针对各地的农民起义宣称“世风浇薄，人人各挟不靖之志。稍待之以宽仁，愈嚣然自肆”。多数人认为曾国藩是镇压人民革命的刽子手，并赠予他“曾剃头”的绰号形容他杀人如剃头的残忍与严酷。这一点确为事实。他宣称“乱世用重典”，指示官吏“捕人要多，杀人要快”，“不必拘守常例”，俘获太平军官兵“一律斩剃无遗”。即便是他自己晚年对自己一生“以杀人为业”也深有感慨，他给儿子曾纪泽的信中说：“尔等长大之后，切不可涉功兵间，此事难于见功，易于造孽。余久处行间，日日如坐针毡。”

3. **任法不如任人**。曾国藩认为，“法待人而举，苟非其人，虽则前贤良法，或易启弊端”(《曾文正公全集·奏稿卷三六》)。清朝“六部之法可谓多矣，而书吏之弊更多”。他指责当时的官吏办事拖沓，有四大通病：一为互相推诿，不肯承担责任；二为不顾大体，斤斤计较；三为敷衍搪塞，应付了事；四为粉饰门面，金玉其表，败絮其中。因此，任法和任人比较，“任法不如任人”(《曾文正公全集·批牍卷五》)，从而将事物的成败得失都归于用人之上。第一，重用贤人。贤人要做到：一是要公明。在曾国藩看来，如果官员“心不公明，则虽有良法百条，行之全失其本意；心诚公明，则法所未备者，临时可增新法，以期便民”(《曾文正公全集·批牍卷三》)。二是要便民，即造福民众，让民众得到益处。避免是非不分、黑白混淆的现象出现，避免出现冤狱与累讼。冤狱多，案子连年不决，必然导致民穷财尽，怨声载道。为此，曾国藩还亲自给直隶各级官吏规定了审理案件的“躬亲六事”。第二，广收慎用。曾国藩认为，用人要不拘一格，不求全才，只要有一技之长，就要发挥他的作用。用人还要做到知人善用，根据各人的特点，用人所长，量才而用。第三，勤教严绳。曾国藩认为，社会风气对人才成长具有十分重要的影响作用，因此，他大力提倡引用正人，主张培养“有师长课督之风，有父兄期望之意”的人才。在培养人才的方法上，他强调要严格要求，不姑息，不迁就，不放纵。只有这样，才能造就一代济世人才。

4. 杜绝冤狱累讼，清除积案。曾国藩认为，“一家久讼，十家破产；一人沉冤，百人含痛。往往有纤小之案，累年不结，颠倒黑白，老死囹圄，令人闻之发指”(《曾文正公全集·奏稿一·陈民间痛苦疏》)。冤狱太多，民气难伸；累讼已久，劳民伤财。曾国藩主张采纳以下措施：

(1)严禁私自关押犯人。曾国藩曾出榜晓示官吏与百姓，关押人犯、证人，本州县必须及时立牌告知，注明日期。而到弄清情况予以释放时，也须及时立牌晓示，使众人周知。“如有示内无名，及已登注开释，原差仍行私押者，准该家属人等喊察，以凭严究，特示。”(《曾文正公全集·杂著四·禁止私押告示式》)

(2)传达司法公文从速，不准拖沓，提高办案效率。各级官吏应以勤为本：放告之期，亲自收状；能断案者立即断结，不能断案者交幕僚拟批；差票传人，亲自删减；人命和盗案，亲自勘验，愈速愈妙；承审限期，亲自计算时日；监禁关押之犯，当常看视，上报情形，亲自经理。曾国藩主张将处理公事的勤惰作为考察官吏贤虐的重要依据。如有怠惰偷安，不肯亲自办理者，记过示惩。

(3)创设“四种四柱”案件呈报制度。“四种”是指有关积案、监禁、关押方面的旧管、新收、开初、实在四种类型。以积案为例，“上月控告为旧管，本月控告为新收，审结、和息、注销者为开除，未结者为实在”。“四柱”是指有关逸犯(逃犯)方面的旧逸、新逸、已获、在逃四种类型。州县于每月初一、二、三等日，办齐“四种四柱册”，及时上报到省，由院司装订成册在官厅公示，“令大众阅看，其未报者，及报而不实者，立予记过”。

(4)规定案件审结的具体期限。州县地方能处理的案件，一般不超过二十日；需上报省城、京城的上控、京控案件，地方一审期限不得超过三个月。对于过去一直未结的旧案,"首府谳局限半年,外府州县限三个月,将同治七年腊月以前各案一律清理,系属分内必应速办之事,仰即分饬承审各衙门,并首府局员遵依定限,赶紧讯断拟议完结"(《曾文正公全集·直隶清讼期限功过章程》)。对于危害大、影响广的重大命案,更应及时处理。其审理时间比寻常命案更短,体现从快从速原则,以起惩戒和警示作用。

5. 用法律保障国家财政收入,维护所有者的权益。曾国藩认为,国家税务的征收必须制度化和法律化,做到奖惩分明,使财产所有者的权益能够得到法律的有力保障。他主张用"严刑重责"强迫人民交粮纳税。他饬令各州县加紧催征,如拖欠者,"三日一比,严刑重责,幽之图圄之中,治以军流之罪";如有人"倡为莠言,谓世界已乱,不完粮者,一经拿获,即行正法"(《曾文正公全集·杂著六·催完钱粮告示》)。三天进行一次拖欠罪的审判,严惩抗征户,以重刑威慑民众。

6. 反对军队经商。曾国藩认为,盐是百姓生活中的必需品,因此,军队不能贩卖私盐,任何人不能对此进行包庇或从中渔利,否则,国家正常的社会秩序就会被打乱。主张严惩走私盐贩:"苟无单而贩私,即按律而科罪,此杜私之略也。"(《曾文正公全集·奏稿卷二十》)

曾国藩从各方面要求谨慎执法、注意狱讼,是因为执法治狱关系到人民的生命财产与社会治安。所以,执法不仅要严,而且必须慎重。

— 叁 —

筹办洋务,守定和议

19世纪以来,中国的内忧外患日益加深。曾国藩在西力东渐、西学东渐的背景下,对时局的认识不断深化,他倡导洋务运动,"西学为用",并在中外交涉方面,提出了"礼让为国""守定和议"的主张。

1. 西学为用。为了兴办洋务,曾国藩聘请洋人在江南制造总局内设立了翻译馆，创办了技术学校，并奏派幼童出国留学。引进西方先进的科学技术，培养了一批技术骨干力量，力图用西方的坚船利炮把清朝军队武装起来，近“可以剿发逆”，镇压太平天国农民起义；远“可以助远谋”，促使国家富强，以夷制夷，抵御外侮。在国力衰弱、内外交困的情势下，以求得一个对内改革（内修政事）、对外开放（外师夷智）的自强环境，从而达到转弱为强、反败为胜的目的，这有一定的历史合理性，不能一概否定。

2. 诚信和戎。曾国藩在处理对外事务方面，要求“遵守和约”。他认为，中外交涉事件，条约是国家法律意志的具体体现，因此，签约双方都必须严格遵守，严格遵照条约中的规定来执行。对 1842 年签订的中英《南京条约》，他认为是“使夷人从此永不犯边，四海安然如故，则以大事小，乐天之道，孰不为上策哉”，抱定“守定和议，绝无更改，必能中外相安”的信念，并将此之类的不平等条约要求任何时候都必须遵守。也就是事端纷纷，总以条约为凭，大事苦争，小事放松，不失信于外人。但事实上，曾国藩未完全坚持这一立场。对于外国人侵犯中国权利，往往惩罚中国人，而让外国人逍遥法外。洋人的任意游历、通商，便是最好的明证，天津教案是又一例证。

影响评价

曾国藩是近代中国一位颇有争议而引人注目的人物，人们对他的评价可谓天壤之别、毁誉参半。曾国藩辞世，他的弟子李鸿章写给自己老师的挽联为：“师事近三十年，薪尽火传，筑室忝为门生长；威名震九万里，内安外攘，旷代难逢天下才。”曾国藩是洋务运动的发起者，他把向西方学习由思想主张变为大规模的实际行动，迈开了中国近代化进程中具有重要意义的一步。他创立安庆内军械所、江南制造总局，设立翻译馆，奏派幼童出国留学等举措，在一定程度上促进了中国科学技术的发展和教育近代化的进程，为中国近代工业的发展奠定了一定的基础。他的这些历史功绩应该予以肯定。曾国藩所选择的传统道德观念、价值尺度和行为方式，在当时很大一部分封建士大夫乃至一般民众中，仍然有着固有的影响力，并延伸至今。尽管其思想有消极的一面，但其中蕴含的积极成分仍可为现今的人们提供借鉴，尤其是一本《曾国藩家书》，让人手不释卷，百读不厌。

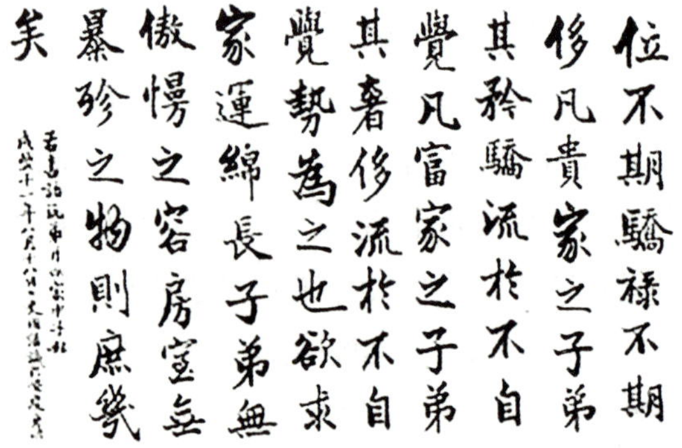

•曾国藩手书

张之洞

中体西用　法律经术

核心要旨

如何评说『洋务派』的历史功过？

如何理解『中体西用』的内容和用意？

如何采西法以整顿中法？

『经术法律』怎样互为表里？

为何说张之洞是守旧布新的学者型官员？

甲午战争爆发，洋务运动破产。洋务派巨头曾国藩、左宗棠、奕䜣、李鸿章、刘坤一等于八国联军之战前后相继死去，未能赶上20世纪初的法律改革。张之洞是最后一个洋务派领袖，他在保守派与改良派轮番攻击下坚守并提炼升华洋务派的理论，从而成为洋务派中最有影响的人物。

人生历程

张之洞（1837～1909年），字孝达，号香涛，别号壶公、抱冰，直隶南皮（今河北南皮）人。他出生在贵州兴义府一个仕宦家庭，其父张瑛任兴义（今安龙）知府。他博闻强识，文才出众，咸丰二年（1852年）回原籍直隶应顺天府乡试，名列榜首（解元）；同治二年（1863年）中进士，经殿试对策，钦点一甲三名（探花），授翰林院编修。1867～1873年任湖北学政。1874年起任四川学政。光绪七年（1881年）出任山西巡抚，为任封疆大吏之始，以后政治态度一变，大力从事洋务活动，成为后期洋务派的主要代表人物。1883年中法战争爆发，因力主抗法，任两广总督。同时，在广东筹建官办新式企业，设立枪弹厂、铁厂、枪炮厂、铸钱厂、机器织布局、矿务局等；以新式装备和操法练兵，设广东水陆师学堂。1889 年调任湖广总督。以后 18 年，除两度暂署两江总督外，一直久于此任。他将在广东向外国订购的机器移设湖北，建立湖北铁路局、湖北枪炮厂、湖北纺织官局。并开办大冶铁矿、内河船运和电讯事业，力促兴筑芦汉、粤汉、川汉等铁路。1894～1895 年署督两江时，仿德国营制，在江宁（今江苏南京）筹练江南自强军，后又以之为基础在湖北编练新军。为培养洋务人才，尤注重广办学校，在鄂、苏两地设武备、农工商、铁路、方言、普通教育、师范等类新式学堂，并多次派遣学生赴日、英、法、德等国留学。在举办洋务事业中，还大量举借外债，是为中国地方政府直接向外国订约借款之先。在湖广、两江总督任上，张之洞颇得一部分具有维新思想的知识分子好感，并任用其中一些人充当幕僚。戊戌变法时期，起先以支持维新活动的面目出现。1895 年秋京师强学会成立时，捐金五千为助；未几上海强学分会成立，被推为会长，并派旧属汪康年助办《时务报》；同时对湖南南学会和《湘学新报》亦颇表赞助。但当维新运动日益发展、新旧斗争渐趋激化后，即表明与维新派的分歧，登报声明自除会长之名，对《时务报》的进步言论大加干涉，并严斥积极支持变法维新的湖南巡抚陈宝箴、学政徐仁铸等。1898 年 4 月撰《劝学篇》，提出“中学为体，西学为用”，维护封建纲常，宣传洋务主张，攻击维新思想，反对变法运动。1900 年义和团运动爆发后，主张“安内乃可攘外”，多次上书清廷，要求对义和团严加镇压。是年夏，八国联军进逼京津，清政府对外宣战，乃于地方拥兵自重，并在英国策动下，与两江总督刘坤一、两广总督李鸿章联络东南各省督抚，同外国驻上海领事订立《东南互保章程》九条，规定上海租界由各国共同“保护”，长江及苏杭内地治安秩序由各省督抚负责。同年 8 月在汉口通过英国领事，破获设于英租界的自立军机关，捕杀唐才常等人。随后又在鄂、湘、皖镇压了由维新派唐才常、林圭、秦力山等联络长江中下游哥老会发动的自立军起义。光绪二十七年（1901 年）清政府宣布实行“新政”，设督办政务处，命张之洞以湖广总督兼参预政务大臣。旋与刘坤一联衔合上“江楚会奏变法三折”(《变通政治人才为先遵旨筹议折》《遵旨筹议变法谨拟整顿中法十二条折》《遵旨筹议变法谨拟用西法十一条折》),提出“兴学育才”、调整中法、采用西法的具体意见,为“新政”活动的重要蓝本。1902 年同袁世凯一起保举沈家本、伍廷芳为修律大臣。1903 年,会同管理学务大臣商办学务,仿照日本学制拟定“癸卯学制”(1903 年经修改重颁的《奏定学堂章程》),在全国首采近代教育体制。1905 年后,资产阶级革命运动兴起,在东南地区破坏革命组织,镇压革命派领导的武装起义,因此,受到社会进步舆论的强烈谴责。光绪三十三年(1907 年)奉召入京,升任军机大臣、体仁阁大学士,同时兼任理学部大臣。对沈家本所编《刑事民事诉讼法》《大清新刑律草案》进行驳议。1908 年清政府决定将全国铁路收归国有,受任督办粤汉铁路大臣,旋兼督办鄂境川汉铁路大臣。光绪帝和慈禧太后死后,以顾命重臣晋太子太保。宣统元年(1909 年)病故,被清廷追谥“文襄”。主要著作有《张文襄公全集》。

思想脉络

张之洞以办实业的方式,首开切实学习西方之风,并提出了学习西方的原则、方法、内容和禁忌,在此运作中,西方器物文化涌入国门,向中国传统文化进行渗透。

壹

中学为体,西学为用

在戊戌年,变法已经是迫在眉睫,但关键是如何设计变法。保守的顽固派立场已不可取,“变”已势在必行,但颇显激进的维新派立场是否可取?远在第一次鸦片战争期间,地主阶级改革派林则徐、龚自珍、魏源等人就提出过“睁开眼睛看世界”“师夷之长技以制夷”的主张。早期洋务派曾国藩、李鸿章、奕䜣等，在镇压太平天国农民起义中接过这个口号，提出“师夷之长技以造船制炮”，兴起了近代史上的洋务运动。到了19世纪90年代，由于中日甲午战争战败的刺激、洋务运动的破产，资产阶级改良主义思潮盛行。面对变法中对立的顽固派与维新派，张之洞有着沉重的危机意识，他对那个时代的基本认识是：“今日之世变，岂特春秋所未有，抑秦汉以至元明所未有也。语其祸，则共工之狂，辛有之痛，不足喻也。”(《张文襄公全集》卷二〇二)中国面临着前所未有的危机。正是这种危机感，使张之洞“知惧”，害怕像印度、越南、缅甸、朝鲜、埃及那样沦为西方的殖民地而亡国灭种。于是，中国到了不得不变的地步。这就必须解决三个问题：

一是如何变？即变的方式是什么？张之洞认为变的方式是向富强的西方学习，除此之外，别无二途。“迨去古益远，旧弊日滋，而旧法旧学精意渐失。今日五洲大通，于是相形见绌矣。”(《劝学篇·益智》)“今欲强中国存中学，则不得不讲西学。”(《劝学篇·循序》)

二是变什么？即变的内容是什么？张之洞认为：“不变其习不能变法，不变其法不能变器。”向西方学习的关键在于“知要”，“西艺非要，西政为要”，西政包括“学校、地理、度支、赋税、武备、律例、劝工、通商”，“西政之刑狱立法最善”。由此，可以看到，法律在张之洞那里，只是作为西政的一个最重要的方面，被用来解决中国深重的民族危机的。

三是变应坚持的原则是什么？即变必须有分寸，有额度，有章法。学习西学，“不先以中学固其根柢，端其识趣，则强者为乱首，弱者为人奴，其祸更烈于不通西学者矣”(《劝学篇·循序》)。张之洞认为：“世运之明晦，人才之盛衰，其表在政，其里在学。”(《劝学篇·循序》)为此，他系统总结了自己的洋务实践，选择了“极高明而道中庸”的路线，全面论述了“中学为体，西学为用”的命题，并使之成为洋务派的思想武器。

最早表述“中学为体，西学为用”这一命题的并不是张之洞。冯桂芬《校邠庐抗议》就有“以中国之伦常名教为原本，辅以诸国富强之术”的主张。1896年沈秉康在《万国公报》发表《匡时策》一文，提出：“中西学问，本自互有得失，为华人计，宜以中学为体，西学为用。”此后“中学为体，西学为用”广为流传，被普遍使用。张之洞于1898年撰写《劝学篇》，全面阐述了“中学为体，西学为用”的思想。张之洞指出“旧者不知通，新者不知本。不知通则无应敌制变之术，不知本则有非薄名教之心”。因此，他的劝学篇就是“内篇务本，以正人心，外篇务通，以开风气”。张之洞的所谓“中学”，是指以孔孟之道为核心，维护三纲五常的儒家学说，也就是曾国藩、李鸿章等所说的“道”。所谓“体”，就是“道”，“道者所以立本也，不可不一”。由此看来，“体”和“道”是内在的、根本的、实质的、形而上的，起决定性作用的。[①] 这个“体”和“道”，是根本，因而就不能变、不可变和不许变，是应该始终不渝地坚持的。因为：其一，在长达数千年的历史中，支撑中国社会的基本准则就是三纲五常，在人们的思维中没有出现过其他的观念。其二，中国社会按照三纲五常原则治理天下，在历史上获得了极大的成功。在《劝学篇·教忠》中，张之洞列举了清朝的十五大仁政，并充满自信地宣称：“试考中史二千年之内，西史五十年以前，其国政有如此之宽仁忠厚者乎？中国虽不富强，然天下之人，无论富贵贫贱皆得俯仰宽然，有以自乐其生；西国国势虽盛，而小民之愁苦怨毒者郁遏未伸，待机而发，以故弑君刺相之事岁不绝书，固知其政事亦必有不如我中国者矣。”其三，圣人制礼，动缘民情，则天象地。三纲五常是以民情或人之本性为基础产生的。这种民情或人性是具有人类共性的。为什么“中体”不能变？“中学为内学”，“中学治身心”（《劝学篇外篇·会通第十三》），因为“中体”是优良的，是用来培养传承中国文化的中国人的，这一点比什么都重要。不坚持这一点，国家就会改变性质、改变颜色，一个古老的文明国家就没有了立足之本。因为，即使这样的变革成功了，国家富强了，但受

① 《劝学篇·序》：“夫所谓道本者，三纲四维是也，若并此弃之，法未行而大乱作矣；若守此不失，虽孔孟复生，岂有议变法之非者哉。”《劝学篇·明纲》：“君为臣纲，父为子纲，夫为妻纲……亲亲也，尊尊也，长长也，男女有别，此其不可得与民变革者也。五伦之要，百行之原，相传数千年更无异义。圣人所以为圣人，中国所以为中国，实在于此。”

益者不是本土的中国人，这种变是不会让人接受的。那么能变的又是什么？那就是曾国藩、李鸿章等所说的“器”。就是指火炮、战舰等器物。不过张之洞并不拘泥于旧说，他对其前辈的不变之“道”和可变之“器”都进行了具体的分析和发展。他指出：“夫不可变者，伦纪也，非法制也；圣道也，非器械也；心术也，非工艺也。”即“变器不变道”。他所作的发展和贡献，主要在于把“法制”划入了可变之列，并且声称：“法者所以适变也，不必尽同。”(《劝学篇外篇·变法》)但他说的法或法制并不包括封建法律制度的原则、精神和基本内容。张之洞认为，“西学为外学”，“西学应世事”。西学是用来办事的，办事是可以效仿西方的，特使用来对付西方的。所谓“西学为用”，“用”是权宜，西学要“为我所需”“为我所用”，即按照“我”的取舍标准，拿来为我服务的。其不能与为“体”的“中学”相冲突，相矛盾。将一个事物的“体”与“用”“被迫断裂”，表明了张之洞在思想上处于一种痛楚和无奈的状态。但为了减少变的阻力，使变在不知不觉中顺利完成，这种“断裂”也许不失为知时务的明智之举。

其实从《劝学篇》中，我们可以看到张之洞采用了两种策略：一种是会通，即将中西文化那些相同点结合起来，将西学中那些类似于中学之处，视为西学受中学影响的结果，从而有利地支撑了中学的本位思想；另一种是本末体用思想，这种思想是用来解决中西文化的差异之处。通过“体”“用”的分离，把西学明确的局限于“用”(功能)的范围内。这样中学与西学似乎可以“井水不犯河水”，各就其位，各司其职，实现了双重价值尺度的互容性。《劝学篇》或许并不只是张之洞单纯的明哲保身之作，它还体现着以张之洞为代表的儒家士大夫在面对西方强势挑战时所做出的智识上的挣扎。张之洞的政治手腕并不仅仅体现在维持自身权势上，还体现在如何“变”：历史的经验是任何变法都不能过于激进。张之洞懂得中国到了不得不变的时候，但问题是“变”有其章法，“变”必须要妥协，否则结局必然是失败。《劝学篇》提供的，正是这样一条折中妥协之途。或许正是基于这一点，1900 年美国纽约出版的本书的英译本题名为《中国唯一的希望》。“中体西用”，张之洞不是这一概念的第一阐释者，但却是最系统也是最有影响的阐释者。在那些激进的维新派以及后来更为彻底的革命者那里，“中体西用”被视为保守固陋而遭到无情的批判。比如，严复认为，《劝学篇》的“中体西用”论是“盗西法之虚声，而沿中土之实弊”。但在中西初相遇的背景中，这却是本能上能够做出的、唯一在心理上可被接受的、在实践上可被操作的选择。而即使是这种接受和实践，也是建立在沉痛的思维挣扎的基础上的。

但问题是，西学中还有诸多的内容是中学所没有的，这又该如何解决？张之洞指出，“万世之巧，圣人不能尽泄；万世之变，圣人不能预知……中学为内学，西学为外学；中学治身心，西学应世事。不必尽索之于经文，而必无悖于经义。如其心圣人之心，行圣人之行，以孝悌忠信为德，以尊主庇民为政，虽朝运契机，夕驰铁路，无害为圣人之徒也”（《劝学篇外篇·会通第十三》）。儒家经典虽奥义精深、广统万物，但于“技”“器”方面却不能完全涵盖。因此，对于西方的奇技淫巧，只要其切合儒家精义，就可以为中国所用。

1898 年 7 月 25 日，光绪于变法的微妙时刻，“详加批览”由黄绍其进呈的张之洞所著《劝学篇》，认为其“持论平正通达，于学术人心大有裨益”，于是以圣喻形式下令军机处颁发诸省督抚、学政各一部，要求他们“广为刊布，实力劝导，以重名教而杜卮言”。一时之间，《劝学篇》“挟朝廷之力以行之，不胫而遍于海内”，成为清末官方认可的国家的指导思想。这大致足以表明《劝学篇》在戊戌年的地位。《劝学篇》这种兼容并蓄的特征同时得到帝、后两党的认可，张之洞也因此在戊戌年左右逢源，并在之后数年间达至政治生活的巅峰，成为清末新政的主角。

贰

整顿中法，采用西法

张之洞认为，就现实情况而言，清王朝旧有的法律已经不能应付“世变”，其亟待改进。[①]变器先变法，法制是可以变的。

在清末修律正式开始之前，张之洞就主张“择西学之可以补我阙者用之，西政之可以起吾疾者取之”，他认为这样做是“有其益而无其害”。张之洞认为，在不违反纲常礼教的前提下，“鉴前事之失，破迂谬之说。将采西法以补中法之不足”。但是“西法”中一切先进的东西，他又是反对的。如反对民权与男女平等，宣称“民权之说，无一益而有百害”，“民权之说一倡，愚民必喜，乱民必作，纪纲不行，大乱四起”。“知君臣之纲，则民权之说不可行也；知父子之纲，则父子同罪免丧废祀之说不可行也；知夫妇之纲，则男女平权之说不可行也。”（《劝学篇·明纲》）又如，反对罪刑法定，坚持援引比附；反对司法上的独立，坚持行政兼理司法；反对律师制和陪审制，等等。张之洞在《江楚会奏变法三折》中，提出了“采西法以补中法之不足”“浑化中西之见”的主张，其内容主要体现在以下两个方面：

1.**整顿中法**。主要为改革刑狱。张之洞在1901年所奏的《遵旨筹议变法谨拟整顿中法十二条折》中第七项“恤刑狱”指出：“州县有司，政事过繁，文法过密，经费过绌，而实心爱民者不多，于是滥刑株累之酷，囹圄凌虐之弊，往往而有，虽有良吏，不过随时消息，终不能尽挽颓风，外国人来华者，往往亲入州县之监狱，旁观州县之问案，疾首蹙额，讥为贱视人类，驱民入教。”为此，酌拟关于刑法改革的9条意见：（1）“禁讼累”，革除差役，裁去吏役，禁止滥索讼费；（2）“省文法”，减省诉讼中繁文缛节，宽减例处形式要件要求太严的弊病，案情要早报、实报，以杜绝拖延命案、讳饰盗案之事；（3）“省刑责”，除命案盗案证据确凿而不肯供认者准其刑吓外，凡初次讯供时及牵连人证断不准轻加刑责，笞杖等罪应由地方官体察情形，酌量改为羁禁数日或数旬，不得凌虐久系；（4）“重众证”，重证据轻口供，将“案以供定”改为“案以证定”，除死罪必须有输服供词外，其军流以下诸罪，只要众证确凿，证人公正可信，经上司复核无疑，即可按律定

① 《张文襄公全集·卷三七》：“从前旧法，自不能不量加变易。东西各国政法，可采者亦多，取其所长，补我所短，揆时度势，诚不可缓。”

拟，奏咨立案；(5)“修监羁”，改良监狱的条件和管理措施，禁止凌虐罪犯；(6)“教工艺”，在监狱附近建工艺房，以便让释放者有谋生改行的场所，禁系者亦可自给衣履；(7)“恤相验”，州县就地筹款，以供勘验命案所用，官吏勘验命案必须“轻骑简从，不准纵扰”，违者严参；(8)“改罚锾”，扩大罚金和纳赎的范围，民事案件乃至轻微刑事案件，皆可缴银赎罪；(9)“派专官”，令各地同知、通判专门主管监狱，定期检查，定期将实情呈报督抚。总而言之，“去差役则讼累可免除，宽文法则命盗少讳饰，省刑责则廉耻可培养，重众证则无辜少拖毙，修监羁则民命可多全，教工艺则盗贼可稀少，筹验费则乡民免科派，改罚锾则民俗可渐敦，设专官则狱囚受实惠”。以上各项虽然对封建制度的根本实质毫无触动，但毕竟或多或少地吸收了西方的某些东西，其中“省刑责”“改罚锾”“修监羁”，显然参照了西法。

2.采用西法。采用西方保护工商之法，以促办洋务和协调中外资本家的利益。他与刘坤一合奏的《遵旨筹议变法谨拟用西法十一条折》就此提出了具体的措施，并指出了采用西法的理由：西方列强的政体学术，经历了数百年的研究、数千人的修改，确系精良，且能相互仿效，故成效显著，学习西法可以使中国由弱变强。张之洞还十分重视西律中的“公法学”，这是在办洋务过程中与西方各国打交道时经常遇到的课题。对此，他提出两条建议：第一，参酌中外法律，制定“通商律例”，作为处理在华外国人案件的法律根据；第二，培养熟悉中外法律的人才，以适应这种需要。后来，张之洞还主张清政府聘请各国律师，博采各国矿务律、铁路律、商务律、刑律等，为中国编撰简明矿律、路律、商律、交涉刑律。制定矿律、路律，一是抵制外人攘利夺权，二是有利于国内治安。制定商律，使华商有恃无恐，贩运大公司、制造大工厂可建立，假冒洋行可杜绝。制定交涉刑律，使华人、西人所办之罪、所依之法有同一认定的依据。总而言之，制定此四律是“兴利之先资”，“防害之要”。

张之洞认为：“立国之道，大要有三：一曰治，二曰富，三曰强。国既治，则贫弱者可以求富强。国不治，则富强者亦必转为贫弱。整顿中法者，所以为治之具也；采用西法者，所以为富强之谋也。”（《张文襄公全集·江楚会奏变法三折》）“整顿中法”是为了国家安定，“采用西法”是为了国家富强，二者的针对性与重要性是有差别的。

— 叁 —

法律经术，相为表里

在张之洞那里，法律只是治理社会的一种工具，在他那个特定的时代，法律或者只是中国摆脱民族危机、达致国家富强的手段。张之洞认为法律是统治者手中的重要工具，法律的作用在于强制民众服从统治秩序。

张之洞指出：“盖法律之设，所以纳民于轨物之中，而法律本原实与经术相表里，其最著者为亲亲之义、男女之别，天经地义，万古不刊。”（《张文襄公全集》卷三七）中国传统法律的特质，是“法律本原实与经术相表里”。“经术”即四书五经中的纲常名教，它是全部法律的“精义”之所在。法律是“表”，即形式，经术才是“里”，即内容。形式由内容决定并为内容服务，因此，法律受经术决定并为经术服务。而“亲亲之义，男女之别”是经术中最突出的，是“天经地义，万古不刊”的常轨。法律必须为这个“常轨”即纲常名教服务，强迫民众在纲常名教的“常轨”内作为和不作为，乖乖地接受封建统治。

在张之洞看来，“三纲为中国神圣相传之圣教，礼政之原本，人禽之大防”（《劝学篇·序》），是封建统治的根本。包括法律在内的一切封建上层建筑，都不能离开这个根本，都必须贯彻这个原则。虽然，他有时也说法律要因时而变，但强调包藏在法律中的“经术”即纲常名教和统治方法万不可变。当时，在法律领域的斗争中，《大清律例》已成为众矢之的，连封建士大夫之中的有识之士，也主张修律。张之洞也承认旧法不足以“世变”，“自不能不量加变易”，可是他主张的“变易”，在法制上的可变度是微乎其微的，法律的体例、形式和某些具体条款是可以变的，法律的精神、原则和实质性内容的规定是不能变的。他对封建法典的集大成者——《大清律例》大加赞赏[①]：一口气连数《大清律例》十大好处，历代善法良法非清朝法制莫属。

1906年，清廷下诏立宪，改法修律。张之洞认为："今日修订法律，自应博采东西诸国律法，详加参酌，从速厘订，而仍求合于国家政教大纲，方为妥善办法。"(《会奏改正刑律草案折》)令沈家本等人起草了一个《新编刑事民事诉讼法》，基本上仍然维护封建纲常伦理，但张之洞却认为"乖违"了中法的"本原"，指责该法"父子必异财，兄弟必析产，夫妇必分资，甚至妇人女子责令到堂作证，袭西俗财产之制，坏中国名教之防，启男女平等之风，悖圣贤修齐之教，纲论法斁，隐患实深……非圣朝明刑之意"。因此，他回复："万不可行。"对《大清新刑律草案》，则要求其"有关伦纪之处，应全行改正，总以按切时势而仍不背于礼教为主"(《遵旨核议新编刑事民事诉讼法折》)。

肆

宽猛相济，刚柔结合

张之洞认为，统治一是要得民心，二是要靠实力。得民心是统治的基础，有实力是法律生效的前提，因此，要有效地进行统治，就应宽猛相济，刚柔结合。"抚良民则以熙妪宽平为治，惩乱民则以刚断疾速为功"(《张文襄公全集·卷一》)。在他看来，对那些比较驯顺的"良民"，不能过分严

① 《劝学篇·教忠》："自暴秦以后，刑法滥酷；两汉及隋，相去无几；宋稍和缓，明复严苛；本朝立法平允，其仁如天。具于《大清律》一书，一、无灭族之法；二、无肉刑；三、问刑衙门不准用非刑拷讯，犯者革黜；四死罪中又分情实缓决，情实中稍有一线可矜者，刑部夹签声明请旨，大率从轻比者居多；五、杖一百者折责实杖四十，夏月有热审减刑之令，又减为三十二；六、老幼从宽；七、孤子留养；八、死罪系狱不绝其嗣；九、军流徒犯不过迁徙远方，非如汉法令为城旦鬼薪，亦不比宋代流配沙门岛，额满则投之大海；十、职官妇女收赎，绝无汉输织室，唐没掖庭，明发教坊诸虐政。凡死罪必经三法司会核，秋审勾决之期，天子素服，大学士捧木，审酌再三，然后定罪。遇有庆典，则停勾减等，一岁之中，勾决者天下不过二三百人，较之汉文帝以岁断死刑四百更远过之。若罪不应死而拟死者谓之失入，应死而拟轻者谓之失出。失入死罪一人，臬司、巡抚、兼管巡抚事之总督，降一级调用，不准抵销；失出者一案至五案止降级留任，十案以上始降调，仍声明请旨。遇有疑狱，则诏旨驳查复讯至于再三，平反无数。"

酷，而应有所节制，要用“抚”的办法治理。否则，即使是良民，也会铤而走险，揭竿而起。“抚”的办法有二：“一曰赋敛轻”，“二曰刑罚平”。“赋敛轻不至竭民财，刑罚平不肯残民命。”（《张文襄公全集·卷六》）例如，在太平天国农民起义军和捻军被清廷镇压下去以后，张之洞就主张实行“赋敛轻”“刑罚平”的政策，以利于“结民心”。他指出：“考从古帝王所以享国久长者，财力、兵力、权谋、术数皆不足恃，惟民心有可恃。”他主张以牧师的职能笼络人心，以巩固封建统治。

但是，如“良民”不驯服，敢于破坏封建统治秩序时，张之洞马上收起“宽仁”之类的说教，而强调惩乱民要严要猛。他任陕西巡抚时，为了惩乱，不仅主张扩大死刑的范围，还要求朝廷授他以就地处决“土匪马贼会匪游勇”的权力，以便他放手进行血腥屠杀。在两广、湖广任上，张之洞又以“变通之道，因时而宜，重典之刑，因地而用”为理由，一再要求清廷让他掌握“就地正法”的杀人权力。他的理由是：“安良除莠，古有明箴，欲为杜遏乱萌之谋，必先行辟以止辟之政。”（《张文襄公全集·重案定拟未协折》）他的逻辑是：只有刚断急速，严惩速办，才能耸当时之视听，靖地方之人心；否则，“因循拘泥，必酿成乱阶”。在这种思想指导下，他坚持使用先斩后奏的“就地正法”。光绪十二年（1886 年），他在广东“查办匪乡”，一年之中竟“就地正法”906 人；光绪二十六年（1900 年），在汉口一次“就地正法”维新志士唐才常等 20 多人；资产阶级革命家章太炎、邹容因“苏报案”被帝国主义者拘禁上海租界时，他又千方百计企图引渡过来予以“正法”。这充分暴露了他敌视人民的一面。

影响评价

张之洞首先是一位学者，然后才是一位政治家。史称他“学兼汉宋，汉学师其翔实，而遗其细碎；宋学师其笃谨，而戒其空疏”。“平生学术最恶公羊……谓为乱臣贼子之资。”（《张文襄公全集·卷首》）张之洞一生在政治上主要做了四件事：办新式教育，办实业，练新军，抵外辱。梁启超在张之洞死后不久撰写了《张之襄公事略》，他评价说："十年前之谈新政者，孰不曰张公之洞，张公之洞哉！近年来之守旧见，又孰不曰张公之洞，张公之洞哉？以一人而得新旧之名，不可谓非中国之人望矣。"作为受传统文化束缚的旧学者而又身处社会变革的新时代，张之洞既要守旧，又要布新，守旧谓之"中学为体"，布新谓之"西学为用"，将不同文化的"体"与"用"强行拆卸后进行重新组装黏合，不同文化的"体""用"之间必定产生排异和冲突，最终不是中国的"体"兼容了西方的"用"，就是西方的"用"侵蚀了中国的"体"。张之洞本想开启门缝只让西方之"用"进来，但只要门一开启，随之涌进来的就不仅都是他喜欢的东西了，学习西方的局面也非他所能控制。不过，仅从近代中国学习西方的客观效果探讨，张之洞的历史贡献还是应当被肯定的。

康有为

托古改制　君主立宪

核心要旨

康有为有哪些破旧与立新的经典著作？

托古改制的运作方案包含哪些内容？

君主立宪的具体内容是什么？

如何去『九界』而走向『大同』？

如何评价近代改良维新的是非对错？

1894年的中日甲午战争，以中国的失败并签订丧权辱国的《马关条约》而告终。这场战争的失败说明，仅仅靠兴办洋务，以西方的器物文化来武装自己，是很难抵御外侮，挽救民族危难的，必须进行更深层次的变法。为此，中国出现了资产阶级改良派。资产阶级改良派认为，中国人对西方强盛原因的认识，经过了“惊奇兵舰精奇”的器物层面，又进入了“叹其知识丰富”的知识层面。这一学派认为泰西之强不在炮械军兵，也不全在知识多寡，而“在其政体之善也”(《日本变正考》)。他们主张改弦易辙，变法维新，并认为，中国要想起死复生，救亡图存，就得移植西方文明的制度。资产阶级改良派鼓吹变法图强，批判封建生产方式与封建专制制度，提出发展民族资本主义的经济纲领与实行资产阶级君主立宪的政治改革纲领，并且相应地提出了具有较明显的资产阶级色彩的法律主张，希望通过争取清王朝某些上层统治者的支持，进行自上而下的改革，用资本主义的法律制度代替封建法律制度。他们还以西方资产阶级的进化论、天赋人权论、社会契约论及分权论来论证资本主义法律制度的优越性与采用西法的必要性。资产阶级改良派法律思想的出现，标志着中国近代法律思想的发展进入了一个新的阶段。随着变法维新的社会思潮的进一步发展，资产阶级改良派掀起了一场具有反帝反封建性质的爱国运动——戊戌变法，康有为、梁启超、谭嗣同、严复等成为这一运动的主要代表人物。虽然这次运动仅仅维持了 103 天，但是戊戌变法思想对当时社会造成了深刻的影响，也推动了资产阶级改良思想发展到一个新的阶段。其中以康有为的维新变革思想一马当先，夺首创之功。

人生历程

康有为（1858～1927 年），原名祖诒，字广厦，号长素，别号更生，广东南海人，世称“南海先生”。康有为出生于封建官僚家庭，祖父康赞修是道光年间的举人，父亲康达初做过江西补用知县。在严格的封建正统教育的熏陶之下，康有为“成童之时，便有志于圣贤之学”。19 岁时，跟随广东大儒朱次琦（朱九江）“研究中国史学历代政治沿革得失”，从而在思想上经历了重大转变，“从此谢绝科举之文，土芥富贵之事”。后又深研佛经，有所感悟，关注社会现实，“纵横四顾，有澄清天下之志”，坚定地走上了经世致用之道。1882 年，康有为到北京参加顺天乡试，没有考取。南归时途经上海，购买了大量西方书籍，吸取了西方传来的进化论和政治观点，初步形成了维新变法的思想体系。后来又游历香港，亲自接触到了资本主义国家的新事物，“始知西人治国有法度”，“西人治术之有本”。中法战争后，他就致力于讲求西学，试图效法西方资本主义国家的建国方略以挽救中国。1888 年，康有为再一次到北京参加顺天乡试，在国子监当监生。康有为借机第一次以布衣身份上书光绪帝，“请变成法，通下情，慎左右，以图自强”，时人目为病狂，大臣不为上达。康有为认为，欲任天下事，开中国之新世界，莫亟于教育。于是于 1891 年在广州设立万木草堂，收徒讲学，弟子有梁启超、陈千秋等人。1895 年，他到北京参加会试，得知《马关条约》签订，便组织在京应试的 18 省 1300 多名举人联合签名，上万言书给清政府，提出四项主张：一是下诏鼓天下之气，二是迁都定天下之本，三是练兵强天下之势,四是变法成天下之治。这就是著名的“公车上书”事件。但因都察院阻挠“万言书”并未送达皇帝。不久榜发,康有为中进士,授工部元事。当年5月底,康有为第三次上书,得到了光绪帝的赞许。7月,他和梁启超创办《中外纪闻》,不久又在北京组织强学会。1897年,德国强占胶州湾,康有为再次上书请求变法。1898年1月,光绪帝下令康有为条陈变法意见。康有为呈上《应诏统筹全局折》,又进呈所著《日本明治变政考》《俄罗斯大彼得变政记》二书。4月,他和梁启超组织保国会,号召救国图强。6月16日,光绪帝在颐和园勤政殿召见康有为,任命他为总理衙门章京,准其专折奏事,筹备变法事宜,史称“戊戌变法”。后因慈禧太后的干预,变法失败。变法失败后,光绪皇帝被软禁,康有为之弟康广仁被杀,康有为逃往日本,自称持有皇帝的衣带诏,组织保皇会,鼓吹开明专制,反对革命。为获得国际支持,他曾游历列国,会见欧洲各国君主。辛亥革命后,康有为于1913年回国,主编《不忍》杂志,宣扬尊孔复辟。组织孔教会,作为保皇党领袖,他反对共和制,一直谋划清废帝溥仪复位。1917年,康有为和效忠前清的北洋军阀张勋发动复辟,拥立溥仪登基,不久即在当时北洋政府总理段祺瑞的讨伐下宣告失败。1927年3月,康有为病逝于青岛。

康有为著述极多,后人辑有《康南海先生集》。

思想脉络

康有为的法律思想主要反映在他所著的《新学伪经考》《孔子改制考》《春秋董氏学》《大同书》等著作和他向皇帝所上书奏中。康有为认为,救世的唯一途径是变法维新。围绕变法维新这个思想核心,他提出了三项基本主张:一是托古改制;二是君主立宪;三是“大同”理想。托古改制是变法维新的方式,君主立宪是变法维新的主要内容,“大同之世”是变法维新的远大前景。康有为的思想体系的特色与独创性在于:以今文经学为外壳,以进化论学说为内核,以循序渐进为行为规范,根植于炎黄文化的沃土，开出君主立宪与民主自由的思想花朵，追求未来的“大同世界”主义，具有浓厚的近代意识和世界意识。可以说，他创造了一个“不中不西、即中即西”的博大精深的思想体系，世人称之为“康学”。

壹

托古改制

在国家危难之际，康有为力主变法。他告诫光绪皇帝：“观大地诸国，皆以变法而强，守旧而亡……观万国之势，能变则存，不变则亡，全变则强，小变仍亡。”(《康南海先生集·上清帝第六书》)这就要求进行一场颠覆旧制的变法维新。

所谓变法维新，实质上，变法就是要求变封建专制之法为资产阶级“民主”之法，维新就是变封建主义社会为资本主义社会。变法维新需要破旧立新。为此，康有为在戊戌变法前，先后撰写了《新学伪经考》和《孔子改制考》这两本书。《新学伪经考》旨在破除人们对汉以来传统封建经典的崇信，以釜底抽薪的方式否定正统学说的权威性；《孔子改制考》旨在把孔子打扮成“托古改制”的权威人士，借此重新阐释中国文化传统，创立变法维新的理论体系。

《新学伪经考》一书，是康有为运用历史考证的学术方法，极力辨明清儒服膺的汉学，不是孔子的真传，而是刘歆替新莽统治辩护的“新学”；清朝尊信的《周礼》《仪礼》《古文尚书》《毛诗》《左传》等古文经传，大部分不是孔子的真经，而是刘歆为帮助王莽篡汉编造的“伪经”。“伪经”只是“记事之书”，而非“明义之书”，它们泯灭了孔子作经以“托古改制”的微言大义，隐没了孔子作为改革家的光辉形象。

《新学伪经考》一书在学术上最有思考价值的是关于秦焚“六书”未尝亡缺的考辨。康有为根据《史记》考证出：(1)西汉经学并无所谓古文经学者，凡古文皆刘歆伪作；(2)秦始皇焚书的命令，只是烧掉民间的书，而保存了博士官所管理使用的《诗》《书》以及诸子百家的书；(3)秦始皇坑儒的命令，并未杀尽天下学有专攻的儒生。《新学伪经考》就是为了“发古文经之伪，明经学之正”，因为“刘歆之伪不黜，孔子之道不著”。

这从理论上动摇了古文经学的“述而不作”的传统观念，打击了顽固派的“恪守祖训”的古旧礼制，扫荡了阻碍变法维新的“笃守旧法”的思想障碍，从而动摇了封建专制主义的理论基础，在当时的学术界、知识界，真有一石激起千层浪的功效。《新学伪经考》就其内容而言，虽然在大体上皆精当准确，但在一些细小环节上失之武断和强辩，就连他的得意门生梁启超也不能为先生讳，他在评论《新学伪经考》时指出“乃至谓《史记》《楚辞》经刘歆羼入者数十条，出土之钟鼎彝器，皆为刘歆私铸埋藏以欺后世。此实为事理之万不可通者，而有为必力持之。实则其主张之要点，并不必借重于此等枝词强辩而始成立，而有为以好博好异之故，往往不惜抹杀证据或曲解证据，以犯科学家之大忌，此其所短也”(《清代学术概论》)。尽管如此，《新学伪经考》无论在学术思想，还是在政治斗争上都起过积极的历史作用，它引导人们怀疑古代经典所宣扬之不变之“道”，从根本上动摇了清代正统思想的合法地位，引导解放思想，为其变法主张大造舆论和鸣锣开道。梁启超称之为思想界的“飓风”(《清代学术概论》)。

继《新学伪经考》之后，康有为在其学生的协助下，又撰写了《孔子改制考》一书，同《新学伪经考》相比较，《孔子改制考》的政治气息比学术气息更加浓厚。在该书中，康有为遵循和尽量发挥了今文经学“黜周王鲁”的维新论点，多角度、多层次地着力论证孔子的“托古改制”的微言大义，从树立今文经学的学术权威过渡到树立孔子的改革权威，以论证变法维新的必要性和合理性。首先，他在书中指认“六经”都是孔子为了“托古改制”而亲自写成的作品，从而把孔子打扮成“托古改制”的大师，热烈地主张进步和革新，反对保守和守旧。他认为《六经》统一于《春秋》，《春秋》之传在《公羊》。只有《公羊春秋》才是阐发孔子“圣法”的真经，《公羊春秋》的核心是“公羊三世说”。所谓“公羊三世”是汉代何休在《公羊传注》中提出的社会历史演进的三个阶段，即社会由“衰乱世”(春秋)进入

"升平世"(西周),再由"升平世"进入"太平世"(尧舜禹时期),愈改而愈进。其次,康有为解释孔子创制治世之法。他认为历史演进有"三世",孔子曾分别为这"三世"著有不同宪法,概括而言,就是《春秋》里的"大义"与"微言"。所谓"大义"即孔子治"据乱世"之宪法;所谓"微言"即孔子所说的"升平世""太平世"之理想宪法。最后,康有为将人类社会形态的进化,明确修改为政治体制的进化,即国家必然地由"君主专制"进到"君主立宪",再由"君主立宪"进入"民主共和"。

在变与不变的对立中,《孔子改制考》中关于变法改制的主张,具有符合时代要求的积极意义,无愧于晚清思想界的"火山大喷火",它颠覆了人们固守的信条,在处于封建桎梏和学问饥荒中的学术界引起了极大的震动,也引起了顽固势力的极端仇视。各方都对其进行了猛烈的抨击。

但在如何变的筹划中,康有为却只主张"循序而行""进化有渐""不能躐等""三世不能跃迁"的改良,即"君主制"必须经过"君民共主"的"立宪制"再进入到民主的"共和制"。由君主制到君民共主制,一个君主的独治,变成了君主与民众的共治形态,在这里,过去至高无上的君权受到某些限制,过去无权之民众的权利得以部分实现。在此基础上,再去实现民主共和。显然,康有为这种"循序而行"的"进化之法",不是真正的革命,而是点点滴滴的改良。康有为的变法思想正是从这里失足,以致他在改良无法成功时,宁愿选择向后倒退,即站在变革的对立面,守旧复辟,也要反对以革命的方式走向民主共和。

他的《新学伪经考》与《孔子改制考》的相继问世,标志着构建变法理论的系统工程业已完成。

贰

君主立宪

康有为认为,中国之所以内忧外患,积贫积弱,其原因在于君主专制,君权太专,下情不能上达,君民不能合为一体,因此,他认为要使国家富强，人民安乐，就必须实行君主立宪制。“东西各国之强，皆以立宪法开国会之故。国会者，君与国民共议一国之政法也。盖自三权鼎立之说出，以国会立法，以法官司法，以政府行政，而人主总之，立定宪法，同受治焉。人主尊为神圣，不受责任，而政府代之，东西各国皆行此政体，故人君与千百万之国民合为一体，国安得不强？吾国行专制政体，一君与大臣数人共治其国，国安得不弱？”立宪法，行“法治”，“实治国之大经，为政之公理，不可易矣。今变行新法，故为治强之计，然臣窃谓政有本末，不先定其本而徒从事其末，无当也”。他提议：“上师尧舜三代，外采东西强国，立行宪法，大开国会，以庶政与国民共之，行三权鼎立之制，则中国之治强，可计日待也。”(《康南海先生集·请定立宪开国会折》)改革以三纲五常为核心的道德观念和封建君主专制制度，以西方资本主义为榜样，建立一个君主立宪的国家，在平等的基础之上，实行资产阶级民主。实行君主立宪制的具体方案是：

1.立宪法。康有为认为，“变法全在定典章宪法”。要实行改革，其首要的任务在于必须制定确定君主立宪的宪法。康有为把“立宪法”或“定宪法”说成是“维新之始”，认为“各国之一切大政皆奉宪法为圭臬”(《康南海先生集·上清帝第六书》)。在他看来，宪法是国家的根本大法，只有用宪法对国家政体加以确定，才能使国家的政治生活纳入有序的轨道，才能减少国家内部的动乱，变法才能取得成功。他积极主张仿效日本明治维新制定宪法。他说：“考其维新之始，百度甚多，惟要义有三：一曰大誓群臣以定国是，二曰立对策所以征贤才，三曰开制度局而定宪法。”(《康南海先生集·应诏统筹全局折》)具体做法是：“开制度局于宫中，选公卿、诸侯、大夫及草茅才士二十人充总裁，议定参预之任，商榷新政，草定宪法，于是谋议详而章程密矣。”(《康南海先生集·上清帝第六书》)康有为极力推崇立法、司法、行政三权鼎立的思想，认为“三官之中，立法最重”，立法权的主要职能是建立国家的根本大法即宪法，所以立宪法以改国宪就成为康有为变政的重中之重，只有改定国宪才能总摄百千万亿政事之条理，范围百千万亿臣民之心志。可见康有为所追求向往的是日本式的君主立宪制，并把建立资产阶级君主立宪制政体作为改革中国的政治纲领。

2.设议院，开国会。康有为认为，议院制是一种十分理想的制度，它的确立，可以使国家“百废并举，以致富强”。早在1895年的《公车上书》中，康有为就首次向清帝提出了“设议郎”的建议，要求“公举博古今、通中外、明政体、方正直言之士，略分府县，约十万户而举一人，不论已仕未仕，皆得充选……名曰议郎”。所有议郎，每年更换一次，若得民心，可以留任，立为法定的制度。议郎有两项职能：一是议政，“轮班入直，以备顾问，并准其随时请对，上驳诏书，下达民词”；二是立法与决策，“凡内外兴革大政，筹饷事宜，皆令会议于太和门，三占从二，下部施行”。这样就可以“上广皇上之圣聪”“下合天下之心志”，做到“君民同体”“上下休戚与共”（《康南海先生集·上清帝第二书》）。在1895年《上清帝第四书》中，康有为提出了“设议院以通下情”的主张，他认为，议院的职能有三：一是民信可立，二是上下沟通，三是防奸杜弊。“筹饷为最难之事，民信上则巨款可筹……政皆出于一堂，故德意无不下达；事皆本于众议，故权奸无所容其私。”（《康南海先生集·上清帝第四书》）他肯定议会制优越于专制政体，开国会可以“君与国民共议一国之政法”，从而达到“庶政与国民共之”的共治局面。可是“今吾国有四万万之民众……而不开国会，虽有四万万人而不预政事，视国事如秦越，是有众民而弃之”。只有在议会制下，“在其举国君民，合为一体”，而且“立宪法以同受其治，有国会以会合其议，有司法以保护其民，有责任政府以推行其政”（《康南海先生集·请君民合治满汉不分折》）。在国会的组织方式上，康有为主张，不仅在中央设议院，一切政事都要在议会中进行讨论，而且在省、府、县中分级设立。

3.移植西法。康有为认为，移植西法的步骤为：首先，“采样万国律例，定宪法公私之分”，即制定一部英、日式的资产阶级宪法，使君民同受其治。其次，修改旧刑律，理由是外国人“以我刑律太重，法规不同”的缘故，因而要“自治其民，不与我平等之权利，实为非常之国耻”。因此，“今宜采罗马及英、美、德、法、日本之律，重定施行，不能骤行内地，亦当先行于通商各口”，法规与西方列国和日本相同，可收回治外法权。最后，全面移植西方的法律制度，制定民法、商法、诉讼法等部门法[①]。移植西法旨在以六法的近代资产阶级法律体系取代诸法合体、民刑不分的封建法律体系，以促进中国法制的近代转型。

4.地方自治。康有为认为：“中国地方之大病在于官代民治，而不听民自治”，“立法之意但以为国，非以为民，但求不乱，非以求治。(因此)有大官而无小官，有国官而无乡官，有国政而无民政，有代治而无自治”。康有为所主张的地方自治，类似于“古者之封建也”，“但古者，乱世封建其一人，则有世及自私争战之患，此所以不可行也。今者升平封建其众人，听民自治，听众公议，人人自谋其公益，则地利大辟，人工大进……”他还提出了具体的参照系，即“因乡邑之旧俗而采英德法日之制”，以“万人以上地十里者为一局，或名曰邑……”具体设计。在当时，地方自治的提出是与中国传统的大一统国家结构形式相对立的。地方自治有利于调动地方的积极性，减轻中央负担，并且在促进地方政治清明的同时形成对中央行政的牵制力量。不但如此，地方自治的基础是民治，这与中国历代的割据式自治或绅权和族权维持下的地方自治具有质的区别。从中国的法律和行政管理的传统看，维持国家秩序的规范当中不乏“治官之法”和地方规范，然而其出发点乃是“治民”而非“民治”。以“民治”为目标的地方自治始自康有为为代表的戊戌变法派的启蒙。需要指出的是，康有为虽然提倡地方自治，却始终反对联省自治，主张维护单一制的国家结构形式。

① 《康南海先生集·上清帝第六书》：“其民法、民律、商法、市则、舶则、讼律、军律、国际公法，西人皆极详明，既不能闭关绝市，则通商交际，势不能不概予通行。然既无律法，吏民无所率从，必致更滋百弊。且各种新法，皆我所夙无，而事势所宜，可补我所未备。故宜有专司，采定各律以定率从。”

1920 年，军阀混战，各地方纷纷独立，有人以美国、德国实行联邦制而富强，提出联省自治的理论。对此，康有为十分清醒地认识到，美国、德国之所以实行联邦制在于其建国之前，本为“久远分立之邦”，实行联邦制恰恰是为了统一。而中国自汉以后 2000 年，皆以统一立国，采联省自治，实则分邦裂土，“非自治而冒名自治”，实则军阀专制，“只有割据之军治，而民治无自而生，故军阀未除，自治二字不必假用”。康有为的这一论点的正确性后来为中国近代历史的发展所证实。

叁

走向大同

《大同书》是康有为的重要著作之一，写成于 1902 年，以资产阶级人性论、天赋人权论为指导，探讨了犯罪的原因和不立刑的理论根据。康有为的“大同”思想最早产生于 1884 年，他在写《礼运注》时，注意到了大同小康之道。于是他把《易经》的变易思想、《春秋公羊传》的“三世之义”、西方资产阶级的进化论与《礼运》的小康大同说结合起来，创造了一个“大同”世界，作为中国未来社会的理想模式，从而丰富了维新理论，充实了进化思想，为人类进化的终极树立了一个美妙的前景。

“大同世界”，从内容上，是康有为对“公羊三世说”中“太平世”的具体描述和理论发挥；从形式上，是对人类社会发展到理想社会的一种构想；实质上，表达了对现实社会的一种改造方案。

康有为认为，在“大同社会”，人们摆脱了“乱世”中存在的各种“苦道”。社会上致人犯罪的政治经济根源消失了，人性可以得到充分的发展。从而，社会就可以达到“治至刑措”，实现“太平之世不立刑”。

康有为剖析了犯罪原因和不立刑的理论根据，认为人之所以犯罪并受到刑罚的处罚，都是由于“私”，正是因为有了“私”，才产生个人、家庭、国家、社会之分，并且由此而引起各种纷争狱讼，甚至各种犯罪现象层出不穷，屡禁不止。他认为，要消除这种情况，唯有“大同”之道，才能治其根本，才能达到“无讼”的境界。康有为设想的未来社会是一个极乐世界。它无阶级、无国家、无政党、无军队、无战争，人人平等，一切民主。在未来的太平世界，无阶级压制之苦，人无高低贵贱之分，人人皆为平民，人人可以读书，人人参加选举，人人皆可发扬蹈厉，奋志青云，而扫尽一切等级，以达人类平等。在未来太平世界里，打破国界，世界合为一体，各国改为州郡，而州郡统于全地公政府，由选民选举议员及行政长官以统辖。各地设小政府，以度为界，每度之疆树石刻字以界定。公政府名义上虽有总统，其实并无权力，不过接受各度政府的委托，管理会计、奖励之事。各部长、各度长、各曹长均由各度公民选举产生，选举无竞争喧哗之闹剧，更无互攻刺杀之丑闻。公政府诸长虽有责任而实权极小，事权实在公众之手。破国界后无军队、无战争则全世界人皆和睦相处，其乐融融。康有为展望人类社会前景说：“无邦国，无帝王，人人相亲，人人平等，天下为公，是谓大同。”(《大同书·刑措》)

康有为把实现“大同”世界寄托于人道主义的道德说教，而最重要的方法是破除“九界”：一是去国界，合大地，消灭国家，实现世界大同；二是去级界，消灭等级，倡导民族平等；三是去种界，同化人类，消灭种族歧视；四是去形界，消灭性别歧视，解放妇女；五是去家界，消灭家庭，成自然天民；六是去产界，消灭私有制；七是去乱界，消灭各种行政区划，全球设大同公政府；八是去类界，众生平等，博爱众生；九是去苦界，至极乐，实现大同。这样的“大同”世界，由于解除了一切束缚，人类自由自在地生存，因而它最平等、最仁慈、最公道、最安定。

康有为设想的“大同”极乐世界里，“无邦国，故无有军法之重律；无君主则无有犯上作乱之悖事；无夫妇，则无有色欲之争、奸淫之防、禁制责望、怨怼离异、刑杀之祸；无宗亲兄弟，则无有望养、责善、争分之狱。无私产，则无有田宅、工商、产业之讼。无尸葬，则无有墓地之讼。无税役、关津，则无有逃匿欺吞之罪。无名分，则无欺凌压制干犯反攻之事”。既然如此，还有何罪？还用何刑？所以，“大同”之世，人们只有过失，没有罪

恶。“百司皆有，而无兵、刑两官。”（《大同书·刑措》）

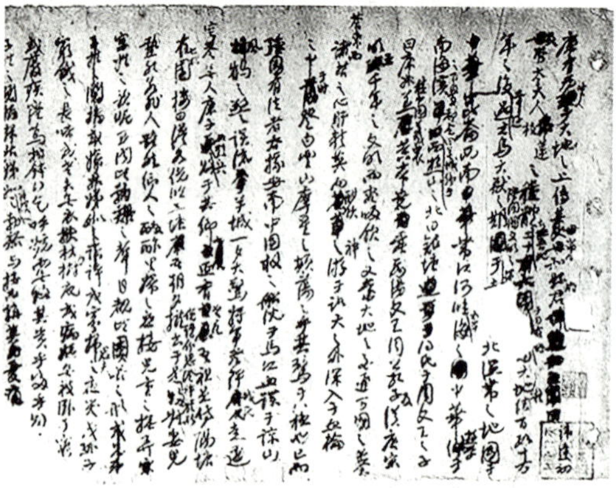

•《大同书》康有为手迹

但是，康有为还指出，虽然太平之世不立刑，可是还有“职业之规则”和“无干刑犯令”的禁令。还有“四禁”，即禁懒惰、禁独尊、禁竞争、禁堕胎。

康有为的这种“大同”理想，在一定程度上表达了他对封建专制制度及现实法律的批判，反映出了他对民主、共和、自由、人权、平等的强烈追求，可以说，这在当时的社会背景下起到了一定的积极作用。但是，这种“大同”理想只不过是康有为自己梦想追求的一种精神境界而已，他并没有也不可能找到一条通往“大同”世界的道路。

影响评价

康有为是谋求政治层面变法改制而出现在近代的圣明之人。他提出的参照西方进行自上而下的政治制度变革的理论，前无古人，后启来者，体现了近代中国的时代要求，其托古改制的形式，巧为修饰，有凭有据，理直气壮，易为中国人接受。他提出仿效英、日走君主立宪的改良路线，这一方案，可以用君主的作用，减少变革的代价，而进行新旧制度的平稳过渡。康有为改良的方案没有错,错的只是找错了实施的场景和对象,中国只有君主专制的传统,而缺乏民主的气息;光绪是没有实权的皇帝,当稍微一点的改良在慈禧太后眼里也是不可揉进的一粒沙子时,改良也就受到彻底的剿灭和禁止。康有为常说:“吾学三十岁已成,此后不复有进,亦不必求进。”康有为的迂腐和固执之处就在于,如果不按自己的改良方式进行变革,其他的变革方式都是非法的,甚至是反动的。从改良,到保皇,这是一个真实的、固执己见的康有为的必然选择。自康有为提倡君主立宪以来,直至清末立宪,虽然历经共和制、帝制以及民主、专制政体之反复,历任政府无不以立宪为立国之开端,无不以宪法记载一国政治的基本原则,这未尝不应归功于第一代倡导依宪治国者。进一步来看,康有为试图结合儒家思想传统和西方立宪主义的努力虽然成为了一幕“历史性的悲剧”,但是作为一种方法,移植和借鉴国外的法学经验,并兼顾本国国情的思路,却被后来的学者所认同和继承。

梁启超

变法图存　群生新民

核心要旨

变法维新的必然性和迫切性有哪些？

为何要批判『变法不知本原』？

如何看待伸民权、广民智与『新民论』之间的关系？

『法治』的真实含义和性质是什么？

在中国近代史上，梁启超与他的老师康有为一起发动了戊戌变法运动，人称“康梁”。但作为同一时代、同一流派的思想家，梁启超与康有为毕竟有各自不同的家庭背景、人生经历、知识结构、性格特征，有各自的独特见解和不同的主张，有不同的历史贡献，后人对他们的评价也不尽一致，他们应该是近代思想界的独特存在。康有为是改良派的统帅，是戊戌变法运动的理论家，他原创性地提出了改良维新的系统理论，侧重于通过皇帝实行自上而下的变革；梁启超是改良派的主将，是戊戌变法运动的宣传家，他以流畅的文笔、浩瀚的著述，传播了民主爱国的启蒙思想，侧重于感染和教化社会精英和广大民众，使之成为推动时代前进的主体力量。

人生历程

梁启超（1873～1929 年），字卓如，号任公，又号饮冰室主人。广东新会人，出身于地主家庭，其父是一位乡村私塾教师。他天资聪明，兼之勤学苦读，在少年时就显示出惊人的才华，被誉为神童。12 岁应院试，中秀才。17 岁应乡试，中举人。18 岁赴京参加会试落第，经好友陈千秋介绍，认识了康有为。梁启超初次拜见康有为时，康有为把他十多年来所习帖括、训诂、词章斥为不切实际的无用旧学，把大多数科举之士斥为一无所知、胸无大志的势利之徒，这对梁启超来说无疑“冷水浇背，当头一棒”，让他“且惊且喜，且怨且艾，且疑且惧”，这次谈话持续了 12 个小时。第二天梁启超再次拜访康有为，向他请教怎样为学，康有为向他介绍了陆王心学，兼及西学、史学，使他心悦诚服，遂决定不顾举人的身份，拜秀才康有为为师。梁启超自认为，“生平知有学，自兹始”。1894 年与康有为一道进京参加会试，当年 7 月中日甲午战争爆发。次年再度与康有为进京会试，4 月，中国甲午战败，签订了丧权辱国的《马关条约》，康有为、梁启超发动在京参加会试的 1300 名举人联名“公车上书”，向清政府提出下召、迁都、练兵、变法四项主张。为了扩大声势，他们创办了《万国公报》(后改名为《中外纪闻》)，组织了强学会，但不久《中外纪闻》被勒令停刊，强学会被解散。1896 年梁启超赴上海担任《时务报》主笔，连篇累牍地发表《变法通议》《论君政民政相嬗之理》等一系列文章，系统宣传变法维新的理论，与封建顽固势力展开论战。梁启超的文章通俗易懂，立论新颖，言之有理，以情动人，因而深受广大读者的喜爱。1897 年梁启超应湖南巡抚陈宝箴的聘请，赴长沙担任湖南时务学堂总教习，主张“民权学说”。1898 年与康有为在京推行“戊戌变法”，7 月，受光绪皇帝召见，奉命进呈所著《变法通议》，赏六品衔，负责办理京师大学堂译书局事务。百日维新失败后，梁启超逃亡日本，在横滨创办《清议报》，继续进行变法维新的宣传。1902 年改办《新民丛刊》，大力提倡“新民说”。1905 年梁启超作为保皇派的主将，同以孙中山为首的资产阶级革命民主派进行论战，坚持君主立宪，反对暴力革命。1911 年辛亥革命推翻了清朝的封建统治，建立了民主共和国。1912 年梁启超结束流亡生活，回到祖国。1913 年加入共和党，后又组织进步党，与国民党分庭抗礼，被袁世凯任命为司法总长。1915 年梁启超劝阻袁世凯复辟帝制不成后，与蔡锷共同发动讨袁的护国战争。1917

年梁启超不顾与康有为的师生情谊，反对康有为支持的张勋复辟，任段祺瑞北洋政府的财政总长兼盐务总署督办。1917 年 9 月，孙中山发动护法战争。11 月段内阁被迫下台，梁启超也随之辞职，从此退出政坛。1918 年至 1920 年梁启超到欧洲旅游，了解到西方社会的许多问题和弊端。回国之后即宣扬西方文明已经破产，主张光大传统文化，用东方的固有文明来拯救世界。并决定放弃政治活动，专心从事教育事业和学术研究，曾在清华大学、南开大学、东南大学等著名学府讲学或任教。1925 年主持清华大学国学研究院，1926 年任北京图书馆馆长，并接受美国耶鲁大学赠予的名誉博士学位。1929 年逝世。

梁启超一生的著述非常丰富，其主要著作有《中国近三百年学术史》《先秦政治思想史》《清代学术概论》《中国历史研究法》等。后人辑有《饮冰室合集》。

思想脉络

梁启超的法律思想始终围绕“救亡图存”这一中心任务逐步展开，其目的就是要为行将朽木的中国寻找一条生路。他的法律思想的基本内容包括：变法维新，伸张民权，实行法治。

壹 变法维新

梁启超的变法维新思想既有强烈的政治进取性，又有宽泛的社会责任感，其内容丰富，含义深刻，并被视为解救民族危难的灵丹妙药，除此之外，别无选择。

首先，梁启超以资产阶级进化论为理论依据，论证变法维新的必然性。他说：“法者天下之公器也，变者天下之公理也。大地既通，万国蒸蒸，日趋于上，大势相迫，非可阏制。变亦变，不变亦变。变而变者，变之权操诸已，可以保国，可以保种，可以保教。不变而变者，变之权让诸人，束缚之，驰骤之。呜呼！则非吾之所敢言矣。”（《变法通议·论不变法之害》）自然界一切事物都在不断地变化，地球在变，时辰在变，季节也在变；人类社会同样如此，事态在变，制度在变，人自身也在变。变法是符合事物发展的客观规律的，对此不应感到大惊小怪，无所适从。[①] 因此，他劝告清朝的统治者，“治旧国必用新法”，要想延续其统治，必须主动革故更新，迎合时代变化的需求。

其次，梁启超以中国受到外部势力侵略、威胁的事实，论证变法维新的迫切性。中国甲午战败后，签订了丧权辱国的《马关条约》，这表明清政府在处理对外关系上既赔款又割地，其示软示弱是没有底线的。腐败无能的政府导致民族危亡迫在眉睫，在这紧要关头，梁启超多次痛陈中国在“强邻环伺”的状况下面临的危险局势。甲午战败之后，举国上下，丧魂落魄，一蹶不振，坐以待毙。一旦外敌入侵，国家随时都有灭亡的危险；亡国数年之后，中华民族也将不复存在。[②] 国家的现状让人警觉，民族的前景令人担忧，这一切都启人思考，催人奋进。梁启超分析道，帝国主义欲灭他国的惯用伎俩是大造舆论，“上之于议院，下之于报章，日日言其国政之败坏，纲纪之紊乱，官吏之苛黩……种族之犷悍，教化之废坠，风俗之糜烂”，然后俨然“以仁义之师自居”，“墟其国，奴其种”。自1897年以来，外国报纸竟“明目张胆昌言华种之野悍，华民之愚诈，华教之虚伪”（《变法通议·论变法不知本原之害》），这已是瓜分中国的先兆。因此，不能心存侥幸，也不能对外国列强抱有幻想[③]，他告诫说，要自立，“非变法万无可以图存之理”。由此可见，梁起超将变法维新主张建立在救亡图存的基点

---

① 《变法通议·论不变法之害》：“今夫立法以治天下，则亦若是矣。法行十年或数十年或百年而必敝，敝而必更求变，天之道也。”

② 《南学会叙》：“甲午乙未之间，敌氛压境，沿海江十数省，风声鹤唳，草木兵甲，举国自上达下，抱颅护颈，呼妻唤子，苍黄涕泣，戢戢待絷刲”，“敌无日不可以来，国无日不可以亡。数年之后，乡井不知谁氏之藩，眷属不知谁氏之奴，血肉不知谁氏之俎，魂魄不知谁氏之鬼”。

③ 《论加税》：“不务自立，而欲倚他人以为固，则谓之求祸而已。”

上，具有鲜明的时代气息和强烈的爱国色彩，对国人有强大的煽动性和感染力。

最后，梁启超以清政府腐败无能、消沉堕落的现实表现，论证变法维新的必要性。他指出，清朝主要是在政治体制上出了问题。体制不善，学用脱节，人浮于事，蒙混度日，论资排辈，扼杀人才，诸如此类现象，足以说明清廷的衰败。① 他认为："国必自伐，然后人伐之"，一个国家必先自内部腐烂、变质，他国才有可乘之机，加以欺侮。"能治其国家，谁敢侮之！"（《变法通议·论不变法之害》）

经过充分论证，梁启超得出结论："必有忧国之心，然后可以言变法；必知国之危亡，然后可以言变法；必知国之弱由于守旧，然后可以言变法；必深信变法之可以致强，然后可以言变法。"（《戊戌政变记》）爱国心、危机感、忧患意识、强国信念是变法维新的强大动力，每一个正直、善良、爱国的中国人是理解和支持变法维新的。

为了避免变法只触及皮毛，不动摇根本，梁启超严厉批评了洋务派浅尝辄止的变法："中国之法，非不变也，中兴之后，讲求洋务，三十余年，创行新政，不一而足，然屡见败衄，莫克振救。"（《变法通议·论不变法之害》）这主要是由于"变法不知本原"，其具体表现为：

第一，只想拥有西方的军事装备，而对西方政治、经济、学术、风俗不闻不问。梁启超指出，鸦片战争之后，洋务派对西方的认识相当肤浅，"咸以为吾中国之所以见弱于西人者，惟是武备之未讲，船械之未精，制造之未娴，而于西人立国之本末，其何以不戾于公理，而合于吾圣人之义者，则瞠乎未始有见"（《西政丛书叙》。在这种片面认识基础上提出的"变器不变道"的变法措施，本末倒置，目光短浅，很难见到突出的成效，也很难从

① 《变法通议·论不变法之害》："官制不善，习非所用，用非所习，委权胥吏，百弊猬起。一官数人，一人数官，牵制推诿，一事不举。保奖蒙混，鬻爵充塞，朝为市侩，夕登显秩，宦途壅滞，候补窘悴。非钻营奔竞，不能疗饥，俸廉微薄，供亿繁浩，非贪污恶鄙，无以自给。限年绳格，虽有奇才，不能特达，必俟其筋力既衰，暮气将深，始任以事。故肉食盈廷，而乏才为患。法弊如此，虽敌国外患，晏然无闻。"

根本上解决中国存在的问题。他认为，“国之强弱在兵，而所以强弱者不在兵”。假如一个国家“内治窳，工商窳，学校塞，才智希，虽举其国而兵焉，犹之亡也”（《变法通议·续论变法不知本原之害》）。因此，变法的着力点在“蓄养民力、整顿内治”。

第二，只知办西方的实业，而对西方的知识学问不感兴趣。梁启超指出，洋务派的主要精力用在办厂矿、筑铁路、行商务等具体事务上，而不知道学习研究西方的知识学问，这种只经其事不明其理的做法是十分愚蠢的。他认为，西方的强盛，关键在于“其士子之学，新法之书，凡一名一器，莫不有学，理则心伦生物，气则化光电重，业则农工商矿，皆以专门之学为之。此其所以开辟地球、横绝宇内也”（《读日本书目志书后》）。只有掌握西方先进的科学文化知识，才能变尾随其后、亦步亦趋地效仿为以我为主、创造性地赶超，才会避免仰人鼻息、受制于人。

第三，只想了解西方的科学技术，而不求西方的政治经验。梁启超指出：“中国向于西学仅袭皮毛，震其技艺之片长，忽其政本之大法，故方言、算学、制造、武备诸馆，颇有所建置，而政治之院，曾靡闻焉。”不设政治学院，不研究中外政治制度，不着力改造中国的官制，其结果是对于“古今治乱、中外强弱所以然之故”，均“昏然不知”，“外侮日迫，内治日窳，则瞷然莫识其由”（《上南皮张尚书书》）。因此，对中国而言，研究西方的政治经验比掌握西方的科学技术更为迫切，只有革新政治，才能为科学技术的发展提供保障。

第四，只知办理洋务，不知培养人才。梁启超指出，洋务派不懂得“变法必先变人”的道理，在办理洋务的过程中，用人不当：一是责成厚颜无耻、装腔作势的官吏办理洋务，这些官吏“不学军旅而敢于掌兵，不谙会计而敢于理财，不习法律而敢于司理”（《知耻学会叙》），对实际情况一无所知，无法作出正确的判断，外加他们“各挟私意”“推诿因徇”，不敢承担责任，最终只能一事无成；二是以高价雇佣“洋员”，洋人的薪金加大了企业的开销，且长期受制于人，不能自立。因此，“人才乏绝，百举俱废，此中国所以讲求新法三十年，而一无所成”（《变法通议·学校总论》）。人才是强国的根本，兴政之原，必须加以重视。

第五，只知修修补补的局部“稍变”，而不知连根拔起的整体“尽变”。梁启超将中国封建帝国比喻成一座千年老屋，它已经瓦墁毁坏，榱栋崩析，即将坍塌。顽固派则视而不见，酣嬉鼾卧如常；洋务派则“补苴罅漏，弥缝蚁穴，苟安时日，以觊有功”（《变法通议·论学会》）。他们虽举动不同，但结果都一样，风临雨至，必屋倒人亡。正确处理的方法是，“去其废坏，廓清而更张之”（《变法通议·论不变法之害》）。因此，“中国今日不变法日新不可，稍变而不尽变不可”（《读日本书目志书后》）。如果像洋务派“变法不变本原，而变枝叶；不变全体，而变一端”，“不定其规模，不筹其全局，而依然若前此之枝枝节节以变之”，则“非徒无效，只增弊耳”。

梁启超对洋务派的批判，说明维新派的变法与洋务派的变法根本不同，这有助于在政治上与洋务派划清界限，从而更有力地宣扬自己独特的主张。洋务派的变法，仅是“头痛医头，脚痛医脚”“红汞碘酒，抹了就走”式的简单应付，不可能彻底解决问题，维新派的变法，旨在以民为重，整顿内治，变法的力度是洋务派望尘莫及的。

贰

伸张民权

（一）伸民权，广民智

伸张民权的重要性在于：其是限制君权最有效的方式；“国权”以“民权”为基础，“民权兴则国权立，民权灭则国权亡”，“言爱国必自兴民权始”（《爱国论》）。

梁启超是这样解释“民权”概念的，他说：“西方之言曰：人人有自主之权。何谓自主之权？各尽其所当为之事，各得其所应有之利，公莫大焉，如此则天下平矣。”（《论中国积弱由于防弊》）权利是成事的机遇和应得的报酬，人与人之间的权利是平等的。民权具有公的性质，与专制之私对立，它意味着对君权的分享和限制，有了它，天下才会平定。

梁启超认为，民权的具体内涵是“以群术治群”。何为“群”？人具有社会性，离不开在群体中生活，应该将人集合或整合为有凝聚力的组织良好的政治实体——“群”，每个人在“群”中积极参与，实现自己的合法权益。什么是“群术”？“君之与民，同为一群之中之一人，因以知夫一群之中所以然之理，所常行之事，使其群合而不离，萃而不涣。夫是之谓群术。”（《说群序》）君与民作为群体中的一员，其地位是平等的，只有“君民合治”，才能实现“人人有自主之权”。“君民合治”的具体方式是设议院。他说：“问泰西各国何以强？曰议院哉！问议院之立，其意何在？曰：君权与民权合，则情易通；议法与行法分，则事易就。二者斯强矣。”（《古议院考》）设议院，制定宪法，推行君主立宪，便是“以群术治群”。中国传统的“以独术治群”的封建专制，比起西方的“以群术治群”，已经不符合时代发展的潮流，如果一味坚持，不加改变，则有亡国之忧。梁启超把人类社会制度分为三个阶段并不断演变：从多君为政之世到一君为政之世再到民为政之世。（《君政民政相嬗之理》）他认为，应该从君主专制进化到君主立宪再进化到民主共和制，循序渐进，逐步改良。

鉴于中国当时社会风气闭塞，“民智未开”，梁启超强调“权生于智”，即“开民智”是“兴民权”的前提。他说，“权者生于智者也，有一分之智，即有一分之权；有六七分之智，即有六七分之权；有十分之智，即有十分之权……故权之与智相倚者也”（《论湖南应办之事》）。首先，广民智，重人才，为此，他批判封建的愚民政策，否定封建的科举制度，倡导近代公民意识。其次，办学校，不但把学校当作传播科学文化知识的场所，更要把它当作民主思想启蒙的园地。最后，办学会，一是通过学会集社会各界人士共同学习，探讨知识；二是借助学会，结成各类政治性团体，为振兴国家、扶持社会贡献力量。他强调指出：“欲兴民权，宜先兴绅权，欲兴绅权，宜以学会为起点。”(《论湖南应办之事》)即重点培养绅士，让其学会资产阶级教育，成为当地人民的代表。他还要求“开官智”，即通过办课吏堂，对当权的官吏进行西方式的教育和严格的考试，使之成为资产阶级新型官吏。开民智、开绅智、开官智，“此三者乃一切之根本”(《论湖南应办之事》)。

(二)“新民”论

梁启超认为，有什么样的国民，就有什么样的政府，中国国民的愚昧怯懦，是造成政府失策、官吏溺职的重要原因，卑弱之国民只能造成腐败无能之政府。中国的国民应该是：“以一国之民，治一国之事，定一国之法，谋一国之利，捍一国之患，其民不可得而辱，其国不可得而亡，是之谓国民。”(《论近世国民竞争之大势及中国前途》)因此，改变民众政治上的涣散和不觉悟，是惩治腐败政府、振兴贫穷国家的先决条件。20世纪初，梁启超为了“新民德”“开民智”“鼓民力”，即“维新吾民”，提出了“新民说”，以改造“国民”为改革政治的基点。他说：“国也者，积民而成”，“苟有新民，何患无新制度，无新政府，无新国家！”(《新民说》)只有让民众去掉屈从他人的习惯，对统治者不抱任何幻想，依靠自己的力量争取权利，开明政治、富强国家才可能出现。

为了改变中国民众涣散和不觉悟的状态，梁启超提出了“新民之道”。它包括如下内容：其一，培养公民的社会“公德”。以西方资产阶级的精神面貌铸造国民灵魂。他提倡“合群”、尚武、自尊，特别是具备西方社会精英那种“道天下之不敢道，为天下之不敢为”的气概和胆略，敢于为社会的发展和人类的进步去冒险、创新。其二，树立公民的“国家思想”。梁启超认为，国家思想有四个标准：“一曰对于一身而知有国家；二曰对于朝廷而知有国家；三曰对于外族而知有国家；四曰对于世界而知有国家。”只有强化公民的国家意识，时刻把国家的利益摆在首位，才能以国民的资格和身份参与国家的政治生活，才可能挣脱“家天下”的束缚，才有抵御外侮的民族气节，才能在与世界其他国家的竞争中自强不息。其三，树立公民的权利义务观念。权利观念是“天赋之良知良能”，无权利观念者只配称奴隶，不配称国民。改造国民劣根性——“奴性”的有效办法就是强化其权利意识。但权利与义务必须对等，“人人生而有应得之权利，即人人生而有应尽之义务”(《新民说》)，不履行义务就不可能得到权利，权利与义务观念完备者，方有资格称为国民。总而言之，社会“公德”、“国家意识”、权利义务观念，是资产阶级国家国民必须具备的基本素质，有了这样素质的“新民”，就不会允许腐败恶劣政府的存在。梁启超正是通过造就新的国民来创造改造政府、革新国家的。

新民的推动方式是行民权。但梁启超的“民权”思想有其特定的含义。首先，立宪派的“民权”不同于革命派的“民主”。行民主必以推倒封建专制、废除君权为前提；而兴民权则无损于君权，甚至有利于君权的巩固。其次，中国的“民权”不同于西方的“天赋人权”。“民权”是针对“君权”而提出来的，它主要指民众必须掌握的政治权利；“人权”则是基于人本身的一种天然应得的权利，它不能受到任何限制，也不可剥夺，人权是民权的基础，没有人权，就不可能行使真正的民权。最后，近代的“民权”不同于古代的“民本”。古代儒家主张的“民本”，仅仅劝导统治者从维护自己的根本利益和长远利益出发，重视“民”的问题，发善心，行仁政，切实解决民众的生计问题，让民众不因穷困而铤而走险，揭竿而起。“民本”有明显的软弱性和片面性：一是提倡“民本”者只能谈论统治者当如何做，却无法使统治者必须这样做；二是“民本”始终使民处于被动的地位，无权对统治者的行为实施干预和控制。“民权”赋予了民众实实在在的权利，他有资格参与立法，也有权监督政府。由此可见，梁启超强调的“民权”，既与以往的“民本”划清了界限，又与西方的“人权”存在一定的差距，还与革命派的“民主”有着重大的分歧。行民权只能在君主立宪的政体中施行，既履行维护君主政体的义务，又行使民众管理政府的权利。这在体现时代进步性的同时，也存在着历史的局限性。

叁 实行法治

梁启超十分重视法律在治国安民中的作用，强调“立法之业”是“立国之大本大原”(《论立法权》)，“法治主义是今日救时唯一之主义”(《中国法理学发达史论》)。法治是确保国家权力正常运行的约束机制。为了迅速、广泛地传播西方的法治主义，梁启超别出心裁地采用了一种间接、复杂的方式，即用先秦法家的君主“法治”来推衍西方资产阶级的民主法治，让人们面对熟悉的概念符号品味西方的法律文化。因此，梁启超一再申明，法治精神中国“古而有之”，“法治主义起于春秋中叶，逮战国而大盛”(《中国法理学发达史论》)。“通五洲万国数千年间，其最初发明此法治主义以成一家言者谁乎？则我国管子也。”(《管子传》)梁启超之所以看重管子，是因为管子的某些言论与西方法治理论有相通之处，可以借以彰扬西方的法治观念。他认为：“法家根本精神，在认法律为绝对的神圣，不许政府动轶法律范围以外。故曰：‘明君置法以自治，立仪以自正也……禁胜于身，则令行于民。’又曰：‘不为君欲变其令，令尊于君。’就此点论，可谓与西方所谓君主立宪之政体者精神一致。”(《先秦政治思想史》)法治的魅力在于，法律神圣，法律至上，任何人都必须依法办事，任何权力都将受到法律的规范和约束。

(一)“法治”的基本含义

梁启超认为，从法理上分析，法治具有丰富的含义：

1.法体现的是国家意志而不是个人意志。梁启超说：“国家者人格也。有人之资格谓之人格，凡人必有意志然后有行为”，“国家之行为何？行政是已；国家之意志何？立法是已”(《论立法权》)。国家与人一样，有行为也有意志，国家的行为是行政管理，国家的意志是法。国家通过立法确立的国家意志，维护的是国家利益和国民利益，而不是少数人的私利，体现了公平正义。

2.法是治国的普遍而有效的工具。法是社会文明进步的标志，“法律愈繁备而愈公者，则愈文明；愈简陋而愈私者，则愈野番而已”（《论中国宜讲求法律之学》）。治国离不开用法，“有国斯有法，无法斯无国。故言治国而欲废法者，非直迂于事理，亦势之必不可得致者也”（《管子传》）。因此，必须循法而治，法律面前人人平等，刑无等级，同罪同罚。

3.法是确定权利与义务界限的工具。梁启超认为，人离不开群体生活，人在社会群体中，要享有自己的权利，也要履行一定的义务，这种权利与义务的界限是由法律确定的。人的权利义务明确了，才能形成稳定的社会秩序。

（二）“法治”的性质

梁启超认为，从社会实践中判定，“法治”具有独特的性质：

1.法的权威性。实行“法治”，必须做到令行禁止，取信于民。他说：“立法非以为观美也，期于行焉，欲养成人民尊重法律之习惯，则当一法之将颁，必先有能推行此法之实力以盾其后，若法意虽甚善矣，而形格势禁，不获举而措之，则毋宁暂缓焉。”（《箴立法家》）立法不是为了摆架势、装门面，而是为了实行。有法不行，法令虽多于牛毛，也等于无法。法不起作用，政府就会失信于民，国家也肯定治理不好。

2.法的系统性。涉及社会生活的方方面面，都需要法律进行规范和调理。立法一定要从全局出发，通盘考虑，“无论何种单行法，莫不与他法相丽，而始完其用”，任何一种单行法，都需要有其他法的配合，才能发挥作用。所以立法时，“其精力固当集注于本法之中，其眼光尤当四射于本法之外”（《箴立法家》）。如果只顾“头疼灸头，脚疼灸脚”，要么顾此失彼，要么前后矛盾，法律的威信就会下降。

3.法的正义性。立法应以谋求国民最多数之最大幸福为宗旨。实行法治，必须立善法，他说：“管子之言法治主义，以得良法为究竟者也。”（《管子传》）他不同意慎到“法虽不善，犹愈于无法”的说法，认为“法而不善，则不肖者私便而贤者束手焉。无论得人不得人，皆不足以为治”(《箴立法家》)。判断法善与不善，在于法为谁的利益服务，以谋求“国民最多数之最大幸福”为宗旨的法，即是善法。

(三)法治与道德教化的关系

梁启超认为，法家的“法治”与儒家的“人治”相比，有利有弊，其利为：强调法律的权威性，重视法律的治世功能；强调法律的稳定性，法律设立的规范治理不会因人而易，以免引起不必要的动荡，保持社会的安定；强调法律的统一性，对人提出基本要求，可以使多数人成为贤者。其弊为：立法权不能正本清源，立法缺乏民主精神，不体现民意，法自君出，君主可以随意立法毁法，法律失去了限制君权的作用；法治的“物治主义”特征明显，过分强调用客观标准来规范人，忽略了人的自由意志，扼杀了人的独特个性；鼓吹法律万能，以刑去刑，否定道德的作用，有强权政治之嫌。儒家的“人治”则与此相反，十分重视道德教化的作用，这是法律观念上的一大进步，但它过分夸大了“贤者”的作用，使国家的治乱因人而异。由此看来，法家的“法治”学说与儒家的“人治”学说，“各有缺点，专任焉俱不足以成久治”(《中国法理学发达史论》)。

法家的“法治”排斥道德教化的作用，是错误的。因为：其一，社会生活复杂多样，法律不可能包罗万象，也不是万能的，任何事情不可能都靠法律来解决；其二，法律与道德各有各的作用，道德主要是事前的引导教化作用，法律主要是事后的惩治作用，法能治标，德能治本，形成好的社会风气，从根本上杜绝犯罪；其三，法与道德实施的手段不同，法“恃政治制裁发生功作”，道德却是“专恃社会制裁发生功用”，不遵守道德，将受到社会舆论的谴责；其四，法不能自立、自行，要靠人来制定和实行，道德修养对制定和推行“善法”都至关重要。因此，法律与道德，在治国中缺一不可。

梁启超认为，法家的“法治”与儒家的“人治”针锋相对，一个强调“法高于人”，另一个坚持“人高于法”，二者可谓“冰炭不可共器”。他谴责法家的“法治”缺少道德，儒家的“人治”轻视法律，认为自己主张的“法治主义言之成理，最少亦须有如现代所谓立宪之政体者以盾其后”（《先秦政治思想史》）。由此可见，他提倡的法治是近代意义上的君主立宪之政体中的法治。

影响评价

梁启超与他的老师康有为有着较大的差别：康有为是一个开创学派、建立体系、有深度理论的思想家，他固执己见，以圣人自居，自诩“吾学三十岁已成，此后不复有进，亦不必求进”，是一位倔强的先生；梁启超则聪慧机敏，情感丰富，学问博杂，太无成见，自称“吾数年来之思想，已不知变化流转几许次”，是一个开明学者。胡适说：“梁任公为吾国革命第一大功臣”，“使无梁氏之笔，虽有百十孙中山、黄克强，岂能成功如此之速！”（胡适《藏晖室杂记·卷二》）黄遵宪称誉梁氏文章：“惊心动魄，一字千金。人人笔下所无，却为人人意中所有。虽铁石人亦应感动。从古至今，文字之力之大，无过于此者矣。”基于“流质易变”，梁启超也遭到种种非议：孙中山痛斥其“忽言革命，忽言破坏”，“一人而持二说，首鼠两端”（《孙中山全集·敬告同乡书》）。章太炎指责他“始言革命，终言立宪，浮夸转变”（《章太炎政论选集·政闻社员大会破坏状》）。严复批评他屡易宗旨，种祸无

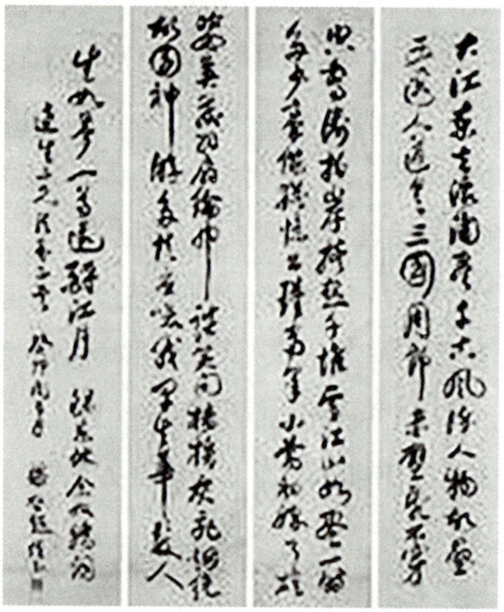

•梁启超的书法

穷，是亡清二百六十年社稷的罪人。近代社会，新旧交替，沉渣泛起，世间万物瞬息万变，人的经历跌宕起伏，这促使人的思想也发生相应的变化。在梁启超身上，存有可变与不可变两种因素。不可变的是远大的社会目标和崇高的人格理想，他十分明确未来中国需要的是：铸造新民、国家富强、民族鼎盛；可变的是改造社会的基本走向和政治途径，梁启超对此却仍犹豫不决，举棋不定。当外在客观的政治条件发生了巨大变化，某种特定的方式与既定目标发生偏离，为了达到目的，他不得不随时调整走向和改换途径，这种思想上的变易，是值得体谅和同情的。时而革命，时而改良，梁启超选择具体方案的变异留下了各种可能性的多方揣测和尝试，有利于人们扩展思路，去寻找社会前进的最佳路径。在各种偶然中寻找必然，在各种变换中实现安定，这是梁启超在近代思想启蒙过程中留给我们的一笔最珍贵的财富。

谭嗣同

冲决网罗　仁通平等

核心要旨

为何说『三纲』之法千疮百孔？

『仁通平等』的法学含义是什么？

如何参照西法进行法制改革？

为何说社会变革必须有人流血、有人献身？

甲午战争之后，中国的战败同时也宣告了洋务派希冀拥有西方的武器装备达到国家富强幻想的破灭，资产阶级改良派把“救亡图存”的希望维系在改良制度的基础上，从而成为新的时代宠儿，活跃在历史的舞台。谭嗣同与康有为、梁启超有着密切的交往，他属于改良派阵营的一员猛将。但他那颇为激进的主张，却给了日后革命派很多的启迪。以此而论，过激的改良势必成为孕育革命的土壤。谭嗣同在中国近代思想史上独特的价值和意义莫过于此。

人生历程

谭嗣同（1865～1898年），字复生，号壮飞，湖南浏阳人。出身于封建官僚家庭。他的父亲谭继洵曾任湖北巡抚。少壮时风流倜傥，胸怀大志，淹通群籍，能文章，好任侠，善剑术，但多次参加科举考试均落第。1884年任新疆巡抚刘锦堂的幕僚。曾游历直隶、上海、天津、新疆、甘肃、陕西、河南、湖南、湖北、江苏、安徽、江西、山西、山东等地，视察风土，结交豪杰。1894年甲午战争爆发，中国战败，签订了丧权辱国的《马关条约》，使他情感上受到极大的伤害，他以诗泄愤："世间无物抵春愁，合向苍冥一哭休。四万万人齐下泪，天涯何处是神州。"（《谭嗣同全集·七绝·有感一章》）学术思想也产生了很大的变化。他改号为"壮飞"，激励自己抛弃旧学，趁"膂力方刚"，做一个壮志凌云、图强御侮的大丈夫。1895年在浏阳设立湘学会，提倡新学。当时康有为在北京及上海建立强学会，谭嗣同自湖南下上海，游北京，欲拜访康有为，恰逢康有为南下广东而未遇。他与梁启超相见，梁启超向他介绍了康有为的思想宗旨和学术主张。谭嗣同对此甚感钦佩和振奋，称康有为是"一佛出世"，表示愿为其私淑弟子。1896年赴南京候补知府职，后写成著名的《仁学》一书，这标志着他的思想从奉"中学"（反对变法维新）向扬"西学"（积极参与变法维新）的转变。1897年弃官归乡，协助湖南巡抚陈宝箴、按察使黄遵宪，与梁启超、唐才常等办长沙时务学堂，办理新政。他设立具有地方议会性质的南学会，创办《湘学新报》《湘报》，与志士仁人探讨爱国之理、救亡之法，并集会演说，鼓动民众。维新良风使湖南面貌一新，富有生气。1898年因大学士徐致靖的推荐，奉诏抱病入京，奏对符合光绪心意，超擢四品卿衔军机章京，与杨锐、林旭、刘光第一同参与新政，当时号为"军机四卿"。9月初，慈禧太后派人到天津与直隶总督荣禄密谋，决定10月间趁光绪到天津阅兵之机发动兵变，逼其退位。光绪惊恐不已，只得赐杨锐衣带诏，上有"朕位几不保，命康与四卿及同志设法筹救"之语，谭嗣同与康有为捧诏恸哭，感伤皇帝手无寸柄，无所为计。最后只好孤注一掷，谭嗣同密奏请皇帝以恩遇结交袁世凯，希望在紧急时或可救助。9月16日，光绪召见袁世凯，提拔为侍郎，专管练兵之事。18日，谭嗣同到法华寺面见袁世凯，直接拿出密诏示之曰："今日可以救我圣主的人，只有你了，你愿救则救之，假如不想救，请到颐和园太后那里去告密，杀了我，你是可以得到富贵的。"袁世凯正色厉声说："你把袁某看成什么人了？皇帝是我们共同侍奉的主子，我与你同受非常之遇、救护之责，应当共同承担。你如果有什么指教，我本来就愿意有所听闻。”谭嗣同又问：“荣禄一向待你不错，你不想报答他？况且，荣禄有曹操王莽之才，也不好对付。”袁世凯怒目而视说：“如果皇上在我营中，则诛荣禄如杀一条狗。”因共同筹划解救皇帝的方案十分周密。事隔一天，袁世凯借口回天津筹备军械弹药，实际向荣禄告密。9 月 21 日，慈禧太后发动政变，光绪皇帝被囚禁，形势危急，潭嗣同对梁启超说：“不有行者，无以图将来；不有死者，无以酬圣主。”劝梁启超到日本使馆避难，自己则留下来与侠士谋救皇上。日本志士数辈劝其东游，他说：“各国变法，无不从流血而成。今中国未闻有因变法而流血者，此国之所以不昌也。有之，请自嗣同始。”最终没有离开。谭嗣同被捕后，在狱壁题诗一首：“望门投止思张俭，忍死须臾待杜根。我自横刀向天笑，去留肝胆两昆仑。”9 月 28 日，谭嗣同与林旭、康广仁、杨锐、杨深秀、刘光第六人（世称“戊戌六君子”），以“大逆不道”的罪名，被斩首于北京菜市口刑场。临刑时，谭嗣同神色自若，给世人留下“有心杀贼，无力回天，死得其所，快哉快哉！”的临终语后，从容就义。（参见梁启超《谭嗣同传》）

谭嗣同的著作主要有：《仁学》《以太说》《报贝元徵书》等。现有中华书局 1954 年出版的《谭嗣同全集》。

思想脉络

谭嗣同广泛汲取了古今中外的思想，将印度佛教、近代自然科学和西方资产阶级社会政治学，特别是孔子的“革故鼎新”思想、墨子的“兼爱”“任侠”主张与王夫之的民族民主学说熔为一炉，构成了新型的“仁学”体系。他的法律思想一破一立：破，即破除所有的封建网罗；立，即建立西方式的开明政治。破得彻底与立得急迫，这二者之间，互为表里，相得益彰，因而成为资产阶级改良派中带有激进特色的最强音。

壹

冲决一切封建网罗

封建纲常伦理扼杀人的聪明才智，限制人的自然成长，对此，谭嗣同深有感触："吾自少至壮，遍遭纲伦之厄，涵泳其苦，殆非生人所能任受，濒死累矣，而卒不死。"因而他大声疾呼冲决一切封建之网罗："初当冲决利禄之网罗，次冲决俗学若考据、若词章之网罗，次冲决全球群学之网罗，次冲决君主之网罗，次冲决伦常之网罗，次冲决天之网罗，次冲决全球群教之网罗，终将冲决佛法之网罗。"(《仁学·自叙》)首先要排除物质利益和学术名誉在世俗生活中的诱惑，其次要挣脱学术群体、君主政体、家庭家族在社会规范内的束缚，最后要破除"上天""佛法"等宗教迷信在精神上的控制，从而实现个人从行为到思想的彻底解脱。

谭嗣同猛烈抨击两千年来的封建专制政治与学术，他说："二千年来之政，秦政也，皆大盗也；二千年来之学，荀学也，皆乡愿也。惟大盗利用乡愿；惟乡愿工媚大盗。二者交相资，而罔不讬之于孔。"(《仁学·卷上》)中国两千年来的政治，是秦朝建立起来的封建君主专制政治，都是彻头彻尾的窃"天下为君主囊橐中之私产"的强盗政治；中国两千年来的学术，是荀子建立的"法后王，尊君统"的御用学术，都是貌似忠诚、实藏奸诈的伪孔学。强盗政治利用虚伪学术，虚伪学术恭维强盗政治，二者交相依托，狼狈为奸，沆瀣一气。正是封建专制政治与虚伪学术违背了孔学"宣民主""诋君主"的初衷，才造成了中国二千年之久的黑暗。

封建专制制度的精神支柱是所谓"名教"，谭嗣同彻底否定"名教"的神圣性，指出："俗学陋行，动言名教，敬若天命而不敢渝，畏若国宪而不敢议。嗟乎！以名为教，则其教已为实之宾，而决非实也。又况名者，由人创造，上以制其下，而不能不奉之，则数千年来，三纲五伦之惨祸烈毒，由是酷焉矣。君以名桎臣，官以名轭民，父以名压子，夫以名困妻，兄弟朋友各挟一名以相抗拒，而仁尚有少存焉者得乎？"(《仁学·卷上》)必须砸碎

“名教”这一精神枷锁，寻求思想上的解放。

“名教”的核心内容是“三纲五伦”，谭嗣同将批判的矛头直指“三纲”，他说：“君臣之祸亟，而父子夫妇之伦遂各以名势相制为当然矣。此皆三纲之名之为害也。名之所在，不惟关其口，使不敢昌言，乃并锢其心，使不敢涉想。愚黔首之术，故莫以繁其名为尚焉。”“三纲”维系不平等的人际关系，维护君主、父亲、丈夫的特权地位，它封闭人们的言论，禁锢人们的思想，让其逆来顺受，被动服从。不仅如此，“三纲”还是封建君主制定“一切酷毒不可思议之法”的依据，是使人民“坐受其鼎镬刀锯之刑”的本源，“独夫民贼，固甚乐三纲之名，一切刑律制度皆依此为率，取便己故也”(《仁学·卷下》)。封建君主正是通过建立不公正的法律制度来实现自己私利的。

谭嗣同否定封建的君臣关系，他说：“二千年来君臣一伦，尤为黑暗否塞，无复人理，沿及今兹，方愈剧矣。夫彼君主犹是耳目手足，非有两鼻四目，而智力出于人也，亦果何所恃以虐四万万之众哉？则赖乎早有三纲五伦字样，能制人之身者兼能制人之心。”(《仁学·卷上》)封建君主专制制度的推行，君臣不正当关系的形成，关键在于“君为臣纲”的观念歪曲了君臣的性质，颠覆了君臣的平等地位，违背了民本君末的公理。他说：“生民之初，本无所谓君臣，则皆民也。民不能相治，亦不暇治，于是，共举一民为君。”君推举出来是“为民办事”的，臣是“助君为民办事”的。因此，“君之与臣名异实同”，他们的地位是平等的。谭嗣同严厉驳斥“死节”“忠君”思想的愚昧腐朽。他认为，有没有“死节”，要看君民关系是否正常：“君亦一民也，且较之寻常之民而更为末也。民之于民，无相为死之理；本之与末，更无相为死之理。”因此，“止有死事的道理，决无死君的道理”，“死君”意味着本末倒置，不明事理，自轻自贱。谭嗣同指出，该不该“忠君”，要看君主政治表现如何：“古之所谓忠，以实之谓忠也。下之事上当以实，上之待下乃不当以实乎？则忠者，共辞也，交尽之道也，岂又专责之臣下乎？”“古之所谓忠，中心之谓忠也。抚我则后，虐我则仇，应物平施，心无偏袒，可谓中矣，亦可谓忠矣。”（《仁学·卷下》）臣是辅助君主为民办事的，当君主已经成了奴役天下人的独夫民贼，臣还对他忠心耿耿，为他效力卖命，就是助纣为虐，危害天下。这说明心中无公平正义信念的臣子，才会成为暴君庸主的爪牙和帮凶。

谭嗣同否定封建的父子关系，他认为，父子关系紧张，在于父子地位的不平等。而“父尊子卑，天经地义”的说法，荒谬至极。他说：“至于父子之名，则真以为天之所合，卷舌而不敢议。不知天合者，泥于体魄之言也，不见灵魂者也。子为天之子，父亦为天之子，父非人所得而袭取也，平等也。”父与子都是上天的儿子，天对他们一视同仁，同样赋予，他们之间应该是平等的。至于“孝”只约束儿子而不约束父亲，更是没有道理：“君父以责臣子，臣子亦可反之君父，于箝制之术不便。故不能不有忠孝廉节，一切分别等衰之名，乃得以责臣子曰：尔胡不忠？尔胡不孝？是当放逐也！是当诛戮也！忠孝既为臣子之专名，则终必不能以此反之。”（《仁学·卷下》）从而揭露了忠、孝的虚伪性，指出忠、孝只不过是封建统治的工具。

谭嗣同批驳了封建的夫妻关系，他指出，“男女同为天地之菁英，同有无量之盛德大业，血肉聚成，与我何异”，但封建伦常，重男轻女，“故重男轻女者，至暴乱无礼之法也。男则姬妾罗侍，放纵无忌；女一淫即罪至死。驯至积重，留流为溺女之习”（《仁学·卷上》）。男女地位悬殊，形成鄙视女性的陋习，这公允吗？男尊女卑，势必造成婚姻家庭中夫妻地位的不平等。在封建社会，父母包办婚姻，“本非两情相愿，而强合渺不相闻之人，系之终身，以为夫妇，夫果何恃以伸其偏权而相苦哉？实亦三纲之说苦之也。夫既自命为纲，则所以遇其妇者，将不以人类齿”。夫妻萍水相逢，本应相依为命，互爱互助，但丈夫受“夫为妻纲”思想的毒害，虐待妻子，为人类不齿。而宋儒宣扬的“饿死事小，失节事大”的观念，更是剥夺了妻子的人身自由和个人幸福。妇女的社会地位十分低下，处境十分艰难，婆媳关系犹为恶劣：“姑之于妇，抑何相待之暴也？……今则虏役之而已矣，鞭笞之而已矣。至计无复之辄自引决。村女里妇，见戕于姑恶，何可胜道？父母兄弟，终身茹痛，无术以援之，而卒不闻有人焉，攘臂而出，昌言以正其义。又况后母之于前子，庶妾之于嫡子，主人之于奴婢，其于体魄者无关，而黑暗或有过此者乎！”（《仁学·卷下》）同为妇女，但在伦理关系中处于尊位的婆婆，可以肆无忌惮地虐待儿媳，而儿媳的父母兄弟无法救助，也不会有人挺身而出，伸张正义。婆婆对待儿媳的黑暗，比起后母对前子、庶妾对嫡子、主人对奴婢，有过之而无不及，令人发指。

总而言之，“三纲五伦”是维护封建等级特权的便利工具，“三纲之慑人，足以破其胆，而杀其灵魂”（《仁学·卷下》）。其不合人性，违背公理，应该彻底取缔。

贰

尽变西法，仁通平等

谭嗣同以西方“进化论”为理论依据，认为世界万事万物都处于“日新”的状态：“天不新，何以生？地不新，何以运行？日月不新，何以光明？四时不新，何以寒暑发敛之迭更？草木不新，丰缛者歇矣。血气不新，经络者绝矣。”（《仁学·卷上》）“天地以日新，生物无一瞬不新也。今日之神奇，明日即已腐臭，奈何自以为有得，而不思猛进乎？”（《谭嗣同全集·上欧阳瓣薑师书》）既然一切事物发展变化是不可抗拒的客观规律，人们就应该因时变法，推陈出新。而这方面既有成功的经验，又有失败的教训：“欧美二洲，以好新而兴；日本效之，至变其衣食嗜好。亚非澳三洲，以好古而亡。中国动辄援古制，死亡之在眉睫，犹栖心于榛狉未化之世，若于今熟视无睹也者。”（《仁学·卷上》）上述事实说明：破旧立新，国家强盛；因循守旧，国家衰亡。今日中国危亡迫在眉睫，只有变法才有挽救的希望，但统治者仍固守陈规陋习，安于现状，不思进取，坚持不变，其主要原因在于：“方将愚民，变法则民智；方将贫民，变法则民富；方将弱民，变法则民强；方将死民，变法则民生；方将私其智其富其强其生于一己，而以愚贫弱死归诸民，变法则与己争智争富争强争生，故坚持不变也。”谭嗣同强调指出，社会变革不从国家内部自觉产生，就必定改换方式，在国家外部势力的强行介入下，被动接受其变革。他说：“中国不变法以期振作，使外洋内入而代为变之……可使四百兆黄种之民胥为白种之奴役。”（《仁学·卷下》）由外国列强在中国推行变法，只会让中国丧失主权，使中国人受到奴役，这是每一位正直、善良的中国人无法面对和不可容忍的。凡爱国人士，都希望中国在自求变法的过程中，日渐富强。他痛斥顽固不化的复古守旧者：“独何以届今之世，犹有守旧之鄙生，龂龂然曰不当变法，何哉？是将挟其茶敝惰怯之私，而窒天之生，而扼地之运行，而蔽日月之光明，而乱四时之迭更，而一弥百产万灵之芸芸，不恤亡学亡政亡教，以拗戾乎不生不灭者也。虽然，彼之力又何足以云尔哉？毋亦自断其方生之化机，而与于不仁之甚，则终成为极旧极敝一残朽不灵之废物而已矣！”（《仁学·卷上》）抱残守缺，逆历史潮流而行，必将为人类所不齿。

谭嗣同变法的理论依据是他的“道器论”。他引用《易经》“形而上者谓之道，形而下者谓之器”的说法，认为道和器构成一个统一体。再借助王夫之“无其器则无其道”的观点，说明“道不离器”。在此基础上，阐述自己的看法：“道，用也；器，体也。体立而用行，器存而道不亡。”“器”是第一性的，“道”是第二性的，有“器”才有“道”，“道”不能离开“器”而孤立存在。这就解决了变法重大的理论问题，首先，他否定“空言变道”的谬论，肯定洋务派引进西方器物文化的功绩，要求进一步实实在在地效仿西方的物质文明，如筑铁路、制机器、开厂矿、办商务、练海陆军等；其次，批判洋务派“变器不变道”的顽固立场，主张“器既变，道安得独不变？”（《谭嗣同全集·报贝元徵书》）在引进西方技术装备的同时，借鉴西方文明的制度、观念，完成对中国上层建筑的改良，如变伦常、除弊政、改官制、废科举、兴学校、开议院、行民权。

谭嗣同认为，中国变法的核心问题是建立新型的人际关系，他借用孔子“仁”这一观念，并赋予了它新的内涵，形成了“仁—通—平等”的“仁学”体系。谭嗣同的“仁学”包含两项基本内容：其一，“仁”的社会功能是“通”，即通为一致。他说：“仁以通为第一要义。”“通则必尊灵魂。”“通”有四项基本含义：一是“中外通”，即放弃闭关锁国的错误路线，加强对外交往，与西方各国通商贸易，友好相处；二是“上下通”，即取消封建君主专制的等级制度，统治者与民众平起平坐，加强沟通，共谋国事；三是“男女内外通”，破除男尊女卑、夫为妻纲的陈旧观念，维护妇女的人格尊严和切身利益，男女之间相互理解，互相尊重；四是“人我通”，即取消人与人之间形成的尊卑贵贱的界限，泯灭利害冲突，密切交往，互相帮助，彼此宽容。总之，所谓“通”，就是要革除人与人之间的隔膜，化解人与人之间的矛盾冲突，友好往来，和睦相处。其二，“仁”的价值取向是“平等”。谭嗣同说：“通之象为平等。”（《仁学·卷上》）他认为，在五伦中，只有朋友关系是值得推崇的，因为朋友关系建立在“平等”“自由”“节宣惟意”的基础上，始终“不失自主之权”。所谓西方式的“民主”，就是以“朋友”作为四伦的圭臬，“天国之义也，君臣朋友也；父子异宫异财，父子朋友也；夫妇择偶判妻，皆由两情自愿，而成婚于教堂，夫妇朋友也；至于兄弟，更无论矣……夫惟朋友之伦独尊，然后彼四伦不废自废”。实现人与人之间的平等靠的是“心力”：“夫心力最大者，无不可为。”世上的一切，靠心完成、毁灭、改造，无不称心如意。靠人力无法做到的，靠心力都能做到。“盖心力之实体，莫大于慈悲。慈悲则我视人平等，而我以无畏；人视我平等，而人亦以无畏。无畏则无所用机矣。”（《仁学·卷下》）由此可见，谭嗣同主张的“平等”，并不是客观事实上的平等，而侧重于主观意识上的平等，它仅以思想解放始，而不以改革社会现实终，其“平等”观的进步性就大打折扣，存在明显的不足。

谭嗣同“平等”观的核心内容是君主与民众社会地位的平等。他否定“君权神授”的谎言，指出：“生民之初，本无所谓君臣，则皆民也。民不能相治，亦不暇治，于是共举一民为君。夫曰共举之，则非君择民，而民择君也。夫曰共举之，则其分际又非甚远于民，而不下侪于民也。夫曰共举之，则因有民而后有君；君末也，民本也。天下无有因末而累及本者，亦岂可因君而累及民哉？夫曰共举之，则且必可共废之。君也者，为民办事者也；臣也者，助办民事者也。赋税之取于民，所以为办民事之资也。如此而事犹不办，事不办而易其人，亦天下之通义也。"（《仁学·卷下》）君主是根据社会发展的需要从民众中推举产生的，是民选择君主，而不是君主选择民众。先有民，后有君。民为本，君为末。民众既然可以推选君主，也就能够废除君主。只要君主不为民众办事，民众就有理由换人。目前，当务之急在于："废君统，倡民主，变不平等为平等。"（《仁学·卷上》）

谭嗣同认为，中国与西方强弱、治乱悬殊的根本原因在于："彼之法良意美，我无法而已。法良则中人以下，犹可自勉；无法即中人以上，难于孤存。法良则操莽无从觊觎，无法即尧舜终于犹病。且即欲正天下之人心，又岂空言能正之乎？……无法又何处正起，则亦寓于变法之中已耳。"中国要扭转被动局面，渐至富强，就必须端正人心；要端正人心，就应该变恶法为善法，变无法为有法。中国变法的途径看似有两条，一是恢复古法，二是效仿西法。但由于周公立的善法，至秦尽废，荡然无存，无以为因；两千余年沿袭的是暴秦之弊法，并且几乎近于无法，积重难返。因此，恢复古法已不现实。西法"博大精深，周密微至"，中国变法的路径就只能是"酌取西法，以补吾中国古法之亡"（《谭嗣同全集·报贝元徵书》）。参照西法，他提出了法制改革的具体措施：

1. **成立学会，代行议院职权。**各地都要成立学会，将有识之士聚集在一起，讲论启智，观摩进业，熏习固德，比较奋力，通力合作，注重实效。"有大事则上下一心，合群策群力以举之"，议事之权（立法权）归学会，办事之权（行政权）归官吏，互相牵制，各不相侵。故学会"无议院之名，而有议院之实"（《壮飞楼治事十篇·通情》）。学会可按学科门类办士会、农会、工会、商会等各种分会，"士会于庠而士气扬，农会于疆而农业昌，工会于场而工事良，商会于四方而商利孔长。各以其学而学，即互以其会而会。人人可以自致，处处可以见功”（《壮飞楼治事十篇·学会》）。这样一来，各行业按自身发展需要制定相关的法规，更有可操作性和适用性。

2.兴法学，任用人才，法律至上。谭嗣同认为：“吾即今日之法，程其功，责其效，求其无变法之名，而有变法之实。”（《壮飞楼治事十篇·辨实》）不空言变法，而要在引进西法的过程中见成效，必须拥有一大批通晓法律的专门人才。这就需要做两方面的工作：一是改革科举制度，注重选拔实用性人才，奉行新法；二是在国家的“大书院”中设立法律专门学科，培养法律人才，“考法律者官刑部”，“考公法者充使臣”，“凡府吏皆用律学之士人”（《谭嗣同全集·报贝元徵书》），使之成为法治社会的“行法之人”。

3.删除旧法，制定“简要有定”的新法。较之以自由、平等、人权为立法原则而建立的资产阶级法制，中国的现行法律就显得太落后、太野蛮，必须加以修订。封建刑律中的“谋反”“叛逆”“会匪”“失节”都应废止。引进西方民法中的有关规定，“祖父之产，身后不悉归于子孙，犹然民主之法之推也，是永无兄弟骨肉争产之讼，与夺嫡争继之讼”。“夫妇则自君至民，无置妾之例，又皆出于两厢情愿，故伉俪笃重，无妒争之患，其子孙亦遂无嫡庶相猜忌之患。”（《谭嗣同全集·报贝元徵书》）重商恤商，制定商律，维护工商业者合法的经营权和私有财产权。采取“出口免税，入口重税”的外贸政策，促进民族工商业的发展。特别严重的是，中国现行法律是“以非乱是、以伪乱真之法”，它一方面律例浩繁，“旧案积山”，让人无所适从；另一方面又极不完备，顾此失彼，给官吏以营私舞弊、贪赃枉法的可乘之机。针对上述弊政，制定新律时要“中西合一，简而易晓，因以扫除繁冗之簿书”，逐步完善各级部门的法令章程，改变各行其是、各自为政的状态。

影响评价

同为戊戌变法倡导者的梁启超曾写成《谭嗣同传》，对谭嗣同有很高的评价，称“晚清思想界有一彗星，曰：浏阳谭嗣同”。谭嗣同的《仁学》虽“区区一卷，吐万丈光芒，一瞥而逝，而扫荡廓清之力莫与竞焉。吾故比诸彗星……使假以年，则其学将不能测其所至”（梁启超：《清代学术概论》）。“其思想为吾人所不能达，其言论为吾人所不敢言。”（《饮冰室文集·清议报第一百册祝词》）谭嗣同的生命虽然短暂，他的法律思想却光彩夺目，封建社会的政治权威——“秦政”、学术权威——“荀学”、思想权威——“名教”在他的攻击下，威风扫地，原形毕露。他那振聋发聩的激进主张，既达到了改良主义思想的高峰，又搭起了通往民主革命思想的桥梁，完成了不同思想在薪尽火传过程中顺利过渡的历史使命。《革命军》的作者邹容曾在谭嗣同遗像上题诗赞曰：

赫赫谭君故，
湘湖士气衰。
惟冀后来者，
继起志勿灰。

严复

黜伪崇真　自由为体

核心要旨

中国向西方学什么与怎样学？

如何理解『自由为体』与『民主为用』？

中西法制的主要差异是什么？

留学生对中国法制近代转型有哪些贡献？

在中国法律近代化进程中，严复作为长期在西方生活学习、受过西洋文化系统训练的中国留学生，对西方的了解和认识，无论是比起洋务时期的李鸿章、张之洞，还是比起维新时期的康有为、梁启超来说，都要真切、全面、深刻得多。他以其深厚的学术修养和对西方社会真实的体验介绍西方文化，他认为，西方国家的强大，不仅仅在于船坚炮利，也不仅仅在于制度的文明，而主要在于学术传统的优良、思想观念的先进。中国要想走向富强，必须掌握西方的根本——自由、民主和科学意识，并借此在学术、思想上产生变革。严复的译著和论述对中国人来说，无疑是一次真正的振聋发聩的启蒙，标志着近代中国向西方寻找真理开始步入正途。

人生历程

严复（1854～1921年），初名传初，乳名体乾，后改名宗光，字又陵，再改名复，字几道。福建侯官（今福建福州）人，其父严振先为当地名医。1866年，其父病故，家境窘迫，严复报考了洋务派创办的福州马尾船厂附设船政学堂学习海军，以图伙食费全免且在毕业后能找到一份差事。结果他以第一名的身份被该校首届录取。在造船学堂与驭船学堂之间，他选择了驭船学堂，对英文、数学、物理、化学、天文、地理、航海等学科产生了浓厚的兴趣。1871 年，严复以优异成绩毕业，先后到“建威号”和“扬武号”军舰上实习，两年中曾到过新加坡、槟榔屿、日本的长崎和横滨，并在中国台湾地区东部海口进行过军事勘测工作。1877 年，严复入选官派第一批留欧学生，赴英国深造，先在普茨茅斯大学肄业，后转入格林威治海军学院学习，“考课屡列优等”。在留学期间，他的注意力已经超越洋务派船坚炮利、练兵自强的狭隘视野，转向探索西方之所以富强的奥秘，力图从西方资产阶级启蒙思想家的学术著作中发现拯救中国的药方。他还考察英国的社会制度，“尝入法庭，观其听狱，归邸数日，如有所失……谓英国与诸欧之所以富强，公理日伸，其端在此一事”(《严复集·法意》卷十一按语)。他常利用节假日去使馆与当时清廷首任驻英公使郭嵩焘“论析中西学术异同”，许多见解深得郭嵩焘的赏识，引为忘年之交，称“出使诸邦，惟严君能胜其任”。1879 年，严复学成归国，新任船政大臣吴赞诚派他到马江船政学堂担任教员。1880 年，被直隶总督李鸿章调到天津担任北洋水师学堂总教习(教务长)，但因年轻气盛，言辞过激，未得重用。他曾四次参加科举考试，但均落第。1890 年，被提升为京师大学堂译局总办，但对洋务新政不感兴趣，“不预机要，奉职而已”①。甲午战争后，他痛心疾首，在天津《直报》上发表《论世变之亟》《原强》《辟韩》《救亡决论》等著名文章，批驳顽固守旧，主张维新变法。1897 年，在天津创办《国闻报》，宣传变法。他翻译了赫胥黎的《天演论》、亚当·斯密的《原富》、斯宾塞的《群学肄言》、孟德斯鸠的《法意》等西方经典著作，对中国近代思想的发展影响巨大。1911 年，清政府设立海军部，严复被任命为协都统，受赐文科进士出身，充学部文词馆总纂，担任资政院议员。中华民国建立后，

① 陈宝琛:《清故资政大夫海军协都统严君墓志铭》，载《严复集》，中华书局 1986 年版，第 1541 页。

袁世凯聘他做顾问参政及约法会议议员，并受袁世凯任命担任北大校长之职。列名参加了拥护袁世凯称帝的“筹安会”。后来，他越发后退，趋向对传统文化的复归，反对“五四”时期的新文化运动，成为封建复古主义者。1921 年 10 月 27 日去世。著作有《严几道诗文钞》等，其著译编为《侯官严氏丛刊》《严译名著丛刊》。1986 年，中华书局出版了《严复集》。

思想脉络

严复在近代思想界出现的意义在于：他以避免中国亡国灭种为神圣使命，凭着对西方文化的切身体验与深刻认识，致力发掘西方国家富强的“命脉之所在”：“欧人之富强，由于欧人之学问与政治。”(《严复集·论中国之阻力与离心力》)西方“不外于学术则黜伪而崇真，于刑政则屈私以为公而已。斯二者，与中国理道初无异也。顾彼行之而常通，吾行之而常病者，则自由不自由异耳”(《严复集·论世变之亟》)。于是严复的法律思想围绕“自由”这一核心观念从两方面加以展开：一是主张从学术上以变求道，废除八股伪学，倡导讲实求真的西学，树立国民的科学意识；二是要求在政治上取缔君主专制，“以自由为体，以民主为用”，重建各类文明的社会规范和政治制度。严复的见解旗帜鲜明，有的放矢，阐明了应该向西方学什么与怎样学习西方的问题，为中国学习西方辨明了方向。

壹

痛除八股，大讲西学

严复对近代中国有着冷峻而清醒的认识：“今吾国之所最患者，非愚乎？非贫乎？非弱乎？则径而言之，凡事之可以愈此愚、疗此贫、起此弱者皆可为。而三者之中，尤以愈愚为最急。何则？所以使吾日由贫弱之道而不自知者，徒以愚耳。继自今，凡可以愈愚者，将竭力尽气皲手茧足以求之，惟求之能得，不暇问其中若西也，不必计其新若故也。有一道于此，致吾于愚矣，且由愚而得贫弱，虽出于父祖之亲，君师之严，犹将弃之，等而下焉者无论已；有一道于此，足以愈愚矣，且由是疗贫起弱焉，虽出于夷狄禽兽，犹将师之，等而上焉者无论已。”(《严复集·与〈外交报〉主人书》)中国要想脱贫去弱，首先必须铲除愚昧，而愚昧具体体现于平时学问的陈旧、腐朽与士大夫心术不正。中国唯一的出路就是走向富强。他阐述了国家富强、西洋之术、人才三者之间的关系，认为：富强，则中国可以安；不用西洋之术，富强不可致；无通达时务之真人才，西洋之术不可用。因此，不破不立，要想在中国培养人才、倡导西学而致富强，就必须去除封建蒙昧主义的旧学和八股取士的科举制度。

首先，严复将攻击的矛头对准八股取士的科举制度。他指出：“天下理之最明而势所必至者，如今日中国不变法则必亡是已。然则变将何先？曰：莫亟于废八股。夫八股非自能害国也，害在使天下无人才。”八股毁灭人才的祸害表现在如下三个方面：其一，锢智慧。“人之计虑智识，其开也，必由粗以入精，由显以至奥，层累阶级，脚踏实地，而后能机虑通达，审辨是非。方其为学也，必无谬悠影响之谈，而后其应事也，始无颠倒支离之患。”八股之学违背人的认识规律，让人从小就脱离实际，对儒学经典死记硬背，按固定格式剽窃成章，写成一文，自己也不知所云。且误认为，“半部《论语》治天下”，“做秀才时无不能做之题，做宰相时自无不能做之事”，有恃无恐，狂妄自大，缺乏灵活性和创造性，愚蠢至极。其二，坏心术。八股之士为考取功名，不懂装懂，弄虚作假，剽窃诡随。“致令羞恶是非之心，旦暮梏亡，所存濯濯。又何怪委贽通籍之后，以巧宦为宗风，以趋时为秘诀。否塞晦盲，真若一丘之貉。苟利一身而已矣，遑恤民生国计也哉！”甚至“刑在前不栗，议在后而不惊”。其三，滋游手。八股科举考试，使大量中举者白领俸禄，无官可做，无事可干，游手好闲，既增加了国家的经济负担，又浪费了许多读书人的青春和才华。由此可见，“八股之三害，有一于此，则其国鲜不弱而亡，况夫兼之者耶！”“总之，八股取士，使天下消磨岁月于无用之地，堕坏志节于冥昧之中，长人虚骄，昏人神智，上不足以辅国家，下不足以资事畜。破坏人才，国随贫弱。此之不除，徒补苴罅漏，张皇幽渺，无益也，虽练军实、讲通商，亦无益也。何则？无人才，则之数事者，虽举亦废故也。”严复主张改革科举，“夫科举之事，为国求才也，劝人为学也。求才为学二者，皆必以有用为宗。而有用之效，征之富强；富强之基，本诸格致。不本格致，将无所往而不荒虚，所谓‘蒸砂千载，成饭无期’者矣”(《严复集·救亡决论》)。

其次，严复批驳了旧学。严复认为，中西文化具有本质的差异，其中“最不同而断乎不可合者，莫大于中之人好古而忽今，西之人力今以胜古”(《严复集·论世变之亟》)。中国人因循古训，墨守成规，安于现状，不思进取。中国传统学术包括宋学义理、汉学考据和词章之学，这些“学术末流之大患，在于徇高论而远事情，尚气矜而忘实祸”，“其高过于西学而无实”，“其事繁于西学而无用”，不可能用来挽救中国今日之危亡。“其为祸也，始于学术，终于国家。”与中国旧学截然不同，就方法论而言，西学更为科学合理。西学讲“格致”，“一理之明，一法之立，必验之物物事事而皆然，而后定之为不易。其所验也贵多，故博大；其收效也必恒，故悠久；其究极也，必道通为一，左右逢源，故高明。方其治之也，成见必不可居，饰词必不可用，不敢丝毫主张，不得稍行武断，必勤必耐，必公必虚，而后有以造其至精之域，践其至实之途”(《严复集·救亡决论》)。从客观存在的现实生活出发，归纳总结，发现普遍规律和一般原理，这才是真正的学问。因此，传统旧学只能束之高阁，不予采用，而以西方文化取而代之。

最后，严复提倡思想言论自由。他认为，“须知言论自由，只是平实地说实话求真理，一不为古人所欺，二不为权势所屈而已，使理真事实，虽出之仇敌，不可废也；使理谬事诬，虽以君父，不可从也，此之谓自由”(《严复集·群己权界论》译凡例)。只有在思想言论自由的条件下才能获得真理。他还要求统治者立法对民众的思想言论自由持开明态度，“国法之所加，必在其人所实行者。此法家至精扼要之言也。为思想，为言论，皆非刑章所当治之域。思想言论，修己者之所严也，而非治人者之所当问也，问则其治沦于专制，而国民之自由无所矣”（《严复集·法意》按语卷十二）。思想言论、学术研究，应以捍卫真理为神圣使命，从而具有一定的独立性，不应该受政治左右，学子也不能将入仕作为学习的必然归宿。

严复主张学习西方要从直接引进、吸收其自然科学和社会科学入手，努力把握西方处在人类认识发展最前沿的科学知识。他眼界开阔，思虑周密，通过《天演论》《原富》《法意》《穆勒名学》等翻译，把进化论、资产阶级古典经济学和政治理论、逻辑学全面而系统地传播过来，并依据这些介绍、翻译，创造性地给予了当时中国人以一种新鲜的世界观，从思想根基上突破了传统的意识形态，成为“五四运动”前新潮思想的主流。

甲午战败，国难深重，亡国灭种，近在咫尺。严复既能根据现实的需要，又能“取便发挥”，首先选择了进化论作为介绍西学的突破口。1897年12月，严复翻译出版了英国赫胥黎的《天演论》和斯宾塞的《群学肄言》。他竭力推崇达尔文的生物进化论学说①，也赞同斯宾塞的“社会有机论”②，借助进化论和社会有机论，严复阐明了如下基本观点：第一，他用达尔文生物进化的学说告诫人们，世界上一切生物，不是固定不变的，它们无时不处在“天演”即进化的过程中，物竞天择是万物进化的途径。物竞天择、适者生存、优胜劣汰、弱肉强食的自然进化规律，是不可抗拒的，它同样适用于人类社会。在生存竞争的人类社会中，伦理亲情与道德规范是苍白无力、肤浅虚伪的。第二，他用赫胥黎“与天争胜”的主张开导人们，

① 《严复集·原强》：“达尔文者，英之讲动植之学者也。承其家学，少之时，周历寰瀛。凡殊品诡质之草木禽鱼，裒集甚富。穷精眇虑，垂数十年，而著一书，曰《物种探原》。自其书出，欧美二洲几于家有其书，而泰西之学术政教，一时斐变。论者谓达氏之学，其一新耳目，更革心思……其书之二篇为尤著，西洋缀闻之士，皆能言之，谈理之家，摭为口实，其一篇曰‘物竞’，又其一曰‘天择’。‘物竞’者，物争自存也；‘天择’者，存其宜种也……其始也，种与种争；及其稍进，则群与群争。弱者常为强肉，愚者常为智役。及其有以自存而遗种也，则必强忍魁桀，趫捷巧慧，而与其一时之天时、地利、人事最其相宜者也。”

② 《严复集·原强》：“斯宾塞尔者，亦英产也，与达氏同时。其书于达氏之《物种探原》为早出，则宗天演之术，以大阐人伦治化之事。号其学曰‘群学’，犹荀卿言人之贵于禽兽者，以其能群也，故曰‘群学’。夫民相生相养，易事通功，推以至于刑政礼乐之大，皆自能群之性以生。”

进化的原因在于自身，不能消极、被动地接受自然进化，束手无策，坐以待毙，或自甘堕落，彻底放弃，而应该在残酷的竞争中，凭着自身因素，迎接挑战，发愤图强，变法维新，扭转被动挨打的局面，捍卫国家和民族的尊严，开创有利于自己生存的新局面。第三，他用斯宾塞的“社会有机论”说服人们，由于中国作为一个社会有机体，与其他国家处在生存竞争的环境中，并为求己之生存、发展、取胜而进行不间断的斗争，而每个个体成员的质量决定着所属社会群体的质量，因此，中国的富强有赖于每一个中国人的社会地位的提高与社会作用的显现。中国每一个人不自利、不自由、不独立，国家富强就无从谈起。基于这些方面的宣传，严复促使中国人树立全新的世界观和正确的人生态度。

1902年严复翻译出版了亚当·斯密的《原富》，揭示经济自由体系与国家富强的必然联系。严复指出：“东土之人，见西国今日之财利，其隐赈流溢如是，每疑之而不信。迨亲见而信矣，又莫测所以然，及观其治生理财之多术，然后知其悉归功于亚当·斯密之一书，此泰西有识之公论也。”(《严复集·原强》)他推崇亚当·斯密的观点，个人利益与国家整体利益息息相关，利己主义的经济自由所带来的个人经济活力能够为国家富强作贡献，换句话说，国家富强只有通过释放个人在经济领域的活力与能量才能实现。与此相反，正是由于中国的统治者和道学家长期以来有意识地束缚、压制经济的自由增长，中国的传统经济才呆板、单一、枯燥、死沉，缺乏活力。中国要想富强，必须提倡西方的经济自由，要实行经济自由，就得在思想上破除儒家的重义轻利的价值观念，“治化所难进者，分义利为二者害之也。孟子曰：‘亦有仁义而已矣，何必曰利？’董生曰：‘正谊不谋利，明道不计功。’泰东西之旧教，莫不分义利为二涂。此其用意至美，然而于化于道皆浅，几率天下祸仁义矣”。严复认为，正当的利与义是统一协调的，不可截然分割，“自天演学兴，而后非谊不利，非道无功之理，洞若观火。而计学之论，为之先声焉，斯密之言，其一事者。尝谓天下有浅夫，有昏人，而无真小人。何则？小人之见，不出乎利。然使其规长久真实之利，则不与君子同术焉……故天演之道，不以浅夫昏子之利为利矣，亦不以豁刻自敦滥施妄与者之义为义，以其无所利也。庶几久利合，民乐从善，而治化之进不远欤！”（《严复集·原富》按语）利民就是义的真切体现，追求个人幸福是国家富强的原动力。中国人应该有正确的社会价值观，以正当的方式谋取个人财富，当权者则应该对民众正当的谋利行为予以支持和保护，保障其经济自由，这势必促成国家的经济增长，以至富强。

严复于 1905 年、1909 年分别翻译出版了《穆勒名学》与耶方斯的《名学浅说》，力图用英国经验论作为认识论和方法论，来改变中国人固有的思维模式和生活习惯。严复认为，西方之所以船坚炮利，国家富强，经济政治制度比中国精良优越，正在于它们有各种近代基本理论科学作为基础和依据，而之所以有这种科学，又在于它们有新的认识论——逻辑学为指导。这种认识论——逻辑学就是培根开创的经验论和归纳法。他说，“而有用之效征之富强，富强之基本诸格致，不本格致，将无所往而不荒虚”。所谓经验论，强调一切科学认识必须从观察事物的实际经验出发，不是古训、教条，而是实际经验，才是认识的出发点和检验的标准；所谓归纳，是上述认识论所具体采用的逻辑方法，一切科学真理必须通过归纳法而设立，然后普遍运用，“一理之明，一法之立，必验之物物事事而皆然，而后定之为不易”（《严复集·救亡决论》）。严复信奉经验论与归纳法，在于这种逻辑思维对中国传统文化重先验、凭直觉、拒绝实际操练、消极、懒惰的缺陷具有特别的纠正错误的功能，它可以让人在不断地行动、不断地斗争中摸索经验，总结得失，变得聪明和强大起来。

贰

自由为体，民主为用

严复主张变法图强，在政治上表现为以天赋人权为思想武器，猛烈抨击封建君主专制主义，鼓吹“尊民叛君”和“以自由为体，以民主为用”的资产阶级民权学说。1895 年 3 月，严复发表《辟韩》，以唐代韩愈《原道》为攻击目标，对封建君权进行了猛烈的批判。韩愈曾鼓吹，“古之时，人之害多矣。有圣人者立，然后教之以相生相养之道，为之君，为之师，驱其虫蛇禽兽而处之中土。寒，然后为之衣；饥，然后为之食。木处而颠，土处而病也，然后为之宫室。为之工以赡其器用，为之贾以通其有无，为之医药以济其夭死，为之葬埋、祭祀以长其恩爱，为之礼以次其先后，为之乐以宣其湮郁，为之政以率其怠倦，为之刑以锄其强梗。相欺也，为之符玺、斗斛、权衡以信之；相夺也，为之城郭、甲兵以守之。害至而为之备，患生而为之防”。依韩愈的说法，民众都是愚昧无知的，没有圣人，人类早就灭亡了。这种言论是十分浅薄和荒谬的。在此基础上，韩愈别有用心地颠倒了君、臣、民之间的关系：“君者，出令者也；臣者，行君之令而致之民者也；民者，出粟米麻丝、作器皿、通货财以事其上者也。君不出令，则失其所以为君；臣不行君之令而致知民，则失其所以为臣；民不出粟米麻丝、作器皿、通货财以事其上，则诛。”强调君权本身就意味着诋毁民权。严复指出，“民者，出粟米麻丝、作器皿、通货财以相为生养者也，其有相欺相夺而不能自治也，故出什一之赋，而置之君，使之作为刑政、甲兵，以锄其强梗，备其患害。然而君不能独治也，于是为之臣，使之行其令，事其事。是故民不出什一之赋，则莫能为之君；君不能为民锄其强梗，防其患害则废；臣不能行其锄强梗，防患害之令则诛”。“君也，臣也，刑也，兵也，皆缘卫民之事而后有也。”天下立君的本旨，在于人们选择“公且贤者”，来维护民众的利益。因此，“君臣之伦，盖出于不得已，故不足以为道之原”。但是，事与愿违，“自秦以来，为中国之君者，皆其尤强梗者也，最能欺夺者也”，他们不但不能维护民众的利益，反而“安坐而出其唯所欲为之令，而使天下无数之民，各出其苦筋力、劳神虑者，以供其欲者，少不如是焉则诛”。“秦以来之为君，正所谓大盗窃国者耳。国谁窃？转相窃之于民而已。既已窃之矣，又惴惴然恐其主之或觉而复之也，于是其法与令猬毛而起，质而论之，其什八九皆所以坏民之才，散民之力，漓民之德者也。斯民也，固斯为天下之真主也，必弱而愚之，使其常不觉，常不足以有为，而后吾可以长保所窃而永世。”(《严复集·辟韩》) 专制君主都是窃国大盗，他们制定的法律都是钳制民众、维护统治者个人私利的不公正的法律。因此，专制君主与封建法律无论在本质上，还是在功能上都一无是处，应该彻底取缔。中国的积贫积弱，关键在于君权太强，民权甚弱，民众成了君主的奴虏。在这一点上，必须效仿西方，“尊民叛君”，提倡民权。

首先要解决如何学习西方的问题。严复主张从体到用全面地学习西方。近代以来，洋务派首开学习西方之风：“夫自海禁既开以还，中国之仿行西法也，亦不少矣：总署，一也；船政，二也；招商局，三也；制造局，四也；海军，五也；海军衙门，六也；矿务，七也；学堂，八也；铁道，九也；纺织，十也；电报，十一也；出使，十二也。”但中国并没有因此而改变贫弱的面貌，达到富强。甲午中日战争是对洋务派学习西方成果的最好检验，结果“日本以寥寥数舰之舟师，区区数万人之众，一战而翦我最亲之藩属，再战而陪京戒严，三战而夺我最坚之海口，四战而覆我海军”。这说明急功近利、固执己见、支离破碎地学习西方是不行的，后果是十分严重的。严复从“体”“用”协调统一而不可截然分割的原则出发，批驳了张之洞“中学为体，西学为用”的错误论调，他说：“牛有牛之体，牛有牛之用；马有马之体，马有马之用”，“未闻有牛之体有马之用”(《严复集·原强》)。牛的身体条件是结实，因而牛的功能是负重；马的身体条件是匀称，因而马的功能是致远，没有听说存在既有如牛结实的身体又有如马致远功能的事物。中学有中学之体中学之用，西学有西学之体西学之用，张之洞的“中体西用”，是想将两个根本不同性质的文化体系杂糅在一起，以此调解二者之间的矛盾，这在理论上是极其荒唐的，实际操作中也会处处碰壁。由此看来，只学西方的枝梢末节，不学西方的根本主干，显然是行不通的。

其次要解决主要向西方学什么的问题。西方的根本是什么呢？有的变法维新人士突破了洋务派仅在物质层面肯定西方的藩篱，深入制度层面，将资产阶级民主政治作为西方的“体”，这已是认识上了不起的升华了。与此相同，严复也主张资本主义的民权或民主，“是故西洋之言治者曰，国者斯民之公产也，王侯将相者通国之公仆隶也”，“斯民也，固斯天下之真主也”（《严复集·辟韩》）。“今夫国者非他，合亿兆之民以为之也。国何以富？合亿兆之财以为之也。国何强？合亿兆之力以为之也。夫一统之世无论已……吾未见其民之不自由者，其国可以自由也；其民之无权者，其国之可以有权也。且世之黜民权者，亦既主变法矣，吾不知以无权而不自由之民，何以能孤行其道以变其夫有所受之法也……故民权者，不可毁者也。必欲毁之，其权将横用而为祸愈烈者也。毁民权者，天下之至愚也，不知量而最足闵叹者也。”（《严复集·原富》按语一一四）但严复的观点比此更胜一筹，在他看来，民主政治还不是西方资本主义社会的根本，“民主”不过是“自由”在政治上的应用，“自由”是体，“民主”是用。“自由”才是西方资本主义国家富强的关键之所在。“夫所谓富强云者，质而言之，不外利民云尔。然政欲利民，必自民各能自利始。民各能自利，又必自皆得自由始。”而“自由”正是中国社会最为畏惧和缺乏的，中国历代的政治制度和儒家思想在创设释放个人活力的自由及其条件上不仅没有作出任何努力，反而千方百计地限制和扼杀个人自由。西方之所以比中国强大，就在于它“以自由为体，以民主为用”（《严复集·原强》）。“自由”的真实含义是什么呢？“太平公例曰：‘人得自由，而以他人之自由为界。’……‘大利所存，必其两益。损人利己非也，损己利人亦非；损下益上非也，损上益下亦非’。”（《严复集·天演论》按语）“彼西人之言曰：唯天生民，各具赋畀，得自由者，乃为全受，故人人各得自由，国国各得自由，第务令毋相侵损而已。侵人自由者，斯为逆天理，贼人道。其杀人伤人及盗蚀人财物，皆侵人自由之极致也。故侵人自由，虽国君不能，而其刑禁章条，要皆为此设耳。”（《严复集·论世变之亟》）“自由者，各尽其天赋之能事，而自承之功过者也。”“故言自由，则不可以不明平等，平等而后有自主之权；合自主之权，于以治一群之事者，谓之民主。”（《严复集·主客平议》）有了天赋自由，才有人人平等；有了人人平等，才有国家的民主政治。在严复看来，西方文化蕴含的自由价值是进化的原因而不是结果，正是个人自由所激发出来的活力才导致了西方的制度文明与国力的强大。

严复称赞“设议院于京师”有诸多好处，“是道也，欲民之忠爱必由此，欲教化之兴必由此，欲地利之尽必由此，欲道里之辟、商务之兴必由此，欲民各束身自好而争濯磨于善必由此”。但沿流讨源，执因责果，推行议会政治的社会基础是广大民众的支持与参与，“盖生民之大要三，而强弱存亡莫不视此：一曰血气体力之强，二曰聪明智虑之强，三曰德行仁义之强。是以西洋观化言治之家，莫不以民力、民智、民德三者断民种之高下，未有三者备而民生不优，亦未有三者备而国威不奋者也……至于发政施令之间，要其所归，皆以其民之力、智、德三者为准的。凡可以进是三者，皆所力行；凡可以退是三者，皆所宜废；而又盈虚酌剂，使三者毋或致偏焉”。因此，西方国家以“浚智慧、练体力、厉德行”三者为教人之纲，而目前中国社会变革的当务之急就应该是：“一曰鼓民力，二曰开民智，三曰新民德。”(《严复集·原强》)所谓“鼓民力”，就是要让民众体魄强健、气度不凡，这就要摆脱吸食鸦片和女子缠足的恶习；所谓“开民智”，主要是提倡西方的科学教育，以格物致知为学问本始，崇尚事功，讲究实用，废除八股取士的科举制度，任用新型人才；所谓“新民德”，就是要用自由、平等、民主、法治观念教化民众，培养其道德信仰、社会公德、国家至上的意识，推行议会政治，以取代封建主义的君主专制。由于“民智者，富强之原”，“以中国民品之劣，民智之卑，即有改革，害之除于甲者将见于乙，泯于丙者将发之于丁。为今之计，惟急从教育上着手，应几逐渐更新乎！”(《严复集·侯官严先生年谱》)鼓民力、开民智、新民德三者之中，“尤以愈愚为最急”，即以教民知学为第一要义。“夫君权之重轻，与民智之浅深为比例。论者动言中国宜减君权，兴议院。嗟乎！以今日民智未开之中国，而欲效泰西君民并主之美治，是大乱之道也。”(《严复集·中俄交谊论》)“善治如草木，而民智如土田。民智既开，则下令如流水之源，善政不期举而自举，且一举而莫能废。不然，则虽有善政，迁地弗良，淮橘成枳，一也；人存政举，人亡政息，极其能事，不过成一治一乱之局，二也。”（《严复集·天演论》按语）由于民众的德智体基本素质是实行民主政治的前提，因此，先求民智，后求民主；先谈教育，后谈政治。二者顺序不容颠倒。“愈愚”的最佳方案是实行地方自治，“窃计中国即今变法，虽不必遽开议院，然一乡一邑之间，设为乡局，使及格之民，推举代表，以与国之守宰，相助为理，则地方自治之基础矣。使为之得其术，民气不必缘此而遂嚣，而于国家纲举目张之治，岂曰小补？上无日民愚不足任此事也。今之为此，正以瘠愚”（《严复集·法意》卷十七按语）。改造中国人的“文化基因工程”，是中国政治文明与国家富强必由之路，除此之外，别无选择。自然而然，教育救国成了严复政治主张的终结点，他不可能在施行政治变革的实践中前行半步。

尽管严复认识到民众幸福、国家富强，“莫不以自由为惟一无二之宗旨”，但他在政治思想上存在着一个内在矛盾和理论上的恶性循环，即一方面认为要国家富强，首先有赖于组成国家的无数细胞即国民个体的德智体三方面的基本素质，着重个人在经济上、思想上、言论上的自由、竞争和发展；另一方面，“特观吾国今处之形，则小己自由，尚非所急，而所以祛异族之侵横，求有立于天地之间，斯真刻不容缓之事。故所急者，乃国群自由，非小己自由也”（《严复集·法意》卷十七按语）。迫切的救亡局面，把国家富强问题推到当务之急的首位，相比之下，“小己自由非今日之所急，而以合力图强……为自存之至计”（《严复集·法意》卷十八按语）。这样一来，国家富强又比个体的德智体，比个人思想言论上、经济上的自由和发展要紧得多、急迫得多，应该高高放在个人自由之上。国家富强与个人自由之间既是最终效果与前提条件的关系，又是目的与手段的关系，一方面说无前提即无结果，另一方面又说为了达到目的，可以不择手段。理论思想与实际主张的格格不入、出尔反尔、自相矛盾，使严复左右为难，踌躇不前。但这并不妨碍后来者对其思想上的启蒙各取所需，并使某一方面的思想继续向前延伸，成为彻底、纯正的一种学说，以推动社会的前行。

严复十分注重法律，他是中国历史上第一个系统地介绍资产阶级法律思想的人物。1909 年严复翻译出版了 18 世纪法国著名的资产阶级启蒙思想家孟德斯鸠的《法意》，并随文加按语 330 条，借题发挥，在介绍西方法律理论的同时，也充分表达了自己的看法。他赞同孟德斯鸠“一切法皆成于自然，独人道有自为之法。然法之立也，必以理为之原。先有是非而后有法，非法立而后以离合见是非也”（《严复集·法意》卷一按语）的观点，认为“宇宙间无无法之物，物立而法形焉”。世界上所有存在之物都有它们各自的法，即自己的法则。而这些自然法则，都是由它们本身的“理”决定的，“有理斯有法”。“理性”是永恒不变的，它合乎自然、合乎人性。因此，人类立法，“必以理为之原。先有是非而后有法，非法立而后以离合见是非”。人类的制定法必须与自然法一样，体现人类理性，以人类的理性为是非的标准。他充分肯定法对治理国家的重要作用，“法典之事即起于争，使其无争又安事法？国之与国，人之与人，皆待法而后有一日之安者也”。国家是用法来制止“争且乱”实现“安且治”的，法是治理社会的重要工具。但“泰东西之政制，有甚异而必不可同者，则刑理一事是已”（《严复集·法意》卷一按语），中西“政制”之异在于法制，即君主专制法制与民权立宪法制的对立：其一，立法的主体不同。西法由民众选出的议会制定或由君民共同制定，代表了民众或君民的共同意志；中法则来自皇帝的谕旨、诏书，只代表皇帝一人的意志。“夫泰西之俗，凡事之不逾于小己者，可以自由，非他人所可过问。而一涉社会，则人人皆得而问之。乃中国不然，社会之事，国家之事也。国家之事，惟君若吏得以问之，使民而图社会之事，斯为不安本分之小人，吏虽中之以危法可也……国家惩一事之失，立不变之法；防一吏之奸，造非常之律，法之不良无逾此者。夫叔季法令之所以烦苛，大都由此。此君主之法，所以常不及立宪。立宪之国，最重造律之权，有所变更创垂，必经数十百人之详议。议定而后呈之国主，而准驳之。此其法之所以无苟且，而下令常如流水之原也。”（《严复集·法意》卷十九按语）其二，立法的“本位”不同。西法以民为本，顾全民众的利益；

中法以君为本，偏袒君主的权力。而“治国之法为民而立者也，故其行也求便于民，乱国之法为上而立者也，故其行也求利于上。夫求利于上而不求便其民，斯法因人立，其不悖于天理人性者寡矣！虽然既不便民矣，将法虽立而其国必不安。未有国不安而其上或利者也”（《严复集·法意》卷廿六按语）。其三，法律的效力不同。西法对本国君民均有约束力，法律至上，人人皆知尊法守法；中法只约束其臣民，而君主则超乎于法律之上，随心所欲，不受法律的限制。其四，法律依循的原则不同。西法遵守权力的制衡；中法则是立法、行政、司法皆掌握于皇帝一人之手，成为权力的垄断者。其五，法的范围不同。西法有公律（国法）、私律（民法）之分，中法的公律和私律混为一谈，且重刑法而轻民法。其六，法所奉行的宗旨不同。西法提倡平等、公善、隆民，维护个人权利，“夫西方之君民，真君民也，君与民皆有权”；中法重视纲常礼教、等级名分，责民以义务，“东方之臣民，世隆则为父子，世污则为主奴，君有权而民无权”（《严复集·法意》卷十三按语）。而“义务者，与权利相对待而有之词也。故民有可据之权利，而后应尽之义务生焉。无权利，而责民之义务者，非义务也，直奴分耳。是故若右之术，惟立宪民主之国，而后可行”（《严复集·法意》卷廿二按语）。比较而言，西方法制优越于中国，不言而喻，应该用西方的资产阶级民主法治取代中国的封建主义君主专制法制。

严复还特别推崇西方的司法制度，其文明之处如数家珍：“律令为专学，一也；律师为专业，二也；其所以有顾诉之制，而听民之以劳叶尔，阿垂尼自代者，不独虑狱之或出入也，亦所以使此业之得所养也；有陪审听谳之员，三也；其除授斥撤必由法寺，四也；诏糈之供，径出于民，五也；分狱为孤理密涅（刑事）与司域尔（民事），六也；当谳之际，理官独尊，七也；理官之糈，皆其至优，八也。此其大经矣。惟其治如是，故能治狱一事，赃秽无闻，讯鞫求情，不同敲扑，惩奸罚恶，得一切比例而用轻典。其就也，民气发舒，乐自由而怀刑宪，食其勤动之实，无虞侵欺。”（《严复集·原富》按语八七）而当时中国的司法黑暗随处可见，“向使游于吾都，亲见刑部之所以虐其囚者，与夫州县法官之刑讯，一切牢狱之黑暗无人理”(《严复集·法意》卷十七按语)。

影响评价

有人论及严复由早年传播西方文化的先进，到晚年维护中国旧传统的保守，其言行举止，判若两人。依此看来，出现这种前后背离的悬殊反差，并不在于严复个人性格的怪癖、思想的复杂多变，造成其从一个极端跳到另一个极端，自己否定了自己。根据当时情形，近代中国政治斗争瞬息万变，戊戌变法、义和团运动、八国联军攻入北京、清政府推行新政、辛亥革命，纷至沓来，目不暇接，这必定会使思想家的思想产生波动，信念产生动摇。其一，富强的西方在对中国的侵略掠夺中，暴露出“利己杀人，寡廉鲜耻”(《严复集·与熊纯如书》)的凶残歹毒的“本性”，使严复对它感到巨大的恐惧和深深的失望。其二，随着西方的文化大量涌进，有的人将其为我所用，肆意割裂，各种不同的西化主张，既扰乱了人们的思想，又使国家更加破碎、动荡不安，这意味着对西方文化的亵渎、糟蹋，这又让严复无法面对和容忍。他出于无奈、出于审慎，只得退守传统，以求一统，使保国、保种、保教尚存一线希望。其三，严复前期虽在思想界、学术界名声大振，但却游离于政治权力范围之外，无所事事。晚年好不容易步入统治势力的核心层，成为袁世凯的高级幕僚，为保全政治地位而修正思想观点和学术主张，也属人情世故。鉴于“金无足赤，人无完人”，作为中国近代思想家的严复，首先是值得同情和谅解的。其次我们更应该充分认识和合理利用严复在西学启蒙中的贡献，特别是应认真反思近百年来我们在严复辨明学习西方的方向后，做到了哪些？收益了什么？是否存在欠缺？以明确当今在全球一体化的新的形势面前如何对西方文化理智地有所取舍、有所扬弃。

沈家本

会通中外　改法修律

核心要旨

为何说研究法律，重在法理？

中国法学盛衰的原因何在？

改法修律的着力点是什么？

如何选择用法之人？

为何称沈家本是几大法系融会贯通之人？

近代，中国处于学习西方进行社会变革的大潮之中，但变革涉及社会的方方面面，变革的方式又多种多样。沈家本以借鉴西法来改法修律的法制变革为着力点，促成政治体制的松动和社会风气的进化，使人耳目一新，精神振奋。变革法制成了社会变革的切入口、主战场和僵持点，顷刻之间，法学家理所当然地成为了救国救民的风流人物。

人生历程

沈家本（1840～1913 年），字子淳，别号寄簃，浙江吴兴（今浙江湖州）人，出生于官僚家庭。其父在刑部任职多年。同治三年（1864 年）由于父亲被弹劾去官回乡，沈家本援例到刑部任郎中，开始学习法律。同治四年（1865 年）沈家本回浙江“扶病入场”，乡试中举。此后，他多次参加礼部会试都名落孙山，直至光绪九年（1883 年）才终于考取进士，仍留刑部供职。后任奉天（今沈阳市）司正主编，兼秋审处坐办、律例馆帮办，后又升为协理、管理等。光绪十九年（1893 年）出任天津知府，光绪二十三年（1897 年）调任保定知府。光绪二十七年（1901 年）升任刑部右侍郎。光绪二十八年（1902 年）他和伍廷芳受命担任修订法律馆大臣，先后制定了《大清现行刑律》《大清新刑律》《大清民律草案》《刑事诉讼律草案》《民事诉讼律草案》《法院编制法》等一系列法律法规。后任大理院正卿、法部右侍郎等职。光绪三十二年（1906 年）设立的法律学堂开学，学员数百人。宣统二年（1910 年）兼任资政院副总裁。在修律过程中，沈家本重视研究法理学，建议废止凌迟、枭首、戮尸、刺字等酷刑。改法修律遭到守旧派的强烈反对和阻挠，以沈家本为代表的法理派与礼教派展开了四次大争论，最终《大清新刑律》在附加“暂行章程”五条后得以颁布，但沈家本被迫辞去修订法律大臣和资政院副总裁两项职务，回任法部左侍郎，从而结束了他将近 10 年的修律生涯。1911 年 10 月 10 日武昌起义爆发，清廷被迫起用袁世凯组阁，沈家本充当了“袁记内阁”的司法大臣。中华民国成立后，他拒绝担任民国政府官职。1913 年沈家本在京溘然逝世。著有《沈寄簃先生遗书》甲编二十二种，乙编十三种。甲编中的《历代刑法考》是专门研究法律和法学的著作。

思想脉络

沈家本的法律思想，是近代西方法律观念与中国传统法律文化和道德观念结合的产物。沈家本对中国儒道法墨诸家的传统思想文化，尤其是对中国历代的法律和司法制度，进行过系统的比较和精深的研究，他长期任职刑部，对清朝的法律制度了如指掌。他博考东西各国的政治、经济和法律制度，通过比照，认为中国历代朝政的兴衰，近代西方各国的兴起，无不与法律制度的优劣息息相关。面对帝国主义列强瓜分中国，清王朝危机四伏、摇摇欲坠的政治局面，沈家本竭力寻找挽救之方，作为法学家，他自然把希望寄托在法律改革上。他设想的救国之方是“仁政”，以改律为基础，变法自强，形成了一套颇具独见的民主法治理论。这些成为研究我国古代和近代法制史的主要参考资料。他的法律思想主要可以归纳为注重法理，兴盛法学，改革法制，培养法人。法理是法治的命脉，法学是法治的学术支撑，法制是法治的制度依据，法人是推动法治的主体。总而言之，“以法治国”是沈家本法律思想的精髓，也是他法律改革和实践、进行修律的出发点和归宿。

壹 考律得失，注重法理

和先前的封建法学家不同，沈家本不仅深入考察了中国固有法律的沿革得失，而且从修订法律的需要出发，非常注重对法学理论的研究。他把法理学研究看作法律工作的先导。要明法必须先要明理，而明理的重要途径就是提倡法理学研究。他说：“不明于法，而欲治民一众，犹左书而右息之，是则法之修也，不可不审，不可不明。而欲法之审、法之明，不可不穷其理。”“议法者欲明乎事理之当然，而究其精义之所在，法学之讲求乌可缓乎？”他从中外法学的比较中，发现“大抵中说多出于经验，西学多本于学理”，“不明学理则经验者无以会其通；不习经验，则学理亦无从证其是。经验与学理，正两相需也”（《寄簃文存·法学通论讲义序》）。在法制改革的过程中，主张兼采中西，强调经验与学理应该并重，互相结合，反对只看到“今日法理之学，日有新发明”，而忽略中国传统法制发展积累的经验。由此，他对一系列涉及法理学的基本问题做出了明确的回答。

（一）法律的概念、作用以及和政治的关系

沈家本沿袭先秦法家的说法来阐释法的概念。他说：“法者，天下之程式，万事之仪表也。”（《寄簃文存·新译法规大全序》）法律是调整人们行为的比较稳定的一种规范，是衡量天下万事万物的一种客观标准。法律是在“学校衰微，世道凌夷，巧伪变诈，无所不为之习日渐溃焉”的情况下出现的。然而，沈家本在阐释法律的性质和意义时，又把它和儒家的民本思想糅合在一起，他指出：“律者，民命之所系也，其用甚重而其义至精

也。根极于天理民彝，称量于人情世故。”（《寄簃文存·重刻唐律疏议序》）这种“用甚重而其义至精”的法律，与人民生命财产休戚相关，绝不可等闲视之。“律为万事根本，刑律其一端耳，今则法律专其名矣。”按照近代法律观念，法律涉及面广，部门法齐全，维护人民的各项权利。刑律只是法律中的一类部门法，不能将法律与刑法混为一谈，也不能将刑法代替整个法律。

对于法律的作用，沈家本是把法律和政治放在一块来考察的。他认为，法的作用，一是治民，所谓“为政之道，首在立法以典民”（《旗人遣军流徒各罪照民人实行发配折》）。立法典民，则祥；离法而治，则不祥。二是治国，国家的兴衰与法律的好坏直接相关，只有“朝政明，而法度立”，也只有法度立，才能使国家长治久安。法律虽然不能决定国家的命运，但它是治理好国家的重要条件。要治理好国家，没有完善的法律是不行的，“世未有无法之国而能长治久安者”（《历代刑法考·刑制总考三》）。他认为法律是“政之辅也”，“律学明而刑罚中，于政治关系甚大”。因此，他在取法西方、制订新律时，首先“深究其政治之得失”。

（二）法须统一、平等

沈家本针对清末制定新律之后，旧律并未废除，新旧参差，轻重互异，提出法需统一的主张，他说：“法不一则民志疑，斯一切索隐行怪之徒皆得乘瑕而蹈隙，故欲安民和众，必立法之先统于一，法一则民志自靖，举凡一切奇邪之说自不足以惑人心。”（《寄簃文存·旗人遣军流徒各罪照民人实行发配折》）首先，立法宗旨必须统一，即坚持以法为“国家惩戒之具”，而非“私人报复之端”，如果借刑泄忿，使立法宗旨两歧，将会发生法重刑滥之弊；其次，断罪之律必须统一，“犯罪不论新旧，断罪自当一律，不得再有参差，致法律失信用之效也”（《寄簃文存·明律目笺一》）；最后，适用法律必须统一，在处断犯罪上面，讲求平等，不因犯罪者身份的不同而有所区别。他抨击南北朝时期梁朝士族享有各种法律特权时说：“凡人皆同类……法之及不及，但分善恶而已，乌得有士族匹庶之分，士族之恶者戮之，苟当其罪，何至使人离心。匹庶之善者戮之，苟不当其罪，其嗟叹岂少有哉！”（《历代刑法考·刑制总考三》）沈家本在“法律面前人人平等”的资产阶级法制思想的影响下，提出旗人与汉民犯遣军流徙各罪，应一体同科，不应在法律上规定“重轻悬绝”的不平等权利，只有化除满汉畛域，才能建立起“至公至允之法律”秩序。与此相联系，他主张男女平等，反对夫为妻纲的封建名教，提出夫妻间侵犯罪的处刑，也应平允。沈家本还在资产阶级人权思想的影响下，奏请“永行禁止”清律所允许的买卖人口和蓄养奴婢。谴责公开买卖人口“殊非重视人命之义”。奴婢“亦人也，岂容任意残害。生命固应重，人格尤宜尊，正未可因仍故习，等人类于畜产也”（《寄簃文存·禁革买卖人口变通旧例议》）。他认为如不革除，显然违背颁行宪法的宗旨。

（三）法乃道德教化之辅

沈家本继承了“德主刑辅”“明刑弼教”的传统法律思想，他结合世界的发展潮流，阐明了法只是“辅教之不足”的一种必要手段，“先王之世，以教为先，而刑其后焉者也”（《历代刑法考·历代刑官考上》）。“是刑者，非威民之具，而以辅教之不足者也。”（《历代刑法考·刑制总考一》）即使在三代盛世，也不能“废刑而不用”。由于犯罪的根源之一是“歉于教化”，因此，他反对用严刑峻法束缚民之手足，提出“治国之道以仁政为先”，“刑罚与教育互为消长”，特别是对于未成年犯，要“以教育涵养其德性，而化其恶习，使为善良之民”。在法律和道德的关系上，沈家本认为法律与道德应该并用，做到情法两尽。沈家本在总结中外法制经验时，得出了这样的结论：立法、司法都离不开道德教化。只有十分注重道德教化，法律才能发挥它应有的社会作用。明太祖实行严刑酷法，“朝治而暮犯，暮治而晨亦如之，尸未移而人为继踵，治愈重而犯愈多”（《寄簃文存·书明大诰后》）。显然，离开了道德习俗的培育，单纯依靠法律的威慑和镇压，只能是南辕北辙。同时，断狱折狱要情法两尽。情法之平，不可执法而不原情，“情与法须相济也”。

—— 贰 ——

世道比较，兴盛法学

沈家本十分重视法学的研究，并专门撰写了《法学盛衰说》，剖析中国法学不发达的深层次原因。

沈家本指出，法学对于立法、司法具有很重要的指导作用，法律明确了，运用法律才会准确、适当。所以说，立一个法要有立一个法的道理，要符合法理学的原则，“若设一律而未能尽合于法理……则何贵乎有此法也”（《寄簃文存·论故杀》）。他回顾历代法学衰落的历史：战国之始，由于法家的出现，法学最盛。秦朝开始轻视法学，“李斯相秦，议请史官非秦记皆烧之，若欲学法令者以吏为师。自是法令之书藏于官府，天下之士厄于闻见，斯时朝廷之上，方以法为尚，四海之内必有不屑以吏为师者，而此学亦遂衰”。汉朝建立后，“虽弛秦厉禁，而积习已久，未能遂改，外郡之学律令者，必诣京师，义必于丞相府”，但不皆以吏为师，法学之风未尽歇绝。东汉引经注律，法学复兴。“自魏置律博士一官，下及唐宋，或隶大理，或隶国学，虽员额多寡不同，而国家既设此一途，士之讲求法律者，亦视为当学之务，传授不绝于世。迨元废此官，而法学自此衰矣。”明朝“设讲读律令之律，研究法学之书，世所知者约数十家，或传或不传，盖无人重视之故也。”清朝就不重视法学，“本朝讲究此学而为世所推重者不过数人，国无专科，群相鄙弃。纪文达编纂《四库全书》政书类法令之属，仅收二部，存目仅收五部。其按语谓：‘刑为盛世所不能废，而亦盛世所不尚，所录略存梗概，不求备也。’夫《四库全书》乃奉命撰述之书，天下趋向之所属，今创此论于上，下之人从风而靡，此法学之所以日衰也”（《寄簃文存·法学盛衰说》）。在法律虚无主义的影响下，人们轻视法律和法学，从而导致法学日渐衰落，每况愈下。

沈家本对于中国法学盛衰的原因，作了深刻的探讨。他因袭中国古代乱世用重典、治世用轻典的说法，认为“清明之世，其法多平；陵夷之世，其法多颇。则法学之盛衰，与政之治忽，实息息相通。然当学之盛也，不能必政之皆盛；而当学之衰也，可决其政必衰”（《寄簃文存·法学盛衰说》）。沈家本认为，法律、法学发达与否，与政治密切相关。这具体表现在两方面：其一，法学盛衰即使不能必然导致政治盛衰，也能对政治产生重要影响。如，“学之行也，萧何造律而有文景之刑措，武德修律而有贞观之治”，但“七国之时，法学初盛之时也，乃约纵连横，兵连祸结而并于秦”。然而，“废法而不用”，国家则必然要“自丧其法”。“秦尚督责，法敝秦亡，隋逞淫威，法坏隋灭。”（《寄簃文存·法学盛衰说》）其二，在法律与政治的关系中，主导因素仍然是政治。政治腐败，就会产生“有法而不守，有学而不用”的现象。历史上的法学繁盛时期，都是与统治者重视法律、提倡法学分不开的。

沈家本衷心希望：“俾法学由衰而盛，庶几天下之士，群知讨论，将人人有法学之思想，一法立而天下共守之，而世局亦随法学为转移。”如果做到人人有法学思想，大家共同遵守法律，法学就可以在一定程度上影响世局的变化，法学的地位和作用就会备受关注和推崇。沈家本坚决批判那种法律只由官握之，不许民知之，执法的人可以随心所欲，而老百姓则无所措手足的旧法统观念。他指出，郑制刑鼎，明作大诰以示众，就是让民众知道趋吉避凶。三代时期，民有“安于为善，耻于为不善”之心，所以能安民和众，即使有一二不善之徒，也不足以影响他人。日本明治之后，采用欧法，但并不徒取欧法之形式，而是“举全国之精神，胥贯注于法律之内”（《寄簃文存·新译法规大全序》），“君臣上下，同心同德，发奋为雄”，故国势日盛。因此，法学的宣传教育作用不可小觑，及时恢复和发展法学，在清朝末年尤为必要。为了推动法学的发展，沈家本极力主张恢复律博士这一官职。他渴望法理学能够在中国由衰而盛。

叁

会通中外，变革法制

1902 年 5 月，清廷发布上谕："现在通商交涉事益繁多，著派沈家本、伍廷芳将一切现行律例，按照交涉情形，参酌各国法律，悉心考订，妥为拟议，务期中外通行，有裨治理。"(《寄簃文存·删除律例内重法折》)为此，沈家本全面阐明了修订法律的根据，指出：法律应该伴随今昔形势的不同而为之损益，绝不能墨守陈章，简单袭用，落后于时势。他说，"法律之为用，宜随世运为转移，未可胶柱而鼓瑟"。"维宽严之用，必因乎其时。在立法之初，原为整饬人心风俗起见，而世轻世重，未容墨守成规。惟法贵能及得其通，而事须行之以渐。"(《寄簃文存·虚拟死罪改为流徒折》)"变通者，趣时者也。""刑罚世轻世重，惟其变之所适，而权必应乎时，时之义大矣。"(《寄簃文存·重刻明律序》)

他在通考古今中外法律制度演变史后，得出了这样的结论：中国古代的儒道墨法诸家，都曾为"一代之治以为学"。但是，一代治国之学，降及后世，所学不一定是所用，所用也不一定是所学，而是随着时代的变迁不断变革的。中国周秦时期，法学称盛，希腊、罗马也师儒相望。但 19 世纪以来，西方各国科学大明，精研政法之风盛行，国家都强盛起来了。日本明治维新之后，由原来的推崇唐法转而采用西法，不到数十年就成为强国。在中国历史上，修改法律的例子也不少见，宋咸平时删太宗诏令，十存一二，雍正、乾隆年间也多次修改过法律，这些都是为了适应时势变化的需要。他指出，当今世界形势发生了前所未有的变化，"五洲悬绝，梯行毕通"，"法治之说洋溢于四表，方兴未艾"。他斥责反对修律的礼教派是"墨守已见，不思改图"。特别是他把中国置于世界的范围以内进行考察，借以说明海禁大开以后的中国，万难固守祖宗成法而不变。否则"以一中国而与环球之国抗"，优劣之势，不言自明。为了贯彻"务期中外通行"的修律方针，他"参考古今，博稽中外"(《寄簃文存·重刻明律序》)，认为欧美资本主义国家的法律，比中国封建旧律文明、进步，中国必须“取人之长，以补吾之短”，剜疮去痈，从善如流。

沈家本十分推崇三代之治和唐律，认为这是中国历史上最好的“法治”时期和最完善的法律制度。但是，当他在接触西方法律之后，对西方法律制度的推崇，绝不亚于唐律。他力主学习西方法律制度，同时也反对全盘否定中国优秀的传统法律制度和照搬西方法律制度的观点。他认为，在对待古今中外的法律上，应当采取承前启后，舍取有度，融会贯通的态度。“推崇西法而不探讨中法，则法学不全，又安能会而通之，以通行于世。”他强调，“立法以典民，必视乎民以为法”。各个国家风俗民情不同，法也不能求同一。中国旧时法律，已自成为一系，有许多好的方面，应当继承和发扬，绝不能赶时髦而不再去研究，新学往往从旧学中推演而出，事变愈多，法理愈精。新旧之学贵在融会而贯通，“经常革除弊俗，旧不俱废，新亦当参”。学习西法，也必须“去其糟粕，撷其英华”，“取其之长，补吾之短”。

为了实现“会通中外”的修律方针，他积极组织力量，翻译资本主义国家的法律，作为修律的蓝本。同时，奏请设立法律学堂，培养专门司法人才，聘请外国法学家充当法律顾问和派员赴外国考察。“我法之不善者当去之，当去而不去是之为悖。彼法之善者当取之，当取而不取是之为愚。”只有熟审“政教风俗之故，而又能通乎法理之原，虚其心，达其聪，损益而会通”(《寄簃文存·裁判访问录序》)，才是正确的态度。基于这一思想，沈家本在衔命修律之后，即提出了“参考古今，融会贯通”的修改法律方针，集中反映了他的“法必应乎时”的观点。

沈家本的可贵之处在于他不是一个简单的西化派。在称赏西法并认定中国制度的许多缺陷应通过学习西方加以弥补的同时，他更对两种伟大的文化传统的融合寄予厚望，将西方法治思想、观念和理论与原有中学互相融合，成就了融会中西、贯通古今的大学问。在学术上，他胸襟开阔，气度宏大，即摒弃旧派不察世局、妄自尊大、一味拒绝西学的迂腐立场。一方面，主张有志之士应立足于国家的富强，会通各国政治制度的精粹，以拯救中国；另一方面，他也反对新派盲目崇拜西法，处处以西法为是，以中法为非的浅薄态度，认为中法、中学也有自己的长处。所以，他在主持大量翻译外国法律著作的同时，还主持收集、整理、刊刻了大量的中国古代法律和法学著作，为保存、传播我国的法律文化遗产作出了巨大的贡献。沈家本在这种兼收并蓄的立场支配下，竭力主张学习西方，实行法治。他指出，"近今泰西政事，纯以法治"，而日本明治维新以后，实行法治，国势日强，所以，中国要维新图强，就要实行法治主义。而沈家本所主张的法治主义，已不再是先秦法家所主张的"法治"主义，而是资产阶级的法治主义。

沈家本的这些法治理论和主张，始终贯注于他十年的法律改革实践中，他针对清王朝法出不一，刑罚惨酷，刑民不分，政司混淆等弊端，从删改《大清律例》着手进行法律改革，采取了一系列有悖于旧法统观念，符合近代法律精神的新举措。其中最主要的有：

第一，罪刑法定。罪刑法定是当今世界各国刑法中最普遍、最重要的一项原则。"法无明文规定不为罪，法无明文规定不处罚。"罪刑法定原则是资产阶级革命的产物，是在反对封建的罪刑擅断过程中确立下来的一项刑法基本原则。沈家本在主持修订的《大清新刑律》中规定："凡律例无正条者，不论何种行为不得为罪。"沈家本赞赏西晋刘颂根据律法断罪的思想，反对律外苛求、比附断案。他奏请废除清朝实行已久的比附断案，严厉批判中国封建社会长期实行的"断罪无正条，用比附加减之律"，揭露比附断案使民无所适从，只便于官吏肆意出入人罪，"若律无正条而仍有刑，是不信于民也"。在他主持制定的《刑事民事诉讼法》中，确认了资产阶级罪刑法定的原则和内容。

第二，刑法改重为轻，废除封建酷刑。沈家本认为，修订法律，以收回治外法权，是变法自强的枢纽。"各法之中，尤以刑法为切要"，在修律过程中，应以制定新刑律为整个修律工作的起点。中国现行律例款目极繁，刑罚惨酷，不仅“世人多议其残苛”，且被西人“每訾为不仁”，旅居中国的外国人皆借口于此不受中国法律之约束。“化民之道，重在政教，不在刑威。”鉴于中外刑制“中重而西轻者为多”，因此，“刑法之当改重为轻，固今日仁政之要务，而即修订之宗旨”。为此，他奏请“最重之法亟应先议删除者约有三事：一曰凌迟、枭首、戮尸……一曰缘坐……一曰刺字”（《寄簃文存·删除律例内重法折》），死刑一般用绞，只有谋反、大逆及谋杀祖父母、父母等重罪，才用斩刑，以重名实而讲实际。

第三，酌减死罪条目，改革秋审制度。沈家本在《虚拟死罪改为流徒折》中指出，现行“大清律例”内死罪条目多达八百四十余条，“不惟为外人所骇闻，即中国数千年来亦未有若斯之繁且重者”，其中许多是虚拟死罪入于秋审例缓条款，最多的是戏杀、误杀、擅杀三项，且不分情节轻重，都按斗杀拟绞监候，秋审缓决一次即准减流，重者缓决三次减流。这种“虚拟以绞，徒如虚文”的死罪繁目和刑审制度，正是现行律例很不合理、不合时宜、落后和形式主义的表现。因此，他提出删减旧律例内的虚拟死罪繁目，由重就轻，改为流徙。秋审是每年八月刑部会同九卿各官，对各省报部的死罪人犯，评核分拟，请旨裁定的一种刑审制度。对这种形为慎重，实为官系相掣、政司不分、空费文牍的审判制度，沈家本力主革新，提出“由各省专咨报部，由刑部检议，按季汇奏一次，以照慎重”。他强调指出：如此变通，不过是去其虚拟死罪之名，仍与生死无关出入，又与各国刑法无大悬殊，律归简易，又无窒碍。沈家本的这一减一改，有三方面的重要突破：首先，从刑法理论上，把戏杀、误杀、擅杀区分开来，打破了杀人偿命的封建刑统观念，代之以罪与刑相适的新观念；其次，删减死罪繁目，刑罚就重为轻，在一定程度上是对清王朝赖以统治的《大清律例》的一次否定，从而为后来制定新刑律更趋近代化奠定了基础；最后，改革了官系相掣，行政干预司法的形式主义秋审会审制度，为确立司法机关独立行使审判权和审判程序制度近代化迈出了重要的一步。

第四，革除满汉畛域，实行旗民同科。清王朝统治中国后，实行民族歧视政策，赋予满族旗人人身上、财产上种种特权。旧律例内许多条款都是为保护这种特权而设置的。诸如旗人犯遣军流徒各罪，可以折枷完结[①]；旗民不准交产[②]；官员犯侵贪等罪，限期完赃减等发落等。对此，沈家本历陈弊端，力主革除。他在《旗人遣军流徒各罪照民人实行发配折》中指出：国家的法律必须统一，“法不一，则民志疑……法一，则民志自靖”。他驳斥法部对顺天府尹孙宝琦奏折的复议中重申“旗人折枷仍循其旧”时指出，“此折枷之制，初为务实军伍起见，而今八旗丁口日益蕃昌，与昔日情形迥异，若将旗人犯罪应发配者，概与民人一体办理，亦无虑军伍差务之乏人”。“今变法伊始，旧日两歧之法仍因循不改，轻重悬绝，致使法权不能统一”，“何以昭大信释群疑？”因此，他在该奏折中坚持主张“嗣后旗人犯遣军流徒各罪照民人一体同科，实行发配，现行律例折枷各条概行删除，以昭统一而化珍域”。他在《变通旗民交产旧制折》中指出，“万物之生机必周流而始能便利，未有生机阻阂而人民能受益者。下民之生计，贵能自养，未有生计窘迫而上能遍给也。是故闾阎资产，或此赢彼绌，或此有彼无，其中消息甚微，不能一致，全赖赢绌可以相济，有无可以相通。若相济相通之机关滞而不灵，将绌者无者既困守而益即于穷，赢者有着亦束缚而难以持久”。为“便民生而化畛域，洵共保安全”，主张“嗣后旗人房地准与民人互相买卖……至旗人之出外居住营生，准其在各省随便置产业，毋庸禁止”。此外，他还在《军台议》《与民同科议》等奏议中，对旧律例赋予满族旗贵的特权条款，都分析弊端，力主删除。他的这些主张，具体体现在宣统二年（1910年）颁行的《大清现行刑律》中，被清朝臣民“一

① 《寄簃文存·旗人遣军流徒各罪照民人实行发配折》：“查律载：凡旗人犯罪，笞杖各照数鞭责，充军流徒免发遣分别枷号：徒一年者，枷号二十日，每等递加五日，总徒准徒亦递加五日；流二千里者，枷号五十日，每等亦递加五日；充军附近者，枷号七十日，近边者七十五日，边远沿海边外者八十日，极边烟瘴者九十日。”

② 《寄簃文存·变通旗民交产旧制折》：“查例载：一、旗地旗房概不准民人典卖，如有设法借名私行典卖者，业主售主俱照违制律治罪。地亩房间价银一并撤追入官，失察该管官俱交部严加议处……一、凡八旗人员置买产业于各省者，令该员据实首报，交与该督抚按其产业之多寡，勒限变价归旗。”

体遵守”。

第五，禁革买卖人口，废除奴婢制度。买卖人口和蓄奴，是封建剥削制度的一大特征，是奴隶制度的变种。作为奴婢，毫无人身权和人格权可言。对这种买卖人口和蓄奴的恶习，沈家本有一段极精辟的论述：“贫家子女一经卖入人手，虐使等于犬马，苛待甚于罪囚，呼吁无门，束手待毙，惨酷有不忍言者。今时厉禁虽悬，而买卖人口之风俗相沿未改，推原其故，大都遇荒歉之年，贫民糊口无资，鬻女卖男，籍图存活。始仅八旗官绅之家收养驱使，久之而庶民亦多效尤，凡有资财者皆得广置婢女，奸民藉以渔利，公然贩运买卖，若不知为大干例禁者，以致凌虐折磨，弊端百出，且律文虽有买卖奴婢之禁，而条例复准立契价买，法令已多参差，且官员打死奴婢，仅予罚俸，旗人故杀奴婢，仅予枷号，较之宰杀牛马拟罪反轻，亦殊非重视人命之义。”对封建奴婢制度产生的社会原因，野蛮残酷以及保护这种残酷制度的封建法律，揭露和批判得入木三分。他还列举欧美各国为废除蓄奴陋习，不惜万金乃至兵事相见，指出这种“尊重人格之主义，实可采取”。提出今后满汉官员、军民人等永禁买卖人口，违者照例治罪，并拟定了“契买价买之例一律删除，买卖人口无论为妻为妾、为子孙、为奴婢，一律禁止”(《寄簃文存·禁革买卖人口变通旧例议》)等十条具体办法。

第六，改良狱政，改革行刑制度。沈家本对中国历代的监狱制度，进行过深入的考究，对西方的狱政制度也下了一番功夫研究。通过比照，他认为，“监狱者，感化人而非苦人辱人者也”，“苦辱不足以为政”。监狱应办成“无妄费、无怨囚、无旷职”，能收“事半功倍之效”的感化人的场所。他指出，犯罪者“习染既深，洗涤非易，必谓监狱之内可大收感化之功”，“纵不能尽人而感化之，第使十人而得六七人，或四五人，或二三人，则人之有害风俗，有害治安者，必日见其少，积渐既久，风俗自日进于良，而治安可以长保焉”。现行狱政与律例的武健严酷相切甚密，“吏之武健严酷者，其惨毒之方，残酷之状难以数指，由是感化之地变为苦辱之场，其强者逾越逃亡，甚则劫囚反狱，防之每不胜其防，其弱者愁惨呻吟，强半填尸牢户”（《寄簃文存·监狱访问录序》），不仅与中国古之“幽闭思愆，改恶为善”之宗旨相悖，更无法与欧洲各国以“感化”为宗旨之举措相比拟。为此，他奏请朝廷改良狱政，主张效仿西国的狱政制度改良中国的监狱，刑部办模范监狱以示全国效尤。提出监狱应当“衣食洁，居处安”，设置运动场、教诲室，启其悔悟，设立假出狱（假释）之律，许其自新，监狱应是习艺场所，使之学一技能以糊口。他反对“袭外观不求内蕴”的形式主义做法，对监狱的规模、格局提出了具体的构想。清之行刑于市，与古之决罪于市相沿。沈家本指出，这种行刑方式“怵目而警心”，“非独法久生玩，威读不行，实与斯民心性相关，有妨于教育者也”（《寄簃文存·变通行刑旧制议》）。因此，他提出专设行刑场所，筑屋建墙垣，除有关执法人员和经特许者外，无论何项人等一概不准入视。沈家本对狱政和行刑制度的改革，符合近代民主法治潮流，是刑罚由野蛮迈向文明的一步。

沈家本主持修律十年间，先后制定和起草了包括新刑律、商法、继承法等实体法，刑事诉讼法、民事诉讼法等程序法，以及法院编制法等审判机关组织法等十余种法律，开启了我国法律迈入近代化的大门。他主持起草的新律，有三个明显的特点：首先，他博采了西方各国，尤其是日本法律之精华，融贯于中国的国情之中，使之尽可能与近代各国法律并行不悖而又无室碍。其次，有明显的针对性。他针对旧法体制诸法混体、行政司法不分等弊端，优先制定了刑事、民事诉讼法、法院编制法等法律，把程序法、审判机关职能法首先分离出来，旨在打破旧的司法制度，为中国法律制度近代化打下基础。最后，具有适时性。他针对中国“门户开放”以后通商交涉渐多，伪造外国银币、贩卖毒品等犯罪现象日增等新情况，制定了对伪造外国银币、贩卖吗啡治罪专条，并着手起草了商法等法律。

肆

有法贵人，平恕审断

沈家本认为立法善固然重要，但循法行法尤其值得重视。有了好的法律，还要有好的执法之人，才能推行资产阶级法治。他反复阐明“法贵得人”“用法在人”的道理，他说：“法之善者，仍在有用法之人，苟非其人，徒法而已……大抵用法者得其人，法即严厉，亦能施其仁于法之中；用法者失其人，法即宽平，亦能逞其暴于法之外。”他列举了唐朝司法官执法的事例来证明自己的观点：唐太宗执政时，选贤举能，用法宽平，出现了社会安定、国家昌盛的盛世。而到了武则天统治时期，其“肆虐者，流毒宇内”。虽然当时仍然是唐初的律令，但执法者是周兴、来俊臣之徒，“遂使朝士宗亲咸罹冤酷”。唐玄宗继位，开元年间，堪称治平，人民很少犯法。等到李林甫用事时，信任罗希奭、吉温等酷吏，一时名臣受戮，“天下冤之”。由此他得出结论：“有其法者，尤贵有其人。”(《历代刑法考·刑制总考四》)

得其用法之人，主要有如下几条途径：第一，所有国家官吏，上至中枢长官，下至地方百里长吏，“皆宜知法”。特别是作为发号施令的中枢长官，更需要知法，否则就会在司法实践中造成舛误。第二，法治是专门之学，必须有法律专门之人。“治狱乃专门之学，非人之所能为。”(《历代刑法考·赦十二》)司法官应具有专门知识，才能胜任自己的工作。他特别推崇古代著名的法官皋陶、苏公，说：“虞舜施刑，必属皋陶；周公敬狱，必推苏公。”他们是司法权威，令人尊崇。司法不是任何人都能胜任的。第三，强化法学教育，仿古制设置律学博士，教习法律。沈家本认为，律博士一职十分重要，不可或无。“法律为专门之学，非俗吏之所能通晓，必有专门之人，斯其析理也精而密，其创制也公而允。以至公至允之法律，而运以至精至密之心思，则法安有不善者？及其施行也，仍以至精至密之心思，用此至公至允之法律则其论决安有不善者？”(《寄簃文存·设律博士议》)运用至公至允的法律，司法判决才能适当公正、不偏不倚。

在法的运用上，他借用孟子“徒法不足以自行”的古语，说“议事以制，是在决谳者之神而明之”(《寄簃文存·读例存疑序》)，强调用法在人。由于沈家本强调重视执法者的作用，所以他主张对枉法的官吏进行严厉的惩处：“夫法者官吏主之，法之枉不枉官吏操之，则其罪亦官吏任之。不论所枉者何事，皆应以官吏当其重罪，此一定之法也。以执法之人而贪利、曲断、骫法，而法坏，故问罪加严，尚是整饬官常之重意。”

沈家本认为，执法的关键在于用法“平恕”，执法“得中”。他说：“恕心用三字，实为平刑审断之本，酷虐残暴之人，习焉而不察者，皆由其心不恕也。恕则人心自生，酷虐残暴之为，即有不忍为之者矣。”(《历代刑法考·汉律摭遗二十》)他在强调严肃而正确地执法的重要性时说：“设使手操三尺，不知深切究明，而但取办于临时之检按。一案之误，动累数人；一例之差，贻害数世。岂不大可惧哉？”(《寄簃文存·重刻唐律疏议序》)所以，他不但重视立法详审，尤其注重严格执法，“有国家者非立法之难，而用法之难也”(《历代刑法考·刑制总考三》)。如果立有良法而不“循法”，这种法律也形同虚设。为了保证平允执法，在司法体制上，他明确要求行政长官及检察官不得干涉法官的审判活动。

影响评价

沈家本实为近代改法修律而生的法学家，近代法学家杨鸿烈说：“有清一代最伟大的法律专家不能不推沈家本了，他是集中国法系大成的一人，且深懂大陆英美法系，能取人之长，补我所短……中国法系全在他手里承先启后，并且又是媒介东西方几大法系成为眷属的一个冰人。”(《中国法律发达史》)在改法修律中，他的思想往往被他从事的事业和专研的学术所分裂，既要固守东方，又要怡情西方，矛盾在所难免。但构成矛盾的两个方面并不是匀衡的，在沈家本的法律思想中，科学的、文明的、具有一定人民性的思想占主导地位。他的局限性则集中表现在未能把修律的矛头直接指向“三纲五常”以及摇摇欲坠的清王朝。但是，作为封建官吏，能利用改法修律的契机，尽可能地移植西方法制文明，清除封建法制垢病，其勇气和胆识是难能可贵的，其明智举措是令人钦佩的。1914 年，袁世凯为沈家本墓题词：“法学匡时为国重，高名垂后以书传。”在推进中国法律近代化进程中，沈家本作出了重大贡献，成为中国近代法律的奠基人和一代宗师。

• 沈家本与家人合影

孙中山

三民主义　五权宪法

核心要旨

如何看待民族主义理论的变迁？

为何说五权宪法的核心是权能分治？

为何说民生主义与法制变革息息相关？

平均地权与节制资本的具体内容是什么？

戊戌变法持续了103天即宣告失败，使主张变法者对清朝执政者彻底失望，他们不可能再在改良的道路上固执前行，只能另辟蹊径，寻找新的救国道路。于是，中国近代政治法律思潮产生了重大转折。1900年前后，以孙中山为代表的资产阶级革命派开始崭露头角，并迅速成为政治舞台上叱咤风云的主角。他们在与改良派、保皇派的激烈论战中，使革命民主思想迅速传播，被人信奉，并逐渐成为20世纪初期社会思潮的主流。1911年爆发的辛亥革命，既是旧民主主义革命发展的最高成就，同时又是资产阶级革命派领导地位和作用的了结。

人生历程

孙中山(1866～1925年)，名文，字德明，号日新，后改号逸仙(粤语“日新”的谐音)。在日本曾化名中山樵，故后称孙中山。广东香山(今中山市)翠亨村人。出身于贫苦农民家庭。1878年孙中山得长兄孙眉的接济，随母到夏威夷檀香山就学于教会学校达5年之久。回国后又出走香港。到香港后洗礼入基督教，并继续读书，不久转学到广州博济医学院。后又以优异成绩考入香港西医书院。在学期间，除学习本科外，对欧美各国的政治、经济、农业乃至天文地理知识，无不涉猎，被友人称为“通天晓”。1894 年赴天津求见李鸿章，希望他接纳其“人尽其才，地尽其利，物尽其用，货畅其流”(《孙中山全集·上李鸿章书》)的变法方案，但被拒绝，失望之余，遂转赴檀香山，建立了中国第一个资产阶级革命团体“兴中会”，提出“驱除鞑虏，恢复中华，创立合众政府”的资产阶级革命纲领。1895 年组织广州起义，失败后亡命欧美，蒙难于伦敦(被清政府驻英使馆绑架)。脱险后在欧洲考察社会和政治、法律制度，综合研究各种社会主义学说，基本上形成了民族、民权、民生的三民主义思想体系。1905 年 8 月孙中山在日本东京创建了中国第一个资产阶级政党“中国同盟会”，任总理。同盟会将“驱除鞑虏，恢复中华，建立民国，平均地权”确定为革命政纲，并将华兴会机关刊物《二十世纪之支那》改组为《民报》。他在《民报》发刊词首次提出“三民主义”学说，奠定了资产阶级革命的理论基础。革命派以《民报》为阵地，与梁启超、康有为等保皇派激烈论战，统一了革命派的认识。孙中山革命派组织了多次武装起义，经历了“十次之失败”，终于迎来了辛亥革命的成功，推翻了清王朝的统治，结束了中国两千多年的封建专制制度。1911 年 12 月孙中山被选为中华民国临时大总统。但辛亥革命的胜利果实很快被袁世凯窃取。1912 年 4 月孙中山辞去临时大总统职。1912 年 8 月他改组同盟会为国民党，任理事长。1913 年 3 月 20 日袁世凯指使特务暗杀热衷于议会民主的国民党领袖宋教仁。孙中山从此事件看清了袁世凯的真面目，7 月发动“二次革命”讨袁。失败后再度亡命日本。1914 年 7 月在日本组织中华革命党，继续反袁斗争。1917 年 9 月在广州召开国会非常会议，组织护法军政府，当选为陆海军大元帅，宣告与北京袁世凯政府对立。1918 年 5 月因受西南桂系和政学系军阀的挟制，被迫辞去大元帅之职。1919 年 10 月孙中山将中华革命党改组为中国国民党，并发表所著《孙文学说》《建国方略》。1921 年 4 月在广州重组军政府，任非常大总统。1922 年 6 月陈炯明武装叛变，孙中山被迫退居上海，至 1923

年 2 月陈炯明被驱逐后，才回到广州重建大元帅府，就大元帅职。1924 年 1 月在广州召开中国国民党第一次全国代表大会，发表改组国民党宣言；确定“联俄、联共、扶助农工”的三大政策；通过新党纲、新党章，把旧三民主义重新解释为新三民主义；将中国国民党改组为包含工人、农民、小资产阶级和民族资产阶级的革命联盟，从而实现了第一次国共合作。同年 10 月冯玉祥发动北京政变，电请孙中山北上“讨论国事”。当时孙中山在天津肝病发作，但仍扶病于 31 日由津入京，受到北京各界群众 10 万人的热烈欢迎，并发表了《入京宣言》。1925 年 3 月 12 日孙中山在北京不幸病逝。

思想脉络

孙中山的三民主义是西方资产阶级民族主义思想、法律思想与近代中国实际相结合的产物，从而构建了中国近代最先进、最完整的思想体系。以“民族”“民权”“民生”为核心的“三民主义”理念，是孙中山为解决近代中国社会面临的民族独立、民主政治、社会改革三大历史任务而提出的中国资产阶级革命的民族、政治、经济的理论纲领，也是其法律思想的理论基础和指导原则。孙中山的“三民主义”分旧“三民主义”和新“三民主义”两个阶段。反映孙中山法律思想的主要著作有《三民主义》《建国方略》《建国大纲》。

壹

民族主义与民族立法

民族主义是中国近代革命的立足点，民族革命的首要任务是“驱除鞑虏，恢复中华”，即推翻清朝政府，光复以汉族为主体的“民族国家”。孙中山说：“中国今日何以必需乎革命？因中国今日已为满洲人所据，而满清之政治腐败已极，遂至中国之国势亦危险已极，瓜分之祸已岌岌不可终日，非革命无以救重亡，非革命无以图光复也。”所以，凡“不忍见神明种族与虏皆亡”者，都应积极参加反满革命。孙中山的民族主义有如下几种形式，且在不断修正和完善之中。

（一）种族论

1894年11月孙中山在檀香山创立中国第一个资产阶级反清革命组织兴中会时，就提出了“驱逐鞑虏，恢复中华，创立合众政府”（《孙中山全集·檀香山兴中会盟书》）的革命纲领，即推翻清朝满洲贵族的政权，解除民族压迫，光复以汉人为主体的“民族国家”，创立民族平等的共和政府。早年孙中山为了号召发动民众仇视并推翻清朝政权，曾以“种族论”作为理论依据，排满复汉的大汉族主义情绪异常浓郁。

1905年，中国同盟会成立。其宗旨是“驱逐鞑虏，恢复中华，创立民国，平均地权”（《孙中山全集·中国同盟会总章》）。后来孙中山在同盟会机关报《民报》的发刊词中，把这16个字概括为以民族主义、民权主义、民生主义为基本内容的三民主义。孙中山认为：“民族主义这个东西，是国家图发达和种族图生存的宝贝。”（《孙中山全集·三民主义》）民族主义位于三民主义之首，其基本任务是要推翻清朝政府，而不是挑起满族与汉族之间的矛盾，导致国内的民族分裂，因此，笼统排满是不对的。孙中山解释说：“有最要紧一层不可不知：民族主义，并非是遇着不同种族的人，便要排斥他。”以为“民族革命是要灭尽满洲民族，这话大错”（《孙中山全集·在北京蒙藏统一政治改良会欢迎会的演说》），“革

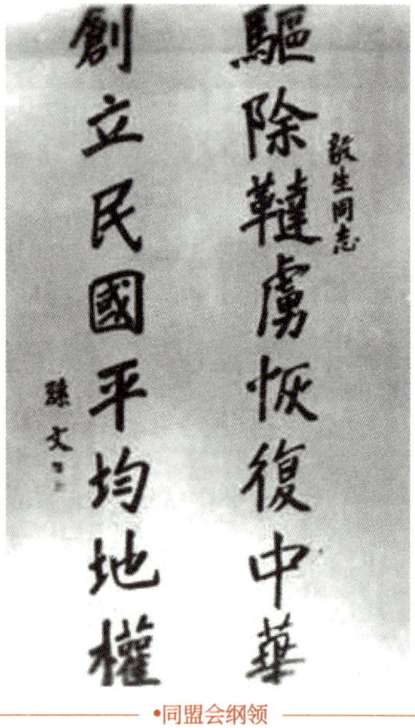

•同盟会纲领

命主旨，不专在对满，其最终目的，尤在废除专制，创造共和”。“我们并不是恨满洲人，是恨害汉人的满洲人，假如我们实行革命的时候，那满洲人不来阻害我们，决无寻仇之理。”（《孙中山全集·三民主义与中国前途》）“照现在这样的政治论起来，就算汉人为君主，也不能不革命。”（《孙中山全集·在东京〈民报〉创刊周年庆祝大会的演说》）最后，孙中山用“倾覆清廷，创立民国”来代替“驱逐鞑虏，恢复中华”的口号，不破不立，不推翻清朝政权，就不能建立民主政治，就不能改变社会面貌，因此，民族主义是民权主义、民生主义的前提。

孙中山鼓吹“种族论”，其原因在于：第一，孙中山历次发动武装起义，都需要联络会党，争取他们的支持。而联络会党参与起义主要的思想基础就是反满。孙中山如果突出其反满容易与会党群众产生共鸣，取得他们对革命的理解和支持。第二，按近代民族主义的本质要求，在清末，中国人的民族主义应该是以反对侵略和压迫中国人的帝国主义列强为主旨，以建立独立统一的民族国家为目标。但孙中山长期奔走海外，他的革命，一方面需要争取海外华侨的支持；另一方面，他也力求争得几个强国朝野势力的支持。这样，他就不可能不淡化其反对帝国主义列强的主张。也就是说，他的民族主义，不能不主要是反满的“小民族主义”，而不可能主要是反对帝国主义列强的“大民族主义”（“大民族主义”与“小民族主义”，是借用梁启超的说法）。第三，为了划清与康、梁及其他和平改革派之间的政治思想界限，对清王朝不抱任何希望，旗帜鲜明地标明反满的立场，思想趋向极端也在所难免。鉴于上述三个方面的原因，尽管在同盟会成立以后，孙中山的民族主义已经开始具有近代民族主义的性质，但却很长时间未能完全摆脱反满的狭隘民族主义。但在当时的历史背景下，清王朝由满族贵族把持政权，对外投降卖国，对内镇压革命，以反满作为动员群众的基本口号，“反满”与“反清”是同义语，因此，“颠覆满清政府”是“还我主权”、争取民族解放的前提。这样“驱除鞑虏，恢复中华”，无疑具有直接的革命意义。而且即使在当时，孙中山也并没有完全局限于单纯“仇满”“排满”的狭隘范围内。他一再指出：“今有满清政府为之鹰犬，则彼外国者欲取我土地，有予取予携之便矣。故欲免瓜分，非先倒满洲政府，别无挽救之法也。”[①]

（二）“五族共和”论

辛亥革命胜利后，孙中山曾一度误认为清政府已被推翻，建立了中华民国，民族主义的任务已经完成，从而提出了“五族共和”的主张。孙中山指出：“大抵革命之举，不外种族、政治两种，而其目的，均不外求自由、平等、博爱三者而已。”辛亥革命“是种族革命，亦是政治革命，何则？汉、满、蒙、回、藏五大族中，满族独占优胜之地位，握至上之权力，以压制其他四族，满洲为主人，而他四族皆奴隶，种族间之不平等，达于极点。种族不平等，自然政治亦不平等，是以有革命……革命之功用，在使不平等归于平等”。辛亥革命推翻了清政权，民族压迫、民族歧视的政治体制已不复存在，应建立“五族共和”的新的政体。“五族共和”的第一要义是民族平等，孙中山认为：“今者五族一家，立于平等地位，种族之不平等之问题解决，政治不平等之问题亦同时解决，永无更起纷争之事。所望者以后五大民族同心协力，共策国家之进行，使中国进于世界第一文明大国，则我五大民族共同负荷之大责任也。”（《孙中山全集·在北京五族共和合进会与西北协进会的演说》）“我国以自由、平等、博爱三主义，造成共和国家……凡属蒙、藏、青海、回疆同胞，在昔之受压制于一部者，今皆得为国家主体，皆得为共和国之主人翁，即皆得国家参政权。”蒙藏同胞“庶共了解共和之真理，与吾内地同胞一致进行，以共享共和之幸福”（《孙中山全集·在北京蒙藏统一政治改良会欢迎会的演说》）。并一再强调：“各大民族所享之权利，所负之责任，自应一视同仁，无偏无党。”[②]“五族共和”的第二要义是民族统一，孙中山认为：“国家之本，在于人民。合汉、满、蒙、回、藏

① 《孙中山选集》（第1卷），人民出版社2011年版，第238页。

② 中国第二历史档案馆编：《中华民国史档案资料汇编》（第2辑），江苏人民出版社1981年版，第26页。

诸地为一国，合汉、满、蒙、回、藏诸族为一人。是曰民族之统一。”（《孙中山全集·临时大总统宣言书》）民族统一的意思，照孙中山的说法，就是不分畛域，“合汉、满、蒙、回、藏”为一个统一的中华民族。他说：“合全国人民，无分汉、满、蒙、回、藏，相与共享人类之自由。”（《孙中山全集·致贡桑诺尔布等蒙古各王公电》）“中华民国之建设，专为拥护亿兆国民之自由权利，合汉、满、蒙、回、藏为一家，相与和衷共济……而今而后，务当消融意见，蠲除畛域。”（《孙中山全集·布告国民消融意见蠲除畛域文》）“民国成立，五族一家，地球上所未有，从古所罕见，洵为盛事。”[①] 民族平等是民族统一的基础，民族统一是民族平等的最佳结果，二者密切相关，互相促进，不可割裂。总而言之，“五族共和”就是主张国内不应有享有特权的民族，各民族一律平等，都是民主共和国的主人，都有参政议政权。换句话说，各族应紧密联系，平等相处，一道构建“中华民国”的共和政体。当时，孙中山没有意识到帝国主义列强对中国的威胁和入侵，是民族主义的最大敌人，不反对帝国主义侵略，中国就不会有真正的民族解放和国家独立。

（三）“民族同化”论

辛亥革命后，孙中山满以为“今满政府已去，共和政体已成，民族、民权之二大纲已达目的，今后吾人之所急宜进行者，即民生主义”（《孙中山全集·在沪南商会分会欢迎会的演说》），改善民众生活待遇，增强国力。但是辛亥革命的成果很快被袁世凯窃取，随之而来的是各派军阀你争我夺，连年混战，国内政治更加腐败黑暗，民不聊生的境况愈加严重。“五族共和”不仅没有真正实现，反而成了北洋军阀政府笼络各地军阀的一种策略和借口。针对这种状况，1919 年，孙中山将中华革命党改组成中国国民党，抛弃了民族主义已经实现了的幻想，指出目前中国民族主义的任务仅完成了一半，民权主义和民生主义并没有一点痕迹，从而对外主张国家民族的自决，对内主张以汉族为中心同化少数民族。孙中山说：“夫汉族光

① 《总理全集》（第 2 集），迈芬书屋 1944 年版，第 238 页。

复，满清倾覆，不过只达到民族主义之一消极目的而已，从此当努力猛进，以达民族主义之积极目的也。积极目的为何？即汉族当牺牲其血统、历史与夫自尊自大之名称，而与满、蒙、回、藏之人民相见于诚，合为一炉而冶之，以成一中华民族之新主义……斯为积极之目的也。”孙中山这里所表达的是中国人民的一贯追求，同时也是一直在进行着的历史过程。

孙中山指出，五族也好，多少族也好，总是存在民族差别，共和不是目标，目标应是所有民族实行同化，大家“熔为一炉”。从“五族共和”到“民族同化”，反映了孙中山在辛亥革命失败后思想认识的变化。一方面，孙中山对南北议和达成的《关于满、蒙、回、藏各族待遇之条件》以“五族共和”为名而维护旧的世袭贵族势力和军阀统治十分痛恨。他说：“我们定要积极地将我四万万民族的地位抬高起来，发扬光大，现在说五族共和，实在这五族的名称很不切当，我们国内何止五族呢？我的意思，应该把我们中国所有各民族融成一个中华民族。”“汉族光复了之后，把所有的世袭的官僚、顽固的旧党和复辟的宗社党都凑合在一起，叫作五族共和，岂知根本的错误就在这里。”(《孙中山全集·在上海国民党本部会议的讲话》)另一方面，孙中山对辛亥革命后，外国侵略者不断制造分裂中国的阴谋活动甚为担忧。他说：“讲到五族的地位，满洲处于日本势力范围之内，蒙古向为俄范围，西藏几乎成了英国的囊中物，足见他们皆无自卫底能力，我们汉族应帮助他们才是。”(《孙中山全集·三民主义之具体办法》)鉴于这种情况，“在今日讲中国的民族主义，不能笼统地讲五族的民族主义，应该单讲汉族的民族主义”。“或者有人要说五族共和，揭橥已经许久了，此时单讲汉族的民族主义，不怕满、蒙、回、藏四族的人不愿意吗？说到这一层，兄弟以为可以不必顾虑。因为现在满州附日……西藏人附英，就是没有自卫能力的表征，将来提携振拔他们，还要依赖我们汉族。”因此，他主张以汉族同化其他民族的方法，组成一个中华民族，来振兴国家。“发扬光大民族主义，而使藏、蒙、回、满同化于我汉族，建设一最大之民族国家者，是在汉人之自决。”[①] 孙中山“民族同化”论中的“民族”，不止汉、满、蒙、回、藏五个民族，还包括其他许多民族，国内所有民族是平等的，他们共同构成中国这样一个统一的多民族国家，这在当时无疑是一个进步；孙中山“民族同化”中的“同化”，“将以发达国内平等文明收道一同风之效”，“吾党所持之民族主义，消极地为除去民族间之不平等，积极地为团结国内各民族，完成一大中华民族”（《孙中山全集·中国国民党宣言》），具体说来，就是要向美利坚民族那样，同化国内各种人，成为单一的国家民族。“以本国现有民族构成大中华民族，实现民族的国家。”（《孙中山全集·中国国民党党纲》）在国家政权结构形式上，孙中山主张“单一制”，建立“自由统一的（各民族自由联合的）中华民国”[②]。他认为中国各省与少数民族地区都不能分立，倘若分立，势必被帝国主义列强瓜分。另外，孙中山认为，中国境内各民族中，汉族在文化发展程度上，在能力上，在人口数量上等方面，对于其他民族而言，的确居于明显的优势地位。因此，在结合国内各民族以形成一大中华民族的过程中，它起着主导的作用。孙中山的“民族同化”是维护国家统一、反对民族分裂的一种无奈的举措，或多或少地带有大汉族主义的色彩。

（四）中华民族独立论与国内弱小民族“自决自治”论

1922 年，第二次护法战争失败后，孙中山决定改组国民党，实行联俄、联共、扶助农工的三大政策，使三民主义上升为新三民主义，民族主义也有了新的内涵。1923 年 1 月在上海的一次演说中，孙中山更是说道：“中国形式上是独立国家，实际比亡了国的高丽还不如……似此，民族主义能认为满足成功否？所以，国民不特要从民权、民生上作工夫，同时并应该发展民族自决的能力，团结起来奋斗，使中国在世界上成为一独立国家。”1924 年 1 月，孙中山发表《关于建立反帝联合战线宣言》：“我等同在弱小民族之中，我等当共同奋斗，反抗帝国主义国家之掠夺与压迫。”1924

---

① 《总理全集》（第 2 集），民智书局 1930 年版，第 206 页。

② 《孙中山选集》，人民出版社 1966 年版，第 592 页。

年1月，孙中山在中国国民党第一次代表大会宣言中对三民主义作了新的解释。其中对民族主义的解释包括两方面的内容：对外反对帝国主义的侵略，“中国民族自求解放”，“中国民族得自由独立于世界”；对内反对民族压迫，“中国境内各民族一律平等”，承认国内各民族的自决权，“于反对帝国主义及军阀之革命获得胜利后，当组织自由统一的（各民族自由联合的）中华民国”。孙中山民族主义的精髓，是以新的资产阶级民族国家代替旧的封建专制主义国家，这样一来，作为国家民族，可以实现民族解放、国家独立；作为国内民族，可以实现民族平等，民族团结，国家统一。孙中山的民族主义体现了反帝反封建的革命民主精神，在调整、处理国内民族关系和反对帝国主义外来干涉方面，起到了积极的指导作用，也成为民国外交立法与民族立法的指导性原则。

孙中山进一步提出了国民党及国民政府扶植“国内之弱小民族”，“使之能自决自治”（《孙中山全集·国民政府建国大纲》）的主张。众所周知，一般而论，自决的实质是脱离异族的独立，是建立自己的民族独立国家，此外不能有别的解释。自治则不同，它是以国家统一为前提的，并以加强民族集体的牢固联系为目的。十分明显，自决和自治是两个本质不同的概念。但孙中山却把二者合在一起强调，要求各民族基于各自的历史、风俗和利益，在不损害国家统一和利益的前提下，自主地行使其权力。由此看来，孙中山所说的“自决自治”，实际内容就是自治，它是尊重少数民族权利和国内民族平等地位的体现。1921年6月孙中山曾明确指出，民族自决一说，就是本党的民族主义。1924年又再次重申：“承认中国以内各民族之自决权”（《孙中山全集·中国国民党第一次全国代表大会宣言》）。鉴于中国是一个以汉族为主体的多民族国家，历代统治者大多奉行大汉族主义，严重损害了民族之间的感情，国民党和民国政府只有大力帮助少数民族，给予他们对内部事务的自决权与自治权，管理本民族的事务，才能加强民族团结，增进民族感情，进而巩固多民族的民族共和的国家体制。

孙中山始终将中国定位于多民族的统一国家，并为解决统一国家的民族问题，创立了民族主义的理论。孙中山的民族主义，从“排满”到反清，从“民族同化”到“民族自决自治”，从“五族共和”到“各民族的平等统一”，经历了一段艰辛曲折的过程，但对中国的民族问题的认识，逐渐清晰、逐渐成熟，最终形成了民族平等统一的正确认识。

综上所述，民族主义的精髓，是要以新的资产阶级民主国家代替旧的封建专制主义国家。它贯穿着反帝反封建的革命民主精神，在调整处理国内民族关系和以反帝、“扶倾济弱”为主旨的国际关系方面，为立法提供了指导原则。其具体主张包括：“一切不平等条约，如外人租借地、领事裁判权、外人管理关税权，以及外人在中国境内行使一切政治的权力侵害中国主权者，皆当取消，重订双方平等，互尊主权之条约”，“中国与列强所订其他条约有损中国之利益者，须重新审定，务以不害双方主权为原则。”（《孙中山全集·中国国民党第一次全国代表大会宣言》）

贰

民权主义与五权宪法

民权主义是中国近代革命的核心内容。其中心任务是“反对帝制，建立民国”，实质是要推翻封建君主专制，建立资产阶级共和国。孙中山认识到，要推翻君主专制，单有民族革命是不够的，必须把民族革命与政治革命结合起来，而民权革命是政治革命的根本。他指出：“我们推翻满洲政府，从驱除满人那一面说是民族革命，从颠覆君主政体那一面说是政治革命，并不是把它分作两次去做。”（《孙中山全集·三民主义与中国前途》）因此，从政治革命的意义上说，“照现在这样的政治论起来，就算汉人为君主，也不能不革命”。

在政治变革中，孙中山要求既要“取法于人”，又要“取法乎上”（《孙中山全集·在东京中国留学生欢迎大会的演说》）。即移植西方法制的同时还要有所创新，以适合中国国情和避免西方法制的某些弊病。在学习西方法治方面，孙中山以法国《人权宣言》和美国的《独立宣言》为蓝本，制定资产阶级共和国蓝图，“今者由平民革命以建国民政府，凡为国民皆平等以有参政权。大总统由国民共举。议会以国民公举之议员构成之，制定中华民国宪法，人人共守。敢有帝制自为者，天下共击之”(《孙中山全集·中国同盟会革命方略》)。在制度创新方面，一是强调“主权在民”。他指出：“近世各国所谓民权制度，往往为资产阶级所专有，适成为压迫平民之工具。若国民党之民权主义，则为一般平民所共有，非少数者所得而私也。”二是主张“直接民权”。孙中山说：“国民党之民权主义，于间接民权之外，复行直接民权，即为国民者，不但有选举权，且兼有创制、复决、罢免诸权也。”(《孙中山全集·中国国民党第一次全国代表大会宣言》)为了保障人民主权和直接民权，孙中山提出了“五权宪法”。“五权宪法”是民权主义的重要组成部分，它使民权主义具体化了，具有了可操作性；而民权主义又是“五权宪法”的理论基础。

孙中山曾自豪地说：五权宪法乃他所独创。他谈了自己对“政治”的理解：“政是众人之事，集合众人之事的大力量，便叫做政权；政权就可以说是民权。治是管理众人之事，集合管理众人之事的大力量，便叫做治权；治权就可以说是政府权。所以政治之中，包含有两个力量：一个是政权，另一个是治权。这两个力量，一个是管理政府的力量，另一个是政府自身的力量。”(《孙中山全集·民权主义第六讲》)“五权宪法”的核心是“权能区分”“权能分治”，即把政权和治权分开，由人民掌握“政权”，人民有权；政府实施“治权”，政府有能，“万能政府”——“广兴福利，大有为式”。

人民的“政权”包括选举权、罢免权(这是人民直接挑选和废弃官吏的权利)、创制权、复决权(这是人民直接立法的权利)四项。孙中山说：“人民而有此四权也，乃能任用官吏，役使官吏，驾驭官吏，防范官吏，然后始得称为一国之主而无愧色也。”(《孙中山全集·三民主义》)总而言之，人民真正有直接管理政府之权。其中，选举权、创制权，在事先行使，体现了

“主权在民”；罢免权和复决权，在事后运用行使，体现了人民保留的收回权。“直接民权”的思想使“五权宪法”超出了原有的政治结构模式。“五权宪法”是权能分立，其目的是保障人民主权。前者是代议制的间接民主，后者是“直接民主”，实行自下而上的“全民政治”。

政府实施“治权”。由“专门家”和“有能的人”组成一个“为人民谋幸福的万能政府”(《孙中山全集·民权主义第五讲》)。政府权能机构要设置合理，就应“集合中外之精华，防止一切流弊”，即“采用外国的行政权、立法权、司法权，加入中国的考试权和监察权，连成一个很好的完璧，造成一个五权分立的政府”(《孙中山全集·民权主义第六讲》)，即“万能政府”。中央政府实行五院制：“一曰行政院，二曰立法院，三曰司法院，四曰考试院，五曰监察院。”五院的组织法是：“宪法制定以后，由各县人民投票选举总统以组织行政院，选举代议士以组织立法院，其余三院之院长，由总统得立法院之同意而委任之，但不对总统、立法院负责，而五院皆对国民大会负责。各院人员失职，由监察院向国民大会弹劾之，而监察院人员失职，则国民大会自行弹劾而罢黜之。国民大会职权，专司宪法之修改，及制裁公仆之失职。国民大会及五院职员，与夫全国大小官吏，其资格皆由考试院定之。”(《孙中山全集·建国方略》)在孙中山“五权宪法”方案中，国民大会直接代表民权，高于立法院(议会)，行使中央统治权，享有对中央政府官员的选举权、罢免权和对中央法律的创制权、复决权。

孙中山强调，宪法应适合中国国情。他说：“宪法者，为中国民族历史风俗习惯所必需之法。三权为欧美所需要，故三权风行欧美；五权为中国所需要，故独有于中国。诸君先当知为中国人，中国人不能为欧美人，犹欧美人不能为中国人，宪法亦犹是也。适于民情国史，适于数千年之国与民，即一国千古不变之宪法。吾不过增益中国数千年来所能，欧美所不能者，为吾国独有之宪法。如诸君言欧美所无，中国即不能损益，中国立宪何不将欧美任一国之宪法抄来一通，曰孟德斯鸠所定，不能增损者也。”(《孙中山全集·与刘成禺的谈话》)孙中山主张从中国国情出发，反对照搬西方，反对奉西方的金科玉律。他认为，西方的制度有它的缺陷：一是代议制变成了“议会专制”，没有“直接民权”；二是官员的产生，或是搞“阶级选举”，而不是普遍选举；或由总统委任，随总统进退，“难免于埋没人才和任用私人”。因此，孙中山认为欧美宪法不适合中国国情。他指出，世界上“有文宪法是美国最好，无文宪法是英国最好。英是不能学的，美是不必学的”(《孙中山全集·在东京〈民报〉创刊周年庆祝大会的演说》)。他认为：“中国实施的共和政治，是除立法、司法、行政三权外还有考选权和纠察权的五权分立的共和政治。”(《孙中山全集·与该鲁学尼等的谈话》)于是，孙中山熔古今中外法律学说和经验为一炉，创立了自己的“五权宪法”学说。

— 叁 —

民生主义与法制变革

民生主义是近代中国革命的创新点和最具活力的部分，是三民主义的社会革命纲领。孙中山看到西方资产阶级民主制度下贫富悬殊，社会危机深重，为了防患于未然，提出民生主义，以“举政治革命、社会革命毕其功于一役”(《孙中山全集·民报发刊词》)。但比起民族革命、民权革命较易来，“唯社会革命最难”(《孙中山全集·在南京同盟会会员饯别会的演说》)。

孙中山曾自豪地说：“‘民生’二字，为数千年已有之名词，至用之于政治、经济上，则自本总理始，非独中国向无所闻，即在外国亦属罕见。”(《孙中山全集·关于民生主义的说明》)民生主义，主要是以“调和”的方式解决“土地”和“资本”两大问题，使国民生计达到“均”和“足”的状态。其具体途径是：“平均地权”和“节制资本”。

“平均地权”以解决土地问题。在旧三民主义阶段，旧民生主义把“平均地权”作为主要内容。具体做法是：革命以后，先“核定天下地价”，先由地主自己报价，税收很重，使地主不敢“以少报多”，现有地价归地主所有；然后“照价纳税”，即按地价由国家征收1%或2%的土地税；国家“照价收买”，国家拥有土地国有权，可随时按地价收买私人土地，则地主不敢“以多报少”和逃减税额；“涨价归公”，以后社会改良进步，地价提高，提高部分归于国家，属国民共有。(《孙中山全集·同盟会宣言》)然而“核定地价”并不能“平均地权”，不是平分土地。孙中山还特别反对“均产”主张，反对“夺富人之田为己有”(《孙中山全集·在东京“民报”创刊周年庆祝大会上的演说》)。所以，旧民生主义并没有解决农民所迫切要求解决的土地问题。在新三民主义阶段，孙中山将“耕者有其田”规定为新民生主义的原则。孙中山明确指出：“民生主义真是达到目的，农民问题真是完全解决，是要耕者有其田。那才算是我们对于农民问题的最终结果……现在的农民却不是耕自己的田，都替地主来耕田，所生产的产品，大半被地主夺去了。这是一个很重大的问题。我们应该马上用政治和法律来解决，如果不能解决这个问题，民生问题无从解决。”(《孙中山全集·民生主义第三讲》)由此可见，“耕者有其田”比“平均地权”大大进了一步，其不足之处是，孙中山不愿用彻底的革命手段，而宁愿用改良的方法实现“耕者有其田”，这实际上也就无法彻底解决土地问题。

“节制资本”以解决资本问题。“节制资本”，就是节制私人垄断资本和发展国家资本。孙中山试图找到一条既发展大工业，又避免资本主义的道路，这就是搞生产资料的国有化和分配的社会化，即国家资本主义。其要点是将土地、铁路、矿产等收归国有，由国家经营，不让少数资本家垄断。这样，既有资本主义近代大工业，又没有资本家剥削、压迫的公道社会。限制资本主义的发展，防止私人资本主义操纵国计民生，这一主张，已摆脱了原来“预防资本主义”之类的空想，具有反对帝国主义、发展国民经济的意义，反映了中国社会不能再走西方资本主义老路的客观历史要求。不过，在资产阶级掌握政权之下，孙中山的这一主张是不可能实现的。

民生主义关系到一系列法律问题，是有关土地法、财税法、劳动法、企业法、外资法等经济立法的指导思想。在旧民生主义阶段，孙中山曾希望通过借外债、招洋股、吸引外国人投资等方式发展民族经济。在新民生主义阶段，他曾宣布要“由国家规定土地法、土地使用法、土地征收法及地价税法”，制定“劳工法”以及“养老之制、育儿之制、周恤废疾者之制、普及教育之制”(《孙中山全集·中国国民党第一次全国代表大会宣言》)，以及整套保护劳工、提高社会福利的法律规定。可见，孙中山十分重视以法律手段来解决民生问题。

孙中山将“三民主义”的“一贯之精神”概括为“自由、平等、博爱”，并以此作为法制改革的动力和依据。

（一）深刻揭露和批判清朝封建专制法制

孙中山以“自由、平等、博爱”为武器，严厉抨击封建法制的专横、黑暗、野蛮、酷烈。他指出：“自秦政灭六国，废封建而为郡县，焚书坑儒，务愚黔首，以行专制。历代因之，视国家为一人之产业，制度立法，多在防范人民，以保全此私产；而民生庶务，与一姓之存亡无关者，政府置而不问，人民亦从无监督政府之措施者。”(《孙中山全集·支那保全分割合论》)他列举清朝政府十大罪状：“(1)虏据政府以自利，而非以利民；(2)阻止民人物质、思想之进化；(3)驭吾人如隶圉，而尽夺一切之平等权及公权；(4)侵害我不能售与之生命权及财产自由权；(5)容纵官吏以虐民而朘削之；(6)禁制吾人之言论自由；(7)定极不规则之税则，而不待民人之认可；(8)用极野蛮之刑以对囚犯，逼供定罪；(9)不由法律而可以割夺吾人之权利；(10)放弃其责任为吾人所托生命财产者。”(《孙中山全集·支那问题真解》)中国专制法制为维护皇权，践踏民众权利，剥夺民众自由，给民众造成了极大的痛苦和灾难，对于上述种种野蛮虐政，应予一律废除。

按清朝法律，“闽粤之蛋户，浙之惰民，豫之丐户”，以及被罚为奴的义民、剃头匠、优倡、隶卒等均被划为贱民，“使不得与平民齿”。孙中山愤怒谴责道：“一人蒙垢，辱及子孙，蹂躏人权，莫此为甚”，它违反“天赋人权，胥属平等”的原则。

(二)主张建立资产阶级法治国家

孙中山揭露封建法制的同时,憧憬西方的法治,谋求建设以“自由、平等、博爱”精神为基础的法治国家。他这方面的思想也比较丰富,主要主张有:

第一,民主政治靠法律来保证,法律由国会制定。孙中山反复指出:“民主政治赖以维系不敝者,其根本存在于法律,而机枢在于国会”,“共和之根本在法律,而法律之命脉在国会”。孙中山的这一看法虽然受到法律万能论的影响,后来在经历了袁世凯暗杀宋教仁、曹锟贿选等事件后,他认识到法律绝非万能,推行法律的前提是获取民心。孙中山说:“宪法之所以能有效力,全恃民众之拥护,假使只有白纸黑字之宪法,决不能保证民权,俾不受军阀之摧残。元年以来,尚有约法矣,然专制余孽、军阀官僚僭窃擅权,无恶不作,此辈一日不去,宪法即一日不生效力,无异废纸,何补民权?”进而指出:“推行宪法之先决问题,首先在民众之能拥护宪法与否”,不然是“舍本求末,无有是处”(《孙中山全集·中国国民党第一次全国代表大会宣言》)。

第二,用法律形式规定和保障人民各项民主权利。孙中山认为:真正的法律应当是“人民权利之保障书”,是“人民公意之表示”(《孙中山全集·中华民国宪法史前编序》)。南京临时政府成立以后,孙中山即以临时大总统身份发布命令,废止各项封建法律,颁行一系列以“自由、平等、博爱”为宗旨的法律、法令,这些法律法令的核心是确认和维护人民民主权利。如在《开放疍户、惰民等许其一体享有公权私权文》的通令中规定,凡共和国人民,“对于国家社会之一切权利,公权若选举、参政等,私权若居住、言论、出版、集会、信教之自由等,均许一体享有,毋稍歧异,以重人权而彰公理”。1912 年 3 月,孙中山主持制定《中华民国临时约法》,把人民主权思想进一步以宪法形式固定了下来,明确规定:“中华民国人民一律平等,无种族、阶级、宗教之区别”,皆享有人身、居住、财产、营业、言论、集会、通讯、信教等自由，以及请愿、陈诉、诉讼、任官考试、选举与被选举等项权利。这是中国历史上第一次赋予民族平等、人民主权以法律效力。孙中山还一再指出，国民是中华民国的主体，“总统、官吏皆国民之公仆”。他明令废除封建专制时代官吏享有的各种法定和法外特权，以及诸如“大人”“老爷”等反映官僚特权的称呼。

第三，主张文明司法。孙中山谴责清朝封建司法滥施刑讯，抑制人民诉权，指出它违反“自由、平等、博爱”的人道精神，“刑罚之目的，在维护国权，保护公安。人民之触犯法纪，由个人之利益与社会之利益不得其平，互相抵触而起。国家之所以惩罚罪人者，非快私人报复之私，亦非以示惩创，使后来相戒。盖非此不足以保持国家之生存，而成人道之均平也。故其罚之之程度，以足调剂个人之利益与社会之利益之平为准。苟暴残酷，义无取焉”。他明令禁止刑讯，“不论行政司法官署及何种案件，一概不准刑讯鞫狱”；审判应“视证据之充实与否，不当偏重口供”；一切“不法刑具”，全部焚毁；官吏若再违令刑讯，除“褫夺官职外”，还要“付所司，治以应得之罪”。(《孙中山全集·大总统令内务司法两部通饬所属禁止刑讯文》)孙中山谴责封建司法滥用体罚故习死灰复燃，司法官吏“图宣告之轻便，执行之迅速，逾越法律，擅用职权，漫施笞杖之刑，致多枉纵之狱者”。他申明禁令，革除体罚，“不论司法、行政各官署审理及判决民刑案件，不准再用笞杖枷号及其他不法刑具，其罪当笞杖枷号者，悉改科罚金、拘留。详细规定，俟之他日法典”(《孙中山全集·大总统令内务司法两部通饬所属禁止体罚文》)。为维护人民诉权，他主张建立律师制度，“大小讼务，仿欧美之法，立陪审人员，许律师代理，务为平允。不以残刑致死，不以拷打取供”(《孙中山全集·致港督卜力书》)。

影响评价

在中国历史上，孙中山是写过两种遗书的人。其《政治遗书》曰：

"余致力国民革命,凡四十年,其目的在求中国之自由平等。积四十年之经验,深知欲达到此目的,必须唤起民众,及联合世界上以平等待我之民族,共同奋斗。现在革命尚未成功。凡我同志,务须依照余所著《建国方略》《建国大纲》《三民主义》《第一次全国代表大会宣言》,继续努力,以求贯彻。最近主张召开国民会议及废除不平等条约,尤须于最短期间,促其实现。是所至嘱!"其《家事遗书》曰:"余因尽瘁国事,不治家产。其所遗之书籍、衣物、住宅等,一切均付吾妻宋庆龄,以为纪念。余之儿女,已长成,能自立,望各自爱,以继余志。此嘱!"由此可见,孙中山始终坚守"一心为公"的崇高精神境界,为国家政治鞠躬尽瘁死而后已,对家庭不治产业,令家人自立,两相比照,可见浩然正气,与世长存。就政治革命而言,孙中山首举彻底反封建的旗帜,组织革命政党,发动武装起义,领导了震惊中外的辛亥革命,推翻了中国历史上延续几千年的封建王朝专制统治,建立民国,功载千秋,万古流芳。他融会中西、继承创新,既推动了西方民主法治思想在中国的传播和普及,又促使中国的近代转型顺利进行,其中西折中的立场和方法,至今仍有其价值和影响。

•孙中山与宋庆龄在日本的结婚照

章太炎

民主共和　法律专治

核心要旨

为何说代议制政体不适合中国国情？

『专以法律为治』的用意是什么？

『抑富振贫』的经济立法主张具体内容有哪些？

为何要『法治』与『德治』并举？

近代社会，变法维新最直截了当的方式便是改朝换代的革命，于是有了革命派。由于革命派也是生长在中国的土地上，也是受中国传统文化熏陶的，尽管他们也接受了外来的一些先进思想，但这毕竟不是主要的。因此，对旧传统的背叛程度，直接决定了他们能在革命的道路上走多久和走多远的问题。章太炎是行而未久、走而未远的革命者，其法律思想具有鲜明的个性和特色。

人生历程

章太炎（1869～1936 年），原名炳麟，初名学乘，字枚叔。因敬慕明末清初思想家顾炎武，改名绛，号太炎。浙江余杭人。出身于地主家庭，自幼习经读史，青年时代去杭州诂经精舍就学于著名经学大师俞樾，精通音韵、训诂、历代典章制度，崇尚古文经学。1894 年中日甲午战争，清朝被日本侵略者打败，在民族危机深重的刺激下，章太炎怀着强烈的救国之志，毅然走出书斋，投身于政治运动。开始，章太炎接受改良主义，赞成康、梁变法，1895 年加入强学会，1897 年到上海任改良派的《时务报》撰述，因与康、梁等人政见和学术主张不和，不久即被赶出。1898 年他应湖广总督张之洞的邀请到武昌办《正学报》，因讥张之洞《劝学篇》的忠君思想，被劝离鄂。1898 年戊戌变法失败，章太炎因参加维新运动遭到清政府的追捕，便到台湾地区，任《台湾日日新报》记者。后流亡日本，曾遇见孙中山，但没有深交。1899 年夏天，他又从日本回到上海，参与《东亚日报》编务工作。1900 年唐才常组织自立军，在上海召开国会，章太炎参加会议，并发表了演说。他认为唐才常“一面排满，一面勤王”，既不承认清朝政府，又称拥护光绪皇帝，这是一个极大的矛盾，他当场宣言脱社，割辫与绝，立志革命。而自立军失败以后，他仍遭到通缉。1902 年再次逃亡日本，与孙中山正式结交。1903 年章太炎回到上海，在蔡元培所办的爱国学社讲学，为邹容《革命军》作序，称赞为“义师先声”，同时在《苏报》发表《驳康有为论革命书》，痛斥保皇派谬论，斥光绪“载湉小丑，未辨菽麦”。显而易见，这种言论虽然发表在上海的租界内，也不能不引起清廷的震动和愤怒。清政府遂向租界提出控告，租界工部局（警察局）于 1903 年 6 月 30 日到报社捕人。章太炎气宇轩昂，明言相告：“余人俱不在，要拿章炳麟，就是我！”遂以“亵渎皇帝，倡言革命”罪，被关进了监狱，这便是轰动一时的“苏报案”。章太炎在狱中 3 年，革命意志坚强不屈。1904 年在狱中和狱外的蔡元培等联络，推动了光复会的成立。1906 年出狱，即被孙中山迎至日本，加入同盟会，任同盟会机关报《民报》主编。在章太炎的主持下，《民报》成为揭露帝国主义、封建主义，抨击改良主义和无政府主义的阵地，其文章“所向披靡，令人神往”，引起清廷的恐慌和仇视。清政府派唐绍仪与日本政府交涉，日本政府出面封禁了《民报》，1908 年 10 月 20 日将章太炎传入警署。章太炎二入牢狱，11 月 26 日东京地方法院裁判厅开庭审讯，章太炎据理辩驳，无懈可击；裁判长张口结舌、理屈词穷。但是，东京地方法院对章太炎仍作出罚金 150 元或服役 150 天的判决。鲁迅、许寿裳等人代交了罚金，才获释。1909 年与陶成章重组光复会，任会长，在报上发表反对孙中山的文章。1911 年辛亥革命以后回国，主编《大共和日报》。1912 年 1 月南京临时政府成立，任孙中山总统府枢密顾问。曾参加张謇统一党，散布“革命军兴，革命党消”言论，主张解散同盟会，拥护黎元洪、袁世凯，曾一度充当袁世凯政府的高级顾问和东三省筹边使。1913 年 3 月宋教仁被袁世凯派人刺死于上海。章太炎怒不可遏，先在上海发表反袁文章，后又只身赴京当面讨袁。章太炎到京后，曾摇着用大勋章做扇坠的折扇，径闯总统府，大诟袁世凯包藏祸心。袁世凯将章太炎软禁。1916 年袁世凯忧惧而死，才获自由。1917 年章太炎参加孙中山领导的“护法运动”，任大元帅府秘书长，后脱离孙中山改组的国民党。1922 年后，他的思想逐渐退化，主张尊孔读经。1931 年“九·一八”事变后，他大声疾呼抗日，爱国情绪激烈高涨，奔走于爱国运动。以后他住在上海，思想趋向保守。1935 年在苏州主持章氏国学讲习会，主编《制言》杂志。1936 年 6 月逝世于苏州。他的著作有《訄书》《国故论衡》《菿汉微言》《齐物论释》等。已出版的有《章氏丛书》及《章氏丛书》的《续编》和《三编》等。

思想脉络

章太炎的法律思想较为复杂，他提出了建立总统制共和国的方案，否定代议制，主张直接民权；提倡“损上益下”，以维护人民的平等权利；要求奉法律为经典，“专以法律为治”。

壹

直接民权

章太炎是“中华民国”一词的发明者和解释者，他赞成民主共和制，坚决反对封建君主专制。但他的“中华民国”，不是西方资产阶级的代议制民主共和国，而是总统制共和国，以实现直接民权。其方案的要点为：没有常设议会，由民选总统为国家元首，执掌行政、军事、外交大权，但总统不能独裁专断；中央设国务长官，与总统共同负责国家事务，遇事不得推诿，失职、受贿者以法治罪；从总统到一般官吏都要选贤任能。他强调，凡此种种原则，都要通过立法程序，以法律形式固定下来。

章太炎设计的"中华民国"方案，具有三个特点：

1.具有浓郁的民族主义色彩

首先，章太炎借助的是中国传统的"夷夏之辨"观念，把居住于中原地区的各邦国称为"华夏民族"，而把中原四周的民族称为"蛮夷"。他认为，从古至今，"乱天下者无如夷狄"，"夷狄"不知政教，对汉族实行野蛮统治，汉族奋起反抗异族的野蛮统治是正义的行为。

其次，章太炎借助西方近代人种说中的福格特的多祖论为依据，说明中国自古华夏民族与其他民族之祖先各不相同，华夏民族与其他民族有文化上的"优劣"差别，汉族在中国历史上居于"正统"地位，应该恢复被清朝颠倒的汉族的主导地位。在资产阶级革命派中，章太炎是反满仇满的大汉族主义情绪最为激烈的一个。他认为，革命就是"光复"，而"光复"的宗旨就是"光复中国之种族（汉族）也，光复中国之州郡也，光复中国之政权也"（《章太炎政论选集·革命之道德》）。但章太炎的"仇满""排满"又是他强烈的反帝反封建的资产阶级革命民主思想的一种表现形式。其一，他的"排满"不是不分青红皂白地仇视和反对整个满族成员，而仅仅是"排其皇室""排其官吏""排其士卒"，即反对满族统治者及其军队。他指出："所谓民族革命者，本欲复我主权，勿令他人攘夺也耳，非欲屠夷满族，使无孑遗，效昔日扬州十日之为也，亦非欲奴视满人，不与齐民齿叙也。"（《章太炎政治选集·致留日满洲学生书》）反满就是反对民族压迫，反对强权专制。"夫排满洲即排强种矣，排清主即排强权矣。"（《章太炎政治选集·定复仇之是非》）一旦推翻了清政府，满族人民将和汉族人民一样，"农商之业，任所欲为；选举之权，一切平等"（《章太炎政论选集·致留日满洲学生书》）。其二，他的"排满"是为了救国救民族，为了反帝。章太炎认识到，清政府投降卖国，"无一事不足以丧吾大陆"，而"西人之祸吾族，其酷烈千万倍于满洲”(《章太炎政论选集·驳康有为论革命书》),所以,要反帝以维护民族独立必须“排满”。不“排满”,不能救中国、救民族,中国将“终为欧美之陪隶”。从这个意义上说,章太炎的“排满”就是要推翻帝国主义在中国的走狗——清王朝。其三,他的“排满”也是推翻封建帝制,建立民主共和国所必需的。清王朝对内坚持封建帝制,是封建专制主义的总代表,是实现民主共和国的大敌。他指出,清王朝对汉族人民实行严重的民族压迫,使得“汉人无民权,而满洲有民权,且有贵族之权者也”(《章太炎政论选集·正仇满论》)。这里,他认为“满洲有民权”,是不符合实际的,但可贵的是,他显然意识到,不推翻清王朝,则不能实现民权。推翻清王朝之后,要建立人民当家作主的中华民国,“在今之世,则合众共和为不可已。是故以赈饥济困结人心者,或为枭雄;以合众共和结人心者,事成之后,必为民主。民主之兴,实由时势迫之,而亦由竞争以生此智慧者也”(《章太炎政论选集·驳康有为论革命书》)。

综上所述,章太炎所持的民族主义的实质,是要建立一个以汉民族为主体,各民族平等的资产阶级“中华民国”,其主流是积极的。

2.否定代议制

章太炎反对专制,主张共和,认为共和政体是所有政体中祸害最轻的政体。但他又坚决反对立宪代议。他反对在中国实行代议制,依据如下:

首先,代议制与伸民权、宣民志背道而驰。章太炎认为行代议制:“选充议士者,大抵出于豪家,名为人民代表,其实依附政党,与官吏相朋比,挟持门户之见。则所计不在民生利病,惟便于私党之为。”(《章太炎政论选集·代议然否论》)“议员者,其实非民之代表也,不受僦费于民,而受月俸于政府,此特民选之议郎耳,犹官吏属也。”(《章太炎政论选集·参议院论》)由这些“议士”组成的“议院”,名曰国会,实为“受贿之奸府”,“是民之仇,非民之友”。议员“有私罪,不得举告,其尊与帝国之君相似”,俨然成了“议皇”。他愤然指出:中国“不欲有一政皇,况欲有数十百议皇耶?”改良派主张君主立宪,革命派主张民主立宪,章太炎一概反对。他说,君主国行代议，议院中“上必有贵族院”，“贵贱不相齿”，与封建制一脉相承；民主国行代议，“虽代以元老，蜕化而形犹在”，造成“贫富不相齿”，仍然是封建制的变种。所以，“代议政体者，封建之变相”。又指出，代议政体中，议会握有立法权，但议会所立之法根本不保护平民利益，“若就民生主义计之，凡法自上定者，偏于拥护政府，凡法自下定者，偏于拥护富民”，总之，代议制政体不但不能“兴民权”，反而在人民头上“多一抑制者”(《章太炎政论选集·与马良书》)。章太炎指出：“观近世郡县有冤狱，民辄公选一人，使讼于都察院，所选者率非豪右，亦无逆民意而自擅者，以其事有期验，不容以意诡更，诡更之则为舆人齰死，故奉使能致其命。以是为类例，其与平时选举议员，利害至不侔矣。”(《章太炎政论选集·代议然否论》)表达民意，最好采取公众推荐的直接选举。

其次，代议制政体不适合中国国情。中国地广人众，仅选举的方法一项，也无法行代议。若搞通选，由于选民太多，选出的议员多了，根本无法讨论政事，中国当时人口有 4 亿 2 千万，如果按照西方议会的做法限选 700 人，那就要 60 万人才选出一议员，除去妇女和儿童，也要 20 万人才能选出一个议员，这样一选的话，结果当选者必然都是“土豪”，“是故选举法行，则上品无寒门，而下品无膏粱，名曰国会，实为奸府，徒为有力者傅其羽翼，使得膢腊齐民，甚无谓也”(《章太炎政论选集·代议然否论》)。如果靠这样的议员来立法，制定出的法律维护的必定是土豪的利益，不是大多数国民的利益。若搞限选，如以知识为限制条件，则十分之七的文盲便被剥夺了选举权；如以纳税为限制条件，选举就会集中于富庶的东南江浙一带，而革命党人因不治产业，也将被排斥于选举之外。“夫代议本以伸民权也，而民权顾因之日蹙。”(《章太炎政论选集·代议然否论》)总之，各种选举办法在当时的中国都行不通。

章太炎看到资产阶级代议制的弊病，并加以无情的揭露，无疑是合理的，但为了反对代议制而大唱封建专制主义的赞歌未免就过分了，说中国自秦汉以来“秩级已弛，人民等夷，名曰专制，其实放任也”(《章太炎政论选集·与马良书》),中国人民早已“平等”,行代议政体者等于横插一个“挫抑民权”的“封建之变相”。甚至说:“以中国行立宪代议之政,其蠹民尤剧于专制。今之专制,直刑罚不中为害,他犹少病,立宪代议,将一切使民沦于幽谷。夫贼民者非专官吏,乡土秀髦,权力绝尤,则害于民滋甚。”(《章太炎政论选集·与马良书》)总之,“代议政体,必不如专制为善”(《章太炎政论选集·代议然否论》)。也就不辨是非、不明事理、偏执梗顽了。

章太炎以清朝作为考察对象,认为:“清之失政,在乎官常废弛,方镇秉权,则适与专制相反,而今人戒心于是,非所谓惩热羹而吹齑者欤?矫清之弊,乃在综核名实,信赏必罚,虽负虿尾之谤可也;若制宪法以为缘饰,选议员以为民仪,上者启拘文牵义之渐,下者开奔竞贿赂之门,是乃不改清之积弊,而反浚其末流。”(《章太炎政论选集·新纪元星期报发刊辞》)清末以宪制粉饰庸政,以议员虚冒民意,政治上欲求改观是绝对行不通的。

3. 主张直接民权

章太炎认为代议制只是间接民权,总统制便于直接民权。为了防止总统权力过于膨胀,他又提出“恢廓民权,限制元首”。

(1)行政权。“总统惟主行政国防,于外交则为代表,他无得与”,“以明分局”。“凡事有总统亲裁者,必与国务官共署而行之,有过则共任之,不使过归于下也。”(《章太炎政论选集·代议然否论》)总统裁决事项,必须与相关国务官员共同签署后才能施行,并共同承担法律责任。

(2)立法权。“凡制法律,不自政府定之,不自豪右定之,令明习法律者与通达历史、周知民间利病之士参伍定之,所以塞附上附下之渐也。”(《章太炎政论选集·代议然否论》)将立法权掌握在专家学者和民间人士手中,以摆脱权势对立法的操纵和控制,以便以广大普通国民的利益为出发点立法。

（3）司法权。“司法不为元首陪属，其长官与总统敌体，官府之处分、吏民之狱讼皆主之，虽总统有罪，得逮治罢黜，所以防比周也”，“法律既定，总统无得改，百官有司，毋得违越”。凡有不守法者，“人人得诉于法吏，法吏逮而治之，所以戒奸纪也”（《章太炎政论选集·代议然否论》）。司法与行政分为两途，互相制衡，共同维护公平、正义。

（4）教育权。“学校以为使人求是非，非为使人致用，则学官与政官分。”（《章太炎政论选集·代议然否论》）“学校者，使人知识精明，道行坚厉”，除小学与海陆军校外，学校“不当隶属政府”，“学校皆独立，长官与总统敌体”；教育宗旨一经决定不能常变，任教授者须有专门学识，政府不得干涉，“以使民智发越、毋枉执事”；“纵观二千岁间，学在有司者，无不蒸腐殠败，而矫健者常在民间”，“学术者，故不与政治相丽”，学术不依附于政治，有其独立性，为捍卫真理而存在和发展；“司法枉桡，其长得治之；长不治，民得请于学官，集法学者共治之，所以牵独断也”（《章太炎政论选集·代议然否论》）以学官牵制司法，司法官吏审案不公平正直，先由其长官惩治，若上司对下级的“司法枉桡”纵容包庇，人民可请愿于学官，由学官召集法学精英一道共同整治之，以制止司法独断专行。

辛亥革命前后，章太炎对四权作了修正，并增加了纠察权，主张建立纠察院或都察院，由“骨鲠之人”担任纠察，赋予重权，上至总统，下至齐民，均有弹劾权。如此这样，章太炎的五权与孙中山的“五权宪法”已基本相近。但是，章太炎不冠以宪法之名，又有教育权而无考试权，体系上也不如“五权宪法”周密。

无论是四权，还是五权，章太炎这一思想的核心在于强调“主权在民”。“国家既为人民所组合，故各各人民，暂得说为实有；而国家则无实有之可言。”他批判那种以“国家为主体，人民为客体”的国家主义观点是“谬论无伦”（《章太炎政论选集·国家论》）之说，认为人民才是国家权利主体，应直接参政议政，掌握国家权力。这一观点针对代议制的“虚伪民主”是一针见血、击中要害的。

—— 贰 ——

损上益下

章太炎有激进民权思想，他认为："法律者，左以庇民，右以待国。"（《章太炎政论选集·五朝法律索引·文录·卷一》）保护人民、治理国家的法律要求在立法、司法等方面强调平等，反对封建专制特权，切实保护下层群众权益。具体来讲，就是从立法到司法必须"抑官伸民""抑强辅微""抑富振贫"，总归就是"损上益下"，以维护人民的平等权利。

（一）"抑强辅微"的司法主张

章太炎对于法律的制定有着一种历史主义的态度，他主张将反映中国人民独特理念与行为的旧律确立为改定新律的参照系，在这一思想的影响下，章太炎对中国传统法律进行了一番精心的研究。他一反历代成见旧说，贬斥汉唐之律，褒扬魏晋南朝之法。说汉律采"'春秋'诛心之法"，唐律承用"十恶"之条，都严厉维护等级特权，违反法律平等原则，皆不可用，只有五朝（魏晋宋齐梁）之法"宽平无害"，"举其封略，则有损上益下之美；抽其条目，则有抑强辅微之心"（《章太炎政论选集·五朝法律索引·文录·卷一》），体现了公平正义原则。他主张以五朝法律为主干，略采他方诸律，制定出"抑强辅微"的良法。具体地说，是要像五朝法律那样体现"重生命""恤无告""平吏民""抑富人"四大原则。

1.重生命。章太炎认为，晋律规定："父母杀子者同凡论"，处死刑；这正好与"近世父母杀子者皆轻比"相反，强调了对子女生命权的重视，同时也说明了父母与子女的平等地位。据《南史·徐羡之传》记载："义熙十四年，军人朱兴妻周，生子道扶，年三岁，先得痫疾，周因其病发，发掘地生埋之。"根据当时的"实在法"，以生母杀人，罪应弃市，但徐羡之在审理这一案件时却根据儒家精神，对周氏的行为特加宽恕，认为法律应当讲究天理人情。这种观点遭到了章太炎的强烈反对，章太炎认为生命权是最高的，即使是自己的亲生母亲亦不能剥夺。晋律规定：都市"众中走马者二岁刑，因而杀人者死”，不得以过失论罪。“日本一岁死电车道上者几二三千人”惨不可忍。天车有益富人，无益人民。国家立法不能“交欢富人，诡称公益，驰其刑诛”。因此，电车压死人，应参照晋律，车主与车夫应处以死刑。

2. 恤无告。章太炎认为，法律是“公群代私人复仇”的工具。魏晋法律规定，谋杀、故杀、贼杀等案件，苦主告至官府，若“证据不足”，司法“则勿能以罪论”，“听其子姓复仇”。这是由于，法吏审案必须要有充分的证据才能定罪，如果证据不足，“虽众口所欲杀不得施”。这样一来，给了“巧于害者”以可乘之隙，“狡诈者愈以得志，而死者无有可申之地”。在这种“法律所穷”的情况下，亲属复仇，是使恶有所报，冤有所申的唯一途径。他视复仇为匡扶正义：“平不平以使平者，斯谓复仇。”“复仇者，以正义反抗之名，非辗转相杀为之复仇”，“则复仇即无得而非议”（《章太炎政论选集·排满平议》）。因此，立法应沿用魏晋律，允许复仇，怜惜告而不得伸冤的人。但复仇要有限制，非“子姓”（直系卑亲属）或斗殴相杀者，不许复仇。“复仇”是对“杀人者死”这一古老原则的首肯，体现了对广大普通国民利益的终级关怀，也弥补了依照法律程序不能鸣冤雪耻、维护公平正义的欠缺。至于国与国、族与族之间，“既无法律，则非复仇不已”。

3. 平吏民。魏晋旧律规定，“部民杀长吏者同凡论”（《章太炎政论选集·五朝法律索引·文录·卷一》），即民杀官和一般人相杀一样论罪，不加重；梁律规定：“官吏犯杖刑者论如律”，即官吏犯杖刑，一体加杖，不予宽免收赎。但在中国传统法律制度中，“刑不上大夫，礼不下庶人”是一个最基本的原则，在法律面前，官民是极不平等的，同样的犯罪，如果是民杀官，要加重处罚，而官吏如果犯了罪，则可以通过“八议”“官当”等特权制度加以减免。章太炎极力反对根据“刑不上大夫”原则所制定的偏袒和庇护“肉食者”的法律，主张平民与官吏法律地位是平等的，没有高低贵贱之别。要废除某项处罚，应针对官民全体；要保留某项处罚，也要针对官民全体。做到一视同仁，共同进退。

4.抑富人。晋令规定："商贾皆殊其服。"商人额头著巾，巾上写明住所、姓名；穿的鞋子必须一白一黑，以区别身份，使"兼并者不得出位而于政治，在官者亦羞与商人为伍"。该法令规定旨在抑制富人。晚清的中国，政府为了尊崇实业，在法律上规定奠奖富人，而章太炎认为，农、工、商皆为立国之本，既然工农不被尊崇，为什么独独尊崇商人呢？为维护社会的稳定与吏治的清廉，章太炎认为应将五朝立法中的商人"有罪不能赎"的立法精神贯彻到实体法中去，这样才能防止"贫民独死，富人独生"的局面。他认为，商人喜专利，爱贪冒，与中国传统的"贵均平、恶专制、重道艺、轻贪冒"的国情相违。当然，在章太炎文中所说的商人并不包括小商人，为了防止富人的特权，他还提出了"四条"来抑制富人：其一，主张富人纳重税。其二，主张富人应交大量遗产税，防止其后代坐享其成，不创造社会财富。其三，主张富人不能入官，以免其利用权力自利。其四，主张富人不得不劳动而剥削别人坐享其成。

出于"抑强辅微"的需要，章太炎在量刑、刑罚问题上也提出了一些独特的主张：(1)"轻盗贼之罪，不厚为富人报贫者也"，并反对"以赃论罪"。他认为，案治盗贼，不当刻定赃数以论罪之轻重，应按赃数同失主家财产数的比例来定罪。他举例说，一个百万富翁被盗走二十万，为害并不大，若家仅有十金的贫苦者被盗走三金，为害却甚重。因此，应以"为害于人的轻重"(《章太炎政论选集·代议然否论》)定盗窃罪的轻重。(2)"轻谋反之罪，使民不束缚于上；重谋叛之罪，使民不携贰于国"。"谋反"，指背叛皇帝或政府。"轻谋反之罪"，旨在保护人民不受政府束缚。"谋叛"，是背叛祖国和人民。"重谋叛之罪"，旨在严惩叛国投敌行为，以示民族国家利益神圣不可侵犯。章太炎这一主张的用意在于"抑强""抑官"，他认为，凡官吏"有割地卖国诸罪，无公布私行皆殊死，不与寻常过举官邪同也"(《章太炎政论选集·代议然否论》)。(3)宽平省刑。在章太炎看来，五朝立法比较"宽平"。他也主张"省刑"。但他认为，宽平、省刑不是一味轻刑。他反对"葛泰西轻刑之名，欲并断斩去之"，指出宽平省刑的关键是罪刑相称。他举笞箠与肉刑为例，认为罪不当笞而笞，是重刑，肉刑运用得当，也不能斥之为残。因此，宽平省刑，是为了“庇民”。

（二）“抑富振贫”的经济立法主张

章太炎为了“恢廓民权，限制元首”，曾提出“置四法”。这四法是：“一曰均配土田，使耕者不为佃奴；二曰官办工厂，使佣人得分赢利；三曰限制相续，使富者不传子孙；四曰公散议员，使政党不敢纳贿。”（《章太炎政论选集·五元论》）其中，除公散议员即解散议会属政治方面，其余都是民事和经济方面的主张。（1）均配土田。章太炎主张耕者有其田，使耕者不为佃奴，并力图将这个原则推广到畜牧、山林、盐井等行业，“田不自耕植者不得有，牧不自驱策者不得有，山林场圃不自树艺者不得有，盐田池井不自煮暴者不得有，旷土不建筑穿治者不得有”，以防止“枭雄拥地以自殖”。（2）官设工场。章太炎认为，工商业应由国家经营，即“官办”，其所得利润用于赈济贫弱。（3）限制相续。限制财产继承的数量，不使富者子孙蹑前功以坐大。（4）商不入仕，官不经商。官吏及其父子不得兼营工商业，若托名于他人而经营者，“重其罪，籍其产”。反之，本人及父子经营工商业者，“不得入官”，以防止其“借政治以自利”。（5）统一货币。政府统一造币，只用金银铜币，不用纸币，以绝虚伪；“凡造币，不得以倍现有之钱者等于一钱，不使钱轻而物益重也”。章太炎的这些主张，旨在“抑富强、振贫弱”，只有这样，“则君权可制，民困可息”（《章太炎政论选集·代议然否论》）。

（三）“抑官伸民”的行政立法主张

章太炎要求制定旨在“抑官吏、伸民权”的行政立法，以保护民权，人人得享平等政治权利。具体内容包括：（1）官吏尊法守法。官吏与平民法律地位平等，无任何特权可言，必须同样受到法律的约束。（2）依法任免官吏。“总统任官，以停年格迁举之，有劳则准则例而超除之，他不得用；官有专门者，毋得更调，不使元首以所好用人也。在官者，非有过失罪状为法吏所报当者，总统不得以意降调，不使元首以所恶黜人也。”（《章太炎政论选集·代议然否论》）各级官吏须唯才是举，依法任免。（3）总统与官吏犯罪，必须追究。“总统与百官行政有过，及溺职受赇诸罪，人人得诉于法吏”，由法吏收集证据，依法逮捕和惩治，“所以正过举、塞官邪也”（《章太炎政论选集·代议然否论》）。（4）人民平时不选举代议士，国家有外交、宣战等急务，临时由各县选出一人与政府议定大政方针，然后交政府执行，政府不得擅自更改，及时解除灾难。（5）人民监督国家开支。“凡经费出入，政府岁下其数于民”，接受人民监督。“凡因事加税者，先令地方官各询其民，民可则行之，否则止之，不以少数制多数也。数处可否相错者，各视其处而行止之，不以多数制少数也。”（《章太炎政论选集·代议然否论》）不经人民同意，国家不得加税。（6）宣民意。“民有集会、言论、出版诸事，除劝告外叛宣说淫秽者，一切无得解散禁止”（《章太炎政论选集·代议然否论》），有阻挠者可诉于法吏治之。（7）官吏不得随意剥夺人民的合法权益和自由。官吏不得随意逮捕无罪平民，对有罪者得诉于法吏而治之，以杜绝暴滥施刑。要切实维护人民的生命财产权利和各项自由。

章太炎试图通过行政立法加强对官吏的法律控制，来伸张民权，保障人民的生命财产安全，使人民享有集会、言论、出版等自由。

叁

专以法治

章太炎设计的总统制共和国是“当专以法律为治”（《章太炎政论选集·代议然否论》）的“法治国”。他热情颂扬管仲、韩非、秦始皇“以法治国”的学说和实践。他要求奉法律为经典，“当专以法律为治”。为了强调法律的作用，他对历史人物和历史事件的评价不无偏颇之处，对法家有拔高之失，并混淆了商鞅、韩非的“以法治国”与西方近代法治的质的区别。但他反对封建专制法制，向往法律面前人人平等，以法律保障人民主权的思想是积极的，也是其“当专以法律为治”的精髓所在。

章太炎针对这一点提出了法律应当“疏”的主张，他认为传统的法律虽然制定了繁密的条文细则，却带来了一些消极后果，一是所谓的“上密于律，下循于情”，二是法律越严密，反而有利于一些酷吏从中钻法律的空子，这样，中国传统制度下的法律成了天子专制最方便的工具，所以，章太炎极力反对密律，主张疏律。在主张疏律的同时，章太炎又主张重刑，但他主张重刑，又与古代一些酷吏的“惟酷刑是务”不同，他的这种主张是与他的历史主义法律观分不开的，他认为各个时代法律面临的任务是不同的，在当时晚清中国混乱的局面下，中国就应当实行重刑，从而达到“以刑维法”，最终实现“止刑”的目标。

章太炎“当专以法律为治”的主张十分坚定、明确，涉及法制建设的方方面面：（1）树立法律的最高权威。请专家立法，“法律既定，总统无得改，百官有司，毋得违越，有不守者，人人得诉于法吏，法吏逮而治之，所以戒奸纪也”（《章太炎政论选集·代议然否论》）。法律面前人人平等，总统、百官与人民一体守法，对不守法者，无论是官是民，人人可诉于法吏，由法吏处置。“是故，监督政官之责，当移于法司，此形势自然也。”（《章太炎政论选集·代议然否论》）总统及百官犯法，与民同罪。（2）罪刑法定，确保人民的各项权利。“民无罪者，无得逮捕，有则得诉于法吏而治之，所以遏暴滥也。”（《章太炎政论选集·代议然否论》）法吏在断狱时必须要有充分的证据，从而不让好人被冤枉。这一点与西方的刑罚思路不谋而合，西方的刑法传统就是“宁可以让十个罪犯逍遥法外，也不让一个好人被冤枉”。（3）因族特别立法。章太炎指出：“满洲、新疆、蒙古、青海、西藏，应有特别治法，俟交通便利，人民同化，再行改归一律。”（《章太炎政论选集·致袁世凯商榷官制电一》）先区别治理，条件成熟后，再归于一律。

章太炎重视法治，同时注意尊重本国历史风俗习惯。他认为，“夫制大法者，当察于历史，不在法理悬谈；求民情者，当顺于编氓，不在豪家荡子”（《章太炎政论选集·新纪元星期报发刊词》）。中国法律必须由知民情、懂历史、知晓法律的专家学者制定，专家在立法时，不应一味"横取他国已然之法"(《章太炎政论选集·大共和报发刊词》)。"中国本因旧之国，非新辟之国，其良法美俗，应保存者，则存留之，不能事事更张也。"(《章太炎政论选集·中华民国联合会第一次大会演说辞》)应特别注意法律与习惯的关系，即根据本国人民独特的理念与行为来制定新律，"法律者，因其俗而为之，约定俗成，案始有是非之剂"(《章太炎政论选集·五朝法律索引》)。因此，对于中国传统的公序良俗，应当保存。如"婚姻制度宜仍旧"，但应当禁止早婚与纳妾；"家庭制度宜仍旧"，但应当禁止死后继嗣；继承中国无专一宗教的传统，实行信教自由，政教分离；禁止中国人在本国境内加入外国国籍，华侨入外籍，要经政府批准；公民不以财产和纳税数额而应以其文化程度来确定其参政权利；应当统一语言，文字不准用拼音，使人昧于其义；严禁赌博，赛马、斗牛等亦在禁止之列；公共场合禁止男女接吻、跳舞，以维护社会道德风纪。(《章太炎政论选集·中华民国联合会第一次大会演说辞》)章太炎认为法律的制定应当采取历史主义的态度，主张新的法律应当按照中国历史发展的特殊逻辑来制定。

章太炎重视法律在国家政治生活中的支配作用，同时也不忽略道德在社会生活中的调节作用。他认为："公德不逾闲，私德出入可也……政府既立，法律既成，其人知大且公者之逾闲，则必不免于刑戮；其小且私者，虽出入而无所害。"法律是社会公德的体现，具有普遍性，但不能管辖到个人的私德。一个人可以不违犯法律，不与社会公德相抵触，但在个人私德方面若有亏损，法律就鞭长莫及了。私德虽属小节，但绝不能忽视，"优于私德者亦必优于公德，薄干私德者亦必薄于公德，而无道德者之不能革命"。由于革命派在推翻清王朝前没有自己的法律，固然又不能受旧法律和旧道德的束缚，因此，革命道德对革命者就显得尤为重要。革命者如果不用革命道德来约束自己，革命必将一事无成。他认为，清朝统治下的中国之所以亡国，根本原因在于"道德衰亡"，"道德衰亡诚亡国灭种之根极也"。在一定程度上，他把道德看得比政治、法律更重要。在他看来，"方今中国之所短者，不在智谋而在贞信，不在权术而在公廉”，只有那些“一芥不与，一芥不取”的道德高尚的人，才可“与任天下之重”(《章太炎政论选集·革命之道德》)。

法律管束人的行为，道德约束人的内心。“立法之意，止于禁奸，使民有伪行渐地而已”，法律只能禁止人们作恶的行为，道德可以正人心术，从内心根除作恶的念头，防止犯罪。他认为中国需要提倡道德。他提出的道德要求主要有：(1)知耻。“礼义，治人之大法；廉耻，立人之大节。”(《章太炎政论选集·革命之道德》)一个人不廉洁，甚至悖礼犯义，都生于“无耻”，“知耻”可以正人心术。(2)重厚。君子不厚重则没有威严，“言轻则招忧，行轻则招辜，貌轻则招辱，好轻则招淫。”轻浮的人会遭致祸患，所以要戒修饰。(3)耿介。为人做事要坚持原则，遵守规范。“耿介”可以避免同流合污。(4)必信。克服浮华之习的办法是“必信”。有此四德，人们就不会以功名利禄为心，成为有信仰、讲信用的无私无畏者。

章太炎的道德价值观并没有摆脱封建伦理的束缚。他还根据当时社会不同职业的十六种人(农人、工人、裨贩、坐贾、学究、艺士、通人、行伍、胥徒、幕客、职商、京朝官、方面官、军官、差除官、雇译人)来区分人们道德的高下。其中，农民道德最高，工人次之，“自艺士以下，率在道德之域；而通人以上则多不道德者……知识愈进，权位愈申，则离于道德也愈远”(《章太炎政论选集·革命之道德》)。把劳动者看作道德高尚的人，推翻了历代统治者的传统观念，是章太炎激进的革命思想的一个明显表现。章太炎主张“用宗教发起信心，增进国民的道德”(《章太炎政论选集·演说录》)，即用宗教提高人们的道德水平和挽救革命派内部的道德衰亡。他说的宗教，主要是指佛教。在他看来，中国的孔教，“使人不脱富贵利禄的思想”，于道德无益；西方的基督教也不行，“中国人信仰基督，并不是崇拜上帝，实是崇拜西帝”；只有“佛教最重平等”，无论是上智还是下愚皆不得不信，通彻认同，成为人们一直的评判标准。佛教慈悲为怀，普度众生，最富牺牲精神，与革命者的宗旨极为吻合。

影响评价

章太炎兼革命大家与国学大师于一身，一生特立独行、卓尔不群，黄侃、刘师培、马幼渔、钱玄同、鲁迅、周作人、许寿裳、刘文典、顾颉刚、傅斯年、徐复、曹聚仁皆为章门弟子。鲁迅为章太炎之业绩所倾倒："我以为先生的业绩，留在革命史上的，实在比在学术史上还要大。考其生平，以大勋章作扇坠，临总统府之门，大诟袁世凯的包藏祸心者，并世无第二人；七被追捕，三入牢狱，而革命之志，终不屈挠者，并世亦无第二人；这才是先哲的精神，后生的楷范。"（鲁迅：《关于太炎先生的二三事》）

1935 年 7 月，章太炎健在之时即立下遗嘱："凡人总以立身为贵，学问尚是其次。不得因富贵而骄矜，因贫困而屈节。其或出洋游学，但有资本者皆可为之，何足矜异，若因此养成傲诞，非吾子也。入官尤须清慎。若异族入主，务须洁身。余所有书籍，虽未精美，亦略足备用。其中明版书十余部，且弗轻视。两男能读则读之，不能读，亦不可任其蠹坏。当知此在今日，不过值数千金，待子孙欲得是书，虽挥斥万金而不足矣……"由此可见，章太炎首重人品情操，次重学问文章，而遗产之中，以书籍文物为贵，这些都是无法以金钱衡量的。这是一个革命者，更是一位读书人，是对中国历史和传统文化无比眷念的读书人，受此限制，革命既难以彻底，也难以持久。思想上的动摇、行为上的反复在一介书生身上也就在所难免，情有可原。

后记

时至今日，我已大学毕业 30 年，从教也 30 年了。结束学生生涯，从事教师这一职业，看似自然天成，却也是人生不悔的选择。

在政法大学执教，先是给法律院系的本科生、研究生讲授“法律文献”课，后又给他们上过“中国法制史”“中国法律思想史”“外国法制史”“西方法律思想史”等课程，其中我比较喜爱的还是“中国法律思想史”。这门课虽看起来比较深奥、玄乎，还存在古今语言隔膜的障碍，但这门课可锤炼人的智慧，雕塑人的品性，拓展人的眼界，提升人的意境，夯实人的文化底蕴。我在传授这门课时突出讲解“三基”(基本常识、基本概念、基本问题)，我认为，基本常识要广博，基本概念要准确，基本问题要深刻尖锐。除此之外，还要让学生上课时体验享受思想智慧的欢愉和快乐，这正如孔子所言：知之不如好之，好之不如乐之。我精心设计每个讲解单元，结构严谨，要点突出，娓娓道来，重点渲染，高潮迭起，精彩纷呈。所以每个单元讲完时，学生都会自发地报以热烈的掌声，这让我很感动，这无疑是对一个教师的最高褒奖。我意识到，各类学生经各种考试被层层选拔出来，进入大学校门学习很不容易，他们在生活经历中认识到学习的重要性，对学习有迫切的渴望，希望接触到好老师、真知识，接受到国内第一流的法学教育。所以，在政法大学的讲台上，作为传授法学的教师不要故弄玄虚、哗众取宠，而要用浅近的话把道理说明白，说清楚，说透彻，还要给学生留有思考的余地，让他们参与讨论，解答问题，表达看法，使其从中获得更多的收益。

2003 年有位姓沈的河南籍学生在听了我的课后，认为我用通俗易懂、浅显明白的语言，鞭辟入里、生动形象地把传统法律思想范畴中的人和事、著述和思想表述出来，既有学术的理论价值，又有现实的教育意义。应该为此著书立说，让更多的人能够接触到中国法律思想的回味无穷并终身受益。我采纳了他的建议，开始着手这方面的准备工作。

正在这个时候，中国政法大学《法大成人教育》的陈亚莉主编向我约稿，我向她介绍了准备写中国法律思想史方面的学术通俗读本的计划，她很感兴趣。并答应在《法大成人教育》(双月刊)“知识卡”专栏给我提供发表这些论述的园地，其用意无外乎为了让大家认识中国法律史上那些卓尔不群的人，了解他们的法律思想。从 2003 年起，我每两个月都会按时交一篇介绍某一位思想家法律思想的文章到该刊登载。这样一来，在两个月的时间内我要看完某个思想家的全部资料，认真读原著并且进行角色体验，揣摩其真实意图，还要查阅相关资料进行比较，拾遗补缺，进行客观分析，才能对所写的人物了如指掌，有所感悟，然后形成读书笔记。这是比较“愚笨”的治学方法，虽进展缓慢，但可一一落实。这样的工作一直延续到 2006 年陈亚莉主编退休和《法大成人教育》改版为止。从 2003 年起至 2006 年，我已经写了十多个人物，每个人物要写 1 万字左右。书中有近一半的稿件是那时写成并在《法大成人教育》上发表的，在特定的范围有一定的影响，也获得了一些好评。据“法大”的同学告诉我，他们都收集并珍藏这本杂志，一时之间，大有“洛阳纸贵”的架势。

随后，我利用外出调研考察的机会，亲临了各位思想家的所在地调查、了解、体验他们的生活经历，曾去过曲阜参观孔府、孔林、孔庙，追思孔子；到过灵宝县函谷关，西望老子消失之道；亲临西安栎阳桥，目睹商鞅变法地的历史遗迹；去过修文龙场驿阳明洞，体悟“心学”的真谛；到过南京总统府，拜祭孙中山先生……这一切都为写好每一位思想家的生平、思想，积累了素材，加强了感性认知。我还利用为本科生、研究生开设了“专题研讨课”并到外校举行学术讲座的机会，将其中的篇章予以讲解，以便从中发现问题，予以完善。并利用开学术研讨会的机会，递交论文，或在杂志上予以发表，以接受社会的评判。随着时间的推移，研究的人物越来越多，写成的篇章逐渐丰厚，编辑成书的条件已经成熟。

由于教学任务的繁忙和其他科研任务的繁重，这部书稿的写作总是写写停停，停停写写，也不急于一蹴而就，尽快完结，仿佛写作本身就是一种磨砺、一种享受、一种生存方式。2010 年年尾出现的意外，改变了原先写作的运行节奏和轨迹。2010 年的最后一天下午，我走出家门，打算到街对面的报亭买一份当天的报纸，在横穿马路时，被一辆违规逆行的肇事车辆撞翻在地，造成右腿股骨骨折，被送到北医三院做手术。手术顺利，但手术前后疼痛难忍，寂寞难耐。俗话说：伤筋动骨一百天。在三个多月的疗伤过程中，自己犹如“刑余之人”，心灵受到伤害，肉体受到折磨，行动受到限制，尊严受到侵扰。无论是躺在病床上还是杵在拐杖上，或是坐在轮椅上，都深感人的弱小、单薄、轻微，深感人生的艰难、无奈，乃至太多的意外。好在还能躺着看书、站着思考、坐着写作，于是就集中精力只做一件事，就是把这部书稿完成。希冀当身体康复之日，也是该书杀青之时。由于有了较多的闲暇，由于受到某种刺激，由于当下的痛苦与无助的处境与许多思想家的经历有某些相似，“设身处地”也就与他们有了似曾相识的感触和想法，与思想家的“神交”使写作比较顺利。我赶在休假结束上班之前，完成了本书的撰写和修改工作，并将定稿送交出版社。回顾写此书的 10 年经历，虽没有项目资金的资助，也没有限时定量的科研指标，完全是随心所欲的个人行为，但期待最终的结果本身就是一种压力、一种鞭策。有位哲人说过，在没有大师的年代，最好当个教员。但作为一个教员（当今必须要有科研成果的教员），如果始终都拿不出像样的精神产品，在自己这里就说不过去，何况还要面对为此付出很多的家人，面对尊师重道的学生，面对自始至终关爱和帮助过自己的亲朋好友，还有更多想从书中真正获得收益的读者。好在扪心自问，这是我最情愿花功夫、下力气去写的东西，过程虽漫长了一些，个中颇费周折，但尽心竭力之后，写出来的东西自己自然是认可的，正所谓"但问耕耘，不问收获"。

我自认为自己与高校法学教育有缘。作为教师，从事的职业是教书育人，对人生要有一个正确的态度，即热爱生活，珍惜生命。热爱生活就是老老实实做人，认认真真做事，最终达到对真理的感悟；珍惜生命就是要善待自己的一生，人的一生很短促，"人生七十古来稀"，真正能做事的时间不多，至于学术生命就更短暂了。古代春秋时有种说法："大上有立德，其次有立功，其次有立言，虽久不废，此之谓不朽。"（《左传·襄公二十四年》）认为人生的最高境界是三不朽——立德、立功、立言。但是，少有人能做到这一步。我越来越感到社会之大，知识之丰富及自己能力之有限，诚如《庄子·养生主》所说："吾生也有涯，而知也无涯；以有涯随无涯，殆已。"当我过了不惑之年后，我对自己能做什么事，不能做什么事，有了一个较明智的判断。我认为自己只能做做学问，教教学生这样的分内之事，这就叫作本色表现、本位职责、本身价值。这就是人们所说的：惟大英雄能本色，是真名士自风流。《孟子·尽心上》有言，君子有三乐：父母健在，兄弟无灾无害；仰不愧于天，俯不愧于人；得天下英才而教育之。我现在似乎处于这种状态，一个人如果能接近这三乐的境界，就可以心满意足了。剩下来要做的事，就是写一点儿自己愿意写的东西，如此而已……

中国法律思想史是一高深的学术研究领域，这方面的成果并不多见，这就决定了两点：一是这方面的研究难度相当大，二是其研究成果必须具有原创性。本书不在于面面俱到、事无巨细地叙述中国法律思想的历程，而是以每个法律思想家的法律思想为单元，针对其中出现的具体法律观念，发现问题，并针对这些问题作深入细致的探讨，以阐明自己的见解和看法，其用意无外乎：一是抛砖引玉，以便引起更多学者对中国法律思想的关注，并与其一道共同推动中国传统法律文化的研究并使其健康地向纵深发展；二是让更多的中国人了解自己的传统法律文化，以提高对法律的认识，增强法律观念，提高法律素质，为依法治国和构建和谐社会有所作为。

我要向中国历史上所有的法律思想家表示崇高的敬意，没有他们提供的思想精品，我的研究只能是无源之水、无本之木、无米之炊。

尽管在此之前鲜有研究中国法律思想史的专著问世，但很多历史学家、法学家、政治思想家的相关研究成果以及相关法学教材给了笔者许多有益的启示，兹不一一列举，在此谨向他们表示由衷的谢意。

法律出版社作为我国历史最悠久的国家级法律专业出版社，其地位和影响是不言而喻的。我曾读到法律出版社出版的许多经典著作，从中受益匪浅。尽管 12 年前我自己就开始在法律出版社陆续出过一些合著或参编的书，但一直还是希望有自己独立完成的、比较满意的著作能在法律出版社出版。感谢法律出版社黄闽社长的热心关照，感谢学术分社朱宁社长的悉心指导，感谢本书的编辑高山分社长助理的积极工作。是法律出版社的领导和编辑们让我的愿望变为现实，他们为该书的出版给予了极大的支持和帮助，毅然承担了出版任务，并为书稿加工润色，使本书增色不少。在此，我对他们表示真挚的谢意！

由于我国历代法律思想比较复杂，现存的相关资料庞杂繁芜，加之笔者才疏学浅，学术水平有限，本书肯定有许多缺点和不足，恳请专家和广大读者批评指正。

李 鸣

2011 年 4 月 16 日于京城蓟门忘悟轩

再版后记

《法的回声》自2012年出版至今已达十一年之久。2020年我执行教育部“银龄计划”到刚成立的新疆政法学院工作。学校为我安排了三位助教，让我发挥“传帮带”的作用。为帮助他们扩展教学应该储备的专业知识，我给他们开了必读书目，《法的回声》就忝列其中。但几经周折，他们告诉我，这本书已经售完了。正值困顿之时，法律出版社表达了再版此书的意愿，实为该书之幸，作者之幸，读者之幸。

《法的回声》出版后，作为畅销书得到了学界和社会的承认和高度评价。仅以几件小事为证：

其一，一般情况是先认识某位知名学者，然后知道他的诸多著述，即先识其人，后知其书。我的情况正好与此相反，我只是一位埋头苦干、默默无闻的教书匠。记得好几年前，我去法律出版社出席某位学者的新书发布会，社长助理王晓增向参会者介绍我说：“这就是《法的回声》的作者。”引起大家的一阵喧哗。当时我就立刻感受到，《法的回声》这本书比我李鸣这个人有名，而且之后我是靠这本书在法学界有点名气、有点影响的。参加学术活动，新老朋友见面，总有人会说："您那本《法的回声》写得不错"，自己顿感欣慰。

其二，前几年我曾将此书赠送给一位好友，2020 年高考结束后，这位好友兴奋地告诉我："我儿子参加今年高考，而今年全国高考卷语文作文是关于齐桓公、管仲和鲍叔：阅读下面的材料，根据要求写作。春秋时期，齐国的公子纠与公子小白争夺君位，管仲和鲍叔分别辅佐他们。管仲带兵阻击小白，用箭射中他的衣带钩，小白装死逃脱。后来小白即位为君，史称齐桓公。鲍叔对桓公说，要想成就霸王之业，非管仲不可。于是桓公重用管仲，鲍叔甘居其下，终成一代霸业。后人称颂齐桓公九合诸侯、一匡天下，为'春秋五霸'之首。孔子说：'桓公九合诸侯，不以兵车，管仲之力也。'司马迁说：'天下不多（称赞）管仲之贤而多鲍叔能知人也。'"他接着说："你送给我的那本《法的回声》，里面正好有关于君臣之交与朋友之交典范的精彩阐述。我儿子读过这本书，深受启发。这次高考作文，帮助很大。"没想到，一本学术专著，成了通俗读物，对中学生还有一定的帮助。为此我感到欣喜。

其三，《法的回声》出版以后，我曾把它作为中国政法大学本科生研讨课的教材，深受学生喜爱。学生们曾为它开过读书会，交流读书心得。师生交流，有一本书作伐，也是一件快意之事。

此次修订，在原著主体框架、主要观点、基本材料不做变动的基础上，仅作两方面的工作，一是充实内容。在原来写 30 位思想家专论文章的基础上，增加为写 36 位思想家的专论文章。而增加的王安石、张居正、王夫之、魏源、洪仁玕、曾国藩这 6 位思想家的专论文章大多数都是在法律出版社出版的《中华法系》中发表了的。二是补充相关材料，使论据更为充分，观点更加明晰，论证更加严密，并以此作为传承中国传统法律文化的一种特定方式予以传播。

本书在修订再版过程中，依旧得到了法律出版社从社长、总编到编辑的极大支持和帮助，他们毅然承担了再版任务，并为书稿加工润色，使本书增色不少。在此我对他们表示诚挚的谢意！

再次感谢广大读者对本书的厚爱，还望继续关注，多批评指正。

李　鸣